KB239967

MOOK

THE RESEARCH LOCAL COMMUNITY

지역사회연구

MOOK

THE RESEARCH LOCAL COMMUNITY

지역사회연구

Vol. **3**

(사)여수지역사회연구소 지음

한국학술정보

발간사

一炷明窓 – 한 작은 촛불로 온 창을 밝힌다

연구소가 창립된 지도 어느덧 18년이 되었습니다. 지난 1년 한 해도 연구소는 부단한 조사연구와 활동을 하였습니다. 그 결과, 전국 규모의 행사인 제3회 전국해양문화학자대회를 비롯하여 민주연구단체협의회의 하계학술대회, 여수 도서연안관광 활성화 심포지엄, 한국 민주주의와 언론 탄압을 주제로 한 학술심포지엄, 여순사건 유족 트라우마 실태조사와 여순사건 64주기 학술심포지엄, 여수시 청소대행업무 개신방안 공청회, 대안축제의 일환으로 2013 금오도 산벚꽃 한마당 행사, 여순사건 특별법 제정을 위한 심포지엄 등을 열고, 여수시의회 60년사를 정리한 『여수시의회사』, 『다시 쓰는 여순사건 보고서』 등을 발간하였습니다.

또한 금년에도 민주연구단체협의회 및 지역의 시민사회단체연대회의의 상임간사단체 활동과 함께 여순사건 특별법 제정을 위한 여러 실천 활동, 여수 도서지역의 무형문화유산 조사, 어촌 중심의 마을기업 육성 지원사업, 국가폭력과 트라우마에 대한 국내외 공조 체계를 마련하였습니다. 그런가 하면 전남동부지역 활동가 워크숍, 전국 풀뿌리 활동가 대회, 제4회 전국해양문화학자대회 여수대회, 2013 전국민주연구단체협의회의 하계 워크숍과 추계학술대회, 여순사건특별법 제정을 위한 서울 심포지엄 등의 굵직한 사업들을 기획하고 있습니다.

작년에 이어 연구소의 무크지『지역사회연구』제3집의 구성은 지방자치 · 환경, 현대사 · 여순사건, 언론, 역사 · 문화, 도서 · 해양의 5개 분야로 이루어져 있습니다. 분야별로 살펴보면 다음과 같습니다.

먼저 지방자치 · 환경 분야는 '2013 여수시정 만족도 조사결과' 및 '2012 여수세계박람회, 이제 시작이다'와 함께 '여수시 청소대행업무 개선을 위한 시민공청회 결과'를 중심으로, '여수시 청소대행 위탁사업에 대한 경영진단', '여수시 생활폐기물처리 대행업체 현황 및 문제점과 대안', 여수국가산단의 빈번한 산업재해를 예방하기 위한 '화학사고 예방, 대비 및 대응을 위한 OECD 지침서의 여수지역 적용방안', '지역사회 산재병원 설립을 위한 과제와 방향'을 수록

하였습니다.

현대사 · 여순사건 분야는 6편의 논문으로 2012 민주연구단체협의회의 추계학술대회 논문인 '과거사위원회의 복원과 구성 방향'과 2012 하반기, 2013년 상반기 여순사건 특별법 제정을 위한 학술심포지엄에서 발표한 '여순사건 피해자의 정신적 외상(Psychological Trauma)에 대한 소고(小考)', '여순사건의 제도적 청산과 진상규명의 실재', '여수 · 순천사건 특별법의 입법경위와 과제', '제주4 · 3특별법 제정과정과 4 · 3위원회의 활동성과', '제주4 · 3평화재단 설립과정과 활동성과'의 논문을 담았습니다.

언론 분야는 한국 민주주의와 언론탄압에 대한 논문으로 '유신체제는 국민주권 실종사태', '이명박 정부의 언론장악과 언론노조의 대파업', '척박한 토양과 통제, 종속의 악순환', '경쟁력 있는 지역언론'을 수록하였습니다.

역사 · 문화 분야는 '지역사의 재구성과 지역의 정체성', '여수시의 무형문화유산', '예울마루 1주년의 활동성과', '2013 금오도 산벚꽃 한마당 행사 결과보고서'를 담았습니다.

도서·해양 분야는 '조선시대 전라지역민들의 울릉도·독도 항해와 경로', '서·남해안 도서지역의 전통장법 초분에 관한 고찰', '신자산어보', '마을공동체 기업이 농어촌의 희망이다'를 수록하였습니다.

마지막으로는 연구소를 소개하는 글과 함께 연구소를 이끌어 주시는 소중한 분들, 금번 무크지 『지역사회연구』 제3집에 도움주신 분들을 소개하였습니다.

'一炷明窓 – 한 작은 촛불로 온 창을 밝힌다.'

이는 연구소의 주제 표어입니다. 작지만 큰 뜻으로 긴 호흡 큰 걸음으로 연구소는 회원들과 함께 가고 있습니다. 지난해에 이어 무크지 『지역사회연구』 제3집을 위해 지난 1년여 동안 여러 조사연구 및 활동을 해 주신 연구소 회원 여러분과 집필자들께 감사를 드립니다. 또한 특별히 도움을 주신 김경만, 김만수, 김유삼, 문선영, 박강수, 박성식, 박준태, 박희연, 신병은, 장성관, 정기선, 정태수, 진준규, 최동현, 추정완, 황종길, 홍석봉 님께 진심어린 감사를 드리며, 앞으로도 연구소는 이 시대에 주어진 소명을 다하고자 합니다.

2013. 7. 4.

(사)여수지역사회연구소 드림

| 차례 |

언론

新 茲山魚譜 | 584
임여호(전남대학교 초빙교수, 전 전남해양수산과학원장)

마을공동체 기업이 농어촌의 희망이다 | 618
문두현(지역관광마케팅디자인센터 대표)

부록

지방자치·환경

2013 여수시정 만족도 조사결과

박강석(여수지역사회연구소 사회여론조사센터장)

Ⅰ. 조사개요

1. 조사설계

　　가. 표집대상 : 여수시 성인 중 19세 이상 시민

　　나. 표본크기 : 500명(표집 대상 인구의 0.22%)

　　다. 회수응답률 : 45.4%

　　라. 표집방법 : 인구비례에 의한 무선 층화표집

　　마. 조사방법 : 전화조사

　　사. 조사시기 : 2013년 5월 29~30일(2일간)

　　아. 표집오차 : ±4.3%P(95%의 신뢰도)

　　자. 의뢰기관 : (주)까치신문

　　차. 조사기관 : (사)여수지역사회연구소 사회여론조사센터

2. 조사목적 및 조사방법

본 조사는 까치신문의 의뢰로 민선 5기 여수시정에 대한 평가와 더불어 시정현안대응 및 2014년에 실시될 전라남도 및 여수시 지방자치단체장 후보에 대한 시민들의 의견을 수렴하기 위해 2013년 5월 29일부터 30일까지 2일간 500명을 대상으로 전화여론조사를 실시하였다.

여론조사방식은 조사대상지역을 여수 원도심권, 도서지역, 돌산권, 화양 및 율촌권, 여천지역을 중심으로 인구비례로 의한 층화표집을 바탕으로 성별, 연령별 무선표집으로 이루어졌다.

설문 내용은 민선 5기를 이끌어 온 김충석 시장에 대한 시정수행능력, 시정현안 대응 및 지역의 정치정세에 대한 주민의견을 수렴하기 위해 8개 문항으로 구성하였다. 설문의 구체적인 내용은 김충석 시장의 시정수행능력은 전반적인 시정 만족도, 임기 중 가장 잘했다고 생각되는 시정 분야와 제일 미진했던 시정 분야에 대한 평가와 지역발전과 인구유입을 위해 가장 필요한 시책이 무엇인가를 조사하였다. 시정현인 대응에 관한 내용은 최근 김충석 시장이 시의회와 갈등을 빚고 있다는 언론보도에 대한 이해당사자에 대한 책임 소재, 여수시가 추진하고 있는 3여 통합 기념사업 중에서 전국 최초로 주민발의에 의한 3여 통합 기념일을 여수 시민의 날로 제정하는 것에 대한 지역주민들의 의견을 수렴하였다. 마지막으로 2014년 지방자치단체장 선거에서 전남도지사, 여수시장 후보에 대한 예상지지도를 가늠해 보고 이를 바탕으로 지역정치의 발전을 위한 방안을 모색해 보고자 했다.

본 조사에 있어서 시정수행능력은 5점 척도를 사용하였고, 분석 결과는 평균과 표준편차, 그리고 빈도분석을 겸해서 도표로 제시하였다. 시정현안에 대한 질문은 복수응답 결과를 바탕으로 백분율과 복수응답비율을 동시에 제시하였고, 성별 연령별 분석은 백분율로 나타냈다.

본 조사는 95%의 신뢰구간에서 표본오차는 ±4.3%P이다.

3. 일반현황

가. 성별

구 분	빈 도	비 율
남	244	48.9
여	256	51.1
계	500	100.0

나. 연령별

구 분	빈 도	비 율
20대(19세 이상)	25	5.0
30대	60	12.0
40대	99	19.8
50대	125	25.0
60대 이상	191	38.2
계	500	100.0

II. 조사결과

1. 민선 5기 여수시정 평가 및 현안

가. 김충석 시장의 시장수행능력 평가

민선 5기 여수지방자치단체를 이끌어 온 김충석 시장의 임기 중 시정수행능력은 5점 척도에서 3.21점(100점 척도, 64.2점)으로 나타났다. 여수시민들이 체감하는 시장수행능력에 대해 중수위 3점보다 약간 높게 나왔지만 긍정적으로 체감하는 지수가 높지 않았다. 김충석 시장의 시정수행능력을 성별 연령별로 빈도 분석한 결과는 다음 <표 1>과 같다.

먼저, 전체적인 시장수행능력 응답률은 '보통' 38.8%로 가장 높고, 다음으로 '잘함' 27.9%, '못함' 20.5%, '매우 잘함' 9.9%, '매우 못함' 2.9%로 순으로 조사되었다. '잘했다'는 긍정적인 평가(37.8%)가 '못했다'는 부정적인 평가(23.4%)보다는 약 14% 높게 나왔지만 '보통'이라는 응답비율과 거의 비슷하였다.

성별로는 전체적인 응답비율과 비슷한 경향을 보이고 있으며, 시정에 대한 평가에 있어서 남성이 여성보다는 부정적 평가 비율이 약간 높았다. 연령별로는 시정 만족도는 20대 3.25점, 30대 3.16점, 40대 3.02점, 50대 2.95점, 60대 이상 3.40점으로 60대 이상에서 가장 높고, 다음으로 20대, 30대, 40대 순으로 나타났고, 50대에서 가장 낮았다.

<표 1> 민선 5기 김충석 시장의 시장수행능력

성별	매우 잘함	잘함	보통	못함	매우 잘함	계	만족도
남성	9.2	27.0	36.8	23.7	3.3	100.0	3.15
여성	10.6	28.8	40.6	17.5	2.5	100.0	3.27
계	9.9	27.9	38.8	20.5	2.9	100.0	3.21

연령별	매우 잘함	잘함	보통	못함	매우 잘함	계	만족도
20대	12.5	18.8	50.0	18.8	-	100.0	3.25
30대	5.3	31.6	42.1	15.8	5.3	100.0	3.16
40대	-	28.6	50.0	16.7	4.8	100.0	3.02
50대	9.1	14.3	41.6	32.5	2.6	100.0	2.95
60대 이상	13.3	34.8	32.9	16.5	2.5	100.0	3.40
계	9.9	27.9	38.8	20.5	2.9	100.0	3.21

나. 민선 5기 가장 잘한 시정 분야

민선 5기 김충석 시장이 임기 동안 제일 잘했다고 생각하는 시정은 어느 분야라고 생각하십니까? 라는 질문에 대한 시민들의 복수응답비율을 분석한 결과는 다음 <표 2>와 같다.

민선 5기 가장 잘한 시정 분야는 '여수세계박람회 개최' 52.1%로 가장 높고, 다음으로 '친환경적 도시개발' 36.6%, '관광·문화·예술진흥'과 '사회복지제도(시설) 확대'가 각각 9.1%, 8.6%, '지역경제자립기반 구축' 5.1%, '교육환경 개선' 3.2% 순으로 응답하였다. 이러한 결과는 민선 5기 김충석 시장이 2012 여수세계박람회를 성공적으로 개최함으로써 지역사회의 이미지 제고와 함께 그 동안 도시발전의 최대 걸림돌이었고 지역주민의 숙원 사업이었던 도로, 교통, 공단환경 등 도시기반시설의 확충으로 도시접근성이 높아져 해양관광도시로의 면모를 갖추게 된 계기가 크게 작용한 것으로 보인다.

성별로는 전체적인 응답비율과 크게 다르지 않았고, 연령별로는 여수세계박람회 개최를 가장 잘한 시정 분야로 평가하고 있지만, 30대와 40대는 두 번째로 높은 응답비율에서 '관광·문화·예술의 진흥 분야'라고 평가하고 있다.

<표 2> 민선 5기 여수시정에서 가장 잘한 분야

구분	여수 세계박람회 개최	사회복지 제도(시설) 확대	지역경제 자립기반 구축	교육환경 개선	관광·문화· 예술진흥	친환경적 도시개발	계
백분율	52.1	8.6	5.1	3.2	9.1	21.9	100.0
복수응답 비율	87.0	14.4	8.5	5.3	15.1	36.6	166.9

성별	여수 세계박람회 개최	사회복지 제도(시설) 확대	지역경제 자립기반 구축	교육환경 개선	관광·문화· 예술진흥	친환경적 도시개발	계
남성	51.1	7.7	6.9	1.7	9.0	23.6	100.0
여성	53.1	9.5	3.3	4.6	9.1	20.3	100.0
계	52.1	8.6	5.1	3.2	9.1	21.9	100.0

연령별	여수 세계박람회 개최	사회복지 제도(시설) 확대	지역경제 자립기반 구축	교육환경 개선	관광·문화· 예술진흥	친환경적 도시개발	계
20대	41.4	17.2	6.9	0.0	13.8	20.7	100.0
30대	46.7	6.7	6.7	6.7	23.3	10.0	100.0
40대	52.4	4.8	1.6	7.9	17.5	15.9	100.0
50대	48.1	8.3	7.4	5.6	6.5	24.1	100.0
60대 이상	55.7	9.0	4.5	0.8	5.7	24.2	100.0
계	52.1	8.6	5.1	3.2	9.1	21.9	100.0

다. 민선 5기 가장 못한 시정 분야

민선 5기 김충석 시장의 임기 중에서 가장 잘못한 시정은 어느 분야인가에 대한 시민들의 평가는 '여수세계박람회 사후 활용'이 42.8%로 가장 높고, 다음으로 '지역경제 자립기반 구축' 18.6%, '사회복지제도(시설) 확대' 14.7%, '교육환경 개선' 8.8%, '친환경적 도시개발' 7.9%, '관광·문화·예술 진흥' 7.2% 순으로 나타났다.

가장 잘못한 시정 분야에 대한 전체적인 응답비율과 성별에 따른 응답비율이 비슷한 경향을 보이고 있지만, 연령별 응답비율은 모든 연령대에서 '여수세계박람회 사후활용'을 가장 잘못한 분야로 평가하면서도 두 번째로 잘못된 시정 분야 평가에 있어서는 연령별로 다른 입장을 보이고 있다. 20대, 50대, 60대 이상에서는 두 번째 잘못된 시정 분야로 '지역경제 자립기반'으로 평가하였지만, 30대와 40대에는 '교육환경의 개선' 분야로 평가하고 있다. 그러한 결과는 30대와 40대는 생애주기별로 볼 때 경제적 안정기를 바탕으로 자녀 교육에 관심을 가지고 있기 때문에 교육환경 개선에 대한 욕구가 반영된 것으로 보인다.

<표 3> 민선 5기 여수시정에서 가장 잘못한 분야

구분	여수 세계박람회 사후활용	사회복지 제도(시설) 확대	지역경제 자립기반 구축	교육환경 개선	관광·문화· 예술진흥	친환경적 도시개발	계
백분율	42.8	14.7	18.6	8.8	7.2	7.9	100.0
복수응답 비율	71.4	24.5	31.1	14.7	12.1	13.2	167.0

성별	여수 세계박람회 사후활용	사회복지 제도(시설) 확대	지역경제 자립기반 구축	교육환경 개선	관광·문화· 예술진흥	친환경적 도시개발	계
남성	42.6	16.6	17.0	9.0	6.7	8.1	100.0
여성	42.9	12.9	20.2	8.6	7.7	7.7	100.0
계	42.8	14.7	18.6	8.8	7.2	7.9	100.0

연령별	여수 세계박람회 사후활용	사회복지 제도(시설) 확대	지역경제 자립기반 구축	교육환경 개선	관광·문화· 예술진흥	친환경적 도시개발	계
20대	40.7	11.1	22.2	7.4	7.4	11.1	100.0
30대	48.1	7.4	11.1	18.5	7.4	7.4	100.0
40대	41.4	12.9	12.9	14.3	8.6	10.0	100.0
50대	46.4	13.4	24.1	6.2	3.6	6.2	100.0
60대 이상	40.9	17.3	18.2	7.3	8.6	7.7	100.0
계	42.8	14.7	18.6	8.8	7.2	7.9	100.0

라. 여수시 발전과 인구 유입 시책

여수지역 발전과 인구유입을 위한 가장 필요한 시책에 대한 시민들의 여론조사 결과는 다음 <표 4>와 같다.

지역발전과 인구유입을 위한 가장 필요한 시책은 '공단확장 및 일자리 창출' 32.4%로 가장 높고, 다음으로 '여수세계 박람회 사후 활용' 21.7%, '해양관광도시 조성' 18.4%, '교육환경 개선' 및 '문화·체육·사회복지시설 확충'이 각각 10.9%, 10.0%, '쾌적한 주거환경 조성' 6.6% 순으로 나타났다. 성별 분석 결과, 성별에 관계없이 '공단확장 및 일자리 창출'이 가장 중요한 지역발전 및 인구유입 시책이라고 평가하고 있지만 두 번째 중요한 시책으로 남성은 '여수세계 박람회 사후활용'과 '해양관광도시 조성'이라는 응답비율이 각각

20.7%, 20.3%이고, 여성의 경우는 '해양관광도시 조성'보다는 '여수 세계 박람회 사후활용'을 더 중요하게 평가하는 것으로 분석되었다.

연령별로는 30대를 제외하고는 모든 연령대에서 '공단확장 및 일 자리 창출'이 지역발전 및 인구 유입책으로 가장 중요한 시책으로 평가하고 있지만, 두 번째로 중요한 시책은 30대에서 '교육환경개 선'을, 40대에서는 '해양관광도시 조성', 50대는 '여수세계박람회 사 후활용'과 '해양관광도시 조성'이라고 보고 있다.

<표 4> 민선 5기 여수시정에서 가장 잘못한 분야

구분	여수 세계박람회 사후활용	교육환경 개선	공단확장 및 일자리 창출	문화·체육· 사회복지시설 확충	쾌적한 주거환경 조성	해양관광 도시 조성	계
백분율	21.7	10.9	32.4	10.0	6.6	18.4	100.0
복수응답 비율	38.3	19.3	57.2	17.7	11.6	32.5	176.5

성별	여수 세계박람회 사후활용	교육환경 개선	공단확장 및 일자리 창출	문화·체육· 사회복지시설 확충	쾌적한 주거환경 조성	해양관광 도시 조성	계
남성	20.7	8.5	35.1	10.0	5.5	20.3	100.0
여성	22.7	13.3	29.9	10.1	7.6	16.5	100.0
계	21.7	10.9	32.4	10.0	6.6	18.4	100.0

연령별	여수 세계박람회 사후활용	교육환경 개선	공단확장 및 일자리 창출	문화·체육· 사회복지시설 확충	쾌적한 주거환경 조성	해양관광 도시 조성	계
20대	20.7	10.3	34.5	10.3	10.3	13.8	100.0
30대	21.9	28.1	9.4	12.5	15.6	12.5	100.0
40대	14.5	21.1	28.9	6.6	11.8	17.1	100.0
50대	21.8	9.8	30.1	9.0	7.5	21.8	100.0
60대 이상	23.7	6.8	36.9	11.1	3.2	18.3	100.0
계	21.7	10.9	32.4	10.0	6.6	18.4	100.0

마. 김충석 시장과 시의회 갈등

김충석 시장과 여수시 의회와의 갈등이 여론에 표면화됨에 따라 지역정치에 대한 비판과 우려가 나타났다. 이에 대한 김충석 시장과 시의회의 갈등에 대한 주민들의 여론을 분석한 결과는 다음 <표 5>와 같다.

먼저, 여수시장과 시의회와의 갈등의 책임에 대해 '모두 잘못'이라고 응답한 비율이 40.6%로 가장 높고, 다음으로 '시장의 잘못' 19.8%, '여수시의회의 잘못' 6.2%로 조사되었다.

성별 분석 결과 두 기관 '모두 잘못'이라는 응답비율이 남성 35.5%, 여성 45.6%로 여성 응답자의 비율이 약 10% 이상 높고, 여성에 비해 남성은 '시장의 잘못'이라는 응답비율이 상대적으로 높게 나타났다.

연령별로는 '모두 잘못'이라는 응답비율이 모든 연령대에서 높고, 특히 40대에서 59.5%로 가장 높았다. '시장의 잘못'이라는 응답비율은 50대에서 26.0%로 가장 높게 나타났다.

<표 5> 김충석 시장과 시의회 갈등에 대한 책임

성별	시장 잘못	여수시의회의 잘못	모두 잘못	잘 모르겠음	계
남성	25.3	6.0	35.3	33.3	100.0
여성	14.6	6.3	45.6	33.5	100.0
계	**19.8**	**6.2**	**40.6**	**33.4**	**100.0**

연령별	시장 잘못	여수시의회의 잘못	모두 잘못	잘 모르겠음	계
20대	20.0	-	53.3	26.7	100.0
30대	10.5	10.5	47.4	31.6	100.0
40대	7.1	7.1	59.5	26.2	100.0
50대	26.0	5.2	35.1	33.8	100.0
60대 이상	21.3	6.5	36.1	36.1	100.0
계	19.8	6.2	40.6	33.4	100.0

바. 3여 통합 기념일을 시민의 날 제정

전국 최초로 주민발의에 의해 이루어진 3여 통합 기념일을 여수 시민의 날로 제정하자는 여론을 분석한 결과는 다음 <표 6>와 같다.

3여 통합 기념일을 여수시민의 날로 제정하자는 의견에 대해 '찬성' 40.4%로 가장 높고, 다음으로 '보통' 27.5%, '적극찬성'과 '반대'가 각각 15.6%, '적극반대'는 1.0%로 매우 낮았다. 종합해 보면, 3여 통합 기념일을 여수시민의 날로 제정하자는 의견에 대해 찬성한다는 입장이 56.0%, 반대한다는 입장이 16.6%로 찬성입장이 반대 입장에 비해 매우 높고, 성별로는 남성이 여성보다 찬성과 반대 입장이 높았다. 연령별로는 모든 연령대에서 찬성입장이 높다.

<표 6> 3여 통합 기념일을 시민의 날로 제정 의견

성별	적극 찬성	찬성	보통	반대	적극 반대	계
남성	19.5	39.6	21.5	18.1	1.3	100.0
여성	11.8	41.2	33.3	13.1	.7	100.0
계	15.6	40.4	27.5	15.6	1.0	100.0

연령별	적극 찬성	찬성	보통	반대	적극 반대	계
20대	25.0	31.2	43.8	-	-	100.0
30대	31.6	26.3	36.8	5.3	-	100.0
40대	2.4	53.7	31.7	12.2	-	100.0
50대	13.3	38.7	28.0	18.7	1.3	100.0
60대 이상	17.2	40.4	23.2	17.9	1.3	100.0
계	15.6	40.4	27.5	15.6	1.0	100.0

사. 2014년 전남도지사 정당별 후보 지지도

2014년 실시되는 지방자치단체장 선거에서 전남도지사 후보로 누가 가장 적합하다고 생각하는지를 분석한 결과는 다음 <표 7>와 같다.

내년에 실시되는 지방자치단체장 선거에서 전남도지사 정당후보
로는 ±4.3%P 표집오차 범위내에서 '민주당 후보' 38.3%, '안철수
신당 후보' 37.5%에 대한 지지도가 가장 높고, '무소속 후보'는
14.6%, '새누리당 후보' 5.0%, '기타 정당 후보'는 4.6% 순으로 나
타났다.

　　성별로는 남성은 '민주당 후보' 지지도가 높고, 여성은 '안철수 신
당 후보' 지지도가 높았다. 연령별로는 연령대가 높을수록 '민주당
후보' 지지도가 높고, 20대, 30대에서는 '안철수 신당 후보' 지지도
가 높았다.

　　응답자 중에 일부는 후보가 정해지면 그때 가서 판단하겠다는 입
장을 밝혔다.

<표 7> 2014년 전남 도지사 정당별 후보 지지도

성별	새누리당 후보	민주당 후보	기타 정당 후보 (통합진보당, 진보정의당)	안철수 신당 후보	무소속 후보	계
남성	3.9	41.9	5.4	33.3	15.5	100.0
여성	6.1	34.8	3.8	41.7	13.6	100.0
계	**5.0**	**38.3**	**4.6**	**37.5**	**14.6**	**100.0**

연령별	새누리당 후보	민주당 후보	기타 정당 후보 (통합진보당, 진보정의당)	안철수 신당 후보	무소속 후보	계
20대	13.3	26.7	6.7	46.7	6.7	100.0
30대	.0	23.5	5.9	52.9	17.6	100.0
40대	2.8	27.8	16.7	30.6	22.2	100.0
50대	4.5	43.9	3.0	39.4	9.1	100.0
60대 이상	5.5	41.7	1.6	35.4	15.7	100.0
계	5.0	38.3	4.6	37.5	14.6	100.0

아. 여수시장 선거 후보

향후 2014년 지방자치단체장 선거에서 여수시장 정당별 후보 지지도를 분석한 결과, 표집오차 범위내에서 '민주당 후보' 32.4%, '안철수 신당 후보' 30.4%, '무소속 후보' 27.7%, '새누리당 후보' 5.1%, '기타 정당 후보' 4.3% 순으로 나타났다.

성별로는 남성의 경우 '민주당 후보'에 대한 지지도가 높고 여성은 '안철수 신당 후보'에 대한 지지도가 높았다. 성별에 관계없이 '무소속 단일 후보'에 대한 지지도는 약 27% 정도였는데, 남성보다는 여성이 약간 높았다. 연령별로는 20대, 30대, 40대는 '안철수 신당 후보'에 대한 지지도가 높고, 50대 이상에서는 '민주당 후보' 지지도가 높았다. 40대는 '무소속 단일 후보'에 대한 지지도가 다른 후보지지도에 비해 매우 높았다.

도지사 선거와 마찬가지로 응답자 중에 일부는 후보가 정해지면 그때 가서 판단하겠다는 입장을 밝혔다.

<표 8> 2014년 여수시장 정당별 후보 지지도

성별	새누리당 후보	민주당 후보	기타 정당 후보 (통합진보당, 진보정의당)	안철수 신당 후보	무소속 단일 후보	계
남성	4.7	37.8	5.5	26.0	26	100.0
여성	5.6	27.0	3.2	34.9	29.3	100.0
계	5.1	32.4	4.3	30.4	27.7	100.0

연령별	새누리당 후보	민주당 후보	기타 정당 후보 (통합진보당, 진보정의당)	안철수 신당 후보	무소속 단일 후보	계
20대	18.8	25.0	18.8	31.2	6.2	100.0
30대	6.2	18.8	-	50.0	25.0	100.0
40대	5.3	21.1	7.9	26.3	39.4	100.0

50대	1.6	39.1	3.1	34.4	21.9	100.0
60대 이상	5.0	35.3	2.5	26.9	30.3	100.0
계	5.1	32.4	4.3	30.4	20.2	100.0

2. 요약 및 결론

본 조사는 민선 5기 여수시정 평가, 지역 현안 그리고 지역정세에 대한 지역주민들의 의견을 수렴하기 위하여 여수지역 성인 19세 이상 시민 500명을 대상으로 2일 간에 걸쳐 전화여론 조사를 실시하였다.

조사결과를 요약하면, 첫째, 민선 5기 여수지방자치단체를 이끌어 온 김충석 시장의 임기 중 시정수행능력은 5점 척도에서 3.21점으로 시민들의 체감지수가 낮게 평가되었다. 임기 후반기 불거진 80억원 공무원 공금 횡령사건, 시정현안에 대한 시의회와의 갈등 양상, 그리고 여수세계박람회 사후활용에 대한 대응 문제 등이 시장의 시정 수행능력 평가에 부정적으로 작용한 것으로 보인다.

둘째, 민선 5기 가장 잘한 시정 분야와 가장 잘못한 시정 분야에 대한 평가에서 '여수세계바람회 개최'가 가장 잘한 시정 분야로 꼽혔지만, 반대로 가장 잘못한 시정 분야로 '여수세계박람회 사후활용'이 선정되었다. 즉, 여수세계박람회가 민선 5기 시정의 호재와 악재로 작용하고 있다는 점이다. 여수세계박람회 개최의 호기를 박람회 사후활용문제에 적극적으로 대응하지 못함으로써 오히려 악재로 작용하고 있다는 점이 여론조사 결과를 통해 분명히 드러나고 있다.

셋째, 여수시 발전과 인구유입을 위한 가장 필요한 시책은 경제적 분야가 다른 분야 보다 강조되고 있다는 점이다. 시민들은 '공단확장 및 일자리 창출'과 '여수세계 박람회 사후 활용'을 가장 중요한 시책으로 선정하고 있는데, 이것은 여수국가산업단지의 배후도시로써 공단활성화를 통한 일자리 창출과 여수세계박람회 사후 활용을 통한 해상관광도시로서의 면모를 갖추어 나갈 때 지역경제 활성화 및 인구유입이 이루어질 것으로 시민들은 판단하고 있다고 볼 수 있다.

넷째, 김충석 시장과 여수시 의회와의 갈등의 책임에 대해 '모두 잘못'이라고 응답한 비율이 높지만, 다수의 시민들은 시장의 독선적 태도에 대한 비판도 크다는 점을 상기할 필요가 있다.

다섯째, 전국 최초로 주민발의에 의해 이루어진 3여 통합 기념일을 여수시민의 날로 제정하자는 여론은 찬성한다는 입장이 56.0%, 반대한다는 입장이 16.6%로 찬성입장이 반대 입장에 비해 매우 높게 나타났다.

여섯째, 2014년 실시되는 지방자치단체장 선거에서 전남도지사 및 여수시장 정당 후보 지지도를 분석한 결과, 전통적인 민주당 후보 지지도가 약화되면서 안철수 신당 후보에 대한 지지세가 확산될 가능성이 큰 것으로 보인다. 또한 지난 지방자치단체장 선거에 불었던 무소속 지지세도 한풀 꺾일 것으로 전망된다.

<참고>

2013년 여수시정 만족도 설문지

□ **시정 수행능력**

1. 김충석 시장의 임기가 어느 덧 끝나갑니다. 그 동안의 시정에 대하여 전반적으로 어떻게 생각하십니까?
   ① 매우 잘하고 있다　　　　　② 잘하고 있는 편이다
   ③ 보통이다(그저 그렇다)　　　④ 잘못하고 있다
   ⑤ 매우 잘못하고 있다

2. 귀하(선생님, 사모님)께서는 김충석 시장이 임기동안 제일 잘했다고 생각하는 시정은 어느 분야라고 생각하십니까?(두 가지만 선택)
   ① 여수세계박람회 개최　　　　② 사회복지제도(시설) 확대
   ③ 지역경제 자립기반 구축　　　④ 교육환경 개선
   ⑤ 관광·문화·예술 진흥
   ⑥ 친환경적 도시개발(교통, 도로, 공단환경)

3. 반면에 임기동안 제일 잘못했다고 생각하는 시정은 어느 분야라고 생각하십니까?(두 가지만 선택)
   ① 여수세계박람회 개최　② 사회복지제도(시설) 확대
   ③ 지역경제 자립기반 구축　　　④ 교육환경 개선
   ⑤ 관광·문화·예술 진흥
   ⑥ 친환경적 도시개발(교통, 도로, 공단환경)

4. 그렇다면 귀하(선생님, 사모님)께서 생각하실 때에 여수시 발전과 인구 유입을 위해 가장 필요한 시책은 무엇이라 생각하십니까?(두 가지만 선택)
   ① 여수세계박람회 사후활용　　② 교육환경개선
   ③ 공단확장 및 일자리 창출
   ④ 문화·체육·사회복지시설 확충
   ⑤ 쾌적한 주거환경 조성　　　　⑥ 해양관광도시

□ 시정현안 대응

5. 김충석 시장이 시의회와 갈등을 빚고 있다는 언론보도에 대해 어떻게 생각하십니까?
   ① 시장이 잘못했다   ② 여수시의회가 잘못했다
   ③ 모두 잘못했다   ④ 잘 모르겠다

6. 여수시가 3여 통합 기념사업을 추진하고 있습니다. 전국 최초로 주민발의에 의한 3여 통합 기념일을 (조례로) 제정하는 것에 대해 귀하(선생님, 사모님)은 어떻게 생각하십니까?
   ① 적극 찬성한다   ② 찬성한다
   ③ 보통이다(그저 그렇다)   ④ 반대한다
   ⑤ 적극 반대한다

□ 지역 정치정세

7. 귀하(선생님, 사모님)께서는 내년 지방자치선거에서 전남도지사로 어느 후보가 적합하다고 생각하십니까?
   ① 새누리당 후보   ② 민주당 후보
   ③ 기타 정당 후보(통합진보당, 진보정의당)
   ④ 안철수 신당 후보   ⑤ 무소속 후보

8. 마지막으로 선생님께서는 내년 여수시장 선거에서 어느 후보가 적합하다고 생각하십니까?
   ① 새누리당 후보   ② 민주당 후보
   ③ 기타 정당 후보(통합진보당, 진보정의당)
   ④ 안철수 신당 후보   ⑤ 무소속 단일 후보

성 별	① 남 ② 여	연령별	① 19세 이상 20대 ② 30대 ③ 40대 ④ 50대 ⑤ 60대 이상

2012 여수세계박람회, 이제 시작이다

이상훈(여수세계박람회 사후활용추진위원회 사무처장, 여수YMCA사무총장)

Ⅰ. 왜 여수는 세계박람회 꿈을 품게 되었나

1. 21세기를 사는 지구인들의 걱정

21세기 들어 시민단체들의 가장 큰 관심은 생명체로서의 지구가 건강한 평화 속에서 온전히 지속가능하게 살아가는 세상을 어떻게 만들 것인가에 있다. 이를 위해 정치, 경제, 사회의 민주화가 필연적으로 이루어져야 한다. 자연환경을 보전하고, 에너지를 지혜롭게 나누고 이용하여 우리의 후손들도 행복한 삶을 선택할 수 있는 권리를 남겨주어야 한다.

그런데 이러한 바람에도 불구하고 사회는 그와 반대의 길로 치달아가고 있어 많은 사람들이 위기의식을 느끼고 있다. UN 정부 간 기후변화위원회의 경고에 의하면 금세기 말에 지구 온도가 6.3°가 높아져 인류가 홍수에 잠기고 심각한 식량난에 빠질지 모른다. 이러한 조짐은 세기 초인 지금부터 벌써 지구 여러 곳에서 나타나고 있다. 쓰나미로 인한 대형재난, 봄가을이 없어지는 한반도, 생태계의 교란 등이다.

그러나 이것을 별로 걱정하지 않아도 될지 모른다. 왜냐하면 이러한 지구온난화의 근본 원인이 바로 화석원료의 사용에 있기 때문이다. 이 거대한 지구를 단 하루 만에 돌 수 있을 정도로, 아니 달나라와 화성까지 오갈 정도로 역동적인 우리의 문명은 다름 아닌 석탄, 석유 등 화석원료에 대부분을 의존하고 있다. 그런데 많은 전문가들이 이 화석원료는 거의 바닥나 금세기 안에는 고갈될 것으로 예상하고 있다. 그렇다면 UN의 경고와 권고가 아니더라도 이제 더 이상 화석원료로 인한 개발과 온난화는 진척되지 못할 것이기 때문이다.

문제는 화석연료의 고갈 그 다음이다. 여기에 21세기는 문명의 전환기라고 주장하는 근거가 있다.

2. 21세기는 문명의 전환이 이뤄진다

현재 구성되어있는 지구 인류사회의 관점에서 보면 江 문명기에서 바다 문명기로 전환하고 있다고 생각한다. 그리고 그 사이에 산업혁명이 있었으며, 20세기에 이미 그 전환의 절반을 이루었고, 21세기에 나머지 절반의 전환을 하게 될 것이라는 생각이 든다.

황하, 메소포타미아, 이집트, 인더스 등 인류의 4대 문명이 강을 중심으로 형성되었다. 강을 문명지로 삼은 것은 인류가 육지부의 삶을 선택했다는 것이다. 농경사회로 긴 시간을 살면서 축적된 경험과 기술, 학문, 상상력은 석탄과 석유를 이용한 기계문명을 만들어 강 문명의 꽃을 피우게 되었다. 그리고 그 꽃은 200여 년의 짧은 개화기를 보내고 화석연료라는 양분의 고갈과 함께 이제 시들어가고 있다.

이제 꽃이 시들면서 그 씨앗은 어디에 뿌리를 내릴까? 아마도 바다가 아닐까! 바다에서 새로운 식량을 찾고, 주거공간을 만들고, 비즈니스의 시장이 형성되지 않을까. 아가미와 오리발이 없는 인류가 그것이 가능할까? 아마 가능할 것이다. 산업혁명을 頂点으로 하는 강 문명이 달과 화성을 오가는 기술까지를 준비한 것은 바로 새로운 바다문명기를 대비한 유산일 것이기 때문이다.

4대 강 문명 조성기에서 산업혁명 직전까지의 수천 년의 세월 동안 동일한 문명의 느슨한 흐름 속에서 살다간 숱한 우리의 선조들이 있었다. 또한 산업혁명기에 태어나 새로운 문명의 전환을 이루고 있는 21세기에 지금 살고 있는 우리들이 있다. 그리고 또 다른 문명의 전환이 이뤄지고 있다. 그 전환점에 우리가 서 있다는 것이 사실이라면 참으로 흥분되는 일이 아닐 수 없다.

3. 새로운 문명의 바다를 어떻게 바라볼 것인가?

인류의 역사는 도전과 정복의 역사라고 규정하기도 한다. 그래서 인류는 때로는 느리게 때로는 급격하게 변화와 발전을 이뤄왔다. 그러나 모든 도전과 정복이 아름다운 것은 아니었다. 정치적 적에 대한 죽임을 통해 자신을 배불리우는 전쟁의 역사가 있었다. 그보다 더욱 끔찍한 역사는 자연을 정복하여 욕심을 채우는 것이었다.

이제 새로운 문명으로서의 바다를 우리는 어떻게 바라볼 것인가!

다시금 지난 문명처럼 바다를 영토로 여기고 정복의 대상으로 삼을 것인가! 아니면 육지에서 쫓겨난 인류를 받아주고 품어주는 고마운 자연의 품으로 삼을 것인가.

이제 새로운 문명의 터전에서 전쟁은 반복되지 않아야한다. 뺏고 빼앗기는 가운데 시커먼 연기와 살기등등한 탐욕이 도전과 정복이라는 미화된 가치로 포장되어서는 안 된다. 서로의 국경선을 긋고 총부리를 맞대어서도 안 된다. 더 크고 빠른 고래를 자가용 삼았다 하여 작은 물고기와 더불어 살아가는 이들을 업신여겨서는 안 된다.

우리가 태어나기 전에 이미 어머니의 자궁 안처럼 따뜻하고 평화로운 세상, 생명을 나누는 세상이 새로운 문명의 역사에는 기록되어야 한다. 그러한 상상력으로 우리는 새로운 문명을 꿈꾸어야한다.

그래서 내가 일하고 있는 여수YMCA에서는 갯벌과 연안, 섬의 아름다움과 소중함을 널리 알리기 위해 여러 가지 프로그램을 실행해왔다. 특히 아이들이 바다를 찾아 생명과 화해의 기운을 얻게 하고, 이를 각종 오염으로부터 지킬 수 있는 파수꾼이 되도록 교육하고 바다쓰레기 청소를 하는 프로그램을 소중히 여기고 있다. 이러한 일은 비단 여수YMCA뿐만 아니라 환경단체, 여성단체, 복지단체 등 여수지역의 거의 모든 시민단체들이 함께 힘을 모아 해오고 있다.

우리는 이런 일이 단지 자연의 일부를 지키고 보호하는 운동을 넘어서서 미래의 우리 사회가 반목과 투쟁이 아닌, 화해와 상생을 통해, 인간과 인간이, 인간과 자연이 서로 조화하는 아름다운 세상을 일구는 새로운 세기의 첫걸음이 될 것이라는 믿음을 가지고 있다.

4. 꿈을 이루는 세계박람회이므로…

물질적 발견과 발명, 새로운 문물의 가치를 집약해 보여주는 세계박람회의 역사는 바로 인류의 꿈의 역사였다고 생각한다. 박람회 전시장에 전시된 물품은 곧 세계 인류의 진보의 척도가 되었고, 향후 발전의 방향과 가치관을 제시해주었다. 그런 점에서 박람회는 현재의 집약과 미래에 대한 확산을 보여주었다. 바로 여기에 박람회가 단지 물건의 전시장이 아닌 정신, 꿈의 발표장이라는 평가를 받는 이유가 있다고 생각한다.

이제 인류가 직면하게 된 꿈 중의 꿈! 문명의 전환이라는 거대한 꿈을 세계박람회가 어떻게 담아 전 인류에게 보여줄 것인가!

삼면이 바다인 대한민국, 그 중에서도 해안선의 한 가운데 위치한 여수가 바다를 주제로 하는 세계박람회를 개최하고자 계획을 세울 때 나는 열광적으로 지지하였다. 여수, 바다, 박람회, 이 중 내 꿈의 방점은 어디에 있을까. 물론 셋 다에 있다.

치열한 투쟁의 역사로 점철했던 육지부의 인류역사가 화석연료의 고갈과 힘께 마감되고 어머니의 자궁 같은 따뜻하고 평화로운 바나 문명으로 새롭게 시작되는 꿈, 그 꿈이 누구에게나 평등하게 열려있는 세계박람회를 통해 현실로 전시되고, 그 전시장 가운데에서 바로 내가 자원봉사 옷을 입고 세계인과 함께 만나는 꿈!

바로 이것이 우리가 21세기를 맞으며 여수 앞바다를 보면서 꾸었던 꿈이다.

바로 이것이 우리가 2012 여수세계박람회가 유치되기를 바라면서 꾸었던 꿈이다.

II. 여수세계박람회의 꿈, 사후활용으로 현실이 된다

1. 세계박람회에 있어 사후활용이란 무엇인가

2010년 1월말, 여수항만청 회의실에서 여수박람회 조직위원회 주최로 열린 '박람회 사후활용 용역보고회'에서 조직위와 용역사 측은 여수시민들의 거센 성토 앞에서 쩔쩔맸다. 개최 후 대부분 시설을 헐고 부지를 매각해 투자비를 회수하는 것이 최선의 사후활용방안이라는 용역내용 때문이었다.

10년 넘게 여수박람회에 명운을 걸고 매달려온 여수시민들에게 사후활용이란 그런 개념이 아니었다. 개최준비를 위해 SOC를 구축하고 볼만한 전시콘텐츠를 많이 만들어 관람객들이 여수를 찾게 만드는 것도 중요하지만, 박람회가 끝난 후 전시시설을 활용해 향후 지역의 발전그림을 어떻게 그려야 하는가가 진정한 사후활용의 의미인 것이었다.

그런데 조직위는 2012년도 3개월 장사하고 수지계산 맞춰 적자만 면하면 된다는 식의 발상을 하고 있음이 이 용역을 통해 드러난 것이다. 호된 성토를 당한 후 용역을 다시 하겠다고 했지만 이후 뾰족한 계획은 다시 수립되지 않은 채 박람회는 치러졌고 개최 1년을 넘어선 아직까지도 사후활용에 대한 명료한 계획은 보이지 않는다.

세계박람회의 가장 근본적인 가치는 전 세계인이 함께 모여 인류문명의 방향을 예측 또는 제시하고 공유하는 데 있다. 그 방향 제시는 주제에 있다. 산업화시기에 어떤 기계발명품이 나오느냐에 따라,

어느 나라에서 나오느냐에 따라 인류의 삶의 질과 세계질서가 달라졌으므로 박람회 주제는 단연 발명품, 과학, 기술 등이었다. 이 주제로 박람회를 개최한 나라와 도시는 전 세계의 공업, 기술, 과학 분야를 주도하는 중심지, 강대국이 되었다.

20세기 말부터 환경오염의 위기가 대두되고 인류의 관심이 높아지자 박람회도 자연환경(아이치), 물(사라고사), 생태(상하이) 등을 주제로 내걸기 시작했다. 이것은 앞으로 자연환경에 대한 이니셔티브를 쥔 나라나 도시가 세계의 중심이 된다는 것을 의미한다.

이렇듯 주제 구현을 제대로 해낸 박람회가 진정한 성공박람회이며, 주제 구현은 개최 기간뿐만 아니라 장기적 사후활용을 통해서 가능한 것이다. 역으로 사후활용의 핵심은 주제 구현이라는 말이기도 하다. 그래서 우리 여수시민들은 전시계획에 앞서 사후활용계획을 먼저 세워놓고 거기에 맞춰 전시계획을 세우라는 주장을 기본계획 수립 당시부터 주장했던 것이다.

여수박람회의 주제 역시 바다라는 자연환경을 내걸었다. 특히 유치과정에서 세계적 이슈가 된 지구온난화의 해법을 바다에서 찾을 것이며 그 구현방식을 여수선언과 여수프로젝트를 통해 보여주겠다고 약속했고, 이것이 모로코와 치열한 경쟁에서 여수승리의 견인차가 되었다는 분석이 있다.

많이 늦었지만 이제라도 정부는 세계와의 약속을 지키기 위해서라도 사후활용에 대한 깊은 고민과 실천계획을 세워야 한다.

2. 역대 세계박람회의 사후활용 사례

국가	개최연도	주제	특기할 사항	사후활용(성과)	비고
영국 런던	1851	수정궁 박람회	대영제국의 부를 세계 만방에 과시(전 세계 11만 2천여 점 전시)	19만 파운드 수익으로 국립박물관 설립	
프랑스 파리	1889	철 박람회	강철대포 전시	에펠탑 명물	
미국 필라델피아	1876	발명품 박람회	미국독립100주년 기념	그레이엄 벨 전화기 에디슨 발명품	
일본 오사카 일본 쓰쿠바	1970 1985	하이테크산업 박람회 과학박람회	아시아최초 박람회 지식기반산업국가 표방	세계 최고 전자산업 국가로 자리매김 (소니, 파나소닉 등)	
캐나다 벤쿠버	1986	자동차 박람회	박람회 성공을 위해 F1 경기장 건설	낙후됐던 캐나다 서부지역 발전 계기	
스페인 세비야	1992	과학박람회	박람회 개최 이후 공항이용객 3배 증대	박람회시설첨단과학기술단지로 활용	
한국 대전	1993	과학박람회	개발도상국최초의 박람회	국내 대표적 과학 도시로 자리매김	
포르투갈 리스본	1998	바다와 미래	해양박물관 건립 유럽최장의 대교 건설 (바스코 다 가마대교)	혐오시설 부지를 가장 변화한 곳으로 장기적 업그레이드 1일 1만 명 방문	
일본 아이치	2005	지구환경	환경을 위해 기본계획 대폭 축소와 시민참여	시설보다는 환경의 가치를 세계인에 심어주었다는 자긍심	
중국 상하이	2010	생태도시 모델	역대 가장 큰 규모와 관람객 유치	도시화되어 가는 나라 추세에 맞춰 지속가능한 생태도시 모델 창출	
한국 여수	2012	살아 있는 바다와 연안	여수선언과 여수프로젝트	?	

3. 여수박람회가 반드시 성공해야 하는 이유

　　2007년 11월 27일 새벽, 여수시청 앞에 모인 시민들은 눈물, 콧물을 흘리며 기뻐했다. 물경 10년 이상을 내 개인사업, 내 가정사보다 앞세워 갈망해왔던 세계박람회를 유치한 것이다. 여수시민들의 이와 같은 집단적 사고는 과거현실에 대한 불안과 미래에 대한 희망이 버무려진 것이기 때문이다. 반도 끝자락인 지리적 고립감과 소외감, 여수산단으로 인한 바다오염으로 퇴화되어가는 수산업, 갈수록 줄어드는 인구, 그에 따른 열악한 교육과 의료 환경 등 이대로는 안 된다는 불안감이 그것이요, 국제행사인 세계박람회 유치를 계기로 이러한 문제들이 일거에 해소되어 세계시민들이 부러워하는 명품도시로 만들어줄 것이라는 미래에 대한 희망이 그것이다.

물론 불안이 큰 만큼 기대가 부풀려진 측면이 없지 않지만, 정부와 정치권도 세계박람회라는 사탕을 물려주면서 각종 개발계획에서 여수를 제외를 시켜왔기에 여수시민들의 박람회에 대한 집착과 기대는 커질 수밖에 없었다.

그런데 노무현 참여정부가 유치하고 준비와 개최는 이명박 정부에게 떠넘겨진 어쩔 수 없는 정치 환경으로 생긴 지역의 불안감은 점점 커지다가 결국 현실이 되고 말았다. 서울시장 시절 여수시와 자매결연까지 맺어가면서 여수박람회유치를 지지했던 이명박 대통령이 4대강 사업에 몰두하면서 여수박람회 성공개최 준비에 선혀 관심을 보이지 않은 것이다. 여수시민들의 몸부림에 가까운 호소와 항의에도 불구하고 반향이 없었다.

접근성을 높이기 위한 시내간선도로 확충 예산지원도, 크루즈 부두시설이나 공항 확장도 그렇지만 진짜 중요한 주제 구현과 사후활용을 위한 명확한 계획을 수립해야한다는 우려와 걱정 섞인 요청에 귀를 막아버린 것이다. 여수선어의 구체적인 내용에 대한 국민적인 토론과 논의가 필요했지만 밀실에서 학자 몇 사람이 미사여구 수준의 페이퍼 선언문을 만들었을 뿐이며, 그나마 개발도상국들의 해양환경 관련 연구지원 100억 원 규모의 여수프로젝트가 그나마도 절반 정도 집행하고 만 것으로 끝냈다. 과연 이런 정도로 바다를 통한 지구온난화의 해법을 제시한 것이라고 생각하는 것이라면 여수세계박람회는 웃음거리 망신박람회가 되고 말 것이다.

박람회유치 성공 후 김재철 유치위원장은 모로코가 박람회 역사 150년 동안 아시아, 유럽, 미국에서만 했는데 이번에 아프리카에서 열도록 하고 다음번에는 남미에서 열게 해달라고 호소를 하는 것을 보면서 솔직히 걱정되었다고 술회했다(2012 여수세계박람회 유치를 위한 땀과 열정의 보고서, 2008). 그만큼 모로코의 박람회개최 명분도 컸던 것이다. 그런 모로코, 아니 아프리카 대륙인들의 열망을 꺾고 가져온 여수박람회이다.

다른 것은 다 몰라도 세계인에게, BIE 회원국들에게 약속한 기후변화의 해법이 담긴 여수선언과 여수프로젝트 약속을 지키지 않는다면, 여수박람회는 최소한 명분에서 거짓박람회가 되고 만다. 역으로 이를 지킨다면 다른 것은 좀 부족하더라도 성공박람회를 인정받아 사후에 이것을 발판으로 여수박람회 성과를 극대화할 수 있는 발판이 마련되는 것이다.

그런데 3개월 동안 목표관람객 수를 채우기 위해 K-POP 공연과 공짜 관람객 끌어들이기에 몰두하면서 정작 본질적인 주제구현이나 가치창출에는 등한시한 채 박람회는 끝났다. 관람객 목표달성을 하고 나면 그 성과로 원하는 사후활용도 가능하다던 조직위원회는 해산되었으며 또 다시 바뀐 정부와 담당부처의 변경(국토해양부→ 해양수산부), 변경 부처 장관의 임명 지연 등으로 사후활용은 물 건너

갔다는 허탈감만 남았다.

이런 박람회를 위해 지난 15년 세월을 몸부림쳐왔던가 하는 여수 시민들의 허탈감은 감내하더라도, 국격을 외치는 정부에 대한 세계인의 비웃음거리도 차치해두더라도, 3면이 바다인 반도국가로 지구온난화로 인해 쓰나미와 같은 자연재해에 가장 노출되어있는 우리가 이런 좋은 기회마저도 날려버리고 언제 그에 대한 또 다른 대책을 세울 수 있겠는가.

그러므로 새롭게 들어선 박근혜 정부는 여수박람회를 전 정권에서 저질러놓은, 3개월짜리, 30만 소도시의 지역숙원사업정도의 인식을 탈피해 최소한의 정부책임을 다하는 사후활용계획을 재수립해야 할 것이다.

4. 여수박람회 사후활용의 결정적 기회도전과 실패 아쉬움

개최하기도 전에 웬 사후활용 염려인가 하는 정부와 지역 내 일부 시각에도 불구하고 3개월짜리 이벤트가 아닌 공간과 시간에 대한 인류문명의 도전을 위한 세계박람회의 가치에 비춰 사후활용계획을 먼저 세우고 그에 맞춰 전시시설과 부대 계획을 세워야한다는 것이 애초의 전문가 및 지역시민사회의 인식이었으며 요구였다.

그럼에도 요지부동인 정부를 전환적으로 설득하기 위해 여수 EXPO시민포럼이 주축이 되어 내놓은 아이디어가 있었다. 박람회가 끝나고 난 후인 2012년 12월 아시아권에서 열릴 차례인 UN기후변화협약당사국총회를 여수박람회장에서 개최하도록 유치하자는 것이었다. 2012년은 탄소 감축에 대한 교토의정서가 효력이 끝나는 해이다. 2009년 덴마크 코펜하겐총회와 이듬해 멕시코 칸쿤총회에 세계의 관심이 집중되었던 것도 포스트 교토의정서가 나오지 않을까 해서였다. 하지만 여기에서 새로운 협의를 끌어내지 못한 UN은 2012년 막다른 골목에 닥쳐서야 강제성 있는 합의가 나올 것으로 관측하였다. 그렇다면 기후변화의 해법을 바다에서 찾자는 주제로 열리는 2012 여수세계박람회에서 도출한 여수선언을 포스트 교토의정서로 삼는 절호의 기회를 대한민국이 잡을 수 있게 되는 것이다.

이러한 논리를 정리해 청와대를 비롯한 환경부, 관련 유력인사들을 설득한 끝에 이명박 정부가 제18차 총회유치를 공식 선언하고 유치에 나섰지만, 정치경제적인 이유로 카타르에 양보하고 말아 아쉬움을 남겼다. 만일 유치에 성공했다면 여수는 세계박람회 개최도시와 더불어 치열하게 도래하는 기후변화의 시대에 교토를 앞서는 도시지명도를 얻게 될 것이었다. 3만 명의 전 세계인이 참여하는 총회장으로 활용된 여수박람회장은 국제적인 컨벤션과 휴양, 유관산업의 클러스터가 형성되어 지금쯤 힘차게 가동되고 있을 터였다.

비록 이 총회는 놓쳤지만 그 취지와 연관된 세계적인 컨벤션 행사와 회의를 지속적으로 유치, 치러냄으로써 여수박람회의 정신과 가치를 계승하는 결과로 이어질 수 있다는 시사점을 남긴 것은 의미 있는 성과라고 평가할 수 있다.

5. 박람회장 전시장과 전시물들을 어떻게 활용할까?

여수박람회의 전시물 중 그나마 가장 경쟁력이 있는 것이 아쿠아리움이다. 그런데 아쿠아리움이 박람회 기간뿐만 아니라, 사후활용의 거점시설역할을 하려면 계속 수준을 업그레이드해 가야한다. 일본 오키나와 수족관이 1975년 박람회 때에 만들어질 당시에는 볼품이 없었으나, 계속 규모를 키우고 주변에 열대식물원 등을 새로 만들어 지금은 연간 6백만 명의 관광객을 부르는 해양테마파크로 만들어낸 사례를 눈여겨볼 필요가 있다.

또 하나의 대표시설인 Big-O는 수질정화가 생명이다. 해수유통 등 근본적 대책 없이 3개월간 펌핑으로 수질을 유지했는데, 이제 박람회 끝난 후 수질 유지를 어떻게 할 것인지 명료한 계획을 찾아볼 수 없다. 또한 개최기간 공연의 질적 수준을 계속 이어가기 위해서는 콘텐츠 확보와 경영계획이 안정적으로 마련되어야 한다. 지역문화예술계가 그 과정에 많은 역할과 몫을 감당할 수 있도록 운영에 적극 참여할 수 있도록 예산과 제도적 지원이 뒷받침되어야 한다.

물류창고를 연상시킨다는 평가를 받는 국제관은 남해안의 대표적 컨벤션센터로 만들어야한다는 요구를 받고 있다. 30만 도시 여수에 무슨 컨벤션이냐는 비아냥거림이 있지만, 박람회로 인해 거미줄처럼 형성한 도로와 교통시스템으로 이제 여수박람회장 바운더리는 목포에서 부산까지 4백만 인구를 갖게 되었다. 인구 1만 명 남짓의 스위스 다보스가 세계경제포럼으로 세계도시가 된 사례를 떠올려야한다는 것이다. 그간 남해안이 낙후된 것은 수도권 집중의 결과인데 이제 와서 집중인프라가 없어 투자할 수 없다는 논리는 허구임이 이미 드러났다. 세계박람회 개최를 통해 그것을 극복하자는 것이었던 만큼 국제회의가 가능한 컨벤션을 국제관을 활용해 만들어야 하는 것이다.

한국관을 기념관으로 만드는 것으로 방향이 잡혀있지만 그 예산이 고작 50억 원 정도라는 것은 우려스럽다. 기념관이 반드시 크고 웅장해야한다는 것은 아니지만 과연 그 정도로 여수세계박람회의 유산을 다 담아낼 수 있을지 의심스럽기 때문이다. 유치당시 오동도 앞에 지었던 홍보관이 37억 원짜리이다. 많은 사람들이 볼 것 없다며 혀를 찼었다. 그야말로 기록사진과 영상 전시 몇 점 해 놓고 말 것이 아니다. 모름지기 15년 땀과 열정, 추구했던 가치와 철학, 개최기간 참여했던 104개국, 10개 국제기구의 메시지, 향후 이어가야 할 여수선언과 여수프로젝트의 정신, 그리고 이 모든 것을 아우른 아카이브를 과연 50억 원으로 담아낼 수 있을까?

매사 이런 우려와 고려사항이 발생할 것이다. 그러니 이왕 늦은 것 시간 핑계대지 말고 세세히 검토하고 계획을 세워 제대로 된 활용계획을 세워야한다.

6. 국립해양기후변화체험센터가 필요하다

박람회 기간에 인기를 끌었던 주제관과 기후환경관을 제대로 활용하지 못하고 있어 답답하기만 하다. 한국관 역시 '탄소제로건축물'로 만들어놓고 그 의미를 부각시키지 못하는 모습을 보면서 사후활용에 대한 전반적인 철학의 부재를 통탄하지 않을 수 없다.

그래서 이런 시설을 활용해 별첨 자료와 같이 '국립해양기후변화체험센터'를 만들자는 주장을 한다.

지진에 취약한 일본이 전국 곳곳에 지진예방과 체험훈련관을 많이 만들어 국민교육용으로 활용하듯이, 쓰나미와 같은 지구온난화 재난에 취약한 지리적 특성을 가진 우리나라에서 꼭 재난을 당한 뒤에야 대책을 세우느라 법석을 떨 일이 아니라, 해양박람회를 기해서 이러한 체험훈련센터를 만들어 운용한다면 그것 자체가 박람회 정신을 실현하는 좋은 사례로 남을 것이다.

대한민국의 모든 장교가 광주 상무대를 거치듯, 대한민국의 모든 국민들이 기후재난에 대한 심각성을 깨닫고 그 실제대응훈련을 여수박람회 전시장에 마련된 기후변화체험센터에 와서 하는 것이 자발적 의무처럼 된다면 그것만으로도 여수박람회는 성공한 박람회가 될 것이다.

사실 박람회 폐막 후 정부가 박람회장 부지와 시설 매각공고를 했지만 사겠다는 민간 기업이 없어 부지가 방치되고 있다. 정부는 이 부지가 상업 및 신해양 녹색복합단지, 해양 레저와 휴양시설로 개발되기를 바라지만 수지타산이 생명인 기업은 회의적인 것이다. 여러 요소가 있겠지만 무엇보다 박람회장에 코어시설이나 킬러콘텐츠가 없다는 것이 기업들의 분석이다. 즉, 경제적 논리와 상관없이 사람이 모여들 수 있는 시설이 있어야 그 주변으로 관련 산업과 휴양레저시설이 들어설 수 있다는 것이다.

우리는 그것을 해양기후변화체험센터로 정하자는 것이다. 그래야 정부가 원하는 민간자본 유치와 안정적인 수익구조 확보로 시속가능한 박람회 사후활용이 가능해지는 것이다.

III. 이제 여수는 무엇을 어떻게 해야 하는가

1. 세계박람회의 진정한 가치에 대한 인식을 공유하고 그에 맞춰 가장 바람직한 사후활용 방향을 정리, 관철시켜야 한다

성공박람회에 대한 여수시민들의 열망은 하나같지만 과연 무엇이 성공인가 하는 대목에서는 각양각색인 것이 사실이다. 도로만 잘 뚫리면, 관광객들이 많이 와 돈 많이 쓰고 가면, 시민들의 의식수준이 높아지면, 바다가 깨끗해지면 등등…….

어느 바람도 틀린 것은 아니지만, 세계가 지켜보고 참여하는 국가행사라는 점에서 주최 시민들의 품격은 성공박람회의 중요한 요소이다. 특히 한몫 볼 기회로서만 박람회를 인식한다면 세계시민이 아닌 우리 스스로 천박한 시민이라는 굴레를 쓸 수 있다.

돈을 벌 목적으로 그림을 그리지는 않았지만, 고흐 그림은 가격을 매길 수 없을 정도로 고가이다. 하지만 돈을 벌 목적으로 그려진 이발소 그림은 싸구려를 벗어나지 못한다. 우리 스스로 우리가 바랐던 세계박람회의 주제나 정신, 그 구현에 대한 자긍심을 먼저 가져야한다. 박람회는 끝났지만 시민 누구나 이해하기 쉽고 설명하기 쉬운 박람회개최도시 여수 만들기 가이드북을 만들어 반상회 등을 통해 지속적인 교육을 해가야 한다. 사실 이런 일들은 박람회 개최와 상관없이 국제해양관광도시를 지향한다면 기본적으로 해야 할 일이 아닐까?

2. 지역 각 영역기관들이 유기적 협의체를 만들어 사후활용에 대한 혼란 없는 지역논리와 요구, 지향을 만들어야 한다

여수시와 지역구 국회의원, 여수시의회, 여수세계박람회 사후활용 추진위원회 등 관련기관들이 그간 가지고 있었던 박람회 관련 각각의 입장을 하나로 조율해 정부로 하여금 제대로 반영시키도록 협상하고 압박하는 일을 해야 한다.

여수박람회는 애초 정부 주도가 아닌 지역 주도의 성격이었다. 김영삼 정부의 정치적인 고려로 발상되었지만 이후 도전과 실패, 재도전과 성공 과정 전반을 지역의 뜨거운 열정과 주도적 참여로 만들어낸 것이다. 그러므로 사후활용 역시 그 주도적 과정을 속속들이 알고 있는 지역이 가장 올바르고 현실적인 방안을 만들어낼 소지가 많다.

그런데 이제 와서 지역이 사후활용에 대한 입장과 방향을 각기 제이해관계로 달리한다면 정부는 이것을 빌미로 발을 뺄 것이다. 그러니 정책결정의 힘을 가진 국회의원, 시장, 시의회가 사후활용추진위원회 등 민간과 머리를 맞대고 단일한 방향을 설정하고 이를 정부에 반영시키는 일에 빔지역이 나서야 어느 정도 관철할 수 있을 것이다. 이것이 그간 15년 박람회 추진과정에서 힘없는 지역이 힘센 중앙정부를 상대할 때 얻은 교훈이었음을 상기할 필요가 있다.

3. 지역이 핵심콘텐츠이다. 세계에서 단 하나뿐이기 때문이다

올레 필립슨 여수세계박람회유치위원회 자문위원은 이렇게 말한다. "6차례의 세계박람회를 보아온 나의 경험에 비춰 내가 해줄 수 있는 조언은 다른 박람회가 무엇을 했는가에 지나치게 개의치 말아야 한다는 점이다. 성공적인 박람회는 자국 고유의 영감에 따라 계획되고 실행되어졌다. 다른 과거 박람회의 콘텐츠를 흉내 내는 일은 독창성을 저하시킬 우려가 있으며, 독창성이야말로 여수세계박람회를 성공시킬 가장 중요한 요소이다."(2012 여수세계박람회 유치를 위한 땀과 열정의 보고서. 2008)

현재 박람회 전시장 안에 남아있는 전시물들 중 세계에서 하나밖에 없는 것은 과연 무엇일까? 아쿠아리움도 어지간한 세계적 관광도시라면 다 있다. 디지털 전시물도 지난 상하이박람회 전시장에서 그 피로증이 지적될 정도로 이제 보편화되어 있다. 물론 IT강국인 우리나라에서 좀 더 나은 기술을 보여줄지는 몰라도 사후활용 측면에서 보면 얼마가지 못해 퇴출될 것이다.

그렇다면 남는 것은 역시 여수이다. 여수의 맑은 바다, 여수의 아름다운 섬, 여수의 풍부한 먹을거리, 그리고 고기 잡는 여수사람들, 여수의 노래, 여수의 춤, 여수의 동네골목, 여수의 바람과 햇빛은 세계 어디를 가도 볼 수 없는 여수만의 콘텐츠이다.

박람회 전시장에 온 국내외 관람객들을 여수시내와 돌산, 화양면으로 이끌 절묘한 유인책과 인프라 구축이 필요하다. 아울러 여수의 콘텐츠를 박람회 전시장 안에 들여 전시할 필요도 있다.

이제는 전 국민들에게 알려진 금오도 비렁길을 초창기에 갔을 때 일이다. 마을 어귀에서 만난 금오도 아주머니 한분이 우리 일행을 보더니 "뭘 볼 것이 있다고 여기까지 오셨을까?" 하셨다. "아이고 이렇게 좋은 데가 또 어디에 있답니까!" 했더니 "허기사 안본 것이 굿이라 합디다!" 하신다. 처음 보는 것은 죄다 신기하고 볼만하다는 뜻이다.

이렇듯 가장 여수적인 것이 가장 세계적인 것이요, 세계에 하나밖에 없는 것이 가장 핵심적인 콘텐츠인 세상이다. 이도 저도 없는 지자체에서는 실재하지도 않은 홍길동, 심청이라도 축제 소재로 팔아먹기 위해 몸부림하지 않던가. 버젓이 존재하는 여수를 잘 다듬어서 세계시장에 내어놓을 장터로서의 세계박람회를 만들기 위해 지역 구성원 누구나 할 것 없이 지혜와 아이디어와 품을 모으는데 지역의 모든 지도자들과 시민들이 머리를 맞대야 할 때이다.

Ⅳ. 여수세계박람회 사후활용추진위원회의 제안과 주장

2012년 8월 12일 여수세계박람회는 끝났다. 하지만 이날은 3개월 이벤트가 끝난 날이며 본격적인 여수세계박람회의 시작된 날이기도 하다. 고흥 나로호 발사 성공했다고 해서 우주실험이 끝난 것이 아니라 이제부터 시작인 것과 같은 이치이다. 박람회를 통해 얻고자 했던 많은 가치와 목표들에 대한 도전이 이제 시작되는 것이다.

그래서 개최 준비와 개최기간 활동했던 '여수시준비위원회'와 '여수EXPO시민포럼'이 헤쳐모이고 경남서부권과 전남동부권 10개 시민사회 지도자가 함께 결성한 '여수세계박람회 사후활용추진위원회'

는 그간 연구모임과 워크숍, 각종 논의를 거쳐 다음과 같이 대안적인 주장을 정리하였다.

1. 여수세계박람회는 대한민국 정부가 세계 5대 해양강국으로 발돋움하기 위해 전략적으로 유치, 개최한 국가프로젝트인 만큼, 그 전시장과 콘텐츠를 해양자원 개발의 밑거름으로 활용해야 한다. 박람회가 끝나자마자 정부선투자금(5천여억 원) 회수하는 것으로 사후활용 아닌 사후청산을 하는 것은 이런 전략을 부정하는 것이며, 전체 투자금 2조1천억 원을 3개월 이벤트비용으로 날리고 마는 예산낭비의 전형 사례로 남아 여수박람회를 먹칠하는 결과가 될 것이다. 이 투자금을 재투자해 21조, 210조 원 가치의 해양자원으로 만들어낼 계획을 수립하는 것이 옳다.
그 계획의 일환으로 전시장 시설을 활용해 국립해양기후변화체험센터를 만들어 전국의 학생, 각 공공기관 종사자, 일반국민들이 단체 및 개인으로 체험할 수 있도록 하면 공익적 기능과 박람회주제구현이라는 멀티효과를 거둘 수 있을 것이다.

2. 여수세계박람회는 바다에서 기후변화의 해법을 찾아 인류미래 공영발전에 기여한다는 세계와의 약속으로 유치, 개최한 세계인의 박람회이다. 이 약속의 실천 프로토콜인 여수선언과 여수프로젝트가 선언적 구호에 그치지 않고 전 세계의 기후변화 해법 찾기의 실마리로 만들 대책을 세워야 한다.
이를 위해 전시장시설 활용을 지나치게 민간자본에만 의지하지 말고 정부의 기후변화대응정책과 재원을 연계하여 선도적으로 계획을 수립, 실행하면 이를 이어 민간사업자의 투자도 활성화 될 것이다. 이와 관련 전혀 새로운 계획과 재원을 만들지 않더라도 이미 각 정부부처에 기후변화대응 정책과 예산이 세워져 있을 것인바 이를 활용하면 오히려 재원절약의 효과를 거둘 수 있을 것이다.

여수선언과 여수프로젝트는 박람회 유치를 위해 세계 140여 BIE 회원국들을 상대로 약속한 사안이다. 그러므로 이의 실현은 선택의 문제가 아닌 국격과 직결된 중대한 외교 사안이다. 이를 실행치 않아 발생할 국가적 망신을 박람회개최지 여수가 뒤집어쓸 수는 없는 일이다.

3. 여수세계박람회는 대한민국 남해안시대를 열기 위해 남해안의 한 가운데인 여수에서 개최한 국가의 지역균형발전 정책으로 유치, 개최되었다. 그러므로 '남해안시대' '남해안프로젝트' '남해안선벨트' 등 역대정권 구호로부터 다시 '동서통합지대'라는 박근혜 정부의 남해안공약이 선심남발용 정책이 아니라면 활용방안을 찾지 못해 방치되고 있는 저 세계박람회장부터 활용해 그 진정성을 보여줘야 한다.

특히 부활한 해양수산부가 예전처럼 위상을 찾지 못해 폐지되는 수모를 다시 겪지 않기 위해서는 여수박람회장을 소중한 자산으로 삼아 해양시대, 남해안시대의 전초기지로 삼아야 한다.

4. 여수박람회 재단의 역할이 매우 중요하다. 여수세계박람회 사후활용의 주체로 정부가 설립한 재단이 출범하였다. 하지만 애

초의 기대와 달리 재단의 규모와 재원은 초라할 정도이다. 누가 봐도 사후활용보다는 사후청산을 염두에 둔 모양새이다.

재단 정관을 보면 사후활용을 주도하기보다는 여타 기관에서 하는 일을 지원하는 정도로 되어 있다. 뒤늦게 취임한 해수부 장관도 대통령업무보고에 여수박람회 사후활용 부분은 뺐다. 벌써부터 지역사회의 요구와 정부의 무관심 가운데에서 곤혹스러워하는 모습이 보인다.

연유가 무엇이든 결국 박람회 성패의 책임에서 재단은 누구보다 자유로울 수 없다. 지역이나 정부에 탓을 돌리는 것도 힘이 있을 때에 가능한 일이다. 그러므로 재단은 역사적 소명감과 책임의식을 먼저 가져야 한다. 그리고 그것을 위해 최선을 다해야 한다.

우선 지역과 머리를 맞대고 바람직한 방향과 계획을 세우는 일에 몰두해야 한다. 정부에 그것을 관철시키기 위해 앞장서 노력해야 한다. 필요하다면 정부와 맞설 각오도 해야 한다.

V. 마치면서

1962년, 과학을 주제로 열린 미국 시애틀박람회장에 아빠 손을 잡고 따라온 7세 소년이 뚫어지게 전시물을 바라보고 있었다. 이 소년은 후에 자서전에 자신이 과학자가 되기로 마음먹은 것이 바로 이때였다고 적었다. 그 소년의 이름은 빌 게이츠이다.

작년 3개월 동안 여수박람회장에는 820만 명의 관람객이 다녀갔다. 연인원임을 감안하더라도, 다는 아니더라도 그 중 몇 명은 바다에 대한 새로운 눈과 생각을 떴을 것이다. 그리고 그 중 몇 명의 청소년은 장래 진로에 결정적인 동기를 얻었을지도 모른다. 그 중 몇 명은 자서전을 쓸 정도로 업적을 세우고 거기에 그렇게 쓸지 모른다. 2012년 여수세계박람회장에서 나의 꿈이 시작되었다고…….

다시 모두에 쓴 여수세계박람회의 꿈을 상기시킨다. 두 가지 생각이 교차한다. 꿈이 깨지는 데에서 오는 허탈감과 분노가 하나이며, 새롭게 꿈을 키워야겠다는 도전의 꿈틀거림이 또 하나이다.

이제 그만하자는 소리도 들린다. 뚫린 도로, 한바탕 추억만으로 만족하자고도 한다. 그 안에는 욕심 그만부리라는 핀잔도 들어있는 것 같다.

하지만 더하고 말 여수세계박람회가 아니다. 그 안에 들어있는 인류문명의 앞날에 대한 방향타는 저 바다의 출렁거림과 함께 우리를 계속 두드릴 것이기 때문이다. 우리는 그에 답해야 하기 때문이다.

여수EXPO시민포럼이 제안한
국립해양기후변화체험센터 설립 건의문
- 여수세계박람회장을 기후변화체험교육 메카로 -
국립해양기후변화체험센터 설립 건의

기후변화대응 해법제시를 주제로 한 여수세계박람회의 유산과 가치계승을 위해 전시장 부지와 시설을 장기적으로 국제기후변화 체험학습 메카로 발전시켜 크게는 국내외 연구발표회 산업전 등으로, 가깝게는 국내외 각 기관 체험교육장, 유초중고생 체험교육장, 수학여행지, 해양휴양레저 관광시설로 만들어 박람회 주제구현과 사후활용 성공을 도모함

□ **주요개요**
○ 체험학습센터란?
- 자연재해로부터 인명, 재산피해를 최소화하기 위해 상시 운영되는 체험시설
○ 우리나라 시설현황
- 서울시 광진구 세종대 앞 서울시민안전체험관과 보라매공원 2곳
※ 일본의 경우 도쿄(4곳), 후쿠오카, 교토 등 시민방재센터 150여 곳 운영 중

○ 주요체험 시설

 - 지진체험, 스크린 활용 화재 진압(직접분사) 훈련, 비상구이용 탈출 체험(실제 연막분사), 홍수 시 대피방법 만화영화 상영 (입체영화 및 4D 시설로 실감 극대화), 풍수해(비바람) 강도 체험, 비상 구급훈련 등.

□ **국내현황(서울시민안전체험관, 광진구소재)**

○ 규모 : 지하 1층, 지상 3층(6,142m²)

○ 시설 : 화재, 지진, 풍수해 체험 등 20여 종 체험시설

○ 소요금액 : 200억 원(서울시 재원 출연)

○ 연간 이용인원 : 16만5천 명(2009년) ※ 2009년 보라매공원 내에 추가 시설 건립

○ 이용방법 : 하루 4회(2일) 및 3회(4일), 1회당 230명

○ 인력 등 : 소방방재청 소방공무원 4인 파견 외 청소 등 외주용역

○ 연간 운영비 : 인건비 외 5~6억 원

○ 기타 : 2007년 10월 이후 입장료 면제

※ 일본의 경우 시민 스스로 연 2~3회 이상 자발적 체험에 참여 할 만큼 호응도가 매우 높으며 후쿠오카의 경우 한국 관광객 의 필수 방문 코스로 활용

□ **기대효과**

○ 기후보호 주제 박람회(적응) 성공개최를 위한 여수시의 의지 표현과 주제반영에 충실코자 하는 상징성 표방

○ 기후변화 전시관 존속 및 설치 미술체험 학습장 등 테마별 시

설확충을 병행 강구해 세계적인 기후변화문제 체험과 학습이 집약된 기후변화 메카로 육성

→ 기후변화 관련 국제회의 및 시설 유치, 국제 연구발표회 개최, 관련 산업전 개최 등을 위한 당위성 확보효과

※ 독일 모바크의 경우 신재생에너지 성공사례로 별도 홍보 없이 현재까지 70여 개 국에서 방문

○ 서울시 외의 국내 전무한 시설을 선점함에 따라 희소성과 체험 시설로서의 높은 상품성을 고려할 때 인근 지자체(광주, 전남, 경남, 충남, 전북) 소재 유아 교육시설 및 초중고 학생, 주민 등의 여수시 방문을 유도

○ 교육적 가치가 높아 수학여행단 유치가 용이하고 2시간 소요되는 체험 시간과 여타 관광지 방문시간을 포함하면 숙박 가능성 거양 효과 기대

○ 기후변화의 전국가적 및 세계적 화두에 따라 여수를 방문하는 관광객에 대한 중요한 체험 콘텐츠 제공으로 관광객 및 가족 단위(휴가철) 관광객 흡인력 강화와 관광객 체류 효과 기대

○ 여수시 이미지 개선, 기후보호도시 인지도 향상, 관광객 유인에 따른 경제적 부가가치 증대 효과

○ 노인(여수시 공무원 및 소방공무원 퇴직자) 일자리 확보, 자원봉사(체험학습 보조) 영역 확대 효과 기대

□ **유치 방안**

○ 여수시가 기후보호 주제 박람회 개최지임을 강조해 필요 시설로서의 당위성 강조

○ 안전행정부의 전액 국비사업을 목표로 박람회 성공개최를 위해 안전행정부가 참여한 사업 및 정부의 기후보호 및 녹색성장 기조 동참을 위한 안전행정부 시범사업 추진 및 성과로 활용토록 설득

○ 여수시의 지리적 특성상 태풍, 홍수 등 자연재해 발생 빈도가 높고 여수산단의 사고 위험성도 잔존해 설치 필요성 설득

□ **예상문제점 및 개선방안**

○ 운영상, 재정상의 문제 예상

- 일정기간 입장료 수입을 통해 비용 상쇄(서울시의 경우 최근까지 입장료 수입 제도 운영)

※ 해양수산과학관(어른 3천 원, 어린이 2천 원, 단체 5백 원 할인 적용) 2010년 11월 16일 현재 입장수입 2억1천4백만 원)

- 전라남도와 사업 공동추진(향후 도비 일부확보) 및 시비 일부 부담

※ 시비부담 대비 경제적 기대효과 및 무형적 가치가 월등

- 노인 일자리 창출 재징과 같은 제도 활용

- 체험학습 보조 자원봉사자 활용 확대로 고정비용 최소화

- 운영비 외 유지보수 비용 전액 국비 지원 명문화(행안부 협의)

○ 향후 유사시설 난립에 대비 초기 시설규모 최대한 확대

- 중남부 지역을 대상으로 하기 때문에 수요자 규모가 크므로 하루 체험시간 및 시설을 확대해 유치 필요

□ **기타**

○ 2012 여수세계박람회 전시시설 중 철거대상인 전시관을 철거
하지 않고 존치시켜 주제와 관련된 시설계획을 세워 활용하도
록 해야 함

○ 환경부 등 정부 각 부처에 계획된 기후변화 및 재난관련 계획
과 재원을 여수박람회장 전시장을 활용해 투입할 수 있는 방
안을 찾아야 함

여수시 청소대행업무 개선을 위한 시민공청회 결과

서희종(여수지역사회연구소 사회조사부장)

Ⅰ. 사업개요

1. 사업명

여수시 청소대행업무 개선을 위한 시민공청회

2. 사업목적

○ 현재 여수시의 생활폐기물을 수집, 운반 및 가로청소 등의 청
　소대행업무를 민간 용역업체가 장기간 수의계약하고 있음.

○ 이로 인해 국민권익위원회와 전라남도로부터 제도개선 요구가
　있어 왔고, 여수시의회에서도 특혜성 시비 논란이 꾸준히 제기
　되고 있음.

○ 이를 해결하기 위해 관계기관 및 전문가, 시민단체 등이 참여하는 시민공청회를 개최하여 효율적인 청소대행업무 개선 방안을 모색하고자 함.

3. 개요

○ 일　시 : 2012년 9월 13일(목) 오후 3~5시

○ 장　소 : 여수지방해양항만청 3층 대회의실

○ 주　관 : 여수지역사회연구소

○ 참　석 : 시민 200여 명

○ 내　용

- 사회자 : 이영일 소장 (여수지역사회연구소)

- 기조발제 : 여수시 위탁사업(청소대행업무) 용역결과보고 요약 발표(김철문 연구원/지방공기업평가원)

- 지정토론1 : 여수시 청소업무의 미래 및 전망(이원준 교수/전남대학교 환경시스템공학과)

　지정토론2 : 여수시 생활폐기물 대행업체 현황 및 문제점, 그리고 대안(전창곤 의원/여수시의회)

　지정토론3 : 청소대행업체의 현실과 어려움(김대석 변호사/온법무법인)

　지정토론4 : 노동조건 개선과 고용승계(김형동 변호사/한국노총 중앙법률원)

　지정토론5 : 친환경적인 청소대행업무 개선방안(문갑태 사무국장/여수환경운동연합)

○ 식 순

　- 국민의례

　- 경과보고

　- 용역결과 발표

　- 지정토론자 발표

　- 방청객 질의응답

II. 사업결과 요약

1. 경과보고(남기원 도시미화과장)

청소대행업무의 과정과 현재

2. 회의 진행 방식

○ 공청회는 발제 20분, 토론 10분을 기준으로 진행

○ 토론자는 각 분야 5명의 지정토론자가 토론

○ 지정토론 각 분야는 시의회, 대행업체, 학계, 업체노조, 시민환경단체 5명

○ 방청객 질의는 서면 질의와 구두 질의를 병행

3. 발제(김철문 지방공기업평가원 연구원)

○ 여수시의 생활폐기물 수집, 운반, 처리사업은 해당업체에서 제출한 사업 계획서 및 예산서를 기준으로 원가 설계서를 작성하고, 수의계약으로 진행하다보니 사업의 관리와 감독의 비효율적이고 과도한 예산지출이 수반되어 현행방식을 유지할 경우 시재정에 부담을 가중시킴.

○ 여수시와 청소대행업체가 제출한 자료를 바탕으로 지방공기업평가원이 분석한 결과에 따르면 쓰레기 발생량, 업체별 계약금액 및 연간 지급액, 노무비, 원가 분석 자료 등을 볼 때 여수시의 현행 청소대행업을 시 직영 및 공기업 위탁하는 것이 효율적이며 연간 25억 원(6년간 159억 원) 상당의 예산을 절감할 수 있음.

○ 여수지역의 특성상 밀집된 구조가 아닌 도서를 포함한 읍면지역이 많아 현 청소대행업체수를 감안할 때 계약 방식을 달리한 일반 경쟁 입찰은 타당성이 아주 낮고, 현재의 수의계약에 의한 위탁관리방식의 개선을 원한다면 지방공기업으로 위탁하는 것이 유리함.

○ 공기업으로 위탁할 경우 장비 구입과 고용 승계 등의 초기비용이 50억 원에 이르고 운영방식 및 방향성 제시에 대한 별도의 검토가 필요함.

4. 지정 토론

가. 토론 1(전창곤 여수시의회 의원)

○ 현재 여수시 청소대행업체의 이윤산출 방법은 비용이 많으면 많을수록 이윤이 커질 수밖에 없는 구조라면서 시의 개선을 요구

○ 지난 2008년 7월 국민권익위의 청소행정 제도 개선 권고를 비롯해 2010년 11월 수의계약이 아닌 공개경쟁 입찰을 요구하는 전남도 감사, 국민권익위원회 권고, 민선 3기 주재선, 4기 최대식, 5기 주연창·전창곤 등 시의원들의 시정 질의 내용과 타 지자체의 사례를 중심으로 시 예산 절감을 위해 반드시 개선돼야 한다고 주장

○ 업체별 분담구역의 비효율성, 인건비 착오 지급, 대행업체 비리(조상묘의 벌초 사역 행위 등) 등을 나열하며 현 청소대행업무의 비효율성을 지적

○ 광주광역시 남구, 대전광역시, 파주시, 제주시의 사례를 들며 수의계약보다는 도시공사나 시설관리공단에서 운영하는 것이 근로자의 자긍심 고취와 예산 절감, 경영혁신을 통해 시민을 위한 선진 청소행정이 가능하다는 등의 장점이 많다고 주장

나. 토론 2(김대석 온법무법인 변호사)

○ 전국적으로 91%의 지방자치단체가 수의계약을 통해 생활폐기물 수집, 운반을 대행하고 있으며, 계약기간 역시 전국 평균 1.4년에 비해 여수시의 1년은 짧아 차고지 확보 및 편의시설에 제대로 투자하고 있지 못함

○ 문제로 지적되고 있는 누적계약기간은 여수보건공사 28년, 여천보건공사 25년, 그린여천환경 14년, 진남위생공사 13년이지만, 장비도입과 청소 인력 운영상 타 지자체도 마찬가지로 전국적으로 10년 이상 누적계약기간 업체는 54%가 넘고 여수시가 타 지자체에 비해 선도적으로 민간위탁을 시행한 점에 비춰볼 때 지나치지 않음

○ 실제 계약 체결과정이 전년도 사업비와 노무비, 유류비 상승률 정도만 적용하고 나머지 경비는 동일하게 편성 제출하고 있는 실정이며 엑스포, 거북선 축제 등에도 비상근무 하면서 불평 없었던 대행사를 폭리 및 공익을 도외시 하는 집단으로 매도함은 옳지 않음

○ 임직원 급여, 인사사고 보상비, 신규 차량 구입 및 대출금 상환, 직원 복리 후생, 법인세 및 수수료 등을 제외하면 실제 남은 금액은 외부에서 상상하는 것 보다 확연히 다르다는 것을 알아야 한다고 주장

○ 용역을 실시하면서 적정원가 산정은 현장 여건과 지리적 특성을 배제하고는 공정한 원가를 산정할 수 없다고 볼 때 용역결과물을 토대로 인원 및 장비를 줄일 수 있다는 지방공기업평가원의 용역은 신뢰할 수 없음

○ 일관성 없는 자료 투입, 일부 업체에 대한 잘못된 분석도 믿기 어려우며, 법규에서 정한 규정대로 여수시가 이행해 준다면 오히려 공정한 업무추진 및 대행업체의 소외됐던 사안 해소에 도움될 것으로 기대한다며 현행 체제 유지를 요구

다. 토론 3(이원준 전남대학교 환경시스템공학과 교수)

○ 청소대행 업무를 도시공사로 이관하는 것은 해답이 아니라며 "전문가 한 명 없는 도시공사에서 어떻게 청소업무를 소화할 수 있겠냐. 노선의 합리화, 장비의 현대화를 통한 경제성 확보가 중요하다"며 경쟁입찰 방식 도입을 주장

라. 토론 4(김형동 한국노총 중앙법률원 변호사)

○ 도시미화원들의 고용형태는 법적으로는 청소대행업체에 속해 있지만 실제로 여수시의 보조금을 통해 노무비가 지급되고, 또 퇴직금을 시에서 적립하고 있음으로 실제 고용주는 여수시이므로 노조와 미화원의 고용승계가 반드시 이루어져야 하고 복지여건 개선을 위해 많은 노력을 기울어야 한다고 주장

마. 토론 5(문갑태 여수환경운동연합 사무국장)

○ 수의계약에 의한 민간위탁은 많은 문제점을 드러내고 있어, 이를 해결하기 위해서는 여수시가 직접 직영하는 형태로 운영해야 함

○ 김충석 시장은 공약에서 도시공사를 폐쇄한다고 주장했으며, 도시공사는 현재 적자와 해체수순을 밝고 있기 때문에 도시공사에 위탁하는 것은 현실에 맞지 않고, 또 다른 예산낭비와 조직 이기주의만 야기시킬 우려가 큼

○ 조례안에 근거하여 시민모니터단의 실태조사가 형식적이지 않고 실질적으로 점검할 수 있도록 하며, 근로자의 복리후생 등의 복지개선이 필요함.

5. 방청객 질의응답

○ 방청객 질의응답은 중복질의와 시간 절약을 위해 서면질의와
   구두질의를 병행함

○ 김영채(여수참여연대 고문) : 연간 20억 원 정도의 예산 절감
   이 된다면 가능하도록 해야 할 것이며, 미화원과 직원들 처우
   개선과 복지에 쓰여지도록 모색하여야 함, 폐기물량 측정은
   매우 중요한 사안으로 좀 더 투명한 측정이 필요하므로 시민
   환경단체들이 참여할 수 있는 제도적인 장치 마련을 요청, 민
   간위탁 문제 해결방안으로 여수시 직영사업 전환 필요, 기존
   업체 미화원과 직원을 해고하지 않는 등의 인수 조건 필요

○ 김재곤(여수보건공사) : 급여 대장상의 임금총액과 적정금액의
   차이

○ 정현모(그린여천환경공사 총무부장) : 절감액의 산출근거는?

○ 한상필(그린여천환경공사 노동조합) : 시와 대행업체간 합의가
   이뤄지지 않을 경우, 고용승계 방안, 고용승계가 되지 않으면
   퇴직금 수령 후 신규 입사에 대한 방안, 공기업으로 가면 신분
   상승과 예산 삭감의 관계는?

○ 김일두(여천보건공사 총무과장) : 위탁사업(청소대행업체)에 대
   한 경영진단 용역을 실시하면서 일관성 없는 자료와 일부 업
   체에 대한 잘못된 분석을 믿기 어려우며, 적정원가 산정은 현
   장 여건과 지리적 특성을 배제하고는 공정한 원가를 산정할
   수 없다고 볼 때에 용역결과물을 토대로 인원 및 장비를 줄일

수 있다는 지방공기업평가원의 용역은 신뢰할 수 없다고 주장

○ 박종언(그린훼밀리 지부장) : 28년간 수의계약 독점 및 운영의
문제에 대한 해결책으로 시 직영을 주장

여수시 청소대행 위탁사업에 대한 경영진단

-시 위탁사업에 대한 경영진단 용역-

김철문(지방공기업평가원 연구원)

I. 연구개요

1. 연구의 배경

청소대행업무 처리에 따른 적정 인건비 및 제반비용 등 위탁사업비 산정이 필요하고, 효율적이고 안정적인 위탁관리를 위하여 현행 위탁계약체계의 문제점 및 개선방안의 도출이 필요했다.

가. 대외여건

지자체별로 지역주민의 복지 및 삶의 질 향상을 위해 다양한 공공서비스를 제공하고 있고, 특히 생활폐기물 및 공공하수처리 예산규모도 확대되고 있는 실정이지만, 2007년 이후 지자체 재정이 급속도로 악화되고 있는 상황에서 공공서비스의 예산은 줄어들고 있다.

나. 내부여건

생활폐기물 수집·처리·운반, 공공하수처리업무를 외부업체에 위탁하고 있는데 업체와의 계약을 수의계약으로 하고 있으며, 계약금액은 업체에서 제출한 예산서에 근거하고 있어 문제가 제기되고 있다. 일반적으로 생활폐기물의 경우 인구, 인구밀도, 가구 수, 폐기물 발생량에 영향을 받으며, 하수처리의 경우 하수처리량에 영향을 받는다.

2. 연구의 목적

여수시 위탁사업 관리의 효율과 재정 건전성 도모에 기여하고 생활폐기물의 수집·운반·처리 관련 적정인력·장비 규모 산정 및 소요비용 산정하고, 공공하수처리 관련 적정인력·장비 규모산정 및 소요 비용 산정, 현행 위탁사업 운영체계상의 문제점 및 개선 방안을 도출하기 위하여 실시하였다.

3. 여수시 생활폐기물 현황

<표 1> 여수시 생활폐기물 현황

(단위: 톤)

연도	계			생활폐기물			음식물류폐기물			재활용품		
	총계	발생량(톤/일)	원단위(발생량/인구)	소계	발생량(톤/일)	원단위(발생량/인구)	소계	발생량(톤/일)	원단위(발생량/인구)	소계	발생량(톤/일)	원단위(발생량/인구)
2007	88,706	243.0	0.30	53,169	145.7	0.18	26,804	73.4	0.09	8,733	23.9	0.03
2008	87,800	240.5	0.30	53,694	147.1	0.18	24,895	68.2	0.08	9,211	25.2	0.03
2009	90,436	247.8	0.31	55,267	151.4	0.19	25,954	71.1	0.09	9,215	25.2	0.03
2010	80,853	221.5	0.27	47,928	131.3	0.16	25,334	69.4	0.09	7,591	20.8	0.03
2011	76,916	210.7	0.26	45,220	123.9	0.15	25,722	70.5	0.09	5,974	16.4	0.02

폐기물 발생량은 전체적으로 감소 추세를 보이고 있으며, 이 중 생활폐기물과 재활용품 발생량이 계속해서 감소하고 있는 추세이다. 또한 폐기물 비율 중 생활폐기물 비율이 가장 높은 것으로 판단된다.

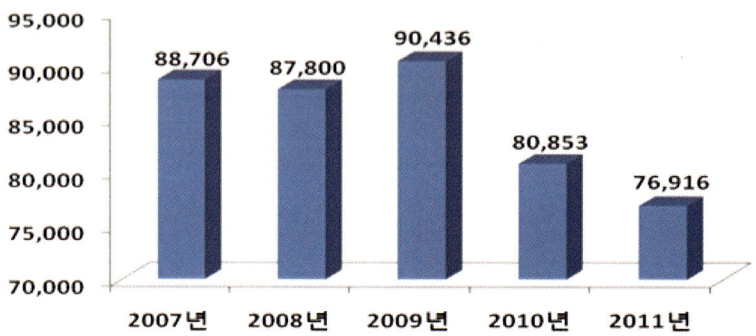

자료: 연도별 대행업체 수거량 근거자료

<그림 1> 연도별 폐기물 발생량(총계)

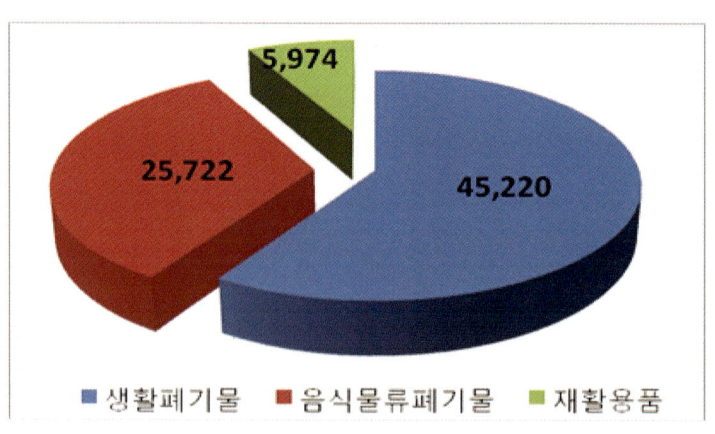

<그림 2> 폐기물 비율(2011년 기준)

4. 여수시 공공하수 발생현황

공공하수처리량 분석결과 하수 및 분뇨 발생량이 2007년 이후 지속적으로 감소하고 있는 추세이다.

<표 2> 처리현황별 발생현황

처리현황별	2007년	2008년	2009년
하수발생량-계	88,040	63,070	61,449
하수처리구역 내	66,746	51,500	50,389
하수처리구역 외	21,294	11,570	11,060
분뇨발생량-계	193.92	189.19	169.88
처리대상량-계	192.39	187.66	168.35
처리대상제외-계	1.53	1.53	1.53
분뇨수집 운반업체-업체 수	7	7	7
시설(차량)현황(대수)-계	13	13	13
3톤 이하	2	2	2
4.5톤	1	1	1
8톤 이하	8	8	8
기타	2	2	2
종사인원	15	25	31

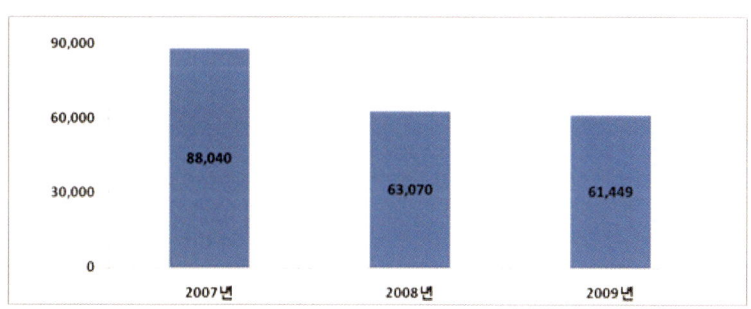

(단위: 톤/일)

<그림 3> 하수발생량

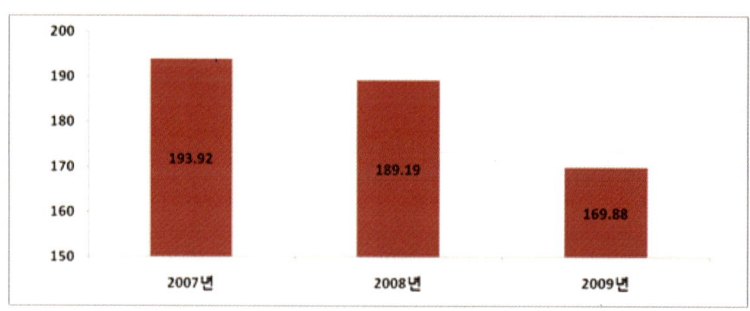

(단위: 톤/일)

<그림 4> 분뇨발생량

II. 생활폐기물 분석 및 운영방안

1. 업체별 인력 및 장비 현황

업체별 인력 및 장비 비교분석 결과 여수보건공사의 규모가 가장
큰 것으로 판단되며 인력비율 분석 결과 대체적으로 가로청소와 생
활폐기물 인력 비율이 높은 것으로 분석된다.

<표 3> 업체별 인력 장비

(단위: 대/명)

구 분	계	총계	관리직	생활폐기물			가로청소	음식폐기물			재활용품		
	장비	인력		소계	운전원	미화원		소계	운전원	미화원	소계	운전원	미화원
여수보건공사	24	137	4	49	15	34	57	15	5	10	12	4	8
여천보건위생공사	15	83	4	26	8	18	32	9	3	6	12	4	8
그린여천환경공사	9	56	3	21	7	14	26	3	1	2	3	1	2
진남위생공사	3	10	1	6	2	4	-	3	1	2	-	-	-

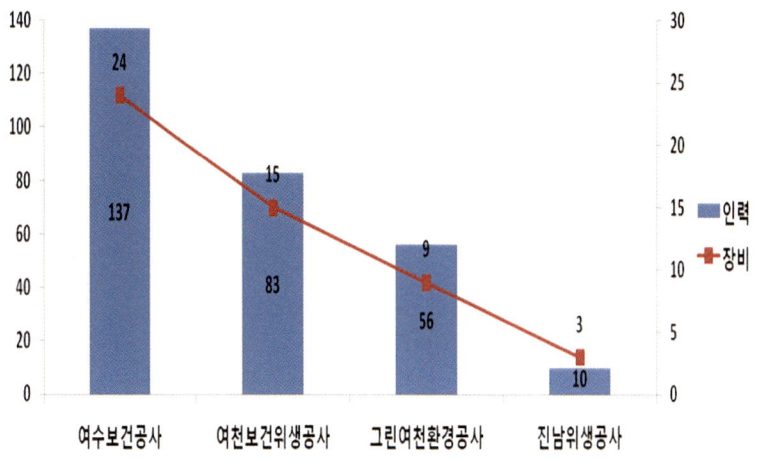

자료: 연도별 대행업체 수거량 계근자료
(단위: 명/대)

<그림 5> 인력 및 장비현황

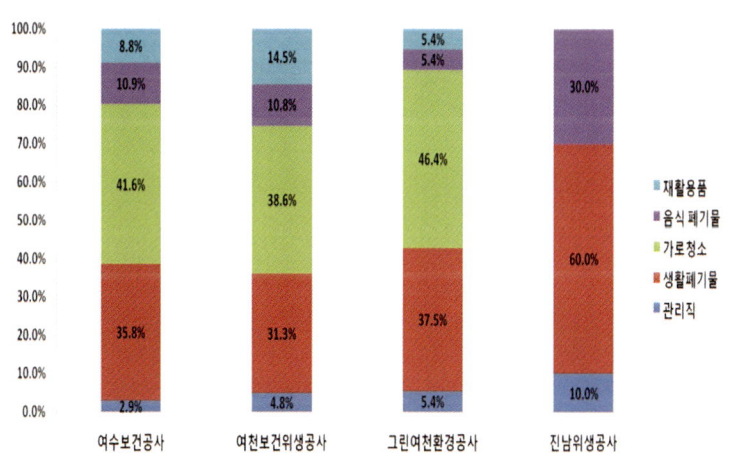

(단위: %)

<그림 6> 분야별 인력 비율

2. 업체별 관리면적, 유류소비량, 운행거리

관리면적의 경우 그린여천환경공사가 가장 넓으며, 연간 유류소
비량 및 연간운행거리에 있어서는 여수보건공사의 연평균 증가율이
가장 높은데 반해 여천보건위생공사의 경우 매년 감소추세에 있다.

<표 4> 업체별 관리면적, 유류소비량, 운행거리

(단위: km², 리터, km)

구 분		2007년	2008년	2009년	2010년	2011년	CAGR
관리 면적	여수보건공사	214	214	214	214	214	0.000
	여천보건위생공사	111.38	111.38	111.38	111.38	111.38	0.000
	그린여천환경공사	249	252	252	252	252	0.003
	진남위생공사	4.23	4.23	4.23	4.23	4.23	0.000
연간 유류 소비량	여수보건공사	229,658	274,928	293,411	301,203	307,158	0.075
	여천보건위생공사	144,570	107,018	121,043	109,439	118,061	▽ 0.049
	그린여천환경공사	113,989	117,720	115,628	116,760	114,097	0.000
	진남위생공사	23,119	20,104	21,747	27,421	25,088	0.021
연간 운행 거리	여수보건공사	834,868	840,310	842,712	842,862	935,287	0.029
	여천보건위생공사	533,485	533,100	508,030	514,103	515,040	▽ 0.009
	그린여천환경공사	390,361	401,304	398,030	398,498	396,375	0.004
	진남위생공사	82,579	81,357	80,572	81,825	75,250	▽0.023

자료: 업체 제출자료

3. 업체별 폐기물 처리량

폐기물처리량에 있어 그린여천환경공사는 매년 증가하고 있는데
반해 타 업체들의 경우 매년 감소하고 있다.

<표 5> 업체별 폐기물 처리량

(단위: 톤, %)

구 분	2007년	2008년	2009년	2010년	2011년	CAGR
여수보건공사	50,615	50,356	53,713	47,635	45,896	▽ 2.42
여천보건위생공사	27,825	27,035	26,203	22,569	21,177	▽ 6.60
그린여천환경공사	5,997	6,191	6,386	6,876	6,893	3.54
진남위생공사	4,269	4,218	4,134	3,773	2,950	▽ 8.83

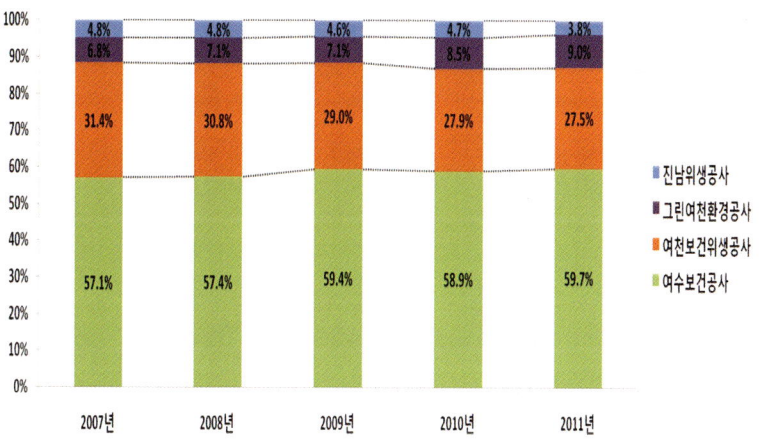

자료: 업체 제출자료

<그림 7> 위탁업체별 생활폐기물 처리 비중

4. 업체별 사업예산액

업체별 사업예산액 분석결과 모든 업체의 예산액이 매년 증가하고 있으며 전체적으로 보았을 때 2009년 이후 연평균 7.14%씩 증가하고 있는 것으로 나타났다.

<표 6> 업체별 사업 예산액

(단위: 천 원, %)

구 분	2009년	2010년	2011년	2012년	CAGR
여수보건공사	7,474,489	7,632,766	8,172,895	8,775,489	5.49
여천보건위생공사	4,690,385	4,685,643	4,953,208	5,179,188	3.36
그린여천환경공사	2,899,605	2,987,165	3,015,121	3,510,731	6.58
진남위생공사	504,077	587,826	642,068	575,149	10.23
계	15,568,556	15,893,400	16,783,292	18,140,557	7.14

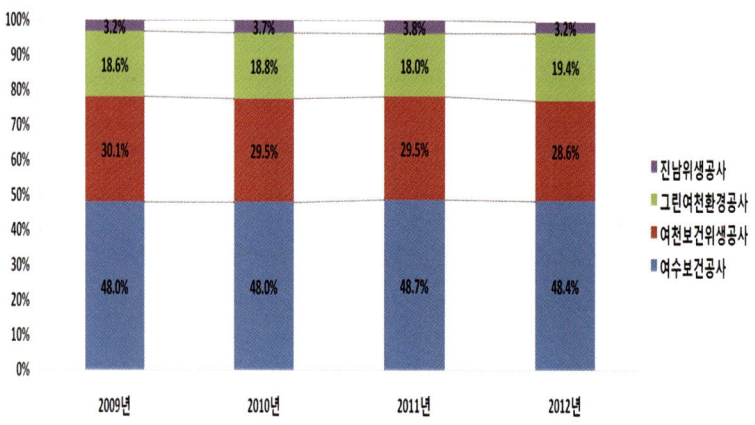

자료: 업체 제출자료

<그림 8> 생활폐기물 사업 예산비중

5. 업체별 유류비, 노무비, 경비

　여수보건공사와 여천보건위생공사에 있어서 매년 유류비가 증가하고 있으며, 노무비는 여수보건공사와 진남위생공사의 증가율이 가장 높은 것으로 판단되고, 경비의 경우 여천보건위생공사와 그린여천환경공사의 증가율이 가장 높다.

<표 7> 업체별 유류비, 노무비, 경비

구 분		2007년	2008년	2009년	2010년	2011년	CAGR
유류비	여수보건공사	311,237	349,578	312,160	327,192	330,459	1.51
	여천보건위생공사	192,855	178,719	168,371	164,705	204,954	1.53
	그린여천환경공사	146,205	155,370	139,566	138,687	145,130	▽ 0.18
	진남위생공사	30,494	29,077	29,621	3,447	29,900	▽ 0.49
노무비	여수보건공사	5,084,582	5,420,891	5,324,145	5,596,488	5,761,099	3.17
	여천보건위생공사	3,355,522	3,240,400	3,277,727	3,310,241	3,460,841	0.78
	그린여천환경공사	1,937,434	2,053,151	2,029,415	2,075,837	2,153,348	2.68
	진남위생공사	338,346	405,985	348,719	419,475	419,039	5.49
경비	여수보건공사	819,380	838,126	870,629	876,775	843,566	0.73
	여천보건위생공사	429,386	484,943	506,959	519,850	505,861	4.18
	그린여천환경공사	267,789	274,340	306,420	312,370	322,261	4.74
	진남위생공사	312,176	201,409	223,085	160,570	251,270	▽ 5.28

자료: 업체 제출자료

6. 원가분석 총론

가. 생활폐기물 수집-운반처리 용역의 원가산정 요령

생활폐기물 수집, 운반, 처리 용역의 원가산정 방식은 지방자치단체별로 그 적용방식이 상이하여 유사조건에서의 수집, 운반, 처리 용역 비용에 대한 지역별 편차가 심하게 발생하는 등 예산의 부적정 집행이 이루어지고 있다.

생활폐기물 수집, 운반 처리 원가계산을 위해서 생활폐기물 수집, 운반, 처리 용역 원가계산서를 수령하고, 관련 비목별 산출근거를 토대로 지자체와 비교를 통해 원가를 분석하였다. 세목별 원가계산서상 핵심요인에 의한 변동비와 고정비를 구분하고, 독립변수로 외부통계 및 벤치마킹 자료를 토대로 향후 발생비용을 예측하였다.

나. 주요 원가항목별 산정기준

항목	내용
재료비	재료비는 생활폐기물 수거를 위해 사용하는 유류비를 통해 산정함
노무비	노무비는 환경미화원, 운전원, 관리직 인건비로 구분하며 임금으로 다음의 기준을 적용 - 환경미화원: 2011행정안전부 미화원 인건비 지급기준 - 운전원: 지방공무원(기능직 10급, 호봉), 보수, 수당 기준 적용 - 관리직: 지방공무원(별정직 해당 직급, 호봉) 보수, 수당 기준 적용
경비	경비는 재료비와 노무비를 제외한 기타 비용의 전부를 포함하며, 차량유지 관리비, 보험료, 피복비, 제세공과금, 기타경비로 구분하여 집계
일반관리비	일반관리비는 지방자치단체 원가계산 및 작성요령(행정안전부예규)에 의한 비율로 산정
이윤	이윤은 지방자치단체 원가계산 및 작성요령(행정안전부예규)에 의한 비율로 산정

7. 업체별 원가분석

가. 여수보건공사 주요 원가

여수보건공사의 총원가가 2007년 대비 2011년에 약 7억 정도 증가한 것으로 나타났는데 이는 순원가 중 노무비의 증가에 기인한 것으로 판단된다.

<표 8> 여수보건공사 주요 원가

(단위: 원)

구 분		2007	2008	2009	2010	2011
재료비	유류비	311,237,620	349,578,080	312,160,340	327,192,855	330,459,243
	소계	311,237,620	349,578,080	312,160,340	327,192,855	330,459,243
노무비	관리직	216,886,972	225,778,570	234,418,831	237,445,658	252,215,500
	청소차운전원	926,962,459	963,587,155	1,030,315,962	1,023,344,085	1,102,890,757
	환경미화원	4,517,079,449	4,829,443,365	4,626,477,377	4,597,101,677	4,995,626,602
	소계	5,660,928,880	6,018,809,090	5,891,212,170	5,857,891,420	6,350,732,859

경비					
차량유지관리비	70,951,660	54,304,050	152,201,550	113,331,225	96,701,637
보험료	257,010,382	232,203,643	230,616,639	206,325,381	218,471,010
피복비	62,768,800	63,280,650	63,346,770	63,336,080	63,567,750
제세공과금	34,014,270	35,644,660	258,481,640	264,389,480	261,435,560
복리후생비	431,509,770	481,630,489	236,898,005	264,342,140	250,620,073
소계	856,254,882	867,063,492	941,544,604	911,724,306	890,796,030
순원가	6,828,421,382	7,235,450,662	7,144,917,114	7,096,808,581	7,571,988,132
일반관리비	294,127,510	166,804,017	279,940,858	98,598,006	275,452,086
이윤	92,406,005	115,231,521	121,206,565	128,813,373	137,465,779
총원가	7,214,954,897	7,517,486,200	7,546,064,537	7,324,219,960	7,984,905,996
감가상각비	231,654,107	354,580,786	171,099,732	166,012,118	168,555,925

나. 여천보건위생공사 주요 원가

여천보건위생공사의 총원가가 2007년 대비 2011년에 약 3억 원 정도 증가하였으며, 이는 일반관리비 증가에 따른 것으로 판단된다.

<표 9> 여천보건위생공사 주요 원가

(단위: 원)

구 분		2007	2008	2009	2010	2011
재료비	유류비	192,855,870	178,719,214	168,371,310	164,705,300	204,954,470
	소계	192,855,870	178,719,214	168,371,310	164,705,300	204,954,470
노무비	관리직	182,829,080	184,655,480	186,225,880	190,058,430	214,089,310
	청소차운전원	544,034,530	554,951,190	569,272,440	601,540,670	644,964,640
	환경미화원	2,628,658,960	2,500,794,210	2,522,229,070	2,518,641,990	2,601,787,100
	소계	3,355,522,570	3,240,400,880	3,277,727,390	3,310,241,090	3,460,841,050
경비	차량유지관리비	57,582,600	68,951,566	69,612,290	79,622,490	72,903,710
	보험료	117,892,060	129,671,730	134,298,160	123,782,790	113,781,895
	피복비	25,492,920	33,733,620	35,826,100	36,357,200	38,248,550
	제세공과금	136,377,730	147,720,380	149,569,030	156,274,040	135,049,055
	복리후생비	182,993,360	179,712,455	202,572,650	203,391,060	174,352,908
	소계	520,338,670	559,789,751	591,878,230	599,427,580	534,336,118

순원가	4,068,717,110	3,978,909,845	4,037,976,930	4,074,373,970	4,200,131,638
일반관리비	37,055,765	393,880,464	280,742,541	400,860,493	215,250,500
이윤	164,061,097	135,854,193	146,845,196	193,999,799	143,039,127
총원가	4,269,833,972	4,508,644,502	4,465,564,667	4,669,234,262	4,558,421,264
감가상각비	96,707,672	196,556,150	167,464,440	243,235,772	146,631,911

다. 그린여천환경공사

그린여천환경공사의 경우 경비 증가가 두드러지게 나타나고 있으며 감가상각비 역시 2008년 이후 매년 꾸준히 증가하고 있다.

<표 10> 그린여천환경공사 주요 원가

(단위: 원)

구 분		2007	2008	2009	2010	2011
재료비	유류비	146,205,310	155,370,440	139,566,720	138,687,090	145,130,140
	소계	146,205,310	155,370,440	139,566,720	138,687,090	145,130,140
노무비	관리직	102,602,270	110,190,690	111,252,850	117,596,400	128,555,290
	청소차운전원	311,258,030	320,967,010	324,974,320	344,101,690	364,059,740
	환경미화원	1,523,573,980	1,621,994,140	1,593,188,090	1,614,139,010	1,660,733,400
	소계	1,937,434,280	2,053,151,840	2,029,415,260	2,075,837,100	2,153,348,430
경비	차량유지관리비	29,859,400	32,115,410	44,550,970	42,255,830	38,022,770
	보험료	55,528,878	53,295,036	61,018,637	60,793,047	61,134,409
	피복비	25,115,000	25,115,000	25,500,000	25,500,000	25,500,000
	제세공과금	14,444,240	14,887,560	14,601,440	18,492,410	13,815,420
	복리후생비	214,988,320	239,232,240	244,188,330	259,695,780	279,590,345
	소계	339,935,838	364,645,246	389,859,377	406,737,067	418,062,944
순원가		2,423,575,428	2,573,167,526	2,558,841,357	2,621,261,257	2,716,541,514
일반관리비		115,762,567	343,224,515	291,925,953	354,865,184	186,526,167
이윤		22,147,519	42,925,045	43,056,631	21,139,407	89,052,987
총원가		2,561,485,514	2,959,317,086	2,893,823,941	2,997,265,848	2,992,120,668
감가상각비		77,778,577	2,365,182	95,209,196	122,452,205	195,510,965

라. 진남위생공사

진남위생공사의 경우 총원가 중 일반관리비가 2007년 대비 2011년에 약 6억 원 가까이 증가하였고 순원가 중 경비도 매년 꾸준히 증가하고 있다.

<표 11> 진남위생공사 주요 원가

(단위: 원)

구 분		2007	2008	2009	2010	2011
재료비	유류비	87,048,358	78,938,134	109,393,045	138,044,678	103,356,054
	소계	87,048,358	78,938,134	109,393,045	138,044,678	103,356,054
노무비	관리직	69,432,280	73,734,032	64,945,060	67,502,164	68,903,384
	청소차운전원	174,739,682	185,565,869	163,446,730	169,882,175	173,408,614
	환경미화원	387,706,761	411,727,555	362,650,324	376,929,081	384,753,430
	소계	631,878,723	671,027,456	591,042,114	614,313,420	627,065,428
경비	차량유지관리비	65,668,060	59,549,821	82,524,578	104,138,968	77,970,357
	보험료	29,516,279	24,018,458	30,244,192	48,040,259	52,844,285
	피복비	4,399,300	5,300,670	4,050,510	2,244,550	2,950,290
	제세공과금	28,530,623	32,601,159	29,991,280	27,728,300	30,501,130
	복리후생비	32,260,182	22,830,250	44,754,092	84,783,146	93,261,461
	소계	160,374,444	144,300,358	191,564,652	266,935,223	257,527,522
순원가		879,301,525	894,265,948	891,999,811	1,019,293,321	987,949,004
일반관리비		180,604,536	148,993,614	271,033,099	400,198,537	863,716,426
이윤		50,454,450	32,101,647	59,346,689	76,719,906	112,443,914
총원가		1,110,360,511	1,075,361,209	1,222,379,599	1,496,211,764	1,964,109,344
감가상각비		82,538,532	89,777,659	56,287,632	32,039,599	35,243,559

8. 적정원가산정

가. 적정원가산정 기준

항목별 적정원가 산정기준을 살펴보면 다음과 같다.

구 분			주 요 내 용
재료비	유류비	단가	OPINET 연평균단가
		수량	과거 5년간 평균연비로 유류소모량 역산
노무비	환경미화원	단가	급여대장상 평균근속연수 반영하여 공무원 급여기준을 준용함
		수량	수거원 1인당 예상수거 쓰레기톤수를 적용하여, 쓰레기 처리량(Ton)당 필요 인원을 산정
	운전직	단가	급여대장상 평균근속연수 반영하여 공무원 급여기준을 준용함
		수량	산정된 적정 차량수를 토대로 차량 1대당 운전원 1인으로 추정하여 인원수를 도출
	관리직	단가	급여대장상 평균근속연수 반영하여 공무원 급여기준을 준용
		수량	과거 5년간 환경미화원당 평균 관리직 인원수를 통해 산정
	가로청소원	단가	급여대장상 평균근속연수 반영하여 공무원 급여기준을 준용
		수량	가로청소 작업 소요시간 분석을 통해 1인 1일 작업거리를 산정하여 소요인원을 산정
경비	차량유지관리비	단가	과거 5년간 총 차량당 총 차량유지관리비의 평균값을 통해 차량유지관리비 단가를 산정
		수량	타 지자체를 벤치마킹하여 상관관계가 높게 나타난 세대수와 청소차량 대수와의 관계를 근거로 하여 함수를 도출하고 적정차량수를 산정
	보험료		노무비에 따른 변동
	피복비		노무비에 따른 변동
	제세 공과금		재료비+노무비에 따른 변동
	기타경비		재료비+노무비에 따른 변동
일반관리비			지방자치단체 원가계산 및 예정가격 작성요령에 의거 재료비+노무비+경비 합계액의 5%로 산정함
정상 이윤			지방자치단체 원가계산 및 작성요령(행정안전부예규)에 의한 비율로 산정함 - 종사원 20인 이하 : 10%(진남위생) - 종사원 100인 이하 : 7%(여천보건, 그린여천) - 종사원 150인 이하 : 6%(여수보건)

나. 적정원가산정 결과

① 여수보건공사

<표 12> 여수보건공사 적정원가 산정 결과

(단위: 원)

구 분			2011년 금	적정금액		차 이
재료비	유류비	단가	330,459,243	1,736	484,055,824	△ 153,596,581
		수량		278,834		
	소 계		330,459,243		484,055,824	△ 153,596,581
노무비	환경미화원/ 가로청소원	단가	4,995,626,602	39,779,436	4,017,723,036	977,903,566
		수량		101		
	운전직	단가	1,102,890,757	37,460,532	973,973,832	128,916,925
		수량		26		
	관리직	단가	252,215,500	40,673,940	122,021,820	130,193,680
		수량		3		
	소 계		6,350,732,859		5,113,718,688	1,237,014,171
경비	차량유지 관리비	단가	96,701,637	4,131,272	107,413,072	△ 10,711,435
		수량		26		
	보험료	노무비 비율	218,471,010	3.80%	187,915,067	△ 30,555,943
	피복비	노무비 비율	63,567,750	1.10%	51,927,433	△ 11,640,317
	제세공과금	재료비+노무비 비율	261,435,560	2.70%	146,078,870	115,356,690
	복리후생비	노무비 비율	250,620,073	5.60%	300,409,478	△ 49,789,406
	소 계		890,796,030		793,743,920	12,659,589
순원가			7,571,988,132		6,391,518,432	1,096,077,179
일반관리비			275,452,086	5.00%	319,575,922	△ 44,123,836
정상이윤			137,465,779	6.00%	383,491,106	△ 246,025,327
총 적정원가			7,984,905,997		7,094,585,460	890,320,537

② 여천보건위생공사

<표 13> 여천보건위생공사 적정원가 산정 결과

(단위: 원)

구 분			2011년 금액	적정금액		차 이
재료비	유류비	단가	204,954,470	1,736	206,127,432	△ 1,172,962
		수량		118,737		
	소 계		204,954,470		206,127,432	△ 1,172,962
노무비	환경미화원/ 가로청소원	단가	2,601,787,100	38,600,232	2,277,413,688	324,373,412
		수량		59		
	운전직	단가	644,964,640	39,090,852	547,271,928	97,692,712
		수량		14		
	관리직	단가	214,089,310	46,314,156	138,942,468	75,146,842
		수량		3		
	소 계		3,460,841,050		2,963,628,084	497,212,966
경비	차량유지 관리비	단가	72,903,710	4,648,969	65,085,566	7,818,144
		수량		14		
	보험료	노무비 비율	113,781,895	4%	107,380,656	6,401,239
	피복비	노무비 비율	38,248,550	1%	29,411,117	8,837,433
	제세공과금	재료비+노무비 비율	135,049,055	4%	127,681,299	7,367,756
	복리후생비	노무비 비율	174,352,908	6%	175,155,916	△ 803,009
	소 계		534,336,118		504,714,554	29,621,563
순원가			4,200,131,638		3,674,470,070	525,661,568
일반관리비			215,250,500	5%	183,723,504	31,526,996
정상이윤			143,039,127	7%	257,212,905	△114,173,778
총 적정원가			4,558,421,265		4,115,406,479	443,014,786

③ 그린여천환경공사

<표 14> 그린여천환경공사 적정원가 산정 결과

(단위: 원)

구 분			2011년 금액	적정금액		차이
재료비	유류비	단가	145,130,140	1,736	200,737,152	△ 55,607,012
		수량		115,632		
	소 계		145,130,140		200,737,152	△ 55,607,012
노무비	환경미화원/ 가로청소원	단가	1,660,733,400	33,589,704	1,377,177,864	283,555,536
		수량		41		
	운전직	단가	364,059,740	35,564,688	391,211,568	△ 27,151,828
		수량		11		
	관리직	단가	128,555,290	36,420,156	72,840,312	55,714,978
		수량		2		
	소 계		2,153,348,430		1,841,229,744	312,118,686
경비	차량유지 관리비	단가	38,022,770	4,151,208	45,663,288	△ 7,640,518
		수량		11		
	보험료	노무비 비율	61,134,409	2.80%	49,378,111	11,756,298
	피복비	노무비 비율	25,500,000	1.20%	21,447,331	4,052,669
	제세공과금	재료비+노무비 비율	13,815,420	0.70%	13,444,988	370,432
	복리후생비	노무비 비율	279,590,345	12.10%	233,704,152	45,886,193
	소 계		418,062,944		363,637,870	54,425,074
순원가			2,716,541,514		2,405,604,766	310,936,748
일반관리비			186,526,167	5.00%	120,280,238	66,245,929
정상이윤			89,052,987	7.00%	168,392,334	△ 79,339,347
총 적정원가			2,992,120,668		2,694,277,338	297,843,330

④ 진남위생공사

<**표 15**> 진남위생공사 적정원가 산정 결과

(단위: 원)

구 분			2011년 금액	적정금액		차이
재료비	유류비	단가	103,356,054	1,736	40,280,408	63,075,646
		수량		23,203		
	소 계		103,356,054		40,280,408	63,075,646
노무비	환경미화원/ 가로청소원	단가	384,753,430	37,323,124	223,938,744	160,814,686
		수량		6		
	운전직	단가	173,408,614	37,372,024	74,744,048	98,664,566
		수량		2		
	관리직	단가	68,903,384	41,136,084	41,136,084	27,767,300
		수량		1		
	소 계		627,065,428		339,818,876	287,246,552
경비	차량유지 관리비	단가	77,970,357	7,273,559	14,547,118	63,423,239
		수량		2		
	보험료	노무비 비율	52,844,285	5.90%	22,215,666	30,628,619
	피복비	노무비 비율	2,950,290	0.60%	2,279,189	671,101
	제세공과금	재료비+노무비 비율	30,501,130	4.10%	17,072,439	13,428,691
	복리후생비	노무비 비율	93,261,461	8.90%	37,001,159	56,260,301
	소 계		257,527,523		93,115,571	164,411,951
순원가			987,949,004		473,214,855	514,734,149
일반관리비			863,716,426	5.00%	23,660,743	840,055,683
정상이윤			112,443,914	10.00%	47,321,486	65,122,428
총 적정원가			1,964,109,344		544,197,084	1,419,912,260

9. 운영방식별 적정원가 예측

위탁사업 운영주체를 기준으로 하여 향후 원가를 예측한 결과 다음과 같다.

○ 생활폐기물 적정 원가 산정 분야를 지방공사가 운영할 경우와 민간위탁체제 유지시를 가정하여 별도로 산정

○ 지방공사가 운영할 경우 2011년까지의 민간운영비를 그대로 유지하고 매년 물가상승률 3% 증가를 가정하여 산정

○ 민간위탁체제를 유지할 경우 2011년까지의 민간운영비에 과거 5개년 연평균증가율을 반영하여 산정하고, 일반관리비와 이윤은 과거 5년간 발생한 순원가 대비 평균발생 비율을 토대로 미래 발생 원가를 추정

○ 민간위탁체제를 유지할 경우 추정금액은 각 업체별 금액의 총 합계액으로 산정

가. 재료비

<표 16> 재료비 비교

(단위: 천 원)

구 분	2012년	2013년	2014년	2015년	2016년	2017년
공사 운영 시	959,136	987,910	1,017,548	1,048,074	1,079,516	1,111,902
민간 운영 시	796,295	809,013	822,065	835,461	849,213	863,333
차 이	162,841	178,897	195,482	212,612	230,303	248,569

재료비 비교결과 공사 운영 시에 발생금액이 더 높은 것으로 나타났으며 2017년에 민간 운영 시와 비교했을 경우 약 2억 5천만 원 정도 차이가 날 것으로 예상된다.

나. 노무비

노무비는 공사가 운영할 경우 2017년에 약 25억 원이 절감되는 것으로 예상된다.

<표 17> 노무비 비교

(단위: 천원)

구 분		2012년	2013년	2014년	2015년	2016년	2017년
공사 운영 시	환경미화원/ 가로청소원	8,133,141	8,377,135	8,628,449	8,887,303	9,153,922	9,428,539
	운전직	2,046,817	2,108,222	2,171,469	2,236,613	2,303,711	2,372,822
	관리직	386,189	397,775	409,708	421,999	434,659	447,699
	계	10,566,147	10,883,132	11,209,626	11,545,915	11,892,292	12,249,060
민간 운영 시	환경미화원/ 가로청소원	9,799,025	9,959,204	10,123,537	10,292,124	10,465,073	10,642,490
	운전직	2,376,540	2,471,730	2,571,068	2,674,734	2,782,915	2,895,807
	관리직	689,401	716,191	744,187	773,444	804,022	835,981
	계	12,864,967	13,147,127	13,438,793	13,740,304	14,052,011	14,374,279
차 이		△2,682,255	△2,658,934	△2,635,954	△2,613,380	△2,591,279	△2,569,725

다. 경비

경비 역시 공사 운영 시 2017년에 약 4.5억 원이 절감되는 것으로 예상된다.

<표 18> 경비 비교

(단위: 천원)

구 분		2012년	2013년	2014년	2015년	2016년	2017년
공사 운영 시	차량유지 관리비	239,690	246,881	254,287	261,916	269,773	277,866
	보험료	377,896	389,233	400,910	412,937	425,325	438,085
	피복비	108,217	111,463	114,807	118,251	121,799	125,453
	제세공과금	313,405	322,808	332,492	342,467	352,741	363,323
	복리후생비	768,658	791,718	815,470	839,934	865,132	891,086
	계	1,807,868	1,862,104	1,917,967	1,975,506	2,034,771	2,095,814

민간 운영 시	차량유지 관리비	303,598	322,792	343,260	365,093	388,385	413,236
	보험료	443,303	441,294	440,244	440,200	441,214	443,343
	피복비	134,367	138,932	144,004	149,632	155,873	162,786
	제세공과금	447,171	453,665	460,288	467,042	473,932	480,961
	복리후생비	831,193	867,012	905,468	946,763	991,116	1,038,763
	계	2,159,633	2,223,696	2,293,267	2,368,734	2,450,521	2,539,091
차 이		△ 351,765	△ 361,592	△ 375,299	△ 393,227	△ 415,749	△ 443,276

라. 총액

순원가를 기준으로 일반관리비, 정상이윤을 포함한 총 적정 원가의 차이를 비교한 결과 공사 운영 시 2017년에 약 24억 정도 절감될 것으로 예상되며 2012~2017년까지 누적절감액은 약 159억 원이 될 것으로 예상된다.

<표 19> 총액 비교

(단위: 천 원)

구 분	2012년	2013년	2014년	2015년	2016년	2017년	누적액
공기업 운영 시 적정 원가	14,515, 943	15,014, 422	15,531, 004	16,066, 392	16,621, 314	17,196, 531	95,731, 166
민간 운영 시 적정 원가	17,433, 662	17,828, 235	18,240, 136	18,670, 235	19,119, 458	19,588, 797	110,880, 523
차 이	△2,917, 719	△2,813, 813	△2,709, 132	△2,603, 843	△2,498, 144	△2,392, 266	△15,934, 917

10. 생활폐기물 위탁사업 운영방안

위탁사업 방식에 있어 지방자치단체 직영방식, 지방공기업 위탁 관리방식, 민간위탁 관리방식에 대해서 검토, 그 결과 지방공기업에

서 위탁하는 것이 공공성, 효율성, 전문성 측면에서 가장 우수한 것
으로 판단되며 다음으로 민간위탁이 적절한 것으로 나타났다.

<표 20> 생활폐기물 위탁사업 운영방안

구 분	직영	지방공기업 위탁	민간위탁
공공성 추구 정도	◎	○	△
수익성 추구 정도	△	○	◎
공공성과 수익성의 조화	△	◎	△
조직의 효율성	△	◎	○
서비스의 질 향상 가능성	△	◎	○
전문성	△	○	◎
원가절감의 가능성	△	◎	○
유관기관 협조체제	◎	○	△
요금인상에 따른 주민부담	◎	○	○
합계	15	22	17

주 1) ◎ 상대적 유리(3점), ○ 상대적 보통(2점), △상대적 불리(1점)
   2) 합계는 각각의 평점을 합산한 결과임

11. 비교분석 결과

가. 1안 - 위탁사업 계약방식 변경

현재, 시행 중인 수탁계약의 단점을 보완하기 위해서는 일반경쟁
입찰 후 업무 실적에 따라 수의계약을 병행하는 방안을 고려해 보는
것이 적절할 것으로 판단된다.

장 점	단 점
■ 업체선정 투명성 확보, 수의계약에 비해 낮은 가격으로 낙찰 가능 ■ 능력 있는 적격업체 선정 가능 ■ 업무 실적제 도입에 따른 인센티브/패널티 부과로 효율적인 사업운영 가능 ■ 업무이행평가를 통한 수의계약 체결로 업체의 전문성 확보	■ 우수업체 탈락 가능, 부적격업체 낙찰로 부실화 우려 ■ 참가업체가 적을 경우 계약이 결여될 가능성 증가 ■ 만약 한 업체가 업무이행실적이 우수하여 연속적인 사업운영을 할 경우 타 업체의 퇴출이 예상되며, 이에 따른 업체 수 감소에 따라 향후 경쟁입찰이 무의미해질 가능성이 높아짐
지역 특성상 위탁사업 참가업체 수가 적어 입찰계약 자체가 어려우며 수의계약으로 인한 업체 수 감소	

나. 2안 – 지방 공사 통합위탁(권고안)

사례분석 지역과 같이 폐기물 처리 업무를 여수지방공사에 통합 위탁함으로써 업무의 효율성 도모하는 것이 바람직할 것으로 보인다.

장 점	단 점
■ 여수시 폐기물 처리 총괄 위탁을 통한관리의 효율성 도모 ■ 지방공기업 평가에 따라 예산의 효율적 운영 및 비용 상승 억제, 효율적인 사업운영 ■ 예산비교 결과 장기적으로 위탁운영비의 절감액이 매우 큼	■ 현재 위탁운영 중인 업체와의 사후관리 고려 ■ 위탁기관으로 선정 시 인력 및 장비 보유를 위한 초기비용 발생(기존 업체로부터 승계 및 신규 제품 구입)
사업의 관리의 효율성을 도모할 수 있으나 초기비용 발생	

III. 결과요약 및 발전방안

1. 생활폐기물 수집/운반/처리사업

<진단결과>
- 생활폐기물 수집/운반/처리 사업에 대한 경영진단 결과. 1인당 폐기물처리량, 운행거리는 감소경향을 보이고 있으나 유류비, 노무비, 경비 등은 증가하고 있음.
- 또한, 현행 수의계약에 의한 위탁관리방식의 경우, 해당업체에서 제출한 사업계획서 및 예산서를 기준으로 원가설계서를 작성하고 수의계약으로 진행하다 보니 사업의 관리, 감독의 비효율성과 과도한 예산지출이 수반되어 현행 방식을 유지할 경우 시 재정에 부담을 가중시킬 수 있음.
- 이에 따라 공공기관에서 수행할 경우를 고려하여 비교, 분석한 결과, 경제적 타당성이 현행 수행방식 대비 1년 29억, 6년간 총159억 원의 예산절감 효과가 있는 것으로 분석되어 현행 수의 계약 위탁관리방식은 개선이 필요함.

가. 2012년 위탁방식별 원가비교

약 29억 원의 원가절감이 가능하다.

<표 21> 2012년 위탁방식별 원가비교

(단위: 천 원)

구 분	공기업 위탁(A)	민간 위탁(B)	차액(A-B)
순원가	13,003,446	15,820,896	△ 2,817,450
일반관리비	650,172	1,201,633	△ 551,461
정상이윤	862,325	411,132	451,193
총 액	14,515,943	17,433,662	△ 2,917,719

나. 향후 6년간 위탁방식별 적정원가 비교

약 159억 원의 절감이 가능하다.

<표 22> 향후 6년간 위탁방식 별 적정원가 비교

(단위: 천 원)

구 분	2012년	2013년	2014년	2015년	2016년	2017년	누적액
공기업 위탁(A)	14,515,943	15,014,422	15,531,004	16,066,392	16,621,314	17,196,531	95,731,166
민간 위탁(B)	17,433,662	17,828,235	18,240,136	18,670,235	19,119,458	19,588,797	110,880,5 23
차이 (A-B)	△2,917,7 19	△2,813,8 13	△2,709,1 32	△2,603,8 43	△2,498,1 44	△2,392,2 66	△15,934, 917

다. 지방공기업 위탁 시 발생 초기비용 예측액

약 50억 원의 초기비용이 발생할 것으로 예상된다.

<표 23> 지방공기업 위탁 시 발생 초기비용 예측액

(단위: 천 원)

구 분	2010년	2011년	2012년
여수보건공사	2,600,579	2,678,596	2,785,740
여천보건위생공사	289,106	297,779	309,690
그린여천환경공사	1,034,248	1,065,276	1,107,887
진남위생공사	752,331	774,901	805,897
총 계	4,676,266	4,816,554	5,009,216

※ 초기비용은 각 업체의 총 고정자산 구매비용(2010년 기준)에 2년간 물가상승률을 반영하여 예측

2. 결과요약 및 향후 발전 방안

시 위탁사업에 대한 경영진단 결과는 다음과 같다.

○ 생활폐기물 수집·운반·처리 사업의 경우 경제성 효과측면에
서 여수시 지방공기업이 운영하는 것이 효율성 및 경제성(향후
5년간 민간운영 대비 약 159억 원 절감)측면에서 효과가 큰 것
으로 분석되며, 여수시 지방공기업에 위탁할 경우, 쓰레기종량
제봉투 판매권 등 수익사업도 함께 위임할 필요가 있다. 다만, 지
방공기업 위탁에 따른 초기비용 발생에 대한 대응방안 수립 및
기존 위탁업체의 사업범위 축소에 대한 방안 수립은 필요하다.

○ 공공하수처리 사업의 경우, 관리방식의 효율성 및 경제성 비교
가 불가한 상황이고, 2020년까지 장기계약을 체결한 상황이므
로 위탁계약기간이 만료되는 시점까지 매년 위탁업체에 대한
외부감사와 더불어 위탁업체 평가를 위한 평가체계를 구축하
여 지속적인 평가결과를 토대로 향후 운영방식에 대한 검토가
필요하다.

○ 또한, 현재 분석된 적정원가와 발생원가 사이의 차이를 매년
체계적으로 모니터링하여 적정원가와 발생원가간 차이금액이
증가할 경우, 타당성 분석을 통해 여수시 직영, 지방공기업 위
탁방식 등 대책을 강구할 필요가 있다.

여수시 생활폐기물처리 대행업체 현황 및 문제점과 대안

전창곤(여수시의회 의원)

여수지역 청소대행업체는 4개 업체로, 여수보건공사(28년)와 어천보건공사(26년), 그린여천환경(15년), 진남위생공사(14년) 등이다. 이들 업체는 적게는 13년에서 많게는 28년째 장기간 수의계약으로 운영 중이며, 재료비와 노무비, 차량구입 및 유지·관리비, 유류비 등 모든 예산 일체를 여수시로부터 지원받고 있다. 따라서 장기 독점과 수의 계약으로 특혜시비를 불러왔던 '여수시 청소대행 업무'를 시 직영 또는 공개경쟁 입찰을 통해 효율성 극대화와 예산 절감을 해야 한다는 지적이다. 여수지역사회연구소는 지난 9월 13일 여수지방항만청 3층 대회의실에서 300여 명이 참석한 가운데 '여수시 청소대행업무 개선을 위한 시민공청회'를 개최함에 따라, 여수시의 청소 및 생활폐기물 수집·운반 대행업체의 실태에 대한 문제를 제기하고 대안을 함께 고민해 보고자 한다. 향후 청소대행업무 행정이 획기적으로 변화함으로써 특정업체에 대한 특혜시비가 사라지고 시민의 혈세가 낭비되는 일이 없게 되기를 바라면서, 먼저 우리시의 청소 및 생활폐기물 처리의 문제점 및 대안을 제시해 보고자 한다.

여수시의 2012년 일반현황을 보면 면적은 $502km^2$, 인구수는 292,000명, 1읍 6면 20동의 행정구역을 가지고 있다. 그리고 2012년 현재 여수시 생활폐기물처리 대행 업체 현황은 다음과 같다.

구 분	총 계		대행 연수	관리직 인원	관리직 인건비	업체 이윤	이윤율 (%)	도급액 (억 원)
	장비	인원						
계	51	286		12	5억9천	10억		186
여수보건	24	137	28	4	2억1천	4억3천	6	90
여천보건	15	83	25	4	2억	3억	7	53
그린여천	9	56	14	3	1억4천	2억2천	7.9	36
진남위생	3	10	13	1	4천	5천	10	7

생활폐기물처리 대행업체에 대한 예산 지원 범위는 재료비, 노무비, 차량관리비(감가상각비, 관리비, 정비비), 각종보험금(산재보험, 국민연금, 건강보험, 고용보험, 차량보험료), 차량공과금(면허세, 자동차세, 정기검사비, 등록세, 취득세), 피복비, 기타경비, 일반관리비, 이윤 등 모든 예산 일체를 지원하였다.

그런데 청소대행업체 이윤산출 방법을 살펴보면, 노무비와 경비, 일반관리비 등을 더한 값에 6~10% 정도의 이윤율을 곱한다. 여수보건공사의 예를 들면 6%의 이윤율을 책정하는데 그 이윤은 4억 3천만 원 정도가 된다.

업체별 대행구역 현황을 살펴보면 여수보건공사에서 동 여수권역(구 여수시), 금오도, 안도를 담당하고 있고, 여천보건공사에서는 진남위생공사 구역을 제외한 서 여수권역(구 여천시), 그린여천환경공사에서 돌산읍, 소라면, 율촌면, 화양면, 화정면(백야도)을 진남위생공사는 서여수권역(여수산단사택, 부영 1,2,3,5단지, 진남시장, 서부시장, 제일시장)을 각각 담당하고 있다. 이를 지도로 보면 다음과 같다.

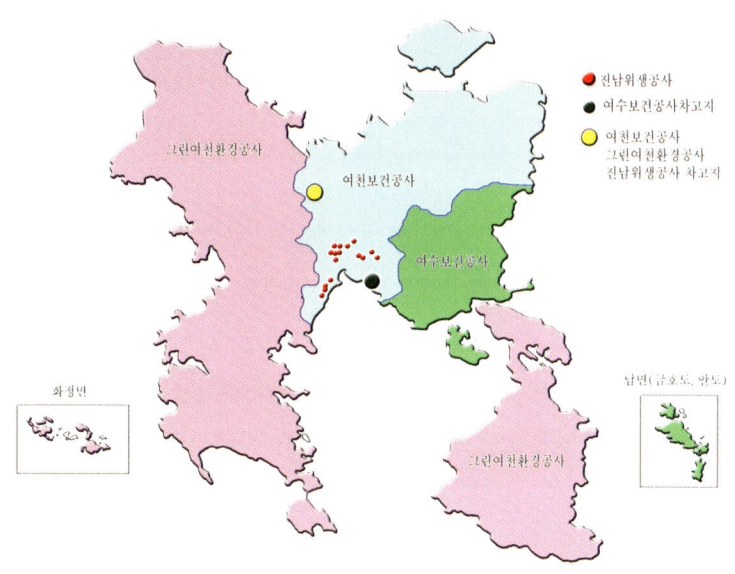

대행업체 인원은 2000년 247명에서 2012년 286명으로 39명이 늘었고, 대행비용은 같은 기간에 79억에서 196억으로 크게 증가하였다. 한편, 도시미화과에서 시행한 감사결과 반납된 금액을 살펴보면 인건비 착오 지급이 가장 많고, 차량관련 착오 지급 등이 뒤를 이었다.

구 분	계	인건비 착오지급	유류비 부적정	차량관련	이윤 과다 집행	기타
2007년	17,515,660	6,853,290	79,740	3,100,600	5,830,560	1,651,470
2008년	3,681,120	1,079,200	1,138,030	611,200	240,860	611,830
2009년	2,626,440	880,240	0	1,746,200	0	0
2010년	30,491,060	26,027,920	1,715,490	2,582,050	0	165,600
2011년	11,574,400	2,138,170	0	6,840,000	0	2,596,230

전국 지방자치단체의 대행업체 관련 각종 비리유형을 살펴보면 창원시에서 쓰레기봉투를 사용하지 않고 현금으로 받거나, 토요일에 근무하지 않은 친인척이 근무한 것으로 서류를 꾸며 인건비를 착복하는 등의 방법을 사용하였고, 통영시에서는 인건비를 착복하거나, 위탁원가를 부풀렸다. 관악구에서는 청소업체로부터 뇌물 받은 구의원 입건되고 청소업자 8명 입건되기도 했다. ○○시에서는 지자체장의 비서실장이 1천 4백만 원의 뇌물을 업자로부터 수수하기 구속되기도 했으며, 기타 유형으로는 공무원 뇌물수수, 청소차량 미터기 조작, 저가 피복 및 작업화 제공, 환경미화원 취업대가로 1,500만 원~3천만 원 수수, 환경미화원의 사역 동원 등의 비리가 있었다.

지자체별 톤당 처리비용 비교

구 분	단 위	광주 남구	대구 동구	여수시 1	여수시 2	대전 중구	울산 울주군	인천 남동구
대행구역 (세대수)	km² (천 세대)	61 (75)	100 (123)		가로청 소제외	62 (97)	755 (66)	57 (158)
총대행비용	백만 원	3,469	1,983	16,300	12,000	3,332	2,180	3,184
톤당처리비	천원/톤	141	50	181	133	97	94	80

자료: '08.6 행정안전부 감사결과
* 수의계약 지자체인 광주 남구의 경우, 톤당 처리비용(14만 원)이 경쟁입찰 지자체인 대구 동구(5만 원)에 비해 약 3배 정도 많다.

이러한 청소대행업무의 문제점을 인식하고 각종 외부기관에서는 개선 권고를 내렸는데, 감사원에서는 2000년 11월 23일, 감사에서 통합 여수시 4개의 청소대행업체는 비능률이라고 지적하였으며, 2008년 6월 환경부, 행정안전부, 국민권익위원회 등 정부합동감사에서도 지적이 되었다. 특히 환경부는 현재와 같이 기초자치단체의 청소용역을 특정 업체가 장기간 독점 운영하게 되면 다음과 같은 우려를 표명하였다.

① 기존 업체의 독점적 지위로 매년 청소비가 증가되어 결과적으로 국민들의 비용부담이 늘어나게 된다.
② 독점 운영으로 인하여 청소 서비스의 질적 개선의지가 미흡할 뿐만 아니라, 신규업체의 시장진입을 차단하여 경쟁력도 저하되게 된다.
③ 기관・업자간 유착비리가 상존할 수 있는 등의 여러 가지 많은 부작용이 나타날 우려가 있다고 밝혔다.

또한 2008년 7월 국민권익위원회는 생활폐기물 처리과정에서 각종 비리로 인해 지방재정 손실이 발생되고 있다면서, 청소행정 제도를 개선하도록 관계부처 및 지자체에 권고하였으며, 2010년 11월 전라남도 감사에서도 여수시의 생활폐기물 수집 운반 및 시가지 청소업무 위탁대행계약은 수의계약이 아닌 공개경쟁입찰을 하여야 함이 마땅하므로 생활폐기물 수집 운반 및 시가지 청소업무 민간위탁대행을 할 때에는 공개경쟁입찰에 의하여 계약을 체결하는 등 생활폐기물 처리 독점대행에 대한 시장규제 완화를 위한 필요한 조치를 요구한다고 하였다.

한편, 폐기물처리업허가업무처리지침(환경부예규 제247호)에 의하면, '생활폐기물 수집·운반업 허가 및 대행업체 선정 시 경쟁입찰을 원칙으로 한다. 다만 공익을 위해 시급하게 업체선정이 필요한 경우에는 수의계약을 할 수 있다.'라고 되어 있다.

타 자치단체의 사례를 살펴보자. 먼저 광주광역시 남구는 면적이 61km^2, 인구는 218,000명으로 생활폐기물 수집운반 대행사업 내역 (가로청소는 직영)을 보면 다음과 같다.

(단위: 천 원, 대)

연도	사업비	인력	장비	비고
2012	4,597,850	73	25	2개 업체
2011	4,197,428	65	23	〃
2010	3,865,526	65	20	〃 (경쟁입찰)
2009	4,742,299	74	27	1개 업체
2008	5,354,715	81	29	〃
2007	5,676,462	99	29	〃

* 가로청소원 47명, 업체이윤 3%, 83년부터 수의계약(서석공사), 2010년 경쟁입찰

다음으로 대전광역시는 면적이 540km^{2}이고, 인구는 1,540,000명으로 5개의 구로 행정구역이 구성되어 있다. 대전광역시의 청소대행 업무 사업주체는 대전도시공사 환경사업본부로 수거지역은 대전시 전역이고, 사업방식은 5개구에 위탁대행사업 형태이다. 생활폐기물, 음식폐기물, 건축폐기물 수집 운반을 주업무로 2010년 수거량을 살펴보면 연당 306,781톤, 일평균 983톤을 처리하고 있다. 2011년 생활폐기물 수집운반 대행사업 내역(가로청소는 직영)과 직종별 인력 현황을 살펴보면 다음과 같다.

구 분	계	동구	중구	서구	유성구	대덕구	비고
사업비	32,863	6,168	6,700	9,335	5,167	5,493	

구 분	계	감독	운전원	수거원	정비원	경비원	비고
인 원	402	14	115	259	12	2	

도시공사 환경관련 사무직원은 10명이고 현재까지 노사분규는 한 건도 발생하지 않았음에도 불구하고 환경요원이 1993년 773명에서 1999년에는 574명, 2008년에 414명에서 현재 402명으로 1993년 도시공사 창립이후 371명을 감축하였다.

마지막으로 파주시를 살펴보면 면적은 672km², 인구는 시민 400,000명과 군인 100,000명 등 500,000명으로 4읍 9면 7동의 행정구역을 갖고 있다. 파주시의 청소대행업무는 다음과 같다.

구 분	금액(백만 원)	인원(명)	비 고
생활폐기물 수집운반 대행	2,700	46	2개 업체
운정 신도시 가로청소	350	18	2012. 6.22~12.31
파주시 시설관리공단	11,000	154	
계	14,050	218	

청소대행업무를 시나 도시공사, 시설관리공단 등에서 직영할 경우의 장점을 서귀포시의 사례를 중심으로 살펴보면, 다음과 같다.

① 청소행정의 투명성 확보로 시민의 신뢰를 회복하였다.

② 생활쓰레기 관련 가종 민원이 신속하게 처리되고 있다.

③ 환경미화원이 공무원으로 지위상승되어 소속감이 강화되고 자긍심 고취되었다.

④ 재해율을 낮출 수 있다. 직영 환경미화원 재해율은 6.9%에 비해, 위탁운영 재해율 16.8%였다.

⑤ 적재적소의 인력배치로 능률이 향상되었다.

⑥ 주유 카드사용으로 인한 차량유지비 등의 투명성이 확보되었다.

⑦ 대행업자에게 지불되던 관리비 및 이윤, 사무인력 인건비 미지급 등으로 연간 약 4억 원의 예산이 절감이 되었다.

여수시가 청소업무를 직영으로 운영하는 것은 총액인건비제로 인해 현실적으로 어렵다. 또한, 경쟁 입찰을 하는 경우, 예산을 대폭 절감할 수는 있으나 저가입찰에 따른 여러 가지 문제가 발생한다. 고용불안, 근로조건 악화, 근로환경과 복지의 질 저하, 청소서비스의 질 저하, 경쟁이 과열됨으로써 부실 경영이 우려되는 등의 문제점이 있다.

따라서 도시공사나 시설관리공단에서 운영하는 경우에 대전광역시, 파주시를 비롯한 여러 자치단체의 예에서 보여 지듯이 신분상승과 고용안정으로 인해 근로자의 자긍심이 고취되고, 청소구역 통합관리로 인한 예산절감, 지속적인 경영혁신을 통해 시민을 위한 선진 청소행정을 펼칠 수 있는 등의 장점이 있다.

<참고>

여수시의회 제5대 제131회 제3차 본회의 2011년 4월 26일
-여수시 청소 및 생활폐기물 수집·운반 대행업체
관련 시정질의 내용 중-

첫째, 여러 감사기관 및 정부부처에서 독점적인 수의계약에 문제가 있음을 제기하고 시정토록 권고함에 따라, 향후에는 수의계약이 아닌 공개경쟁입찰제를 도입해야 한다.

둘째, 자치단체가 공공서비스를 민간위탁으로 전환하는 가장 큰 이유가 예산절감에 있다고 볼 때에, 현재 여수시의 생활폐기물 관련 민간위탁의 규모는 당초의 민간위탁 취지에 어긋나므로 시가 직접 운영하는 방안이 여러모로 타당하다고 생각된다.

셋째, 시설관리공단을 설립하여 시에서 운영하는 체육시설, 매립장, 상하수도사업소 등을 관리토록하고 더불어 생활폐기물도 통합 관리하는 방안을 마련해야 한다.

넷째, 요즘 같은 무한경쟁시대에 많은 기업들이 경쟁에서 살아남기 위해 뼈를 깎는 구조조정과 부단한 경영혁신에 혼신의 노력을 기울이고 있다. 이에 비해 생활폐기물 대행업체는 별다른 노력도 없이 지속적으로 이윤이 보장되는, 오히려 경영혁신을 하면 이윤이 감소하는 불합리한 조 하에서 장기간 특혜를 누려왔다고 생각한다. 4.5% 정도의 이윤율인 타 자치단체에 비해서 6~10%의 높은 이윤율을 보장받고 있는 대행업체의 이윤율을 하향조정할 필요가 있다.

다섯째, 차고지는 주차장으로서의 기능도 있지만, 직원들에게는 휴식을 취할 수 있는 소중한 복지공간이어야 한다. 불결한 환경에서 근무하는 환경미화원들에게는 무엇보다도 청결이 우선시 되어야 한다. 따라서 하루라도 빨리 상수도시설이 가설되어 간단히 손 씻고 샤워 정도는 할 수 있어야 될 것이며, 더불어 수세식 화장실과 TV 시청 정도의 휴게공간도 있어야 한다고 생각한다. 안락한 사무실에서 일하는 관리직 직원들에 비하여 열악한 환경에 노출되어 있는 환경미화원의 근무환경 개선을 해야 한다.

여섯째, 대행업체와 맺은 대행계약서 제8조 제2항에 의하면 수집 운반시마다 세차 및 소독을 반드시 실시한 후 처리장을 출발하여야 한다고 되어 있는데, 현재는 이틀에 한 번 꼴로 세차를 할 수 있으며 그나마 겨울에는 물이 얼어서 세차를 하지 못하고 있다. 무엇보다 위생을 최우선으로 해야 할 폐기물 차량이 제대로 세차를 하지 않고 악취를 내뿜으며 도심을 누비고 다니는 현실에 대한 개선책이 있어야 한다.

마지막으로, 여러 가지 문제점을 안고 있는 생활폐기물 수집 운반 민간위탁에 대해 예산도 절감하고 환경미화원의 사기도 높일 수 있는 중장기적인 발전계획을 수립해야 한다.

화학사고 예방, 대비 및 대응을 위한 OECD 지침서의 여수지역 적용방안

조환익(여수환경운동연합 집행위원)

1. 이 자료는 '화학사고 예방, 대비 및 대응을 위한 OECD 지침서(OECD Guiding Principles for Chemical Accident Prevention, Preparedness and Response)'의 개정판 중에서 여수지역 민관산학 협의를 통해 적용 가능한 방안을 발췌한 내용이다.
2. 이 자료는 우리나라가 1996년 12월 OECD 가입에 조인함으로써 회원국 가입 심사시 수락한 규정으로 회원국으로서 준수해야 할 각종 의무사항이라 할 수 있으며, 회원국은 계획과 정책을 수립하여 강화하도록 권고하고 있다.
3. 이 자료는 지침서에서 반복되고 있는 중점 사항인 위험설비가 존재하는 지역 사회 이해관계자들 간의 상호협력, 의사소통, 정보공개의 중요성을 중심으로 여수지역 민관산학이 협의하여 반영할 사항을 정하는데 도움이 될 목적으로 작성되었다.
4. 이 자료는 '화학사고 예방, 대비 및 대응을 위한 OECD 지침서'의 자매편인 '안전수행 지표에 관한 OECD 지침서(OECD Guidance on Safety Performance Indicators)'에 대해서는 민관산학 협의에 따라 향후 조례제정 등으로 반영한다.
5. 이 자료는 UNEP(UN환경계획) '대형사고시 지역사회의 비상조치대책 (Awareness and Preparedness for Emergencies at Local Level : APELL)'에 따른 절차와 참여 대상, 도입절차, 지역사회의 인식제고 등은 향후 조례제정 등으로 반영했으면 한다.

Ⅰ. 서론

이 지침서는 관련된 개인, 단체를 포함하여 유해물질 사고예방, 대비 및 사고 대응의 잠재적 영향을 받을 수 있는 모든 이해관계자들을 언급하고 있다. 그러므로 위험설비의 사업주, 모든 정부기관, 지역 공동체 및 지역 주민과 관련 있는 기타 조직을 포함하여 유해물질의 안전과 관련된 역할 및 책임과 권한을 가진 모든 사람을 이해관계자라고 일컫는다.

이 지침서는 포괄적으로 다음 제시하는 사항들을 기술하고 있다.

○ 예방 : 유해물질(저장 유해물질 누출, 폭발, 화재 등)과 관련된 사고(재해사고/아차사고) 발생을 예방

○ 준비 : 비상조치계획, 토지이용 계획, 정부기관과의 의사교환을 통한 사고피해를 최소화하기 위한 준비

○ 대응 : 건강·환경·물적 자산에 손실을 미칠 수 있는 사고결과를 최소화시키기 위한 사고 발생 시 대응

○ 사후처리 : 초등대응을 포함한 활동, 사고 보고와 사고처리

이 지침서는 다른 국제 문서들과 유해물질 사고 예방, 대비 및 대응에 관련된 지침문서들을 고려하고 따르고 있다. 이것들은 유럽연합 "Seveso Ⅱ" 지침, UN환경프로그램(UNEP APELL 프로그램), 국제노동기구 협정과 권고, UN유럽경제위원회(UNECE) 협정, 세계보건기구(WHO), 국제화공안전프로그램(IPCS), 국제해양기구(IMO)와

관련되어 법률 문서와 지침서들을 포함하고 있다.

이 지침서에서 반복되고 있는 중점 사항은 위험설비가 존재하는 지역 사회의 이해관계자들 간의 상호협력의 중요성이다. 예를 들어, 모든 이해관계자들이 그들의 책임을 수행하기 위해 필요한 정보를 습득하기 위해서는 정부기관과 산업계간, 정부기관과 지역 주민간, 사업주와 노동자간, 공동 관심을 가지고 있는 기업간, 그리고 산업계와 지역 주민간의 효율적인 의사소통체계가 구축되어야 한다.

이 지침서는 사고 위험 형태, 크기, 위치 또는 설비가 민간 혹은 국가 소유 운영이든 관계없이 모든 유형의 위험설비에 적용이 된다. 그러므로 이러한 원칙들은 유해물질을 생산, 공정, 사용, 취급, 저장, 수송 혹은 처리, 화재 위험, 독성 누출, 폭발, 유출이 발생할 수 있는 고정시설 설비나 유해물질과 관련된 기타 유형의 사고에 적용된다.

II. 행동원칙(Golden Rules) 요약

1. 모든 이해관계자들의 역할

○ 건강·환경·물적 자산을 보호하기 위해 우선적으로 유해물질 사고 감소와 예방뿐만 아니라 효율적인 비상준비 및 대응을 수행

○ 화학사고 예방, 준비 및 대응의 모든 측면에 관하여 기타 이해관계자들과의 의사소통과 상호 협력

2. 산업계의 역할(사업주와 근로자 포함)

가. 사업주
○ 유해물질 처리 설비의 잠재위험과 위험 인식
○ 기업의 안전 문화 장려
○ 안전관리 시스템 수립 및 수행
○ 위험설비 설계와 운영상의 기본적 안전기술 원리 활용
○ 세심한 관리변화에 주의
○ 발생 가능한 사고에 대한 준비
○ 임무와 책임을 수행하기 위한 다른 지원
○ 지속적인 개선 추구

나. 노동계
○ 기업 안전문화, 안전 절차 준수와 훈련
○ 폭넓은 정보제공과 feedback
○ 정보전달과 공동체 교육을 위한 사전 행동

3. 정부기관의 역할

○ 개발, 시행과 지속적인 정책, 규정과 실천 추구
○ 모든 이해관계자들의 역할들과 책임을 수행할 수 있도록 동기 유발을 위한 리더십 제공
○ 산업체 감독과 위험에 적절하게 대처할 수 있도록 다른 이해 관계자 지원

○ 효율적인 의사소통과 이해관계자 간의 상호협력 지원

○ 관련 기관 간의 협조체계 촉구

○ 책임 범위에서의 위험 인식과 적절한 계획

○ 적절한 대응 방법들로서 효과적인 사고 완화

○ 올바른 토지이용 계획 수립

4. 기타 이해관계자들의 역할(공동체/주민)

○ 지역공동체내 위험과 사고 발생 시 취해야 할 행동을 인식

○ 위험 설비에 관련된 의사결정에 참여

○ 지역기관, 산업계와 비상계획 및 대응에 관한 상호협력

III. Part A : 유해물질 사고예방

이 단락은 유해물질 사고예방의 중요성을 나타내고 있는 지침서에서 가장 긴 부분이다. 1장에서 예방은 모든 관련 부분과 관련 있으며, 많은 이해관계자들의 역할과 책임에 대하여 다루고 있다. 또한, 이해관계자들의 상호협력의 필요성을 강조하며 지역수준에서 위험에 관한 언급의 필요성을 상기시키고 있다. 산업계, 정부기관들 그리고 국민과 기타 이해관계자들의 역할과 책임에 관한 자세한 정보를 2~4장에서 보다 상세히 다루고 있다.

1. 1장 : 일반 원칙

1.1. 위험설비 안전관리의 일차적 목적은 인간의 건강·환경·물적 자산의 피해 결과를 유발하는 사고의 예방에 있다.

1.2. 유해물질사고 예방은 산업계(위험 설비의 소유주와 관리자, 기타 근로자들과 하도급업자 혹은 근로자 대표), 국가 또는 지역 정부기관, 지역사회 등 모든 관련단체의 관심사항이다.

   - 사고예방활동을 효과적으로 수행하기 위하여 모든 계층에서 단체 간의 협조가 이루어져야 한다. 위험설비가 있는 공동체내에서, 산업계, 지역기관과 지역주민들이 사고 위험 감소를 위해 함께 협력하는 것이 중요하다.

   - 유해물질관련 사고로 외부에 미칠 위험성이 제한되도록 대책이 수립되었음을 지역사회에서 인정할 수 있도록 정책들이 공개되어야 한다.

1.5. 위험설비를 보유한 사업주는 위험설비를 안전하게 운전하는 수단을 개발할 일차적인 책임이 있다.

1.13. 정부기관은 위험설비 안전운행을 향상시키기 위하여 산업계와 상호 협력을 해야 하며, 잠재적 위험과 안전 방안에 관한 정보를 지역주민에게 알려야 한다. 더욱이, 중소기업과 인적·물적 자원의 한계를 가지는 기업들내 안전 프로그램 개발을 위한 지원을 향상시켜야 한다.

1.17. 정부기관, 산업 협회와 다른 조직들은 유해물질 사고예방에 관련된 물질의 정보와 지침 그리고 건강·안전·환경과 관

련된 위험설비 운영에 관한 정보 공유를 발전시켜야 한다. 이 정보는 기술적인 문제뿐만 아니라 인적 요소와 안전관리 시스템에 관련된 사항들을 다루어야 한다.

1.18. 모든 이해관계자들은 공동체내에서의 위험 수용성에 관련된 기본적 문제를 다루는 데 포함되어야 한다.

2. 2장 : 산업계(사업주와 근로자 포함)

2.a.6. 기업의 안전 문화는 안전 문제점들에 관하여 지역 주민을 위하여 관리부분에 대한 개방된 태도에 의해 향상될 수 있다.
  - 안전 정책은 안전관리 시스템의 구성요소를 포함한 사고 예방, 대비 및 대응을 다루어야한다.

2.a.11. 안전 정책은 일반인들이 접근할 수 있도록 만들어져야 한다.

2.a.14. 사업주는 유해물질 사고예방, 대비 및 대응을 취급하는 안전관리 시스템을 구축해야 한다. 안전관리 시스템은 조직적 구조, 실행, 절차와 안전 정책을 수행하기 위한 자원을 포함하고 있다.
  - 효과적인 안전관리 시스템은 유용한 사업경영이다. 효과적인 안전관리시스템은 직·간접적으로 재정적 이익을 제공한다.

2.b.1. 사업주는 모든 설비에 대한 잠재위험 확인과 위험성 평가를 수행해야 한다.

2.b.5. 시민대표를 포함힌 이해관계자들은 위험성 평가 과정에 있

어 각자의 역할을 가지고 있어야 하며 특히 주요 결과에 대한 평가에는 더욱 그러하다. 위험 평가에 의한 결정은 근로자, 사고에 의해 영향을 받는 지역주민, 비상대응 요원에게 중요할 수 있다.

- 이해관계자들의 참여는 적절한 결과 도출뿐만 아니라, 그 결과의 신뢰성을 구축하고 합리적 대화를 촉진하는데 대단히 중요하다.

2.g.4. 공개적으로 활용할 수 있는 관련 정책, 프로그램과 결과를 포함한 정밀검사와 감사 수행을 투명하게 하도록 노력해야 한다. 이것은 이해관계자(정부기관, 산업계, 근로자, 일반인) 사이의 신뢰 구축과 관리에 도움이 될 수 있으며 향상된 대중 위험인식이 개선된 안전을 이끌어 낼 수 있다는 점을 나타낸다.

- 산업계는 빠르게 이해할 수 있도록 일반적으로 이용할 수 있는 관련 정보를 하나의 형식으로 만들고, 이해관계자들(산업계, 정부기관과 대중) 상호간 대화의 기회를 제공하기 위한 노력을 해야 한다.

- 기업의 안전·보건 수행 보고서는 이해관계자들과 근로자들을 위한 연간 보고서의 형태가 되어야 한다.

2.g.5. 감사 활동에 지역사회 대표자들을 포함시키는 것을 고려해야 한다. 이것은 위험설비 운영상의 책임과 지역사회 모두에 관한 신뢰성을 향상시킬 수 있다.

- 감사는 회사의 안전관리 시스템 중 하나의 구성요소이어야 한다.

2.i.8. 공정과 기타 안전관련 기술 이전에 기업체는 유해물질 사고 가능성이나 중요성에 영향을 줄 수 있는 그 지역의 생태학적·사회적·문화적·경제적·인구학적 자료를 포함시켜서 설비의 위험성평가를 수행해야 한다.

- 담당업체는 지역 공무원과 지역주민대표를 참여시켜야 하고 평가결과를 지역 공무원에게 제출해야 한다.

3. 3장 : 정부기관

3.a.4. 안전의 목적 및 관리체계를 설정하는 데 있어 정부기관은 다른 관련 이해관계자들의 대표와 의논해야 한다.

- 정부기관의 정책결정에 주민들의 의사가 반영될 수 있는 기회가 만들어져야 한다.

3.a.12. 정부기관은 위험설비의 상세한 정보제출을 포함한 위험설비의 특정 목록에 관한 보고 및 확인을 위한 시스템을 확립해야 한다. 그러한 시스템 하에서 관련 시설 경영자는 시설의 주요 위험성과 사고예방을 위한 적절한 질차를 기술한 보고서를 제출해야 한다.

- 그러한 보고서는 비밀(영업 기밀, 개인정보, 공공안전 및 국방) 보호를 위한 적당한 한계점을 두고 대중에게 공개해야 한다. 보고서는 책자나 컴퓨터 파일로 이용할 수 있게 하며 보고서의 적절한 요약은 대중에 공개해야 한다.

3.a.14. 정부기관은 잠재 위험성이 높은 시설에 관하여 신뢰성 있는 정부기관 승인없이 조업을 허락해서는 안 된다. 이 경

우, 회사 경영진은 공정 활동에 관하여 자세하게 기술한 조업 허가서를 공무원에게 제출해야 한다. 이러한 허가 결정에는 주민 의견이 반영되어야 한다.

- 토지이용 계획의 인가는 위험설비의 위험성을 고려한 기술적 정보를 바탕으로 시행해야 한다. 정보는 기업체에 의해서 제공되어야 한다. 계획은 학회 또는 NGO에서 제공한 보고를 감안하여 인가되어야 한다.

3.c.3. 효과적이고 신뢰할만한 검열을 하기 위해서 감사를 담당하는 기관은 공개적이어야 한다. 이는 시스템을 투명하게 함으로써 이루어질 수 있다.

- 이 목적을 위해서 검사 및 관련 감독 활동을 담당하는 기관은 감독활동에 따른 절차와 목적, 정책을 공개해야 한다.
- 또한, 정부기관은 그 감독활동의 결과를 주민이 이용할 수 있게 해야 한다.
- 이것은 또한 이해관계자들(정부기관, 기업체, 근로자, 주민, 기타) 간에 신뢰를 유지하고 설립하는데 도움이 된다.
- 정부기관(과 기업체)은 이해하기 쉬운 형태로 주민에게 관련 정보를 제공하는 일과 이해관계자들(기업체, 정부기관, 주민)간의 대화의 기회를 제공하는 데 합의된 노력을 기울여야 한다.
- 주민이 '위험성'의 본질과 위험설비에 의한 위험성을 쉽게 이해하도록 도울 필요가 있다.

4. 4장 : 주민과 다른 이해관계자들

4.a.1. 위험설비 근처의 지역사회 구성원과 사고 발생 시 유해 영향
을 받을 가능성이 있는 사람들은 사고의 위험성에 대해서 인
식하고 사고 발생 시 무엇을 할 것인가에 대해 이해하고 시
설에 관한 정보를 어디에서 얻을 수 있는지를 알아야 한다.
- 그러한 정보에 대한 주민들의 이해는 화학사고의 수와
심각성을 감소시킬 수가 있다. 예를 들어, 잘 알고 있는
주민들이 많으면 화학사고의 위험성을 감소시키기 위해
기업체는 자극을 받는다. 또한, 그러한 정보는 위험설비
에 관한 정책결정에 주민들의 효율적인 참여를 유도하고
기업체, 정부기관, 주민 간에 대화를 유도할 수 있다.
- 주민들이 그들 지역사회의 위험성에 대해서 알고 있는
범위 내에서 주민들은 정책결정 과정에 참여할 수 있고
위험성을 줄이는 데 기여할 수 있다.

4.a.2. 위험설비가 인근에 위치한 지역사회는 기타 이해관계자들
간을 연결하는 대표자를 선임해야 하고 정보교환을 용이하
게 해야 한다.

4.a.3. 지역사회 대표자는 기타 이해관계자들에게 연락하고 대중
을 계도하고 지역사회와 산업체, 정부기관 사이의 매개체
역할을 맡는다.
- 지역사회 대표자는 정부기관 및 위험설비 대표자와 협력
하여 의사소통 프로그램을 개발해야 한다. 지역사회 대
표자의 참여는 위험성 정보를 알릴 수 있고 당사자에게

잘 전달되고 이해할 수 있게 한다.

4.e.1. 비정부기구(환경, 인권, 소비자단체)는 그들의 산하단체 또는 다른 단체가 위험성 감소 및 사고예방에 참여하도록 유도해야 하며 그들은 위험성 감소와 대비·대응·예방 활동에 대해 우선적인 관심을 가지도록 유도해야 한다.

4.e.2. 비정부기구는 주민에게 정보의 제공을 용이하게 해야 하며 주민이 정보를 이해하고 분석하는데 기술적인 지원을 제공해야 한다.

4.e.3. 비정부기구는 인·허가 및 토지이용 계획과 같은 위험설비에 관한 정책결정 과정에 참여할 수 있는 기회를 가져야 한다. 비정부기구의 구성원은 기술적 정보·법적 문서·효과적인 참여가 요구되는 문제를 검토하거나 문제에 적절한 해답을 제공할 수 있는 많은 기술과 경험을 가지고 있다.

4.e.4. 비정부기구는 정책 목적에 영향을 줄 수 있는 대중의 관심사를 파악하고, 위험설비에 관한 정보를 분석, 새로운 정책 목표를 제공, 다른 국가나 지역의 경험으로부터 지식을 활용함으로써 관련 법, 규정 과정에 참여해야 한다.

IV. Part B : 비상조치 준비/완화

기업체는 현장 계획에 기본적인 책임을 가지며 정부기관은 사업장 외부 계획에 대해 기본적인 책임을 가진다. 그러나 비상계획 조치에는 대응인원·건강/의료직원·주민의 대표자·미디어와 같은 여러 가지 이해관계자들 간에 협력이 요구된다.

1. 5장 : 비상조치 준비 및 계획

가. 일반원칙(이 절은 현장 및 현장외부 비상계획에 적용된다)

5.a.1. 정부기관(모든 단계의)과 위험설비 경영진은 유해물질관련 사고에 대한 비상대비계획 활동/프로그램을 수립해야 한다.

5.a.5. 비상대응에 관여하는 모든 단체(예 : 소방, 경찰)는 비상계획에 참여해야 한다.

- 시민 대표가 계획 과정에 참여할 기회가 있어야 한다.
- 미디어 대표는 비상 계획수립에 참여해야 한다.

5.a.7. 정부기관과 기업체는 위험설비 지역 내 인구뿐만 아니라 민감한 환경 보호를 위해 협력해야 한다.

- 비상계획에는 사고 영향을 받을 가능성이 있는 사람이 실내에 숨어야 하는지 그리고 언제 피난을 가야 하는지에 대해서 인급되어아 한다.

5.a.12. 사업장내·외 비상계획은 정기적으로 검토되고 개정되어야 하며 다음의 사항을 고려하여 최신의 상태를 유지해야 한다.

- 사고 발생 시 대응에 참여하는 인원은 검사나 훈련에 참가해야 한다. 예를 들어, 사고 대응에는 간부직(기업체와 정부기관의)의 의사결정이 있어야 하기 때문에 이러한 관리자는 관련 검사에 참여해야 하며 시민단체의 일부는 검사나 훈련의 적절한 단계에 참여해야 한다.

- 주민이 훈련/검사에 관한 활동에 의문을 제기할 경우, 미리 훈련/검사에 대해 알려야 한다.
- 비상계획의 훈련/검사의 결과와 개정된 비상계획은 공개되어 출판되어서 사고 발생 시 역할을 수행하는 모든 사람이 이용하게 해야 한다.

5.a.18. 비상계획은 비상시에 주민에게 행동요령을 알리고, 사고 발생 시 주민에게 어떻게 알린 것인가에 대한 절차 또한 수립해야 한다.

- 사고 발생 시 또는 사고의 조짐이 있을 경우, 사고영향을 받을 가능성이 있는 주민에게 경고를 하는 비상경보 시스템이 구축되어야 한다.
- 비상경보 시스템에 대해서 사고 발생 시 영향을 받을 가능성이 있는 사람에게 통보하여야 하며, 그 시스템은 주민들이 충분히 그 중요성을 이해하도록 미리 시험해 보아야 한다. 또한 주민들은 비상시에 어떻게 대응할 것인지 주지해야 한다.

나. 산업계

5.b.1. 모든 위험설비는 시설에 적합하고 예상되는 누출 및 최악의 시나리오를 포함한 모든 사고 시나리오에 근거하여 현장 비상계획을 수립해야 한다.

5.b.5. 사업장 안전과 안전 조치 및 취급 물질 정보에 대해 주민에게 알리는 일이 기업체의 영업 기밀을 이유로 기피되어서는 안 된다. 일반적으로 다국적기업은 다른 국가에서 공개하는

정보를 어느 국가에서 영업 기밀 보호를 요구할 수 없다.

5.b.9. 기업체와 정부기관은 협조하여 사고 발생 시 영향을 받을 수 있는 주민들이 사고 발생 시 무엇을 해야 하고 어떤 위험에 직면하는지 이해하도록 적절한 정보를 제공해야 한다. 위험설비의 경영진과 다른 근로자들은 지역사회 지도자들과 긴밀한 관계를 유지하여 지역사회에 위험에 관한 개념을 교육시키는 데 지원해야 한다.

다. 정부기관

5.c.1. 정부기관은 사업장내·외부 비상계획에 관한 지침과 기준을 설정해야 한다.

5.c.2. 정부기관은 위험설비의 경영진과 협조하여 근로자와 지역사회 대표자와 함께 사업장내·외 비상계획의 이행·수립·시험·수정 보완을 확인해야 하고 비상계획의 실제적인 수립 및 이행의 책임이 국가별로 다를 수 있다는 것을 인식해야 한다.

5.c.20. 계획조치의 일환으로, 정부기관은 사고와 즉각적인 비상대응 후에 주민에게 정보를 전달하는 시스템이 있도록 해야 한다.

- 사고 발생시점과 발생 후 신뢰성 있고 사실적이며 정확한 정보가 주민에게 지속적으로 제공되어야 한다.

라. 주민과 기타 이해관계자들

5.d.1. 지역사회 대표자는 사업장외부 비상계획 수립에 참여해야 한다.

5.d.4. 지역사회 대표자는 비상계획의 검사/훈련 수립과 수행에 참여해야 한다.

5.d.5. 노동기관(지역, 국가, 국제적 차원의)은 위험설비의 대비·대응 활동에 있어서 중요한 역할을 담당한다.

5.d.8. 비정부기구는 사건에 대한 인도주의적 차원의 지원과 주민이 사고 발생 시 취해야 할 행동요령을 교육시킴으로써 일반적 또는 특정 위험설비에 관하여 위험의 개념을 주민에게 이해시키는 역할을 한다.

  - 환경단체와 같은 지역단체는 위험설비의 대표자와 지역단체 사이의 논의를 촉진시킨다.

  - 비정부기구는 위험 허용도에 대한 논의에 참가해야 하고, 위험성에 대해 주민 인식을 넓히기 위해 협력해야 한다.

2. 6장 : 토지이용 계획

6.1. 정부기관은 유해물질관련 사고 발생 시 건강·환경·물적 자산을 보호하는 관점에서 새로운 위험설비에 맞는 부지를 선정하는지를 검토하도록 토지이용 계획을 설정해야 한다.

  - 토지이용계획에 있어서 사고 발생 시 영향을 받을 가능성이 있는 개인의 위험도를 증가시키는 의도하지 않은 효과가 있어서는 안 된다.

  - 이러한 점에서 정부기관은 환경적·사회적 평등의 관점을

고려해야 한다.

6.7. 주민은 위험설비 위치선정과 관련하여 정책결정 과정에 참여할 기회를 가져야 하며 피해를 받을 수 있는 주민에게 위험설비의 허가 및 위치선정의 적용에 대해 알려야 한다. 이러한 적용에 관한 결정은 공개되어야 한다.

3. 7장 : 지역 주민과 정보 전달

지침서에는 주민과의 의사소통은 정부기관과 기업체의 공동책임이고 여러 국가와 지역사회는 의사소통의 책임을 다르게 할당한다고 되어있다. 게다가 의사소통의 통로는 상호적이어야 하고 의사소통 프로그램의 개발과 이행에 지역사회 구성원이 참여해야 하는 필요성이 고려된다.

7.1. 사고 발생 시 피해의 가능성이 있는 주민들은 그들의 지역사회의 위험설비로부터 일어날 수 있는 위험성에 대해 인지하고 정확하게 행동하기 위하여 정보를 활용할 권리를 가진다.
7.4. 피해의 가능성이 있는 주민에게 특별히 요청하지 않더라도 그들은 인근 위험설비에 대한 추가적인 정보를 제공받아야 한다.
7.5. 피해의 가능성이 있는 주민에게 이해하기 쉬운 방법으로 적절한 정보가 제공될 수 있도록 주의 깊게 선정되어야 하고 정보는 정확해야 한다.
7.7. 전달 사항은 모든 관련 주민에게 도달되도록 하기 위해서 주기적으로 반복되어야 하고 여러 가지 의사소통 방법 통로가

사용되어야 한다.

7.9. 부수적으로 사고 발생 시 피해의 가능성이 있는 주민을 위한 정보에 정부기관은 취해야 할 행동 양식과 유해물질 관련 사고의 위험성에 대한 주민교육을 수행해야 한다.

7.11. 정부기관, 기업체, 주민은 서로 주민에게 제공되는 정보(먼저 제공하는 정보와 요청 시 제공하는 정보)의 형태에 관하여 협의할 수 있는 기회가 있어야 한다.

 - 정부기관은 이러한 목적에 맞는 지역사회 단체를 창설할 가능성을 고려해야 한다.

7.15. 사업장외부 계획의 개발에 주민 참여가 있어야 한다.

7.17. 주민과의 의사소통에 관련한 최상의 방법으로 지역사회와 국가 간에 정보교환이 용이하게 이루어지도록 해야 한다.

Ⅴ. Part C : 비상대응

1. 8장 : 일반 원칙

8.1. 시스템은 유해물질과 관련된 사고 또는 사고로 인한 긴급 상황시 비상대응 요원에게 즉시 경고되어야 한다.

 - 시스템은 사고에 의해 영향을 받을 수 있는 일반인들에게 경고시킬 수 있도록 해야 한다.

8.4. 사고 후 대중에게 정보를 제공하기 위해 선임된 대변인(산업계와 공공기관 포함)은 대중과 의사소통을 위해 필요한 지식

과 권한, 신임을 가지고 있어야 한다.

- 정부 대변인은 비상 상황시 정보제공에 있어서 가능한 솔
직하게 공개해야 한다.

2. 9장 : 산업계

9.1. 유해물질에 의한 사고 발생 시, 위험설비 사업주는 사업장내
비상대응계획을 즉시 수행해야 한다.

9.3. 사업장 외부에 영향을 주는 사고의 경우, 사고 대응을 위한
정부기관의 책임이 비상계획에 포함되어 있어야 한다.

3. 10장 : 정부기관

10.1. 유해물질에 의한 사고가 발생하였을 때, 대응기관은 비상대
응계획을 가지고 대처해야 한다.

- 비상대응계획은 대중에게 사고통보와 사고영향을 최소화
하기 위한 행동요령을 일러줄 수 있는 체세를 갖추고 있
어야 한다.

4. 11장 : 주민과 기타 이해관계자들

11.a.1. 피해의 가능성이 있는 주민은 유해물질을 포함한 사고에
사용되는 경보시스템을 알고 있어야 하고, 경보를 받은 사
람은 적절한 방법으로 조치해야 한다.

11.b.1. 미디어는 관련정보를 가지고 있는 지정된 정부담당자와 계속적으로 접촉하여 비상전반에 대한 기본적이고 정확한 정보를 주민에 제공하여 혼란을 피할 수 있도록 한다.

11.c.1. NGO는 비상대응활동을 지원하기 위해 전문적 기술과 정보를 제공할 수 있다. NGO 임원은 비상대응계획 과정 중 미리 계획된 특별한 임무를 수행함으로써 사고대응요원을 지원할 수 있다.

VI. Part D : 사고의 사후처리(사고와 아차사고)

이 장은 사고 또는 아차사고가 발생한 이후, 즉 신속한 사고대응 활동 이후에 취해지는 사항에 대해 언급하였다. 이 부분은 향후 유사한 사고를 예방하기 위해 경험을 축적한 이후 사고보고와 조사에 대한 내용에 중점을 두었다. 사고대응 활동은 복구에 필요한 기반과 정보를 제공할 수 있게 하기 위해 설계되어야 한다.

1. 12장 : 위험성 평가

12.1. 화학사고의 위험성 평가(환경적 결과 포함)는 사고가 발생한 이후 가능한 빠른 시간에 이루어져야 한다.

- 오염지역 규명뿐만 아니라 화학사고 발생 시 대규모 환경 피해를 불러일으킬 수 있는 지역에 대한 조기 경보를

개선하기 위하여 중계기나 기타 원격감지장치와 같은 최신 기술로 만들어진 도구를 사용해야 한다.

- 사고로 인한 환경적 평가를 위해서는 "오염자 부담원칙"이 적용되어야 한다.

2. 13장 : 사후처리의 의학적 측면

13.1. 적절한 역학적·의학적 사후처리 활동은 노출에 의한 영향을 받지 않는 사람들을 포함한 유해물질에 노출된 사람들에 대한 모니터링과 관찰이 이루어져야 한다. 증상은 노출 후 여러 시간 또는 여러 일 동안 잠복되어 나타날 수 있으며 조기검사가 이후 진단과 증상에 대한 치료에 도움을 줄 것이다.

- 정부기관은 사고 발생 시 독성물질에 노출된 사람의 증상에 상관없이 검사와 등록을 하도록 해야 한다. 이러한 등록절차는 사고대응활동 과정에 포함시켜야 한다.

- 노출된 사람들의 생물학적 시료(또는 주로 노출된 이력이 있는 사람)는 노출 후 가능한 빨리 채취되어야 하고, 일정한 기간별로 채취되어야 한다.

3. 14장 : 사고 문서와 보고(과거 사고와 아차사고의 보고)

14.a.1. 산업조직, 정부기관, 다른 이해관계자뿐만 아니라 위험설비 사업주는 사고와 아차사고, 교훈을 포함한 정보의 자발적인 공유를 장려하고 신뢰하는 분위기 조성을 위한 방법

을 강구해야 한다.

14.b.3. 정부기관은 유해물질과 관련된 사고에 관한 정보와 통계
자료를 관리하기 위한 국가 시스템을 설치하여야 한다.

14.c.4. 사고의 정보는 관련 단체에게 제공되어야 한다.

4. 15장 : 사고 조사

15.a.1. 사업주는 유해물질 관련 설비에 관한 모든 사고를 조사해
야 하며 정부기관은 중대 피해를 발생시키는 사고를 조사
해야 한다.

- 사고의 중요한 요소가 저장된 컴퓨터자료를 사용하는
것은 분석에 용이성을 더 할 수 있다. 특이동향을 강조
할 수 있으며, 과거자료는 사고예방에 적극적으로 사용
될 수 있다. 예로서 발생되었던 사고의 형태를 피할 수
있는 방향으로 안전훈련을 실시할 수 있다.

15.a.11. 사고조사를 통한 경험 공유를 활성화 시켜야 하며 상호
간 정보전달을 쉽게 해야 한다.

15.b.1. 위험설비 사업주는 사고조사 개선과 유해물질을 포함한
모든 사고 분석을 통한 관리가 이루어지도록 해야 한다.

- 위험설비의 사업주는 사고조사에 관련된 명백한 자체
표준안을 채택해야 하고, 이러한 지침은 주민 참여 및
기타 여러 형태의 사고에 대한 조사에도 사용할 수 있
는 항목이 포함되어야 한다.

- 아차사고를 조사하는 것은 중요하다. 왜냐하면 아차사

고는 대형 사고로 이어질 수 있기 때문이며 사고를 피하기 위한 조치를 확인할 수 있다. 또한 아차사고 프로그램은 작업자를 적극적이고 안전에 대한 책임성을 고취시키는데 도움을 준다.

15.b.3. 사업주는 향후 동일, 유사한 문제를 예방하기 위해 기업전체의 아차사고와 사고조사의 결과를 다른 기업, 관련이해관계자와 함께 공유해야 하며 향후 동일하거나 유사한 문제를 예방하기 위하여 다른 기업체들 및 관련 된 제3자와 공유해야 한다.

15.c.1. 정부기관은 건강·환경·물적 자산에 큰 피해를 미치는 중대 사고뿐만 아니라 기타 사고를 독자적으로 조사해야 되며 이것은 직·간접적인 사고원인을 결정하기 위한 정부규제 권한의 한 부분으로써 행해져야 한다.

- 조사는 문서화되어야 하고, 위험설비의 안전을 개선시킬 목적으로 사고에 관한 정보를 관련 이해관계자에게 알리기 위하여 보고서는 발표되어야 한다.

- 정부기관에 의해 행해지는 조사는 일반인들이 결과물에 대한 신뢰를 확보하기 위해 편견 없이 진행되어야 하고 신뢰성 있게 시행되어야 한다.

- 모든 관련단체들은 조사에 포함되는 기회를 가져야 한다.

15.c.4. 정부기관은 사고조사 보고서를 정보공유의 목적으로 발표해야 한다.

15.d.1. 공동체 대표는 향후 유사사고를 줄이기 위해, 준비와 사고대응활동을 개선하기 위해 사고조사, 보고 및 보고서 검토

에 포함되어야 하며 여러 기관이 사고조사로부터 지식을
공유할 수 있도록 협조해야 한다. 예로서 기술, 전문조직,
학술기관, 그리고 비정부 조직들이 정보와 관련된 자료 배
포에 포함되어야 한다.

<참고>

-재해 없는 여수산단을 바라는 시민단체·노동단체 성명서-
실효성 없는 현장점검과 무능한 관리정책으로는
더 이상 여수산단의 노동환경안전문제 해결할 수 없다

지난 3월 14일 발생한 여수산단 대림산업의 폭발사고로 인해 또 다시 17명의 사상자가 발생하였다. 이는 법과 안전수칙을 무시한 전형적인 인재 사고였기에 그 충격이 더욱 크다.

여수산단은 조성 40년 동안 200여 건의 크고 작은 사고로 인해 무려 1천여 명의 사상자가 발생하였다. 그러나 여수국가산업단지의 환경안전문제를 해결하기 위한 근본적이고도 통합적인 대책은 이루어지지 못한 채, 사고발생은 여전히 더욱 증가하고 있다.

따라서 이제는 기능적인 현장 지도점검이나 형식적인 산단 관리가 아니라, 실제적으로 사람의 생명과 건강을 우선하는 엄격한 법의 적용과 현장 노동자 중심의 관리정책을 실현해야 할 시점이다.

그동안 여수산단의 노동자와 지역시민사회는 한 목소리로 외쳐왔다. 중앙정부와 석유화학 기업이 국세와 기업이윤만을 가져가고, 지역민과 노동자는 각종 공해와 안전사고로 생명과 건강권이 중대하게 위협받고 있어, 여수시민에게 죽음과 재앙만 책임지우는 불합리한 여수산단의 운영제도와 환경안전 관리정책을 개선할 것을 줄곧 촉구해 왔다.

또한 산단 노동자와 지역시민사회는 여수산단 석유화학기업에게 석유화학 위험시설의 노후화로 인한 안전사고 우려와 함께 공장 설비 확대로 인한 고용

증대를 요구하여 왔다.

그러나 여수산단은 오히려 정규직을 축소하고, 아웃소싱을 확대하는 등의 대형 산업안전 및 환경 재해로 인한 시민불안만을 더욱 증폭시켜왔다. 때문에 산단 노동자와 지역시민사회는 기업의 환경안전 강화와 지역사회 기여라는 사회적 책무를 본사 차원에서 확약할 것을 거듭 촉구하였다.

이에 우리는 대림산업 폭발사고를 계기로 정부와 기업체가 보다 근본적이고도 통합적인 실질적인 대책과 함께 재발 방지책을 실현할 것을 다음과 같이 강력히 요구한다.

1. **폭발사고에 대한 관리책임을 가진 대림산업 회사 대표 및 공장 책임자 형사 처벌과 함께 대림산업 석유화학 공장 허가를 취소해야 한다.**
   - 수만 명의 목숨이 걸린 석유화학 컴비네트 공장에서 원시적인 안전사고가 빈발한다 함은, 석유화학 공장의 운영관리가 부재한 무능력한 기업이므로 해당업종에서 즉각 퇴출되어야 한다.

2. **석유화학 사업장의 환경·보건·안전 분야에 대한 실질적인 노동자의 참여를 높여나가야 한다.**
   - 환경과 안전에 관련된 전문부서의 정규직 채용을 의무화하고, 산업현장에서는 하청업체 노동자도 실질적으로 참여하는 명예산업안전감독관 제도로 개선해야 한다.
   - 산업단지 조성 및 특정산업시설(공장) 설립시 중대사고 방지 및 사고 후 처리를 공장설립 허가 절차에 반영하고, 석유화학 사업장의 환경안전 관련 규정을 OECD 수준 이상으로 강화해야 한다.

3. **석유화학 국가산업단지의 중대재난 예방 및 방제업무, 재난관리시스템 권한을 가진 범정부 통합관리기구를 석유화학 산업단지 현장에 설립 운영하여야 한다.**

- 재난방제센터 또는 환경안전대응기구 등 범정부 차원의 상설기구를 지역 현장에 설치하고, 이 기구는 지역사회, 노동자 등 이해당사자들의 참여가 보장된 민관산학 협력체제 구축을 명문화되어야 한다.

4. **전라남도는 유관기관과 여수산단 유해화학물질 취급 사업장에 대해 전수조사를 실시해야 하며, 법에 따라 위반 사업장의 행정 처분과 조치결과를 시민들에게 공개해야 한다.**

- 울산시 처럼 유관기관과 여수산단 유해화학물질 취급 사업장에 대해 전수조사를 실시해야 하고 위법시 법적 처벌을 물어야 한다.
- 주요산업단지 및 공장별 안전수준도, 유해화학물질 사용량 및 기업별 관리량를 상시 공개해야 한다.
- 여수산단 대정비 기간(Shut Down) 때에는 고농도 단시간 노출 보호를 위한 작업 규정의 강화를 하고 이를 위반한 사업장은 허가 취소가 되어야 힌다.

5. **대규모 폭발위험이 상존한 석유화학단지는 정부가 화상이나 화학물질 피폭 등 산업재해와 질병을 치료하는 산업재해관련 전문병원을 우선적으로 설립하여야 한다.**

6. **여수산단의 환경관리감독권을 가진 전라남도와 위기대응 능력이 없는 여수시는 산단녹지 해제 용역을 중단하고 시민들의 행복추구권을 보장해야 한다.**

- 여수시는 시민들의 세금으로 기업들의 이익을 대변하고 시민의 생명권을 위협하는 여수산단 녹지 해제 용역을 당장 폐기해야 한다.

- 전라남도는 여수산단의 환경관리권을 가진 기관임에도 최근 빈번하게 발생되는 환경안전사고에 대해 책임있는 개선대책을 제시하여야 하며, 해당 지자체의 관행적이고 폐쇄적인 재난 관리부서는 물론 대책까지 전면 개편해야 한다.

- 여수석유화학 대기업의 지역 하도급업체와 부품업체를 말살하는 살인적인 대기업의 하도급 정책 개선에는 소홀한 채 외국인 투자유치와 각종 환경·안전규제 완화만을 주장하는 반지역적인 행정과 정책들은 즉각 멈춰야 한다.

7. **여수산단의 환경·안전, 지역사회 기여의 일차적 책임은 기업에게 있다.**

- 환경안전분야에서 외주 하청을 금지하고, 오히려 정규직 확대를 통한 체계적이고 책임있는 관리를 해야 한다.

- 30년 이상된 노후설비와 시설을 전면 교체해야 한다.

8. **여수산단의 유해화학물질 사고시 주민대표와 노동자대표의 알권리 및 감시권, 안전점검 활동을 보장하여야 한다.**

- 여수산단은 개보수, 대정비시 주민대표와 노동자 대표들의 참여를 보장하고 공정안전진단 결과를 공개하여야 한다. 또한 감시권 부여를 통한 대

정비 작업시 주민대표와 노동자대표의 공동 안전점검 활동 보장하여야
한다.

- 무능한 탁상관리 그만하고 노동자와 지역이 함께 참여하는 실질적
  통합관리체계 구축하라!
- 석유화학사고 관련 전문산재병원 지금 당장 설립하라!
- 국세만 빨아먹고 지역에 죽음과 환경오염만 안기는 정부 국가산단정
  책, 더 이상 못 보겠다!

위와 같이 우리는 노동자와 여수시민의 생명과 건강을 위해 정부와 석유화
학 입주기업체에게 촉구하며, 정부와 석유화학 입주 기업체는 빠른 시일 내에
공식입장을 밝힐 것을 강력히 요구한다.

2013년 3월 21일

여수시민사회단체연대회의(여수환경운동연합, 여수지역사회연구소, 여수
시민협, 여수YMCA,여수YWCA, 여수일과복지연대, 전교조여수지회)**민주노
총 전남본부**(민주노총 여수시지부, 민주노총 순천시지부, 민주노총 광양시지
부, 민주노총 목포·신안지부, 민주노총 해남군지부, 민주노총 나주시지부, 민
주노총 영암군지부, 건설산업연맹 광전본부, 공공운수연맹 광전본부, 공무원
노조 전남본부, 금속노조 광전지부, 민주일반연맹 전남본부, 보건의료노조 광
전본부, 사무금융연맹 광전본부, 언론노조, 전교조 전남지부, 화학섬유연맹 광
전본부, 학교비정규직노조 전남지부, 화학산업 광전노조연합여수진보연대, **전
남시민사회단체연대회의**(목포YMCA, 목포YWCA, 목포지방자치시민연대, 천
주교정의구현목포연합, 미래를여는공동체, 신안포럼, 목포포럼, 해남YMCA,
희망해남21, 진도사랑연대회의, 참여연대완도시민회의, 강진사랑시민회의, 나
주사랑시민희, 참여자치고흥군민연대, 순천YMCA, 순천YWCA, 전남동부지역
사회연구소, 광양참여연대, 광양YMCA, 광양YWCA, 광양만녹색연합, 여수

YMCA, 여수YWCA, 여수시민협, 화순YMCA) **여수진보연대**(민주노총 여수 시지부, 통합진보당 여수시위원회,여수사랑청년회,여수장애인자립생활센터,여 수산단민주노동자회)전남환경운동연합(여수환경운동연합, 순천환경운동연합, 광양환경운동연합, 고흥·보성환경운동연합, 목포환경운동연합, 장흥환경운동 연합)

지역사회 산재병원 설립을 위한 과제와 방향

김대희(여수YMCA 정책기획국장)

Ⅰ. 들어가며

2013년 들어서서 대림산업의 폭발사고로 인해 지역사회는 다시한 번 석유화학 장치산업의 가동, 보수, 운영에 따른 산업안전사고의 대형화와 빈번함으로부터 사고현장에서 인명을 구하고 치료하는 산재전문병원 설립의 요구이다. 산재병원은 산업재해 환자에게 전문적이고, 체계적인 치료를 제공하기 위한 목적으로 설립된 병원을 의미하며, 통상적으로 치료는 질병치료와 재활치료를 모두 포함하고 있는 전문화된 병원을 의미한다.

산재전문병원에 대해서는 지역 정치권, 시민사회, 지방정부, 노동계의 설립에 대한 찬성 입장을 가지고 있다. 그러나 여수 국가석유화학단지를 대상으로 하는 산업재해와 직업병을 전문으로 치료하는 산재병원 설립에는 동의하지만, 산재병원의 구체적인 형식과 내용은 정부를 비롯하여 이해당사자들의 입장은 조금씩 다른 실정에서 지역사회에서 필요한 산재병원의 형태와 내용에 대해 좀 더 많은 논의와 협의가 필요한 실정이다.

II. 여수산업단지 산업재해의 특징

여수석유화학 및 광양체절산업단지는 중화학설비 장치시설에서부터 영세한 중소기업 및 하청업체에 이르기까지 다양하고, 광대한 산업시설로 인해 산업재해는 다양한 원인에 기인하고 있다. 특히 대규모 산업시설이 밀집한 콤비나트 지역의 산재의 원인과 유형은 도시형 산업재해와는 발생원인과 사고와 질병의 유형이 근본적으로 차이가 있기에 해당지역의 산재전문병원에서 다루고자 하는 영역도 일반적인 도시형 산재병원의 전문 치료 및 재활과는 차이가 있을 수밖에 없다.

1. 석유화학단지 특유의 위험물질에 기인한 질병

여수석유화학단지는 80여 개의 원유 정제를 비롯한 석유화학 물질의 분해, 합성 등의 석유화학공업 및 연관기업으로부터 기인되는 유해화학물질 및 유독가스, 위험물질만도 60여 종 2백50만 톤에 이르고 있기에, 이를 상시적으로 다루는 노동자의 산재는 20여 년이 넘는 시간 속에서 발생되어 화학물질 노출에 의한 치료로서 장시간의 재활과정을 필요로 한다.

2. 산업시설 유형에 따른 질병과 산재 유형

따라서 석유화학이나 제철산업시설에서의 질병유형과 이에 따른 산재 유형은 일반적인 도심형 산재와는 그 특징과 유형에서 차이점을 보이고 있다.

일반적인 산업시설에서는 심장질환, 호흡기 질병, 근골격계, 낙마 및 압사 등이 주를 이루고 있지만, 석유화학시설은 1년에 1~2회의 대규모 공정변경 등으로 인한 대수선과정을 겪기에 일반산업시설의 산재유형을 동반한 다양하고 복잡한 산업재해를 경험하고 있다.

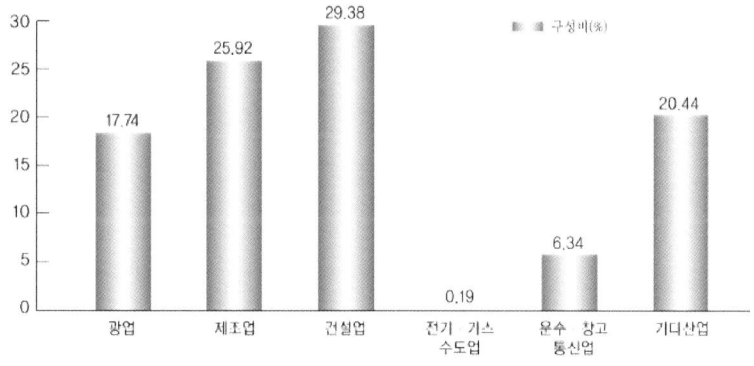

<그림 1> 2011년 산업별 사망재해 분포도

<그림 1> 2011년 산업재해 현황분석(2012년 9월, 고용노동부) 자료에 근거하면, 전국의 산업별 사망재해 분포도를 통해 전체 사망자 수 2,114명 중 건설업은 29.4%, 제조업이 26%, 광업은 17.7%순으로 높게 나타남을 알 수 있다. 이는 여수석유화학 산업단지가 일반적인 제조업 공정과 건설업을 기본적으로 동반하는 산업시설이기에

복합적 산업시설군으로 인식하여야 할 것이다.

또한 <표 1>에서 보듯이 석유화학 등 중화학시설에서 주로 나타
나는 산재유형은 화상, 암, 근골격계, 호흡기 질병 등으로서 중화학
산업단지의 산재 유형이 더 복잡해지고 있다.

<표 1> 여수산단 유해화학물질(일부)의 발암분류 및 주요독성 영향

유해화학물질	EPA 분류		주요노출경로	주요표적장기	주요독성영향
	흡입	섭취			
Benzene	A	A	호흡, 섭취, 피부접촉	혈액, 임파선	백혈병, 임파선종, 혈액암
1,2-di chloroethane	B2	B2	호흡, 섭취	간, 신장, 혈액, 폐	혈관종, 폐유두종, 간
Bromodi chloromethane	B2	B2	호흡, 섭취	폐, 간, 신장, 대장	폐부종, 간세포암, 신장종양, 대장암
Vinil chloride	A	A	호흡, 섭취, 피부접촉	간, 뇌, 폐, 임파, 조혈계	간종양, 뇌암, 폐암, 임파선암
Chloroform	B2	B2	호흡, 섭취, 피부접촉	간, 신장, CNS	간종양, 신장종양, 황달
Carbon tetrachloride	B2	B2	호흡, 섭취, 피부접촉	간, 신장, CNS	간종양, 신장종양
Trichloro ethylene	B2/ C	B2	호흡, 섭취, 피부접촉	간, CNS	CNS장해, 간종양
Stylene	B2	C	호흡, 섭취, 피부접촉	간, CNS, 폐, 점막	폐기능장해, CNS장해, 간독성, 점막자극

석유화학 작업장에서 아차사고로 표현되는 현장 사고로부터 화상,
근골격계, 압사 등의 안전사고로 인한 산재가 있지만, 최근 들어서
서 휘발성 유기화합물질 등에 장기간 노출 및 단기간 피폭으로 인한
호흡기 및 피부병 질환과 림프종, 백혈병 등 악성종양은 수년간의
시간이 지난 후에 그 증상이 나타나기도 한다.

즉, 여수석유화학시설과 중화학공업 시설 특징상 벤젠, 1.3-부타

디엠, VCM등 유해화학물질 노출에 따른 비호즈킨 림프종 및 백혈병 등 발암 질병과 신체장기 파손 질병 증가할 것이며, 폭발사고로 인한 화상 및 낙상, 근골격계 파손 등의 질병이 존속될 것이다. 또한 아황산가스, 이산화질소, 오존, 미세먼지 등 대기오염물질로 인한 기관지등 천식 등 호흡기질병도 증가할 것이다.

이렇듯 석유화학 단지나 제철산업단지 등 중화학 산업시설은 일상적인 제조업공장에서 나타나는 아차사고 외에도 유해화학물질의 노출과 폭발에 의한 전문화된 산업재해를 경험하고 있기에 이에 대한 치료 및 재활목적의 산재병원이 필요한 상황이다.

3. 통계에 잡히지 않는 영세한 협력업체의 산재처리 은폐

연간 평균 10~15명 내외의 사망사고와 기타 재해가 발생하고 있는 여수산단의 경우, 중소기업 및 협력업체는 산재처리에 따른 원청과 감독기관의 규제 불이익으로 인해 대체적으로 산재처리를 꺼리는 경향을 보이고 있으며, <표 2>에서 확인되듯이 50% 이상이 공상 또는 본인부담으로 처리하고 있다. 이는 곧 정부가 밝히는 산재 동세 원인과 발병특징이 산업현장과는 괴리될 가능성이 높을 것으로 추측된다.

<표 2> 2003년 여수산단 산업재해 실태(여수건설노조 발표자료)

사고건수	산재치료	공상치료	본인부담	직업병
167건	20.4%	46.7%	28.7%	2건

III. 지역사회 산재 전문병원의 위치와 운영 형식

석유화학 산업시설에 인접한 지역주민들은 작업현장의 노동자와 유사한 석유화학 및 제철공정과정에서 배출되는 아황산가스, 질소산화물, 분진, 일산화탄소, 탄화수소의 증가로 인한 대기환경 관련 질환이 증가하고 있다. 특히, 밀집한 공장 특성상 공장 밖으로 노출되는 관계로 인해 자체 작업장의 사고뿐 아니라 이웃 공장으로부터의 인근 노동자 및 지역주민의 2차 사고영향 가능성이 높으며, 석유화학물질을 주로 취급하는 공정특징상 화학물질의 사고나 방류와 노출로 인한 배출하는 폐수·폐기물, 대기·유해화학물질 등 오염물질로 인한 <표 3>의 진료과목이외에도 특수한 노동자와 지역주민들도 포함하는 중화학 공업지역의 산업재해로 인한 질병의 재활 및 치료목적의 산업재해 전문병원이 필요한 실정이다.

<표 3> 순천산재전문병원의 진료과목과 병상

명칭	병상수	진 료 과
순천 산재병원	290병상	내과, 외과, 정형외과, 신경외과, 마취통증의학과, 안과, 영상의학과, 진단검사의학과, 재활의학과, 직업환경의학과, 치과, 산부인과, 예방의학과(13개 과목)

여수석유화학단지와 광양제철단지를 주요 대상으로 하는 산재전문병원의 주요한 진료내용은 유해화학물질로 기인되는 발암성 질병 및 단기간 피폭 대응, 동일작업 반복에 의한 낙상 및 압력에 의한 근골격계 및 신체 장기 파손, 폭발 및 화재로 인한 응급 화상치료 및 진료, 대기오염물질로 인한 호흡기 질병, 각종 질병치료를 위한 재

활치료 영역, 조사연구 및 산업연관성에 따른 산업보건 및 환경의학 분야 등이 이루어지는 규모는 작지만 진료의 깊이와 폭은 가장 전문화된 수준을 가져야 할 것이다.

이러한 진료내용을 참고로 하여 여수지역에서는 다음과 같이 여러 가지의 산재전문병원의 방법과 형태를 추측해 볼 수 있으며, 산재병원의 존재이유가 되는 지역의 노동자와 지역시민들에 대한 건강권과 생명권을 회복할 수 있는 최선의 방안을 강구해보아야 한다.

먼저, 고용노동부 산하기관인 근로복지공단이 운영하는 순천 산재전문병원을 중심으로 한 특화영역 확대방안이 있을 수 있다. 특히 기존의 산재전문병원으로서 기본적인 진료과가 있으며, 화상 및 유해화학물질로 기인한 림프종, 독성의학 등의 2~3개 전문 진료 및 재활과가 추가된다면 적은 비용으로 큰 효과를 가져올 수 있는 방안이 될 수 있다. 그러나 순천 산재병원은 산업시설로부터 원거리에 위치함으로서 중대 산재사고의 처리원칙인 신속한 응급처치와 일상적인 재활치료, 연구조사활동 등이 보장되지 못하는 단점이 존재하고 있다.

두 번째는 고용노동부가 산업단지를 중심으로 한 지역산업보건센터 설립을 통해 산업재해 예방 및 감시, 치료, 재활 등을 이루고 있는 현실 속에서 여수석유화학산업보건센터의 도입과 이 과정 속에서 좀 더 특화된 전문영역의 신설, 확충을 통해 소기의 산재예방과 치료, 연구조사 목적을 실현하는 방안이 있을 수 있다. 그러나 2008년 고용노동부가 계획한 여수석유화학보건센터마저도 실행되지 못한 이유를 먼저 설명 들어야 한다.

세 번째는 순천에 위치한 국립순천대학교가 순천시의 양해 속에서 산재전문의과대학을 여수나 광양지역에 건립추진을 하고 있는 상황에서 국립의대를 지역단위에 건립하여 산재전문인력 양성과 치료, 재활 등을 해결하는 방안이다. 순천대가 아시아 최대의 산업시설을 배경으로 하는 전남동부권역의 산재전문의대 설립을 목표로 하고 있으며, 산재의과대학을 여수 또는 광양에 설립하고자 한다면 전남동부권 전체가 단일한 입장을 가질 수 있기에 범지역차원의 운동으로는 유용한 방안이 될 수 있다.

네 번째는 국가재정의 부담을 줄이는 일반 민간병원을 선정하여 산재 특화영역을 지원하여 산재 치료와 진료를 해결하는 방안이 있을 수 있다. 이 방안은 일정한 영업이익을 도모하는 민간 의료법인의 한계로 인해 이익창출이 적은 특정 산업질병 분야의 치료와 연구조사 등을 올바로 전개할지에 대한 의문이 있다.

다섯 번째는 순천의료원 등의 전남도나 여수시의 공공의료기관을 산재전문병원으로 특화하는 방안을 생각할 수 있다. 그러나 이 문제는 전국 지방정부 중 재정자립도가 가장 낮은 전라남도의 예산으로 과연 실현가능 할 것인가 하는 것이다.

여섯 번째는 여수산단과 광양제철 등 광양만권 산업단지 입주대기업 중에서 세계적으로 의료기술을 인정하는 최고의 독립적인 산재병원을 설립 운영하는 방안이다. 이 문제는 전문경영인보다는 특정가문 중심의 대주주가 온존하고 있는 기업풍토 속에서 지역사회를 중심으로 한 기업의 사회적 책임과 이익의 지역사회 우선투자로 분위기를 기업 스스로가 바꾸지 않고 있는 현실에서 거의 불가능할 것이다.

마지막으로 산재병원의 공간적 위치도 중요하다.

긴급한 산업재해와 대규모 이재민과 피해자가 발생할 수 있는 산업재해 특징상 여수산단 사고 현장으로부터 인근거리에 위치하여 신속성을 보장하여야 한다. 여수석유화학단지와 광양제철단지를 고려하면, 15분 이내 거리에 위치한 신덕이나 묘도 등의 지역이 해당될 수 있지만, 대기환경으로 인한 2차 피해가 염려되지 않으면서 재활치료등도 가능한 해안지역이 우선될 수 있을 것이다.

Ⅳ. 지역사회 산재병원의 운영과 역할

여수석유화학시설과 지역사회에서 요구하는 산재병원의 고유한 목적은 산업재해관련 진료 및 재활을 기본으로 하지만, 산업재해와 직업병을 감시하고, 일상적인 피해군에 대한 연구조사활동, 산재전문인력 훈련과 양성, 대규모 피폭과 사고에 대응하는 특정 의약품 관리와 보관, 그리고 산재 사전예방활동등도 중요한 역할이 되어야 한다. 따라서 여수산단의 노동자와 인근 지역주민의 건강권을 지키는 산재병원이 되기 위해서는 다른 지역의 기존 산재병원의 운영시스템을 그대로 수용하기 보다는 지역특징을 반영한 독립적인 운영을 보장하는 산재병원이 되어야 한다. 이를 위해 산재 보건의료 전문가들의 전문성 자율성을 살리는 의사결정 권한을 부여하고, 전문 의료인력 수급의 수월성을 보장하고, 지역사회 노동자와 지역사회의 네트워크 형성 속에서 다양한 산업재해와 직업병에 대한 조사연구 사업을 수행할 수 있는 독립성을 가질 때 전문의료기관과 지역사회가 올바로 그 힘을 발휘할 수 있을 것이다.

V. 나가며

　국가석유화학공업단지의 조성과 운영, 관리의 책임을 가진 정부가 산재병원에 대해서는 소극적인 자세를 취하고 있는 상황에서 산업재해에 대한 지역사회 이해당사자들의 다양한 의견을 취합하여야 한다. 이를 정부와 협의하여 산재병원을 설립하여 나가는 과정이 결코 쉽지 않은 상황이지만 산재병원에 대한 지역적 합의는 계속해서 이루어져야 한다. 특히 산재병원에 대한 이해와 요구를 같이하는 노동자, 지역사회, 지방정부, 기업, 지역대학 등이 공통의 노력을 같이 할 때 산재병원이 가지고 있는 문제와 방향은 해결의 단초가 될 것이다. 지역시민인 노동자의 생명과 건강을 지키고 지역주민의 건강권을 강화하여 나가는 계기로 삼는 산재병원 건립운동이 되었으면 한다.

현대사·여순사건

과거사위원회의 복원과 구성 방향*

- 진실화해위원회의 조직과 활동을 중심으로 -

이영일(민주연구단체협의회 상임대표)

Ⅰ. 들어가며

'진실·화해를위한과거사정리위원회'(이하 진화위)가 지난 2005년 12월부터 2010년 12월까지 5년 1개월의 활동을 마감하고 업무가 종료된 지도 벌써 1년 6개월이 지났다. 그동안 과거사 관련 일부 유족들은 국가가 저지른 위법한 국가폭력을 적시한 진화위의 결정문을 토대로 유족회별, 개인별로 소송을 제기하고 있다.

이는 국가가 진실규명이 된 이후에도 국가폭력에 대한 책임을 지지 않으려는 분노와 함께, 조사결과에 대한 후속조치의 미이행과 진화위 결정문의 3년 시효만료가 다가옴으로 인한 불안감에서 비롯된 것이었다.

시민사회 또한 각종 과거사위원회에 대한 평가를 부분적으로 전

---

* 이 글은 민국연구단체협의회 2012 하계 워크숍(2012.7.19)에서 발표한 글이다.

개해 오면서 배·보상특별법 제정을 줄기차게 주장해 왔다.

그러나 이러한 변화를 바라는 민심을 깨고 19대 총선의 결과는 한나라당이 새누리당으로 간판을 바꿔, 또 다시 국회의원 과반 의석을 차지함으로 인해 다가오는 대선의 정치 지형이 한층 복잡해진 양상이다.

국회와 대선을 바라보는 유족과 시민사회의 입장에서 보면, 개혁적인 야당이 승리하는 것이 과거사 문제를 풀어가는 데 있어 한층 유리한 지형과 정치 비전을 형성할 수 있을 것으로 생각하기 때문일 것이다.

따라서 본고는 가령 이명박 정부이후, 새로운 정부에서 진화위 제2기가 구성된다면 진화위의 조직과 활동을 중심으로 위원회와 사무처를 어떻게 구성해야 할 것인가?에 대한 계획과 청사진을 제시해 보는 것이다.

진화위 제2기의 역할과 목표는 다음과 같다.

○ 제1기에서 각하되거나 진실규명 불능된 자들을 위한 재조사
○ 제1기에서 미신청된 자들을 위한 추가 신청조사
○ 제1기 개별사건 조사보고서의 한계와 대안으로서 지역별 조사보고서와 함께 최종적인 유형별 보고서로의 재편
○ 제1기 진실 규명된 자들을 위한 후속조치 : 배·보상특별법 추진과 과거사연구재단 설립 추진
○ 진화위 제2기 외의 기구로써 기존의 진실규명이 된 사람들을 위해 배·보상특별법 추진과 과거사연구재단을 통한 추모위령사업

이를 위해 진화위의 조직과 직제, 조사활동과 업무, 관련법 개정 등의 조직과 활동을 중심으로 한 과거사위원회의 복원과 구성방안을 서술하고자 한다.

II. 진화위 조직체계

1. 조직과 직제

가. 위원회의 구성

진화위의 조직은 크게 의사부와 집행부라는 2개의 구조가 있다. 의사부인 의결구조는 위원장 중심의 위원들로 구성된 진화위의 전원위원회(이하 위원회)를 말함이고, 집행부인 집행구조는 사무처장을 중심으로 하는 사무처를 이름이다.

집행부의 최고 결재권자는 물론 위원장이 존재하지만, 내부 위임 전결규정과 업무 집행구조상 실질적으로 사무처장이 업무의 대부분을 집행한다.

따라서 여기서는 진화위 제2기가 구성된다면 변화되는 정치 지형에 따라 위원회가 어떻게 구성될 것인가에서 부터 시작할 수밖에 없다.

왜냐하면 진화위 위원회 위원 구성 및 위원장의 정치 성향과 역사를 바라보는 시각과 관점에 따라 그 활동의 내용과 형식에 있어 큰 편차를 보여주고 있기 때문이다.

예를 들어, 정근식 교수(서울대)가 「진실과 정의 포럼」에서 발표한 '한국현대사에서의 진실화해위원회의 경험 : 성과와 한계'에서처럼 진화위는 지난 5년간 송기인, 안병욱, 이영조 등 3명의 위원장이 순차적으로 책임을 지고 운영해 왔는데, 앞의 두 위원장은 노무현 정부에서, 후자는 이명박 정부에서 임명되었다.

모든 정부의 위원회는 어떤 정부 하에서 운영되는가에 따라 그 활동이 큰 영향을 받게 된다. 참여 정부에서 임명된 위원회가 진화위의 활동 자체에 비판적인 이명박 정부의 통제 하인 2010년에 이르게 되면, 위원회는 '진실규명' 자체에 회의적이고도 보수적인 성향의 인사들이 위원장과 위원의 3/2 이상을 점하는 상황으로 변화된다. 이렇게 보면, 이 위원회는 출범부터 2007년까지의 2년, 그리고 2008년부터 2년, 그리고 마지막 2010년이라는 세 개의 국면을 거치면서 존속했다고 말할 수 있다.

한편, 진화위의 위원회 위원은 15인(상임위원 4인, 비상임위원 11인)으로 대통령이 지명한 4인, 국회가 선출한 8인, 대법원장이 지명한 3인으로 구성되었다.

이들은 임기 2년으로, 국회에서 8인(상임위원 2인 포함)을 선출하고, 대통령이 4인(상임위원 2인 포함)을 지명하며, 내법원장이 3인을 지명하는 방식으로 구성되었다. 이를 다가오는 대선에서 여당과 야당이 집권하였을 경우의 정치지형에 따른 위원 구성을 비교하면서 검토해 보기로 한다.

1) 여당인 새누리당이 집권하였을 경우

구분	계	여당(새누리당)	야당(민주통합당)	기타 정당
국회	8(2)	4(1)	3(1)	1
대통령	4(2)	4(2)		
대법원장	3	3		
계	15(4)	11(3)	3(1)	1

● ( )은 상임위원

2) 야당인 민주통합당이 집권하였을 경우

구분	계	여당(새누리당)	야당(민주통합당)	기타 정당
국회	8(2)	4(1)	3(1)	1
대통령	4(2)		4(2)	
대법원장	3		3	
계	15(4)	4(1)	10(3)	1

● ( )은 상임위원

위의 표에서와 같이 여당인 새누리당이 집권하였을 경우에는, 위원회의 여 · 야위원 구성비가 11:4로 진화위 제1기 3대 위원장(이영조) 시기와 같은 수준으로 사건의 진실규명 수준과 정도 및 회의 운영에 있어서도 보수, 편향적 시각과 위원장의 성향에 따른 일방적인 구조 및 업무 집행상의 문제가 심각하게 노정되므로 진화위 제2기는 무조건 설립하지 말아야 한다는 결론이 나온다.

이는 차라리 진화위 활동에 대한 17대 차기 정부의 과거사 관련 비전과 미련을 버리고 18대 차차기 정부를 기다리는 지혜와 인내가 필요하다는 얘기에 다름이 아니다.

나. 위원장과 상임위원

진화위는 단기간에 고도의 집중과 역사적 책무를 필요로 하는 한시적인 기구이기 때문에, 조직과 직제에 있어 위원회 위원뿐 아니라, 위원장과 상임위원 및 사무처장과 국장이 전략적인 팀워크를 구성하여 업무를 수행하는 단위이어야 한다.

또한 진화위 제1기의 예에서처럼 지나치게 정치적 입지를 가진 자나 단기적인 성과주의에 급급한 관료적인 성향의 인사도 철학과 소신 없이 사건 조사업무를 수행할 가능성이 많으므로 이를 제외함을 검토해야 한다.

진화위 제1기의 경우, 위원장 이하 대부분의 임원들이 6개월 이내에 빠른 속도로 관료화 경향을 보이면서, 수평적인 평등 논의구조는 완전히 실종되고 지시와 보고에 의한 수직적 지휘명령체계로 길들여짐으로 인해 조사원 구성원 다수의 생산적인 논의를 담아내지 못한 과거를 뼈아픈 자성의 계기로 삼아야 한다.

다. 상임위원의 자격과 역할

상임위원으로는 진화위를 대표하는 위원장과 이를 보좌하는 3명이 상임위원이 있다. 지난 진화위 제1기의 경험을 토대로 살펴보면, 교수, 변호사, 정당 정치인 등으로 구성되었는데 이를 분석하면 다음과 같다.

구분	조직 경험	전문성	문건정리능력	논의 구조
종교인	유	준	유	독선적
교수	무	유	유	수평적
변호사	무	유	유	독선적
정당정치인	유	준	유	수직수평적
사회활동가	유	준	유	수평적

○ 종교인 : 조직 운영 경험은 있으나, 전문성이 없으며 조직 운영에 있어 수평적인 논의구조에 익숙하지 못하여 다소 독선적인 경향이 있으나, 자기 주관이 대체로 뚜렷하여 조직 경험을 바탕으로 수직 수평적 논의구조에 익숙해지면 수많은 업무상의 상황판단과 주변 의견에 대한 자기 주관과 중심이 대체적으로 확실함.

○ 교수 : 전문성은 있으나, 조직 운영에 있어 수평적인 논의 구조에는 익숙하나 이마저도 조직 운영 경험이 없다보니, 수많은 업무상의 상황판단과 주변 의견에 대한 자기 주관과 중심이 자주 흔들리는 경향이 많음.

○ 변호사 : 전문성은 있으나, 조직 운영에 있어 조직 운영 경험이 없다보니, 수많은 업무상의 상황판단과 수평적인 논의구조에 익숙하지 못하는 경향이 있음. 또한 이마저도 주변 의견에 대한 자기 주관과 중심이 자주 흔들리는 경향이 많음.

○ 정당정치인 : 조직 운영경험과 문건 정리능력은 있으나, 전문적인 지식은 중 정도이며, 조직 경험을 바탕으로 수직 수평적 논의구조에 익숙하면서 수많은 업무상의 상황판단과 주변 의견에 대한 자기 주관과 중심이 대체적으로 확실하여 조직 관리에 적합함.

○ 사회활동가 : 정당정치인과 같이 조직 운영경험과 문건 정리능력은 있으나, 전문적인 지식은 중 정도이며, 조직 경험을 바탕으로 수직 수평적 논의구조에 익숙하면서 수많은 업무상의 상황판단과 주변 의견에 대한 자기 주관과 중심이 대체적으로 확실함.

따라서 대안으로는 정당정치인이나 시민사회활동가가 적합하다고 할 수 있다. 정당정치인과 시민사회활동가는 준 전문성을 토대로 조직 운영 경험에 있어 비교적 수직, 수평적인 평등·논의구조에 익숙하고 정부조직과 관변단체에 대한 입장이 대체로 흔들림이 없이 분명하기에, 한시적인 위원회 구조에 일관된 정책을 추진하는데 적합한 인물이다.

라. 사무기구: 사무처

① 사무처장

사무처장은 위원장의 지휘를 받아 실질적으로 집행부인 사무처의 사무를 관장하고 소속 직원을 지휘·감독하는 막강한 지위와 역할을 부여받는다. 그럼에도 불구하고 위원회에 의결권이 없는 참관인 자격으로 참석하여 의사발언을 참고로 할뿐이다. 실질적인 집행부의 책임자인 사무처장이 정작 사건조사와 관련된 의결권한을 행사하지 못함으로 인해 집행부의 의사를 직접 전달하지 못하는 한계를 노정하였다. 따라서 사무처장은 친일새산환수위원회에서처럼 상임위원을 겸해야 하며, 이를 위해 법 개정을 해야 한다.

또한 사무처장은 그 자격에 있어서 전문성과 함께 조직 운영 경험을 토대로 비교적 수평적인 평등논의구조에 익숙하고 정부조직과 관변단체에 대한 입장이 대체로 흔들림이 없이 분명한 시민사회활동가가 적합하다. 말하자면 지나치게 관료적인 경향은 오히려 조직의 생산성을 저해한다. 이는 한시적인 위원회 구조에 일관된 정책을 추진하는데 적합한 인물이어야 하기에 더욱 그러하다.

② 국장

사무처의 국장은 정부조직법상 고위 공무원단 중 파견직과 별정직외 계약직을 채용하여 전문성 있는 책임자를 원한다.

○ 파견직 : 사건과 관련하여 전문성을 결여한 상태로, 현직 중앙부처의 국장급은 지원부서외에는 업무의 연관성이 없어 전혀 효율적이거나 적합하지 못하다. 전문성 있는 책임자를 원한다.

○ 별정직·계약직 : 전문성을 토대로 조직 운영 경험에 있어 비교적 수평적인 평등논의구조에 익숙하고 정부조직과 관변단체에 대한 입장이 대체로 흔들림 없이 분명한 시민사회활동가가 적합하다. 한시적인 위원회 구조에 일관된 정책을 추진하는 데 적합한 인물이어야 한다.

③ 조사관

위원회 제1기 경험으로 볼 때에, 조사관은 전문적이기보다는 인권침해사건이나 집단희생사건 전체에 대한 맥락과 함께 역사적 지식과 헌신적인 자세가 되어 있어야 하며, 무엇보다 조사업무에 대한 성실성과 함께 책임감이 강해야 한다. 사건과 관련한 보다 전문적인 분야는 토론과 함께 별도의 자료 분석 전문위원을 유기적으로 활용하면 된다.

2. 조사 활동과 업무

진화위의 구성원들은 시민사회영역과 정부영역, 학술영역 등 다양하고 이질적인 분야로 구성되었다. 또한 이들 중 상당수는 비교적 수평적인 문화에 익숙한 성원들로써, 위계적인 관료 조직에 익숙하지 않았다. 그러나 진화위는 이들을 통합하여 업무를 효율적으로 추진할 수 있는 유기적 조직과 함께 업무의 토론문화 정착을 필요로 했다.

가. 조사의 형식

조사활동은 사건의 진상규명 활동을 위한 진화위의 핵심적인 업무이다. 진상규명은 또한 국가가 저지른 위법한 국가폭력을 우선적으로 규명하는 것이기에 그 가공할 규모와 형태를 파악해야 한다.

진상규명을 하는 조사방식은 문헌 및 현지조사를 한 바탕위에서 이를 전수조사하는 방식과 생존한 유족들로부터 신청을 받아 이를 조사하는 신고주의적 방식으로 구분된다.

이를 위해 신고주의에 입각한 업무방식이 갖는 한계를 인식하고 사건조사방식을 신고주의에서 탈피하여 이 두 가지의 방식을 혼용하여 처음부터 직권조사방식을 적극 도입해야 한다. 모든 사건을 신청사건 중심에서 전수조사 형식의 직권조사로 전환이 필요하다.

나. 조사의 형태와 보고서의 형식

진화위 초기, 민간인학살 집단희생 조사관의 경우에는 인권침해 사건 조사관에 비해 상대적으로 사건에 대한 지식 및 조사의 경험과 전문성이 없다보니, 사건유형에 대한 이해가 부족하였다.

그것은 다른 과거청산 관련 위원회에 비해 민간인학살 문제를 다루었던 전문가들이 상대적으로 부족했고, 다른 과거사위원회에 비해 늦게 출범하여 우수한 조사인력을 확보하는 데 어려움이 있었기 때문이다.

이로 인해 사건유형별 팀편성과 조사를 수행하였던 것인데, 조사관들이 실제 조사과정의 현장에서 부딪힌 어려움은 미군 관련 사건을 제외하고는, 하나의 지역 안에서 군경토벌사건, 국민보도연맹사건, 형무소희생사건, 적대세력사건, 부역혐의 희생사건이 연결되어 있기 때문에, 사건유형별로 접근할 경우 사건의 전체적 맥락 설명이 힘든 경우가 많았다는 것이다.

따라서 이제는 조사의 경험이 풍부한 조사관들이기에 조사의 형태를 개별사건 중심에서 유형별 사건이 아닌 처음부터 곧 바로 지역별 사건으로 조사하는 방식을 바로 채택해야 한다.

말하자면, 민간인학살 집단희생사건의 경우, 종합보고서를 행정기초단위인 시군별 지역보고서로 재편하여 광역단위 종합보고서로 작성하고, 최종적으로 유형별 보고서를 보완하여 완성하면 되는 것이다.

이러한 직권조사방식과 지역별사건으로 조사형태를 취하게 되면, 이는 사건 보고서의 작성에 있어서도, 개별사건 조사보고서가 아닌 지역별사건 조사보고서로 작성하게 되어, 개별사건 조사보고서를 작성하는 시간과 인력을 크게 줄일 수 있을 뿐 아니라, 국회의 사건조사 진도의 추궁과 단기적 성과주의의 압박을 벗어날 수 있는 카드이기도 하다.

인권침해사건의 경우에도 처음부터 개별신청사건 중심이 아닌, 유형별 사건으로 1차 분류하여 종합보고서를 염두에 둔 사건유형별 조사보고서로 접근하여 작성함을 적극 검토해야 한다.

이렇게 모든 사건을 개별사건 중심에서 유형별 사건이나 지역별 사건으로 1차 재편하여 조사하는 방식을 적극 검토해야 한다.

이러할 경우, 조사관이 제1기에서처럼 많지 않아도 되며, 제1기에서 이미 검증된 조사관이므로 이중 역량과 책임감, 사명감이 있는 조사관을 선별하여 채용할 수 있는 것이다.

다. 진화위의 사건 심사요령과 기준

진화위의 사건 심사요령과 기준은 위원회의 위원장이 바뀔 때마다 매번 달라졌다. 이는 사건의 심사요령과 기준이 없다는 말에 다름이 아니다.

그렇다면 조사결과의 신뢰성과 안정성을 위해 이를 시스템으로 정착시킬 필요가 있다. 예를 들어, 민주화운동보상심의회 직제는 조사부서와 심의부서가 각각 별도로 편제되어 심의 분석하고 있음을 유의해야 한다.

또한 유족 여부의 심사, 사건의 해당 여부의 심사 등을 위해 3단계 검증의 구조를 설정하여, 이를 사전에 심의 의결하는 구조가 필요하다.

요약하면, 1) 조사국, 2) 전문위원실, 3) 소위원회를 거치되, 위원회에서는 의결 구조인 전원위원회와 소위원회와의 역할과 위상을 재고할 필요가 있다. 말하자면 전원위원회를 폐지하고 집행부로의 위원장만 존재하게 하며, 소위원회 구조로 사건의 최종적인 심의의결의 완결구조로 갈 필요가 있다. 왜냐하면, 사건의 유형이 인권침해사건과 집단희생사건으로 각기 다르기 때문에 각 소속 소위원회 위원은 상대 위원회의 사건에 대한 전문성이 떨어지기 때문이다. 따라서 위원회는 소위원회의 심의 사항을 그대로 의결하는 완결구조와 제도가 필요하다. 진화위 제1기에서처럼 위원회가 소위원회 역할을 또 다시 자임하게 되면, 시간과 인력 모두를 소비할 뿐이다.

말하자면, 사건조사는 조사부서가, 사건 심의는 심의부서가 역할 분담 체계로 업무 보강과 전환이 필요하며, 이를 위해 민주화운동보상심의위원회 직제기구를 적극적으로 도입을 검토해 볼만하다.

라. 국회의 대응

진화위는 형식상의 독립적인 기구이다 보니, 국회의 대응에도 예·결산과 업무보고에 많은 시간과 인력을 투자해야 했다.

국회 업무는 예·결산 과정과 조사 진행 결과에 대한 업무보고 형태가 주 업무를 이루는데, 이러다 보니 1년 평균 60일 이상을 국회업무에 매달려야 했다.

따라서 보고서의 경우, 보고서를 종합보고서 형태로 하여 최종보고서를 보고하는 식으로 법 개정 추진을 하고, 예산의 경우, 친일재산환수위원회처럼 예산은 법무부 소관으로 하게 되면, 국회의 대업무보고에 소요되는 시간과 인력을 크게 줄일 수 있을 것으로 판단된다.

마. 국민 대홍보 전략

인권침해사건과 집단희생사건 모두를 지역별·유형별 보고서로 재편하여 정치공안조작사건과 집단학살사건에 대한 국가가 조직적, 계획적으로 폭력을 행사한 국가 범죄인 국가폭력을 국민들이 실증적으로 느끼게 해야 한다.

예를 들어 그동안의 공안정부가 간첩조작사건을 대규모로 기획하여 공표 날조한 보도사례처럼 이를 극대화해야 한다.

진화위는 업무추진과정에서 지속적인 언론의 주목을 받았고, 또한 국회나 정치권에 의해 제기되는 자신과 관련된 법률의 개정안에 대하여 지속적으로 대응해야 했다.

따라서 진화위는 최대한 언론에 자신들의 진실규명작업이 공세적으로 노출되어 그동안 왜곡되었던 국가폭력 관련 사건들에 대한 사회적 논란과 사회적 학습효과를 거듭하는 과정의 보다 적극적인 자세가 필요하다.

3. 관련 법 주요 개정안

○ 민족독립사건 제외 - 보훈처 전담이 필요

이른바, 한 지붕 세 가족 사업을 동시에 추진했던 진화위는 '항일독립운동 및 해외동포사 사건'인 민족독립사건을 진화위 같은 한시적인 기구에서 다룰 것이 아닌 보훈처 같은 전문적인 상설기구에서 전담할 필요가 있다.

○ 신청사건 중심에서 전수조사 형식의 직권조사로 전환

진상규명은 또한 국가가 저지른 위법한 국가폭력을 우선적으로 규명하는 것이다. 신고주의에 입각힌 업무빙식이 깊는 한계를 인식하고, 모든 사건을 신청사건 중심에서 전수조사 형식의 직권조사로 전환이 필요하다.

이는 진화위 제1기에서 미신청된 자들을 포함한 추가 신청조사 형태를 포함한다.

○ 위원회의 지위

진화위는 기본법 제8조에서 대통령 혹은 국무총리 소속이 아닌 독립된 국가기관으로서 위원회나 위원들은 독립하여 그 직무를 수행하도록 규정되어 있다는 점에서, 국가인권위원회나 방송통신위원회와 유사하고, 친일반민족행위진상규명위원회나 그 밖의 과거청산 관련 위원회들과 차이가 있다. 진화위는 독립된 국가기관으로 중앙관서와 동일한 지위에서 업무를 수행하도록 규정되었다.

진화위는 행정부에 소속되지 않은 독립된 국가행정기관으로서 기본법 제3조에서 그 권한에 속하는 업무 수행의 독립성을, 기본법 제8조에서는 위원회 위원의 직무 수행의 독립성을 규정하고 있으며, 또한 기본법 제14조에 위원회 업무처리를 위한 사무처의 조직과 운영에 대하여는 위원회 규칙으로 정하도록 규정하여 그 독립성이 더 강화되었다.

그러나 위원회에 두는 공무원 정원은 행정안전부 조정사항이며, 예산 등과 관련된 사항은 기획재정부 등의 관련부처와 협의가 필요하다.

따라서 진화위는 형식적인 독립기구보다는 대통령 소속하에 설치하되, 친일재산환수위원회처럼 예산은 유관부처인 법무부 소관 예산으로 편성하고, 인사는 행안부를 중심으로 각 부처 및 지자체에서 파견토록 하여, 사건조사에 주력하여 일상의 소모적인 업무에서 탈피할 필요가 있다.

○ 위원의 임기 – 진실규명 조사활동 기간과 함께하는 4년 단임제
   어떤 정부 하에서 운영되는가에 따라 그 활동은 큰 영향을 받는데, 위원장과 위원의 구성원이 그러하다. 이는 조사방식과 형태, 사건 심의기준, 보고서의 형태, 일반 업무지원의 비중, 위원회 회의 운영방식 등의 모든 진화위 활동을 규정하는 요소가 되는 것이다. 또한 위원장과 위원의 임기가 2년이라는 기간이다 보니 짧은 기간에

성과를 내야 하는 성과주의에 급급하여 부실한 보고서를 양산하는
데 급급하였다. 따라서 어떠한 방식으로든 업무의 일관성과 통일을
기하기 위해서 친일재산환수위원회에서처럼 위원의 임기를 진실규
명 조사활동 기간과 함께하는 4년 단임제가 효율적이고 적합하다.

○ 상임위원의 조정－3인을 2인으로 조정

항일독립운동 및 해외동포사 사건인 민족독립사건을 보훈처에 위
임하면 상임위원 1인이 필요치 않으므로 3인을 2인으로 축소 조정
함이 적합하다. 조정된 상임위원은 각각 인권침해사건과 집단희생사
건을 책임지되, 이중 1인은 사무처장을 겸임함이 예산 절감과 함께
효율적인 운영을 도모할 수 있다.

○ 사무처장의 위상－상임위원 중 1인이 겸임

사무처장은 위원장의 지휘를 받아 실질적으로 집행부인 사무처의
사무를 관장하고 소속 직원을 지휘·감독하는 막강한 지위와 역할을
부여받는다. 그럼에도 불구하고 위원회에 의결권이 없는 참관인 자격
으로 참석하여 의사빌언을 참고로 할뿐이나. 실질적인 십행부의 수상
인 사무처장이 정작 사건조사와 관련된 의결권한을 행사하지 못함으
로 인해 집행부의 의사를 직접 전달하지 못하는 한계를 노정하였다.

따라서 사무처장은 친일재산환수위원회에서처럼 상임위원 중 1인
이 겸해야 하며. 이를 위해 법 개정을 해야 한다.

○ 제1기에서 각하되거나 진실규명 불능된 자들을 위한 재조사

진화위 기본법에 따르면, 진실규명 불능 및 각하 결정에 대해 진

실화해위는 결정 후 지체없이 이를 서면으로 통지하고, 이에 이의가 있는 자는 통지 받은 날로부터 60일 이내에 서면으로 이의신청을 할 수 있으며, 진화위는 이의신청을 받은 날로부터 60일 이내에 이의신청에 대하여 결정하여 지체 없이 그 결과를 서면으로 통지하도록 되어 있다. 이의신청과 이를 처리하는 기간이 최소 120일, 4개월 이상이 걸리는 것이다.

그러나 진화위는 2010년 6월에 들어서면서 위원회에 상정된 안건이 폭주하면서 위원회는 조사보고서를 충분히 심의할 시간이 없었다. 결국 위원회는 진실규명 또는 불능 등의 큰 방향에 대해서만 의결하고, 조사보고서에 대한 오탈자 수정 등의 구체적인 검토는 상임위원과 위원장에게 위임하였다.

더구나 제3대 위원장 이영조는 2010. 7. 27. 제141차 전원위원회에서 "직제규칙 전부 개정안"을 심의 의결하고 조직개편을 단행하였다. 이러한 과정에서 위원장의 조사보고서 결재가 지연되어 2010. 9. 15. 현재 30여 건의 보고서가 결재가 안 되고 있었고, 이는 신청 건수로는 950여 건에 이르렀다.

이 사건들은 거의 10월 초에 들어서서야 결정문이 통지되기 시작했고, 이때는 이의신청 처리에 필요한 기간인 120일은 커녕 이의신청을 할 수 있는 60일의 기간도 남아있지 않은 물리적인 상황을 초래했기 때문에 제1기에서 각하되거나 진실규명 불능된 자들을 위한 재조사가 필요하다.

○ 조사보고서 작성

현행 진화위 기본법 제32조 ①항은 위원회 활동을 조사보고서로 작성하여 매년 2회 대통령과 국회에 보고하도록 되어 있다. 그러한 국회의 독촉과 부정적인 견제로 인해 짧은 기간에 성과를 내야 하는 성과주의로 인해 부실한 보고서를 양산하는데 급급하였다.

따라서 보다 충실한 조사와 견실한 보고서를 생산하기 위해 종합 보고서 형식으로 위원회 활동 종료 시에 1회에 한하여 대통령과 국회에 작성하여 보고하는 형식이 적합하다. 이때에 종합보고서는 지역별 보고서와 유형별 보고서를 동시에 작성하여 보고한다.

○ 과거사연구재단

진화위의 진실규명 활동은 '전쟁에 의한 고통의 해원, 화해와 상생, 분열극복과 국민통합, 국가의 신뢰회복'을 위해 필요한 것이었다.

또한 진화위는 3년간(2010년 3월 말까지) 총 13개소에서 약 1,583구의 유해를 수습하였는데, 현재는 충북대의 임시 시설에 보관하고 있다. 한국의 전통적인 문화에 따르면, 유해는 매우 소중하게 다루어져야 하는 것인데 불구하고, 이를 임시로 보관하고 있는 것이다.

그런가 하면, 진화위가 권고한 국가사과, 관련기록 정정, 위령사업, 역사기록 등새, 평화－인권교육 등의 시속적인 관리와 후속 조치를 위하고, 유해발굴과 안장에 대한 묘역 및 추모공원 조성을 하기 위해서도 과거사연구재단이 설립이 구체화되어야 한다. 이를 위해 설립과 기금 출연 추진을 진화위 제2기 활동기간에 설립하는 것이 바람직하다.

○ 시행령

- 공무원 정원

공무원 정원은 위원회가 자체 수요파악을 한 이후 관계부처와 별도의 협의 하에 결정하되, 파견직은 지원 부서를 중심으로 최소화하는 것이 효과적이다. 실제로 조사관으로 파견된 공무원의 경우, 보고서 작성을 못하는 경우가 대다수이며 유휴자원이 되어 오히려 근무환경을 저해하는 경우가 많았다.

※ 참고로 이상의 내용을 조직표로 구성하면 다음과 같다.

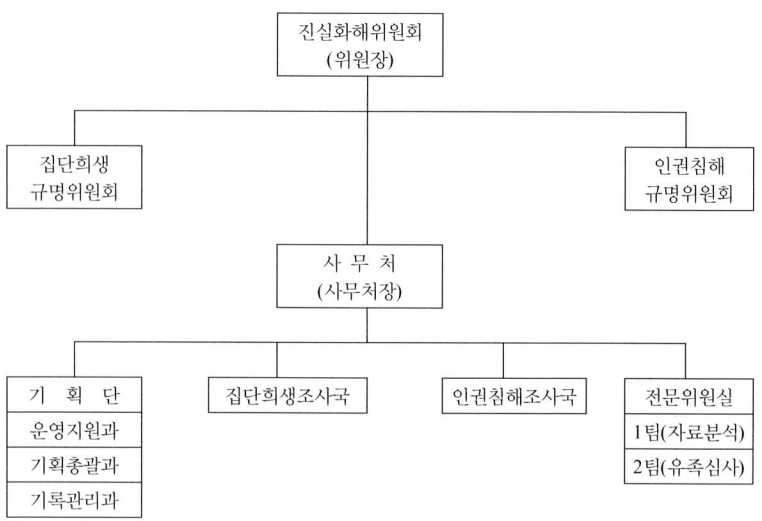

<조사 심의 의결 절차>

조사국 → 전문위원 → 소위원회 : 3단계 완결구조

여순사건 피해자의 정신적 외상 (Psychological Trauma)에 대한 소고(小考)

이영문(이음병원, 중앙정신보건사업지원단장)

Ⅰ. 여순사건과 외상 후 스트레스 장애(PTSD)

1. 여순사건과 외상 후 스트레스 장애(PTSD) 개요

가. 역사적 사건

한 인간집단이 다른 인간집단을 죽이는 행위를 인간학살이라는 것으로 정의할 때 그 역사는 수백만 년 전으로 거슬러 올라간다. 20세기 이후의 인간학살의 특성은 그 이전과는 다른 양상을 나타내고 있는데, 그 규모가 대단위로 커지고 있고, 희생자의 범위 또한 커지고 있으며, 학살에 사용된 기술이 더 다양하다고 볼 수 있다. 또한 학살의 동기와 방법이 다양해지고 있음을 알 수 있다.

그 결과 생기는 정신적 외상의 정도와 질병 양상 또한 복잡하게 나타나고 있다는 사실이 현대 사회의 사회적 사건들에 해석이 다양한 분야의 전문성을 토대로 제시되어야 함을 암시한다. 다시 말해, 사회적 사건의 결과 발생한 정신적 외상에 대한 범위와 정도를 과학적 근거를 가지고 해석할 수 있어야 정신적 외상에 대한 인간반응을 유추할 수 있고 이에 대한 치유방안을 고려하게 된다는 것을 의미한다.

나. 역사 사회적 사건에 대한 정신건강 해석의 부족

최근 우리나라 청소년 폭력, 왕따 현상, 자살에 이르는 일련의 사회적 사건을 보면서 우리는 늘 반복적인 국가 및 매스컴들의 학교 관리책임의 변을 듣게 된다. 모든 학교에는 학원폭력 추방이라는 현수막이 걸리고, 모두가 감시자의 역할을 하지만, 몇 개월이 지나면 이는 실종되고 만다. 결국 몇 명의 폭력 가해자만이 처벌되는 상황으로 끝나게 된다. 우리 내부에는 누군가를 희생양으로 삼아 다수의 안위를 지키려는 성향이 있다. 누가 희생양이 될 것인가? 당연히 가장 힘없고 자신의 잘못을 적극적으로 주장할 수 없는 사람들에게 죄가 쏠리게 된다.

미국의 경우도 예외는 아니다. 1986년에 뉴욕시 페리유람선상에서 발생한 총기난사 사건도 똑같은 맥락에서 처리되었다. 당시 43세의 쿠바난민 출신의 홈리스 환자는 환청에 의해 순간적으로 총기를 난사하여 여러 명의 사상자를 발생시켰다. 이 사건 며칠 전 이미 이 환자는 뉴욕시립정신병원에 입원을 하려고 했으나 입원실 부족으로 인해 대기 상태에 있었다고 보고되었다. 그러나 이 보다는 홈리스 상태로 몇 년을 지내는 동안 의료보험은 상실되었고 정신장애에 대한 평가조차 받을 수가 없었다.

이 사건은 우선 환자 자체와 시립병원의 직원교육 수준 문제로 초점이 모아졌다. 또한 이 사건 이후 갑자기 홈리스들의 응급실 방문이 50% 증가하기 시작하였다. 뉴욕 외곽의 정신병원에 입원환자 또한 늘어나기 시작하였다. 과연 이 문제는 여기서 해결될 수 있는 것인가? 잘 알려진 매트릭스 모형에 따라 이를 대입시켜보자.

<표 1> New York 총기 난사 사건의 이해

Dimension	(A) Input Phase	(B) Process Phase	(C) Outcome Phase
1) Country/ Regional Level	총기공급의 문제점 지역분포에 따르지 않 은 지나친 탈수용화	홈리스 정신건강정책의 부재	관료주의 실적주의
2) Local Level	입원병상의 부족	1) 시립병원 직원의 응 급 치료서비스 부재 2) 표준 치료의 부족	안이한 응급구조체계 운영
3) Patient Level	무보험	평가받을 수 있는 의료 기관 접근부재	환청에 의한 총기 난사

상기 <표 1>에 따라 치료를 적절하게 받지 못하는 정신장애인을 줄이기 위해 뉴욕시는 입원병상을 일시적으로 늘리고 process phase에 초점을 두어, 뉴욕시 정신병원 전체 스탭진에 대한 교육을 강화하였다. 과연 이 같은 조치는 뉴욕시 정신보선서비스를 향상시킬 것인가? 우선 무리한 입원병상 제한으로 인해 적절한 병상회전율이 유지되었는가 하는 지역 수준에서의 input phase는 전혀 고려되지 않았다. 또한 국가수준에 있어 몇 년째 방치된 홈리스 문제는 전혀 관계가 없는 것인가? 전혀 그렇지 않다. 결국 이 사건은 국가수준의 문제와 지역정신보건의 입원병상 문제를 덮어둔 채 매우 제한적인 조치만으로 끝나고 환자 및 보호자 수준에서 더 많은 불이익을 당하게 된 사건으로 기록되어 있다. 이 같은 사고는 반복되었다. 결국 이

같은 미봉적 정신보건서비스 제공이 또 다른 사회문제를 발생시키는 원인이 된다는 것을 입증한다.

다. 여순사건의 사회학적 의미

4·3 제주항쟁이나 5·18 광주민주화 항쟁 등은 국가권력에 의한 민중폭력이라는 사회적 합의가 가능한 일련의 민족사의 사건으로 기록되었다. 그 결과 피해자에 대한 정부 차원의 정치적 사과와 경제적 보상, 지원이 부분적으로 이루어지고 있다. 비록 피해자들의 삶의 질은 눈에 띄는 변화가 나타나지 않고 있지만 피해자들의 명예회복에 관한 내부 환기를 통한 심리적 보상이 일부 이루어졌다.

그러나 여순사건은 전혀 경제적 보상과 물리적 보상이 이루어지지 않고 있는 우리나라 현대역사의 일부가 되고 있다. 이번 연구에 대한 개요는 1948년의 여순사건 피해자들의 정신적 고통이 어느 정도인가를 알아보고자 시행하게 되었다.

실제로 보상이 이루어지지 않는 고통은 잘 낫지 않는다. 여순사건의 1만 명에 가까운 피해자들과 그 가족은 오늘도 스스로 피해자임을 밝히지 않는다. 아무런 보상도 없거니와 낙인효과가 생길까를 두려워하기 때문이다.

라. 심리적 외상과 PTSD

심리적 외상(psychological trauma)은 그 자체만으로도 희생자들에게 다양한 신체적 및 정신적 문제를 일으키지만, 외상 사건 이후에 여전히 그 사건과 관련하여 벌어지는 상황들과 이 사건을 대하는 주변인 및 사회적 반응으로 인한 심리적 고통이 유발되기도 한다.

때로는 외상 사건 자체보다도 그 이후의 경험이 더 큰 상처를 주기도 한다.

심리 외상의 희생자들의 예후는 단지 외상 사건의 유무만으로 결정되는 것이 아니라 희생자 개인이 가지고 있는 외상 전의 위험인자와 외상 후의 조치들, 즉 가족을 비롯한 주변 사람들의 반응과 태도, 피해자를 처음 대하는 치료자 및 전문가의 태도 및 접근방법, 사회적 지지의 정도 등에 따라 많은 영향을 받는다. 따라서 외상 후에 추가되는 이차적 외상의 경험은 희생자들의 예후에 결정적인 영향을 미칠 수 있다.

외상 후 스트레스 장애(Pst Traumatic Stress Disorder, 이하 PTSD)라는 정신질환의 한 특수한 형태가 정신의학 내부의 중요한 진단의 하나로 정식 분류되기 시작한 것은 1980년을 전후해서 이다. 비록 1980년이 되어서야 중요한 정신질환의 하나로 트라우마 연관 진단이 나타나게 된 것은 현대사회의 복잡성을 반영하는 것이라 할 수 있다. 이러한 PTSD 진단 이전에 존재하였던 트라우마 증후군으로는 '전쟁 피로증', '생존자 증후군', '전쟁신경증', '일과성 상황 장애' 등으로 불리는 일련의 질환도 존재하였나.

최근에는 아동폭력 관련 질환, 여성의 성폭력 관련, 자동차 사고, 사회적 재난 등과 연관된 새로운 형태의 트라우마 관련 질환들의 발병률과 재발률이 증가하고 있다. 또한 평균 수명이 연장됨에 따라, 노인들에게서 외상 후 스트레스 장애가 늘고 있는 추세이다[1].

---

1) 일반적인 PTSD 유병률은 다음과 같다. 자동차 사고 12%, 전쟁 생존 병사 15%, 성폭행 피해자 69%, 강간피해 76%, 정치적 망명자와 난민 50%, 고문피해자 70% 등으로 조사되었다.
자료: 5·18 기념재단, 5·18민주유공자 생활실태 및 후유증 실태 조사연구보고서, 2006

2. 현대 역사와 대량학살 피해자 연구 현황

한국 사회에서 과거 권위주의적 정권으로 인한 고문피해는 1970년 대부터 주요 성명서와 회고록, 사례집과 자료집을 통하여 알려지기 시작하였고, 1990년대 이르러서는 고문 근절과 고문 후유증 해결을 위한 사회적 움직임이 시도되었다. 최근에도 수사 과정에서 발생했던 고문피해사례가 보도되는 등 고문의 심각성을 인식하고 피해자를 지원하기 위한 보다 많은 노력이 요구되고 있다.

대량 민간 학살 사건에 대한 조사는 다음 <표 2>와 같다.

<표 2> 대량학살 피해자 연구

구분	조사대상자 수	PTSD 진단 가능군 (PSS 사용)	비고
4·3 제주항쟁 유가족	70명	68.6%	이 중 약 53.3%가 우울증 동반
5·18 광주민주항쟁 유가족	291명	41.6%	인터뷰 version
여순사건 피해자 유가족	150명	평균 점수 35.8	비고 15점 이상 질환군 *30점 이상을 심각한 수준으로 분류

이 연구들은 모두 양적 연구에 집중되었다. 기존 패널조사와 같은 방법론의 도입 없이 단순 현황 파악에만 치우친 면이 많다. 예를 들어 민간인 학살을 목격한 당시의 어린 아이들이 이제 65~70세를 눈앞에 두고 있다. 따라서 개인차를 두고 몇 %가 PTSD인가의 중요성 보다는 PTSD를 매개로 어떤 변화가 개인 혹은 공동체에 영향을 주는가를 파악하고자 했다.

<표 3> 정신건강 체크를 위한 설문지 구성안

기본 측정도구	항목 구분	비고
SSI(자살생각 척도)	21문항 version	신뢰도 계수 0.87
PSS(외상 후 스트레스장애 척도)	17문항 version	제주 4·3 연구 사용버전
BDI(우울증 척도)	21문항 version	자가 척도
BAI(불안 척도)	19문항	자가 척도

아직까지 4·3항쟁 희생자와 유족들의 정신적 건강 실태에 관한 규모 있고 체계적인 실태조사는 이루어지지 못하고 있는 가운데, 2011년 김문두 교수가 발표한 "4·3후유장애자의 외상 후 스트레스 장애와 우울증" 조사보고에 의하면, 설문에 응한 70명 중 68.6%가 외상 후 스트레스 장애(Post-traumatic Stress Disorder, 이하 PTSD)를 겪고 있고, 53.3%가 우울증상을 보이고 있었다.[2] 이는 2006년 실시된 광주 5·18 유공자와 가족의 PTSD 장애율 41.6%라는 조사 결과에 비추어 깜짝 놀랄 만한 결과이다. 또 이 조사에서 PTSD 장애를 겪는 4·3피해자들이 대부분 65세 이상의 고령이고 경제적 빈곤상태에 놓여있어 적절한 보호와 지원, 치료가 이루어지지 않고 있는 것으로 나타났다.

---

2) 김문두, 「4·3후유장애자의 외상 후 스트레스 장애와 우울증」, 『4·3트라우마 그 치유의 모색』, 제주4·3 63주년 기념 전국 학술대회 자료집, 2011. 4. 29.~30. 제주4·3평화재단

3. 정신건강의 문제성 범위

가. 역학연구 결과

5년마다 행하는 정신질환 실태조사에 나타난 정신건강의 문제를 제기하면 다음과 같다. 2011년 field 연구결과를 2012년 2월에 발표하고 4월에 최종 version을 제출하였다.

○ 주요 정신질환별 평생 유병률을 높은 순서대로 살펴보면, 알코올 사용장애가 13.4%, 불안장애가 8.7%, 기분장애가 7.5%(주요우울장애 6.7%), 니코틴 사용장애가 7.2%, 신체형장애가 1.5%, 정신병적 장애가 0.6% 순서로 나타났다.

○ 알코올 사용장애가 가장 흔했다. 성별 분석에서는 남성에서는 알코올 사용장애가, 여성에서는 불안장애가 평생 유병률이 가장 높은 것으로 나타났다.

○ 2010년 인구주택 총조사 결과를 표준인구로 삼고, 유병률 수치를 이용하여 국내 추정 정신질환자수를 추산해 볼 수 있다. 이 경우 지난 1년 사이, 만 18세 이상 만 74세 이하에서 니코틴 사용장애를 제외한 정신장애를 경험한 사람은 남자 2,071,597명, 여자 2,802,958명으로 총 4,873,160 명으로 추산할 수 있으며, 알코올, 니코틴 사용장애를 제외한 경우 남자 1,098,847명, 여자 2,585,955명, 전체 3,681,943명으로 추산된다.

나. 정신건강 서비스 이용률

그러나 정신질환에 대한 편견은 여전히 심한편이라, 실제 질병빈도에 따라 치료서비스를 이용하는 비율은 그리 높지 않다. 지역사회 일반성인 가운데 정신건강 문제를 전문가와 상의한 적이 있는 경우는 전체의 7.0%이었다. 정신질환에 이환된 적이 있는 사람의 15.3%만이 의사, 정신건강의학과전문의, 기타 정신건강전문가를 한번 이상 방문한 것으로 나타났다.

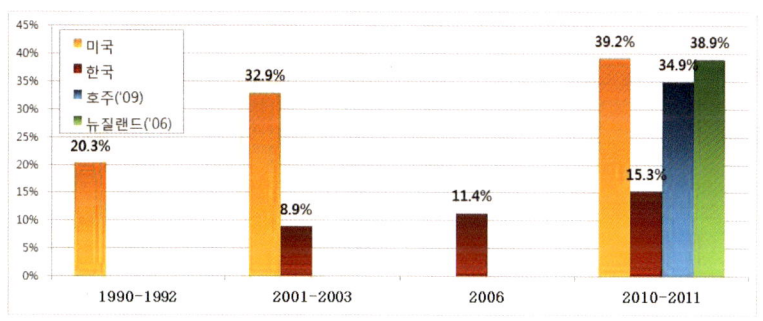

* 호주, 뉴질랜드 : WHO World Mental Health Survey
* 단, 2001년의 경우 기분장애에는 우울장애, 기분부전장애만이 포함됨
* 미국 : National Survey on Drug Use and Health(2010)

<그림 1> 정신질환 이환자 중 정신의료서비스를 이용한 비율 비교

2006년에 정신장애 이환자 중 의료서비스이용률이 11.4%였던 것에 비하면 이용률이 증가하였으나 선진국에 비하면 매우 낮은 수준이다. 특히 정신건강의학과 전문의를 방문한 비율은 정신질환에 이환된 적 있는 사람의 11.9%에 지나지 않았다. 정신의료 서비스 사용률은 2001년 8.7%, 2006년 11,4%, 2011년 15.3%로 증가하였으나 선진국에 비하면 매우 낮은 수준이다.

다. 정신건강의 문제성: 자살문제-급격한 사회변화와 사회통합의 결여

뒤르케임은 과도한 개인주의 또는 이기주의가 자살률을 높인다고 주장하였고, 이기주의는 개인이 타인과의 긴밀한 유대관계에서 사회적 고립으로 가는 현대 사회의 일반적인 상태를 반영한다고 하였다. 한국 문화는 개인주의와 물질주의라는 서구의 가치들에 의해 변환을 겪고 있다. 이 변환은 표면적인 개인과 사회의 유대를 깨뜨렸다는 것이고 세계시장과의 경쟁에 과도하게 노출된 개인은 결속력이 강한 전통적 공동체와 가족관계를 소홀하게 만들었다. 개인과 사회의 강한 유대가 깨어질 때 무의미한 개인은 이기주의적 자살의 충동에 노출되며 또한 노년층에게 사회변화의 속도가 너무 빨라 개인이 그 속도를 따라갈 수 없을 때 경제적 이유와 함께 문화의 변화는 그들의 자기 보존성 관리에 위협과 분열을 일으킬 수 있다. 수십 년 동안 급격하게 진행된 핵가족화, 도시화로 대가족 공동체와 마을 공동체의 붕괴, 이혼율 증가, 개인주의의 심화, 정보화 등에 따른 변화가 일어났다.

한국 사회의 변화가 빠른 이유는 한국인들이 각종 위기와 기회에 역동적으로 대응하기 때문이다. 불합리한 배제와 차별에 대해 개인적인 역동적 대응력이 크다. 1987년 6월항쟁 이후 노동자 투쟁의 결과로 나타난 노동조합의 결성, 높은 임금 인상률과 높은 생산성 향상률, 인구의 수도권 집중, 청년 인재의 수도권 대학집중 현상 등이 그 예로 나타난다.

또한 저출산, 고령화율, 청년 실업률, 대학진학률, 특목고, 사교육, 유학열풍 등은 우리 사회의 빠른 변화의 대표적인 징표들이다. 한국은 시장, 자원, 에너지 등의 해외의존도가 대단히 높기 때문에 국제정치와 경제환경의 변화에 큰 영향을 받는다. 급속한 도시화는 밀집 사회를 낳고 과도한 경쟁을 불러오고, 고학력화, 초고속 인터넷 보급률을 중심으로 하는 지식정보화의 변화가 또한 빠르다. 변화가 빠르다는 것은 외부환경과 시스템(법과 제도) 및 문화와 리더십의 충돌이 격렬하다는 것을 의미한다. 또한 환경, 시스템, 리더십의 부조화를 빨리 해결하지 못하면 모순이 폭발적으로 터져 나온다는 것을 나타낸다.

90년대 이후 한국 사회에서 일어난 변화의 스펙트럼은 매우 크다. 가족 영역의 변화는 그 중 가장 큰 현상으로 설명할 수 있는데, 핵가족은 1970년 71.5%에서 2005년 82.7%로 증가하였다. 3대가족 등의 직계가족 비중은 동일 기간 중에 18.8%에서 6.9%로 급속히 감소하고 있다. 다른 한편, 현재의 노년 세대는 전통적 가족관계의 마지막이자, 새로운 가족관계로부터 고립되어 왔으며 전통적 가족관계에 따라 경제적 부담을 자식세대에게 전가하지 않으려는 이타적 자살에 대한 동기가 분명히 존재한다. 따라서 부모봉양과 효라는 심리적이고 경제적인 짐은 현대 한국 사회에서 고령자들의 자살률이 급격하게 늘어나는 이유로 작용할 수 있다. 어뭉의 증가와 너불어 낙쳐온 경제적 취약성과 전통가치의 붕괴와 더불어 새로운 사회철학의 부재, 부풀어 오른 성과주의, 가족관계의 변화 등은 노년 세대의 자살에 대한 이유로 설명할 수 있다.

라. 정신건강과 관련된 사회문제 요약

첫째, 저출산과 고령화, 연금재정의 고갈, 건강보험재정의 위기 등과 같이 사회정책과 관련된 국가재정 지출부문에서는 부정적인 현상과 예측이 매일 나오고 있다. 또한 소득양극화, 사회계층의 고착화와 가난의 대물림, 사회적 배제의 일상화(학원폭력, 자정폭력, 왕따 현상 등), 근로빈곤층의 양산, 가족의 해체, 지역공동체의 붕괴 등이 새로운 사회위기의 문제로 대두됨에 따라 황폐해지는 정신건강의 문제가 커지지 않을 수 없는 상황이다.

둘째, 최소한의 사회안전망이 보장되어 있지 못하는 사회구조는 산발적인 복지정책의 난무로 귀결될 수밖에 없고, 통합되지 못한 국가 재정구조는 각 부처의 이익에 부합되는 혹은 실적을 낼 수 있는 정책을 쏟아내고 있다. 예산이 많이 투여되지만 효율적인 결과를 도출해내지 못하는 상황이 반복되고 있는 것이다.

셋째, 문제는 많으나 이를 산발적인 사안으로 처리한 결과, 핵심원인에 대한 규명보다는 대응방식에 주목하는 결과만을 중요하게 생각하는 관료주의적 발상과 전문가들의 해묵은 해법만이 끼어 맞추기 식의 땜질용 보고서만이 남고 있다. 즉, 해결책은 매번 페이퍼 상에 나와 있으나 실행이 이루어지지 않는 탁상공론식 행정이 반복되고 있다.

II. 외상 후 스트레스 장애

1. 트라우마에 대한 정신건강 차원의 해석

트라우마에 대한 우리 인간의 신체적 심리적 반응은 매우 중요한 정신 건강 문제를 일으키고 있다. 왜냐하면 트라우마를 경험한 사람은 일시적으로 혹은 영원하게, 세상에 대처하는 태도나 자신에 대한 믿음에 대해 부정적인 변화를 경험하게 되기 때문이다. 트라우마로 인한 부정적인 변화가 오래 지속되면 될수록 피해자들의 삶은 점점 더 피폐해져갈 수밖에 없다. 다행스럽게도 최근 전 세계적으로 트라우마에 대한 연구가 활발히 진행되면서 신경생리학적인 새로운 지견, 새로운 형태의 치료기법 등이 빠르게 발전하고 있다. 따라서 트라우마가 실제로 우리의 삶 주변 어디에서든 일어날 수 있고, 트라우마로 인한 고통을 받는 피해자들이 점점 더 늘어나고 있기에, 트라우마에 대한 새로운 이해를 넓혀가고 효율적인 치료 체계를 만들어 가는데 정신건강 전문가들의 부단한 노력이 필요한 시점이다.

2. 외상 후 스트레스 장애

가. 주요 증상

외상 후 스트레스 장애는 크게 나누었을 때 3가지 주요 증상이 있는데, 첫 번째는 충격적인 외상 기억의 반복적인 재경험(re-experience)이다. 외상 사건을 경험하고 한참 시간이 지났음에도 불구하고, 피해자들은 마치 현재에서도 그 외상사건이 계속에서 일어나고 있는 것처럼 강렬한 경험을 하게 된다. 대구 지하철 참사 사건에서 살아남은 사람들이 아직까지도 지하철을 편하게 타지 못하는 것도 바로 이러한 재경험의 증상 때문이다. 이러한 외상 기억의 재경험은 깨어있는 동안에는 어떤 이미지나 잔상의 형태로 일어나는 플래시백(flashback)으로, 잠을 자는 동안에는 반복적인 악몽으로 거침없이 의식으로 침투해 들어온다. 대개 이러한 재경험은 원래의 외상 기억과 비슷한 자극을 받을 때마다 반복해서 일어나게 된다. 비오는 날 폭행과 강간을 당한 피해자는 비오는 소리만 들어도 그 때의 기억이 떠오르게 되기도 하고, 그 때 폭행을 한 가해자와 비슷한 옷을 입을 남자만 보아도 공포에 질리게 된다. 때로는 외상 사건이 일어난 장소와 비슷한 곳에만 가도 그 때의 기억의 파편이 아주 생생하게 떠올라 괴로워하기도 한다. 이러한 외상 기억의 재경험은 강렬한 정서적 고통을 반복하여 유발하기 때문에 생존자나 피해자는 계속해서 공포심, 무력감, 분노감에 반복하여 시달리게 된다.

외상 후 스트레스 장애의 두 번째 증상인 회피(avoidance)와 둔감화(numbness)라는 증상이다. 압도적인 위협에 대해 완전히 무기력해지고 두려움에 휩싸이게 되면, 우리는 대개 실제 어떤 저항을 하는 행동을 하지 못하고, 차라리 의식의 상태를 변형시키는 방어를 하게 된다. 압도적인 위협 앞에서 완전히 얼어붙어 꿈을 꾸듯이 멍해지는 것이다. 이렇게 되면 현실 감각이 둔해지거나 상실되고, 시간 감각마저 변형이 된다. 그래서 마치 트라우마가 자신에게 실제로는 일어나지 않은 것처럼 느껴져, 현실을 생생한 실제가 아니라 마치 아련한 꿈같이 경험하게 된다. 때로는 자신의 몸에서 의식이 옆으로 분리되어 나와 자신의 몸을 관찰하는 상태를 경험하기도 한다. 이렇게 되면 몸이 느끼는 고통, 놀람, 두려움을 직접 느끼지 않는 상태가 되는 것이다. 분리된 의식은 아무 것도 느끼지 않고 그저 멍하니 외상 사건이 일어나는 상황을 바라만 보고 있게 된다. 때로는 아예 외상 사건 자체에 대한 기억을 못하게 되기도 한다. 이러한 둔감화 증상은 해리라고 하는 현상과 매우 밀접한 관련이 있다. 해리와 같은 의식의 변형 상태는 견딜 수 없을 만큼 고통스러운 두려움과 무력감으로부터 자신을 보호하기 위한 마지막 방어 매커니즘이다. 완전히 의식을 잃거나 미쳐버리게 되기 직전에 자동적으로 의식을 변형하여 주변 자극에 대해 둔감하게 만들어주는 것이니까 어떤 면에서는 적응적인 방어 매커니즘이라고 할 수도 있다. 그러나 문제는 트라우마의 위협이 사라지고 난 뒤에도, 이러한 의식의 변형이 오랫동안 지속될 때에 생기게 된다. 주변의 자극에 대해 되도록이면 정서적 동요를 안 느끼려 하고, 외상과 연관된 어떠한 기억도 하지 않기 위해, 외상을 경험한 사람들은 자신의 삶의 거의 대부분의 영역에서 제한적이고 수동적으로 살아가게 된다. 그들은 삶의 주도성, 적극성, 계획성, 의미부여 같은 것들은 다 포기하게 되고, 그저 최소화된 삶을 영위하려 하게 된다. 외상 사건을 경험한 이후 점차 시간이 지나면 이러한 회피 증상이 두드러지게 된다.

외상 후 스트레스 장애의 세 번째 증상은 과도한 각성상태(hyper-arousal state)와 연관된 증상들이다. 충격적 사건 이후 언제 또 그런 일이 닥칠지 모른다는 불안과 두려움으로 늘 위험에 대한 경계상태가 지속된다. 사소한 자극에도 민감한 반응을 보이고 예상하지 못한 자극에 대해 심하게 놀라는 반응을 보이게 된다. 그러다보니 늘 초조하고 불안하고 걱정이 많고 집중이 안 되고 죽음에 대한 공포도 매우 커진다. 이러한 과도한 각성상태와 연관된 증상들은 대부분의 교감신경계의 과도한 활성화로 인해 나타나는 증상이라고 할 수 있다. 일반적으로 우리는 위험에 처했거나 놀랐거나 혹은 스트레스를 받을 때에 외부에 대응하기 위해 자동적으로 교감신경계가 활성화된다. 그러다가 위험이 사라지거나 스트레스가 줄어들면 활성화된 교감신경계가 다시 원래의 안정된 상태로 돌아가야 하는데, 외상 후 스트레스 장애에서는 교감신경계가 원래의 상태로 돌아가지 않고 계속해서 활성화되어있기 때문에 과도한 각성 상태가 지속되는 것이다. 이런 상태가 계속 지속되다 보면 스트레스에 점점 취약해져 점점 신경이 날카로워지고 주위 사람들에게 신경질적이고 공격적인 반응을 보이게 되며, 때로는 심한 분노 폭발을 하기도 한다. 이러한 과도한 각성상태는 외상 후 스트레스 장애가 만성화 되었을 때 위의 회피증상과 같이 점점 더 두드러지게 된다.

나. 사회적 결여

외상 후 스트레스 장애의 전형적인 특징은 위에서 말한 극단적인 흥분 상태의 증상들(hyperarousal state)과 극단적인 회피와 둔감 상태(hypoarousal state)의 증상들이 주기적으로 반복해서 나타난다고 하는 점이다. 이렇게 서로 반대가 되는 극단적 상태로의 전환은 시간이 지나면서 조금씩 변화하기도 하지만 쉽게 사라지지 않고 수 년 동안 계속 되기도 한다. 외상 후 스트레스 장애의 이러한 증상으로 고통을 받는 환자들은 과거의 기억을 떠올리려 처리하지도 못하고 현실에 집중하는 데도 어려움이 많다. 또한 미래에 대한 준비나 계획도 할 수가 없게 된다. 그들은 사람을 피하고, 사람을 잘 믿지도 못하게 된다. 일상생활에서 주의 집중에도 어려움을 겪게 되어 책을 읽거나 대화를 하는 데도 어려움을 느끼게 되며 쉽게 지치게 되어 결국 점점 더 수동적인 삶을 살아가게 된다.

이렇게 오랜 시간 동안 스스로 자신의 상태를 조절할 수 없다는 무기력감이 점점 더 삶을 지배하게 되면서 트라우마를 경험한 피해자들은 우울증, 알코올중독, 약물중독, 폭식 등에 빠지기도 하고 또한 심한 자살사고를 갖게 되기도 하고 결국 사회생활의 단절을 초래하게 된다.

다양한 심리적 외상으로 생기는 증상들은 삶의 질을 한없이 떨어드리고 인간을 마치 영혼이 없는 꼭두각시(walking zombee) 같은 존재로 만든다. 삶에 침입(intrusion) 하는 공포성 기억이나 이로 인한 심신의 과민화(hypersensitivity), 그리고 공포반응을 일으킬 수 있는 자극의 요소를 피하기 위한 무감각과 무기력 등은 참기 어려운 고통이고 이 때문에 하루하루 의미도 생동감도 없는 좀비와 같은 나날을 보낸다. 자존감은 땅에 떨어지고 매사에 자신이 없으니 무엇을 해 볼 의욕이 나지 않는다. 물론 대인관계는 어렵게 제한되고 외상 이전에 즐겼던 일들이 하나도 재미가 없어 나날이 지루하기 한이 없는 권태의 지속이다.

3. 인간의 기억, 트라우마 그리고 고통

가. 인간의 기억

인간의 기억시스템은 내재적 기억과 외재적 기억으로 구분된다. 내재적 기억이라는 것은 흔히 3세 전의 기억장치로써 생후 바로 활성화되어 발달하는 기억 시스템을 말한다. 주로 정서적 기억, 신체 감각적 기억, 행동기억 등과 같은 비언어적 기억이 해당된다. 이러한 내재적 기억은 시간의 개념이 없다. 즉, 과거와 현재, 미래의 구분이 뚜렷하지 않은 기억들이다. 언제 어디서 무엇을 어떻게 경험했는지 뚜렷하지 않다. 이와 같은 내재적 기억은 언어로 표현하기가 어렵지만, 일생을 통해 지속되기 때문에 여전히 현재의 어떤 행동을 설명하는데 중요한 역할을 하게 된다. 유아기 때 겪는 엄마와 아기의 애착반응이 대표적으로 여기에 속한다. 또 다른 기억으로는 외현적 기억시스템이 있다. 약 3세 이후 언어적 도구를 습득한 이후에 발달되는 이 시스템은 말로 이야기 할 수 있는 기억이다. 자신이 살아온 삶에 대한 기억, 자신이 경험한 것에 대한 기억, 단어의 의미 등과 같은 기억이 여기에 속한다. 이 외현적 기억시스템은 시간에 대한 개념이 있다. 과거 현재 미래의 구분이 가능하다. 자신의 주관적 경험을 평가하고 분류할 수 있다.

우리 뇌안은 이와 같은 내재적 기억과 외현적 기억 시스템이 서로 혼재되어 존재한다. 서로 상호보완적이며, 적절하게 기능할 때, 외부로부터 오는 정보는 경험과 함께 통합되어 조화를 이루게 된다.

나. 트라우마에 의한 기억의 왜곡

압도적인 트라우마가 갑자기 몰아쳤을 때, 특히 그 당시 나이가 3세 이전의 나이로 언어적 도구가 없는 상태일 때 겪게 되는 트라우마는 내재적 기억으로 남게 된다. 뇌의 정보처리 시스템에 마비가 오게 되고 온통 부정적인 감정이나 이미지가 기억된 채 강렬한 신체감각과 고통으로 남게 된다. 정서적 교감 또한 산산히 부서진 채 말로 표현할 수 있는 기억으로 남지 않게 된다. 트라우마에 의한 기억이 시간이 지나도 그대로 남는 것은 이 같은 기억들이 시간 개념 없이 단편적인 감각들로 산산히 부서진 채 내재적 기억으로 저장되어 있기 때문이다. 또한 언어적으로 이 고통을 전달하는데도 한계가 있다. 외현화 되지 못한 내재적 기억의 고통은 그렇게 한 사람의 일생을 통해 고통을 몰아간다.

4. 여순사건을 통한 트라우마의 재정의

여순사건과 같은 대량학살, 특히 국가권력에 의한 예측할 수 없던 상황에서의 사회적 사건은 일생을 두고 큰 공포 반응을 희생자들에게 남긴다. 일반적으로 트라우마가 생기는 사건은 특별하다. 사건이 드물게 일어나기 때문에 특별한 것이 아니라, 일반적인 인간의 적응 능력을 압도한다는 점에서 특별한 것이다.

트라우마는 대개 저항을 할 수도 없고 도망을 갈 수도 없는 상황에서, 꼼짝 못하고 생명과 신체적 안녕을 위협하는 죽음의 공포를 직면하게 되는 사건이다. 때문에 보통의 인간은 강렬한 두려움, 무력감, 통제력 상실, 붕괴의 위협을 경험하게 된다.

여순사건에서의 학살을 목격한 경우, 혹은 생존한 경우, 이는 전쟁과 같은 극한 상황으로 간주하여야 한다. 정신의학 진단분류(미국 정신의학 분류 DSM-IV)에서는, 트라우마를 일반적인 인간 경험의 범주를 넘어선, 생명을 위협하는 사건으로 정의하면서, 이에 해당되는 사건으로 전쟁, 강간, 성폭력, 신체적 폭력, 강도, 재난, 재해, 유괴, 인질, 테러공격, 교통사고, 생명이 위험한 질병, 죽음이나 심한 상처의 목격, 그리고 어린 시절의 성적 학대 등을 제시하고 있다. 따라서 여순사건의 트라우마는 매우 극심한 전쟁과 같은 상황의 생명 위협 트라우마로 평가될 수 있다.

5. 극한 트라우마가 인간에게 미치는 영향

일부 전문가들은 사건의 끔찍함이나 두려움의 정도로 트라우마를 정의하지 말고, 그 사건이 한 개인에게 얼마나 큰 영향을 주었는가에 따라, 혹은 사건이 개인에게 어떤 반응을 일으키느냐에 따라 트라우마를 정의해야 한다고 제안하고 있다. 이를 여순사건에 대입시켜보면, 여순사건의 피해자들이 겪은 심리적 외상은 대부분이 학살에 의한 것이지만, 각 개인에 따라 그 기억을 무의식 속에 어떻게 해석하는가 차이를 보일 수 있다는 점이다.

그러나 트라우마 정도가 동일한 지역에서 비슷한 배경을 가진 개인들에게 동일한 국가폭력이 가해진 경우에 속하기 때문에, 각 개인의 심리적 방어 정도를 굳이 구분하는 것은 국가폭력 정도를 개인의 심리적 역량에 따라 축소시킬 수 있는 우려가 있다.

물론 외상 후 스트레스 장애에서는 주로 단일 사건(single event)에 대해서만 초점을 맞추고 있지만, 여순사건 이후 피해자 각 개인이 오랜 시간에 걸쳐 반복적으로 생겨나는 사건까지도 다 외상 후 스트레스 장애에 커다란 영향을 미친다고 주장하기도 한다.

이 경우는 발달학적 트라우마(Developmental trauma disorder)의 진단명이 붙는 경우인데, 큰 트라우마 유무와 상관없이 발달 과정에서 반복적으로 일어나는 양육자의 방임, 무시, 강압적인 훈육, 학대와 같은 대인관계적 트라우마(interpersonal trauma)가 Developmental trauma disorder의 주요 원인이라고 하고 있다.

그러나 이 경우도 평생의 기억을 좌우하는 트라우마, 일명 빅 트라우마(T Trauma[3]))가 있었을 경우, 발달학적 트라우마는 결과적으로 자연스럽게 발생하기 때문에 이것의 존재 유무는 큰 영향을 미치지 못한다.

6. 트라우마 연구의 역사적 배경

트라우마를 연구한다고 하는 것은 끔찍한 사건을 증언함으로써 인간의 취약성과 나약함, 그리고 때로는 인간본성의 악의 가능성에 직면하는 것이다. 그래서 피해자가 아닌 제3자, 중립자는 대부분 이러한 트라우마의 이야기를 인내심을 갖고 경청하고 그 고통에 동참하기를 꺼려하는 경향이 있다. 이러한 연유로 역사 속에서 트라우마의 연구는 수면위로 올라왔다가 다시 가라앉고 하는 것을 몇 번이고 반복해 왔다.

19세기 후반, 프랑스의 신경학자 장 마르텡 샤르코(Jean Martin Charcot)은 그의 유명한 화요강의를 통해 히스테리아 환자의 마비 증상을 직접 보여주면서, 히스테리아 증상을 정확하게 기술하고 분류하였다. 샤르코 이전 시대에는 히스테리아 증상을 보이는 여자들은 꾀병을 부리는 짓, 혹은 귀신이 들린 것이라고 여겼고, 그들의 치료 또한 대개는 최면술사나 마술사, 혹은 종교적인 치료자들이 맡았다. 과학적 계몽주의자였던 샤르코는 종교적인 개념보다 과학적인 접근이 더 우월하다는 것을 일반사람들에게 알리기 위해 유령에 홀

---

3) 'big T' 트라우마란 강간, 아동기의 성폭행 혹은 신체적 학대, 재난, 사고, 상실과 같이 한 개인에게 극적인 영향을 주는 사건들을 말하는데, 개인의 정체성과는 상관없이 누구에게나 강렬한 위협감과 공포심을 유발하는 사건이 여기에 해당된다. 이러한 경험들은 악몽, 플래시백, 불안, 공포, 두려움, 집과 직장에서의 부적응과 같은, 전형적인 외상 후 스트레스 장애의 증상을 일으킨다.

린 상태, 종교적인 황홀경, 주술, 등과 같은 현상을 과학적으로 체계적으로 설명하려 시도하였다. 그리고 그는 이러한 히스테리아 증상의 원인에 심리적 외상, 트라우마가 있다고 처음으로 주장하였다.

샤르코의 제자였던 자네는 심리적 외상 사건으로 인한 압도적인 정서적 반응(vehement emotion)이 의식의 변형을 일으키고 이것이 히스테리아 증상을 유발한다고 하면서, 이러한 의식의 변형을 해리(dissociation)라고 하였다. 그는 트라우마를 경험한 사람들은 자신들의 경험을 이야기로 표현하지 못하고, 강한 정서적 경험, 신체적 고통, 혹은 신체감각으로 단지 반복하여 재경험할 뿐이라고 설명하였다. 또한 그는 트라우마의 피해자들이 일상생활에서 트라우마의 기억이 재생되는 것을 막기 위한 노력을 필사적으로 하기 때문에, 해리된 이 트라우마의 기억 파편(fragmented memory)이 통합되지 않는 한 그들의 인간적인 삶이나 기능이 발달하는데 방해를 받을 수밖에 없다고 말하였다.

프로이트 역시 히스테리아 환자들의 증상을 주의 깊게 연구하고 인내심을 갖고 그들의 이야기에 귀를 기울이면서, 히스테리아 환자들이 트라우마 기억으로 인해 고통받는다는 사실을 알아낸다. 그는 1896년 18명의 히스테리아 환자의 사례 연구를 토대로 히스테리아의 원인론을 발표하면서 히스테리아에 관한 모든 사례의 근원에 하나 혹은 그 이상의 아동기 성적 경험이 있었다고 주장하였다.

그러다가 20세기에 들어와 세계 1차, 2차 대전이 일어나면서 전쟁으로 인한 외상 신경증에 대한 관심이 높아지게 되는데, 영국의 유명한 심리학자였던 찰스 마이어스(Charles Myers)는 전쟁 공포증에 시달리는 군인들이 보이는 증상에 대해 "Shell shock"이라고 명명을 하였고, 미국의 정신과 의사인 에이브럼 카디너(Abram Kardiner)는 "The Traumatic neurosis of War"이라는 저서에서 전쟁의 참혹함이 인간에게 심각한 정신적인 트라우마를 남긴다고 발표하였다. 이 책에서 그는 전쟁 신경증의 개념을 상세히 소개하는데, 많은 전쟁 신경증 환자들이 전쟁터에서 떠나고 난 뒤에도 마치 원래의 트라우마 상황에 놓인 것 같은 행동을 반복하고 있다고 보고 하였다. 그러나 전쟁 신경증에 대한 이러한 의학적 관심 역시 제2차 세계 대전이 끝나면서 바로 사라져갔다.

그러다가 1970년대 들어서면서 베트남 전쟁의 참전용사들로 구성된 재향군인회의 조직적인 노력에 의해 전쟁으로 인해 생긴 심리적 후유증에 대한 연구가 다시 시작되었다. 그들은 전쟁의 후유증으로 고통 받는 자신들의 실제 모습을 세상 사람들에게 보다 더 정확히 알리려 위해, 전쟁의 후유증이 전쟁이 끝나고 난 뒤에도 계속해서 지속된다고 하는 사실을 입증하는 대규모의 연구를 정신의학자들에게 의뢰하였다. 그 결과 베트남 전쟁에서 돌아온 참전 군인들이 가족과 잘 지내게 되는데 어려움이 많았고, 결혼하는 비율은 낮았고, 이혼히는 비율은 높았으며, 주변 사람들과 갈등을 많이 일으키고, 직장 생활에 적응을 잘 하지 못했으며, 충동조절의 어려움으로 폭력을 휘두르는 성향이 높아진다고 하는 사실들이 밝혀지게 되었다. 마침내 베트남 전쟁이 남긴 후유증에 대한 방대한 분량의 연구 결과에 자극받은 미국 정신의학회는 1980년 처음으로 전쟁 신경증의 실체를 인정하고, "외상 후 스트레스 장애"라는 새로운 진단명을 붙여주게 되었다.

그 이후 강간, 가정폭력, 성폭력의 피해자들이 보이는 증상들이 전쟁으로 인한 외상 후 스트레스 장애에서 나타나는 증상과 같다는 것이 밝혀지면서, 최근 이들 피해자들에 대한 연구와 치료가 다시 많은 전문가들의 높은 관심을 끌어들이고 있으며, 여기에 애착의 이론에 대한 새로운 조명, 신경생리학의 발달, 새로운 치료기법의 개발 등으로 인해 트라우마에 연구는 현재 활발히 진행 중에 있다.

7. 트라우마의 신경생리학

가. 내재적 기억과 외현적 기억

우리 인간의 기억 시스템은 내재적 기억(implicit memory)과 외현적 기억(explicit memory)이라고 하는 두 개의 기억 시스템으로 나눌 수가 있다.

내재적 기억(implicit memory)은 생후에 바로 활성화되어 발달하는 기억 시스템으로 주로 편도체(amygdala)가 여기에 관여하고 있으며, 정서적 기억, 신체감각적 기억, 행동기억 등과 같은 비언어적 기억이 여기에 속한다. 이러한 내재적 기억 시스템에는 시간의 개념이 없기 때문에 과거 현재 미래의 구분이 잘 안되며, 언제 어디서 경험했는지에 대한 정보도 없다. 이 내재적 기억 시스템은 비록 의식적으로 자각을 못하고 논리적인 말로도 표현하기 어렵지만, 일생을 통해 지속되기 때문에 여전히 현재의 어떤 행동이나 감정, 그리고 신념이나 가치관에도 커다란 영향을 준다.

외현적 기억(explicit memory)은 약 3세 이후 말을 할 수 있게 되면서부터 발달하는 기억 시스템으로 주로 해마(hippocampus)가 여기에 관여하고 있다. 말로 이야기 할 수 있는 기억(narrative memory),

자신이 살아온 삶에 대한 기억(autobiographical memory), 자신이 경험한 것에 대한 기억, 단어의 의미에 대한 기억 등과 같이 주로 언어적 기억이 여기에 속한다. 외현적 기억 시스템에는 시간 개념이 있어, 과거 현재 미래에 대한 뚜렷한 구분이 가능하다. 또한 외현적 기억 시스템에는 경험을 평가하고 분류하고 사건 전후의 관계를 파악하는 기능이 있다.

우리 뇌 안에서 이러한 내재적 기억 시스템과 외현적 기억 시스템이 서로 상호 보완적인 기능을 적절히 할 때, 외부로부터 입력되는 정보와 경험의 통합이 이루어진다. 즉, 일반적인 스트레스 상황에서는 입력되는 정보는 위의 두 가지 기억 처리 시스템의 상호 보완적인 기능에 의해 통합이 이루어지면서, 정서적 기억이나 신체감각의 기억이 이야기 기억으로 전환되는 과정이 일어나는 것이다.

나. 여순사건의 트라우마

그런데 일반적인 스트레스 상황을 훨씬 더 뛰어넘는 압도적인 트라우마의 경험은 이러한 뇌의 정보처리 시스템에 마비를 일으켜, 언어로 된 일상의 기억을 처리하고 저장되는 해마의 기능을 억제하고, 부정적인 감정이나 이미지로 기억을 저장하는 편도체를 활성화시키게 된다. 그 결과 트라우마의 기억은 주로 우측뇌의 편도체에 내재적 기억의 형태로 저장이 된다. 즉 트라우마의 기억은 강렬한 신체감각들과 이미지, 그리고 강렬한 정서의 상태로 조각조각 분리가 되어, 통합적인 이야기 기억으로 전환되지 않은 채 저장이 되는 것이다. 트라우마 기억이 시간이 지나가도 지금 다시 일어나고 있는 사건처럼 생생하게 느껴지는 것은 이것이 시간의 개념이 없는 내재적 기억의 형태로 저장되어 있기 때문이다. 또한 강렬한 감정으로 느껴지는 트라우마의 기억을 이야기 기억으로 전환하지 못하기 때문에 대부분의 트라우마의 피해자들은 자신의 고통을 다른 사람에게 전달하는데 어려움이 있다.

III. 여순사건 피해자와 가족의 정신적 외상

1. 국가폭력 피해자와 가족의 정신적 외상 치유의 필요성[4]

국가폭력의 대표적 형태로서 고문은 국가폭력에 의한 정신적 피해 상황을 잘 보여주는 사례로 최근 다수 연구 사례가 있다.

일반적으로 고문은 개인을 신체적·심리적으로 파괴하기 위한 행위로서 그 피해자들과 가족들은 신체적 상해는 물론 정신적 충격으로 인해 오랜 기간 후유증에 시달리게 된다. 피해자에게서 가장 일반적으로 발견되는 후유증으로는 외상 후 스트레스 장애가 대표적이며, 이는 생명을 위협당하는 극심한 스트레스의 경험에서 기인하는 것으로 이 밖에도 불안과 우울을 비롯한 심각한 정서적 어려움이 나타날 수 있다. 뿐만 아니라 시간이 경과할수록 그 후유증은 심각해지며 자살, 알코올 또는 약물중독과 같은 이차적 피해와 대인관계의 어려움 등으로 가족의 해체, 사회적 고립, 경제적 어려움과 같은 사회적 문제로 확산되게 한다. 이러한 정신심리적 외상(트라우마)은

---

4) 임채도, 4·3 피해자의 정신적 외상 치유방안. 4·3 희생자 및 유족의 명예회복을 위한 정책간담회, 2012

한 개인에게 "영구적인 내적 폭력"으로 작용하여 고문과 같은 국가폭력을 경험한 이는 수십 년이 지나도록 사건 당시의 경험이 바로 어제 일처럼 생생하게 기억되고 악몽을 꾸며 그 사건에서 벗어나지 못하는 삶을 살게 된다. 가장 심각한 문제는 피해 당사자들이나 우리 사회가 이런 심리적 위급성을 거의 자각하지 못하고 방치하고 있다는 데 있다.

1980년대 후반에 한국의 민주화가 진행되면서 국가폭력 피해자들의 폭로, 모임 결성, 소송제기 등의 과정을 통해 국가폭력 피해자들의 존재와 고통들이 사회에 알려지기 시작했다. 또한 과거 참여정부에서 과거청산논의가 활발하게 진행되면서 과거사 진상규명위원회들의 결정과 재심을 통해 무죄선고를 받았던 국가폭력 피해자들의 경우, 배상금과 보상금 형태의 경제적 지원을 받을 수 있었다. 그러나 국가폭력으로 인한 피해자들을 지원하는 국가사회적 시스템이 금전적 물질적 지원에 치중되었고, 정신심리적 외상(트라우마)을 치유하는 의료지원의 필요성에 대한 인식 부족으로 피해당사자들과 가족, 유족들은 여전히 정신 심리적 후유증으로 고통받고 있음이 알려져 왔다.

2007년 <진실화해를 위한 과거사정리위원회>는 한국전쟁 전후 민간인 학살피해자, 가족 및 과거 권위주의 시대에 국가공권력에 의해 인권침해를 당한 피해자들을 대상으로 한 연구[5]에서 피해자의 절반가량이 PTSD로 극심한 심리적 고통을 겪고 있다는 사실을 발표하였다. 피해자 가족들도 10명 중 3명꼴로 만성적 스트레스에 시

---

5) 진실화해를 위한 과거사정리위원회/전남대심리건강연구소, 『심리적 피해현황 조사보고서』, 2007

달리고 있는 것으로 조사되었다. 조사대상자들에게 있어 국가폭력의 내용은 고문 및 불법 구금 등으로 만성적인 피해의식이 상당기간 존속되고 있었다. 피해자들은 국가공권력에 의한 인권침해의 피해로 인해 개인의 삶이 왜곡되고 불행이 지속되었다는 판단을 하고 있었으나 대부분 주위 가족들이 피해 발생 사실 자체를 은폐하려고 노력해 왔다는 특징이 있었다.

2007년 <민주화운동정신계승국민연대>는 민주화운동 관련자 및 사망 유족 후유증 실태조사[6]를 시행하고 민주화운동 관련 국가폭력 피해자 중 다수가 고문, 수감, 장기간 수배 등의 다양한 이유로 불안, 수면장애, 악몽, 외상 재경험, 회피 등이 수반되는 PTSD와 우울장애 등의 고통을 받고 있다고 보고하였다. 또한 매우 심각한 후유증으로는 고립 경향을 보고하면서 피해자들은 자아존중감과 타인에 대한 신뢰감을 잃어버림으로써 사회로부터 위축되고 고립되어 정상적인 직장생활이나 가족을 포함한 대인관계에서 어려움을 심하게 겪고 있다고 하였다.

2011년 <인권의학연구소>는 국가폭력의 가장 극심한 형태인 고문피해자 인권실태조사[7]를 실시하였다. 실태조사 결과를 통해 여러 상황에서 인간성과 정체성을 유린당하고 죽음의 위험을 경험했던 피해자들에게 심각한 정신심리적 후유증이 나타나고 있었다. 실태조사에 참여한 피해자 213명 중 163명(76.5%)에서 PTSD를 확인할 수 있었다. PTSD 외에도 심리적 고통을 신체적 증상으로 지각하는

---

6) 민주화운동정신계승국민연대,『민주화운동 관련자 및 사망 유족 후유증 실태조사』, 2007

7) 국가인권위원회/인권의학연구소(http://www.imhr.or.kr),『고문피해자의 인권상황 실태조사』, 2011

신체화증상(43.2%), 대인관계적응문제(27.7%), 우울(25.4%), 불안(31.9%), 적대감(27.7%) 등과 같은 정서적 문제 등이 심각한 수준이었다. 이러한 증상들은 국가폭력의 경험에서 시작되었지만 사건이 일어난 지 20~30년이 지난 현재까지 피해자들이 삶을 지배하고 있었다. 특히 높은 강도의 신체적 고문을 경험하였거나 사건 이후 사회적 지지나 지원을 받지 못한 경우에 더욱 심하게 나타났다.

한편 이 조사에서는 자살을 시도한 경우가 24.4%에 달했는데, 이는 2010년도 국민건강영양조사에서 소득수준이 '하'인 계층의 자살시도율 10.4%에 비하면 2.4배 높은 수치이다. 정신질환 유병률을 보면 우울증은 22.8%로 우울장애 평생 전체 유병률에 비해 약 4배정도 많았고, 불안장애는 17.9%로 불안장애 평생 전체 유병률보다 2.8배 높은 수치이다. 이와 같이 높은 정신질환의 유병률과 빈번한 자살시도는 국가폭력 피해자들에 대한 정신심리적 치료 개입의 위급성과 절실함을 잘 보여주고 있다.

또한 이 실태조사 결과에서는 피해 당사자의 피해 경험이 가족에게로 전달되는 전이외상을 확인할 수 있었다. 가족 또한 상당히 높은 비율로 PTSD, 신체화, 대인예민성, 우울, 불안, 직대감 증상 등과 같은 심리적 후유증이 나타났다. 피해자의 가족은 사건과 관련하여 취조를 받거나, 피해자의 피해상태를 목격하거나, 보안관찰을 겪었으며, 교육이나 직업 활동이 제한되면서 사회경제적 어려움을 겪기도 하였다. 또한 주변사람들과 친인척의 외면과 배척, 국가나 사회의 지원 부재 등 사회적 지지부재의 고통을 겪었다. 피해당사자에 대한 지원조차 부재한 환경에서 특히 가족으로서 겪은 특수한 피해 경험을 이야기하거나 지지받은 경험은 더욱이 부족했을 것 것으로 여겨진다. 피해자 가족들은 사건관련 고통, 사회경제적 고통, 사회적 지지 부재, 피해당사자가 가족에게 폭력을 휘두르는 폭력의 악순환 경험을 매우 고통스럽게 지각하고 있는 것으로 나타났다. 이는 피해당사자뿐 아니라 가족 역시 국가폭력 사건으로 인한 피해의 영향을 받고 있었으며 피해자 가족에 대한 심리적 지원대책이 시급함을 보여주고 있다.

한편, 이와 같은 심리적 후유증은 국가기관의 재조사를 통한 피해 사실의 인정이나 법원 재판 결과 국가폭력을 인정받은 사실과 무관하게 나타났다. 즉 과거사 관련 국가기관의 재조사 결과 진실이 규명되거나 재판을 거쳐 피해 사실을 인정받은 경우에도 여러 심리적 후유증으로 고통 받고 있었다. 이는 국가구제조치를 통한 진실 규명이나 법적 결과에 따른 경제적 보상과 배상에도 불구하고 피해자들의 정신 심리적 후유증은 해결되지 않고 있다는 사실을 시사한다. 따라서 국가폭력 피해에 대한 조사 후 배상과 가해자 처벌이 이루어졌다 할지라도 피해자에 대한 심리적 지원 방안을 마련하는 것이 중요하다고 하겠다. 피해자가 사건의 후유증에서 벗어나 원래의 삶으로 회복되기 위해서는 진실규명을 위한 조사나 법적 구제조치 이외에 심리 치료적 지원이 제공되어야 한다는 점을 명백히 제시하고 있는 것이다.

2. 여순사건, 다시 프로이트를 읽다

프로이트에 따르면, 외상성 신경증의 근원은 그 외상을 초래했던 재해의 순간이 무의식에 부착되어 있다고 한다. 이 환자들에게 외상의 무의식적 저항이 그대로 눌러 있기 때문에 피해자들은 겪었던 외상과 유사한 자극이 우리 몸에 들어오게 되면 급격하게 방어적으로 반응한다. 다시 말해 외상을 입었던 상황으로 마음이 되돌아가게 되고 그 당시의 기억에 의존해 신체반응이 일어나게 된다. 프로이트는 이것을 다음과 같이 설명한다.

짧은 시간에 겪은 심적생활의 자극이 너무도 큰 나머지, 흔히 사용되는 방법으로 그 충격을 처리하지 못하고 그 결과 에너지 활동에 대한 지속적인 마음의 병이 생긴다는 것이다. 외상 후 스트레스 장애라 불리는 심각한 정신질환이 발생하게 되는 과정 또한 무의식의 심리적 부착으로 설명할 수 있다.

베트남 전쟁에 관한 많은 영화들 속에 그들이 겪는 외상 후 스트레스 장애의 증상은 다양하게 나타난다.

PTSD의 주요한 증상은 심적 외상을 몇 번이고 떠올리며 반복해서 당시의 상황을 떠올리는 것이다. 그 결과 심적 외상이 떠오르는 것을 피하기 위해 기억 상실이나 한없는 무기력감에 빠지게 된다. 따라서 전쟁 증후군을 겪는 환자들에게 불면과 더불어 공포반응, 불면이 동반되는 것은 매우 흔한 PTSD의 증성이 된다.

이번 조사에서 직접적인 증상을 의사에 의해 평가하기는 방법론의 한계가 있었다.

다만, 간접적으로 측정한 자살생각 척도, 우울증 척도와 불안감 척도, 자기 존중감 등은 구체적인 피해자들이 존재불안을 간접적으로 판단해 볼 수 있는 자료이다.

전체 150명의 조사 결과를 요약하면 다음과 같다.

진단 척도	평균 점수	결과 판정
SSI(자살생각 척도)	17.9	일반적인 결과와 유사
PSS(외상 후 스트레스 척도)	35.8	매우 높은 점수
BDI(우울증 자가 척도)	32.8	극심한 우울상태
BAI(불안증 자가 척도)	31.1	심한 불안 상태

3. 에필로그 : 국가폭력 피해자 트라우마 치유센터
- Safe Environment와 Safe Milieu의 차이

안전한 생활환경이 안정된 심리적 환경을 만들어 줄 수 있을 것인 가를 묻는다. 앞선 환경의 개념은 자본주의 발달과 더불어 진행된 안전감이다. 자유 공간속에서의 불확실성과 모순성, 이것은 인간에 게 하등의 자유를 주저하지 말아야 하는 것을 의미하는 것은 아니 다. 자유는 인간 성숙을 전제로 한다. 안전한 환경 속에 있다고 성숙 이 이루어지는 것은 아니다. 자유는 그것을 정신적으로 처리할 수 있는 최소한의 인간 성숙이 있을 때 최대의 효과를 지닌다. 안정된 심리적 환경은 그래서 더욱 중요하다. 정신건강의 현장이 추구해야 할 궁극적인 목표로서 설정되어야 한다. 치료공동체 개념은 이 같은 심리적 안정감을 추구한다. 공동체내부의 치료과정에 대한 합의나, 원칙들을 정하는 이유가 여기에 있다. 개인의 자유와 고유한 판단을 적극 존중하지만 공동의 선을 지향하는 최소한의 제한을 둘 수 있는 근거는 안정된 심리적 환경의 구축에 있다. 안전한 공간만을 향유하 는 것은 불가능하다. 정신보건현장을 포함한 인간 조직은 모두 안전 한 공간만들기에 그 기본을 두고 있다. 권력을 가진 자를 중심으로 사람이 몰리는 것이 안전한 공간을 추구하는 인간 본성의 추구형태이다. 치료공동체는 이와 같은 권력의 구성을 뒤바꾸어 놓는다. 모두가 권력이자, 또한 모두가 권력의 이해관계를 공동으로 소유하려고 노력한다. 심리적으로 안정된 환경은 좋은 치료환경이 되고 그곳에서 트라우마를 치유할 수 있을 것이다.

트라우마 치유센터는 단순한 치료센터가 아니다. 여순사건에 대한 상처가 곳곳에 남아 있는 공동체 전체에 대한 치유와 성찰이 필요한 공간이 되어야 한다.

<참고>

연구 통계결과

1. 통계분석 방법

　모든 자료는 spss(버전 20.0)에 입력하여 기술적인 통계와 교차분석을 시행하였다.

가. 설문 응답자의 일반적 특성

<표 1> 응답자의 일반적 특성 I

주: 무응답 제외

구분		응답자(명)	백분율(%)
연령	29세 이하	2	1.3
	29~39세	46	29.7
	40~49세	94	54.8
	50~59세	9	11.0
	60~69세	4	3.2
	소계	155	100.0
성별	남	122	77.2
	여	36	22.8
	소계	158	100.0
학력	무학	22	13.9
	초졸	67	42.4
	중졸	27	17.1
	고졸	30	19.0
	대졸	8	5.1
	대학원졸 이상	1	.6
	소계	158	100.0

분석결과, 설문조사에 참여한 응답자의 평균 연령은 42세로 40대와 30대가 가장 많았다. 남자는 122명(77.2%), 여자가 36명(22.8%)로 남성의 설문참여율이 높았으며, 학력을 살펴보면 초등학교 졸업이 42.4%로 가장 높은 빈도를 보였으며, 고등학교 졸업이 19.0%, 중학교 졸업이 17.1%의 빈도를 보였지만, 대학 졸업 이상의 학력은 설문응답자의 5.7%로 매우 낮았다.

<표 2> 응답자의 일반적 특성Ⅱ

주: 무응답 제외

구분		응답자(명)	백분율(%)
결혼상태	기혼	117	74.1
	미혼	6	3.8
	이혼	6	3.8
	사별	23	14.6
	별거	2	1.3
	소계	155	100.0
직업	전문직	3	1.9
	행정직	5	3.2
	판매종사자	6	3.8
	서비스업	5	3.2
	농림, 수산 및 어업	79	50.0
	생산직	6	3.8
	가정주부	10	6.3
	무직	42	26.3
	기타	2	1.3
	소계	158	100.0
월소득	100 만 원 이하	102	66.2
	100~200만 원	33	21.4
	201~300만 원	11	7.1
	301~500만 원	3	1.9
	501만 원 이상	5	3.2
	소계	154	100.0

설문 응답자의 결혼 상태를 살펴보면 기혼자가 74.1%로 가장 높은 비율을 보였고, 사별이 14.6%로 두 번째로 높은 비율을 보였다. 직업적인 빈도는 농림, 수산 및 어업 종사자가 50%로 가장 많았으며, 그 다음으로는 무직이 26.3%로 높았다. 설문 응답자들의 월 평균 소득은 100만 원 이하가 66.2%를 나타내고 있었다. 100～200만 원 사이가 21.4%를 보이고 있어, 열악한 경제 상태를 보이고 있었다.

<표 3> 설문응답자와의 여순사건 관련성

주: 무응답 제외

구분		응답자(명)	백분율(%)
여순사건과의 관련성	당사자	2	1.3
	자녀	3	1.9
	배우자	2	1.3
	부모	98	63.2
	형제자매	30	19.4
	친척	20	12.9
	소계	155	100.0

설문응답자와 여순사건 관련성을 살펴보았을 때, 사건의 피해자가 부모라는 응답이 63.2%로 매우 높았고, 그 다음으로는 사건의 피해자가 형제자매 19.4%, 친척 12.9%로 나타났다. 여순사건 피해 당사자와 배우자는 각각 1.3%로 낮은 비율을 보였다.

<표 4> 유족회 활동 여부

주: 무응답 제외

구분		응답자(명)	백분율(%)
유족회에 활동한 경험 혹 은 현재 활동하고 있다	그렇다	137	86.7
	아니다	21	13.3
	소계	236	100.0

설문응답자의 유족회 활동 경험 혹은 현재 활동하고 있는지에 대한 설문 결과, 그렇다라고 응답한 사람은 86.7%, 아니다라고 응답한 사람은 13.3%로 나타나고 있다. 설문응답자의 유족회 활동참여는 높은 것으로 여겨진다.

<표 5> 이직 경험 및 이직사유

주: 무응답 제외

구분		응답자(명)	백분율(%)
이직 경험	없다	95	62.5
	1~2회	19	12.5
	3~4회	13	8.6
	5~6회	8	5.3
	7~8회	3	2.0
	9~10회	3	2.0
	수시로	11	7.2
	소계	152	100.0
이직 사유	생계유지	37	59.7
	사건영향	5	8.1
	경기불안정	4	6.5
	개인사정	9	14.5
	건강문제	2	3.2
	연좌제(신원조회)	4	6.5
	은퇴	1	1.6
	소계	158	100.0

분석 결과, 설문조사에 참여한 응답자 중 62.5% 이직 경험이 없다고 응답하였으며, 12.5%가 1~2회 이직 경험을 보고하였다. 이직 사유에 대해서는 생계유지가 59.7%로 가장 높은 비율을 보였고, 그 다음으로는 14.5%가 개인사정으로 나타났다. 사건영향으로 인한 이직사유는 8.1%의 빈도를 나타내고 있었다.

<표 6> 주택소유 형태

주: 무응답 제외

구분		응답자(명)	백분율(%)
주택소유	자가 소유	136	87.2
	전세	10	6.4
	임대주택	4	2.6
	월세	6	3.8
	소계	156	100.0

　설문응답자의 주택소유 형태를 살펴보면 자가 소유가 87.2%로 가장 높았고, 전세가 6.4%, 임대주택 2.6%, 그리고 월세가 3.8% 순서로 나타나고 있다.

<표 7> 종교

주: 무응답 제외

구분		응답자(명)	백분율(%)
종교	없다	53	33.5
	불교	53	33.5
	기독교	35	22.2
	천주교	3	1.9
	기타	14	8.9
	소계	156	100.0

　설문응답자의 종교 형태를 살펴보면 특정 종교가 없는 경우와 불교인 경우가 각각 33.5%로 높았다. 그다음으로는 기독교가 22.2%를 보이고 있다.

<표 8> 가족관계 및 가족불화 원인

주: 무응답 제외

구분		응답자(명)	백분율(%)
가족관계	아주 잘 지냄	49	31.2
	그런대로 잘 지냄	46	29.3
	보통으로 지냄	47	29.9
	별로 좋지 않음	10	6.4
	매우 좋지 않음	5	3.2
	소계	157	100.0
가족불화가 있다면 그 원인	정서적 불안	9	16.7
	가정불화	2	3.7
	경제적 문제	19	35.2
	건강 문제	21	38.9
	개인 성격	2	3.7
	기타	1	1.9
	소계	54	100.0

분석결과, 설문조사에 참여한 응답자 중 가족관계가 '아주 잘 지냄' 혹은 '그런대로 잘 지냄'이라고 응답한 사람이 거의 60%의 비율을 보였다. '보통으로 지냄'이라고 대답한 응답자가 29.9%로 나타났고, 가족관계에서 부정적인 대답을 한 사람은 9.6%의 비율을 보였다. 가족불화가 있다면 그 원인에 대해서는 건강문제와 경제적 문제가 전체 74%의 비율을 보였다. 그다음으로는 정서적 불안감이 16.7%의 비율을 보였다.

<표 9> 음주 여부와 대인관계

주: 무응답 제외

구분		응답자(명)	백분율(%)
음주	안 마심	82	52.6
	월 1~2회	20	12.8

	주 1~2회	25	16.0
음주	주 3~4회	14	9.0
	주 5회 이상	14	9.0
	기타	1	.6
	소계	156	100.0
속마음을 얘기할 수 있는 대인관계	없다	34	22.2
	1~2명	70	45.8
	3~4명	36	23.5
	5~10명	6	3.9
	10명 이상	7	4.6
	소계	153	100.0

분석결과, 설문조사에 참여한 응답자 중 음주를 하지 않는다고 대답한 사람이 전체 중 52.6%로 높은 빈도를 보였고, 그 다음으로는 주 1~2회 16.0%, 월 1~2회 12.8%를 보였다. 속마음을 터 놓고 얘기할 수 있는 대인관계에 대한 질문에 대해서 1~2명이라고 대답한 응답자가 45.8%, 3-4명이 23.5%로 나타났다. 하지만 속마음을 얘기할 수 있는 대인관계가 없다고 응답한 사람이 22.2%로 나타났다.

<표 10> 여순사건 당시의 가족 혹은 본인의 피해유형

단위: (%) *** P < .001, 주: 무응답 제외

구분		여순사건 당시 피해유형						전체	x^2
		군경토벌 학살	보도연맹 학살	형무소 학살	부역자 학살	적대세력 학살	기타		
성별	남성	54.2	8.3	16.7	10.8	4.2	5.8	100.0	7.62
	여성	58.3	8.3	13.9	2.8	.0	16.7	100.0	
연령별	20대	50.0	.0	0	50.0	0	0	100.0	49.1***
	30대	42.2	8.9	24.4	4.4	2.2	17.8	100.0	
	40대	66.0	5.3	13.8	8.5	2.1	4.3	100.0	
	50대	22.2	44.4	.0	.0	22.2	11.1	100.0	
	60대	66.7	.0	33.3	.0	.0	.0	100.0	

설문조사에 참여한 응답자 중 여순사건 당시 가족 혹은 본인의 피
해유형을 살펴보았을 때, 군경토벌 학살에 의해 피해가 남성 54.2%,
여성 58.3%로 가장 높았지만 통계적으로 유의하지는 않았다. 하지
만 연령별 차이는 통계적으로 유의하게(χ2=49.1, p<.001) 나타났는
데, 20대에서는 군경토벌 학살과 부역자 학살이 가장 높은 빈도를
보였고, 30대에서는 군경토벌 학살과 형무소 학살에서 높은 빈도를
보였다. 40대에서는 군경토벌 학살과 형무소 학살 피해유형이 가장
높았으며, 50대에서는 보도연맹학살과 군경토벌 학살 그리고 적대
세력 학살이 가장 높은 빈도를 보였고, 60대에서는 군경토벌 학살과
형무소 학살이 가장 높은 빈도를 보였다.

<**표** 11> 여순사건 당시의 가족의 피해경로

주: 무응답 제외

구분		여순사건 당시 가족의 피해경로							전체	χ2
		학살 (강제 연행 후)	행방 불명 (강제 연행 후)	형무소 수감/사망 (강제 연행 후)	고문 및 폭행 (강제 연행 후)	학살 (밀고로 인한)	형무소 수감 후 행방불명 (밀고로 인한)	적대 세력에 의한 학살		
성별	남성	60.2	11.9	16.1	2.5	5.9	.8	2.5	100.0	.417
	여성	69.4	5.6	16.7	5.6	.0	2.8	.0	100.0	
연령 별	20대	100.0	.0	.0	.0	.0	.0	.0	100.0	.68
	30대	50.0	9.1	25.0	4.5	9.1	2.3	.0	100.0	
	40대	67.7	10.8	12.9	2.2	3.2	1.1	2.2	100.0	
	50대	37.5	25.0	12.5	12.5	.0	.0	12.5	100.0	
	60대	75.0	.0	25.0	.0	.0	.0	.0	100.0	

　　설문조사에 참여한 응답자 중 여순사건 당시 가족의 피해경로를
살펴보았을 때,

유의한 성별차이는 나타나지 않았고, 강제연행 후 학살이 남성 60.2%, 여성 69.4%로 가장 높은 빈도를 보였다. 연령별에서도 유의한 차이는 나타나지 않았으며, 전체 연령에서 강제연행 후 학살 경로가 가장 높은 빈도를 보였다.

<표 12> 여순사건 당시 경험한 가족의 신체적 피해

주: 무응답 제외

구분		가족의 신체적 피해				전체	X2
		연행 후 학살	연행 후 행방불명	고문 및 폭행	기타		
성별	남성	73.0	14.8	7.4	4.9	100.0	.23
	여성	86.1	5.6	8.3	.0	100.0	
연령별	20대	100.0	.0	.0	.0	100.0	.18
	30대	67.4	10.9	13.0	8.7	100.0	
	40대	81.9	12.8	4.3	1.1	100.0	
	50대	44.4	22.2	22.2	11.1	100.0	
	60대	76.1	12.3	7.7	3.9	100.0	

설문조사에 참여한 응답자 중 여순사건 당시 가족의 신체적 피해를 살펴보았을 때, 성별과 연령별 유의한 차이는 나타나지 않았다. 남성과 여성에서 가장 높은 빈도로 나타나는 가족의 신체적 피해는 연행 후 학살이 가장 높은 빈도를 보였고, 그 다음 순서로 연행 후 행방불명이었다. 아울러 전체 연령에서도 연행 후 학살의 비율이 가장 높았으며, 그 다음으로 연행 후 행방불명, 그리고 고문 및 폭행 순서로 나타났다.

<표 13> 여순사건 당시 경험한 가족의 물적 피해

구분		가족의 물적 피해							전체	χ2
		거주지 소실	재산 몰수	재산 강탈	가장부재로 인한 경제난	건강악화로 인한 경제난	피해 없음	기타		
성별	남성	24.8	3.5	3.5	49.6	8.0	8.8	1.8	100.0	.18
	여성	3.0	3.0	3.0	66.7	6.1	15.2	3.0	100.0	
연령별	20대	50.0	.0	.0	50.0	.0	.0	.0	100.0	.85
	30대	23.8	2.4	4.8	35.7	11.9	16.7	4.8	100.0	
	40대	17.0	4.5	3.4	61.4	4.5	8.0	1.1	100.0	
	50대	25.0	.0	.0	50.0	12.5	12.5	.0	100.0	
	60대	19.4	3.5	3.5	53.5	7.6	10.4	2.1	100.0	

설문조사에 참여한 응답자 중 여순사건 당시 가족의 물적 피해를 살펴보았을 때, 성별과 연령별 유의한 차이는 나타나지 않았다. 남성과 여성에서 가장 높은 빈도로 나타나는 가족의 물적 피해는 가장의 부재로 인한 경제난이 높은 빈도를 보였다. 연령별에서도 가장의 부재로 인한 경제난이 가장 높은 빈도를 보였고, 그 다음 순서로 거주지 소실로 인해 물적 피해가 높았다.

<표 14> 여순사건 당시 경험한 가족의 심리적 피해

단위: (%) ** P < .001, 주: 무응답 제외

구분		가족의 심리적 피해					전체	χ2
		심리적 충격 및 고통	대인기피	화병	기타	피해 없음		
성별	남성	71.6	0.9	26.6	.0	.9	100.0	16.8**
	여성	45.5	3.0	36.4	6.1	9.1	100.0	
연령별	20대	100.0	.0	.0	.0	.0	100.0	24.0
	30대	61.0	.0	29.3	2.4	7.3	100.0	
	40대	67.1	2.4	29.4	.0	1.2	100.0	
	50대	62.5	.0	37.5	.0	.0	100.0	
	60대	50.0	.0	25.0	25.0	.0	100.0	

설문조사에 참여한 응답자 중 여순사건 당시 가족의 심리적 피해를 살펴보았을 때, 성별에서 유의한 차이가 나타나고 있었다. 사건으로 인한 가족의 심리적 피해에 대해서 남성의 경우 심리적 충격 및 고통(71.6%), 화병(26.6%)이라고 대답한 반면 여성의 경우 심리적 충격 및 고통(45.5%), 화병(36.4%)라고 대답하였다. 연령별에서는 전체적으로 심리적 충격 및 고통이라는 대답이 가장 높았으며, 그 다음으로 화병의 빈도가 높았다.

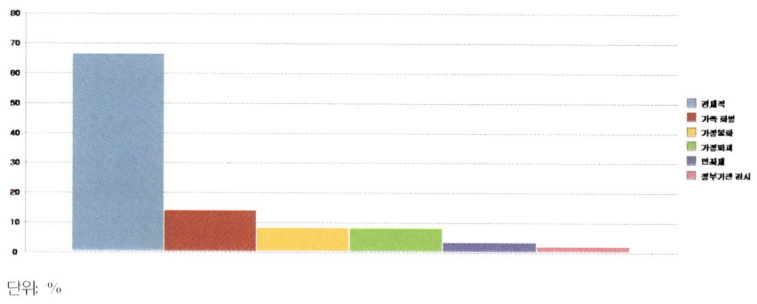

단위: %

<그림 1> 여순사건 이후 가장 큰 어려움

여순사건 이후 경험한 가장 큰 어려움에 대한 설문참여자의 대답은 경제적 어려운(66.4%)로 가장 높았고, 가족의 화병(13.8%), 가정불화(7.9%), 가정파괴(5.3%), 연좌제피해(3.3%) 순으로 나타났다. 따라서 여순사건 이후 경험한 가장 큰 어려움은 경제적 어려움으로 나타났다.

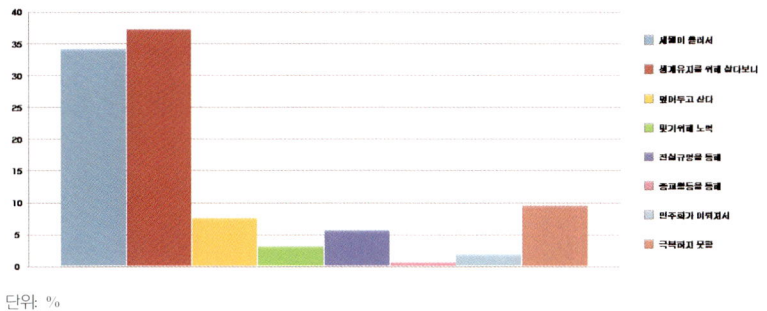

단위: %

<그림 2> 여순사건 이후 어려움 극복 방법

여순사건 이후 경험한 어려움을 극복하는 방법에 대해서는 생계 유지를 위해 산다는 대답(37.3%)이 가장 높은 빈도를 보였다. 그 다음으로는 세월이 흘러서(34.2%), 극복하지 못하였다(9.5%), 덮어두고 산다(7.6%), 진실규명을 통해(5.7%), 그리고 잊기 위해 노력한다(3.2%) 순서로 나타나고 있다.

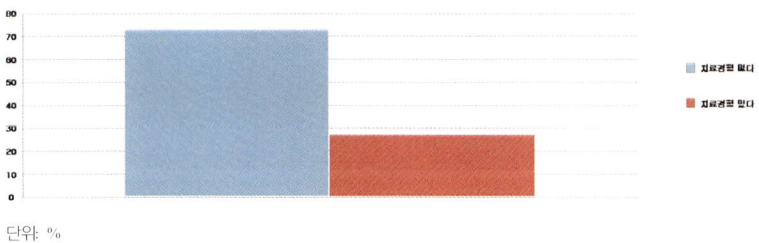

단위: %

<그림 3> 여순사건 이후 심리적·행동적 문제로 본인이 심리치료를 받은 경험 여부

여순사건 이후 본인이 심리적 행동적인 문제로 심리치료를 받은 경험이 있는가? 질문에 72.3%는 심리치료의 경험이 없다고 대답하였다. 하지만 설문응답자의 27.3%는 심리치료 경험이 있다고 대답하였다.

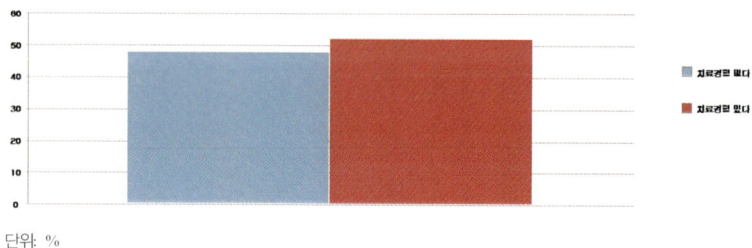

단위: %

<그림 4> 여순사건 이후 심리적·행동적 문제로 가족이 심리치료를 받은 경험 여부

여순사건 이후 심리적 행동적 문제로 가족이 심리치료를 받은 경험이 있는가? 질문에 47.9%는 치료의 경험이 없다고 대답하였지만, 52.1%는 심리치료 경험이 있다고 대답하였다. 따라서 여순사건 이후 가족의 심리치료 경험은 50% 이상의 높은 빈도를 보이고 있다.

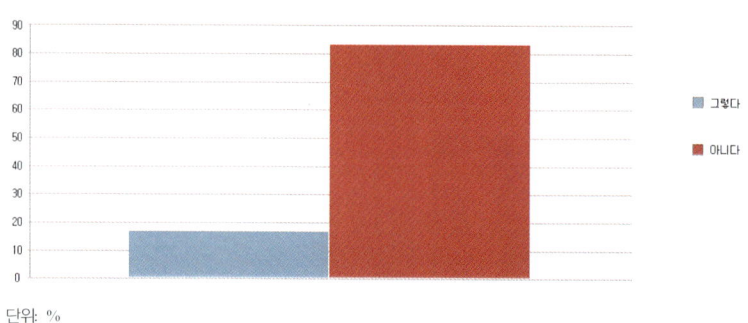

단위: %

<그림 5> 여순사건 이후 심리적·행동적 문제로 본인이 현재 심리치료를 받고
있는지 여부

여순사건 이후 심리적 행동적 문제로 본인이 현재까지 심리치료를 받는다고 대답한 응답자는 16.9%의 비율을 보이고 있다.

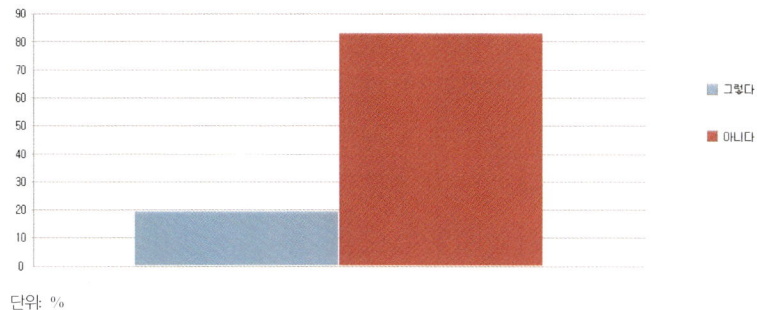

단위: %

<그림 6> 여순사건 이후 심리적·행동적 문제로 가족이 현재 심리치료를 받고
있는지 여부

    여순사건 이후 심리적 행동적 문제로 가족이 현재까지 심리치료
를 받는다고 대답한 응답자는 19.4%의 비율을 보이고 있다.

나. 설문 응답자의 증상적 특성

1) PSS-SR

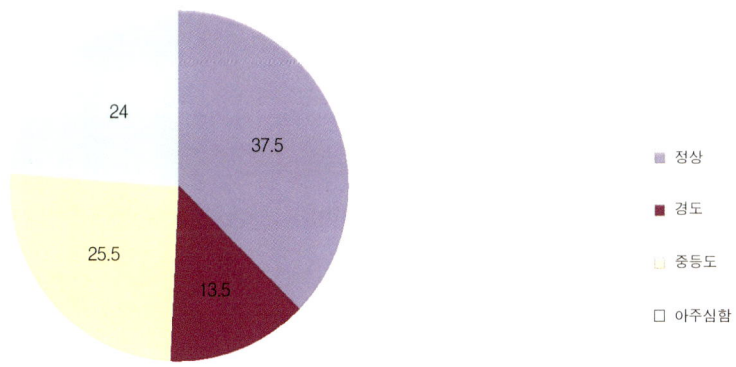

설문참여자들에게 여순사건과 관련된 외상 후 스트레스를 측정한 결과 13.5%가 경도의 외상 후 스트레스 증상을 호소하였으며, 25.5% 중등도 외상 후 스트레스, 24%는 아주 심한 외상 후 스트레스 증상을 호소하였다. 따라서 설문응답자 중 62.5%가 외상 후 스트레스 증상을 호소하고 있었다.

<표 15> 외상 후 스트레스 증상

주: 무응답 제외

구분		외상 후 스트레스				전체	χ2
		정상	경도	중등도	고등도		
성별	남성	36.0	13.3	26.7	24.0	100.0	.59
	여성	42.9	14.3	19.0	23.8	100.0	
연령별	20대	50.0	.0	.0	50.0	100.0	11.3
	30대	50.0	14.3	21.4	14.3	100.0	
	40대	28.6	12.5	32.1	26.8	100.0	
	50대	60.0	.0	.0	20.0	100.0	
	60대	66.7	33.3	.0	.0	100.0	

설문조사에 참여한 응답자 중 여순사건으로 인한 외상 후 스트레스 증상을 살펴보았을 때, 성별과 연령에서 유의한 차이가 나타나지 않았다. 사건으로 인한 외상 후 스트레스는 남성은 36.0%를 제외한 64%가 외상 후 스트레스 증상을 호소하였고, 여성은 57.1%가 외상 후 스트레스 증상을 호소하였다. 연령별로 살펴보면 전체에서 62.5% 가 외상 후 스트레스 증상을 호소하였다.

2) BDI 측정

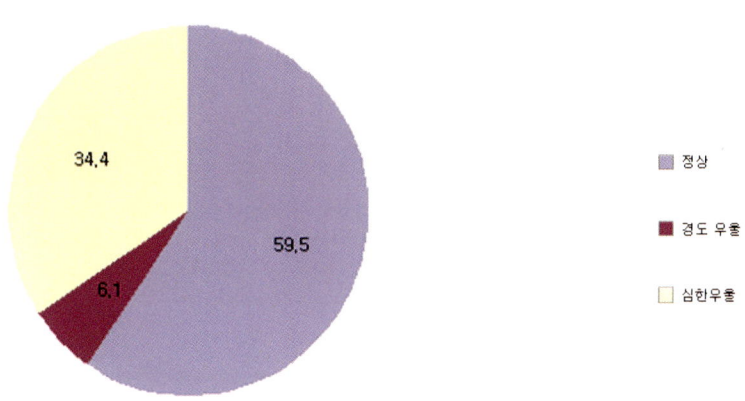

정상
경도 우울
심한우울

설문참여자들에게 우울감 조사를 위해 BDI self-report를 실시하였다. 조사 결과 참여자의 59.5%는 우울감을 호소하지 않았다. 하지만 6.1%가 경도 우울증상을 호소하였으며, 34.4%는 중등도의 우울증을 보였다. 따라서 전체 응답자의 40.5%가 우울증을 호소하고 있다는 것을 알 수 있다.

<표 16> 우울증상

주: 무응답 제외

구분		우울증			전체	χ2
		정상	경도우울	심한우울		
성별	남성	63.0	4.0	33.0	100.0	4.147
	여성	48.4	12.9	38.7	100.0	
연령별	20대	50.0	.0	50.0	100.0	2.67
	30대	62.2	5.4	32.4	100.0	
	40대	58.2	6.3	35.4	100.0	
	50대	71.4	14.3	14.3	100.0	
	60대	75.0	.0	25.0	100.0	

설문조사에 참여한 응답자 중 우울증상을 살펴보았을 때, 성별과
연령에서 유의한 차이가 나타나지 않았다. 우울증상은 남성이 37%
를 보였고, 여성은 51.6%를 보였다. 연령별로 볼 때 전체 연령의
40.5%가 우울감을 호소하고 있다.

3) BAI 측정

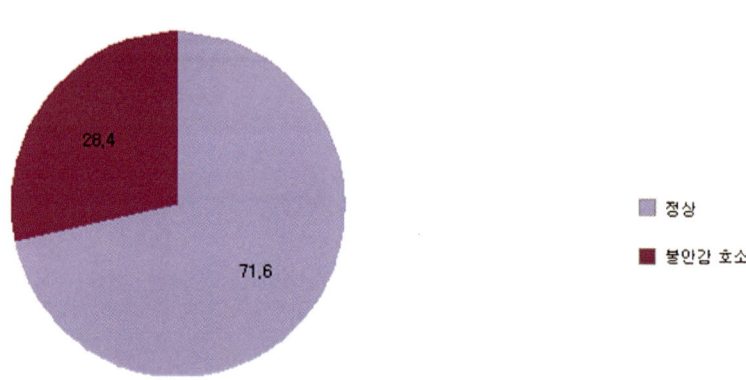

정상
불안감 호소

설문참여자들에게 불안감 조사를 위해 BAI self-report를 실시하
였다. 조사 결과 참여자의 70.2%는 불안감을 호소하지 않았지만
29.8%가 불안감을 호소하였다.

<표 17> 불안감

주: 무응답 제외

구분		불안감		전체	X2
		정상	불안감 호소		
성별	남성	73.4	26.6	100.0	1.63
	여성	64.0	40.0	100.0	

연령별	20대	.0	100.0	100.0	7.91
	30대	69.1	31.0	100.0	
	40대	71.9	28.1	100.0	
	50대	100.0	.0	100.0	
	60대	100.0	.0	100.0	

　　설문조사에 참여한 응답자 중 불안증상을 살펴보았을 때, 성별과 연령에서 유의한 차이가 나타나지 않았다. 불안증상은 남성이 26.6% 를 보였고, 여성은 40.0%를 호소하였다. 연령별로 볼 때 전체 연령 의 28.4%가 불안감을 호소하고 있다.

　　4) SELF-IMAGE 측정

　　설문참여자들에게 자기 자신에 대해 느끼는 정도를 조사를 위해 SEI self-report를 실시하였다. 조사 결과 참여자의 63.4%는 평균 이 상의 수준을 보이고 있지만, 36.6%는 평균 이하의 낮은 self-image 를 보이고 있었다.

<표 18> Self-image

주: 무응답 제외

구분		자존감		전체	χ2
		평균이하	평균초과		
성별	남성	35.1	64.7	100.0	.46
	여성	42.3	57.7	100.0	
연령별	20대	50.0	50.0	100.0	3.76
	30대	40.6	59.4	100.0	
	40대	37.7	62.3	100.0	
	50대	16.7	83.3	100.0	
	60대	.0	100.0	100.0	

설문조사에 참여한 응답자의 self-imalge를 살펴보았을 때, 성별과 연령에서 유의한 차이가 나타나지 않았다. 자존감에서 남성의 35.1%를 낮은 자존감을 보였으며, 여성은 42.3%가 낮은 자존감을 보였다. 전체 연령층에서는 36.4%가 평균 이하의 self-image를 보였다.

여순사건의 제도적 청산과 진상규명의 실재

- 「진화위 조사보고서」들을 중심으로 -

정호기(한국현대사회연구소 연구위원)

Ⅰ. 머리말

한국은 정부가 수립되자 안정화될 것처럼 보였다. 그렇지만 이는 미군정시기의 갈등과 대립이 소강 국면에 접어들면서 나타난 착시현상이었다. 곧이어 새 국가에 대한 엄청난 첫 충격으로 기록되었고, 수십 년이 지난 뒤에도 많은 사람들의 뇌리에서 지워지지 않은 여순사건이 발발했던 것이다. 여순사건에 대한 사회적 기억(social memory)은 군대에서 촉발했던 반란에 민간인이 대거 동조·가담하면서 한반도 남부와 산악지대로 폭동이 확산되었고, '빨갱이'라는 또는 이들에 협조했다는 이유로 제주4·3에 이어 비국민으로 간주되었던 민간인의 대규모 죽음이 양산되었던 과거사이다(김득중, 2009: 604~607). 여순사건은 사건 발발 10여 일만에 일단락되었지만, 산악지대로 도피한 반군은 수차례 대규모 토벌작전에도 불구하고, 6·25전쟁이 일어날 때까지 잔존해 있었다(이선아, 2011).

여순사건에 대한 정부의 초기 시각은 1948년 10월 21일에 발표되었던 이범석 국무총리의 담화에서 확인할 수 있다. 정부는 이 담화에서 '공산주의자와 또 하나 대한민국 정부에 반감을 가진 일부 극우정객 분자가 결탁되어' 여순사건을 일으켰다고 했다.[1] 사건이 전개되면서 정부는 몇 차례 걸쳐 후속 발표를 했다. 정부는 여순사건을 정치적 이용의 관점으로 바라보고 있어서 진솔하지 않았다. 여순사건에 대한 공식적 평가는 점점 더 악화되었고, 상황의 극단적 측면들이 부각되었다. 이러한 견해는 권위주의 정치체제가 계속되면서 반론과 이견의 제기가 금지된 채 고착화되었다. 공고화된 여순사건에 대한 평가는 재연 또는 확대되었고, 다양한 아류들이 생겨났다. 그리고 이른바 안보 담론 주창자들이 분단의 고착화 이유를 거론하고, 반공 국가 유지의 필요성을 강조하며, 반정부 세력을 비판할 때, 여순사건을 빈번하게 재활용했다.

현존하는 책과 글에서 여순사건이 본격적으로 다루어졌던 것은 6·25전쟁 이후에 발행되었던 것으로 보인다. 여순사건이 가장 많이 기술되어 있는 것은 군과 경찰 조직의 형성과 변천을 기록한 책들이다. 이들 가운데 국방부 전사편찬위원회(1968)가 발간했던 『한국전쟁사 1: 해방과 건군』은 인용 빈도가 가장 높고, 오늘날에도 중요하게 참고가 되고 있다.[2] 이 책에는 토벌군 지휘관들의 면접도 수록되

---

1) '국군 일부 전남서 반란, 좌익과 합세 2천여 명', 「조선일보」, 1948. 10. 23. 이 담화는 21일에 발표되었으나, 보도관제가 해제되었던 23일 신문에 수록되었다.

2) 이 책은 여순사건 진실규명 보고서들에서도 중요하게 인용되었다. 여순사건에 관한 자료가 한정되어 있고, 그나마 국가가 발간한 자료에 크게 의존할 수밖에 없는 현실을 감안할 때, 빈번한 인용은 불가피하다고 할 것이다. 그러기 위해서는 엄격

어 있어 눈길을 끈다. 그래서 이 책을 전거로 또는 이 책이 발간된 이후 밝혀진 진상[3] 등에 근거하여 여순사건에 관한 도그마와 오류를 비판하고, 문제점을 지적하는 경우가 많았다.

한편 정부와 다른 관점에서 집필된 글들도 있다. 이러한 글들은 이승만 정부시대에 지역에서 발행되었던 매체들에서도 확인된다. 『여수향토사』(김낙원, 1962)는 이를 가장 잘 보여주는 책이다. 이 책은 여순사건의 주요 공간적 배경이었던 지역들에서 발간되었던 향토지들 가운데 가장 오래된 것이며, 여순사건의 정황을 생생하게 기록한 초기의 글이 실려 있어서 의미가 크다. 이 책에는 여순사건에 관한 내용이 총 20쪽에, 6 · 25전쟁에 관한 내용이 총 4쪽 미만으로 실려 있다. 두 사건에 대한 기술 분량의 크게 차이 있는 것은 다른 어떤 사건들보다 여순사건이 지역 사회에 주었던 영향이 컸음을 말해 준다. 또한 이 책이 출판된 시점도 관심을 끈다. 『여수향토사』는 5 · 16쿠데타 직후 군사정부의 서슬파란 위압이 한국 사회 전반을 짓누르던 시기에 출판되었다. 여순사건의 재현 방식에서도 이 책은 남달랐다. 이 책은 진압군의 잔인한 처벌 행위[4], 무고한 민간인의 즉결치분과 집단적 죽음, 폐허와 같은 피해상황과 공포 그리고 지역공동체 파괴를 '신음하는 아우성 소리, 참상, 몸서리치는, 통곡' 등 마치 사건의 현장에 있는 것처럼 묘사했다. 이러한 점들은 여순

___

하고 충분한 검증이 전제되어야 한다.

3) 이 글에서 '진상'과 '진실'은 유사어로 사용했지만, 진상은 여순사건의 재 규명을 위한 시민사회의 활동을 지칭할 때, 진실은 「진실 · 화해를위한과거사정리위원회(이하 진화위)」의 활동을 지칭할 때 주로 명명했다.

4) 토벌군의 처벌이 자의적이었음은 순천 지역구 국회의원 황두연, 순천지청 박찬길 검사, 여수여자중학교 송욱 교장 등도 반란에 가담했거나 빨갱이로 간주되어 처벌되었다는 점에서 잘 확인된다.

사건의 여진이 계속되었고, 생생한 생채기와 사회적 기억으로 현전되고 있었음을 보여준다. 이 책이 발단된 지 10여 년이 지난 뒤에 비로소 이와 유사한 관점의 글들은 다수 발표되었음을 감안하면, 민간에서 생산했던 여순사건 보고서라고 해도 지나치지 않을 것이다.

여순사건의 재 규명을 위한 집단적 활동은 사건이 발발한지 40년이 지나서야 등장했다. 여순사건의 진원지였던 여수와 확산지였던 순천에서 '개칭운동'이 발원했는데, 지역과 지역민의 명예회복을 목적으로 했다. 여수문화원과 여수청년회의소가 1988년 12월에 촉발시켰던 개칭운동은 1992년에 이르러 여천과 순천의 문화원들이 협력하면서 '지역사 바로잡기 운동'으로 발전했다. 이들은 교과서와 정부 문서에 수록되고 있던 '여순반란사건'이라는 용어를 개칭해달고 서명운동을 전개했고, 그 결과를 근거로 중앙정부에 탄원했다. 이들은 '14연대 반란사건'을 대안으로 제시했으나, 1994년 11월에 개칭되었던 명칭은 '여수·순천 10.19사건'이었다(여수문화원, 1997: 127~155). 개칭 이후에는 정부에 위령탑 건립을 요구했는데, 활동이 지속되지는 못했다.

한편 1990년에는 여수문화원이 발간한『여수문화』에, 순천의 전남동부지역사회연구소가 발간하기 시작했던 『지역과 전망』에 여순사건 증언과 자료가 수록되었다. 이것이 가능했던 것은 1980년대 후반에 정치민주화가 진전하면서 해방부터 6·25전쟁기에 대한 회고의 글, 자서전, 목격담 등이 대거 발표되었기 때문이었다(홍영기, 2001: ⅹⅶ). 이와 같이 여순사건의 재조명 작업은 개인적 차원에서 빈번해지고, 집단적 차원에서 확산되고 있었으나, 현지조사에 의한 자료 생산과 사실 발굴 등 보다 적극적인 방식으로 나아가지는 못하고 있었다.

현지조사는 사건의 실체를 규명하는데 필수적인 사망자 명단과 특성, 가해자 등에 관한 정보를 수집·기록하는 것으로 첫 걸음을 디뎠다. 여수지역사회연구소가 1998년에 발간했던『여순사건 실태 조사보고서』(제1집)는 이런 활동의 첫 성과였다. 이를 계기로 여순사건에 관한 학술행사들이 개최되었고, 4권의 자료집 또는 보고서가 발간되었다(여수지역사회연구소, 1999; 2000; 홍영기, 2001; 여순사건조사위원회, 2006).5) 현지조사는 진상규명운동이 보다 높은 단계에 진입했음을 보여준다는 점에서 전환점이었다. 이를 바탕으로 피해자와 경험자의 생생한 기억과 구술이 점증적으로 기록되고 축적되어갔다. 또한 이 자료들은 탄원과 호소에 의한 명예회복 중심의 인정투쟁이 진상규명 중심의 사회운동으로 전환되도록 자극했다. 그리하여 운동의 목표는 국가의 잘못 인정과 사죄로 모아졌고, 다양한 치유방안들의 실행을 주장하는 것으로 변화하게 되었다.

이러한 맥락에서 볼 때, 진화위의 여순사건 진실규명 결정은 국가의 공식 담론을 재구성하는 것이며, 새롭게 하는 의미를 갖는 것임이 분명하다. 진화위에 진실규명을 신청했던 민간인의 죽음은 7,600여 건이 있는데, 여순사건과 직·간접적으로 관련된 사례는 1,102건이었다(허상수, 2011: 7). 현재 이들 모두에 대한 진실규명이 내려졌는데, 정치·사회적 여론 환기와 인식 전환이라는 목표가 얼마만큼 달성되었는가를 측정하기란 용이하지 않다. 이는 여순사건의 진실규명 결정이 가져온 사회적 효과와 영향이 크지 않음을 뜻하는 것일 수 있다. 지금까지 학술행사의 장에서 여순사건 진실규명 결정에 관

---

5) 보고서와 자료집의 발간은 진화위의 출범과 더불어 사실상 중지되었다.

한 연구 발표는 두 번 있었다(김득중, 2008; 허상수, 2011). 여순사건 진실규명 보고서들을 적절하고 충분하게 평가하지 않고, 수년 동안 침묵하는 것은 과거청산의 방법과 성과에 대한 공론화가 미흡한 이유에 대한 이해와 고찰이 필요하다.

따라서 이 연구는 「여순사건 조사보고서」들을 통해 과거사의 제도적 청산을 성찰하고, 진실규명의 실재와 의미를 논하고자 한다.6) 이를 위해 첫째, 과거사 청산 작업의 결과로 발간되었던 여러 보고서들을 정리하고, 여순사건 조사보고서의 특성을 살펴볼 것이다. 둘째, 여순사건 조사보고서 발간까지를 직권조사 의결과 조사계획서 작성 그리고 조사계획의 실행을 부각시켜 조명하고자 한다. 셋째, 여순사건 조사보고서에 영향을 미쳤던 요인들을 법률 등의 요인이 크게 작용했던 구조적 환경, 진화위의 활동 현실, 그리고 조사보고서에 대한 시민사회의 인식과 대응에 초점을 맞추어 고찰할 것이다. 결론에서는 과거사 청산 작업에서 여순사건의 사례가 갖는 의미와 과제를 살펴보고자 한다.

II. 과거사 진상규명의 성과와 「여순사건 조사보고서」

1. 과거사 진상규명의 성과 : 진상규명 보고서

과거사 청산은 과거사의 상흔들을 현재의 정치·사회적 구조와 환경에서 치유하는 것이며, 유사 상황의 재발을 예방할 수 있는 다

---

6) 이 글은 보고서의 세부적인 기술과 내용에 대한 검토와 평가보다는 제도의 형성과 실행, 구조와 쟁점 등 중점위적 수준에서 고찰한다.

양한 제도와 장치의 구축 그리고 사회적 인식과 공감대의 확립 등을 목표로 한다. 과거사 청산 기구들의 설립 근거가 되었던 법률들의 조항에 '국민통합에 기여한다'라는 문구가 들어 있는 이유는 이를 위해서이다. 과거사 청산 작업은 과거사의 발생적 특성, 피해자들의 요구 내용과 형태, 세계적 동향과 성과, 선 진행된 과거사 청산 작업의 성과와 평가, 정치적 이해와 힘 관계 등이 복합적으로 작용하면서 다양하게 진행되었다. 법률과 대통령 지시로 설치되었던 과거사 청산 기구들은 활동 분야와 목적에 따라 세분화되었다. 일반화 오류를 범할 수 있으나, 과거사 청산 작업은 성취할 목표에 입각하여 보면, '책임자 처벌', '진상규명', '피해보상' 유형들로 구분되는데, 각 유형들이 상호 결합되어 있기도 했다.

이 유형들은 성과를 결산하는 방식과 결과물에서 차이가 있었다. 그 가운데 규명한 진상을 수록한 '보고서'[7] 발간은 정치·사회적 이목을 끌었고, 이를 사회화 하는데 필수 요소로 간주되었다(阿部利洋, 2008: 121~123). 보고서 발간은 '진상규명'에 역점을 둔 과거사 청산에서 특히 중요했다. 다른 여러 국가들의 과거사 기구들도 진상규명을 목적으로 하는 경우에는 보고서 발간을 마지막으로 활동으로 종료했다(Hayner, 2008: 47). 한국의 과거사 청산에서 진상규명이 주요 목적이 아닌 기구들이 보고서를 발간한 사례는 확인되지 않는다. 반면에 진상규명을 목적으로 하는 과거사 청산 작업은 정치·사회적 관심과 인식을 환기·전환하는 것이 관건이어서 보고서 발간이 필수였다.

---

7) 이 글에서 '보고서'는 과거사 청산 기구들의 활동을 정리한 「백서」와 달리 규명된 진상을 수록한 책자를 의미한다. 이 기구들이 발간한 책자의 제목에 '보고서'라는 용어가 사용되지 않기도 했으나, '보고서'로 통용되었다.

과거사 기구들의 진상규명과 보고서 발간은 사법부의 재판에 의한 진상규명의 한계와 역사 왜곡을 극복하는 대안으로 의미부여 되기도 한다(Rigby, 2007: 6~7). 그래서 진상을 수록한 보고서는 공신력을 갖게 되었고, 이는 과거사를 재구성하는데 권위가 있는 근거가 되었다. 과거사 기구들은 규명한 진상을 널리 공유하기 위해 공청회를 개최했다(阿部利洋, 2008: 123). 공청회 개최는 보고서의 성과를 사회화하는 주요 과정이었다. 신문과 방송은 보고서의 효과가 사회적으로 널리 파급되도록 하는데 가장 중요한 매체였다. 그런데 신문과 방송은 정치·사회·역사적으로 의미가 큰 사건들 혹은 현재에 민감하게 영향을 미치는 사건들에 따라 선호를 달리했다. 환원하면 언론과 방송이 기사화하지 않은 과거사의 진상규명 내용은 사회구성원들에게 잘 전달되지 않았다.

일반적으로 보고서에는 과거사 청산의 발단, 과정, 결과 등이 수록되었다. 아르헨티나의 「실종자 진상규명 국가위원회」가 발간했던 최종보고서 『눈까마스(Nunca Más)』는 길가의 가판대에서 판매되어 그 효과를 최대화 했지만(Hayner, 2008: 81~82), 한국의 경우는 한정판으로 발간되어 특정 기관들과 특정인들에게만 무상 배포되었다. 한국에서 과거사 진상규명 보고서가 처음 발간되었던 것은 1960년이었다. 6·25전쟁기에 발생한 민간인의 집단죽음을 규명할 목적으로 국회 산하에 구성되었던 「양민학살사건조사특별위원회」가 1960년 5월 31일부터 6월 10일까지 조사를 마치고, 6월 21일 개최된 제42차 본회의에 「양민학살사건진상조사보고서」를 제출했다.8) 이 보고서는

---

8) 「양민학살사건진상보고서」를 구성하는 주요 항목은 피살자의 인적정보, 가해기관, 피살시기, 피살장소, 피살경위 등이었다. 이에 관한 연구로는 전갑생(2007), 이강수

사건 조사에는 중요한 기준이 되었으나, 근래의 과거사 진상규명 관련 보고서 작성에는 그다지 도움이 되지 못했다. 따라서 2000년부터 활동했던 「의문사진상규명위원회(이하 의문사위원회)」가 발간했던 보고서가 사실상 과거사 청산 작업의 첫 사례라고 할 수 있다.[9] 의문사위원회는 보고서의 구조와 수록할 내용을 고민했고, 선례를 해외에서 찾았다. 의문사위원회가 2002년 5월에 발간했던『외국진실위원회 보고서 권고사례 및 관련 자료』는 이러한 노력의 산물이었다. 이 책자가 의문사위원회의 보고서 구성과 내용에 어떤 영향을 얼마만큼 미쳤는가는 알기 어렵다. 의문사위원회의 내부용으로 제작되었던 이 책자는 진화위를 통해 보다 확대된 형태로 재 발행되었다.[10]

의문사위원회 보고서는 기 공표된 진상규명 내용을 보완하여 확정 수록하는 것과 활동 과정을 정리한 것으로 이루어졌다. 그리고 보고서 말미에는 진상규명과 관련하여 국가가 해야 할 조치들이 권고되어 있다. 한편 2003년에는 1960년 이후에 민간인의 집단적 죽음에 관한 첫 정부 조사 보고서였던『제주4·3사건 진상조사보고서』가 발간되었다. 이후 과거사 청산 작업은 규명한 진상을 수록한 보고서의 발간이 당연시 되었다. 국가정보원, 국방부, 경찰청이 발족했던 과거사 관련 기구들도 모두 이러한 흐름에 따라 보고서를 발간했다. 위 기구들은 중간보고회를 통해 규명한 진상을 공개한 후, 학계

(2008), 김상숙(2011)이 있다.

9) 의문사위원회의 보고서 발간은 「의문사진상규명에 관한 특별법」 제30조(보고 등)와 제30조의 2(조사보고서의 발간)에 의거한 것이다. 이 법률은 '대통령 보고 후 5월 이내에 위원회의 활동내용을 담은 조사보고서를 발간하여야 한다'고 명시했다.

10) 진화위는 의문사위원회가 발간한 위 책자에다가 자체 번역 자료를 첨부하여 2008년에 『해외 진실화해위원회 보고서 자료집』을 발간했다.

및 전문가들의 의견을 수렴하여 최종보고서를 발간했다.[11]

그러나 진화위의 조사보고서 발간 환경은 이와 달랐다. 진화위는 다른 위원회들과 달리 운영을 지속하면서 일정한 기간마다 '조사보고서'를 발간했고, 기구를 해산하면서 '종합보고서'를 발간했다. 진화위는 기본법 제32조 제1항에 의거하여 위원회 활동을 조사보고서로 작성하고, 매년 2회에 걸쳐 대통령과 국회에 보고하도록 되어 있었기 때문이었다. 조사보고서는 2006년 상반기부터 발간되었으나, 진실규명 내용은 그 해 하반기 보고서에 처음 수록되었다. 그리고 민간인의 집단적 죽음에 관한 내용은 2007년 상반기 보고서부터 수록되었다. 조사보고서는 진화위 운영의 특성상 종반으로 갈수록 점점 더 두터워졌는데, 활동 종료 직전에는 각 8권과 10권에 이르는 방대한 분량이었다. 이와 같이 종반기에 성과가 집중됨으로 인해 충분하고 면밀한 검토 여부에 의구심을 유발하기도 했다(김태우, 2011: 128). 종합보고서는 마지막 조사보고서와 거의 동시에 발간되었다. 총4권으로 구성된 종합보고서는 제1권에는 위원회의 연혁과 활동 그리고 종합권고, 제2권에는 항일독립운동과 해외동포사, 제3권에는 민간인 집단희생사건, 제4권에는 인권침해사건이 각각 수록되었다.

2. 「여순사건 조사보고서」의 구성과 특성

진화위는 대체로 사건 또는 지역을 단위로 진상규명 보고서를 작성·발표했다. 그러나 국민보도연맹사건, 형무소재소자희생사건, 부

---

11) 국정원에서 발간했던 종합보고서는 두 기구가 발간했던 종합보고서 형태들과 차이가 있었다. 중간보고회에서 발표했던 내용들을 수정·보완한 것과 더불어 시대상에 대한 분석을 담은 글들도 함께 수록했다.

역혐의사건 등과 같은 일부 사건들은 다수의 관련 보고서들로 구성되어 있다. 여순사건의 경우도 이와 같았다. 위의 사건들은 비록 단일 사건명을 사용하고 있지만, 구체적으로 들여다보면 각각 다른 사건들로 분리해도 크게 문제될 것이 없었다. 왜냐하면 사건이 발생했던 구조적 특성으로 인해 유사한 사례들이 단일 사건으로 분류되었다고 할 수 있기 때문이다. 그렇지만, 여순사건의 경우는 위의 사건들과 크게 다른 특성을 갖고 있었다. 여순사건은 여수에서 발생한 사건이 다른 지역들로 확산되었고, 이 사건에 직·간접으로 참여 혹은 개입되었던 사람들이 특정한 지역에만 정주했던 것이 아니라, 이동하면서 전투를 벌였고, 이러한 상황이 장기간 지속되었던 모든 것들을 망라하여 일컫는 것이다.

진화위는 2007년 3월 6일에 개최된 제39차 전원위원회에서 여순사건의 직권조사를 의결했다. 이때만 해도 여순사건이 단일 보고서로 발간될 것으로 기대되었다. 그런데 2008년 7월 8일 여순사건에 관한 첫 보고서가 발표되었다. 그런데 예상과 달리 보고서 명칭이 「구례지역 여순사건」이었다. 이후 2009월 1월에 「순천지역 여순사건」, 2009년 11월에 「보성·고흥지역 여순사건」, 2010년 6월에 「여수지역 여순사건」 보고서가 각각 발표되었다. 그리하여 여순사건이라는 제목을 갖는 총 5개의 보고서가 생산되기에 이르렀다.

그동안 여순사건의 주요한 공간적 배경이 되었던 지역들을 통상 전라남도 동부 6개 시도(여수, 순천, 광양, 구례, 보성, 고흥)라고 했는데, 광양 지역에 관한 보고서는 누락되었다. 그러나 광양 지역에 관한 보고서가 없다고 단정하기는 어렵다. 광양 지역의 민간인 집단 죽음에 관한 진실규명 결정을 기록한 보고서는 5개로 확인된다.[12]

이 보고서들은 여순사건이라는 명칭을 사용하고 있지 않았지만, 보고서에 수록된 사건들의 다수가 여순사건에 관한 것이거나, 여순사건에서 파생했던 사건들에 관한 것이었다. 따라서 이들도 여순사건 조사보고서로 분류할 수 있다.[13)

이렇게 보면, 여순사건에 관한 보고서의 수량을 가늠하기가 간단하지 않다. 다른 보고서들에서도 여순사건이 언급되고 있으며, 그에 의한 피해들이 포함되어 있기 때문이다. 종합보고서도 이러한 한계를 일부 인정했다.[14) 여순사건은 종합보고서 제3권 제3장에서 다뤄지고 있는데, 개괄적 사건 전개에 관한 것이 대부분이다. 종합보고서는 조사보고서를 토대로 작성한 것이므로, 여순사건에 관한 내용들을 포괄 기술했을 것으로 기대할 수 있다. 그러나 종합보고서에 수록된 여순사건은 진실규명 이전에 연구자와 시민사회단체가 생산했던 연구와 보고서의 요약본이라고 해도 그르지 않다. 그나마 성과를 찾는다면, 진실규명을 바탕으로 추정된 희생자 수, 지역별 추정 희생규모, 지역별 희생자 수, 희생자 성별 분포, 희생자 연령별 분포, 희생자 직업별 분포를 정리한 통계표를 제시한 것이다. 그런데 이 통계표들은 여순사건 이후부터 6 · 25전쟁 발발 이전에 발생한 모든 사건들을 망라한 것이다. 따라서 여순사건만의 통계는 확인할 수 없다.

---

12) 「전남 동부지역 민간인 희생사건(1)」(2008년), 「전남 동부지역 민간인 희생사건(2)」(2009년), 「전남국민보도연맹사건(1)」(2009년), 「광양, 곡성, 구례, 담양지역 적대세력에 의한 피해 사건」(2010년), 「광양지역 군경에 의한 민간인 희생사건」(2010년)이 이에 해당한다.

13) 조사보고서에서 여순사건이 언급된 지역들을 분류하면, 약 26개 지역으로 추정된다.

14) "사건의 원인과 발생 배경의 측면에서 본다면 여순사건은 전남 동부지역 국민보도연맹사건, 전국형무소재소사 희생사건, 부역혐의 민간인 희생사건 등과 연관된다"(진실과화해를위한과거사정리위원회, 2010: 70).

그러므로 진화위의 보고서들을 근거로 여순사건의 전모를 확인하기란 매우 어렵고, 오랜 추가 작업을 필요로 한다. 게다가 보고서 작성자들이 다수였고, 이들 사이에 소통이 원활하지 않았던 것으로 보인다. 이는 사건조사 보고서들이 큰 틀과 구조는 준수했으나, 각 보고서들의 편차가 상당하다는 점에서 알 수 있다. 이와 같은 점들은 다른 민간인의 집단적 죽음들과 달리 여순사건이 미완의 진실규명 상태에 놓여 있으며, 단일 사건으로 전모를 파악하지 못했음을 보여주는 것이라고 할 수 있다.

III. 직권조사의 의결과 조사계획서 작성 그리고 여순 사건의 범위

1. 직권조사의 의결과 조사계획서 작성

진화위는 여순사건의 직권조사를 의결하고, 105쪽 분량의 조사계획서를 만들었다. 조사계획서는 그간에 학계와 시민사회단체 그리고 개인들이 생산한 정보들과 자료들을 바탕으로 작성되었다. 조사계획서는 진상규명이 최소 6개 시도를 망라해야 하며, 파장이 미쳤던 그 외 지역들에서 발생했던 민간인의 집단적 죽음들도 포괄하는 것으로 입안되었다. 조사 방침은 여순사건의 진상규명에 보다 강조점을 두고, 이를 바탕으로 사망자의 관련성과 죽음의 인과성을 밝히는 것이었다. 이를 바탕으로 민간영역에서 해결하지 못했던 의문점들과 여순사건 전모를 밝히는 것이 진화위의 가장 주요한 역할이자 과제로 제시되었다.

그런데 직권조사 의결과 조사계획서 확정에 앞서 이루어진 활동들을 주목해야 한다. 여순사건의 직권조사 개시일은 2007년 3월이었으나, 이에 앞서 조사가 착수되었기 때문이다. 종합보고서는 구례지역 여순사건은 2006년 10월 31일, 순천지역 여순사건은 2006년 7월 25일, 보성·고흥지역 여순사건은 2006년 10월 10일, 여수지역 여순사건은 2007년 1월 28일에 각각 조사가 시작되었다(진실·화해를위한과거사정리위원회, 2010: 232~235). 그리고 광양지역 군경에 의한 민간인 희생사건은 2007년 3월 6일, 전남동부지역 민간인 희생사건은 2007년 2월 28일이 조사 개시 일이었다. 따라서 여순사건의 조사는 직권조사 결정 이전에 시작되었고, 전반적인 사건 규모와 체계적 진실규명을 위해 직권조사가 필요하다는 판단이 후속되었다고 할 수 있다.

결과적으로 보면, 진화위의 직권조사 결정은 효력을 담보하지 못한 의결이었고, 조사계획서는 참고용에 불과했다. 진화위는 직권조사 결정 이전의 조사 방침으로 사건조사를 실시했고, 진실규명 결정을 발표했던 것이다. 따라서 여순사건에 관한 첫 진실규명 결정이었던 「구례지역 여순사건」은 이와 직간접적으로 관련되었던 많은 사람들에게 의구심을 유발했다. 보고서는 진실규명을 분할하여 발표한 이유를 "타 지역 여순사건과의 관계, 지역사회 및 관련 유족의 진실규명 노력, 유해 발굴 사업과의 관련성, 사건 규모, 조사인력 등을 종합적으로 고려"한 것이라고 했다(진실·화해를위한과거사정리위원회, 2008b: 852). 이 글귀는 그간의 진화위의 활동을 이해시키는데 불충분하고, 관련자들을 설득하는데 크게 부족하다는 점은 진상규명 운동에 어느 정도 관심을 가졌던 사람이라면 어렵지 않게 파악할 수 있었다. 더 충분한 설명과 근거 제시가 필요했고, 진실규명 결정을 주시하는 많은 사람들의 이해와 공감이 수반되어야 했다. 그러나 진화위는 이러한 질문과 의문에 공식적으로 대응하지 않았고, 간담회나 추모제 등에서도 답변을 회피했다.

충분하게 그 이유를 납득시키는 것이 어려웠다고 해도, 만회의 기회마저 없었던 것은 아니었다. 첫 진실규명 결정 직후에, 진화위 주관으로 개최되었던 학술행사가 중요한 계기였다.[15] 이 행사에서 '구례지역 여순사건' 보고서를 논평했던 글은 직권조사의 충분성, 진상규명한 내용, 보고서 작성에 활용한 자료, 위원회 내부와 외부의 소통과 관계 맺기, 서술 방식 등에 주안점을 두고 발표되었다(김득중, 2008). 이 글의 내용들 일부는 진화위의 출범과 조사 착수 즈음에 개최되었던 토론회와 학술행사에서 지적되었던 것들이기도 했다.[16] 진화위 관계자들은 이 글의 평가에 대해 법률과 제도의 한계로 시행할 수 없는 점들도 있으나, 전반적으로 수렴하겠다고 했다. 진화위가 학술행사의 평가를 진정성을 갖고 수용했다면, 이후에 발표된 여순사건의 진실규명 결정들은 동일한 문제의 발생 억제와 한계 극복

---

15) 이 발표는 2008년 7월 17일에 "민간인 집단희생사건 학술심포지엄"이라는 대주제로 개최된 행사에서 「여순사건 진실규명과 평가」라는 주제로 이루어졌다. 학술심포지엄은 '민간인 집단희생사건'을 주제로 진화위가 개최했던 유일한 공식 행사했다. 외부 학술행사나 토론회 등에서는 진화위 구성원이 참석하여 발표 혹은 토론을 하기도 했으나, 이를 직접 주관하여 소통하려는 활동은 하지 않았던 것이다.

16) 홍순권(2006)과 이춘열(2007)의 우려는 대부분 맞아 떨어졌다. 그러므로 진화위의 성과를 둘러싸고 제기되었던 문제들은 예견된 것이었다. 문제는 이러한 점들이 법률적으로, 구조적으로 그리고 개인적으로 극복할 수 있었는가 하는 것이었고, 해소할 수 없었다면 문제를 최소화하거나 예비할 수 있었을 것이라는 점이다.

에 최선을 다해야 했다. 직권조사 결정과 조사계획서 작성 의도를 복기하고 실행하는 것은 그 일환이라고 할 수 있다. 그러나 진화위 는 이를 거의 이행하지 않았고, 그 이유도 밝히지 않았다.

2. 여순사건의 범위 설정

여순사건 진상규명의 가장 큰 난점은 시·공간 범위를 규정하기 어렵다는 것이다. 사건이 발발한 시점은 명확하지만, 종료 시점과 상황이 전개되었던 지역들을 특정하기가 어렵다. 학계와 시민사회도 이에 관한 논의를 제대로 진행하지 못했다. 이는 여순사건 피해자 여부를 파악하고, 분류하는데 직접적으로 영향을 주었다. 이러한 기 준들을 확정하기가 난해하여 여순사건 유족회들의 구성도 다양성을 띠고 있었다. 즉 여순사건 유족회에는 진화위의 진실규명 결정에서 성격이 다른 것으로 분류했던 사건들(교도소 재소자 희생사건, 보도 연맹사건 등)의 피해자 유족들과 6·25전쟁 발발 이후에 발생한 사 건들에서 발생한 피해자들 유족들도 가입되어 있었다. 이것이 의미 하는 바는 여순사건이라는 사건명이 함의하는 내용이 포괄적이라는 것이다. 유족회에 따라 약간의 차이가 있기는 하지만, 여순사건은 특정한 사건들을 지칭하는 것이면서, 때로는 6·25전쟁 전후에 발 생했던 민간인의 죽음을 포괄하는 복합적 개념으로 명명되었다.[17] 이러한 점들이 진상규명운동에서 쟁점화 되지 않았던 것은 차이보 다는 포괄성이 요구되었기 때문이었다. 이 차이를 부각시키는 것은

---

17) 대표적인 사례가 순천 지역이다. 여순사건 순천유족회의 회원들은 6·25전쟁 기 간에 발생한 피해자들의 유족들도 다수 가입해 있다.

어렵사리 형성된 진상규명운동의 의지를 냉각시킬 수 있었고, 애써 이룬 유족회들의 결집력을 약화시킬 개연성이 있었던 것이다. 즉 여순사건의 종기 설정과 지역의 규정은 진상규명운동의 목적과 영향력에 크게 지배받고 있었다.

여순사건에 관한 논문과 글들은 사건 발발과 전개, 반군의 활동, 토벌 작전 등에 초점을 두었고, 두 가지의 시간적 범주를 중시했다. 첫째, 사건이 발발했던 1948년 10월 19일부터 토벌군이 여수시를 점령했던 10월 27일까지의 국면이다. 정부는 여수시를 재점령하면서 여순사건이 일단락되었다고 발표했는데, 토벌군과 반군 및 가담자의 대치선이 지리산과 백운산 등과 같은 산악지대 인근으로 이동하여 재형성되었던 시점이라고 할 수 있다. 둘째, 산악지대의 반군(빨치산)을 토벌하는 작전이 전개되는 한편, 이들을 지원했던 혹은 이들에 의해 동원되었던 이른바 부역자들을 명확한 기준이 없이 분류하고 처벌하던 국면이다. 시간적 범위 논쟁은 바로 두 번째 시기를 언제로 규정해야 하는가에서 주로 발생했다.

<표 1> 여순사건 관련 토벌작전 시기와 토벌군 편성

작전 시기	토벌군 편성	주요 지휘관
1948. 10. 30~1948. 11. 30	호남지구전투사령부	원용덕, 김백일
1949. 3. 1~1949. 4. 18	지리산지구전투사령부, 호남지구전투사령부	정일권, 원용덕
1949. 7. 13~1949. 9.	전라남도경찰국 산하 유격대	김상봉
1949. 9. 22~1950. 4.	지리산전투지구경찰대(남원)	최치환
1949. 9. 28~1950. 1. 15	지리산지구전투사령부	김백일

<표 1>에서 알 수 있듯이, 정부는 여순사건과 관련하여 5회 이상의 대규모 토벌군을 편성했다. 토벌작전은 공백기도 있었으나, 1950년대 초까지 계속되었다. 호남 일원에 내려진 계엄령이 해제된 것은 1950년 2월 5일이었고, 토벌작전이 전반적으로 마무리되었던 것은 1950년 4월이었다. 그런데 이를 중시하여 토벌작전 종료와 여순사건 종료를 일치시키는 것은 곤란하다. 이러한 시기 구분은 정부와 진압군의 관점만을 수용한 것이다. 산악지대에는 빨치산이 잔존해 있었다.

이와 같은 한계가 없지는 않으나, 현실적으로 여순사건의 종결 시점을 규정하는데 반군과 가담자들의 활동과 토벌작전은 중요하게 고려하지 않을 수 없는 기준임에 분명하다. 따라서 여순사건의 최대 시간적 범위는 6·25전쟁 발발이다. 여순사건을 계기로 이른바 '구빨치산'이 등장했고, 이들의 일부가 6·25전쟁이 발발할 때까지 활동을 지속했으나, 6·25전쟁이 발발한 이후는 이전과 다른 새로운 전쟁 국면이 전개되었던 시기라고 할 것이다.

<표 2> 여순사건 진실규명 보고서의 시간적 범위

발표 형태 혹은 조사보고서	발표 시기	시간적 범위
제39차 전원위원회 회의	2007. 3.	1948년 10월 19일~1950년 9·28수복 이후 10월
구례지역 여순사건 보고서	2008. 7.	1948년 10월 말~1949년 7월
순천지역 여순사건 보고서	2009. 1.	1948년 10월 말~1950년 2월
보성·고흥지역 여순사건 보고서	2009. 11.	1948년 10월 말~1950년 6월
여수지역 여순사건 보고서	2010. 6.	1948년 10월 말~1949년 8월
『종합보고서 Ⅲ』 제3장	2010. 12.	1948년 10월 19일~1950년 10월

그러므로 여순사건의 시간적 범위를 넓게 규정하면, 6·25전쟁이 발발하기 이전에 발생했던 많은 사건들이 포괄되는데, 지역과 개별 사건 등으로 분열되면서 시간적 범위는 통일성과 일관성을 유지할 수 없게 되었다. 진화위가 여순사건의 직권조사를 결정하면서 발표한 시간적 범위까지 누적한다면(<표 2>), 여순사건의 시간적 범위를 확인할 수 있는 것은 총 6회였다.

진화위의 공식 발표와 조사보고서 그리고 종합보고서가 규정한 여순사건의 시간적 범위는 제각각이었다. 가장 넓게 시간적 범위를 설정한 것은 직권조사를 결정할 당시와 종합보고서였다. 시간적 범위에 대한 차별성은 지역별 조사보고서 내에서도 발생했다. 조사보고서들이 설정했던 여순사건의 종결 시점은 모두 달랐다. 빨치산 활동이 지속되었던 지리산에 인접해 있던 구례지역 여순사건의 시간적 범위가 가장 짧고, 다음으로 여수지역이 짧았다. 반면, 당시에도 일시적으로 상황이 전개되었으며, 산악지대도 아니고 빨치산이 지속적으로 활동하고 있는 곳도 아닌 보성과 고흥의 시간 범위가 가장 넓었다. 이것은 각 지역들의 특성을 반영한 것이었을 수도 있으나, 신청된 사건들에 입각하여 종결 시점을 확정한 것 아닌가 하는 의구심을 갖게 한다. 왜냐하면 각 보고서들은 종기를 결정한 이유에 대해 아무런 언급을 하지 않았기 때문이다.

이와 같이 직권조사를 의결할 당시 수립되었던 시간적 범위에 대한 관점이 실제 조사가 진행되는 과정에서 일관되게 관철되지 않았다. 그럼에도 불구하고, 종합보고서는 다시 직권조사를 의결할 당시의 시간 범위에 의거하여 여순사건을 요약했다. 따라서 종합보고서는 조사보고서에서 다루지 않은 시간 범위의 사건들까지 여순사건에 포함하는 이상한 현상이 나타났다.

공간 범위는 여순사건을 정의하는 또 하나의 중요한 요소이다. 공간성은 이 사건의 파장이 미친 지역과 6개 지역 외에서 발생했던 사건의 포괄 범위에 관한 것이다. 여순사건의 공간성에 대한 파악은 지금까지 발간되었던 조사보고서들을 낱낱이 확인하고 정리할 때, 어렴풋하게나마 윤곽을 확인할 수 있는 퍼즐 맞추기 이전의 상황이라고 할 수 있다. 조사보고서들은 이러한 공간성을 행정구역 단위라는 편의성과 유족회가 구성된 지역 단위의 민원 강도에 따라 구분했고, 진실규명 활동이 미비한 지역들은 은닉시켰다.

종합보고서는 여순사건의 지역별 진실규명과 개별화한 수많은 죽음과 사건을 총괄할 마지막 기회였다. 그러나 앞서 잠시 살펴본 것처럼, 종합보고서는 진실위의 활동 성과인 조사보고서들의 내용을 담지 않았고, 지역별 연계성이 분명하지 않은 내용들로 채워져 있다. 그리하여 여순사건의 조사보고서들로는 사건 전개에 따른 지역들의 관계와 공간 범위 그리고 사건의 처리 과정에서 발생했던 수많은 사건들의 상관성 등이 잘 드러나지 않는다.

IV. 구조적 환경과 활동의 현실 그리고 시민사회의 대응

1. 구조적 환경 : 법률의 제약과 시각차 그리고 자기 검열

여순사건을 비롯하여 진화위가 발표했던 진실규명 결정에 관한 토론이나 평가 등에서 제기되었던 의견들을 보완하고, 수정하는 것이 간단한 일이 아님은 이미 잘 알려진 사항이다. 진화위 구성원들은 시민사회나 유족 그리고 연구자 등이 제도 영역의 실상을 제대로 파악해 줄 것을 요구했다. 이러한 논리는 진화위의 조사와 진상규명 결정 그리고 조사보고서 발표 등에 이르는 과정에 작용하는 구조적 한계를 고려해달라는 것이었다. 이를테면, 유족, 시민사회, 학계에서는 '민간인 집단학살'이라는 표현이 타당하다고 보았으나, 법률에 수록된 정의들은 명확하지 않았다. 법률 제1조(목적)에서는 '학살'이라는 용어가 사용되었으나, 제2조(진실규명의 범위)에서는 '민간인 집단 희생사건'으로 규정했다. 그리고 제2조의 다른 조항들에서는 가해자가 '적대시하는 세력'인 경우는 '학살'로 정의했다. 그러므로 사건의 성격 규정을 둘러싼 이견 대립은 법률 제정에서 발생했던 불비(不備)에 기인하는 바가 컸다. 민간인의 집단적 죽음을 '집단학살'로 정의하면 다양한 반론과 공박에 대한 대응이 쉽지 않았을 것이고, 법률 검토에서 지지를 받기 어려웠을 가능성이 다분했음을 가벼이 생각할 수 없을 것이다. 그리하여 진화위는 가해자의 성격을 구분하지 않고, 민간인의 집단적 죽음에 대해 '희생'으로 규정했다.

진화위와 시민사회 및 유족들의 입장차는 여순사건 조사 과정에서 뚜렷해졌다. 진화위는 사건 조사 대상과 범위 확장을 망설였던 반면, 시민사회와 유족들은 그간에 이루어지지 않은 새로운 무엇이 밝혀지리라 기대했다. 이는 진화위의 역할과 활동에 대한 시각차에서 발생한 것이었다. 이러한 양상은 조사보고서 작성 과정에서도 반복되었다. 유족, 시민사회, 학계는 여순사건 조사보고서가 어떻게 작성되고 있는가를 확인할 방법이 없었고, 진실규명 의결만을 기다려야 했다. 이것은 오해와 갈등을 점증시켰고, 신뢰 축소와 지지 철회 등으로 이어졌다. 이 현상들이 발생했던 근본 원인도 법률의 규정에 기인한 측면이 크다. 진화위는 법률 제32조(보고 및 의견진술 기회의 부여) 제7항의 "위원회는 조사가 종료되지 아니한 사건에 관하여 조사내용을 공표하여서는 아니된다"와 제41조(비밀준수 의무)의 "위원회의 비밀에 해당하는 정보·문서·자료 또는 물건을 다른 자에게 제공 또는 누설하거나 그 밖에 위원회의 업무수행 외의 목적을 위하여 이용하여서는 아니된다"라는 문구를 엄격한 자기 검열로 받아들였다.

　진화위와 시민사회 그리고 유족회 사이의 갈등과 반목은 인적구성이 갖는 특성과도 관련되어 있었다. 이 역시 법률의 제약을 받았던 것인데, 조사에 전문성을 갖지 못한 다수의 인력들이 진화위의 구성원으로 편입되었던 것으로, 이는 끝내 해결하지 못했던 숙제였다(정근식, 2010: 98~99). 인적 구성의 특성은 조사 지연뿐만 아니라, 관료화와 형식주의를 양산 및 유포했고, 기구의 체질을 변화시켰다. 진화위가 제정했던 「진실규명 신청 및 조사에 관한 규칙」(진화위 규칙 제3호, 2006. 1. 24. 제정) 제3조(조사업무의 공동수행 등)에 따르면, '조사업무 중 일부를 … 관계전문기관 또는 학술·연구단체 등과 공동으로 수행할 수 있다'고 명시했으나(진화위, 2010: 271), 조사연구 용역사업 몇 건을 제외하면 조사업무를 공동으로 수행한 사례들을 찾기 어렵다. 이로 인해 진화위 조사관들은 여순사건 관계 전문기관 또는 학술·연구단체와 그 구성원들로부터 자료와 정보는 수집해갔으나, 이것이 어떻게 활용되고 있는가와 확보한 자료 및 정보에 대해서는 함구했다. 진실규명 의결 이전에 다른 사건의 내용 일부가 외부로 알려진 것과 관련 자료의 학술적 활용이 크게 논란이 되면서 진화위의 소통 단절은 더욱 심각해졌고, 자기 검열은 한층 강화되었다. 이로 인해 시민사회와 학술·연구단체들은 진화위를 블랙홀과 같은 조직으로 파악하기 시작했고, 진상규명운동에서 형성되었던 관계들은 소원, 불신, 단절로 변해갔다. 수차례 논란이 되었던 것처럼, 신청인은 민원인으로 전락했고, 조사관은 민원 해소 관료로 자리매김했다. 이 관계는 진화위를 출범했던 근본 목적의 달성을 구조적으로 제약하고, 통제하게 했다.

그리하여 여순사건을 포함하여 과거사 상흔을 치유한다는 진화위의 대의는 사법적 판결을 위한 경유지로 전락했다. 과거사 진상규명운동을 주도했던 다수의 세력들이나 법률을 제정했던 관료들의 의도와 달리, 사법부 재심을 위한 근거를 생산하는 기구로 자리매김되었다. 만일 진화위법이 국가 보상과 배상을 목적으로 했다면, 이와는 크게 다른 내용으로 구성되었어야 했다. 결국 법률적 한계로 인해 진실규명 결정을 받은 여러 사건들이 국가를 상대로 보상을 청구하여 대법원의 판결을 받았고, 현재 재판이 진행 중인 사건들도 다수인 상태가 되었다. 여순사건도 2011년부터 재판을 진행하고 있다. 이러한 과정은 많은 국비와 행정력 소비 그리고 시민의 경제적 부담과 고통 지속 등으로 이어졌다. 진화위법은 기존 과거사 위원회들에서 차용한 조문들도 다수 발견되지만, 전반적으로는 이전보다 진보적이라고 평가하기 어려웠는데(안병욱, 2006: 10), 이런 한계들이 중반과 종반으로 갈수록 더욱 뚜렷하게 표출되었다.

2. 활동의 현실

진화위가 법률과 제도적 한계와 제약 속에서 운영되었고, 이것이 진실규명 보고서에 영향을 미쳤다는 것은 재론할 필요가 없다. 그렇다고 여순사건에 관한 보고서들에 대한 검토를 면하는 것은 아니다. 이 글은 여순사건 보고서들에 적시된 내용과 근거로 사용된 자료들 그리고 사건의 전개와 죽음에 관한 상세한 확인과 고증의 적절성에 대해서는 논의하지 않는다. 여순사건에 관한 종합적 조사보고서가 발표될 수 있었다면, 중요하게 파악했어야 할 지점들을 고려하여 활동의 현실과 맹점에 대해 살펴보고자 한다.

첫째, 다른 과거사에 관한 보고서들도 마찬가지겠으나, 역점을 둘 점은 사건의 발단과 배경이다. 더욱이 여순사건은 정부와 공식 담론에서 오랫동안 매우 부정적으로 평가 및 기록되어 왔기에(정지환, 2001), 충분한 논의가 수반되어야 했다. 그렇다면 멀리는 해방 정국부터, 가깝게는 한반도에서 단독정부 수립에 관한 미군정의 정책과 활동, 국가의 성격과 권력 장악을 위한 다양한 대립과 격돌, 그리고 무수한 죽음과 희생에 대한 설명이 필요했다. 여순사건 보고서들이 이에 관한 내용들을 전면적으로 누락했던 것은 아니지만, 전국적 맥락은 생략되었고, 지역에서의 상황 전개를 간략하게 언급한 수준이었다. 그런데 이렇게 언급한 내용들이 여순사건과 어떻게 결합 또는 연결되는가를 찾아보기 어렵고, 사건의 배경과 기계적으로 병렬되어 있다. 그리하여 여순사건 보고서들은 제주4·3사건 진압에 반대하는 군인들에 의해 촉발되었다는 것을 언급하면서 시작했고, 본론에서는 연구자들이 이미 밝힌 내용과 신청 사안들에 의거해 여순사건의 전개와 흐름들을 기술했다. 그리고 여순사건에서 미국의 책임에 관한 부분은 극히 간략화 되었다. 이것이 여순사건 진실규명의 전부이자 실체였고, 조사보고서의 대부분은 신청인이 주장하는 죽음의 근거를 입증하는 과정과 내용으로 채워져 있다.

둘째, 여순사건의 진실규명을 입증하기 위해 사용된 자료와 근거의 중요성은 아무리 강조해도 지나치지 않다. 여순사건은 진화위 출범 이전에는 국회와 행정부가 생산 또는 보관한 일부 자료, 신문과 잡지 등 언론 매체, 미군정이 생산한 자료, 수기와 자서전 그리고 증언 등에 의해 주로 조사·연구되었다. 그런데 진화위의 여순사건 보고서들에 수록된 자료 목록들을 보면, 대체로 이를 넘어서지 못한 것으로 보인다. 지역의 경찰국 등이 생산했던 자료들이 일부 눈에 띄지만, 상당수의 자료들은 이미 공개되었거나 활용된 것들이었다.

이와 대비적으로 면담 또는 증언은 다수 조사되었던 것으로 기록되어 있다. 여순사건뿐만 아니라, 민간인의 집단적 죽음에 관한 조사보고서들이 신청인과 참고인의 면담과 증언 자료들에 크게 의존하여 진실규명을 할 수밖에 없었다. 이러한 점들을 감안해도 새로운 자료들이 거의 활용되지 않는 것은 조사가 충실하게 이루어졌는가에 의구심을 심어준다. 그나마 어렵게 발굴된 자료들은 조사보고서 작성에만 일부 이용되었고, 역사 자료화하지 않았다. 이는 시민사회가 향후 진행할 진상규명 작업과 연구들에 부정적으로 작요했다. 뿐만 아니라 피해 보상과 관련한 사법부의 재판에도 난점으로 작용하고 있다. 결과적으로 이후 보다 치밀하고 상세하게 사건을 규명하는데 필요한 자료들이 국가의 관리체제 내로 재 봉합됨으로 인해 진실의 확장과 사건의 재구성 기반의 부실화를 초래했다.

셋째, 여순사건은 자기 완결성을 갖춘 단일 보고서를 갖지 못하게 되었다. 여순사건에 관한 지역별 보고서 발간이 불가피했다면, 종합화를 위한 최소한의 노력이 필요했다. 즉 각 보고서들이 다른 지역과 어떻게 관련되는가를 밝히는 것이 여순사건의 전반적 양상과 형상을 구성하고, 인식하는데 긴요하기 때문이다. 또한 재소자 학살사건, 보도연맹사건 등과 같은 집단적 죽음들과 더불어 하나의 사건으로 분리했던 이유를 납득할 수 없는 보고서들[18]이 어떤 상호성과 연계성을 갖고 있는지를 밝히는 것도 중요했다. 이러한 점들은 진화위 법률이 지닌 불비와 기구 운영의 한계와 직접적으로 관련이 없는 것이었다. 결국 이러한 점들을 해결하지 못함으로 인해 여순사건이 그 시대에 어떠한 성격을 갖는가를 규명할 수 없게 되었다. 이는 진화위의 여순사건 보고서가 국가가 승인하는 민간인 사망자 명부와 크게 다르지 않다는 평가를 받게 되는 중요한 이유이다. 또한 여순사건 관련자들의 죽음을 앞으로 어떻게 추모할 것이며, 죽음의 의미를 반추할 것인가에 대해 아무런 답을 주지 않은 것임을 의미했다.

넷째, 진실위에서 발간했던 모든 조사보고서들을 총괄하여 여순사건을 재구성한다면, 간과해서는 안 되는 것이 있다. 이른바 '적대세력에 의한 피해 사건'에 대한 기록과 보고서들이 그것이다. 여순사건과 다수의 사건들의 중요한 차이점은 사건 전개에서 반군 및 가담자와 빨치산에 의해 민간인이 사망했으며, 군경 및 민간인 전투부대와 충돌하면서 지속적으로 죽음이 발생했다는 것이다. 이를 간과

---

18) 2008년 하반기 조사보고서에 수록된 「지리산 공비토벌대에 의한 강정금 상해사건」이 대표적이다. 이와 같은 조사와 진상규명으로 보면, 진상을 규명할 사안들이 폭발적으로 증가할 것이다. 또한 이런 사례들을 모두 개별 사건으로 처리한다면, 여순사건 진실규명과 형평성에서 크게 어긋남을 부인하지 못할 것이다.

하지 않는다는 것은 여순사건의 특성과 성격을 제대로 규명하려면 복합적 사건 전개와 다양한 형태의 죽음을 통합적으로 바라보는 안목에 입각하여 조사와 보고서가 작성되어야 함을 의미한다. 이것이 여순사건의 성격을 규명하는 데 중요하며, 역사적·사회적 갈등 해소와 완화 그리고 화해 방안을 도출하는데 실질적 의미와 효과를 갖게 하는 것과 직접적으로 연관된다.

3. 시민사회의 인식과 대응

여순사건 조사보고서에 대한 유족, 시민사회 그리고 연구자 집단의 평가는 그다지 긍정적이지 않았다. 진실규명이 결정되었지만, 남겨 놓은 중요한 미해결 과제들은 근심과 난감함으로 다가왔다. 진실위의 다른 조사보고서들에 비해 여순사건은 이러한 점들이 상대적으로 더 심각한 것으로 판단되었다. 유족들은 개인 또는 단체 차원에서 의견과 문제를 제기했다. 때로는 독자적으로, 때로는 시민사회와 함께, 2008년에만 세 차례 이의를 제기했으나, 이를 대외적으로 공식화하지는 않았다. 또한 간담회, 학술행사, 위령제 등은 유족들이 발언하고 의견을 표방하는 주요 장들이었다. 이들의 주된 입장은 조사보고서가 '학살'임을 보다 명백하게 규정할 것, 조사보고서의 발표가 지역별로 시차를 두고 진행되었던 원인의 해명, 유족들을 배제하고 조사를 진행한 이유를 밝힐 것, 그리고 사건의 핵심 관계자에 대한 조사를 통해 보다 진상을 분명하게 밝힐 것 등이었다.[19]

---

19) 이상의 내용은 2008년 11월 6일 개최된 「민간인 집단희생사건 학술 심포지엄」에 참석한 여순사건 유족 장경자의 발언 내용인데, 유족들의 입장을 대변한 것이었다.

한편 여순사건 조사보고서에 대한 인식과 반응은 시간이 흐르면서 다원화되어갔다. 시민사회와 유족들 내부에서 그리고 지역에 따라 점점 차이가 선회해졌다. 전반적으로 보면, 유족과 신청인은 진화위의 진실규명 결정에 의의를 부여하고, 수용하는 태도를 취했다. 유족과 신청인이 진화위 출범 당시에 가졌던 기대와 바람은 진실 조사가 진행되고 보고서 등이 발표되는 과정에서 점점 축소되었는데, 이것이 유족과 신청인으로 하여금 실익 추구로 활동 방향을 선회하도록 했다. 진실규명 결과를 받은 유족과 신청인은 '국가 보상'으로 활동 목표를 신속하게 변경했고, 종합적 진상규명, 미신청자 문제, 자료 공개, 위령사업 등에는 다소 미온적 태도를 취했다. 이와 같은 변화에는 선 진행되었던 사건들이 취했던 진실규명 결정 이후의 행보가 크게 영향을 미쳤다. 그리고 분할하여 진실규명을 결정했던 기준이 되었던 '지역'과 '사건 범주'에 따라 각각 독자 행보를 취했다. 이 과정은 여순사건을 매개로 형성되었던 사회운동성이 탈각하고, 이익집단으로 정체성을 전환하는 것을 의미했다.[20] 진화위의 조사보고서들이 여순사건을 매개로 형성되었던 공동체에 균열과 반목 그리고 부정적 해산을 유도했던 것이다(정호기, 2010). 그리하여 진상규명운동으로 어렵사리 형성되었던 현대사의 피해자 공동체가 사실상 해체되기에 이르렀다. 공동체의 분화 조짐들이 사전에 감지되지 않았던 것은 아니지만, 국가의 진실규명 결정이 사회운동의 구조와 구성원들의 관계를 전면적으로 바꾸어버렸다고 할 수 있다.

---

20) 이러한 점들은 갖가지 혼란을 초래했다. 여러 단체들이 정체성을 달리하여 갖게 되었고, 어렵사리 형성 및 유지되었던 연대 관계를 해체시켰다. 이는 관련자 및 관련단체들의 결속력과 영향력 축소와 쇠퇴로 이어졌다.

시민사회와 학계는 진화위가 활동을 시작하자, 휴지기를 갖거나 관망하는 자세를 취했다. 진상규명운동에 참여했던 일부가 진화위의 구성원들로 합류했고, 중요한 의사 결정 단위에도 민간인의 집단적 죽음을 규명하고자 오랫동안 활동했던 사람들이 다수 포진했기 때문이었다. 진화위가 출범하면서 시민사회와 학계의 대응과 역량이 크게 약화되었다는 평가도 주목할 지점이다(정근식, 2010: 104). 여순사건에서는 이러한 문제와 어려움들이 보다 가중되었다. 진화위가 활동하던 시기에 민간부문에서의 여순사건에 관한 모든 조사가 중단되었던 것도 이와 무관하지 않다.

진화위의 여순사건 진실규명 결과에 대한 시민단체의 논평은 한 차례뿐이었다. 여수지역사회연구소가 여순사건 발발 제62주기가 임박했던 무렵에 발표했던 「의견서」가 그것이었다.[21] 진화위의 여순사건 조사보고서들에 대한 크고 작은 문제제기와 쟁점화가 꾸준하게 있었으나, 공식화된 형태로 표출되었던 것은 이것이 처음이자 마지막이었다. 마지막 여순사건 조사보고서 발표는 진화위의 사건 처리 완료일 하루 전인 2010년 6월 29일에 이루어졌기 때문에, 이 의견서기 조시보고서에 엉향올 미칠 것으로 기대할 수 없었다. 실제로 기 발표되었던 조사 결과들이 거의 변함이 없이 조사보고서에 수록되었고, 여순사건의 진실규명은 종료되었다.

의견서는 여순사건과 관련한 진화위의 활동과 조사보고서에 대한 시민사회의 입장을 정리한 것이었다. 이후 개인들 혹은 소집단들 차원의 의견 교환은 있었으나, 공식화한 것은 없었고, 해결된 것도 없

---

21) 여수지역사회연구소는 2010년 10월 9일에 "진실화위원회 「여수지역 여순사건」 진실규명 조사결과 통보에 대한 여수지역사회연구소 의견"을 공개했다.

으므로, 이와 같은 문제의식이 지속되었다고 할 수 있다. 의견서는 먼저 진화위의 진실규명 결정이 지닌 긍정점을 간단하게 기술한 후, 이것이 지닌 한계와 문제점들을 지적했다. 주요 내용은 ① 직권조사가 결정되었음에도 불구하고, 신청인 중심의 형식적 조사만 진행 ② 여순사건과 관련된 다양한 사건들 및 적대세력사건, 고문 후의 부상자, 만성리 형제묘 사건 등을 포괄한 총체적인 진실규명을 진행하지 못한 점 ③ 여순사건을 매개로 형성되었던 지역 공동체와 역사 공동체의 파괴 ④ 관련자 및 관련단체들과 불 소통 ⑤ 재심사유 및 인권침해사건으로 이관 분류해야 할 사건들을 각하 결정 ⑥ 조사 결과를 언론에 공표하지 않고, 관련자 및 지역자치단체에 우편통보만 하여 효과를 축소한 점 등이었다.

여순사건에 관련된 시민사회와 일부 유족들은 2010년 추모행사 기간을 계기로 여순사건 특별법 제정운동을 부활시켰다. 진화위법의 제정 이전에 추진되었던 특별법 제정운동이 상당한 시차를 두고 재개된 것이다. 이들은 과거사 관련 통합입법에 참여했던 성과가 없지는 않으나, 기대했던 수준에 크게 미달했으며, 어떤 측면에서는 부정적 결과를 가져왔다고 주장했다. 이는 진화위의 진실규명 결정을 받은 대다수의 과거사 관련자들이 진상규명운동에서 후퇴하고, 정부의 후속 조치와 사법부의 보상 재판에 관심을 두는 것과 사뭇 다른 양상이다. 여순사건이 과거사 청산에서 다소 이질적 입장과 태도를 취하는 바탕에는 유사 사건으로 비유되곤 했던 제주4·3, 거창사건, 함양·산청사건, 노근리사건 등과 큰 차이로 마무리된 것이 영향을 미치고 있기도 하다.

Ⅴ. 맺음말

2005년 12월 진화위의 출범은 과거사의 고통에 있던 많은 사람들에게 새로운 희망으로 비추어졌다. 진화위법이 심각한 문제와 한계를 지녔고, 과거사 청산 작업에 영향을 미치는 정치적 관계와 사회적 환경이 긍정적이지 않음을 우려하는 목소리도 있었다. 진화위는 보수 진영 또는 가해자와 입장을 같이 하는 사람들로부터 끊임없이 공격을 받았다.[22) 이는 어느 정도 예측되었던 것으로, 어렵지만 감내하거나 극복해야 할 문제로 인식되었다. 그런데 이보다 더 중요한 문제가 생겨났다. 진화위가 활동을 개시하고 일정 시점을 경과하면서 시민사회와 피해자들의 지지가 감소하는 경향이 나타났던 것이다. 어쩌면 진화위는 정치와 사회에서 고립되어 외롭게 과거사 청산 작업을 수행했는지도 모른다. 이런 환경 속에서도 진화위는 4년 6개월 동안 다수의 조사보고서들과 종합보고서를 생산했고, 국가에 대한 권고들을 남긴 채 해산했다.[23) 이제 진화위 활동의 주요 결과물은 이들 조사보고서들을 통해 확인할 수밖에 없다고 해도 그르지 않다. 그러므로 보고서에 관한 분석과 평가는 다른 무엇보다도 중요한 일이다. 그래서 이 글은 진화위의 조사보고서들에서 여순사건을 명기했거나, 이 사건과 관련된 부분들이 있는 것들을 대상으로 고찰했다.

---

22) 진화위가 활동을 종료한 이후에도 보수진영의 부정적 평가는 이어졌다(김정우, 2010).

23) 진화위는 2006년 하반기 조사 보고서의 마지막에 '과제'를 수록했는데, ① 조사 역량 강화와 지방자치단체 지원 예산 확보, ② 국가기관의 적극적인 자료 공개방안 마련과 협조체제 강화, ③ 피해자들의 미신청에 대한 대책 마련, ④ 효율적인 조사활동을 위한 위원회 기본법 개정 추진이었다(진화위, 2007: 448). 진화위가 이 과제들을 어느 정도 달성했는지를 평가한 후, 그 대안에 대한 시민사회의 논의가 필요한 시점이다.

비교하는 것이 어렵기는 하지만, 여순사건의 진상규명은 다른 과거사들보다 훨씬 어렵고 복잡한 과정이었다. 60년 전에, 2년 여에 걸쳐 동안 남한 곳곳에서 전개되었던 여순사건을 퍼즐을 맞추듯이 구성하고, 그 성격을 밝히는 것은 예상한 것 이상으로 어려운 일이었다. 그래서 진화위의 여순사건 조사보고서는 이중적 의미를 가졌다. 하나는 더 많은 사실의 발굴이었고, 다른 하나는 시민사회와 학계가 밝혀낸 또는 피해자들의 주장을 검증하여 재구성하고 인증하는 것이었다. 진화위는 이와 같은 진실규명 결과물에 국가의 공신력과 권위를 부여했다.

여순사건 보고서가 갖는 가장 기본적인 문제는 다수의 여순사건들로 존재하게 되었다는 점이다. 또한 조사보고서를 바탕으로 종합한 보고서의 내용이 사실상 별개로 작성되었다는 것이다. 여순사건은 다른 과거사들에 비해 단일한 구성과 자기 완결적 보고서 발간이 가장 중요한 과제였다. 직권조사 의결과 조사계획서 작성은 이를 성취하려는 노력의 일환이었는데, 결과적으로 무의미한 절차와 행동이었다. 게다가 각각의 조사보고서들이 조율되지 못하고, 쟁점들도 규명되지 않았다. 시간적 범위 선정에 대한 원칙도 명확하지 않고, 사건의 공간적 범위와 대상들도 시민사회와 학계가 규명했던 경계선을 거의 넘어서지 못했다. 그리하여 여순사건 조사보고서들은 사건을 구성하는 수많은 사건들과 지역들이 어떻게 관계를 형성했는가를 밝히지 못했고, 각각 사건과 지역에서의 특성을 유기적으로 구성하지 못했다. 이로 인해 여순사건의 실체는 오히려 불분명해졌으며, 종합적 이해를 위해서는 많은 시간과 노력이 투입되어야 할 상황에 이르렀다.

이와 같은 한계와 문제는 구조적 측면에 기인한 바가 컸다. 특히 법률의 제약과 구속력이 크게 영향을 미쳤다. 이는 진화위 구성원들의 개인적 자질과 신념 너머에 있는 장벽이었다. 그리고 과거사 청산의 필요성에 대한 동감과 이 일에 대한 전문성이 형성되지 않은 관료들이 이를 감당하기 위해서는 인식과 사고의 큰 변화가 수반되어야 했다. 구조적 한계는 진화위와 민간부문 사이의 문턱을 높이고, 거리를 확대시켰으며, 다양한 소통과 논의에 의거한 과거사 청산 기반의 와해로 이어졌다. 여순사건의 경우, 진화위와 시민사회 그리고 피해자 사이의 간극이 상대적으로 더 확대되었고, 급격히 냉각되었던 것을 해소하지 못한 상태로 종료되었다. 또한 법률의 불비는 힘들여 규명한 진실이 사법부의 보상 관련 재판을 판단하는 근거로 활용되고, 보상 여부와 수준을 결정하는 자료로 활용되는 것에서 의의를 찾게 함으로서 사회적 비용의 불필요한 소모로 귀결되었다. 또한 진실규명 조사보고서의 효과와 영향은 사회구성원의 인식 재구성, 사회적 및 개인적 기억의 수정, 그리고 이를 근거하는 증거와 자료들의 생산과 배포가 동반될 때 비로소 제대로 발현된다고 할 것인데, 이 짐들에 대해서도 긍정적으로 평가하기 어렵다.

법률의 불비로 인한 진화위의 구조적 제약은 법률 개정 작업이 번번이 무산되면서 좌절되었다. 그런데 여순사건 조사보고서들이 지닌 문제점과 한계는 법률의 제약과 더불어 진화위의 운영 및 활동에서 발생한 문제들이 중첩된 산물이었다. 법률의 제약과 관련성이 사항들은 진화위 운영과 활동 방침의 정향을 통해 해결할 수 있었다. 여순사건의 배경과 발단에 대한 충분한 고증과 사건 발발의 개연성에 대한 규명, 여순사건의 조사 과정에서 밝혀진 사실과 입증 자료들이 향후 진실의 확산과 확장에 활용될 수 있는 방안의 강구, 여순사건 관련 보고서들을 종합하고 총괄하여 단일 사건으로 재구성, 이른바 적대세력에 의한 피해 등을 포괄하여 사건의 전개와 확산을 통합적으로 인식하게 하는 것 등이 이에 해당한다. 이러한 점들은 진화위가 여순사건에 대한 조사를 진행하고, 보고서를 작성하는 목적, 필요성, 방향 등에서 시민사회와 학계의 요구들과 의견들을 좌시했음을 잘 보여주는 지점들이라고 할 수 있다.

헤이너(P. B. Hayner)는 진실위원회의 성공 여부를 평가할 기준들에서 "과정(process)"에 대해 다음을 지적했다. 진실위원회는 이전에 몰랐던 것을 대중이 얼마나 알도록 노력했는가에 따라 평가될 수 있는데, 공청회 개최 여부, 조사 전 단계에 모든 관련자들을 충실히 참여시켰는가 여부, 피해자와 생존자들에게 위원회가 긍정적이고 협력적이었는가 등으로 세분된다(Hayner, 2008: 421). 이러한 측면들에서 보면, 여순사건의 진실조사와 진실규명에 대한 시민사회와 유족 그리고 연구자의 평가는 호의적이지 않다. 진실규명 결정이 이루어지고, 얼마 지나지 않아 여순사건은 여러 사건들과 지역들로 분화되었다. 진상규명운동이라는 공통 대의에 대한 지지와 연대망은 이해관계가 달라지고, 차이가 심화되면서 대부분 해체되었다. 이제 국가 보상이 현실적인 공통분모라고 할 수 있는데, 이것도 각각의 조사보고서가 다르므로 가능성이 높아 보이지 않는다. 여순사건을 둘러싼 여러 집단들 가운데 일부에서 진상규명운동으로 다시 연대의 틀을 모색하고 있으나, 진화위의 출범 이전에 비해 취약한 상태임을 부정할 수 없다.

과거사 청산 제도는 보편성과 특수성이 교차되어 있다. 그럼에도

가장 공통된 분모는 진상규명이다. 한국에서는 5·18민중항쟁의 제
도적 청산을 필두로 과거사 전반에 대한 청산으로 점차 확장되었다.
국가는 1988년에 5·18민중항쟁에 대한 진상규명이 일단락되었던
것으로 간주했고, 이에 근거하여 명예회복과 배상 그리고 기념사업
등을 진행했다. 이러한 일련의 과정이 여순사건을 비롯하여 민간인
의 집단적 죽음에 대한 진상을 규명하고, 상흔을 치유하는 유형과
형태를 형성하는 기반을 이루었다. 이와 같은 과거사 청산의 흐름에
서 보면, 여순사건의 제도적 청산은 진상규명을 제대로 마무리하지
못한 교착상태에 놓인 것이라고 할 수 있다. 여순사건은 과거사의
제도적 청산과 피해자 및 시민사회의 기대 사이의 간극이 충족되지
못하면, 여전히 미완의 상태로 남게 되는 것임을 보여주는 또 하나
의 사례이다.

참고문헌

김동춘(2011a), 「한국전쟁기 민간인 학살사건 조사 성과와 과제」, 『역사와 책임』
　　　창간호, 민족문제연구소·포럼 진실과 정의.
김동춘(2011b), 「진실화해위원회 활동을 돌아보며」, 『황해문화』 72.
김동춘(2012), 「지연된 진실규명, 더욱 지연된 후속작업」, 『역사비평』 100.
김득중(2009), 『'빨갱이'의 탄생』, 선인.
김득중(2008), 「여순사건의 진실규명과 평가」, 『민간인 집단희생사건 학술 심
　　　포지엄 발표 자료집』, 진실·화해를위한과거사정리위원회.
김상숙(2011), 「한국전쟁 전 대구경북지역의 민간인학살사건의 실태와 특성 :
　　　제4대 국회『양민학살사건진상조사보고서』의 기록을 중심으로」, 『대구
　　　사학』 102.
김정우(2010), 「진실화해위엔 진실도 없고 화해도 없었다」, 『월간조선』 8월호.

김태우(2011), 「진실화해위원회의 미군 사건 조사보고서에 대한 비판적 검토」, 『역사연구』 21.

노영기(2005), 「여순사건과 구례 : 여순사건 직후 군대의 주둔과 진압을 중심으로」, 『사회와 역사』 68.

노영기(2008), 「1945~50년 한국군의 형성과 성격」, 성균관대학교 박사학위논문.

안병욱(2006), 「과거청산과 진실규명」, 『학술대회 발표 자료집 : '과거사 진상규명 어떻게 할 것인가』.

안종철(2000), 「전남지방의 정치상황과 여순사건」, 『여순사건 제52주년 기념 학술회의 자료집 : 여순사건의 진상규명과 명예회복을 위한 새로운 해법』.

여순사건조사위원회(2006), 『여순사건 순천지역 피해실태 조사보고서』, 여순사건 화해와 평화를 위한 순천시민연대.

여수문화원(1997), 『여수문화 : 14연대 반란 50년 결산집』 12.

여수지역사회연구소(1998), 『여순사건 실태조사보고서』 1.

여수지역사회연구소(1999), 『여순사건 자료집』 2.

여수지역사회연구소(2000), 『여순사건 실태조사보고서』 3.

이강수(2008), 「1960년 '양민학살사건진상조사위원회'의 조직과 활동 ; 「조사보고서」 분석을 중심으로」, 『한국근현대사연구』 45.

이선아(2011), 「여순사건 이후 빨치산 활동과 그 영향 : 한국전쟁 이전을 중심으로」, 『역사연구』 20.

이영일(2010), 「여순사건의 정치·사회적 영향과 진상규명의 현주소」, 『한국의 과거사와 민주화(학술행사 자료집)』, 제주4·3연구소.

이춘열(2007), 「고양 금정굴 사건 : 미완으로 끝난 무리한 조각 맞추기」, 『진실화해위의 민간인학살 사건 진실규명 현황과 향후 과제 : 토론회 자료집』, 한국전쟁전후 민간인학살 진살규명 범국민위원회.

전갑생(2007), 「1960년대 국회 '양민학살사건조사특별위원회' 자료: 경남을 중심으로」, 『제노사이드 연구』 창간호.

정근식(2007), 「민간인학살사건 진상규명을 위한 활동의 현황과 과제」, 『제노사이드연구』 창간호.

정근식(2010), 「진실규명과 화해, 어디까지 왔는가?」, 『황해문화』 67.

정낙원(1962), 『여수향토사』, 여수문화원.

정석균(1989), 「지리산 공비토벌작전 : 여·순반란군 토벌을 중심으로」, 『군사』 19.

정지환(2001), 「여순사건 왜곡보도의 과거와 현재」, 『여순사건 53주년 기념 학술 세미나 : 여순사건의 진상과 국가테러리즘』.

정호기(2010), 「과거의 재조명에서 시민주체의 형성과 연대 그리고 와해」, 『사회와 역사』 87.

제주4·3사건 진상규명 및 희생자 명예회복위원회(2003), 『제주4·3사건진상조사보고서』.

진실·화해를 위한 과거사 정리위원회(2008a), 『해외 진실화해위원회 보고서 자료집』 Ⅰ, Ⅱ.

진실·화해를 위한 과거사 정리위원회(2008b), 「구례지역 여순사건」, 『2008년 상반기 조사보고서』.

진실·화해를 위한 과거사 정리위원회(2009), 「순천지역 여순사건」, 『2008년 하반기 조사보고서』.

진실·화해를 위한 과거사 정리위원회(2010a), 「보성·고흥순천지역 여순사건」, 『2009년 하반기 조사보고서』.

진실·화해를 위한 과거사 정리위원회(2010b), 「여수지역 여순사건」, 『2010년 상반기 조사보고서』.

진실·화해를 위한 과거사 정리위원회(2010c), 『진실화해위원회 종합보고서』 Ⅰ.

진실·화해를 위한 과거사 정리위원회(2010d), 『진실화해위원회 종합보고서』 Ⅲ.

최정기(2008), 「여수지역의 해방 3년사」, 『지역사회연구』 16-4.

한성훈(2010), 「과거청산과 민주주의 실현 : 진실화해위원회 활동과 권고사항의 이행기 정의를 중심으로」, 『역사비평』 93.

허상수(2011), 「여순사건 진실규명 보고서에 대한 분석과 평가」, 『민주연구단체협의회 2011 전국학술대회 발표 자료집』.

홍순권(2006), 「한국전쟁전후 민간인학살 진상규명의 방향과 원칙」, 『100만 민간인학살 어떻게 밝힐 것인가? : 심포지엄 자료집』, 한국전쟁전후 민간인학살 진살규명 범국민위원회.

홍영기 책임편집(2001), 『여순사건자료집 Ⅰ』. 선인.

Hayner, Priscilla B., 2002. *Unspeakable Truth : Confronting State Terror*. Marsh Agency Ltd. 주혜경 역. 2008. 『국가폭력과 세계의 진실위원회』. 역사비평사.

Rigby, Andrew(2001), *Justice and Reconciliation : After the Violence*, Lynne Rienner Publishers. 장원석 역(2007), 『과거사 청산의 비교정치학』, 오누리.

阿部利洋(2008), 『眞實委員會という選擇』. 岩波書店.

여수·순천사건 특별법의 입법경위*와 과제

김성곤(국회의원)

Ⅰ. 특별법 추진 경과

이 특별법안(정식명칭: 여수·순천10·19사건 진상규명 및 희생자명예회복에 관한 특별법안(이하 '특별법')은 2013년 2월 28일 김성곤 의원 등 16인(심재권·이낙연·유은혜·김선동·이상민·신경민·배기운·이한성·우윤근·신장용·문병호·전해철·전정희·홍종학·주승용 의원)으로부터 발의되어 2013년 3월 5일 안전행정위원회로 회부되었다. 당초 국회 의안과에서는 진실·화해를위한과거사정리위원회(=진실화해위원회)가 권고한 대로 국방위원회 회부를 요구하였으나 이 특별법안의 통과를 위해서는 국방위원회보다는 안전행정위원회가 보다 유연하게 처리할 것이라는 판단아래, 사건의

---

* 이 자료는 김성곤 의원이 대표발의한 '여수·순천 10·19사건 진상규명 및 희생자명예회복에 관한 특별법'에 대한 국회 안전행정위원회의 검토보고서를 바탕으로 하였다.

연혁과 제주4·3사건특별법의 제정경과 등을 집중 설득하여 안전행정위원회로 회부되도록 조치하였다.[1]

　이 특별법은 지난 제17대와 제18대 국회에서 지속적으로 발의되었다. 당시 행정안전위원회의 김충조 의원이 대표발의를 하고 입법화를 위하여 노력해주었으나 법안 통과로 이어지지는 못했다. 이 같은 현실은 이 특별법의 통과를 위해서는 이 사건에 대한 국민적 또는 의회 내 공감대 확보가 얼마나 중요한지 보여주는 방증이다.

　그럼에도 불구하고 지난 2012년 12월 여수지역사회연구소가 주최한 여순사건 64주년 학술심포지엄에 "여순사건특별법 제정과 트라우마 치유의 모색"이라는 주제로 특별법 제정의 필요성을 환기하기에 이르렀으며, 이와 같은 지역사회의 지속적인 요구를 접하고 비극적 현대사의 공동피해자인 지역민들의 진정한 명예회복과 화합을 위하여 제19대 국회에서 다시금 의원입법의 과정을 밟게 된 것이다.

---

1) 행정안전부 소관, 과거사 관련 법률 현황(시행일)
　□ 거창사건 등 관련자의 명예회복에 관한 특별조치법(1996.4.6)
　□ 제주4·3사건 진상규명 및 희생자 명예회복에 관한 특별법(2000.4.13)
　□ 노근리사건 희생자심사 및 명예회복에 관한 특별법(2004.6.6)
　□ 5·18민주화운동 관련자 보상 등에 관한 법률(1990.8.17)
　□ 민주화운동 관련자 명예회복 및 보상 등에 관한 법률(2000.5.13)
　□ 민주화운동기념사업회법(2001.10.25)
　□ 진실·화해를 위한 과거사정리 기본법(2005.12.1)

II. 특별법의 주요내용과 제정의 필요성

1. 주요내용

진실·화해를위한과거사정리위원회(이하 진실화해위원회)는 1948년 여수·순천지역에서 발생한 국방경비대 제14연대의 반란사건과 관련하여 억울하게 희생된 주민들의 피해를 어느 정도 규명하였으나, 여수·순천10·19사건과 관련하여 진실화해위원회에 접수된 진실규명의 신청이 모두 조사되지 못한 채 진실화해위원회의 활동이 끝났기 때문에 이에 대하여 추가적으로 조사할 필요성이 대두되어 왔다. 따라서 여수·순천10·19사건의 진상을 추가적으로 조사하여 여수·순천사건과 관련된 희생자와 그 유족들의 명예를 회복시켜줌으로써 국민화합과 인권신장에 이바지하려는 것이 이 법의 제안 이유이다.

   가. "여수·순천10·19사건"이라 함은 1948년 10월 19일 전라남도 여수시에서 주둔하던 국방경비대 제14연대가 주동한 동 반란으로 인하여 확산된 사건으로서, 당시 여수·순천지역 등에서 발생한 무력충돌과 이의 진압과정 및 사후 토벌과정에서 무고한 다수의 민간인이 희생당한 사건을 말함(안 제2조).
   나. 여수·순천10·19사건의 진상을 규명하고 이 법에 의한 희생자 등의 결정과 명예를 회복하기 위하여, 안전행정부장관 소속으로 여수·순천10·19사건진상규명및희생자명예회복위원

회(이하 '위원회'라 한다)를, 위원회의 의결사항을 처리하기 위하여 전라남도지사 소속으로 여수·순천10·19사건진상규명및희생자명예회복실무위원회(이하 "실무위원회"라 한다)를 둠(안 제3조 및 제4조).

다. 희생자 및 그 유족은 여수·순천10·19사건의 희생자와 그 유족이라는 이유로 어떠한 불이익이나 부당한 처우를 받지 아니함(안 제6조).

라. 위원회 혹은 실무위원회의 요구가 있을 경우, 요구받은 기관은 특별한 사유가 없는 한 자료제출을 거부할 수 없으며, 관련 자료의 발굴·열람에 편의를 제공하여야 함(안 제7조).

마. 위원회는 여수·순천10·19사건 진상조사보고서를 작성할 수 있으며, 진상조사보고서 작성에 있어 객관성과 작업의 원활을 기하기 위하여 여수·순천10·19사건진상조사보고서작성기획단을 설치하여 운영할 수 있도록 함(안 제8조).

바. 정부는 여수·순천10·19사건 희생자를 위령하고 역사적 의미를 되새겨 평화와 인권을 위한 교육의 장으로 활용할 뿐만 아니라, 위령제례 등의 편의를 도모하기 위힌 위령묘역조성, 위령탑건립, 여수·순천10·19사건사료관건립 등 사업시행에 필요한 비용을 예산의 범위에서 지원할 수 있도록 함(안 제9조).

사. 희생자 중 계속 치료를 요구하거나 상시 개호 또는 보조장구의 사용이 필요한 자에게 치료와 개호 및 보조장구 구입에 소요되는 의료지원금 및 생활지원금을 지급할 수 있도록 하되, 지급범위와 금액의 사정 및 지급방법 등은 대통령령으로 정하도록 함(안 제11조).

아. 위원회는 이 법 시행일부터 30일 이내에 대한민국 재외공관에 희생자와 그 유족의 여수·순천10·19사건 관련 피해신고를 접수받기 위한 신고처를 설치하고 이를 공고하여야 함(안 제13조).

자. 여수·순천10·19사건 당시 호적부 소실로 가족관계등록부가 작성되어 있지 아니하거나 가족관계등록부에 사실과 다르게 기록된 경우, 다른 법률의 규정에 불구하고 위원회의 결정에 따라 대법원 규칙으로 정하는 절차에 따라 가족관계등록부에 등재하거나 가족관계등록부의 기재를 정정할 수 있도록 함(안 제14조).

법률안 주요내용

구분	제19대 제출 법률안의 내용
목적 (제1조)	여수·순천10·19사건의 진상을 규명과 희생자와 유족의 명예 회복을 통한 인권신장과 민주발전 및 국민화합에 이바지

적용범위
(제2조)
	○ 적용기간 : 1948. 10. 19~종료시점은 명기하지 않음
	○ 적용지역 : 사건발생 기점 이후 진압과 토벌 중 민간이 희생이 이루어진 전지역
	○ 희생자의 범위
	  - 위원회가 여수·순천사건의 희생자로 결정한 자
	○ 유족의 범위
	  - 희생자의 배우자 및 직계존비속, 형제자매, 4촌 이내의 방계혈족
	※ 적용기간과 적용지역, 희생자의 범위(군인 및 적대세력에 의해 무고하게 희생된 모든 민간인 희생자)를 위원회에 심의재량에 맡겨 보다 심도있는 검토와 심의가 이루어지도록 하고자 함.

위원회 구성
(제3조·제4조)
	○ 여수·순천10·19사건진상규명및희생자명예회복위원회
	  - 안행부장관 소속, 위원장(장관)을 포함한 20인으로 구성
	○ 여수·순천10·19사건진상규명및희생자명예회복실무위원회
	  - 전라남도지사 소속, 위원장(전라남도지사)을 포함한 15인으로 구성

자료조사 및 보고서
(제7조·제8조)
	○ 조사기간 : 위원회 구성 후 3년 이내에 사건관련 자료수집 및 분석 완료
	○ 진상보고서 작성
	  - 조사기간 종료 후 6개월 이내에 진상조사보고서 작성
	  - 여수·순천10·19사건진상조사보고서작성기획단 설치

위령사업 (제9조)	○위령묘역조성, 위령탑 및 사료관 건립, 위령공원 조성 등
재단에의 출연 (제10조)	○사료관 및 평화공원 운영관리 및 추가 진상조사를 위한 재단 설립 시 기금 출연
의료지원금 및 생활지원금 등 (제11조·제12조)	○희생자 중 계속 치료를 요하거나 상시 개호 또는 보조 장구의 사 용이 필요한 자에게 의료지원금 및 생활지원금 지급 ○의료지원금 등의 부당수령에 대한 환수
그 밖의 사항	○희생자와 그 유족의 신고처 설치 ○가족관계등록부 작성 ○재심의 등

2. 제정의 필요성

진실화해위원회는 여수·순천사건을 「진실·화해를 위한 과거사
정리 기본법」 제2조제1항제3호에 따른 '민간인 집단희생사건'임과
동시에, 같은 법 제22조제3항에 따라 '역사적으로 중요한 사건'으로
인정하여 직권조사를 의결하였다[2].

진실화해위원회는 여수·순천사건과 관련, 전라남북도 및 경남
일대 21개 지역에서 1년간 신청 접수 후 개별 신청사건 730건에 대
한 조사 및 직권조사를 병행 실시하여 총 1,237명의 피해자를 확인
하고 활동종료시 발간한 종합보고서에도 동 사건의 정리에 상당 분

---

[2] 「진실·화해를 위한 과거사정리 기본법」 제22조(진실규명 조사개시) ③ 위원회는
역사적으로 중요한 사건으로서 진실규명사건에 해당한다고 인정할 만한 상당한 근
거가 있고 진실규명이 중대하다고 판단되는 때에는 이를 직권으로 조사할 수 있다.

진실화해위원회의 '직권조사' 사건 목록

유형별	사 건 명	직권조사 개시결정 일자
민간인 집단희생	국민보도연맹 사건	2006. 10. 10.
	전국형무소 재소자 희생사건	2006. 11. 07.
	여순사건	2007. 03. 06.

<참고자료 2-2: 진실화해위원회의 직권조사 결정 근거> 참조

량을 할애하였다. 그러나 진실화해위원회가 신청사건을 모두 조사하였음에도 불구하고 위원회가 조사한 여수·순천사건에 진실규명을 신청한 사람은 일부에 불과하다는 주장이 있고3), 종합보고서에서도 밝힌 바와 같이, 조사기간과 조사인력 등의 한계로 인하여 당초 역사적으로 중요한 사건으로 규정하여 '직권조사'라는 결정과는 달리 신청사건 위주로 조사를 진행한 결과 전반적인 희생규모와 희생사실에 대한 진실규명이 이루어지지 못한 측면이 있다.

여수·순천사건의 희생자와 유족뿐만 아니라 지역의 시민단체, 전문연구자들이 추가 진상조사를 지속적으로 요구하고 있는 점을 감안하면 제정안 취지는 타당한 측면이 있다고 국회 안전행정위원회의 검토보고서는 인정하고 있다.

그러나 검토보고서에서는 동시에 반대측 의견으로 동 제정안에 대하여 정부기관인 진실화해위원회가 이미 조사한 여수·순천사건에 대해 재조사하는 것은 법적 안정성을 저해할 소지가 있고, 진실화해위원회가 규명한 다른 '한국전쟁 전후의 민간인 희생사건'4)에 미치는 파급효과를 고려하여 개별 사건에 대한 특별법 제정은 신중히 결정해야 한다는 의견을 정부측에서 제시하고 있다고 언급하고 있다.

---

3) 진실규명 신청기간 동안 진실화해위원회의 존재나 활동을 인지하지 못해 미처 신청하지 못한 유족도 많았으며, 위원회의 존재를 알았다 하더라도 진실규명이 의미 없다고 생각하거나 다른 피해를 염려하여 신청을 기피한 유족이 많았음(진실화해위원회 종합보고서 III. 95쪽). (사)여수지역사회연구소에 따르면, 여수·순천사건과 관련하여 피해 추정인원 대비 진실화해위원회에 진실규명을 신청한 인원은 15% 내외라고 주장하고 있다.

4) 군·경 등에 의한 민간인 희생사건 151건, 적대세력에 의한 민간인 희생사건 62건 등
※ '국민보도연맹사건', '전국형무소 재소자 희생사건'과 함께 한국전쟁 중 군·경찰에 의해 적법절차 없이 전국적으로 희생되었다는 주장이 사실로 밝혀짐. 아래 표는 '적대세력에 의한 민간인 집단희생사건(1,445건, 희생자 4,514명)' 제외

Ⅲ. 제주4·3특별법 제정사례

여수·순천10·19사건과 연관성이 깊은 제주4·3사건도 70년대 말까지 철저하게 은폐되었다가 현기영 작가의 소설 '순이삼촌'을 통하여 세상에 모습을 드러냈다. 그러다 87년 88년 민주화 투쟁과정에서 사건 발생 40여 년 만에 4·3사건 기념행사가 개최되기에 이른다. 본격적인 입법논의는 95년 이후 제주4·3연구소가 50주년 기념사업 필요성을 제기하면서 기념사업추진위원회가 구성이 추진되고 위원회의 사업으로 특별법 제정의 요구가 증대되면서 부터이다.

이러한 노력의 결과 1999년 12월 '제주4·3사건 진상규명 및 희생자 명예회복 특별법'이 여야합의로 통과되기에 이른다. 이 특별법에 의거하여 국무총리를 위원장으로 하는 정부차원의 진상규명작업이 본격적으로 착수된 것이다. 2003년 10월 '제주4·3사건 진상보고서'5)가 최종 확정되면서 대통령의 공식적인 사과로까지 이어지게 된다. 2000년 제주4·3사건특별법 제정당시 사건 진상조사와 정부

민간인 집단희생사건 피해자 수(가해유형별)

구 분	계	군경 관련	예비검속/보도연맹/형무소	미군 관련
계	16,106	9,231	5,822	1,053
진실규명된 피해자수(명)	9,698	4,935	4,000	763
비 율(%)	100.0	50.9	41.2	7.9
추가확인된 피해자수(명)	6,408	4,296	1,822	290

자료: 진실화해위원회 종합보고서 Ⅲ. 6쪽 재구성

5) 제주4·3사건 진상보고서의 특징
 첫째, 사건발생 55년 만에 특별법에 근거하여 정부차원에서 조사된 종합보고서이며, 둘째, 희생자와 유족의 명예회복을 위한 인권침해 규명에 역점을 두고 있으며, 셋째, 국가공권력에 의한 인권유린 등 정부의 과오를 인정하고 있다는 점이다.

측의 사과 그리고 특별법개정에 이르기까지 그 당시 민주정부의 전폭적인 지원하에 과거사에 대한 정리가 단행된 측면이 있다.

그러나 현재 우리의 특별법 제정여건은 제주4·3특별법 제정당시와는 현격히 차이가 나고 있다. 가령, 과거사위원회 활동결과로 다수의 사건들의 진상이 밝혀졌지만 여러 개의 개별사건들을 퍼즐 맞추는 방식으로 여수·순천 사건과의 연계성을 되짚어가는 방식으로 되어 있어서 단일사건으로 여수·순천 사건이 구분되지 못하고 있는 점과 과거사위원회 활동으로 많은 과거사 사건들이 수면위로 올라와 재조사되었던 결과 이에 대한 개별 특별법 제정요구가 봇물을 이루고 있다는 점이 제주4·3특별법 제정 당시와의 큰 차이점이라고 할 수 있다.

여수·순천사건은 제주4·3사건에 비하여 진상규명 절차가 늦어졌고, 또한 진상규명의 범위도 매우 제한된 면도 있다. 따라서 우선 지역사회에서부터 이러한 진상규명과 명예회복에 대한 강렬한 요구가 증대되어야 한다고 본다.

여수순천사건과 역사적 배경이 가장 유사한 제주4·3사건의 경우, 국회가 여·야 합의로 1999년 12월 「제주4·3사건 진상규명 및 희생자명예회복에 관한 특별법」을 제정하였으나 제주4·3사건에 대한 진실규명 등에 관한 입법이 완비되지 못한 것에 대하여 지속적인 문제제기가 제주 지역사회를 중심으로 있어 왔기 때문에 가능했던 것이다.

일부 전문 연구자들은 사건의 규모나 '지역사회 통합'이라는 현재적 의미, 그리고 국가의 책임 측면에서 제주4·3사건 보다 여수·순천사건이 영향력이 더 컸다고 주장하고 있기도 하다.

제주4·3사건과 여·순10·19사건의 제도적 비교

구 분	여수·순천사건	제주4·3사건
시 기	1948. 10. 19~1950. 10월 ※ 진실화해위원회 종합보고서	1947. 3~1954. 9. 21 ※ 제주4·3사건특별법
지 역	전라남도 전체, 전북·경남 일부	제주도 전체
피해유형	군경토벌, 국민보도연맹, 형무소재소자, 부역혐의, 적대세력사건	군경토벌, 예비검속, 형무소재소자, 부역혐의, 적대세력사건
발단이유	단정단선 반대, 제주4·3진압 거부	단정단선 반대

여·순10·19사건 특별법안과 제주4·3사건특별법 비교

구 분	여수·순천10·19법(김성곤의원안)	제주4·3법
목 적 (제1조)	여수·순천10·19사건의 진상규명과 희생자와 유족의 명예회복을 통한 인권신장과 민주발전 및 국민화합에 이바지	제주4·3사건의 진상을 규명하고 이 사건과 관련된 희생자와 그 유족들의 명예회복을 통한 인권신장과 민주발전 및 국민화합에 이바지
적용범위 (제2조)	○적용기간 : <u>1948. 10. 19~미확정</u> ○적용지역 : 미확정(사건발생 기점 이후 진압과 토벌 중 민간인이 희생된 전 지역) ○희생자 : <u>위원회가 여수·순천사건의 희생자로 결정한 자</u> ○유족 : 희생자의 배우자 및 직계존비속, 형제자매, 4촌 이내의 방계혈족	○적용기간 : <u>1947. 3.1.~1954. 9.21</u> ○적용지역 : 제주도 ○희생자 : 제주4·3사건으로 <u>사망하거나 행방불명 된 자, 후유장애자 또는 수형자 및 위원회에서 희생자로 결정한 자</u> ○유족 : 희생자의 배우자 및 직계존비속, 형제자매, 4촌 이내의 방계혈족
위원회 구성	○여수·순천10·19사건진상규명및희생자 명예회복위원회(안 제3조) : <u>안행부장관</u> 소속, 위원장(안행부장관)을 포함한 20인 ○여수·순천10·19사건진상규명및희생자 명예회복실무위원회(안 제4조) : <u>전라남도지사</u> 소속, 위원장(전라남도지사)을 포함한 15인	○제주4·3사건진상규명및희생자명예회복위원회(제3조) : <u>국무총리</u> 소속, 위원장(국무총리)을 포함한 20인 ○제주4·3사건진상규명및희생자명예회복실무위원회(제4조) : <u>제주도지사</u> 소속, 위원장(제주도지사)을 포함한 15인

조사기간 및 보고서작성	○조사기간 : 위원회 구성 후 <u>3년 이내</u>에 사건관련 자료수집 및 분석 완료(안 제7조) ○진상보고서 작성 : 조사기간 종료 후 6개월 이내, 여수·순천10·19사건진상조사 보고서작성기획단 설치(안 제8조)	○조사기간 : 위원회 구성 후 <u>2년 이내</u>에 사건관련 자료수집 및 분석 완료(제6조) ○진상보고서 작성 : 조사기간 종료 후 6개월 이내, 제주4·3사건진상조사보고서작성기획단 설치(제7조)
위령사업	위령묘역조성, 위령탑 및 사료관 건립, 위령공원 조성 등(안 제9조)	위령묘역조성, 위령탑 및 사료관 건립, 위령공원 조성 등(제8조)
재단에의 출연	사료관 및 평화공원 운영관리 및 추가 진상조사를 위한 재단 설립시 기금출연(안 제10조)	사료관 및 평화공원 운영관리 및 추가 진상조사를 위한 재단 설립시 기금 출연(제8조의2)
의료지원금 및 생활지원금	희생자 중 계속 치료를 요하거나 상시개호 또는 보조 장구의 사용이 필요한 자에게 의료지원금 및 생활지원금 지급(안 제11조 및 제12조)	희생자 중 계속 치료를 요하거나 상시개호 또는 보조 장구의 사용이 필요한 자에게 의료지원금 및 생활지원금 지급(제9조)
그 밖의 사항	○희생자와 그 유족의 신고처 설치 ○가족관계등록부 작성 ○재심의 등	○희생자와 그 유족의 신고처 설치 ○가족관계등록부 작성 ○재심의 등

Ⅳ. 특별법 제정을 위한 과제

1. 국회입법의 절차

국회의 입법발의 절차는 크게 의원입법, 정부입법으로 대별되며 의원입법 절차는 과정이 단순한 대신 통과에 대한 검토가 더욱 엄격히 요구되고 있는 것이 차이점이다.

의원발의법률안은

① 의원이 직접 기초하는 경우

② 제3자가 기초하여 제공하는 안을 근간으로 의원이 입안하여 제출하는 경우

③ 정부가 마련한 안을 의원을 통하여 제출하는 경우

④ 연구원 및 관련단체 등이 마련한 법률초안을 의원을 통하여 제출하는 경우 등 그 입안과정이 다양하다.

법률안을 발의하는 의원은 그 안을 갖추고 이유를 붙여서 소정의 찬성자(발의자 포함 10인 이상)와 연서하여 이를 의장에게 제출하여야 한다. 법률안의 제안이유 및 주요골자는 정확하고 간결하게 정리하여 성안하며, 개정법률안의 경우는 신·구조문대비표를 첨부하며, 예산상의 조치를 수반하는 법률안의 경우에는 예산명세서를 아울러 첨부한다(국79②).

법률안의 심의·의결과정 요약하면 다음과 같다.

① 위원회 회부(국81·82) : 소관 상임위원회 또는 특별위원회 회부

② 관련위원회 회부(국83)

③ 위원회 심사(국58) : 의사일정 작성·상정 제안설명(발의자 또는 제출자) 검토보고(전문위원) 대체토론 상설소위원회 심사, 축조심사 찬반토론 표결(의결)

④ 체계·자구심사(국86) : 법제사법위원회

⑤ 심사보고서 작성·제출(국66) : 소관위원회에서 의장에게 제출

⑥ 전원위원회 심사(국63의2) : 정부조직에 관한 법률안, 조세 또는 국민에게 부담을 주는 법률안 등 주요의안의 본회의 상정 전이나 본회의 상정 후 재적의원 4분의 1 이상의 요구가 있는 때 개회하며 전원위원장 명의의 수정안을 제출할 수 있음.

⑦ 본회의 심의(국93) : 본회의 상정 위원장의 심사보고 전원위원회 위원장 심사보고(전원위원회 회부 법률안의 경우) 질의·토론 의결

⑧ 법률안의 정리(국97) : 본회의는 법률안의 의결이 있은 후 서로 저촉되는 조항·자구·숫자 기타의 정리를 필요로 할 때에는 이를 의장 또는 위원회에 위임

국회에서 의결된 법률안은 의장이 이를 정부에 이송하며(국98①), 정부에 이송되어 15일 이내에 대통령이 공포한다(헌53①).

2. 국회 입법과정에서의 전략적 고려사항

이상에서 살펴본 바와 같이 입법과정은 대단히 복잡하게 얽혀있으며, 우선 여야의원들간의 공감대 형성이 가장 중요하지만 행정부의 전폭적 또는 묵시적 지지 및 묵인이 있어야 최종 통과가 가능한 상황이다. 따라서 우리 특별법의 제정에는 반드시 국민적·입법적 공감대 형성이 가장 중요하다고 할 것이다.

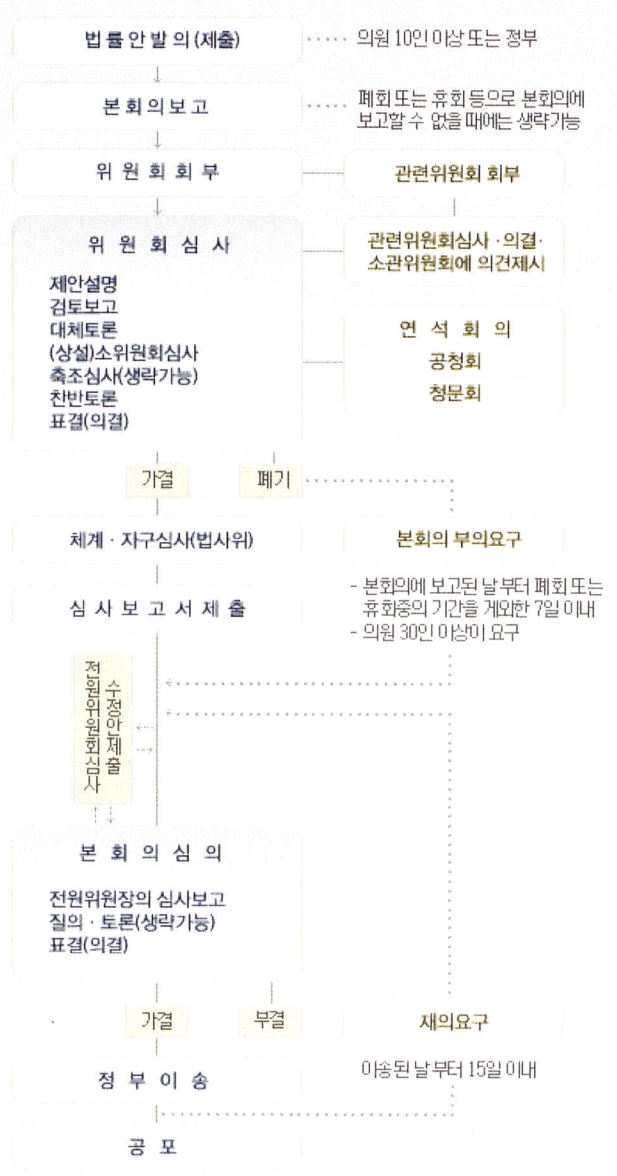

법 률 안 발 의 (제출) ····· 의원 10인 이상 또는 정부

본 회 의 보 고 ····· 폐회 또는 휴회 등으로 본회의에
보고할 수 없을 때에는 생략가능

위 원 회 회 부 ———— 관련위원회 회부

위 원 회 심 사 ———— 관련위원회심사·의결·
소관위원회에 의견제시
제안설명
검토보고
대체토론   연 석 회 의
(상설)소위원회심사
축조심사(생략가능)   공청회
찬반토론   청문회
표결(의결)

가결   폐기 ·········

체계 · 자구심사(법사위)   본회의 부의요구

심 사 보 고 서 제 출   - 본회의에 보고된 날부터 폐회 또는
휴회중의 기간을 게외한 7일 이내
- 의원 30인 이상이 요구

전원위원회심사 · 수정안제출

본 회 의 심 의
전원위원장의 심사보고
질의 · 토론(생략가능)
표결(의결)

가결   부결   재의요구

정 부 이 송   이송된 날부터 15일 이내

공 포

이 특별법은 앞서 언급한 대로 제주4·3사건특별법을 원용하고 있기 때문에 위령사업, 재단설립, 의료지원 및 생활지원금 등에서는 대등하게 가고자 했으며, 다만 여수·순천사건에 대한 정의를 보다 포괄적으로 규정함으로써 법이 통과되면 장차 설치되는 진상규명및 명예회복위원회의 재량권을 강하게 인정하여 군경과 적대세력 모두로부터 무고하게 피해를 받은 민간인 피해자에 대한 명예회복을 염두에 두고 있다.

그런데 「진실·화해를 위한 과거사정리 기본법」에 따른 진실·화해를위한과거사정리위원회가 국방부 등 소관 부처에 권고한 이행사항 등의 후속조치가 다소 미흡하고, 진실화해위원회가 진실규명한 사건도 피해자 또는 유족들이 개별적인 청구소송으로 명예회복 및 보상이 이루어지고 있는 등 과거사 문제가 완전히 종결되지 않은 측면이 있다.

또한 전술했다시피 이미 거창사건, 제주4·3사건, 노근리사건의 경우는 각각 특별법 제정을 통해 진상규명과 명예회복이 진행되기도 하였다. 그러나 나머지 사건들에 보상, 진상규명, 명예회복 사업들이 원활히 진행되고 있지 아니하여, 이에 지난해 말 이낙연 의원이 대표발의 한 '한국전쟁전후 민간인 희생사건 등 과거사진상규명과 명예회복을 위한 기본법안'이 발의되었다. 이 법안은 여수·순천사건 등을 포괄하는 진상규명 및 명예회복 기본법안으로 볼 수 있어 향후 논의전개과정을 지켜볼 필요가 있다. 다만, 진상규명 및 명예회복에 관한 개별법들이 다수 제출되어 있고, 각각의 사건들에 역사적 배경 등이 다르기에 일괄적인 적용이 가능한지에 대한 심도있는 검토가 필요하다.

따라서 우리 특별법의 심의과정은 앞에서 살펴본대로 과거와 다른 입법여건을 형성하고 있는 관계로 쉽지 않은 상황하에 놓여있는 것은 분명하다. 따라서 현실적으로는 현 단계에서 우선적으로 추진할 수 있는 것은 지역사회를 중심으로 역사적 평가에 대한 재논의를 점화하는 것이 될 것이다. 이러한 과정 속에서 억울한 희생자들에 대한 사례발굴을 지속적으로 펼쳐나가야 하며, 각종 학술조사는 물론 언론매체의 뉴스와 다큐의 소재로 다루어질 수 있도록 적극적으로 노력함으로써 여수순천사건에 대한 실체적 진실을 국민들에게 보다 사실적이고 진실하게 알릴 수 있도록 해야 할 것이다.

V. 결론

2010년 진실화해위원회 활동결과에 의거하여 여수·순천 10·19사건 관련하여 군경에 의한 민간인 희생사건 640건과 적대세력에 의한 민간인 희생사건 90건이 조사되었으며, 조사결과 1,237명이 희생된 것으로 집계되있다. 이 같은 숫자는 유족단체와 지역사회단체가 주장하는 피해자 규모와는 현격하게 차이가 나고 있다.

그런데 안타깝게도 피해자 규모가 대규모로 추정되는 점은 향후 법안이 통과에도 영향을 미칠 수 있다. 즉, 피해자의 규모에 비례하여 정부의 재정투입 금액도 차이가 날뿐더러 이 사건과 비슷한 사건들에 대한 법률통과 요구와 재정지원요구가 쏟아질 것이라는 우려가 정부측의 이 특별법 제정에 대한 기본적인 시각이다.6) 정부 주장에 따르면, 희생자 명예회복 등을 위한 재정소요가 제주4·3사건법 등 개별법에 따라 이미 확인된 한국전쟁전후의 민간인 희생사건으로 추계하더라도 3조 5,813억 원으로 추정하고 있다. 그러나 정부가 주장하는 재정부담은 역사적 과오를 해소하고 피해자와 그 유가족인 국민이 상처를 치유하고 화합하여 행복하게 살아가는 편익에 비하면 결코 과하다고 할 수 없을 것이다.

우리는 이 특별법의 제정을 요구하면서 동시에 65년 전의 가슴 아픈 역사적 실체를 다시금 파헤쳐야 하는 숙명을 안고 있다. 그러나 가슴 아프다고 해서 덮고만 간다면 상처가 제대로 아물지도 못할 뿐더러 가슴속의 응어리는 더욱 커져 분노와 증오가 사라지지 않게 될 것이다. 제대로 된 용서와 화해는 진실 속에서만 가능하고 국가는 그러한 진실을 밝혀줄 책무가 있다.

---

6) 민간인희생자현황 및 재정소요(추계)

구 분	계	진실화해	거창사건 등	제주4·3사건	노근리사건
희생자 수	35,813명	20,620명	934명	14,033명	226명
재정 소요	3조 5,813억 원	2조620억 원	934억 원	1조4,033억 원	226억 원

* 희생자 1인당 1억 원 지급 기준(1인당 민주화보상 1.3억 원, 1인당 5·18보상 1.1억 원)
자료: 행정안전부

<참고 1>

진실화해위원회의 여수·순천사건 조사 내역

□ 총 괄

구분	신청건수	진실규명	진실규명 불능	각하	비고
민간인집단희생사건 (군·경에 의한 희생)	640	622	1	17	
적대세력사건 (반군·좌익·빨치산에 의한 희생)	90	90	-	-	
계	730	712	1	17	

□ 가해자·지역별 사건 현황

구분	사건명	신청건수	희생자수	결정일자	비고
민간인 집단 희생 사건	구례지역 여수·순천사건	146	157 (165)	2008.7.8	진실규명
	순천지역 여수·순천사건	203	258 (439)	2009.1.5	〃
	보성·고흥지역 여수·순천사건	68	81 (88)	2009.11.10	〃
	광양지역 여수·순천사건	43	44 (64)	2010.5.11	〃
	화순·나주지역 여수·순천사건	22	75 (81)	2010.5.11	진실규명, 불능(1)
	전남 담양 등 11개 지역 군경에 의한 민간인 희생사건	30	45 (74)	2010.5·18	진실규명
	여수지역 여수·순천사건	128	119 (124)	2010.6.29	진실규명, 각하(17건)
소계		640	779 (1,035)		

적대 세력 사건	순천·여수 적대사건	34	36 (57)	2010.4.27	진실규명
	보성·고흥 적대사건	30	38 (71)	2010.4.27	"
	강진 등 10개 지역 적대사건	26	53 (74)	2010.4.27	"
소계		90	127 (202)		
계		730	906 (1,237)		

** ( )는 직권조사를 통해 미신청자까지 포함한 희생자 수.

과거사 관련 법(안) 주요내용 비교

구 분	여수·순천 10.19사건 특별법	한국전쟁전후 민간인희생 기본법	진실화해 기본법	노근리사건 특별법	제주4·3사건 특별법	거창사건등 특별조치법
제 정 (발 의)	'13.2.28 발의 (김성곤 의원)	'12.12.18 발의 (이낙연 의원)	'05.5.31 제정	'04·3.5 제정	'00.1.12 제정	'96.1.5 제정
시 기	'48. 10.19. ~ (시기 불명확)	'45. 8.15. ~ 시행일까지	일제강점기 또는 직전 ~ 권위주의 통치시기	'50. 7.25. ~ '50. 7.29.	'47. 3. 1. ~ '54. 9.21.	'51. 2. 7. ~ '51. 2.11.
대 상 (범위)	•여수·순천지역 등에서 발생한 무력충돌과 진압과정에서 민간인 희생 여수·순천 지역 등	•한국전쟁전후 민간인 집단 희생사건 •인권침해사건	•항일독립운동 •해외동포사 •한국전쟁전후 민간인 집단 희생사건 •인권침해사건 •적대세력사건	•한국전쟁 중 미합중국 군인에 의한 희생 (희생자 226명) 사망·행불·장애등 충북 영동군 (영동읍 하가리, 황간면 노근리)	•4·3사태 및 무력충돌과 진압과정에서 주민 희생 (희생자14,032명) 사망·행불·장애등 제주도	•한국전쟁 중 중국군에 의한 주민 희생 (사망자 934명) 경남 거창군 (신원면), 산청군 (금서면), 함양군 (휴천·유림면)
배·보 상 언급	X	○	X	X	X	X

위령 사업 (지원)	○	○	○	○	○	○
재단 설립	○	○	○	X	○	X
의료비 지원 (근거)	○	X	X	○ 36명, 478백만 원 (1인당 평균 1,327만 원)	○ 119명, 508백만 원 (1인당 평균 427만 원)	X
생활비 지원 (근거)	○	X	X	X	○	X

※ 의료비지원은 장애정도에 따라 1인 1회에 한하여 지급

제19대국회 민간인 집단희생사건 관련 의안(제정안) 접수현황

2013. 4. 8. 현재

구분	의 안 명	발 의 자 (발의연월일)	주 요 내 용	소관 위원회	의안 번호
1	거창사건관련 자의 배상 등에 관한 특별조치법안	우윤근 의원 등 33인 (12. 7. 2)	◆거창사건관련자 및 유족에 대해 거창사 건관련자배상심의위원회가 결정한 배상 금 및 의료지원금 등을 지급하도록 함. ※거창사건: 1951년 2월 9일~11일까지 경 남 거창군 일원에서 공비토벌을 이유로 국군병력이 무고한 양민을 희생시킨 사건	법제 사법	422
2	경주기계천사 건 희생자 심사 및 명예회복에 관한 법률안	정수성 의원 등 10인 (12. 8. 21)	◆경주기계천사건으로 피해를 입은 희생 자 및 유족에 대하여 명예회복과 지원을 하도록 함. ※경주기계천사건: 1950년 8월 14일경 경상북도 경주시 강동면 안계리의 기계 천 일대에 가해진 미합중국 공군의 항공 기 폭격으로 희생자가 발생한 사건	국방	1235
3	거창사건 등 관련자의 배상 등에 관한 특별조치법안	김재경 의원 등 12인 (12. 8. 31)	◆거창사건 등과 관련하여 사망하였거나 상이를 입은 자 및 그 유족에 대하여 국 가가 실질적인 피해 배상을 하도록 함. ※거창사건 등: 1951년 경상남도 거창군 신원면 일원 및 산청군 금서면, 함양군 휴천면·유림면 등 일원에서 공비토벌 을 이유로 국군병력이 무고한 양민을 희 생시킨 사건	법제 사법	1451
4	월미도사건 진상규명 및 피해자 보상에 관한 특별법안	문병호 의원 등 10인 (12. 9. 12)	◆월미도사건의 진상을 규명하고, 이 사건 과 관련된 피해자와 그 유족에 대하여 정당한 보상이 이루어질 수 있도록 법적 근거를 마련함. ※월미도사건: 6·25전쟁 당시 인천광역 시 월미도지역 일대에서 아군의 작전수 행 중 주민들이 희생당한 사건	국방	1746

5	예천산성동사건 희생자 명예회복 및 보상에 관한 특별법안	이한성 의원 등 10인 (12. 10. 4)	◆예천산성동사건의 희생자 및 그 유족에 대한 보상 등을 심의·의결하기 위하여 예천산성동사건희생자명예회복및보상심의위원회와 그 실무위원회를 설치함. ◆희생자 등에게 보상금, 의료지원금, 생활지원금을 지급하도록 함. ※예천산성동사건 : 1951년 1월 19일 미군 폭격기가 예천군 보문면 산성동 일대에 폭탄을 투하해 희생자가 발생한 사건.	국방	2120
6	한국전쟁전후 민간인희생사건 등 과거사 진상규명과 명예회복을 위한 기본법안	이낙연 의원 등 36인 (12. 12. 18)	◆1945년 8월 15일 이후 반민주적 또는 반인권적 행위에 의한 인권 유린과 폭력·학살·의문사 사건 등을 조사하도록 하며, 이를 위해 과거사진상규명위원회를 두도록 함. ◆국가로 하여금 진상규명 사건 피해자의 피해에 대한 배상 및 보상을 포함한 명예를 회복하기 위한 조치, 유해발굴과 추도사업, 재발방지를 위한 조치를 취하도록 하고, 가해자에 대해 적절한 법적·정치적 화해조치를 취하도록 함.	안전행정	3102
7	남원순창임실 양민학살사건 희생자 명예회복 및 보상 등에 관한 특별법안	강동원 의원 등 18인 (13. 2. 5)	◆남원순창임실양민학살사건의 올바른 진상규명을 통하여 희생자 및 그 유족의 명예를 회복시켜주고 적절한 보상이 이루어지도록 하려는 것임. ※남원순창임실양민학살사건 : 6·25전쟁 전후의 시기에 전라북도 남원시·순창군 및 임실군 일대에서 국군 또는 경찰에 의하여 주민들이 불법적으로 희생되거나 재산상 피해를 입은 사건	국방	3618
8	여수·순천 10·19사건 진상규명 및 희생자 명예회복에 관한 특별법안	김성곤 의원 등 16인 (13. 2. 28)	◆여순사건 희생자 및 그 유족에 대한 진상조사 등을 위하여 안행부장관 소속으로 여수·순천10·19사건진상규명및희생자명예회복위원회를 설치하고, 전라남도지사 소속으로 실무위원회를 설치함. ◆희생자를 위한 위령사업 지원 근거와 가족관계등록부 작성·정정 근거 마련. ※여수·순천10·19사건 : 1948. 10. 19 여수주둔 국방경비대 제14연대가 주동한 반란으로 인하여 확산된 사건으로 무고한 다수의 민간인이 희생된 사건	안전행정	3916

<참고 4>

진실화해위원회 결정 민간인희생사건 소송현황

단위: 건, 억 원

구 분		소송건수	소송가액
국방부	보도연맹	울산보도연맹 외 36건	1,569
	예비검속	밀양경찰서 외 1건	82
	재소자	대전형무소사건 외11건	138
	기 타 (민간인 집단희생 등)	문경집단학살 외 46건	1,596
소 계		98건	1,789
육 군	보도연맹	충남서부보도연맹 외 9건	61
	재소자	대구형무소재소자 희생사건 외 2건	5
	기 타 (민간인 집단희생 등)	고창지역민간인희생사건 외 18건	103
소 계		32건	1,855
해 군	예비검속	제주예비검속사건 외 3건	166
	재소자	부산경남지역형무소 재소자희생사건	1
	기 타 (민간인 집단희생 등)	진남영암지역민간인희생사건 외 2건	32
소 계		8건	2,022
경찰청	보도연맹	군위,고령,대구보도연맹사건 외 13건	410
	부역혐의	김포 부역혐의	261
	기 타 (민간인 집단희생 등)	고양금정굴 민간인 희생사건 외 21건	174
소 계		37건	2,693
총 계		175건	4,598

자료 : 행정안전부

□ **울산 국민보도연맹사건**

○ 대법원의 파기환송('11.6.30) 사건인 울산 국민보도연맹사건에 대하여 서울고법은 희생자(197명) 유족(482명)에게 201억 원의 위자료 * 지급 판결('12. 4. 13)

  * 희생자 1인당 약 1.1억 원(희생자 8천, 배우자 5천, 직계존비속 8백, 형제 4백)

  ※ '오창 국민보도연맹사건'에 대하여도 140억 원 지급 판결 (서울고법, '12. 4. 13)

□ **문경석달마을 집단희생사건(확인된 희생자 : 16명)**

○ 대법 : 시효완성을 이유로 국가가 채무이행을 거절하는 것은 부당하다며 파기환송('11.9.8)/ * 손배소송 제기 : '08.7

○ 1심·고법 : 시효소멸을 이유로 10억 3천만 원의 손배소송을 제기한 원고(4명) 패소

□ **거창사건(확인된 희생자: 66명 <신청 49, 미신청 7>)**

○ 대법 : 원고 패소('08. 5. 29) / * 손배소송 제기 : '00. 2. 17

  - 손해배상 청구권이 소멸될 때까지 국가가 원고들의 소송제기를 곤란하게 했다는 주장이나 입증이 없으며(소멸시효 5년 완성)

  - 거창사건 후속조치는 국민여론과 국가재정, 유사사건의 처리문제 등을 고려한 입법정책적 판단에 근거하여 이뤄져야 한다는 취지로 기각

□ **기타 진행중인 소송**

○ '청주·청원보도연맹사건'('11.9.30), '고양금정굴사건'('11.11.24)
  손배소송 1심(서울중앙지법)에서 원고(유족)에 배상 판결

  * 국가가 청주·청원보도연맹 원고(유족 251명)에게 78억 원,
   고양금정굴 원고(유족 3명)에게 1억 원 배상 판결

<참고 5>

민간인 집단희생사건 관련, 발굴유해 안치현황

발굴 대상지	발굴연도	발굴 유해 수	현재 보관 장소	발굴 기관
경기 고양시 금정굴	1995	157	경기도 일산 청아공원	금정굴유족회
경북 경산군 코발트광산 인근 대원골	2005	80	코발트광산 인근 컨테이너	유족, 영남대
경남 마산시 여양리	2004	167	경남대 내 박물관 컨테이너	유족, 경남대
충북 청원군 분터골, 지경골	2007~2008	336	충북대 내 한국전쟁민간인희생자 추모관 (2016. 7월까지 임시 안치)	진실화해위
경북 경산군 코발트광산	2007~2009	370		
전남 구례군 봉성산	2007	14		
충남 대전시 동구 낭월동	2007	34		
경남 산청군 원리, 외공리	2008	257		
전남 진도군 갈매기섬	2008	19		
전남 함평군 해보면 일대	2009	159		
충남 공주시 상왕동 일대	2009	317		
경남 진주시 문산읍 일대	2009	111		
총 계		2,021		

자료: 행정안전부

제주4·3특별법 제정과정과 4·3위원회 활동성과

양조훈(전 제주4·3진상규명위원회 수석전문위원)*

Ⅰ. 달라진 4·3의 위상

제주4·3이 오늘의 여기에 오기까지 많은 수난과 시련, 탄압과 이에 대한 응전이 있었다. 제주4·3은 수많은 희생자를 냈음에도 불구하고 반세기 가까이 논의가 제한되었다.1) 과거 군사정권은 이 사건을 '공산폭동'으로 규정했다. 1980년대 말까지도 고등학교 교과서에는 "북한공산당의 사주 아래 발생한 제주도 폭동사건"으로 기술되어 있었다. 이 규정 하나가 모든 것을 덮어 버렸다.

---

* 제주신문 및 제민일보 4·3취재반장, 제민일보 편집국장, 4·3특별법쟁취연대회의 공동대표, 4·3위원회 수석전문위원, 4·3평화재단 상임이사, 제주특별자치도 환경부지사 역임

1) 1992년 일본 요미우리신문(讀賣新聞)은 제주4·3을 '20세기 세계 100대 사건의 하나'로 선정, 특집 보도했다. 4·3을 선정한 이유로 첫째 제주섬과 같은 좁은 공간에서 수만 명의 민간인이 학살된 점, 둘째 이런 중대한 사건이 한국 안에서조차 제대로 알려지지 않은 점을 꼽았다.

그러나 이런 암울한 세월 속에서도 뜻있는 예술인들이 이 비극적인 사건을 형상화했고, 지역언론, 연구소, 시민단체, 도의회 등에 의한 진실규명운동이 줄기차게 전개되었다. 또한 뜻있는 제주도민들과 유족들은 억울함을 호소하며, 특별법 제정을 청원했다.

이런 노력의 결과 2000년 '제주4·3사건 진상규명 및 희생자 명예회복 특별법'(4·3특별법)이 제정됐고, 국무총리를 위원장으로 하는 '제주4·3사건 진상규명 및 희생자 명예회복위원회'(4·3위원회)가 발족되면서 정부 차원의 진상조사가 추진됐다. 2년여 동안의 조사와 정부위원회의 심의를 거쳐 확정된 법정보고서인 『제주4·3사건 진상조사보고서』는 제주4·3사건을 "국가 공권력에 의한 인권유린"으로 새로이 규정하기에 이르렀다. '폭동'으로 규정했던 제주4·3에 대한 정부의 인식이 공식적으로 바뀌기 시작한 것이다.

이런 조사 결과를 토대로 국가원수가 공식 사과하는 상황으로 변전됐다. 우리 현대사에는 여순사건 등 4·3과 비슷한 불행한 사건이 많았지만, 정부 차원에서 진상조사를 하고, 그 결과에 따라 국가원수가 사과한 일은 제주4·3이 처음이다. 여기에 이르기까지 제주도민과 유족들은 부단한 노력으로 '잘못된 역사'를 바로 잡는 운동을 벌였고, 그리고 4·3특별법 제정과 정부 진상조사보고서 확정, 대통령 사과, 4·3희생자와 유족 결정, 4·3평화공원 조성, 4·3평화재단 설립 등 일정한 성과를 '쟁취'했다.2)

---

2) 제주4·3은 매우 특수한 사건인데, 필자는 그 특수성을 다음과 같은 네 가지로 꼽고 있다. 첫째, 발발배경을 보면 외부 세력의 탄압에 대한 저항이란 성격을 띠고 있는 점 둘째, 국가공권력에 의한 인명피해가 엄청나다는 점 셋째, 이런 중대한 사건이 50년 가까이 금기시되어온 점 넷째, 제주도민의 끊임없는 노력에 의해 특별법이 제정되고 그 진실이 밝혀지면서, 비극적인 사건이 평화·통일·인권의 상징으로 승화되고 있다는 점이다.

그러자 이번에는 보수단체에서 제주4·3에 대한 국가차원의 역사정리와 대통령 사과, 희생자 심사 등이 잘못되었다면서 반격에 나섰다. 그들은 자칭 '제주4·3사건 왜곡을 바로잡기 위한 대책위원회'를 조직하여 줄기차게 헌법소원, 국가소송 등을 제기하며 4·3 폄훼운동을 벌였다.

따라서 제주4·3의 위상은 2000년 제주4·3특별법 제정 이전과 이후가 확연히 달라진다. 즉 특별법 제정 이전의 50년 세월은 제주도민과 유족들이 마음을 졸이며 은폐·왜곡된 사건의 진상규명과 억울함을 호소하던 시기였다면, 특별법 제정 이후의 10여 년은 정부차원의 진실규명과 명예회복 작업이 본격적으로 추진되면서 이에 대한 두려움과 불만을 가진 극우 보수단체들이 오히려 자신들의 명예가 훼손되었다면서 법적 투쟁을 벌이는 양상으로 바뀐 것이다.

이 발표문에서는 금기의 벽을 뚫고 벌어진 제주4·3특별법 제정운동과 특별법 제정 이후에 조직된 국무총리 소속 4·3위원회의 활동성과를 검토하고, 아울러서 그 과정에서 발생한 보수단체들의 반격에 어떻게 대처했는지, 이런 활동에 대한 국내외의 반응과 평가 등을 함께 살펴보고자 한다.

II. 4·3특별법 제정과정

1. 특별법 제정 이전 상황

제주4·3은 한국 현대사에서 한국전쟁 다음으로 인명피해가 많았던 불행한 사건이었다. 수많은 도민들이 살해되거나 형무소에 갇혔다가 행방불명되었다. 그럼에도 오랜 세월 누구도 그 실상을 말해선 안 되는 사건으로 봉쇄되었다. 1960년 4·19혁명으로 이승만 정권이 무너진 후 잠시 4·3 진상규명 운동이 시도되었다. 그러나 이듬해 5·16쿠데타로 물거품이 되고 말았다. 이 일에 앞장섰던 신문사 간부와 대학생들이 구속됐다. 경찰은 심지어 '백조일손 위령비'를 부수어 땅속에 묻어 버렸다. 4·3의 진실을 땅속에 묻은 것이나 다름없었다.

오랜 침묵을 깨고 1978년 소설가 현기영이 북촌학살사건을 다룬 단편소설 『순이삼촌』을 발표했다가 군 정보기관에 연행되어 고초를 겪어야 했다. 1987년 6월항쟁으로 뿜어낸 민주화 열기가 이 덮어진 사건의 진실찾기 운동에도 불을 지폈다. 4·3을 다룬 장편시와 자료집 등이 발표됐다. 그렇지만 당국은 시인과 자료집 발행인 등을 구속했다. 1991년에는 4·3 추모제에 참석하려던 시민·학생 400명 가까이가 경찰에 연행되는 초유의 사태가 발생하기도 했다.

이런 시련 속에서도 제주4·3 진실찾기 작업은 계속되었다. 1989년 4월 3일 제주신문 4·3취재반의 『4·3의 증언』 연재(1990년부터 제민일보의 『4·3은 말한다』로 이어짐)와 그해 5월 제주4·3연구소의 출범은 진상규명운동의 기폭제가 되었다. 제주 도내와 서울, 일본 등지에서의 4·3단체의 결성과 활발한 활동, 그리고 1993년 제주도의회 4·3특별위원회의 발족으로 4·3진상규명운동은 더욱 확산되었다.

1998년 4·3사건 발발 50주년을 앞두고 4·3특별법 제정운동이 본격적으로 추진되었다. 서울에서 범국민위원회 조직이 결성되었고,

제주도에서도 도민연대라는 4·3운동단체가 출범했다. 1998년 서울 한 복판에서 4·3 진실규명 촉구 거리행진이 벌어지고, 1999년 제주도의회 주최로 제주4·3 국토순례 홍보단이 전국을 누비기도 했다.

1999년 10월에는 유족회를 포함해서 제주도내 24개 시민사회단체가 결집된 '제주4·3특별법 쟁취를 위한 연대회의'가 결성돼 가열찬 투쟁에 나섰다. 그들은 "20세기의 사건을 21세기로 넘길 수 없다"는 슬로건 아래 1999년 12월 제15대 국회 폐회 전에 특별법 제정을 반드시 이룬다는 목표를 세우고 정치권을 압박했다. 도민궐기대회, 서명활동, 청와대 및 국회 방문 등의 활동을 전개했다. 이에 대해 제주도민들은 특별법 제정 촉구 서명과 성금 기탁 등으로 성원했다.

2. 특별법 제정과정

제주4·3특별법 제정의 역사를 회고할 때, 1997년 12월 대통령선거에서 새정치국민회의 김대중 후보의 당선도 중요한 변수가 되었다. 그는 대선 과정에서 4·3의 진상규명과 명예회복을 공약으로 내세웠다.

국민회의는 이런 공약을 실현하기 위해 1998년 3월에 당내에 '제주도 4·3사태 진상조사특별위원회'를 구성했다. 특위는 1998년 5월에 제주에서, 9월에 국회에서 각각 '4·3사건 공청회'[3]를 열었다. '4·3역사를 어떻게 볼 것인가', '4·3문제를 어떻게 풀 것인가'가 공청회 주제였다. 그러나 여소야대 정국에서 국민회의는 의지만 보

---

3) 추미애 국회의원의 사회로 제주에서는 필자와 김순태 교수가, 서울에서는 서중석 교수가 주제발표를 했다. 토론자로는 강창일, 박원순, 심지연, 정근식과 필자 등이 나섰다.

였을 뿐 그 걸음은 더디었다.

제주도에서 4·3특별법 제정문제가 부각되자 오히려 적극성을 보인 쪽은 야당인 한나라당이었다. 당시 제주출신 국회의원 3명(변정일, 양정규, 현경대)이 모두 한나라당 소속이었다. 그들은 제주도민사회에서 특별법에 대한 여론이 비등하자 1999년 10월 한나라당 국회의원 113명의 서명을 받아 4·3특별법안을 국회에 전격 제출했다.

반면 여당인 국민회의는 당론으로 국회 내에 4·3특별위원회를 설치해서 조사한 후 차후에 특별법 제정을 검토한다는 방향으로 가닥을 잡았다. 임채정 정책위 의장 등은 특별법 제정을 주장했으나, 박상천 원내총무 등이 이를 반대했다. 원내총무실은 이듬해 봄 총선을 앞두고 이념논쟁의 선거 구도로 가면 불리하다는 정치적 판단을 한 것 같다.

그러나 제15대 국회가 끝나는 마당에, 그것도 총선을 코앞에 둔 국회의원들이 4·3특위 활동을 제대로 할 수 없다는 것은 불 보듯 훤했다. 4·3진영으로서는 절체절명의 위기였다. 4·3특별법 쟁취 연대회의는 즉각 "실효성 없는 4·3특위 구성안을 철회하라"고 성명을 발표한 뒤 상경 투쟁을 벌였다.

국민회의 중앙당사 앞에서 가두시위를 벌이며 항의했다. 이어서 11월 26일 청와대 김성재 민정수석을 만났다. 우리들은 "4·3특별법 제정은 대선 공약사항이다. 현재의 국민회의 행보를 도저히 이해할 수 없다. 제주도민들의 분노가 폭발 직전이란 사실을 반드시 대통령에게 전해달라"고 요구했다.

그 만남이 결정적으로 주효했다. 김 수석의 보고를 받은 김대중 대통령은 특별법으로 가야한다는 제주도민의 주장이 맞다면서 국민회의에 특명을 내리도록 했다. 드디어 12월 1일 추미애 의원의 대표 발의로 국민회의 국회의원 103명이 서명한 4·3특별법안이 국회에 제출된 것이다.

두 당의 4·3특별법안은 유사한 점이 많았다. 정부 차원의 진상조사를 한 뒤 명예회복 조치를 추진한다는 큰 그림은 같았다. 그럼에도 몇 가지 차이점이 있었다. 첫째는 4·3사건 정의 규정에 나오는 '기점'이다. 국민회의 안은 '1947년 3월 1일'로, 한나라당 안은 '1948년 4월 3일'로 제안됐다. 우리는 4·3의 도화선이 된 1947년 3월 1일 경찰 발포가 기점이 되어야 한다고 강력히 주장해서 어렵게 반영시켰다.

두 번째는 국민회의 안에만 포함된 '4·3평화재단 설립' 조항과, 한나라당 안에만 명시됐던 '국가추념일 제정' 조항과 '재심' 조항을 살리려 노력했지만 결국 병합 심의 과정에서 모두 빠지고 말았다.

이 법안을 심의하던 국회 행정자치위원회가 열릴 때에는 국회에 진을 치고 지켜봤다. 조항 하나하나에 대한 심사가 피를 말리는 싸움이었다. 추미애 의원은 우리를 설득했다. 조항에 너무 집착하다가는 아차하는 순간 법안 통과가 정기국회를 넘길 수 있다면서 "일단 법만 제정되면 나중에 개정을 통해 얼마든지 반영할 수 있기 때문에 법안 제정에 우선하자"고 달랜 것이다. 그래서 평화재단 설립과 국가추념일 제정, 재심 규정 등이 누락되는 아픔이 있었다.[4] 이런 와중에 '헌법을 생각하는 변호사모임' 등 23개 보수단체가 4·3특별

---

4) 4·3특별법은 2007년 개정되는데, 4·3평화재단 설립과 정부 지원 조항이 부활되고, 희생자 범위에 '수형자'가 추가되면서 재심의 효과를 살렸다. 현재 국회에 계류 중인 4·3특별법 개정안에는 국가추념일 제정 조항이 포함돼 있다.

법안을 폐기하라는 성명을 발표했다.

1999년 12월 16일 11개 조항으로 조정된 4·3특별법안이 국회 본회의에 상정됐다. 국민회의 추미애 의원이 "억울한 희생에 대해서 조사해 그 넋을 위로하고 명예를 회복해 주는 것이 역사를 승계한 후대의 의무"라면서 법안 제안 설명을 했다. 이어 한나라당 김용갑 의원이 반대 토론에 나서 "이 법안이 대한민국의 역사성과 정통성을 부정하는 법"이라면서 제정 반대 입장을 밝혔다. 그러나 박준규 국회의장은 여야 합의가 됐다면서 표결 없이 가결을 선포했다. 4·3특별법이 기적처럼 국회의 문턱을 넘어선 것이다.

한편 4·3특별법은 21세기 벽두인 2000년 1월 12일 법률 제6117호로 제정 공포되었다. 특별법 공포 하루 전날 청와대에서 그동안 진상규명 운동에 앞장서 온 유족·시민사회단체 대표 8명이 지켜보는 가운데 4·3특별법 제정 서명식이 있었다. 그날 김대중 대통령은 상기된 얼굴로 "4·3특별법은 인권이 그 어느 가치보다 우선되는 사회, 도도히 흐르는 민주화의 도정에 금자탑이 될 것"이라고 천명했다.

III. 4·3위원회 활동성과

제주4·3특별법에 의한 최고 의결기구는 '제주4·3사건 진상규명 및 희생자 명예회복위원회'(4·3위원회)이다. 국무총리를 위원장으로 하는 4·3위원회에는 진상조사와 보고서 작성, 희생자 및 유족 심사와 명예회복 추진, 사료관 조성, 위령묘역 및 위령탑 건립, 정부

입장표명 건의 등에 관한 사항을 심의 의결하는 권한이 부여되었다.

4·3위원회는 2000년 8월 28일 발족하였다. 위원장 이한동 국무총리를 포함해서 법무·국방·행정자치·보건복지·기획예산처 장관과 법제처장, 제주도지사 등 당연직 8명과 유족대표, 학자, 변호사, 군 장성 출신, 시민단체 대표 등 위촉직 민간인 12명 등 모두 20명으로 구성되었다.

위원회 산하 조직으로는 진상조사와 조사보고서 작성을 위한 '제주4·3사건 진상조사보고서 작성 기획단', 위원회의 의결사항을 실행하기 위하여 제주도지사 소속아래 '제주4·3사건 진상규명 및 희생자 명예회복 실무위원회', 사무기구로 서울에는 행정자치부 산하의 '제주4·3사건 처리 지원단', 제주에는 제주도 산하의 '제주4·3사건 지원 사업소'가 각각 설치되었다.

그러나 4·3위원회가 발족하기까지 여러 진통이 있었다. 첫째는 보수단체들이 "4·3특별법은 위헌"이라며 총공세를 펼친 것이다, 이들은 헌법소원 심판을 청구했다. 이에 대해서는 후술하겠다.

두 번째는 4·3특별법 시행령 작성 과정의 파동이었다. 특별법 조문은 추상적이고 신인직인 내용이 주를 이룬다면, 그 특별법 운용의 실질적인 내용은 시행령과 시행세칙에 담게 된다. 그런데 시행령안 작성을 행정자치부가 주도하면서 관 주도의 성격을 노골적으로 드러냈다. 이에 제주도민사회가 폭발했다. 2000년 4월 17일 제주도내 33개 단체가 시행령안 개악 철폐 기자회견을 시작으로 항의 농성, 도민 궐기대회 등을 이어갔다. 이로 인해 국무회의에 상정되려던 4·3특별법 시행령 심의가 두 차례 연기되었다. 당초 시행 예상일보다 한 달 가량 늦은 5월에 이르러 시행령이 확정됐는데, 그 사

이 내용이 많이 개선되었다.[5]

세 번째는 위원회와 기획단, 조사인력 등 인적 구성의 논란이었다. 인선을 둘러싸고 4·3진영과 보수진영 사이에 눈에 보이지 않은 각축전을 벌였다. 여기에 국방부가 가세하면서 난산의 고통이 거듭된 것이다.[6] 4·3위원회가 발족하기까지 수차례 험난한 고비가 있었지만, 4·3진영이 효율적으로 대처하여 각 분야에서 내노라하는 중추적인 인사들을 4·3위원회 위원들로 위촉할 수 있었다.

1. 진상조사와 보고서 작성

4·3특별법은 진상규명과 명예회복에 비중을 두었다. 따라서 4·3 위원회는 여타 과거사위원회와는 달리 먼저 진상조사를 하고, 진상조사보고서를 채택하는 민감한 역할을 맡게 되었다. 이를 위해서 2001년 1월 진상조사보고서 작성 기획단(단장 박원순 변호사)을 출범시켰다. 15명의 단원으로 구성된 기획단에도 국방부, 법무부, 법제처 국장 등 정부 인사뿐만 아니라 군경 측 민간인 단원들이 참여하였기 때문에 애초부터 치열한 논쟁과 대립이 예고됐다.

기획단 산하에 상근 진상조사팀이 별도로 설치되었다. 공개채용

---

5) 일례로, 조사 인력을 당초의 시안에는 '2인 이내의 비상임 전문위원'을 두도록 되어 있었다. 진상조사도 민간인을 배제하고 공무원 중심으로 하겠다는 의도였다. 이를 '약간인의 전문위원을 계약직 공무원'으로 두는 것으로 수정하고, 시행세칙을 통해 전문위원 5명과 조사요원 15명 등 모두 20명의 조사 인력 채용 근거를 마련했다.

6) 위원회 위원 구성 못지않게 진상조사보고서 작성 기획단 발족도 심한 진통을 겪었다. 그해 9월에 출범할 예정이던 기획단은 4개월이나 늦은 2001년 1월에야 겨우 닻을 올렸다. 박원순 변호사가 기획단장에 임명되기까지 그렇게 산통이 심했다.

의 절차를 거쳐 선발된 진상조사팀은 전문위원 5명, 조사요원 15명 등 20명으로 꾸려졌고, 팀장 역할을 수석전문위원인 필자가 맡았다.

진상조사팀은 2년 동안 조사 활동을 벌였다. 국방부·육군본부·기무사령부·경찰청·국가기록원등 국내 19개 기관과 미국·러시아·일본 등 외국 9개 국가를 대상으로 1만여 건의 자료를 입수했다. 사건 관련자 503명을 대상으로 증언채록 조사도 벌였다. 자료집 12권과 증언집 7권도 발간했다.

2003년 2월 전문위원들이 작성한 진상조사보고서 초안이 기획단 회의에 상정되자 첨예한 논쟁이 벌어졌다. 4·3의 성격 문제로부터 시작하여 발발원인의 책임문제, 남로당 및 미군의 역할범위, 진압작전의 실상, 계엄령과 군법회의 불법성 여부, 집단희생의 책임문제 등에 대한 열띤 공방이 이어졌다. '무장봉기'냐, '무장폭동이냐'는 용어 하나를 놓고도 장시간 격론이 오갔다.

진상조사보고서 초안은 격론 끝에 2003년 2월 25일 기획단 제12차 회의에서 확정됐다. 그리고 이를 심의하기 위한 4·3위원회 전체회의(제6차)가 3월 21일 고건 국무총리 주재로 개최됐는데, 이날 회의에서도 격한 논쟁이 벌이지자 조사보고서 심의 소위원회를 구성해 심도 있는 검토를 하기로 했다.

이에 앞서 3월 18일 군 장성 출신 모임인 성우회(회장 김영관)는 국무총리에게 건의서를 보내 "4·3진상조사보고서안이 군경의 진압작전을 국가폭력으로 규정함으로써 국가의 정통성과 군의 명예를 손상시킬 수 있는 중대한 오류를 내포하고 있다"면서 보고서 심의 유보를 주장했다.

일부 수정된 진상조사보고서안은 2003년 3월 29일 열린 제7차 4·

3위원회 전체회의에 회부됐다. 이날 전체회의에서 논란 끝에 진상조사보고안을 조건부로 의결했다. "6개월 이내에 새로운 자료나 증언이 나타나면 위원회의 추가심의를 거쳐 보고서를 수정한다"는 단서를 달았던 것이다.

2003년 9월 접수된 수정의견7)을 심의하기 위해 검토소위원회가 재구성됐다. 검토소위는 수차례 회의를 갖고 수정안을 심의했다. 결국 고건 총리는 3월에 이어 진상조사보고서 심의를 위해 모두 8차례 회의를 직접 주재하는 기록을 세웠다. 심지어 진상조사보고서 결론 부분은 중요하다면서 8쪽에 이르는 결론 서술내용을 직접 읽어가며 축조심의를 하기도 했다.

이런 과정을 거쳐 2003년 10월 15일 제8차 4·3위원회 전체회의에서 『제주4·3사건 진상조사보고서』가 최종 의결8)됐다.

『제주4·3사건 진상조사보고서』는 사건 전반9)에 대해 기술한데 이어 4·3사건 전체 인명피해를 25,000~30,000명으로 추정했다. 위원회에 신고된 희생자(15,100명) 가운데 86%가 토벌대에 의해, 14%가 무장대에 의해 희생됐으며 희생자 중에는 어린이와 노인, 여성 등 노약자가 전체의 33%를 차지하고 있음을 밝혔다. 특히 1948년 11월 17일 계엄령 선포이후 초토화 등의 강경 진압작전으로 피

---

7) 2003년 9월 말까지 20개 기관·단체·개인으로부터 376건의 수정의견이 접수됐다.
8) 참석 위원 17명 중 총리 등 12명이 찬성을, 군경측 민간인 위원 3명이 반대를, 국방부장관 등 2명이 기권 의사를 표시했다.
9) 제주4·3사건을 "1947년 3월 1일 경찰의 발포사건을 기점으로 하여, 경찰·서청의 탄압에 대한 저항과 단선·단정 반대를 기치로 1948년 4월 3일 남로당 제주도당 무장대가 무장봉기한 이래 1954년 9월 21일 한라산 금족지역이 전면 개방될 때까지 제주도에서 발생한 무장대와 토벌대 간의 무력충돌과 토벌대의 진압과정에서 수많은 주민들이 희생당한 사건"이라고 정의했다.

해가 확산되었으며, 이런 집단 인명 피해의 책임이 제9연대장과 제2연대장, 이승만 대통령, 주한미군사고문단에 있다고 기술했다.

진상조사보고서는 결론적으로 1948년 제주 섬에서 국가공권력이 제노사이드(genocide·집단학살) 범죄방지 국제협약을 어겼으며, 국제법이 요구하는 문명사회의 기본원칙이 무시되었다고 지적했다. 당시 제주도는 세계 냉전체제의 최대 피해지역이었으며, 바로 이런 이데올로기 문제가 4·3사건의 진상규명을 50년 동안 억제해온 요인으로 작용했다고 분석했다.

보고서는 마지막으로 "정부는 이 불행한 사건을 기억하고 교훈으로 삼아 다시는 이러한 비극이 재연되지 않도록 노력해야 하며, 희생자와 그 유족을 위로하고 적절한 명예회복 조치를 취할 것"을 요구했다.

4·3위원회는 이런 진상보고서의 결과를 토대로 4·3문제를 해결하기 위한 7개항의 대정부 건의문10)을 채택하고, 정부에 전달했다.

2. 희생자 및 유족 결정

4·3특별법은 4·3위원회에서 희생자 등을 심사하도록 규정하면서도 구체적인 심사 기준은 제시하지 않았다. 따라서 희생자 심사기준을 어떠한 방향에서 정하느냐 하는 것은 매우 민감한 문제였다. 이 문제를 처음 제기한 쪽은 보수단체들이었다.

2000년 보수단체들은 헌법소원을 제기하면서 폭도들의 죽음마저

---

10) ① 정부의 사과 ② 4·3추모기념일 제정 ③ 진상조사보고서의 교육자료 활용 ④ 4·3평화공원 조성 적극 지원 ⑤ 유족에 대한 생계비 지원 ⑥ 집단매장지 및 유적지 발굴 지원 ⑦ 진상규명 및 기념사업 지속 지원

값진 희생인 것처럼 미화시키려는 의도가 있다면서 "4·3위원회의 희생자 및 유족의 심사·결정권 등은 국회와 사법부의 권한을 침해하는 규정이므로 위헌"이라고 주장했다. 그러나 헌법재판소는 2001년 9월 이들 위헌심판 청구에 대하여 각하 결정을 내렸다. 헌재는 다만 우리 헌법이 자유민주적 기본질서를 기본이념으로 하고 있다고 전제하고, 4·3희생자로 볼 수 없는 몇 가지 기준안을 제시했다.

이런 헌재의 권고는 위원회의 희생자 심사 기준 결정과정에 적지 않은 영향을 미쳤다. 희생자 심사소위원회(위원장 박재승 변호사)는 심사 기준안을 채택하는 문제만 놓고 3개월 동안 열띤 토론을 벌였다. 보수단체에서는 2001년 12월부터 성명서를 발표, 강화된 심사 기준 제정을 촉구했는가 하면 4·3 유족들은 이를 규탄하는 궐기대회를 개최하는 등 첨예한 대립양상을 보였다.

이런 과정을 거쳐 2002년 3월 희생자 심사 기준안이 4·3위원회 전체회의에서 어렵게 의결됐다. 그 심사기준은 4·3특별법의 제정 취지를 살려 희생자 범위를 최대한 폭넓게 인정하되 희생자 제외대상을 ① 4·3 발발에 직접적인 책임이 있는 남로당 제주도당 핵심 간부 ② 군·경의 진압에 주도적·적극적으로 대항한 무장대 수괴급 등으로 정하되 이 경우에도 입증할 수 있는 구체적이고 명백한 증거자료가 있어야 한다고 정리했다.

희생자 심사가 중반을 넘어서면서 뜨거운 쟁점으로 떠오른 것이 군법회의 수형자들에 대한 희생자 인정 여부였다. 수형자의 다수를 차지한 군법회의 대상자는 내란죄와 간첩죄가 적용되어 형량이 매우 무겁고, 판결문도 없어서 심사가 난관에 부닥친 것이다. "유죄판결을 받은 수형자들을 4·3희생자로 결정해서는 안 된다"는 보수단체의 성명이 이어졌다.

심사소위는 이 문제를 해결하기 위해서 다각적인 조사활동을 벌였다. 그 결과 4·3사건 당시의 군법회의에 상당한 흠결이 있음을 확인할 수 있었다. 아울러 2003년 확정한 4·3진상조사보고서에서 "1948년과 1949년에 제주에서 이뤄진 군법회의는 법률이 정한 정상적인 절차를 밟은 재판으로 볼 수 없다"는 결론을 내림으로써 해결의 돌파구를 찾았다. 또한 2007년 4·3특별법 개정법률에서 희생자 범위를 종전의 '사망자·행방불명자·후유장애자'에서 '수형자'를 추가함으로써 수형자들을 희생자로 인정하는 데 더욱 탄력을 받았다.

4·3위원회는 접수된 희생 신고자를 심사한 결과, 현재까지 14,032명 (사망자 10,144명, 행방불명자 3,518명, 후유장애자 156명, 수형자[11] 214명)을 4·3사건 희생자로 인정하고, 그 가족 31,253명을 유족으로 결정했다. 특히 4·3위원회는 1948년과 1949년 제주도에서 이루어진 군법회의의 불법성을 인정해, 사형수 318명을 포함하여 수형자 2,700명도 4·3희생자로 결정했다. 현재 추가로 신고된 희생자(350명)와 유족(27,442명)에 대한 심사가 진행되고 있다,

3. 명예회복 후속조치

가. 대통령 사과

"저는 위원회의 건의를 받아들여 국정을 책임지고 있는 대통령으

---

11) 여기서 말하는 '수형자'는 2007년 4·3 당시 수형자를 희생자 범위에 추가하는 특별법 개정 이후 수형자 신분으로 추가 신고한 희생자를 뜻한다.

로서 과거 국가권력의 잘못에 대해 유족과 제주도민 여러분에게 진심으로 사과와 위로의 말씀을 드립니다. 무고하게 희생된 영령들을 추모하며 삼가 명복을 빕니다."

노무현 대통령은 2003년 10월 31일 제주4·3사건에 대한 정부의 공식 입장을 표명했다. 국가원수가 반세기동안 고통의 굴레에서 살아온 4·3유족과 제주도민들에게 국가권력의 과오를 인정하고 공식 사과를 했다.

4·3위원회는 이에 앞서 진상조사보고서의 결론을 토대로 4·3 문제를 해결하기 위한 7개항의 대정부 건의안을 채택했는데, 그 중에도 '정부의 사과'가 맨 앞자리에 있었다. 노 대통령은 4·3위원회의 건의를 받아들여 국정을 책임지고 있는 대통령으로서 과거 국가권력의 잘못에 대해 공식 사과한다고 천명한 것이다.

노 대통령은 2006년 4월 3일에 거행된 '제58주년 4·3희생자 위령제'에 참석, 추도사를 통해 "무력충돌과 진압과정에서 국가권력이 불법하게 행사되었던 잘못에 대하여 제주도민에게 다시 한 번 사과 드린다."고 밝혔다.

앞에서도 밝혔지만, 대한민국 역사상 잘못된 역사에 대해 정부 차원에서 진상조사를 하고, 그 결과에 따라 국가원수가 사과한 일은 제주4·3이 처음이다. 또한 4·3위령제에 현직 대통령이 직접 참석한 것도 노 대통령이 처음이자 지금까지도 유일하다.

세계 여러 나라의 과거사 정리 과정을 비교 검토한 프리실라 헤이너는 '아는 것(knowledge)'과 '인정하는 것(acknowledgement)'은 뚜렷한 차이가 있다고 표현했다. '인정하는 것'은 국가가 잘못을 저질렀다는 사실을 확인하고, 그것이 옳지 않았음을 시인하는 것으로 이해했다. 인정하지 않는 '아는 것'은 진실이면서도 마치 존재하지 않는 양 취급된다는 것이다. 그런 뜻에서 대통령의 사과는 4·3에 대한 국가권력의 잘못을 인정함으로써 정부 차원의 명예회복 조치에 가속도가 붙는 전기를 마련했다.

아직도 제주도민들은 그날의 감격을 잊지 못한다. 노 대통령의 용단에 의해 발표된 이 한마디의 사과가 반세기동안 유족과 제주도민들을 짓눌러 왔던 이념적 누명과 불명예를 한꺼번에 씻어 내리는 역할을 했기 때문이다.

그런데 보수세력은 이를 인정하지 않으려 했다. "대통령이 사과하면 대한민국 정통성이 무너진다"고 법석을 떨던 그들은 끝내 사과 표명이 있자 4·3진상조사보고서와 이에 따른 대통령 사과를 취소해야 한다는 요지의 헌법소원을 제기했다. 그러나 헌법재판소는 이 청구를 각하했다.

물론 노 대통령은 4·3특별법에 명시된 '정부 입장 표명'이란 법률적 절차에 의해 사과 입장을 표명한 것이지만, 그 속에는 국가원수의 개인적 의지도 담겨져 있었다. 보수 세력들의 다각적 빈대에도 불구하고 과거사 해결의 의지를 굽히지 않았던 것이다.

한편 제주도민들을 옥죄였던 4·3문제가 특별법 제정, 정부 차원의 진상조사, 국가원수의 사과 등 해결 단계로 접어들면서 '평화의 섬' 논의는 더욱 가속도가 붙게 되었다. 이런 과정을 거쳐 제주도는 2005년 1월 27일 '세계평화의 섬'으로 공식 선포했다. 평화의 섬 선언문에도 나타났듯이 "4·3비극의 화해·상생 승화"가 평화의 섬 지정에 한몫을 하게 된 것이다.

나. 4·3평화공원 조성과 기념관 개관

희생자의 넋을 위령하고, 화해와 상생, 평화와 인권의 교육장으로 활용하기 위해 추진된 제주4·3평화공원 조성사업은 2003년 기공식을 시작으로 정부의 지원 아래 단계적으로 추진되었다. 제주시 봉개동 396,743㎡(약 12만 평)에 만들어지고 있는 4·3평화공원 조성사업에는 2012년까지 모두 국비 630여억 원이 투입되었다. 앞으로 3단계 사업비 120억 원이 더 투입된다.

제1단계 사업으로 위령제단·위령탑·추념광장 등이 조성됐고, 제2단계 사업으로 평화기념관 건립과 위패봉안실, 행방불명 희생자 개인표석, 발굴유해 안치 봉안당 등이 마련됐다. 앞으로 추진될 제3단계 사업으로는 4·3평화교육센터, 4·3고난극복전시관 건립과 평화의 종 제작 등이 검토되고 있다.

특히 380억 원이 투입되어 2008년에 개관된 제주4·3평화기념관(연면적 11,455㎡)은 4·3 역사를 한 눈에 볼 수 있도록 꾸며졌다. 역사의 흐름에 따라 마련된 상설전시실(6관)과 다랑쉬굴 참상을 재연한 특별전시실 등이 갖추어져 4·3사료전시관뿐만 아니라 우리나라 현대사를 관통하는 역사박물관으로서 자리매김되고 있다.

국제적 아카이브를 지향하며 평화·인권의 교육장으로 발돋음하고 있는 평화기념관에는 해마다 20만명 이상의 관람객들이 방문하면서 다크투어의 상징으로 떠오르고 있다.

다. 유해 발굴과 유적지 복원

4·3사건 희생자 유해 발굴사업은 학살·암매장된 희생자들의 유해를 발굴하고 발굴된 유해를 유전자 분석 등 과학적 방법을 통해

신원을 확인함으로써 사건의 진상을 규명하고 관련 피해자와 유가족들의 명예를 회복시키는데 그 목적이 있었다. 또한 60년간 방치됐던 유해를 안치함으로써 희생자의 넋을 달래는 뜻도 있다.

2006년부터 본격적으로 시작된 유해 발굴사업은 제주대학교와 제주4·3연구소에 위탁돼 시행됐다. 그 결과 화북천 인근밭과 별도봉 일본군 진지동굴에서 4·3 당시 희생된 유해들이 발굴되더니 2007년부터 제주국제공항 경내에서 유해 393구가 무더기로 쏟아지듯 발굴되자 충격을 던지면서 전국적 화제를 모았다.

특히 특수 보안시설로 일반인의 출입이 엄격히 통제됐던 국제공항 부지 안에서의 유해 발굴은 특별법의 위력을 다시금 실감케 했다. 이 공항 경내에서 발굴된 유해들은 1949년 불법적인 군법회의에서 사형 선고된 자와 1950년 한국전쟁 직후 예비 검속된 희생자임이 밝혀졌다. 이미 4·3위원회에서 4·3희생자로 결정된 유해들이다.

아무리 범법자라 할지라도 유해를 가족들에게 돌려주는 것은 당연한 이치이다. 하물며 4·3 당시의 군법회의나 예비 검속이 불법적으로 집행됐고, 무고한 인명을 살해한 후 60년 동안 그 유해를 암매장한 것은 국가의 잘못이다. 유해 발굴사업은 역시 속에 묻혀 잊혀져버릴 뻔한 학살 현장을 세상에 드러내 그 참상을 다시 생각하게 하는 계기가 됐다.

발굴된 유해를 대상으로 DNA분석 등을 통하여 신원 찾기에 나섰다. 이 가운데 희생자 71명의 신원이 확인되어 60여년 만에 희생자와 가족과의 만남이 이루어졌다. 2011년에는 제주4·3평화공원 안에 봉안관이 마련되어 '행방불명인 발굴유해 영령 봉안식'이 거행되었다.

한편 역사현장으로 남아있는 4·3관련 주요 유적지에 대한 복원

사업도 추진되었다. 그 대표적인 사업이 북촌 학살터, 섯알오름 학살터, 선흘 성터 등에 대한 유적지 복원이었다.

라. 4·3평화재단 설립

추가적인 진상조사와 기념사업, 유족 등에 대한 복지사업, 4·3평화공원 운영 등을 효율적으로 추진하기 위하여 2008년 11월 10일 제주4·3평화재단이 출범했다. 2007년 4·3특별법이 개정되면서 4·3평화재단에 대한 정부 기금 출연근거가 마련됐다. 이에 관해서는 다른 주제발표가 있기 때문에 여기서는 생략한다.

마. 4·3평화교육 활성화

4·3에 대한 교과서의 기술내용도 달라지기 시작했다. 2005년 개정된 고등학교 국정교과서 『국사』에 4·3사건에 대한 설명 항목이 추가되었는데, 그 내용은 "제주도에서 벌어진 단독 선거 반대 시위를 진압하는 과정에서 수만 명의 인명피해가 일어난 사건"이라고 표현되었다. 검정교과서에도 4·3에 대한 배경 설명이 추가되고, 정부의 진상규명활동이 소개되는 등 점차 개선되고 있다.

한편, 제주도특별자치도교육청은 계기교육의 자료로 4·3사건에 대한 자료집을 편찬, 향토교육자료로 활용하고 있다. 특히 금년에 제주도의회에서 '4·3평화교육 활성화 조례'를 제정했다. 이 조례는 교육감으로 하여금 4·3평화교육의 기본방향, 소요재원 확보, 평화교육 내용의 개발연구, 학생의 평화교육 참여 증대, 교직원 연수 기회확대, 4·3평화주간 지정 운영, 4·3평화교육 시행계획을 수립하도록 규정하고 있다.

바. 기타 후속조치

4·3 후유장애자와 유족들에게 소액이나마 생활보조비가 지원되고 있다. 2011년 '제주4·3사건 생존희생자 및 유족 생활보조비 지원조례'가 제정됐는데, 이 조례에 의해 생존 희생자에게 월 8만 원, 유족에게 월 3만 원씩 지원되고 있는 것이다. 또한 4·3평화재단에서 유족들을 대상으로 일정액의 의료진료비를 지원하고 있다.

해마다 4월 3일 전후해 위령제와 다양한 기념행사가 열리고 있다. 금년 위령제엔 정부를 대표한 정홍원 국무총리와 여야 정당 대표 등 1만 명이 참석했다. 4·3유족들이 박근혜 대통령의 불참에 불만을 토로하자 청와대측은 대통령 조화를 보내는 한편 북한 도발에 대한 위기 대처로 불가피한 불참이었다고 해명했다. 대신 정홍원 총리는 추도사를 통해 "박근혜 대통령이 공약했던 4·3추념일 지정과 4·3 평화재단의 국고 지원 확대를 차질없이 추진하겠다."고 약속했다.

4. 활동성과 요약

제주4·3위원회의 활동성과는 크게 네 가지 측면에서 나눠 살펴볼 수 있다.

첫째 그동안 사적 기억 속에 밀봉되었거나 억압된 상황으로 인하여 금기시되었던 4·3사건에 대한 기억들을 공식화시켰다는 점이다. 그 핵심에 4·3위원회가 심의 의결한 『제주4·3사건 진상조사보고서』가 있다. 법률이 정한 절차를 거쳐 확정된 이 법정보고서는 제주4·3의 진상을 규명했을 뿐만 아니라 국가공권력의 잘못을 지적하고 이를 토대로 무고한 희생에 대한 국가 차원의 명예회복 조치를 촉구했다. 그 결과 역사상 처음으로 대통령의 사과라는 성과를 이끌어냈다.

둘째 이 사건으로 희생된 14,032명을 '제주4·3사건 희생자'로 결정했다. 4·3희생자와 그 유족들은 반세기동안 불명예와 사회적 편견에 시달려왔다. 정부위원회의 4·3희생자 결정은 바로 이런 족쇄를 풀고, 억울한 죽음에 대한 진상을 밝혀 국가적인 차원에서 희생자와 유족들에 대한 명예를 회복시켰다는 역사적 의미가 있다. 또한 심사 과정에서 4·3 당시 군법회의의 불법성을 밝혀 수형자들을 희생자로 결정했다. 이로 인해 국회가 2006년 12월 여야 합의로 4·3사건 희생자의 범위에 '수형자'를 추가하는 내용의 4·3특별법 개정안을 통과시킴으로써 입법부도 4·3위원회의 결정을 인정하는 결과를 도출해 냈다.

셋째 활발한 위령사업, 유해 발굴사업, 기념사업 등을 추진했다. 잘못된 역사를 바로 잡는 일은 비단 희생자와 유족만을 위한 것이 아니다. 국가의 과오를 인정하고 반성함과 동시에 화해와 상생의 정신으로 밝은 미래로 나아가기 위한 토대가 된다. 또한 전 사회적 차원의 기억과 추모는 불행했던 과거사를 되돌아보고, 평화와 인권의 소중함을 일깨워 다시는 이러한 일이 되풀이되지 않도록 하자는 다짐의 뜻도 담겨 있다. 제주4·3평화공원의 조성, 4·3평화기념관의 개관, 유해 발굴, 유적지 복원, 위령제 봉행 등은 4·3위원회가 이 같은 목적 아래 추진한 사업들이다.

넷째 4·3평화재단 설립 토대를 마련한 점이다. 4·3위원회는 진상조사보고서를 확정하면서, 7개항의 대정부 건의문을 채택한 바 있다. 그 건의 내용 중에는 추가 진상조사와 기념사업의 지원이 포함

돼 있다. 이런 사업을 지속적으로 할 수 있는 조직이 바로 평화재단
이다. 국회는 이런 뜻을 감안해 2006년 개정된 4·3특별법에 평화
재단 설립 근거와 국비 지원 조항을 신설했다. 결국 4·3평화재단
설립을 통한 영구적 진실규명과 명예회복의 모델을 확보한 것이다.

제주4·3위원회가 이 같은 성과를 내기까지에는 적잖은 진통도
있었다. 앞에서 밝혔지만 가장 어려웠던 것은 이념 논쟁이었다. 그
럼에도 제주4·3이 지하에서 나와 '당당한 역사'로서 자리매김하기
까지에는 우리나라 학계·법조계·종교계 등에서 내로라하는 훌륭
한 분들이 4·3위원회 위원으로 참여함으로써 큰 힘이 되었던 것
또한 부인할 수 없다. 고비 고비마다 힘을 주고 성원했던 유족과 관
련단체의 역할도 컸다.

제주4·3특별법은 태생적으로 많은 한계가 있었다. 4·3위원회
의 조사권한도 미약했다. 4·3특별법에는 진상조사를 위하여 '관계
행정기관 또는 단체에 대하여 관련자료를 요구'할 수 있는 초보적인
수준의 권한이 있을 뿐이었다. 그럼에도 사건의 진상을 규명하고 이
를 토대로 대통령의 사과를 비롯하여 평화와 인권의 교육장인 4·3
평화기념관 개관에 이르기까지 내실 있는 성과를 거둔 점은 내외로
부터 평가를 받고 있다.

Ⅳ. 보수단체의 반발과 대처

보수단체에서는 4·3특별법이 제정될 때부터 진상조사보고서 확
정, 대통령 사과, 희생자 결정, 평화기념관 개관에 이르기까지 사사

건건 제동을 걸었다. 그 시발은 2000년 4월 자유민주민족회의 이철승 대표 등 보수 측 인사 15명이 "4·3특별법이 헌법을 위배했다"면서 헌법재판소에 위헌심판을 청구하면서 시작됐다. 2000년 5월에는 성우회(회장 정승화) 회원 333명이 같은 사유로 헌법소원을 제기했다.

잘못 기록됐던 4·3역사가 바로 정립되고, 무고한 희생자들의 명예가 회복되는 상황이 전개되자 보수단체의 반발과 도전도 더욱 치열해졌다. 진상조사보고서 확정과 대통령의 사과 표명 직후에 보수단체에서는 자칭 '제주4·3사건 왜곡을 바로잡기 위한 대책위원회'를 결성, 집요하게 보고서 내용의 수정을 요구해 왔다.

'자유시민연대' 등 43개 보수단체에서는 2004년 7월 헌법재판소에 4·3진상조사보고서와 이에 따른 대통령 사과를 취소해야 한다는 요지의 헌법소원을 제기하였다.[12] 위헌심판을 제기한 보수단체에서는 4·3특별법에 근본적 오류가 있고, 진상보고서가 대한민국의 정통성을 훼손시키고 있으며, 이로 인하여 행복 추구권, 양심의 자유, 재산권 등에 침해를 입고 있다고 주장했으나, 헌법재판소는 이 청구를 각하했다.

한편 2004년 국방부에서 발행한 『6·25전쟁사』에 기술된 4·3사건 관련내용이 『제주4·3사건 진상조사보고서』를 무시하고, 기존의 왜곡된 자료를 그대로 인용했다가 파문이 일어났다. 4·3관련단체의 반발에 이어 정치권으로 비화됐던 이 파문은 청와대의 중재로 국방부와 4·3위원회 관계자들이 회합, 협의한 결과 논란이 됐던 '무장폭동' 용어 삭제 등 모두 35건을 수정하기로 합의하면서 일단락됐다.[13]

---

12) 이때 보수단체에서는 전국적인 서명운동을 벌여 4·3진상보고서를 반대하는 185,689명의 서명지를 헌법재판소에 제출했다.

2008년 이명박 정부가 출범하면서 보수진영의 조직적인 반격이 다시 시작되었다. 그들의 공격 목표는 『제주4·3사건 진상조사보고서』의 폐기, 4·3평화기념관의 개관 중지, 4·3위원회의 통폐합, 4·3 희생자 결정 무효화로 모아졌다.

4·3진상조사보고서의 폐기 주장에 대해서는 '법정보고서'이기 때문에 임의로 수정할 수 없다고 맞섰다. 즉 4·3특별법은 진상조사보고서 작성을 위한 조사기구와 조사기한, 심의절차 등을 규정하고 있고, 진상조사보고서는 그 절차에 거쳐 정부위원회에서 확정 의결된 보고서이기 때문에 누구든 임의로 고칠 수 없고, 수정하려면 법개정 절차를 밟아야 한다고 맞선 것이다.

2008년에는 평화기념관의 개관을 막는 보수단체의 반대운동이 조직적으로 전개되었다. 평화기념관 개관 반대운동은 소위 '제주4·3사건 왜곡을 바로잡기 위한 대책위원회'가 불을 지폈고, 이에 재향군인회가 가세하였다. 그리고 이명박정부 출범을 계기로 총결집된 보수단체의 연합체인 '대한민국 국가정체성회복국민협의회'14)가 전면에 나섰다.

급기아는 한승수 국무총리가 나서서 대책회의를 히게 되었고, 제주특별자치도지사와 재향군인회 임원과의 회동도 이뤄졌다.15) 이런

---

13) 수정내용은 오류부분 18건, 왜곡·편향부분 13건, 추가내용 4건으로 정리됐다. 결국 국방부가 4·3위원회와 합의해 35건의 수정문을 만들어 배포할 수밖에 없었던 것도 법정보고서의 존재와 위력을 부정할 수 없었기 때문이다.

14) 이 단체는 2008년 3월 조선·동아일보 등에 "제주4·3평화기념관 개관은 연기되어야 한다"는 제목의 전면 광고를 게재했는데, 광고 문안 중에는 '날조·왜곡된 제주4·3사건 진상조사보고서를 먼저 시정하라', '제주4·3사건은 남로당이 주도한 좌익폭동이었다', '어떻게 군·경이 학살자이고 초대 대통령이 악마인가', '4·3평화기념관에는 좌익폭도도 희생자로 둔갑시키고 있다'는 문구 등이 있다.

15) 2008년 3월 18일 김태환 도지사와 재향군인회 박세직 회장 등과의 서울 회동 자

진통 속에서도 제주4·3평화기념관은 예정대로 2008년 3월 28일 개관되었다.

또한 국방부가 2008년 6월 교육과학기술부에 교과서 수정의견을 제출하면서 제주4·3을 '좌익폭동'으로 기술할 것을 요구한 사실이 알려져 파문이 일었다. 그리고 2008년 11월부터 한나라당 일부 의원에 의해 4·3위원회 폐지를 목표로 한 특별법 개정작업이 착수되자 제주도에서 조직적인 반대운동16)이 일어났다.

4·3에 대한 이런 요동이 일어나자 국회 차원에서 4·3에 대한 새 정부의 공식 입장이 무엇인가에 대한 질의를 하게 되었다. 이에 대해 청와대와 국무총리실은 2008년 9월과 10월 각각 답변을 통해 "정부는 '제주4·3특별법 제2조'와 『제주4·3사건 진상조사보고서』에서 규정한 제주4·3사건의 성격 규정을 존중하여 4·3사건의 진실을 역사의 교훈으로 삼을 것"이라고 천명했다. 이처럼 보수진영의 강력한 요청에도 법률적 절차에 의해 이뤄진 행위에 대해서 이명박 정부도 이렇다 할 조치를 취하지 못하였다.

이에 실망과 불만을 가진 보수진영은 2009년에 들어서면서 또다시 법적 투쟁을 전개하였다. 즉 2009년 한 해 동안 2건의 헌법소원, 2건의 국가소송, 2건의 행정소송 등 모두 6건의 소송을 한꺼번에 제기한 것이다. 그러나 이 소송에서 보수진영은 모두 패소하였다.

리에 필자도 동참했다. 필자는 이 자리에서 "기념관 전시내용을 추상적으로 지적할 것이 아니라 현장에서 확인하면서 토론을 하자"고 제안했다. 5월 23일 재향군인회 회장단과 전국 시·도 지회장 등 23명이 4·3평화기념관을 방문했다. 필자는 그때 "4·3 당시의 초토화작전은 국제법에서도 금지된 잘못된 작전인데, 그걸 왜 오늘의 재향군인회가 떠안아 변호하려는가?"고 따졌다.

16) 2008년 12월 제주 도내 49개 시민 사회단체가 참여하는 '한나라당 제주4·3특별법 개정안 반대 도민대책위원회'가 발족됐다.

결과적으로 4·3의 진실찾기는 입법부의 4·3특별법 제정, 행정부의 진상조사와 국가원수 사과, 후속사업 추진에 이어 사법부까지 법적인 심의를 통해 그 정당성을 인정함으로써 이제는 어떤 세력도 임의로 역사를 되돌릴 수 없는 굳건한 자리를 잡게 되었다.

V. 4·3위원회 활동에 대한 평가

　　"제주4·3위원회는 과거사 진실규명과 피해자 명예회복이 미래를 향한 기반임을 보여주는 성공적인 사례로 지역사회의 시민운동과 언론, 지방자치단체, 국가의 진실규명활동이 유기적으로 결합해 민주 절차에 따라 이뤄진 과거청산의 전범(典範)이다."[17]

　　위의 글은 참여정부 국정홍보처가 펴낸 『참여정부 국정운영백서 제2권－민주주의』에 나온 내용이다. 과거사위원회 활동을 종합 평가한 '제4절 과거사 정리' 편에 나오는 이 내용은 제주4·3위원회의 진실규명과 명예회복 활동을 성공적인 사례로 들면서, 그 성공 이유로 지역 시민운동, 지역 언론, 지방자치단체, 국가적 진실규명활동 등 네 가지 축이 유기적으로 결합하여 이룩한 성과라고 평가한 것이다.

　　4·3 진상규명과 명예회복 성과는 시간이 흐를수록 긍정적인 평가를 받고 있다. 특히 보고서 확정과 대통령 사과 이후 추진된 후속 조치 등과 맞물려 4·3위원회의 활동은 학계에서도 "과거사 청산의 모범적 사례"[18]로 평가되고 있다.

---

17) 참여정부 국정홍보처, 『참여정부 국정운영백서 제2권-민주주의』, 2008, 305쪽
18) 서중석, 「한국현대사에서의 4·3의 위치」, 『4·3문화아카데미』, 2009, 9쪽

최근에는 전 세계적으로 확산된 과거사 위원회 전체의 흐름과 4·
3위원회의 활동을 연구한 논문(「과거사 관련 위원회의 국제적 확산
경향에 관한 비교 연구」)으로 미국 미네소타주립대에서 박사학위를
받은 학자에 의해 "국내는 물론 전 세계적으로도 선례를 찾아볼 수
없는 성공적인 진실규명 및 명예회복의 사례"[19]란 평가를 받았다.

미 보스턴 웬트워스공과대학 조지 카치아피카스 교수는 최근 "제
주4·3사건은 좌파의 반란이라기보다는 미국의 전략적 이익에서 비
롯되었고, 그 점이 4·3배후의 핵심 동인(driver)이었다. 4·3에 대
한 언론의 침묵은 비단 한국에만 국한된 게 아니었고, 미국도 그 사
건이 알려지지 않도록 압력을 가했다(중략). 그러나 이런 비극을 극
복하고 일어선 제주도민의 강인함에 놀랐고, 더구나 세계평화의 섬
으로 새롭게 거듭나고 있는 도전이 놀랍다"고 피력하였다.[20]

이런 평가를 받기까지 진실찾기에 목표를 둔 수많은 사람들의 수
고와 눈물, 피나는 투쟁이 있었다. 4·3특별법 제정에 결정적 기여
를 한 김대중 대통령과 사과 표명으로 4·3운동 진로에 새 전기를
마련해준 노무현 대통령의 역할도 컸다.

그러나 2008년 보수정권이 들어서면서 순항하던 4·3 관련 사업
들이 시련을 겪었다. 이명박 정부가 출범하면서 보수진영의 조직적
인 반격이 다시 시작된 것이다. 그러나 그렇게 4·3을 흔들려는 시
도가 계속됐지만 4·3이 과거처럼 지하에 갇힐 수는 없었다. 보수정
권이 들어선 후 과거사 정리작업이 더디게 진행된 것은 사실이지만

---

19) 김헌준, 「해외에서의 4·3 연구 동향과 4·3의 세계화 방향」, 『제주4·3연구 및
    평화교류의 확산』, 2011, 24쪽

20) 「The Jeju Weekly」, 2010년 4월 30일자 보도

그럼에도 4·3은 이제 과거로 회귀할 수 없는 위치에 터 잡고 있기 때문이다.

이제 4·3 위상도 달라졌다. 4·3 역사 흐름도를 정리하면 ① '저항의 역사', '수난의 역사' ⇒ ② '은폐의 역사', '침묵의 역사' ⇒ ③ 진실 찾기 운동, 정부의 조사·사과 ⇒ ④ '세계평화의 섬' 선포, 평화·통일·인권의 상징으로 자리매김하는 과정으로 요약할 수 있다.

VI. 제언

지역 출신 국회의원과 시민사회단체에 의해 여순사건 특별법 제정을 위한 학술심포지엄이 열린 것은 매우 의미 있는 걸음이라고 생각한다. 특별법 제정운동은 바위에 계란 던지듯 매우 어렵게 보일 수 있다. 그렇다고 주저앉아 있으면 아무런 성과를 거둘 수 없다. 누군가 의지를 갖고 첫 걸음을 내딛게 되면 눈덩이가 구르면서 불어나듯 확산의 효과를 가져올 수 있다.

앞에서 살폈듯이, 여순사건과 유사한 제주4·3사건의 특별법 제정과정은 한마디로 '고행의 길'이었다고 생각한다. 수많은 난관과 고초가 있었고, 그것을 극복해서 특별법을 제정하는 성과를 이뤄냈다. 필자는 그런 뜻에서 '쟁취'란 표현을 즐겨 쓴다.

특별법 제정 이후에 벌어진 시행령 및 시행세칙 제정과정, 위원회 인적구성, 진상조사보고서 작성, 대통령 사과, 희생자 심사, 특별법 개정작업, 평화기념관 개관, 평화재단 출범에 이르기까지 어느 것 하나 순탄하게 넘어간 일은 없다. 보수세력의 끊임없는 훼방과 폄훼, 제동이 있었고 4·3진영은 결집된 힘과 의지로 이 고비들을 헤쳐 왔다.

분명한 것은 제주4·3의 위상이 2000년 제주4·3특별법 제정 이전과 이후가 확연히 달라졌다는 점이다. 보수단체에서는 진상조사보고서 확정과 대통령 사과 표명 이후 수차례 헌법소원 등을 통해 집요하게 보고서 내용 수정 등을 요구해 왔다. 4·3에 대한 기존의 정부문서들이 왜곡됐다는 민원이 그치지 않아 특별법이 제정되고 정부 차원의 진상규명이 추진된 것인데, 이번에는 역으로 4·3진상조사보고서가 잘못됐다면서 보수단체들이 '역사바로잡기 운동'을 벌이는 형국이 된 것이다. 이런 현상이 일어난 것은 특별법 제정을 통해 주도권이 바꿔졌기 때문이다.

따라서 정부 차원에서 여순사건의 진상을 규명하고, 희생자와 유족들의 명예를 회복하기 위해서는 여순사건 특별법 제정이 절실한 일이다. 필자는 이를 위해 지난날의 경험을 바탕으로 다음 다섯 가지 제안을 하고 싶다.

첫째, 여순사건 특별법 제정 필요성의 논리를 개발해야 한다. 특히 제약요인이 될 지역성을 극복하는 일이 중요하다. 이를 위해 4·3특별법뿐만 아니라, 1996년 거창사건 등의 특별법, 2004년 노근리사건 특별법의 제정과정을 살펴볼 필요가 있다. 아울러, 2010년 3·15의거 국가기념일 제정을 성사시킨 마산지역의 활동상황도 참고하는 등 선행연구가 필요하다.

둘째, 지역 역량이 총 결집돼야 한다. 지방자치단체, 지방의회, 시민사회단체, 언론 등의 결합이 중요하다. 특히 유족회 조직과 기능을 강화하는 일이 우선돼야 한다.

셋째 범국민위원회 같은 성격의 전국 조직 구성을 고려해야 한다. 전국적인 서명운동이나 심포지엄 등을 통해 여론 확산과 공감대 확산을 추진할 필요가 있기 때문이다.

넷째, 이 일에 신명을 바칠 국회의원이 반드시 있어야 한다. 또한 제출된 법안이 국회를 통과하기 위해서는 여야의 협조가 반드시 필요하다. 따라서 여야 정치권이 이 일에 관심을 갖고 매진할 수 있도록 정치력을 발휘해야 한다.

다섯째, 국회 심의과정에서 법안 통과를 우선시할 것인가, 법 조항을 우선시할 것인가 하는 갈림길에 섰을 때는 법안 통과에 우선 비중을 둘 것을 권하고 싶다.

제주4·3평화재단 설립과정과 활동성과

박찬식(제주4·3평화재단 추가진상조사단장)

Ⅰ. 4·3 특별법의 제정과 제주4·3평화재단의 설립과정

1. 4·3 특별법의 제·개정과 재단설립의 추진

○ 2003년 10월 31일 노무현 대통령은 진상조사보고서에 근거해 과거 국가권력의 잘못을 공식 사과함.

○ 대통령은 발표문에서 "과거 국가권력의 잘못에 대해 유족과 제주도민 여러분에게 진심으로 사과와 위로의 말씀을 드립니다. 무고하게 희생된 영령들을 추모하며 삼가 명목을 빕니다"라고 사과와 위로의 뜻을 밝혔으며, 정부 차원에서 4·3평화공원 조성, 신속한 명예회복 등이 이루어질 수 있도록 적극 지원할 뜻을 밝혔음.

○ 4·3특별법 개정에 관한 논의를 바탕으로 특별법 개정안들이

발의되기 시작함.

○ 2005년 10월 19일 강창일의원 등 61명의 국회의원이 발의한 「제주 4·3사건 진상규명 및 희생자 명예회복에 관한 특별법 일부 개정 법률(안)」에서는 '제주4·3 평화인권재단'에 관한 규정이 들어감.

○ 이에 따르면 정부는 제주 4·3 사료관 및 평화공원의 운영·관리 등을 수행할 제주 4·3 평화인권재단을 설립하기 위한 기금을 출연할 수 있도록 하였음.

○ 또한 현애자의원 등 10인의 국회의원들도 2005년 11월 30일 개정 법률(안)을 발의하였음.

2. 제주4·3평화재단 설립 필요성

○ 진상규명 과정에서 당초에 제정된 4·3 특별법에 대해서는 여러 가지 미흡한 점들이 지적되었고, 그에 따라 특별법 개정이 추진되게 되며, 애초에 제정된 4·3특별법이 정치적 타협의 산물이었음으로 한계를 가지고 있었다는 것임.

○ 그리고 이러한 문제의식에서 출발한 특별법 개정과정에서 재단 설립의 필요성이 제기되게 됨.

○ 처음에는 '4·3 문화재단'이라는 명칭의 재단설립이 제안되기도 했으며, 이러한 재단설립의 필요성은 여러 가지 측면에서 제기되었고, 초기에 제안된 재단설립 추진의 필요성을 정리해 보면 아래와 같음.

　- 첫째, 국가로부터의 독립성을 확보한 기구설립을 통해 진상

규명 작업이 정치적 관점에 의해 의심받거나 왜곡되는 것을 방지하자는 것임.

- 둘째, 추가진상규명의 전문성과 영속성을 담보하기 위해서도 재단의 설립이 필요하다는 것임.

- 셋째, 재단설립을 통해 정부주도의 기념사업이 갖는 한계를 극복할 수 있다는 것임.

- 넷째, 사건 재발방지와 인권평화교육을 위하여 재단설립이 필요함.

○ 그 이후 현재 설립된 명칭의 재단과 동일한 제주4·3평화재단 설립의 필요성이 보다 명확하게 제기되기 시작함.

○ 이러한 재단설립의 필요성은 주로 위령사업 및 기념사업의 주체의 혼선과 관련해서 제기되었으며, 당시의 4·3특별법에는 위령사업 및 기념사업의 주체를 언급하지 않은 채 사업을 위한 재정적 지원의 근거만을 규정하고 있었는데, 이러한 각종 사업을 주도적으로 주최하고 조절할 수 있는 기구체 마련이 시급하다는 것이었음.

○ 이런 주장의 바탕에는 장기적으로 보면 중앙정부나 지방자치단체가 아닌 제3의 독립기관에 의해 위령사업과 기념사업이 추진되는 것이 바람직하다는 판단이 깔려 있었음.

○ 이러한 재단의 역할은 지속적인 진상조사, 사료관 및 평화공원 관리·운영, 명예회복을 포함한 위령사업의 추진으로 요약되었으며, 재단설립의 재원은 4·3에 대한 집단보상기금으로 마련하는 방안이 제시됨.

3. 개정 특별법 및 시행령 중 4·3평화재단 관련 내용

○ 최종적으로 국회를 통과하여 2007년 1월 24일 개정된 4·3특
별법 제8조의2는 "제주 4·3 관련 재단에의 출연"이라는 제목
하에 "정부는 대통령령이 정하는 바에 따라 평화의 증진과 인
권의 신장을 위하여 제주 4·3사료관 및 평화공원의 운영·관
리와 추가 진상조사 등 기타 필요한 사업을 수행할 목적으로
설립되는 재단에 기금을 출연할 수 있다"라고 규정하고 있음.

○ 위 조항의 위임을 받은 4·3특별법 시행령 제12조의2는 "제주
4·3 관련 재단법인에의 출연"이라는 제목 하에 아래와 같이
규정하고 있음.

---

① 제주특별자치도지사는 제주 4·3 사료관 및 평화공원의 운영·관
리와 추가 진상조사 등에 필요한 사업을 수행할 목적으로 설립되
는 재단법인에 대해 법 제8조의2에 따른 정부의 출연이 필요한 때
에는 정부에 기금의 출연을 신청할 수 있다.

② 제1항에 따라 정부가 기금을 출연하는 재단법인의 사업은 다음 각
호와 같다.
  1. 제주 4·3 사료관 및 평화공원의 운영·관리
  2. 제주 4·3 사건의 추가 진상조사
  3. 제주 4·3 사건의 추모사업 및 유족복지사업
  4. 제주 4·3 사건 관련 문화·학술사업
  5. 그밖에 제주 4·3 사건과 관련한 사업으로서 재단법인의 정관
     에서 정하는 사업

○ 위 법률 및 시행령 조항은 제주4·3평화재단의 기본적 성격을
보여주며, 우선 제주4·3평화재단은 '재단법인'임.

○ 제주4·3평화재단의 설립목적은 "평화의 증진과 인권의 신장을 위하여 제주 4·3사료관 및 평화공원의 운영·관리와 추가 진상조사 등 기타 필요한 사업을 수행"하는 것이며, 이러한 성격의 재단법인에 대해 중앙정부가 기금을 출연할 수 있다는 것임.

4. 제주4·3평화재단의 최종적인 설립

○ 제주4·3평화재단은 위와 같은 특별법 개정 이후에 재단설립을 위한 준비과정을 거쳐 2008년 10월 31일 재단설립 등기를 마치고 설립됨.

○ 제주4·3평화재단의 초대이사장, 이사 및 감사는 발기인총회에서 선임되었으며, 초대이사장은 제주특별자치도 행정부지사가 맡게 되었음.

○ 재단법인의 설립을 위해서는 정관작성이 필요하며, 4·3평화재단의 정관은 총 36개조로 구성됨.

○ 한편 4·3평화재단의 경우와 설립과정을 비교해 볼 수 있는 국내사례로는 5·18 기념재단이 있으며, 실제로 4·3평화재단 설립논의 과정에서도 광주 5·18 민주화운동 기념사업을 관장하는 5·18 기념재단이 여러 번 언급되었음.

○ 그러나 4·3평화재단과 5·18 기념재단의 설립과정을 비교해 보면, 차이점도 존재함.

○ 5·18 기념재단은 5·18 관련 특별법 제정 이전에 순수 민간 재단법인으로 설립되었으며, 1994년 8월 30일 창립발기인 대회를 개최하고 같은 해 12월 22일 당시 내무부로부터 재단법

인 설립인가를 받아 5·18 기념재단이 설립되었고, 그 이후인 1995년 12월 21일 '5·18 민주화운동 등에 관한 특별법'이 제정된 것임.

○ 반면에 4·3평화재단의 경우에는 4·3특별법에 의해 진상규명작업이 이루어지고, 법 개정에 의해 기금출연의 근거조항이 마련된 후에 설립되었다는 차이점이 있음.

II. 제주4·3평화재단 설립 의의와 위상

1. 제주4·3평화재단 설립의 의의

○ 제주4·3평화재단은 4·3특별법의 제정과 개정을 통해 추진되어 온 제주 4·3사건 진상규명 및 희생자 명예회복에 기여하고, 평화와 인권의 가치를 확산시키기 위해 설립된 재단법인임.

○ 재단법인 형태로 설립된 제주4·3평화재단은 법적으로 독립된 법인격을 갖춘 실체이며, 이처럼 정부로부터 독립된 재단법인이 설립됨으로써, 4·3 위령사업 및 진상규명 등에 지속성, 전문성, 독립성을 담보할 수 있게 되었음.

○ 이러한 독립적 재단의 설립은 전국적인 민주화운동 기념사업을 기념하기 위한 민주화운동기념사업회나 광주 5·18민주화운동 기념사업을 위한 5·18 기념재단 등에서도 찾아볼 수 있는 것임.

○ 4·3평화재단의 설립에 의해 제주 4·3 진상규명 및 위령사
업, 기념사업을 지속적으로 추진할 수 있는 법적 실체와 조직
적 체계를 갖게 되었으며, 이는 제주 4·3사건 이후 60여 년
이 지난 후의 일로서 매우 중요한 의미를 갖고 있음.

2. 제주4·3평화재단의 위상

○ 제주4·3평화재단은 기본적으로 정부에 소속되지 않은 독립
된 재단법인이며, 중앙정부나 지방자치단체의 소속이 아닌 독
립적 지위를 갖고 있음.

○ 제주4·3평화재단의 설립 자체가 4·3 특별법에 의한 것은
아니며, 4·3 특별법에서는 이미 설립된 재단에 대해 기금을
출연할 수 있도록 했을 뿐, 재단법인의 설립 자체에 대해서는
규정을 두지 않음.

○ 그러나 제주4·3평화재단은 일반 재단법인과는 달리 4·3특
별법에 기금출연의 근거를 둔 재단법인이라는 특징도 갖고 있
으며, 제주4·3평화재단은 본래 국가가 당연히 해야 할 일인
진상규명 사업과 위령사업을 수행하는 등 그 사업내용의 공공
성이 강한 재단법인임.

○ 일반 재단법인은 친목사업도 할 수 있는 등 공공성이 약한 경
우들도 많지만, 이와는 달리 제주4·3평화재단은 공공성이 강
한 특징을 갖는 재단법인임.

○ 한편 제주4·3평화재단의 공공적 성격은 제주4·3평화재단
이사회의 구성에서도 드러나며, 정관 제7조 제2항에 의하면

"제주특별자치도지사가 지명하는 부지사", "제주 4·3사건 진상규명 및 희생자 명예회복위원회에서 추천하는 소속 위원 1인", "제주 4·3사건 진상규명 및 희생자 명예회복위원회 간사", "제주 4·3사건 진상규명 및 희생자 명예회복 실무위원회에서 추천하는 소속위원 1인", "제주특별자치도의회 의장이 추천하는 도의회 의원 1인"이 당연직 이사로 되어 있음.

○ 이처럼 이사회 구성에 중앙정부 소속 위원회의 위원, 국가공무원, 도의원 등이 당연직 이사로 참여하도록 한 것은 제주4·3평화재단의 공공적 성격을 보여줌.

3. 재단법인으로서 제주4·3평화재단의 성격

○ 제주4·3평화재단은 재단법인이며, 법인은 자연인에 의하여는 목적을 달성하기 어려운 사업을 수행하기 위하여 사람의 결합이나 특정한 재산에 대하여 자연인과 마찬가지로 법률관계의 주체로서의 지위를 인정한 것이고, 그 중 재단법인은 일정한 목적에 바쳐진 재산에 법인격이 부여된 것임.

○ 재단법인은 출연된 재산을 목적에 적합하게 관리하기 위한 조직이고, 재단법인 설립의 일반적 근거는 민법 제32조이며, 이에 의하면 "학술·기예·사교 기타 영리 아닌 사업을 목적"으로 하여 설립됨.

○ 다만, 성격상 재단법인으로 볼 수 있지만 특별법에 의해 설립되는 법인들도 있고 학교법인, 사회복지법인 등이 그러하며, 특정한 정책목적을 위해 법인의 설립절차 등이 특별법에 의해

규율되는 경우들이 있음.

○ 예를 들면 민주화운동기념사업회의 경우에는 「민주화운동기념
사업회법」이라는 특별법에 의해 설립된 특수법인이며, 민주화
운동기념사업회법 자체가 민주화운동기념사업회라는 특수한
법인의 설립을 위해 제정된 법이고, 제4조에서는 기념사업회
의 설립에 관한 규정, 제5조에서는 정관에 기재할 내용에 대해
서도 규정하고 있기 때문임.

○ 제주4·3평화재단의 경우에는 민주화운동기념사업회와는 달
리 특별법에 의해 설립된 특수법인으로 볼 수는 없으며, 설립
절차 등에 대해서는 4·3 특별법에 조항을 두지 않고 있고,
명칭 자체도 특별법에서는 언급하지 않고 있기 때문임.

○ 따라서 제주4·3평화재단의 경우에는 진상규명 및 위령사업
이라는 공공적 성격을 띤 사업을 수행하기는 하지만, 민간재
단으로서의 독립성, 자율성을 보장하기 위해 법적인 형식은
민법상 재단법인이라는 형식을 취한 것으로 볼 수 있음.

○ 비록 4·3평화재단이 민법상의 재단법인이기는 하지만, 일반
재단법인과는 구분되는 특징을 가지고 있음.

  - 첫째, 앞서 살펴본 것처럼, 4·3평화재단이 수행하는 사업
    은 본래 국가가 책임져야 하는 역사적 사건에 관한 진상조
    사, 위령사업, 기념사업 등 공공적 성격이 강한 사업임.

  - 둘째, 4·3평화재단은 조직상으로도 중앙정부와 지방자치단
    체, 도의회 등이 관여하여 구성된다는 특징을 가지고 있음.

  - 셋째, 4·3평화재단은 일반 재단법인과는 달리 민관협력방
    식에 의해 설립·운영되는 재단법인이며, 일반적인 재단법

인은 개인, 단체, 기업 등으로부터 재산을 출연 받아 재원을 마련하는 것이 일반적이나 4·3평화재단은 4·3 특별법 제8조의2에 의거하여 국가로부터 기금출연 등을 받을 수 있는 재단법인임.

- 그런 점에서 4·3평화재단은 민간과 정부가 협력하는 민관협력 또는 제3섹터 방식에 의해 설립·운영되는 법인이라고 할 수 있음.

4. 4·3평화재단의 사업에 관한 검토

○ 정관 제4조에 의하면 4·3평화재단의 사업은 아래와 같으며, 그 중 ①부터 ④는 4·3특별법 시행령 제12조의2 제2항 제1호부터 제4호의 내용과 같음.

○ 그리고 ⑤, ⑥은 재단의 정관을 통해 추가한 사업이라고 할 수 있으며, 이처럼 재단의 정관을 통해 사업을 추가한 것은 4·3특별법 시행령 제12조의2 제2항 제5호에서 재단법인의 정관을 통해 목적사업을 추가할 수 있도록 히고 있기 때문임.

```
<4·3평화재단 정관상의 목적사업>
① 제주 4·3 평화공원 및 제주 4·3평화기념관의 운영·관리
② 제주 4·3사건의 추가 진상조사
③ 제주 4·3사건의 추모사업 및 유족복지사업
④ 제주 4·3사건 관련 문화·학술사업
⑤ 국내·외 평화교류에 관한 사업
⑥ 행정기관의 위임 및 위탁사업
⑦ 기타 목적에 부합하는 사업
```

○ 위와 같은 사업내용은 특별법의 취지에 부합하는 것이며, 특별
법 시행령에서 직접 언급하지 않은 "국내외 평화교류에 관한
사업"이나 "행정기관의 위임 위탁사업"을 수행하는 것은 '평
화의 증진과 인권의 신장'이라는 4·3평화재단의 설립취지에
부합하는 것으로 볼 수 있음.

○ 위와 같은 4·3평화재단의 사업은 5·18 기념재단의 목적사
업과도 유사하며, 다만 5·18 기념재단 정관의 경우에는 장학
사업, 홍보·출판사업, 자선사업, 시상사업도 목적사업으로 명
시되어 있음.

4·3평화재단과 5·18기념재단의 목적사업 비교

4·3평화재단	5·18기념재단
① 제주 4·3 평화공원 및 제주 4·3평화기념관의 운영·관리	① 5·18 민주화운동정신을 계승하기 위한 기념사업 및 추모사업
② 제주 4·3사건의 추가 진상조사	② 5·18 민주화운동정신의 계승과 발전을 위한 학술·연구·교육·문화사업
③ 제주 4·3사건의 추모사업 및 유족복지사업	③ 5·18 민주화운동정신을 기념, 계승하기 위한 장학사업
④ 제주 4·3사건 관련 문화·학술사업	④ 5·18 민주화운동정신을 정립, 계승하기 위한 진상규명사업
⑤ 국내·외 평화교류에 관한 사업	⑤ 5·18 민주화운동정신을 계승하기 위한 홍보, 출판사업
⑥ 행정기관의 위임 및 위탁사업	⑥ 5·18 민주화운동정신을 계승하기 위한 자선사업
⑦ 기타 목적에 부합하는 사업	⑦ 5·18. 민주화운동정신을 기념, 계승하기 위한 시상사업
	⑧ 5·18 민주화운동정신을 기념, 계승하기 위한 국내외 민주 인권 단체와 연대사업
	⑨ 기타 목적에 부합하는 사업

III. 제주4·3평화재단 현황

1. 설립 목적

2003년『제주4·3사건 진상조사 보고서』확정과 대통령의 사과 이후 제주4·3평화재단 설립 필요성이 대두되었으며, 제주4·3사료관 및 평화공원의 운영·관리와 추가 진상조사를 등을 수행할 목적으로 설립됨.

2. 설립유형 및 과정(주요연혁)

제주4·3평화재단의 설립유형 및 과정을 살펴보면 다음과 같다.

설립유형			재단법인
설립과정	2005	10. 19	제주4·3평화재단 설립과 정부지원 규정이 반영된 제주4·3사건 진상규명 및 희생자명예회복특별법 개정안 국회발의
	2007	01. 24	제주4·3특별법 개정법률(법률 제8264호)공포
	2008	09. 22	재단설립 발기인 창립총회(이사회 구성)
	2008	10. 16	재단설립 허가(행정안전부)
	2008	10. 21	재단설립 등기
	2008	11. 10	제주4·3평화재단 출범식

3. 주요 추진사업

제주4·3평화재단의 주요사업을 살펴보면 다음과 같다.

내 용
- 제주4·3평화기념관 및 4·3평화공원의 운영·관리
- 제주4·3사건의 추가 진상조사
- 제주4·3사건의 추모·유족복지사업
- 제주4·3사건 관련 문화·학술사업
- 국내외 평화교류사업 등

○ 제주4·3평화재단은 설립 이후 4·3희생자 위령제 봉행 등의
  추모사업, 의료비 지원, 4·3장한어머니상 시상 등의 유족복
  지사업과 4·3의 진실을 알리고 평화의 가치를 확산시키는 교
  육사업 등을 전개해왔음.
○ 2012년 김영훈 이사장이 취임한 이후 위의 기본적인 사업 외
  에 제주4·3사건추가진상조사와 국내외 평화교류, 그리고 평
  화교육의 활성화에 나서고 있음.
○ 제주4·3추가진상조사는 2003년 정부가 진상조사보고서를 발
  간했지만, 제주4·3사건의 성격, 마을별 피해실태 및 행방불
  명 희생실태 등이 미흡하게 정리되어 이를 추가로 조사하는
  것임. 60년이 훨씬 지난 사건이기에 경험자들이 하루가 다르
  게 세상을 달리하는 것도 추가진상조사가 시급한 이유임.

이를 위해 조사단을 꾸리고 학계 전문가로 자문위원을 구성하여
본격 조사활동에 들어갔음. 조사단은 앞으로 3년여에 걸쳐 제주도내

각 마을을 대상으로 마을별 피해 및 행방불명 희생실태 그리고 연좌제 피해 등에 대해 조사할 것임. 뿐만 아니라 2003년 진상보고서 발간 이후 확보된 자료를 수집·분석하여 기존의 진상보고서를 보완할 것이며, 자료집 및 추가진상보고서도 발간할 것임.

○ 평화와 인권의 가치를 함양하기 위한 국내외 평화교류도 본격화하고 있는데, 지난 5월, 5·18기념재단 등 국내 5개, 히로시마평화기념관 등 국외 4개 기관단체가 모여 '동아시아 민주인권평화 네트워크' 공동 MOU를 체결한 바 있음.

○ 제주4·3사건에 대해 국제사회에 널리 알리고 국제적 연구 확장을 위해 진상보고서의 영문 번역을 추진 중이며, 앞으로 일본어, 중국어 등의 번역도 추진할 것임.

○ 4·3의 진실을 알리고, 이를 통해 교훈을 얻을 수 있도록 교육사업도 꾸준히 준비하고 있음. 특히 대중교육프로그램인 4·3 역사문화아카데미는 시민들의 많은 관심 속에 진행되고 있으며, 전국 각지의 청소년을 대상으로 한 전국 청소년 4·3평화캠프도 활성화되고 있음.

4. 주요시설 개요

○ 4·3평화공원 조성사업은 제주4·3사건에 대한 공동체적 보상의 하나로 이루어졌으며, 부지면적은 220,394m(1,2단계 부지)임.

○ 시설부문은 4·3평화기념관, 위령재단, 위령탑, 상징조형물 등이 있으며, 시설규모는 건축연면적 12,314m(건축물 4개동),

조경연면적 160,631㎡로 구성되어 있음.

○ 현재 4·3평화공원 조성기본계획에서 제시된 3단계의 총 공사
  계획 중 2단계까지 완료됨.

5. 조직체계 현황

○ 제주4·3평화재단은 이사회, 이사장, 감사, 상임이사, 사무처
  장을 두고 있음.
○ 조직운영부서는 사무처 산하 총무팀, 기념사업팀, 공원·기념
  관 관리팀을 두었음. 2011년부터 4·3사업소와 4·3재단의
  업무 분장에 따라 공원관리팀은 4·3사업소가 담당하고 있음.
○ 제주4·3평화재단의 조직도는 다음과 같음.

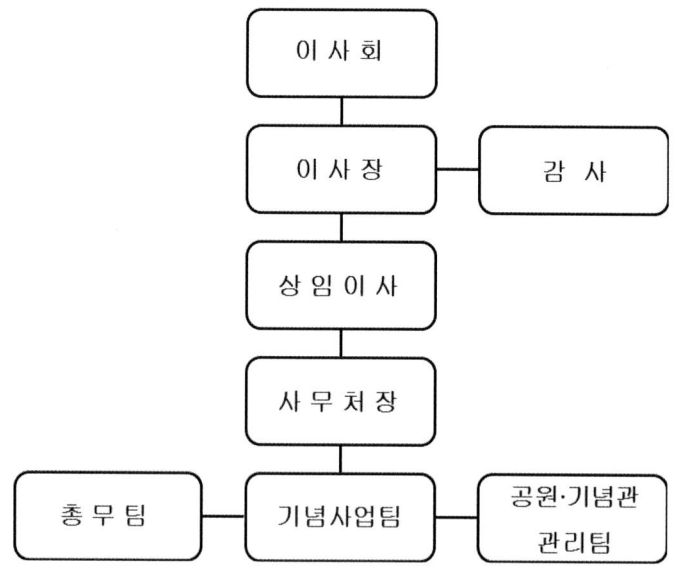

○ 이사장 : 초대 이상복 행정부지사, 2대 장정언, 현재 3대 김영
　　훈 이사장.

○ 상임이사 : 초대 양조훈, 2대 이성찬, 현재 공석 중.

○ 사무처 : 처음 설립 당시에는 전원 제주도 4·3사업소 공무원
　　이 겸직하다가 2009년부터 민간인 채용, 민관협력형 체제로
　　운영. 사무처장·총무팀장은 공무원 파견, 나머지 인원은 민간
　　인 채용. 현재 사무처장 1인, 팀장 2인 등 12명 인원.

※ 추가진상조사단 : 2012년 3월부터 비상근체제로 단장 1인, 전
　　문위원 3인, 조사원 3인 체제로 별도 구성 운영

6. 기금 및 예산

제주4·3평화재단의 예산은 2013년도 기준 26억 5천만 원으로,
국비 지원 20억 원, 지방비 지원 6억 5천만 원이다. 국비는 사업비
로, 도비는 운영비로 지출되며, 평화재단 적립 기금 16억 원, 유족
장학기금 6억 원 등이 총 22억 원이다.

국내 과거사 관련 재단의 특성별 비교

구분	설립주체	위상/성격	목적/사업	운영특성	예산	재원
부산민주항쟁 기념사업회	부마민주화 운동인사	사단법인	부산지역민주 화운동계승	민간주도	21억 원 ('09)	수탁운영비 기금 등
5·18기념재 단	광주민주화 운동인사	재단법인	광주지역민주 화운동계승	민간주도	25억 원 ('08)	국고보조 주
민주화운동 기념사업회	민주화운동 인사	특수법인	민주화운동계 승	민간주도	88억 원 ('08)	국고보조 주
전쟁기념 사업회	국가	특수법인	호국정신함양	관주도 (국방부)	95억 원 ('07)	국고보조30% 자체수익70%

동북아 역사재단	국가	특수법인	역사분쟁해결	관주도 (교과부/ 외통부)	200억 원 ('08)	국고보조
독립기념관	국가	특수법인	호국정신함양	관주도 (국가보훈처)	241억 원 ('08)	국고보조 주

Ⅳ. 제주4·3평화재단 운영의 어려움

4·3평화재단은 국비와 도비 지원에 따라 민·관 협력형으로 운영되기 때문에 근본적인 문제가 항상 내재화되어 있음. 예산 책정과 집행, 인사, 사업 추진 등에 있어 중앙정부, 자치단체의 제어를 받지 않고 독립적으로 운영하는 데 한계가 있다.

○ 설립 과정에서 빚어진 갈등
- 2008년 1월 제주4·3평화재단 설립 준비추진위원회(위원장 이상복 행정부지사)가 발족됨. 이 준비추진위는 4·3유족회와 4·3관련단체, 도의회, 학계, 법조계 대표 등 13명으로 구성됨. 이사장 선출 문제를 둘러싸고 유족회와 4·3관련단체 사이에 극명한 입장 차이를 드러내며 극한 대립 양상을 보임.
- 난항과 파행이 계속되자 본질은 사라지고, 지역사회에는 "4·3단체 간에 밥그릇 싸움한다"는 식으로 비침.
- 결국 과도기 체제로 재단을 설립하기로 하여 민간인을 이사장으로 추대하는 안이 보류되고, 공무원인 이상복 행정부지사를 이사장으로 하는 평화재단이 2008년 11월에 이르러 겨우 출범함.

그러나 유족회를 제외한 4·3관련단체들은 이를 정상적인 재단 출범으로 볼 수 없다며 참여를 보이콧하여 15명의 이사 중 7명으로 시작함.

○ 안정적인 기금 등 재원 마련에 어려움을 겪음
- 자체 기금이 부족한 상황에서 국가와 지방정부에 기대는 상황임.
- 현재 재단이 유족들의 병원진료비를 매년 10억 원 넘게 집행하고 있음. 국가추념일 제정을 통한 국가의 별도 유족복지사업 지원이 절실한 상황임.

○ 4·3평화공원, 기념관에 대한 충실한 운영을 하지 못하고 있음
- 기념관 전시, 아카이브 구축, 지속적인 진상조사 및 학술연구 등 본연의 기능을 수행하지 못하고 있음.
- 안정적인 재단 운영비의 확보를 통한 전문인력 충원의 필요성

언 론

'유신체제'는 '국민주권 실종사태'

- 70년대 '자유언론운동', 저항권으로 맞서다 -

성유보(전 동아자유언론수호투쟁위원회 위원장)

Ⅰ. 머리말

"여러분들 앞에서 머리 숙여 나에게 표를 달라고 정치연설을 하는 일은 다시는 없을 것입니다." 박정희 씨가 1971년 대통령 선거 당시 장충단 유세에서 청중들에게 던진 말이다. 당시 국민들은 순진하게도 이 말을, "박정희 씨가 대통령을 3번만 하고 그만두겠다고 약속한 것이라고 믿었다.

그러나 박정희 씨는 그 다음해인 1972년 스스로 친위쿠데타를 일으켜 "유신체제"라는 영구독재체제를 만들고 종신대통령으로 재립했다. 그의 말은 반은 맞았다. 그는 '유신쿠데타' 이후로는, 더 이상 국민들에게 직접 나서 "자신에게 한 표를 달라"고 머리 숙이지는 않았기 때문이다. 그 대신에 그는 장충체육관에서, 그의 추종자들을 모아 "단군 이래의 최고의 정치지도자"라는 찬사를 받으면서 오히려 목에 힘을 주고 제왕적 권력을 누리는 "총통"같은 "유신 대통령" 직에 올라 죽을 때까지 전제권력을 행사했다.

지난 10월 말에 있었던 '유신 쿠데타 40년 기억 주간' 행사 가운데, '70년대 금지곡 페스티발'에서 박정희 씨가 김추자의 '거짓말이야'라 는 노래를 금지곡으로 지정한 것은, "거짓말이야!" 라고 하면 제일 먼 저 떠오르는 인물이 박정희 씨였기 때문이었다고 누군가가 지적한 바 있다. 한마디로 '10월 유신체제'는 거짓말로 잉태되고, 그 씨앗인 공 안정치, 공포정치, 정보정치가 나라를 뒤덮은 암흑의 시대였다.

1. 박정희 씨는 왜 그의 종신독재체제에다 "유신(維新)이라는 이 름을 붙였는가?

박정희 씨는 일제 말에 일본 "천황"에게 혈서를 쓰고 만주군관학 교를 들어가 일제 육군사관학교를 거쳐, 만주의 '관동군' 장교로 복 무하다가 1945년 일제의 패망을 맞은 바 있다. 이에서 보듯이, 박정 희 씨는 일신의 출세를 위해 일본군국주의에 절대적인 충성을 맹세 한 사람이었다.

그 일제군국주의는 1867년 도쿠가와 막부가 이른바 "메이지(明 治) 천황"에게 막부 권력을 봉환하고, "메이지 천황"이 1868년 "메 이지 유신"을 선언하면서 "천황 친정체제"로 돌아가면서 시작되었다. "메이지 유신"은 일본 고유의 신을 섬기는 '신도(神道)주의'이다. 즉 "천황"을 "신"과 일체화시키는 '제정일치'의 국가주의 절대왕정 체 제이다. 근대 일본은 이러한 '제정일치' 정치사상에 입각하여 1889 년 '제국헌법'을 공포하였는데, 이 헌법은 "천황"에게

○ 광범위한 통치권 부여

○ 선전 및 조약 체결권 부여

○ 헌법 개정 발의권은 부여

○ 참모본부와 군령부를 내각과 분리, "천황" 직속으로 두는 것을 골자로 하였다.[1]

　이 '제국헌법'에 따라 1890년 제1회 총선거가 실시되었으나 의회의 권한과 기능은 "천황"의 자문기구로 전락하고 말았다. 일본에서의 "메이지 유신"은 서양 근대의 자본주의 경제체제를 도입하였으나, '국민주권 사상'에 입각한 시민 민주주의 대신에, "주권을 신성불가침의 천황"에게 귀속시켰다. 그러한 일본은 파시즘 군국주의 체제로 흐를 수밖에 없었다. 결국 일본은 점점 더 군국주의 체제를 강화하고 국가 독점적 자본주의로 치달았다. 이 군국주의와 국가독점 자본주의는 일본으로 하여금 절름발이 근대화를 하게 만들었고, 아시아를 평화와 공존이 아닌 침략과 전쟁의 장으로 만들어, 조선 합방(1910년), 만주사변(1931년), 중일전쟁(1937년), 미일전쟁(1941년)을 일으켜 1945년 연합군에게 항복할 때까지 약 100년 이상 일본을 파시즘 체제로 몰아넣고 아시아문명 전체를 재앙으로 몰아넣은 바 있었다. 그리고 그 끝은 "신(일본 천황)"이 인간(맥아더)에게 항복하는 파멸로 귀결하였다.

---

1) '메이지 유신'에 대해서는 주로 김희영, 『이야기 일본사』, 청아출판사, 2006을 참조하였다.

2. 박정희 씨의 '유신쿠데타'와 그의 정치사상

불행하게도 박정희 씨의 종신독재의 모델은 이 '군국주의 메이지 유신'이었다. 박정희 씨가 친위쿠데타를 통해 새로 구축한 '유신체제'에서 '유신대통령'은 3권 분립 속에 행정부를 대표하는 대통령이 아니라, 입법, 사법, 행정 위에 군림하는 대통령, 즉 법의 지배를 받는 대통령이 아니라 '법 위에 군림하는 대통령'이었다. '유신체제'는 시민 민주주의의 법과 제도를 붕괴시킨 제도였다.

'10월 유신'은, 한민족이 나라를 잃은 고통 속에서 1920년 상해임시정부를 수립하면서 근간으로 삼은 '민주공화국의 정신', 이승만 독재가 거의 망가뜨렸으나 1960년 '4월 혁명'을 통해 다시 확립해가고 있던 '국민주권의 법과 시스템'을 일거에 실종시켰다. 그리고 그는 스스로 '유신대통령'에 취임하여 죽을 때까지 '유신대통령'의 자리를 유지했던 것이다.

3. 박정희 씨의 종신 독재정치 성립 - '유신체제의 성격

"10월 유신"이 내포하고 있는 정치사상과 제도는 크게 다음과 같이 정리된다.

첫째, '국민 주권의 부정과 무력화'이다. 건국 헌법의 1조 2항은 "대한민국의 주권은 국민에게 있고, 모든 권력은 국민으로부터 나온다."라고 되어 있다. 이를 "유신 헌법"에서는 "대한민국의 주권은 국민에게 있고, 국민은 그 대표자나 국민투표에 의하여 주권을 행사한다."라고 바꾸었다.

국민 주권을 도대체 누구에게 위탁할 수 있단 말인가? '주권자'가 누구이든, '주권'이란 남에게 위탁하거나 양도할 수 없는 것이다. 전제왕조의 '주권자'인 '전제 왕'이 만약 '주권'을 남에게 위탁하거나 양도한다면, 그는 그 순간부터 '왕'이 아니다. 마찬가지로 민주주의 국가에서 '주권자'인 국민들이 만약 자신들의 '주권'을 남에게 위탁하거나 양도한다면, 그 순간부터 그 국민들은 더 이상 '주권자'가 아닌 것이다.

고대 공화정 로마가 제정으로 전환될 때를 기억하자. 그 당시 로마 원로원은 옥타비아누스에게 '아우구스투스(존엄자)'라는 칭호를 부여하고, '로마 공화정의 제1인자' 옥타비아누스에게 인민의 주권을 위탁"하기로 결의하였다. 이것이 제정 로마의 출발점이었다.

'유신대통령' 박정희 씨는 "유신헌법"에 따라 '통일주체국민회의'라는 유령집단을 만들어 체육관 간선으로 6년제 대통령이 되었는데, 무제한 연임이 가능했고, 대통령은 그 '통일주체국민회의'의 의장을 겸했다.

둘째, '유신체제'는 시민 민주주의 체제의 골간인 입법, 사법, 행정의 삼권분립을 파괴하였다. "유신헌법"은 "유신대통령"이 국회의원 3분의 1을 지명하고, 국회 해산권을 가진다. 그 반면에 국회는 대통령 탄핵권과 국정감사권을 가질 수 없다. 대통령은 또 법관 임면권을 가진다. 이로서 대법원장은 "유신 대통령"의 심부름꾼으로 전락하고 말았다.

셋째, '유신헌법'상의 '긴급조치' 조항은 '유신대통령'을 전제 왕으로 만들었다.

'유신헌법'은 초법적인 '긴급조치' 조항을 만들었다("유신헌법" 제53조). '긴급조치' 조항은

① 대통령은 천재 ·지변 또는 중대한 재정·경제상의 위기에 처하거나 국가의 안전보장 또는 공공의 안녕질서가 중대한 위협을 받거나 받을 우려가 있어 신속한 조치를 할 필요가 있다고 판단할 때에는 내정·외교·국방·경제·재정·사법(司法) 등 국정 전반에 걸쳐 필요한 긴급조치를 할 수 있다.

② 대통령은 제1항의 경우에 필요하다고 인정할 때에는 헌법에 규정되어 있는 국민의 자유와 권리를 잠정적으로 정지하는 긴급조치를 할 수 있고, 정부나 법원의 권한에 관하여 긴급조치를 할 수 있다.

③ 제1항과 제2항의 긴급조치를 한 때에는 지체 없이 국회에 통고하여야 한다.

④ 제1항과 제2항의 긴급조치는 사법적(司法的) 심사의 대상이 되지 아니한다로 되어 있다.

이 '긴급조치' 조항은 "헌법에 규정되어 있는 국민의 자유와 권리를 잠정적으로 정지하는 조치를 할 수 있다"고 함으로서 "유신 대통령"의 말 한마디가 헌법 및 일체의 법보다 위에 있음을 선언한 것인데, 이로서 대통령의 명령과 지시는 헌법과 일체의 법 위에 위치하게 되었다.

4. 70년대 초 신문과 방송들은 '유신체제' 선전대로 예약되어 있었다

박정희 씨가 1972년 10월 27일 "유신 헌법안"을 공고한 다음날인 28일, 한국 신문협회와 모든 종합 일간신문사들, 한국방송협회와 모든 방송사들이 자기 신문과 방송에 "유신 헌법안"에 대한 지지, 찬양 성명서를 발표하였다. 그중의 하나인 동아일보 1면 사고를 보자.

새(유신) 헌법안에 대한 성명서

한반도를 에워싼 아시아의 판도는 걷잡을 수 없는 복잡성을 내포한 채 격동과 변전을 거듭하고 있다. 이렇듯 긴박한 정세 속에서 자위태세의 강화와 함께 우리의 활로를 스스로 개척하고 민족의 지상과업인 조국의 평화통일 달성을 과감하게 뒷받침하기 위해서는 국내체제의 유신적 개혁과 전 국민 총화에 의한 굳은 민족의 단결이 필연적으로 요청되고 있다.

10월 유신은 이와 같은 명제에 대한 민족적 결단인 바 이를 뒷받침하기 위해 27일 공고된 새 헌법안은 우리 국민이 국가의 진운과 시대적 사명을 다 같이 짊어지고 전진해야 할 선택된 길임을 확신, 우리 신문협회 회원 일동은 전폭적으로 지지하는 바이다.

바야흐로 국제권력정치가 빚어내고 있는 정치적 경제적 격랑은 우리 민족에게 새로운 역사창조의 과업을 안겨 주었다. 이에 따라 결단된 '10월 유신'은 우리 민족의 진로를 스스로 개척하는 주체적 결단이다. 평화통일을 지향하는 민족의 의지를 한결 높이 선무한 것이다.

책임과 의무가 자유에 선행하는 민주주의, 조국을 위해 헌신하는 새로운 차원의 민주주의를 이 땅 위에 토착화시켜야 할 것은 물론, 분산된 힘을 집약하여 최대한으로 신장하고 비생산적인 요소를 배제하여 정치 경제 사회 등 각 분야의 능률을 가속적으로 상승시켜야 한다.

새로운 이념, 새로운 의지로서 안정의 기저를 다시 다지고 빛나는 번영을 지속시켜 우리의 역사 속에 약동하는 생명의 새로운 기원을 기록해야 한다.

이에 우리 신문협회 회원 일동은 시대적 사명 앞에서 새로운 역사창조와 국가의 명운을 개척하는데 앞장설 것을 온 국민 앞에 천명하는 바이다.

1972년 10월 28일

한국 신문협회 동아일보사

이에서 보듯이 신문과 방송들이 '유신개헌안'이 나오자마자 일제히 지지, 찬양하고 나섰다. 이것은 신문 방송의 상층부들이 이전에 이미 박정희 씨에게 굴복하고 포섭되어 있었음을 보여준다. 그들은 '유신체제'의 선전대로 예약되어 있었다.

5. 박정희 씨는 쿠데타 직후부터 11년간 공작하여 신문 방송을 장악했다

박정희 씨는 1961년 5·16군사쿠데타 직후부터 독재체제를 꾸준히 구축해왔다. 그것은 크게 4가지 분야에서 진행되었다.

그 하나는 민주화운동, 노동운동, 평화통일운동을 "용공 좌익"으로 모는 일이었다. 박정희 씨는 특히 이승만 독재체제를 무너뜨린 진원지이자, '4월 혁명' 후 남북의 화해와 평화통일운동의 광장으로 자리 잡아가고 있는 학생운동을 억압하는 데 심혈을 기울였다. 박정희 씨는 이른바 "혁명공약" 제1조에서 "반공을 국시(國是)로 삼고, 국가보안법을 개정하고 '반공법'을 신설하였다. 이후 한국사회의 민주화운동, 노동운동, 농민운동, 남북 회해운동, 통일운동 등 대부분은 '좌익운동', '빨갱이운동'으로 규정되어 잡혀가 고문과 처벌을 받고, 그 가족들은 사회로부터 소외되고 배제되었다.

둘째는 비밀 정보기관들을 신설하고 강화하는 일이었다. 박정희 씨는 '중앙정보부'를 신설하였을 뿐 아니라, 군 정보기관도 '방첩대'를 '국군보안사'로 확대 개편하고, 경찰의 대공 사찰 라인을 대폭 확대 강화하였다.

셋째는 언론을 장악하는 일이었다. 박정희 씨의 언론정책은 '예스 맨' 언론사와 '예스 맨' 언론인만 살아남을 수 있도록 비판언론을 탄압하고 '찬양언론'에게 특혜를 주는 일이었다.

넷째는 시장 군수급 이상의 고위공무원들을 군 장교들로 대체하는 일이었다. 그밖에도 '6 · 25동란'으로 당시 남한 사회 최대 조직으로 등장한 60만 대군을 "반공" 슬로건으로 휘어잡고, 군 지휘자들에게 끊임없이 특혜를 제공함으로써 박정희 씨는 군대의 힘을 자신의 최대 정치무기로 이용하였다.

6. 박정희 독재의 언론 장악 과정

이에서 살펴볼 수 있듯이 박정희 독재는 1961년 5 · 16군사쿠데타 이후 1972년 '유신체제' 구축 직전까지 11년간 신문과 방송을 그의 손아귀에 장악하기 위해서 지속적으로 공작을 해 왔다. 모든 독재 권력이 그러하듯이 박정희 씨도 언론 장악을 위해,

○ 비판언론에게는 배제와 말살정책
○ 지지 협조언론에게는 특혜정책을 펴는 채찍과 당근정책 적극 활용

가. 배제, 말살정책
① 1961년 쿠데타 직후의 신문, 잡지, 통신의 강제 폐간[2)]

---

2) 1961년 강제폐간의 규모 : 박정희 씨는 쿠데타 초기 계엄령 하에서 '사이비 언론인 및 언론기관 정화방안'을 발표하고, 64개 중앙일간지 가운데 49개, 지방일간지 51개 가운데 27개, 통신사 316개 가운데 305개를 강제 폐간시켰다.

② 민족일보의 폐간과 조용수 사장에 대한 사형3)이 있었다. 언론
　　계에 대한 일종의 공포작전이었다.

　이 공포작전은, 잘못 보이면 재산은 물론이고 목숨까지도 빼앗길 수
있다는 것을 노골적으로 보여 주었다. 살아남은 언론사들은 주눅이 들
었는지, '5·16 군사쿠데타'를 찬양하거나 기정사실화 하였다. 박정희
씨와 그 친위 군사세력이 '주권재민'의 대한민국 건국정신을 짓밟고
총칼로 권력을 탈취한데 대해 당시의 언론들이 "불가피한 사태"라거나
"구국의 결단"이라거나 하면서 항의나 이의를 제기하지 않았다.
　5·16 쿠데타 후 한 달쯤 흐르면 아첨이 한 발짝 더 나간다. 조선
일보는 1961년 6월 27~28일 양일간 박정희 씨의 특별기고 '지도자
도(指導者道)'를 실었는데, 그 글에서 박정희 씨는 "우리나라 국민
의 대부분은 강력한 타율에 지배받던 습성이 제2의 천성으로 변하
여 자각, 자율, 책임감은 극도로 위축되어 버렸다"고 진단했다. 경향
신문도 '지도자도'를 연재하면서, "특히 혁명기에 처해 있는 지도자
란 영웅적이라야 한다. 우리 사회가 불타오르겠다는 기름바다라면
이 바다에 점화 역할을 해주는 신회적 작용이 있어야 힌다. 이를 위
해서는 안일주의, 이기주의, 방관주의 및 숙명론자로부터 탈각하여
피지도자(국민)가 부르짖는 것을 성취하도록 이끌어나가야 한다."고
주장했다.4)

---

3) 민족일보 사건 : 쿠데타 직후 계엄사령부는 "민족일보에 조총련 자금이 유입되었
　　다"면서 신문을 폐간시키고, 조용수 사장 등 8명을 구속시킨 뒤 3명에게 사형선고
　　를 하였으나 이해 말 조용수 사장만 사형집행하였다.
4) 강준만 교수의『한국 대중매체론』, p.404 참조

③ 1962년의 부산일보, 부산MBC[5), 1966년 경향신문 강탈[6)

④ <사상계>, <다리>지의 강제 폐간을 단행하였다.[7)

⑤ 박정희 씨의 언론장악 과정에서 언론인에 대한 구속, 연행조사, 테러, 강제사직 강요 등도 빼놓을 수 없다.

우선 구속사건을 보면

○ 5·16 쿠데타 직후부터 1962년 6월까지 1년 여 동안 체포되거나 재판받은 언론인이 총 960명, 이중 141명은 포고령, 반공법 위반 혐의

○ 1962년 7월, 동아일보 주필 고재욱, 논설위원 황산덕, "국민투표는 만능이 아니다"라는 사설로 구속

○ <한국일보>, 1962년 11월 28일자 1면에 "혁명주체세력이 영국 노동당과 비슷한 정당 창당을 추진 중"이라는 기사를 실어 발행인 장기영, 편집국장 홍유선, 정치부장 김자환, 기자 한남

---

5) 부산일보, 부산MBC의 강탈 : 박정희 씨는 1962년에는 김지태 씨를 부정축재자로 몰아 부산일보와 부산MBC를 빼앗아, 그가 만든 '5·16장학회'에 넘겼다. 한홍구 교수는 그의 최근 저서 『장물바구니』에서, 그 이유가 "언론사를 탐했기 때문"이라고 본다. "부산일보는 경찰의 최루탄에 죽은 김주열의 사진을 특종 보도하는 등 4·19혁명의 도화선 역할을 했다. 당시 부산지역 계엄사령관이었던 박정희로서는 이때 언론사의 위력을 실감했다."는 것이다.

6) 경향신문의 강탈 : 박정희 씨는 1965년 초에 김종필과 김형욱을 불러 "경향신문을 정부 소유로 만들어라"고 지시한다. 그 일환으로 당시 경향신문 사주 이준구 씨는 반공법 혐의로 구속시키고 1966년 <경향신문>을 경매처분에 맡겨 '기아산업'에 맡긴 후 다시 당시 중앙정보부장 이후락이 기아산업의 김철호 사장에게 압력을 넣어 주식 50%를 박정희 씨에게 넘기게 했다. 형식적 사주는 신진자동차의 김창원 사장이 되었다. 이 경향신문도 '유신시대'에 '5·16 장학회'에 귀속되었다.

7) 『사상계』, 『다리』 지 강제폐간 : 『사상계』, 1970년 5월호에 김지하의 '오적(五賊)'을 실었다가 폐간당하고 김지하 씨 등 4명은 구속. 『다리』 지, 1970년 11월호에 임중빈의 "사회참여를 통한 학생운동' 실었다고 1971년 폐간되고, 기고자, 편집인 등 반공법 위반혐의로 구속

희 등 4명 구속

○ 1964년 "굴욕적 한일회담을 반대하는" '6·3 시위'가 전국적
으로 일어나 박정희 씨는 비상계엄을 선포했는데, 구속자 348명
중 7명이 언론인

○ 1964년 5월부터 경향신문이 "전국적인 굶주림 사태"에 대해
시리즈 연재물을 연재하던 중, 박정희 씨는 '6·3 비상계엄령'
을 기화로 사장 이준구, 기자 손충무를 구속

○ 1964년 6월 동아방송 '앵무새' 프로그램이 부정사건을 비판했
다고 6명의 간부를 반공법 위반 혐의로 구속 기소

○ 리영희 기자 반공법으로 구속. 리영희 선생은 조선일보 외신부
기자 시절인 1964년 11월 21일에 "남북한 UN 동시 가입 안건
을 아시아 아프리카 외상회의에서 검토 중"이라는 기사를 썼
는데 박정희 씨는 이를 반공법 위반 혐의로 구속

○ 문화방송 사장 황용주 씨 구속. 황용주 씨는 월간 <세대>에 "국
토분단을 타개하기 위해 남북한의 적대행위부터 해소해야 하
며, 군비 축소와 UN군 극소수 주둔, UN 동시가입을 추진해야
한다"고 기고하여 반공법 위반 혐의로 구속

○ 1967년 5월 4일 동아일보 밀양 주재기자, 명예훼손 혐의로 구속

○ 1967년6월 17일, 동아일보 이종률, 박지동 기자 반공법 혐의
로 구속한 사건. 1968년 12월, <신동아>12월호 "차관"이라는
기사로 김진배, 박창래 기자 구속 기소

박정희 씨는 또 신동아 "차관" 기사를 기하여 동아일보의 주
필 천관우, 신동아 주간 홍승면, 신동아 부장 손세일을 강제 퇴

직시키는가 하면, 많은 언론인들에 대한 불법 비밀 연행조사, 공공연한 테러 등을 통해 언론사회 전체를 공포로 몰아넣었다.

⑥ 1972년 2월에는 문공부가 '프레스카드'라는 제도를 도입하여 지방 주재기자 등 기자 수를 강제로 축소하고, 정부에 찍힌 기자들에게는 프레스카드를 발급하지 않음으로써 언론계에서 축출하였다.8)

⑦ 1972년에는 "자진 폐간" 형식으로 언론통폐합이 다시 추진되었다. 박정희 씨의 "지방 일간지 1도 1사" 방침에 따라 11개 지방신문이 사라지고 3개 지방신문이 새로 창간되었다.

II. 특혜정책

○ 은행 융자에서의 특혜, 박정희 씨는 은행 대출 금리가 25%대이던 1960년대 후반에 신문, 방송에게는 18%의 이자만 물렸다.

○ 신문용지 수입관세에 특혜 제공, 당시 일반 수입관세는 30%대일 때 신문용지 수입관세는 4.5% 적용한다.

○ 신문사가 시설을 도입하는데, 심지어 호텔을 짓는데 까지 장기 저리의 차관자금을 제공한다(국내금리 25~26%일 때 7~8%의

---

8) 프레스카드 미발급으로 축출된 기자 수 : "문광부가 1971년 12월에 밝힌 전국의 기자 수는 7,090명이었는데, 프레스카드를 발급받은 3,975명(발급대상에서 빠진 주간 및 월간잡지 기자828명과 당시 공무원 신분이었던 KBS 기자는 제외)이었고 발급받지 못한 2,287명은 언론계에서 축출되었다." - 강준만 교수, 『한국 대중매체사』, p.482

상업차관 허용).

이러한 채찍과 당근정책으로 하여 1968년 <신동아> "차관" 기사 등을 마지막으로 박정희 독재에 대한 비판기사는 마감되었다. 그리고 앞서 살펴보았듯이 '유신체제' 시대 신문 방송들은 '유신체제'에 대한 선전 홍보기관, 협조 찬양기관으로 봉사할 것임이 이미 예약되어 있었던 것이다.

1. '유신체제'에 대한 정면 도전, 1974년 '10 · 24 언론자유실천선언'

1974년 10월 24일 9시 반, 동아일보사 대다수의 기자들이 참여한 가운데 '기자협회 동아일보 분회(분회장 장윤환)'가 "10 · 24 자유언론실천선언"을 발표했을 때, 박정희 정권의 정보 수사기관들은 처음에는 1971년부터 연례행사처럼 일어난 종래의 "언론자유 수호선언" 정도로 여기고 심드렁하게 보아 넘겼을 것이다.

그러나 "본질적으로 자유언론은 바로 우리 언론종사자들 자신의 실천과제일 뿐 당국에서 허용받거나 국민대중이 찾아다 쥐어주는 것이 아니다"라면서,

○ 신문 방송 잡지에 대한 어떠한 외부 간섭도 우리의 일치된 단결로 강력히 배제한다.
○ 기관원의 출입을 엄격히 거부한다.
○ "언론인의 불법 연행을 일절 거부한다. 만약 어떠한 명목으로라도 불법연행이 자행될 경우 그가 귀사할 때까지 퇴근하지 않기로 한다"라고 엄숙히 결의하고, 이를 동아일보 1면 지면

에 게재해 줄 것을 요구하면서 이를 약속하지 않을 경우에 제작을 거부하기로 하고, 제작 거부에 들어가자 박정희 정권은 완전히 궁지에 몰렸다.

이날부터 1975년 3월 17일까지 5개월간 시민민주주의와 언론의 자유를 쟁취하기 위해 혼신의 투쟁을 다한 언론계의 젊은 언론인들과, 자유언론운동에 나선 언론인들을 격파하고 '유신독재'를 사수하려는 박정희 씨 간의 인문사회과학적 전쟁은 참으로 살벌했다.

이 5개월 동안 긴급조치 1호(개헌서명운동 금지 처벌 조치), 긴급조치 4호로 숨죽이고 있던 재야운동과 학생운동이 다시 불붙었을 뿐 아니라, 기독교의 목요기도회, 천주교의 '정의구현 전국사제단' 결성과 인권기도회 등으로 상징되는 종교계의 민주화운동이 본격화되고 그 활동이 신문 방송으로 번져 나가기 시작하였다. 이 5개월 동안은 가히 한국언론 사상 초유의 '혁명기'였다.9)

박정희 씨는 이에 맞서 동아일보사에 대해서는 일체의 광고회수로 경영을 압박하고 동아일보사 사주에 대해서는 주식을 포기하라고 압박했다. 1967년 경향신문을 강탈한 방식을 원용했다. 동아일보사 당시 사주인 고 김상만 회장은 5개월 버틴 끝에 마침내 굴복하고, 자유언론 실천운동에 나선 동아일보의 기자, PD, 아나운서들을 축출하고 나섰다.

---

9) '기협 동아일보분회'와 '동아방송 자유언론실천특위'의 동아일보사 내에서의 자유언론 실천운동에 대해서는 동아투위, 『자유언론』, 해담솔, 2005를 참조

2. "자유언론운동은 민주주의의 저항권" – '10·24 선언'의 배경

박정희 소장과 일부 정치군인들은, '4월 혁명'이 추구한 시민 민주주의 정신이 이 땅에 막 뿌리내리려는 1961년에, '4월 혁명'만 1년이 지난 직후에 '5·16군사쿠데타'를 일으킴으로서 '4월 혁명'을 짓밟았다.

민족의 자주와 민주주의, 민생주의, 민족통일의 꿈을 싱싱하게 품고 사회생활을 예비하고 있던 학생들로서는 '5·16쿠데타'를 누구보다도 더 용납할 수 없었다. 그들 학생세력이 1960년대와 70~80년대를 한결같이 군사독재 정치에 가장 앞장 서 반대하고 나선 것은 당연한 일이다.

게다가 박정희 개발독재의 필연적 귀결인 노동자 농민들에 대한 비인간화는 남의 일이 아니라 나의 일이 될 수도 있는 일이었다. 1971년 "노동자도 인간이고 싶다"면서 분신자살한 전태일 열사의 죽음, 1972년 "우리를 광야에다 내다 팽개치지 말라"는 경기도 광주 빈민들의 폭동은 대학생들의 박정희 독재 반대운동에 기름을 부었다.

희생들뿐인가? 학창시절 '4월 혁명의 정신'에 세례 받은 바 있다가 일상의 사회생활에 파묻혀 자신들의 청소년 시절의 꿈을 망각 속에 묻어두었던 '4월 혁명' 세대들도 학생시절의 민주화투쟁의 기억을 되살리기 시작했다.

재야운동이라는 것이 생겨나고 종교계를 기반으로 하는 노동운동, 농민운동, 빈민운동들이 싹 트기 시작했다. '4월 혁명의 정신'을 세례 받은 사람들이 그 중심에 서 있었다. 이 70년대 학생운동과 전태일 열사의 분신으로 가장 크게 충격을 받은 사람들은 아마도 젊은 언론인들이었을 것이다.

정상적 사회에서라면 전태일 열사 분신은 톱뉴스라야 한다. 그러나 이 사건은 대부분의 언론에서 묵살되었다. 그래서 학생운동이 70년대 언론인들을 질타했다. 신문사에 돌멩이를 던지고 '언론 화형식'을 가졌다. 그중에서 1971년 3월 26일에 서울대 학생들이 발표한 '언론인에게 보내는 경고장'은 준엄하다.

"정치문제는 폭력이 무서워서 못쓰고, 사회문제는 돈 먹었으니 눈 감아주고, 문화기사는 판매부수 올리려고 저질로 치닫는다면 더 이상 무엇을 쓰겠다는 것인가? 신문이 신문사 위해 있는 것이 아니요, 대중을 위해 있는 것일진대, 폭력이 무섭다고, 돈맛이 좋다고 그렇게 나자빠져 버리면 그만인가? 도둑 지키라는 파수꾼이 (도둑들의) 망보기 꾼으로 둔갑한 꼴이 아니고 무엇인가? 들건대 일선기자의 고생스러운 취재는 겁먹고 배부른 부·차장 선에서 잘리기 일쑤고, 힘들게 부차장선을 벗어나면 편집국장 옆에서 중앙정보부 요원이 지면을 난도질하고 있다니 이것이 무슨 해괴한 굿거리인가? 통탄할 언론의 무기력과 타락은 이미 인내의 한계를 넘어서고 있다."10)

이를 경고장에 자극받아 1971년 4월 15일 동아일보 기자들이 '언론자유수호선언'을 한 이래 해마다 여러 신문사에서 '언론자유수호선언'이 나왔으나 그 선언들은 1회성, 단발성에 그치고 말았다. 73년 말의 긴급조치 1호와 1974년 4월의 긴급조치 4호, 그리고 민간인에 대한 군법회의, 재야인사와 학생들에 대한 무더기 조사 구속과 사형선고까지 포함된 중형 선고는 더 이상 젊은 언론인들로 하여금 낯

---

10) 동아일보사 노동조합, 『동아자유언론 실천운동 백서』, 1989

뜨거운 면피용 언론자유 수호선언을 되풀이할 수 없게 만들었다.

동아일보사의 기자, 아나운서 프로듀서들이 '10·24 자유언론 실천운동'에 나서고 조선일보, 한국일보 기자들이 동조하면서, 언론 자유운동이 전국 언론인들에게 확산될 조짐을 보이자, 박정희 씨는 중앙정보부 등을 동원하여 동아일보와 동아방송에 대한 전면적 광고 회수에 나선 것은 앞서 언급한 바 있는데, 이에 대응해서 무수한 시민들이 '격려광고'로 자유언론 실천운동을 지지 격려하였다. 이는 당시 우리 국민들이 언론의 자유와 국민들의 알 권리에 대해서 얼마나 목말라 있었던가를 반증하는 것이고, 민주화운동이 좀 더 불붙으면 언제라도 행동으로 동참할 태세가 되어 있음을 보여준 것이다.

영국의 사상가 존 스튜어트 밀은 일찍이 <자유론> 서문에서 "나라를 사랑하는 사람들이 목적으로 한 것은, 지배자가 사회에 대해서 행사할 수 있는 권력의 제한을 설정하는 일이었다. 그리고 이 제한이야말로 바로 자유의 본질이라고 그들은 생각했던 것이다"라고 말한 바 있다.

'10·25 자유언론 실천운동'은 '유신체제'의 편에서가 아니라, 국민들의 편에 서서 그들의 알 권리 충족에 충실하려 하고, 민주화운동에 나선 사람들이 박정희 씨에 의해 얼마나 탄압받고 있는가를 알림으로서 독재에 저항하고 민주화에 적극 기여하려 했던 것이다. 이때에 자유언론운동의 상층부 언론인들과 언론사 사주들이 좀 더 함께 힘을 보탰더라면, 한국의 군사독재는 박정희 씨로 끝났을 것이다. 하지만 언론사 사주들은 금세 '유신독재'에 백기 투항하였다. 그리고 동아일보사와 조선일보사 언론인 150여 명은 해직되어 길거리로 쫓겨났다. 이것은 해직기자 150여 명만의 문제가 아니었다. 동아, 조선 언론인들의 해직을 계기로 제도언론과 모든 제도언론인들은 '유신독재'의 맹목적 추종자가 되거나, 아니면 그들의 포로가 되었다.

19세기 말의 영국 정치가 벤자민 디스렐리는 "영국에는 두 개의 사회가 있다. 그 하나는 귀족사회, 가진 자들의 사회이고, 다른 하나는 가난한 자의 사회이다."라고 말했다. 그는 보수주의 정치가임에도 불구하고 "이 두 사회가 완전히 단절되어서는 영국이라는 국가가 유지될 수 없다."고 말했다.

박정희 씨의 '유신독재'는 여기에 한술 더 떠서, 그를 정점으로 하는 군부, 검찰, 경찰, 정보기관들이 적극 육성시키고 있는 재벌경제체제에 제도언론들을 포섭시킴으로써 블루칼라 대중들과 소기업, 소규모 자영업자들과 특혜계층을 격리 차단시켜 상호 소통을 불가능한 사회로 치닫게 만들었다.

제도언론들은 노동자, 농민, 서민들의 목소리에 귀를 기우리려 하지 않았다, 뿐만 아니라 '유신독재'가 학생, 종교계, 재야, 노동 농민운동 등 모든 민주화운동을 탄압할 때는 침묵하고 있다가 '유신독재'가 이들 운동을 "용공 좌경"으로 몰 때는 그 논리를 대서특필하였다.

'동아투위'의 기자, 아나운서, 프로듀서들이 길거리로 쫓겨나고 (1975년 3월 17일), 뒤이어 '민청학련'에 연루되었던 여덟 분의 "인혁당 재건위" 관련인사들이 서대문형무소에서 형장의 이슬로 사라졌을 때(1975년 4월 8일), 학생운동이 얼마나 충격에 빠졌던가 하는 것은, 1975년 4월 11일 서울농대생 김상진 열사가 '유신반대' 시위 도중 할복자살한데서도 여실히 알 수 있다.

김상진 열사는 그의 '유언장'이 된 양심선언문에서 이렇게 말하고 있다.

"학우여! 아는가~ 민주주의는 지식의 산물이 아니라 투쟁의 결과라는 것을. 오늘 우리는 어제를 통탄하기 전에, 내일을 체념하기 전에, 치밀한 이성과 굳은 신념으로 이 처참한 일당독재의 아성을 향해 불퇴진의 결의로 진격하자. 민족사의 새날은 밝아오고 있다. 우리는 하나가 무너지고 또 무너지더라도 무릎 꿇고 사느니 차라리 서서 죽을 것임을 재천명한다."

김상진 열사는 스스로의 주검을 통해서, 동료 학생들에게 한국의 민주주의를 위해서 죽음을 두려워하지 말고 떨쳐 일어날 것을 촉구한 것이다. "민주화를 위해서는 목숨을 바치는 일 밖에 남아있지 않다"는 절망감, 이 얼마나 섬뜩한 일인가!

한국의 학생 민주화운동 과정에서 그 전에도 많은 희생자가 나왔지만, 스스로 자결한 것은 김상진 열사가 처음이었고, 박정희 씨에게 "스스로 사퇴하라!"고 촉구한 것도 김상진 열사가 처음이었다.

박정희 씨는 이에 아랑곳하지 않고 1975년 5월 13일 가장 포괄적인 민주화운동 탄압조치인 '긴급조치 9호'를 발동했다. 그러나 이미 민주화운동 제단에 동료 학우를 바친 학생들에게는 어떤 두려움보다 앞서는 용기와 정의감이 생겨나기 시작했다. 1975년 5월 22일 점심시간 직후 김상진 열사의 추모집회가 열렸다. 그 추모식과 데모로 56명이 구속되고 20여 명이 긴급 수배되었다. 이른바 '오둘둘 사건'이다.[11]

그러나 김상진 열사의 죽음도, 열사의 추모식도 제도언론의 취재 밖이었다. 한국 사회는 완전히 둘로 나누어졌다. 1978년 10월 24일

---

11) 김남일, 『김상진』, 민주화운동기념사업회, 2003

동아투위가 '10 · 24 자유언론실천선언' 4주년을 맞아, "제도언론이 보도하지 않은 민주 민권일지'를 등사물로 만들어 뿌렸을 때에도, 그 일지 사건을 계기로 총 3차례에 걸쳐 10명의 동아투위 위원들이 긴급조치 9호 위반 혐의로 구속되었을 때에도, 또 그 재판과정도 제도언론에게는 뉴스 꺼리가 되지 않았다.

그러나 그들이 보도하건 말건 79년에는 YH사건이 터지고, 김영삼 신민당 총재의 국회 제명사건이 터지고, 드디어 부마항쟁이 일어나 박정희 씨는 그가 심복이라고 믿었던 김재규 중앙정보부장의 총탄에 비명횡사하였다. 이 당시의 제도언론은, "일그러지기는 했지만 여전히 사회의 거울이었을까, 아니면 이미 쓰레기장에 버려진 못 쓰는 거울이었을까?"

Ⅲ. 맺는말 – 제3의 민주화운동은 언론개혁에서부터

학생운동 말고, 사회 각 분야 민주화운동단체들이 상설화된 것은 박정희 정권 말기에 이르러서이다. 노동운동, 농민운동, 재야운동, 문화운동, 해직교수, 해직언론인 출판인등의 지식인운동에 이르기까지, 각 분야별 민주화운동들이 '유신체제' 이후에야 본격적으로 활동하기 시작했던 것이다. 이러한 운동단체들이 1970년대에는 아직 사회 각 분야에서 확고히 뿌리를 내리지 못했기 때문에 한국사회는 박정희 씨의 사후에도 전두환 군사정권을 겪었던 것이다. 즉 1960년 한국사회 제1의 민주화운동인 '4월 혁명'이 군사정권에 의해 뒤집히고 이 군사정권을 타도하는데 26년이나 걸린 것은, 1987년의 '6월 항쟁'에 이르러서야 학생, 재야, 종교계, 노동 농민운동, 정계가 총 연대할 수 있었기 때문이었다. 그러나 87년에도 민주화운동 대열에 제도언론의 참여는 없었다. 오늘날 제3의 민주화운동이 전개되고 있다. 그 핵심은 다음과 같다.

① 87년 당시 대통령 직선제를 중심으로 하는 헌법 개정에 치중하면서, 이승만 시대, 박정희시대, 전두환 시대 때 만들어진 낡은 비민주적 법들과 낡은 시스템을 민주적으로 혁파하는 일

② "경제민주화"의 슬로건이 웅변해 주듯이 노동자 농민 자영업, 중소기업자들을 '2등 시민'으로 버려두고 그들을 차별하고 무시하는 경제제도를 바꾸는 일

③ 어제는 군부의 편에서, 오늘은 재벌경제의 편에서 한국사회의 약자의 목소리를 무시하고 묵살하고 왜곡하는 습성에서 벗어나지 못하고 있는 한국의 언론을 시민 민주주의 사회에 걸맞게 개혁하는 일

오늘날 한국사회에서 언론은 '사회의 목탁'이나 '국민의 파수견'이 아니라, 제1차적 개혁의 대상이다. 한국 언론은 이제 시민사회의 요구대로 수술대에 올라야 한다.

이명박 정부의 언론장악과 언론노조의 대파업

신태섭(민주언론시민연합 공동대표, 동의대학교 교수)

Ⅰ. 들어가는 말

이명박 정부는 입으로는 언론의 자유와 독립을 외치면서, 실제로는 KBS · MBC · 연합뉴스 · YTN 등 공영 미디어들을 불법부당하게 장악하고 자신의 정치적 통치도구로 전락시켰다. 지금 우리나라의 공영 미디어들은 정부여당에 대한 감시와 비판에는 가장 소극적이고, 그들을 옹호 · 호위하는 데에는 가장 적극적인 '정권의 하수인'으로 변모했다.

수구보수 신문들이 그래왔던 것처럼, 정부여당에 유리한, 특히 대통령선거 시기를 맞아 여권후보에 유리한 의제와 프레임 발굴에 앞장서고, 그에게 불리한 사건은 외면하거나 다른 방향으로 비틀어버리는 것, 그리고 그 경쟁자들을 흠집내는 것이 이들 공영 미디어들의 주요 과업이자 일상이 되었다.

민주정부 시절, 전국 초고속광통신망 설치와 함께 꽃폈던 인터넷 언론의 자유와 창의, 방송개혁위원회라는 사회적 협의체를 구성해 민주적으로 제정한 새 방송관계법과 함께 풍미했던 방송의 독립성과 여론다양성, 그리고 이에 따른 공영 미디어들의 공정성과 국민의 신뢰는 어느새 기억도 희미한 과거의 일이 되었다.

1987년 6월항쟁이 이룬 절반의 민주주의, 그에 기반해 우여곡절을 겪으며 그래도 조금씩은 앞으로 나아가던 민주주의는 이제 기로에 섰다. 부당한 기득권을 유지하고 확장하려는 1%를 위한 희생제물이 되어 우리 역사에서 지워지느냐, 이명박 정부 하에서의 뼈아픈 학습을 새로운 도약의 발판으로 만드느냐.

이 글에서는 2008년부터 지금까지 계속되고 있는 이명박 정부의 언론장악 과정과 방식 및 그 함의를 살펴보고자 한다. 이어서 정부의 언론장악에 맞서 싸운 각급 언론노조의 투쟁, 특히 2012년 사상 초유의 최장기 동시다발 대파업 투쟁에 주목하고자 한다. 대파업투쟁에도 불구하고 계속되고 있는 언론장악의 현실과 과제를 고민해 보려는 것이다.

II. 이명박 정부의 언론장악

1. 협의와 광의의 언론장악

언론장악은 좁은 의미와 넓은 의미 두 가지로 나눠볼 수 있다. 좁은 의미의 언론장악은 공영 미디어들에 대한 정권의 점령군식 접수와 장악을 말한다. 이명박 정부 하에서 이는 불법부당한 경영진 교체, 낙하산 사장 투입, 인사권 전횡을 통한 조직 장악, 프로그램 개편, 본격 왜곡·편파 보도의 일상화로 이어졌다. 공영 미디어들의 공공성 붕괴와 정권 도구화는 그 결과이다. 통상적으로 말하는 정부의 언론장악은 이를 지칭한다. 이 글에서는 살펴보려는 것이 이 좁은 의미의 언론장악이다.

반면, 넓은 의미의 언론장악이란, 협의의 언론장악을 중심에 두되, 표현의 자유에 대한 탄압과 억압의 과정 및 정부여당에 의한 언론구조의 인위적 개편 등을 두루 포함하는 개념이다. 이명박 정부 하에서 표현의 자유에 대한 탄압과 억압은 미네르바 구속을 필두로 한 일련의 네티즌 탄압과 인터넷 표현의 자유 옥죄기, 방송통신심의위원회의 방송과 통신에 대한 심의를 가장한 검열1)과 그에 따른 정부의 처벌, 친고죄 예외를 목적으로 하는 사이버 모욕죄의 도입추진과 통신사업자의 감청장치 설치를 의무화한 통신비밀보호법과 전기통신사업법 개악 및 정보통신서비스 제공자에 대한 모니터링 강화·강제 등 인터넷 공론장을 위축시키고 길들이려는 각종 관련 악법의 추진 등의 형태로 진행되었다2).

---

1) 언론 보도와 인터넷 표현에 대한 심의 강화와 기소의 확대로 인한 언론자유에 대한 탄압이라는 비판을 불러일으켰다. 그러나 정부는 이러한 비판에 대해 언론자유를 침해하는 것이 아니라 보호받을 가치가 있는 언론기관과 표현을 제대로 보호함으로써 언론자유를 향상시키는 당연한 중이라고 변명해왔다. 이는 독재자의 구차한 교설에 불과하다. 사람들의 입의 막고, 권력자의 뜻대로 여론을 주무르는 데는 감시와 처벌이 당장은 가장 값싸고 손쉬운 방법이기 때문에 그렇게 했을 뿐이다.

2) '국경 없는 기자회(Reporters Without Borders)'는 이러한 정부의 통제와 탄압을 고려해 우리나라를 2009년부터 2012년까지 연속적으로 이집트 러시아와 같은 '인터넷 감시국'으로 지정했다. 또한, 프리덤하우스(Freedom House)는 2012년 우리나라를 2008년부터 정부에 비판적인 내용이나 북한에 우호적인 내용의 유포에 대한 검열이 급증한 '부분적으로 인터넷 자유가 허용되는 국가(partly free)'로 분류했다.

정부여당이 추진한 넓은 의미의 언론장악은 이에 더해 인위적인 언론구조 개편으로 나아갔다. 2008년 말에서 2009년 초 사이, 국민의 압도적 다수가 반대했음에도 불구하고3) 정부는 글로벌 미디어를 육성하고 고용을 창출한다는 미명하에 방송을 재벌과 과점신문에게 넘겨주는 언론구조의 개악을 꾀했다. 이후 정부는 광고시장의 한계를 넘어서서 조선·중앙·동아·매경 등 신문에게 종합편성채널을 신규 허가4)했다. 이로써, 보수 기득권층의 여론지배와 여론독과점이

---

3) 2008년 9월 6일 <한겨레>가 리서치 플러스에 의뢰해 실시한 여론조사에서는 신문·방송 겸영허용에 대한 찬성 25%, 반대 64.1%로 반대가 두 배 이상 많았다. 한나라당 지지자도 절반이 넘는 51.8%가 반대했다. 2008년 9월 28일 한국사회여론연구소 조사결과도 반대 69%, 찬성 26.3%, 로 나타났다. 대기업의 지상파방송 진출에 따른 공정성과 신뢰성을 묻는 질문에 대해서는 '우려된다'는 의견이 각각 59.5%, 54.9%로 '강화될 것'이라는 응답 9.9%와 13.6%보다 다섯배 가량 많았다. 2008년 9월 18~20일 한길리서치가 실시한 여론조사에서는 대기업의 지상파 진출과 방송뉴스 허용에 대해 반대 62.4%, 찬성 21.6%였다. 2008년 9월 27일 <문화방송>13코리아리서치에 의뢰한 조사에서도 한나라당의 신문·방송법 개정안에 대해 응답자의 61.1%가 '재벌과 권력13방송을 장악할 수 있으므로 반대한다'고 응답했고, '미디어 산업을 위해 찬성한다'는 장에는 25.3%만 동의했다. 2008년 12월 29일 리얼미터의 조사에서는 언론관계법 개정안에 대한 반대 의견이 57.8%, 찬성의견이 22.6%)였다. 2008년 12월 31일 <한겨레>가 리서치 플러스에 의뢰한 여론조사에서는 대기업과 신문사가 공중파 방송과 방송 뉴스채널을 소유하는 데 대해 반대가 57.7%, 찬성은 31.4%였다. 2009년 1월 6일 <데일리서프라이즈>가 BNF리서치에 의뢰해 실시한 여론조사에서는, 방송법 등 미디어 관련 법률 개정에 대해서는 '개정에 적극 반대한다' 33%, '반대하는 편이나' 28.7%로, 반내의견이 61.7%에 달한 반면, '적극 찬성한다' 12.3%, '찬성하는 편이다' 15.9%로, 찬성의견은 28.2%에 불과했다. 2009년 1월 19일 시사인이 조사한 여론조사에서는 대기업의 공중파 진출에 대해 반대한다는 의견은 63.8%, 찬성한다는 의견은 28%였다. 조선 중앙 동아일보, '반문의 공중파 방송 진출에 치가 실반대한다는 의견은 63.3%, 찬성한다는 의견은 27.7%였다. 전문가 집단에서도 신문·방송 겸영 허용에 대해 반대입장이 우세했다. 미디어오늘이 2009년 신년호(680호·12월31일) 특집으로 진행한 여론조사에서 한국언론정보학회 소속 언론학자 89%가 신방겸영을 반대한다고 밝혔다. 지지한다는 입장은 8%에 불과했다. 대기업의 방송진출에 치가 도 95%가 반대 입장이었고, 지지 입장은 5%에 그쳤다. <SBS>가 2009년 1월 24일 보도한 여론조사에서는 신문과 대기업의 지상파 방송진출을 허용한 방송법 개정안에 70%가 반대했다. <한겨레21>과 나우리서치가 서울시민(강남, 서초, 송파 500명, 다른 구 500명)을 대상으로 조사한 결과에서도, 강남주민 56.5%가 방송법 개정안에 반대했다.(한겨레, 2009.2.16)

더욱 심해지고, 언론사들이 정부와 대자본의 차별적 시혜 없이는 정상운영이 어려운 언론생태계의 파괴, 언론시장의 황폐화가 초래됐다.

2. 언론장악을 합리화하기 위한 새누리당의 강변과 정권차원의 사전 기획

새누리(구 한나라)당은 야당 시절부터 지금까지 줄곧 '우리나라 지상파 방송이 지난 민주정부 10년 동안 좌익, 반미친북, 불공정, 편파, 왜곡과 날조를 통해 국민의 판단을 흐리고, 옳지 못한 방향으로 선동했다'고 주장해 왔다. 이른바 '잃어버린 10년'이다. 과거 정부가 정권의 앞잡이를 공영방송 사장으로 투하해 방송을 장악했고, 그 결과 정권이 바뀐 이후에도 그 잔당들이 여전히 남아있어 공영방송이 계속 국민을 속이고 혼란에 빠트리고 있다는 것이다. 이 같은 주장은 일고의 가치도 없는 날조이자 중상모략이다[5].

---

4) 우리나라 방송광고 시장은 이미 축소지향의 포화상태에 있다. '조중동매 종편'의 신규 방송시장 진입으로 과도한 생존경쟁에 놓이게 된 방송사업자들은 정부와 대자본에 대해 더욱 눈치를 볼 수밖에 없게 되었다. 정부와 대자본의 광고와 협찬이 이들 사업자들의 생사를 가를 수 있는 상황에 놓이게 됐기 때문이다. 이러한 상황은 프로그램의 제작·편성과 광고영업을 연동시키는 압력을 증가시키고, 기자와 PD 등 일선 제작자들의 자율성도 크게 제약한다. 방송사들은 적정 경쟁을 넘어선 과도한 경쟁은 보도와 시사 및 탐사와 토론 등 민주적 여론형성과 관련된 고비용-저시청률 분야의 투자를 회피하게 하고, 선정적이고 자극적이며 다수 대중의 지배적 가치와 이념에 순응하는 저비용-고시청률 분야에 올인하도록 하는 압박을 받게 된다. 선정주의와 상업주의가 확산되고, 탈정치화의 수면 아래서 정권과 대자본 등 기득권층의 파시즘적 행태가 기세를 떨치기 좋은 환경이 조성된 것이다.

5) 국민의 정부는 1998년 12월부터 3개월 동안 수구보수와 개혁진보까지, 이해관계가 상충하는 다양한 사업자들과 중립적인 전문가들까지 포괄한 사회적 협의체인 방송개혁위원회를 구성·운영했다. 이를 통해 국민의 정부는 우리 방송을 독립성과 여론다양성 구현 및 민주적 여론형성을 사명으로 하는 민주주의의 보루로 재구조화했다. 참여정부에 들어 방송개혁은 경영과 조직 및 문화 수준으로 확장된 바,

이명박 정부가 새로 출범하면서 가장 긴급하고 중요한 새 정부의 과제로 선정한 것이 바로 이러한 잘못된 인식에 기초해 정권 수뇌부가 기획하고 실행한 언론에 대한 장악과 통제였다. 언론장악과 통제는 이명박 정부 정식출범전인 대통령직 인수위원회 시절부터 시작됐다. 2008년 1월 2일, 인수위가 문광부에 언론사 간부들의 정치적 성향을 조사해 보고하라 한 것이 언론에 폭로돼 파문이 일었다.

3월 12일에는 당시 유인촌 문광부 장관이 '광화문 문화포럼'에 참석하여 "노무현 정부에서 임명된 공공기관 단체장들은 물러나는 것이 자연스럽다"며 "나름의 철학과 이념을 가진 문화예술계 인사들이 새 정권이 들어섰는데도 자리를 지키는 것은 지금껏 살아온 인생을 뒤집는 것"이라는 망언을 했다. 이는 곧 이어질 공공기관장들에 대한 대대적 숙청과 교체에 대한 예고였다. 3월 17일에는 유인촌 문광부 장관이 김정헌 한국문화예술위원장, 김윤수 국립현대미술관장 등 5명을 실명 거론하며 "스스로 물러나는 게 순리"라고 망언을 했다.

3월 21일에는 동의대 총장이 당시 KBS 이사였던 신태섭 동의대 교수에게 KBS 이사직을 자진사퇴할 것을 종용하는 일이 벌어졌다[6]. 그 닷새 후인 3월 26일, 정권의 방송장악을 주도한 인물 중 하

자율적인 상향식 의사결정 구조를 도입해 방송사의 운영과 프로그램의 제작·편성에 대한 정부나 광고주 등 외부권력과 경영진 등 내부권력의 통제가 크게 축소됐다. KBS는 대팀제 도입을 통해, MBC는 사원의 신임에 기초한 본부장 책임제의 시행을 통해, 사장이라 하더라도 프로그램 내용에 대해 간섭할 수 없고, 인사전횡이 불가능한 제도와 문화가 형성됐다. 이 같은 개혁과 쇄신은 정부와 대기업 등 사회적 강자에 대한 감시와 비판을 강화해 FTA 비판보도나 줄기세포조작 폭로보도를 가능케 했고, 관료주의적 통제의 해소로 창의적 제작활동을 촉진해 한류가 발생·발전하는 토양을 제공했다.

6) 신 교수는 이후 5월 15일까지 여덟 차례 면담을 통해 학교 당국으로부터 KBS 이사직 사퇴와 학교에서의 해임 중 하나를 택할 것을 요구받았고, 7월 1일자로 학교에서 해임됐다. 7월 18일, 방통위는 신 교수의 교수직 해임을 이유로 7월 1일자로

나인 최시중 씨가 방송통신위원장에 임명됐다.

이 같은 전개는 정권에 의한 언론장악이 일정한 목적과 방향성을 갖고 사전에 기획된 것임을 추론케 한다. 2012년 3월 '리셋 KBS 뉴스'가 광범한 민간인 불법사찰이 국무총리실 공직윤리지원관에 의해 자행됐음을 폭로하면서, 민간인 불법사찰의 일환으로 작성된 'KBS 이사선임 부적격 여부 확인'이 완료되었음을 기록한 '2008년 (대통령) 하명사건 처리부'를 공개함으로써 그러한 추정은 더욱 설득력을 갖게 됐다.

3. 정연주 전 사장 해임과 KBS에 대한 낙하산 사장 투입

정권의 공영 미디어 장악은 사장교체, 간부 교체와 관료주의적 상명하달식 통제의 부활, 비판 프로그램과 비판적인 언론인의 축출, 정권홍보 프로그램 신설, 정권 띄우기와 야당 헐뜯기의 일상화 순으로 통상 진행되었다.

이명박 정부의 언론장악의 첫 관문은 KBS와 YTN 사장의 교체였다. KBS에선 정연주 사장에 대한 자진사퇴 요구가 먹혀들지 않자, 그를 강제해임하는 방안을 택했다. 이를 위해 세 가지가 추진됐다.

첫째는 정연주 사장에 대한 마녀사냥식 여론재판이다[7]. 둘째는

KBS 이사자격을 박탈했다.

7) 보수신문, KBS노조, 우익단체, 한나라당은 정 사장이 KBS 사장직을 이용해 부동산투기를 했다, 업자들로부터 뇌물을 받았다, 사상과 과거행적이 좌경・종북이다, 이회창 한나라당 전대표 아들의 병역문제에 대해서는 비난하더니 자신의 아들의 미국적 유지와 병역회피에 대선 입다물어 위선적이다 등등 많은 비난들을 서로 덧붙이며 주고받았다.

KBS에 대한 감사원의 특별감사와 국세청의 세무조사, 검찰의 정 사장 배임혐의 수사와 기소 등 공정하고 중립적이어야 할 국가 사정기관을 동원한 탄압이다[8]. 셋째는 당시 다수였던 야당측 이사들에게 정치적 전향이나 자진사퇴를 유도해 소수였던 여당측 이사를 다수로 만들어 정연주 사장에 대한 해임제청의 의결이 가능하도록 하는 작업이다.

정연주 사장은 이러한 사전정지 작업이 이뤄진 이후, 8월 5일 KBS 이사회의 사장해임 제청, 런던 올림픔픽이 한창인 11일 대통령에 의한 해임, 13일 검찰에 의한 긴급체포의 수순으로 KBS 사장직에서 해임됐다.

곧 이어 이명박 대통령은 26일 이병순 사장을 임명했다. 언론정책을 주무르는 정권의 핵심인사들이 관계기관 대책회의라는 형식의 비밀회동에서 친여 성향이 분명한 이병순 씨를 사전에 사장으로 낙점했다는 의혹이 언론에 의해 제기되어, 이 사장의 임명은 정 사장 해임에 이은 다음 단계의 언론장악이라는 논란을 불러일으켰다.

취임 이후 이병순 사장은 KBS를 급속히 개조했다. 친여·뉴라이트 계열의 인사들을 각급 본부장 등 임원으로 임명하고, 팀제를 폐지하고 국·부장제를 복원해 수직적이고 중층적인 관료주의적 통제 시스템을 부활시켰다. 이에 따라, 실무자들을 제어하는 보수적인 중간·고급 간부의 숫자가 3배 이상 늘었고, 결제 단계도 과거 3~4단

---

8) 감사원의 감사와 국세청의 세무조사는 정 사장 해임을 위한 두 가지 기능을 수행했다. 하나는 검찰이 정 사장을 배임혐의로 기소하는 것을 수월하게 하는 것이고, 다른 하나는 정 사장에 대한 보수언론의 마녀사냥식 여론재판을 더욱 그럴듯하게 보이도록 하는 것이었다. 감사원과 국세청 그리고 검찰 등 국가의 핵심 사정기관이 총동원돼 만들어낸 거짓을 근거로 정 사장이 사장직에서 해임된 지 3년 반이 지난 2012년 1월, 대법원은 정 사장의 배임혐의에 대해 최종 무죄 판결을 내렸다.

계에서 7~8단계로, 결제소요 시간도 2~3배 늘어났다.

이어서 이병순 사장은 10월 21일 이명박 대통령의 라디오 연설의 방송을 정례화하고, 10월 29일 KBS의 대표 시사프로그램인 '시사 투나잇'과 '미디어포커스'를 폐지했다. 이 같은 과정을 거치며 정부와 대기업 등 사회적 강자에 대한 감시와 국민의 알 권리 보장 등 KBS가 지켜야 할 본연의 저널리즘 기능은 급속히 붕괴됐고, 정권과 정부정책에 대한 보도를 가장한 홍보와 기득권층을 위한 편파·왜곡은 일상이 되었다.

이에 불만을 품고 저항하는 사원들에 대한 징계 역시 일상이 되었다. 정연주 사장의 해임과 정권의 KBS 장악을 반대하기 위해 출범한 'KBS 사원행동' 소속 기자와 PD 50여 명은 9월 17일 지방직이나 한직으로 분산·좌천됐다. 또한, 2009년 1월 29일에는 사원행동 양승동 공동대표와 김현석 대변인이 정직 4개월의 중징계에 처해졌다.

KBS에서 정권을 위한 편파·왜곡 보도와, 이에 저항하는 내부구성원들에 대한 탄압은 시간이 갈수록 점점 더욱 심화됐다. 김재영 (2010)은 이를 다음과 같이 썼다.

> "일개 조직에서 불과 2년 남짓 동안 벌어진 … 일련의 사건들은, 비유컨대 '피바람'에 다름 아니다. 그것이 일반 공중에 대한 책무와 신뢰를 존립의 근거로 삼는 공영방송이자, 오랜 세월 권력의 나팔수란 오명에 갇혀 있다 신뢰도 부동의 1위로 거듭 태어난 국민의 방송에서 일어난 일임을 감안할 때 KBS를 공적 기구이기는커녕 이성적 조직체라 판단하기도 어렵다."

이병순 사장 재임 기간 동안, 그리고 그로부터 지금에 이르기까지, KBS의 권력 감시와 비판 기능은 치명적으로 거세됐다. 각계각층의 이해와 관심을 대변하는 여론다양성은 사라지고, 상충하는 여러 층위의 문제들을 권력층의 일관된 시선으로 재단하는 권위주의적 통합이 여론의 이름으로 그 자리를 차지했다. 이는 우리 역사가 30~40년 전으로 퇴행해 박정희 유신독재나 전두환 군부독재 시기의 '정권의 시녀'가 부활한 것이다.

각계각층의 다양한 목소리를 서로 듣고 이해하고 절충할 수 있도록 공론장의 역할을 하는 게 방송법이 정한 공영방송의 본뜻이다. 하지만, 낙하산 사장 투입된 이후, KBS의 주임무는 정부정책 홍보와 정권에 대한 우호적 이미지 조성으로 변했고, KBS에서 자율과 협치는 사라졌다. 이 같은 독재 시절로의 회귀는 이명박 대통령 특보 출신으로 또 다른 낙하산 논란을 빚은 김인규 사장의 취임(2009. 11. 24.) 이후 보다 구석구석 스며들었고, 더 공고해졌다.

4. YTN노조에 대한 대탄압과 장악

정권에 의한 방송시 장악과 그 이후의 일들은 MBC · YTN · 연합뉴스 등 다른 공영 미디어들에서도 유사하게 벌어졌다. 2008년 5월 29일 YTN 이사회는 구본홍 씨를 새 대표이사로 추천했다. 구본홍 씨는 이 대통령 특보 출신으로 방송장악을 위한 정치적 낙하산임을 누구도 부인하기 어려운 인물이었다. 이에 YTN 노조는 강하게 반대했지만, 7월 17일 YTN은 용역들을 동원한 상태에서 주주총회를 열어 40초만에 구본홍 내정자를 사장으로 선임했다.

구본홍 사장은 노조원들의 출근저지 투쟁에 의해 회사 밖을 맴돌

다가, 8월 26일 YTN 간부에 대한 기습인사를 단행해 사내통제의 교두보를 마련했다. 그 뒤, 자신을 반대한 노조원들에 대한 대대적인 징계에 착수해, 10월 6일에는 노조 지부장 등 6인을 해고하고, 돌발영상 팀장 등 6명을 정직에 처했다. 이어서 회사는 2009년 3월 이들을 업무방해 혐의로 고발했고, YTN 총파업 하루 전인 3월 22일 노종면 위원장 등 YTN 해직언론인 6명 중 4명이 긴급체포됐다.

그러나, 노조의 거센 저항으로 구본홍 사장은 YTN을 온전히 장악하지 못했다. 그는 8월 3일 돌연 사장직을 사퇴하고, 배석규 전무가 사장직무대행을 맡았다. 2009년 9월 총리실 민간인 사찰팀은 "YTN내부동향" 문건에 배 직무대행에 대해 "현 정부에 대한 충성심이 돋보인다", "직무대행 체제를 종식시키고 정식 사장으로 임명해 힘을 실어줘야 한다"고 썼다. 그는 그 문건에 기록된 대로 2009년 10월 9일 직무대행을 떼고 사장이 되었다.

배석규 사장은 취임직후 노조로부터 92.8%의 찬성으로 불심임을 당했지만, 그는 사원들의 우려를 무시하고 YTN 논조의 친정부 편향과 노조탄압을 끝까지 강행했다. 이후 그는 보도국장 직선제 폐지, 조합원에 대한 부당한 지국 발령, 해직사태 장기 방치, 박원순 시장 등 YTN판 블랙리스트 논란, 돌발영상 무력화, 공금 횡령의혹 등 파문을 연속적으로 일으키며, YTN을 정권의 호위대로 만들기 위해 동분서주했다[9].

---

9) 배석규 사장은 방송의 독립성과 공공성을 크게 훼손한 책임을 져야 하는 인물이지만, 현재 정부여당에서는 여전히 그의 충성심과 정권에 대한 그간의 기여를 높이 평가해 YTN 사장의 연임이 유력한 것으로 회자되고 있다.

5. MBC, **자율성 전통 무너지고 유치한 홍위병으로 변신**

MBC에는 한나라당이 야당이던 시기 구성된 방송문화진흥회 이사회에 의해 오랜 인기 앵커 생활로 전국적인 지명도와 높은 호감도를 지닌 엄기영 씨가 신임사장 후보로 추천되어 이명박 대통령 취임 직후인 2008년 2월 29일 MBC 주주총회에서 새 사장으로 선출되었다. 그는 후일 한나라당 후보로 강원도지사 보권선거에 나간 것에서도 알 수 있듯 한나라당과 교분이 있는 보수적인 인물이었다. MBC는 사장을 다른 친정부적 인물로 바로 교체하기 어려운 상황이었다.

또한, MBC에는 주요한 의사결정에 있어서 아래로부터 상향식으로 구성원들의 의사가 모아지고 이를 각 부문 본부장들이 존중하는 '분권적 자율성'의 독특한 제도와 문화가 작동하고 있었다. 이는 1992년 MBC노조의 대규모 파업 이래 형성·계승돼 온, 그리고 노사협약이라는 제도적 장치에 기초한 오래된 사내민주화의 전통이었다[10].

이러한 전통 때문에 정권의 간섭이 쉽지 않았던 MBC는 2010년 2월 8일 엄기영 사장이 석연치 않은 이유로 자진사퇴하기 전까지, 이병순 사장 취임 이후 바닥으로 추락한 KBS를 제치고, 공정성과 신뢰도 및 뉴스 시청률에서 1위에 올랐다. 이는 엄기영 사장이 그러한 전통을 일정 수준 존중했기에 가능한 일이었다.

이명박 정부가 그 기간 동안 할 수 있는 일은 두 가지였다. 하나

---

10) 이는 내적 자유의 보장과 발현에서 개혁적 사장의 의지와 리더십이 상대적으로 중요한 역할을 해온 KBS와는 다른 상황이다. 경영진과 사원 양측의 견제와 균형 속에서 각 부문 간부들에게 일정한 재량을 노사협약에 의해 보장하는 MBC의 '내적 자유 구현방식'은 방송민주화 세력이 전체 구성원의 다수를 점해왔기에 가능한 방식이라 할 수 있다.

는 MBC를 불공정한 친정부적 홍보기관으로 이끌도록 엄기영 사장을 회유하거나 사퇴를 압박하는 일이고, 다른 하나는 국가권력기관이 MBC를 명예훼손으로 고소하고 이를 토대로 검찰이 MBC의 비판 프로그램 제작 실무자를 체포하거나, 방송통신심의위원회의 심의를 통해 제재하는 일[11]이었다.

엄기영 사장은 PD수첩에 대한 청와대의 고발과 검찰수사 등 MBC 프로그램에 대한 국가의 탄압이 야기한 비판여론과 MBC를 정치적으로 장악하려는 정부 사이에서 오랫동안 동요하다가, 2010년 2월 자신이 추진한 뉴MBC 플랜이 별 성과를 내지 못한 데 대한 책임을 스스로 지는 모양새로 자진사퇴하고 말았다. 그의 후임이 현 김재철 사장이다. 김 사장 취임 이후 MBC는 KBS YTN 연합뉴스가 걸었던 전철, 정권홍보기관·정권호위대로의 급속한 변신을 맞게 된다.

당시 MBC노조는 김재철 사장 취임에 대해 반대하지 않았다. 그가 낙하산 사장으로 불릴만한 정치적 이력을 갖고 있지 않았고, MBC에 정착된 분권적 자율성의 전통을 신뢰했기 때문이다. 그러나 이는 오산이었다. 김재철 사장은 취임 직후부터 부적격 인사를 간부로 전진배치시키는 등 인사전횡을 단행하고, 노골적으로 친여적인 불공정 보도를 강행했다.

노조는 노사협약에 의거해 노사가 함께 구성한 공정방송협의회를 통해 왜곡·편파 보도에 항의하고, 노사협약에 기초해 인사전횡의

---

11) 2008년 5월 9일 청와대는 MBC PD수첩을 명예훼손으로 고소했고, 7월 16일에는 방송통신심의위가 PD수첩에게 사과명령을 내렸다. 2009년 4월 28일에는 검찰이 PD수첩 조능휘 송일준 PD와 김연희 이연희 작가 등 4명을 체포했다.

중단, 특히 정치적 편향 보도로 물의를 일으킨 황희만 보도본부장 부사장 승진의 철회를 요구했다. 김 사장은 그 요구들을 수용하기로 약속하고 당장의 위기는 피했지만, 그뿐이었다. 김 사장은 기존 노사협약에 기초한 공정방송협의와 노사협의 자체를 무력화시키고, 보도와 인사 양면에서의 전횡을 계속했다.

결국 노조는 이대로는 MBC의 독립성을 지킬 수 없음을 깨닫고 2010년 4월 5일 △김재철 사장 즉각 퇴진 △정권의 MBC 장악 진상규명 및 책임자 처벌 △방문진의 근본적 제도개혁 등을 요구하며 5월 14일까지 39일간 장기파업에 돌입하게 된다. 그러나 이 역시 성과를 얻지 못했다. 김 사장은 그 시정을 위해 노력하고 대화하겠다고 약속했지만, 파업종료와 동시에 그 약속을 저버렸다.

사측은 새로운 노사협약에도 불구하고 인사전횡과 불공정보도를 멈추지 않았다. 노조는 잇따른 불공정 인사를 논의하기 위한 노사협의회 개최와 정부의 민간인사찰에 대한 왜곡보도 등을 논의하기 위한 공정방송협의회의 개최를 요구했지만, 김재철 사장은 이에 불응하고, 노사협약을 파기했다[12].

---

12) 노사협의회 경우, 노조가 △김우룡 전 방송문화진흥회에 대한 사장의 고소가 미뤄지고 있는 점 △지난 3월 관계회사(자회사·계열사) 인사부터 최근 최용익·안성일 논설위원의 비제작 부서 발령 등 잇따른 '불공정 인사' 논란을 안건으로 요구하자, 사측이 이를 거부하면서 회의 개최가 무산됐다. 공정방송협의회 경우 △신문·<PD수첩> 등이 김종익 씨 사찰 문제를 제기한 이후에도 <뉴스데스크>가 관련 뉴스를 뒤늦게 전한 점 등 보도의 감시·비판 기능 문제 △정보과 형사가 라디오 프로그램 <김미화의 세계는 그리고 우리는> 스튜디오에 난입해 채수창 전 서울 강북경찰서장 인터뷰 대본을 요구한 점 등을 문제 삼을 예정이었다. 하지만, 사측이 김 사장의 다른 일정을 이유로 부사장에게 참석을 위임하면서 이 회의 역시 무산됐다.

김재철 사장 취임 이후 MBC에서 벌어진 일들은 KBS · YTN · 연합뉴스에서 벌어졌던 일과 본질적으로 동일하다. 낙하산 사장 투입, 친정부 편파방송을 함께 도모할 간부인사 단행, 노조원 등 비판적인 사내구성원들에 대한 탄압과 징계, 비판 프로그램의 폐지 · 축소, 친정부 홍보프로그램 편성과 실행이 그것이다.

2010년 파업의 실패 이후 MBC는 더 이상 공영방송이라 말할 수 없는 빈사상태에 놓이게 되었다. MBC는 드라마와 오락 등을 앞세워 그 뒤에서 얄팍하고 선정적인 정치적 편파 · 왜곡 보도를 일삼는 기형적이고 섬뜩한 방송으로 전락했다. MBC는 그후, 특히 2012년 4월 총선 시기와 12월 대선 시기에 들어서서는 '제5 종편'으로 불리며 보다 더 노골적 · 극단적으로 불공정 편파 · 왜곡 보도에 올인하고 있다[13].

MBC 노조는 2010년 파업실패 이후 점점 더 악화일로를 걷고 있는 상황을 타개하기 위해 2012년 1월 30일 △공영방송 MBC 정상화 △낙하산 사장 김재철 퇴진을 목표로 대파업투쟁에 들어갔다. 그리고, 공영방송들의 장기파업의 부담과 국민의 따가운 시선을 배경으로, 6월 29일 여야는 19대 국회개원협상에서 '새로 구성되는 방송문화진흥회 이사회를 통해 김재철 사장을 퇴진시키고 MBC를 정상화시키며, 그간 벌어진 이명박 정부의 방송장악의 진상규명에 대해 국회 문방위 차원에서 논의한다'는 묵시적 합의를 맺었다. MBC 노조는 그 합의를 신뢰하고 파업을 170일만인 7월 18일 풀었다.

---

13) 어처구니없는 중상모략식 안철수 후보의 논문표절 보도, 정수장학회의 MBC와 부산일보 지분을 매각해 여당후보를 위한 선심성 복지자금으로 쓰겠다는 내용의 비밀회동 폭로에 대한 침묵, 이를 불법도청 사건으로 왜곡하는 보도 등 상식의 한계를 넘은 야당후보 헐뜯기와 여당후보 띄우기가 보도화면을 채우고 있다.

그러나, 이후 그 여야합의는 또 지켜지지 않았다. 방송장악 진상규명을 위한 문방위의 청문회는 여당의 보이콧으로 무산됐고, 그간 방송문화진흥회 이사들 사이에 공감이 이루어져 추진돼 오던 김재철 사장의 퇴진도 여당측 방송문화진흥회 이사들의 갑작스럽게 변심하는 사태가 벌어져 11월 8일 부결되었다.

김재철 사장은 방송의 독립성을 크게 훼손했다는 점에서 공영방송의 사장으로서 자격이 없을 뿐 아니라 상응한 책임을 져야 할 인물이다. 또한, 보다 근원적인 측면에서도 그는 자격이 없고 책임을 물어야 한다. 그는 사장재임 기간 동안 사적인 용도로 법인카드를 과도하게 사용한 점, 무용가 J씨에게 부당한 특혜를 주는 등 부적절한 관계를 맺어온 점, 결국 회사돈으로 의심되는 돈으로 불법 부동산투기를 한 점 등 일련의 개인비리들이 밝혀져 파문을 일으킨 사람이다.

6. 정권선전대로 전락한 국가기간 뉴스통신사

정권의 연합뉴스 장악과 탄압에 대해서는 2012년 파업 이전에는 상대적으로 덜 알려졌지만, 이곳에서도 다른 공영방송들과 비슷한 일들이 전개됐다. 2009년 3월 27일 연합뉴스 이사회는 박정찬 당시 연합뉴스 이사를 사장으로 선임했다. 박 사장은 취임 당시 낙하산 사장으로 분류될 만한 특징들을 갖지 않았고, 따라서 연합뉴스의 사내구성원은 MBC 노조가 김재철 사장의 취임시 그랬던 것처럼 그의 사장선임 대해 이의를 제기하지 않았다.

그러나, 취임 이후 박 사장은 자신의 노선을 분명히 드러내기 시작했다. 정부여당의 미디어 관련법 개악에 대해, 4대강 사업에 대해,

기타 정치적으로 예민한 문제들에 대해 진실이나 사실과 무관하게 확실하게 정부 편을 들 것을 간부들과 기자들에게 노골적으로 압박했다. 이후, 연합뉴스는 확실하게 불공정한 편파·왜곡 보도의 대열에 동참하는 변화를 겪게 된다[14].

2010년 9월 15일, 연합뉴스는 박원순 변호사가 자신에 대한 국정원 사찰을 폭로한 것을 명예훼손으로 고소한 사건에 대해 법원이 내린 국정원 패소판결을 오전 10시 38분 첫 기사로 판결내용 위주로 제목과 내용을 사실보도했다. 그러나, 오후 3시 그 기사의 제목은 '국가가 악의적 비판에 대해 명예훼손이 소송이 가능하다'는 내용으로 뒤집어졌다.

2010년 9월 27일에는 박정찬 사장의 진두지휘 아래 연합뉴스는 미국 쇠고기 수입에 맞선 촛불시민, 천안함 사건에 대한 정부발표를 불신하는 네티즌, 최진실 괴담의 네티즌들을 함께 매도하는 기획기사 '한국의 유언비어…괴담에 춤추는 나라'를 이명박 정부 임기 반환점에 맞춘 특별취재 형식으로 내보내 많은 시민들의 빈축을 샀다.

연합뉴스 노조는 박 사장에게 부당한 제작자율성 침해와 간섭을 중단할 것을 요구하며 저항했지만, 돌아온 것은 무시와 탄압뿐이었다. 박정찬 사장은 정권의 입맛에 맞게 연합뉴스를 잘 변화시킨 공로를 인정받아 사장직을 연임하기에 이르렀다. 노조는 결국 2012년 3월 14일 그 동안의 불공정 보도와 전횡에 대한 항의로 파업에 들어갔고, 103일째인 6월 25일 보도 공정성 제고 장치 도입 등 합의를 통해 파업을 종료했다.

---

14) 연합뉴스 노조가 2010년 9월 27일과 28일 양일간 조합원들을 대상으로 조사한 바에 따르면, 전체 조합원의 65.9%가 기자직 조합원의 경우 70.8%가 연합뉴스 보도가 공정하지 못하다고 답했고, 조합원의 87.4%가 연합뉴스 보도가 정치권력으로부터 자유롭지 못하다고 답했다.

7. 언론장악을 추진하는 사람들의 언론관

1987년 6·29 선언에서 언론은 장악할 수도 장악될 수도 없다고 선언한 했던 것처럼, 이명박 정권은 언론의 자유와 독립을 공약 등의 형태로 말해왔다. 이명박 정부는 자신이 공영 미디어들 장악하고, 이를 정치적 도구로 남용해왔다는 비판을 인정하지 않고 있다. 이명박 정부 집권 초기 언론장악을 선두에서 이끌었던 신재민 문광부 차관도 2008년 3월 "이명박 정부와 언론의 관계는 법으로 규율하거나 정립할 사안이 아니며, 통제나 간섭도 있을 수 없다"는 입장을 밝혔다.

그렇지만, 신재민 차관은 2008년 5월 9일 정부 관계자들이 모인 언론대책회의에서 "인터넷 상의 각 부처 관련 이슈를 모니터 및 신속 보고하고, 부정적 여론이 확산되는 진원지에 대해 적극적으로 관리"할 것을 주문한 것이 드러나 물의를 빚었다. 또한, 2008년 11월 14일에는 YTN노조의 구본홍 신임사장 임명 반대투쟁에 대해 "일반 기업이라면 노조원들은 열흘 만에 잘릴 일인데 언론사라는 특수성 때문에 더 오래 버티고 있는 것"이라며, 이명박 대통령이 "(왼쪽으로 치우친) 방송을 가운데 갖다 놓으라"고 말했다고 발언해 정부의 언론장악 의도를 노골적으로 드러낸 바 있다.

'언론에 대한 장악과 통제를 할 수도 없고 하지도 않겠다'는 말과 '언론을 대통령의 뜻대로 고쳐놓겠다'는 말이 한 입에서 동시에 나오고 있는 형국이다. 이런 경우, 중요한 것은 말이 아니라 행동이다. 노태우 대통령은 언론의 자유와 독립성을 지키겠다는 말을 앞세웠지만, 뒤에서는 5공시절 '보도지침'에 버금가는 '보도협조' 시스템을 은밀히 시행하다가 꼬리가 잡혀 국제적으로 망신을 산 바 있다.

언론에 관한 이명박 정부의 진실은 언론자유와 독립을 존중한다는 말이 아니라 공영 미디어를 장악하고 정치적으로 동원한 실제 행위, 공공의 소유이자 공익을 목적으로 한 방송을 과점신문과 대기업에게 소유할 수 있도록 한 정책행위, 인터넷에 대한 촘촘한 감시와 과도한 정부의 통제행위에 있다.

그렇다고 이명박 정권의 언론관이 항상 비언어적 행위만으로 표출된 것은 아니다. 간명하고 핵심적으로 언어로 정식화된 사건이 있었다. 2008년 8월 박재완 전 청와대 수석비서관(현 재경부 장관)은 신동아와의 인터뷰에서 'KBS는 정부 산하기관… 사장은 대통령의 국정철학과 정책기조를 구현할 인물이어야 한다'는 발언을 한 바 있다. 이 발언은 당시 벌어지고 있던 그리고 지금도 계속되고 있는 정부의 언론장악의 논리를 가장 명료하게 드러내 준다.

1990년대 초 동남아시아의 모 국가에서 언론인들은 자발적(?)으로 모여, 1980년 우리나라 언론인들이 자발적(?)으로 언론을 통폐합하고 스스로를 정화하자고 결의했던 것처럼, 언론인 자정결의대회를 열었다. 그 자리에서 그 나라 저널리스트들은 언론인이라면 마땅히 준수해야 하는 다음과 같은 취재보도의 준칙들을 채택·공표했다. 첫째는 각하와 그 가족의 불명예는 보도하지 않는다. 둘째, 각하와 그 가족의 명예를 높이는 보도에 나선다. 셋째, 정부시책을 돕는 보도를 적극 개발한다. 박 수석의 발언은 세 번째 테제를 보다 완결적으로 보다 풍부하게 표현한 것에 해당한다.

8. 이명박 정부 언론장악의 수순과 본질

이명박 정부의 KBS · MBC · YTN · 연합뉴스 등 공영 미디어 장악은 다음과 같은 다섯 단계의 수순을 밟으며 진행되었다. 첫째 낙하산 사장 투입, 둘째 친정부 편파방송을 함께 도모할 간부인사 단행, 셋째 노조원 등 비판적인 사내구성원들에 대한 탄압과 징계, 넷째 정부에 대한 비판할 수 있는 가능성이 있는 프로그램의 폐지 또는 축소, 다섯째 친정부 홍보프로그램 편성과 실행의 일상화가 그것이다.

이제 우리나라 공영 미디어들에서, 정권에 유리한 의제와 프레임 발굴에 앞장서고, 정권에 불리한 사건은 외면하거나 다른 방향으로 비틀어버리는 일은 일상이 되었다. 민주정부 시절 자율성과 독립성을 구가하며 국민으로부터 얻었던 높은 신뢰도와 공정성은 바닥으로 곤두박질쳤다. 이들 공영 미디어들은 말로만 공영일 뿐 주권자인 국민을 호도하고 우롱하는 가장 천박한 관영 미디어로 전락했다.

'국경없는 기자회'의 평가에서 우리나의 언론자유지수는 참여정부 첫해인 2003년 39위, 2004년 26위, 2005년 31위, 2006년 31위, 2007년 39위, 2008년 47위였던 것이 이명박 정부 첫해인 2009년 69위, 2010년 42위, 2011년 42위를 기록했다. 참여정부에서 30대이던 언론자유지수가 이명박 정부 들어 40~60대로 급락한 것이다.

이 같은 평가절하는 앰네스티 연례보고서에도 확인할 수 있다. 2008년 국제앰네스티 연례보고서는 우리나라에 대해 '헌법에 따르면 시위에 대한 허가가 필요하지 않은데도 불구하고, 정부는 허가를 받지 않은 시위자를 처벌하여 표현의 자유를 제한하고 있다'고 지적했다. 2009년 보고서는 우리나라를 '표현의 자유가 없는 나라'로 규정하면서, "10년만에 표현의 자유가 우려할만한 수준"으로 퇴행했다고 평가했다.

2010년 보고서는 지난해와 마찬가지로 우리나라를 '표현의 자유가 없는 나라'로 규정했다. 2011년 보고서에서는 "한국 정부가 모호한 법 조항을 담은 국가보안법, 명예훼손 관련법 등을 이용해 비판의 목소리를 탄압하고 억누르는 사례가 늘어났다"며 우려를 표명했다. 2012년 보고서는 "2011년 한국 정부는 표현의 자유, 집회·시위의 자유, 사상과 양심의 자유를 보장하는 데 실패했다"고 지적하고 있다.

그러나, 이러한 외부의 평가가 중요한 것은 아니다. 사안의 본질과 그 실질적 파급을 들여다봐야 한다. 이명박 정권의 방송장악과 그 도구화의 본질은 정권을 장악한 소수 기득권층이 국민의 소유이자 공공의 이기여야 할 공영 미디어를 자신들의 사익 확대와 영속화를 위해 불법부당하게 사유화(私有化)하는 데 있다[15].

이명박 정부는 우리 언론을 30~40년 전 소수가 모든 것을 결정하고 주도하는 개발독재 시대로 되돌리려 하고 있다. 입으로는 언론자유와 방송독립을 외치면서, 실제로는 방송을 장악해 자신의 하수인으로 악용하려는 것으로서, 이는 본질적으로 부당하고 잘못된 일이며, 그로 인해 많은 사람들이 피해를 입게 될 일이다.

정권에 의한 언론장악의 실질적 파급은 공적 정보에 대한 국민의

---

15) 다른 표현으로, 공영 미디어의 공적 성격을 파괴하여 그것을 사적으로 남용하거나 소유해 사람들의 사상과 의식에 대한 소수 특권층의 부정한 지배를 영속화하려는 것이라 할 수 있다.

무관심과 무지, 언론의 배후에 숨은 소수 독재자 그룹의 여론조작과 동원, 주권재민의 부정, 민주주의의 파괴와 불구화, 그리고 소수 특권의 영속화와 다수 인생의 절망으로 이어진다. 이 점이 더 중요한 핵심이다. 지옥행 특급열차이다.

9. 2012년 언론노조 대파업의 경과와 성과

2012년, MBC · KBS · YTN · 연합뉴스 등 4개 공영 미디어 노조와 국민일보 노조 등 다섯 개 언론사 노동조합들이 동시다발 장기 연대파업(이하 언론대파업)을 전개했다. 4개 공영 미디어 노조가 파업에서 내건 요구는 불공정 방송을 주도하고 있는 낙하산 사장의 퇴진과 공정방송 쟁취였다. 국민일보 노조는 사측에게 임금협상 성실교섭과 부당 해고철회 및 불공정보도의 실행자인 편집국장의 교체를 요구하고 조용기 목사 일가의 국민일보 사유화 반대를 외쳤다.

금년에 벌어진 언론계의 노사 갈등과 대립은 이뿐이 아니다. 파업까지 가진 않았지만, 2명 해고를 포함 5명의 중징계를 야기한 부산일보 사태 역시 그 의미와 사회적 파장 양면에서 이번 언론사 파업과 궤를 같이 한다. 4명의 노조원이 징계를 당한 SBS의 경우도 같은 맥락이다.

파업에 나선 5개 사업장 중 MBC와 YTN 노사는 끝내 접점을 찾지 못했다. MBC 노조는 파업을 통해 할 수 있는 일은 다했다는 판단을 내리고, 파업중단과 현장복귀를 통한 내부투쟁으로 국면을 전환했다. YTN 노조는 사측과의 협상에서 난항을 겪으면서 공정보도 투쟁을 지금까지 계속하고 있다. KBS · 연합뉴스 · 국민일보는 막판

협상을 통해 노사합의를 이루고 파업을 종료했지만, 이들 3사의 경우도 미래를 낙관하기 어려운 상황이다.

2012년 언론대파업의 흐름을 주도한 것은 MBC 노조의 파업이다. MBC 노조의 파업은 2012년 1월 30일 시작됐다. MBC 노조 파업은 김재철 사장이 취임한 이후 2년간 정권홍보성 불공정 보도가 점점 더 급증하고, 프로그램의 내용에 대한 통제와 간섭이 심해져 제작의 자율성이 손상되고, 손석희·김미화 등 프로그램 진행자의 부당교체 등 인사전횡이 벌어졌다.

파업의 발단은 2012년 1월 6일 MBC 기자협회가 불공정 보도의 강요해온 전영배 보도본부장과 문철호 보도국장의 보직사퇴를 촉구하고, 이들에 대한 불신임투표를 결의한 것이다. 사측은 기자협회의 요구를 일방 묵살하고 기자들에게 압박을 가했다. 이에 기자협회는 12일부터 침묵시위를 시작했고, 25일부터는 사상 처음으로 뉴스제작 거부에 돌입했다.

MBC 노조의 파업은 기자협회의 저항을 이어받은 것이다. MBC 노조는 파업의 목표를 '공영방송 MBC 정상화와 김재철 사장 퇴진'으로 잡았다. MBC 노조파업에 따른 노사간의 공방이 진행되는 과정에서 김재철 사장의 비도덕성과 비리에 관한 충격적인 사실들이 대거 드러났다[16].

---

16) 김재철 사장의 비리와 불법 혐의는 △편성·제작의 자율성 파괴, △정권홍보 방송강행 및 확대 △이를 위한 인사전횡에 그치지 않는다. 노조가 조사한 바에 따르면, 김재철 사장은 △핸드백 등 각종 명품, 여성전용 피부관리업소, 마사지, 특급호텔 과도투숙 등 회사 법인카드를 1일 평균 100만 원씩 2년간 7억 원을 사용했는데, 이중 명백히 업무상 배임에 해당하는 금액만 최소 2억1천만 원이다. 노조는 2012년 3월 김재철 사장을 업무상 배임혐의로 1차 고소했다. 또한 김재철 사장은 △무용가 J씨에게 과도한 출연료 지급 등 20억 원 상당의 부당 특혜 제공했다. 노조는 2012년 4월 이와 관련해 김재철 사장을 특정경제범죄가중처벌법상

한편, 법 집행에서 공정하고 엄정해야 할 검찰은 김재철 사장을 부당하게 비호했다. 검찰은 사측이 노조를 불법파업에 의한 업무방해 혐의로 고소한 건에 대해서는 과도하게 힘을 쓰는 반면, 노조가 김 사장을 각종 비리 혐의로 고소한 것에 대해서는 수사를 하는 시늉조차 아껴왔다. 김재철 사장의 비리의혹에 대해서는 4월 21일 업무상배임혐의에 대한 조사의 명목으로 영등포 경찰서에서 단 한 차례 소환조사를 벌였다.

반면 이와는 대조적으로 검찰은 정영하 위원장을 비롯한 노조집행부 5명에 대해서 2차례나 구속영장을 청구했다. 그러나 사법부는 사측이 제기한 업무방해죄에 대해 '피의자들이 다투어 볼 여지가 있다'며 두 차례의 구속영장 청구를 모두 기각했다. 노조의 파업이 불법이라는 검찰의 단정을 인정하지 않은 것이다.

MBC노조는 파업 170일만인 7월 17일 조합원 총회를 열어 파업

___

의 배임혐의로 2차 고소했다. 김재철 사장에게는 △무용가 J씨의 오빠를 중국 동북3성 대표로 특채한 부당 특혜제공의 혐의와 △MBC 조직을 이용해 통해 대기업들의 수십억 규모 협찬을 무용가 J씨에게 몰아준 배임혐의도 더해졌다. 또한, 노조는 김재철 사장이 △무용가 J씨와 오송역 주변 아파트 3채를 공동구입해 공동권리해 왔으며, 그 과정에서 부동산투기와 명의대여 등 불법을 저질렀음을 폭로했다. 노조는 이와 관련해 2012년 5월 김 사장을 부동산투기 및 부동산실명제 위반 혐의로 3차 고소했다. 노조는 김 사장이 무용가 J씨에게 과도한 출연료를 지급하거나 대기업 협찬을 주선하는 등의 방법으로 조성한 자금으로 J씨와 함께 불법 부동산투기를 한 것으로 추정하고 있다. MBC 사측이 MBC 직원 전체를 대상으로 이른바 '해킹' 프로그램을 이용해 '불법사찰'했다는 의혹이 제기된 점도 충격적이다. MBC 노조가 밝힌 바에 따르면, 사측은 지난 5월 중순경 MBC 회사망을 통해 인터넷을 이용하는 데스크탑, 노트북 등에 해킹 프로그램을 사용자가 인지하지 못하게 몰래 설치했는데, 이 해킹 프로그램은 컴퓨터의 모든 문서, 메신저 본문, 이메일 본문, 블로그에 올린 글, 컴퓨터 자료를 휴대용 저장장치에 복사한 내용 등 사용정보를 회사 서버로 자동 전송시키는 기능을 수행하는 것으로 MBC 직원, 작가는 물론 MBC를 방문해 인터넷 망을 사용한 누구에게라도 예외 없이 설치되었다. 이는 개인정보보호법과 통신비밀보호법을 명백히 위반한 불법행위라 할 수 있다.

을 잠정중단하기로 총의를 모으고 18일 업무에 복귀했다. 이는 여야
가 16대 국회 개원협상에서 새로 구성되는 방송문화진흥회 이사회
를 통해 김재철 사장을 퇴진시키기로 합의했다는 점, 연말의 대통령
선거일이 다가오면서 대선공정보도를 위한 현장에서의 노력과 투쟁
에 대비해야 한다는 점 등을 고려한 결정이었다.

그러나, 김재철 사장을 새로 구성된 방문진 이사회를 통해 퇴출시
키고 MBC를 정상화시키겠다는 여야의 약속은 앞서 말했듯 11월 8인
다수인 여당추천 이사들이 돌연 마음을 바꿔 김재철 해임안을 부결
시킴으로써 깨져버린 상태이다.

한편, MBC노조의 파업은 시간이 흐를수록 파업참여 인원이 증가
해 동력이 커지는 이례적인 양상을 보였다. MBC 노조가 파업을 시
작할 당시 참여인원은 5백명 규모였다. 그러나, 파업을 중단한 7월
중순, 파업 참여자는 본사 800명 지역사 500명 등 1300명 규모로
커졌다. 그것은 파업의 정당성과 조합원들의 의지가 컸고, 다른 한
편으로 김재철 퇴진과 파업지지에 지지 서명한 국민이 단기간에 76
만명을 돌파하는 등 국민의 성원이 컸기에 가능한 일이다.

사측은 노조원들에 대한 중징계를 강행하고[17], 파업기간 동안 채
용한 시용인력 등을 앞세워 노조원들을 대량 대기발령 내고, 이른바
신천교육대(MBC아카데미)에서 강제교육을 받게 하거나, 노조원의

---

17) 사측은 파업기간 중에 최승호 PD를 해고했을 뿐만 아니라, 파업중단 이후에도
기존 <PD수첩>피디들을 모두 대기발령, 정직 등 중징계 했다. 나아가 PD수첩
작가들도 전원 해고했다. 사측은 <PD수첩> 작가들의 해고사유를 아이템이 진부
하고 시청률이 낮았기 때문이라고 밝혔다. 그러나 그것은 터무니없다. '검사와 스
폰서', '4대강', '수심 6미터의 비밀', '김종익 씨 민간인 사찰', '기무사 민간인 사
찰', '오세훈의 한강 르네상스' 등 <PD수첩>의 프로그램들은 시사프로그램임에
도 높은 시청률을 보였다. 다른 언론들이 제대로 비판의 날을 세우지 못했을 때
에도 성역 없는 감시와 비판으로 오히려 시청자들의 지지를 받았다.

본 업무와 무관한 곳에 유배 보내는 등 노조원을 현장과 격리시키는 보복성 인사에 골몰했다. 사측은 지금까지 MBC 노조원 8명을 해고하는 등 223명을 징계하고, 고소·고발 및 거액손배소를 진행하는 등 강경탄압으로 일관했다.

다른 언론사 노조 파업의 경과도 MBC 노조 파업과 유사하다. KBS 새노조는 2012년 3월 6일 재적 노조원 1064명 중 투표율 90.5% 찬성률 89%의 의결로 파업에 돌입했다. 노조의 요구는 낙하산 김인규 사장의 퇴진, 불공정보도를 주도한 이화섭 보도본부장의 사퇴, 그동안 누적된 부당한 징계의 철회와 원상회복이었다. 파업의 진행과정에서 KBS 사측은 133명의 새노조 조합원들을 정직 등 대량징계 했다.

KBS 새노조는 6월 8일 △대선 공정방송위원회에 노조위원장과 사장이 동시에 참여, △탐사보도팀 신설, △라디오 주례연설 폐지추진, △징계최소화, △본부장 거취 논의 등을 사측과 합의하고 95일간의 파업을 접었다.

그러나, 파업종료 이후, KBS 사측은 KBS의 간판 시사프로그램인 <추적60분>의 기획과 내용에 부당한 통제[18]를 가히고, 파업에 대해

---

18) KBS 새노조가 경영진과의 합의과정에서 주요하게 이끌어낸 것이 바로 '탐사보도'의 부활이다. 복귀한 KBS 새노조는 대표 탐사보도 프로그램인 <추적60분>을 통해 '공영방송MBC의 장기파업 사태'를 7월 18일 보도했다. 그러나 <추적60분, MBC 파업편>은 기획단계부터 진통을 겪었다. 7월 2일 KBS 권순범 시사제작국장이 <추적60분>제작진의 'MBC 파업사태' 취재 아이템에 대해 '방송제작 불가' 방침을 내린 것이다. 노조와 여론의 반발로 어렵사리 제작이 결정됐지만, 다시 MBC 사측의 방해가 이어졌다. MBC 사측이 명예훼손으로 손해배상 청구소송 위협 등 외압을 가한 것이다. 결국, <추적60분, MBC 파업편>은 본연의 심층탐사를 달성하지 못하고, 양측 주장을 단순 나열하는 선에서 마무리되었다.

특별인사위원회(징계위원회)를 열어 김현석 위원장을 해임하고, 홍기호 부위원장을 정직 6개월에 처하는 등 노조 집행부와 전 기자협회장 16명에 대한 징계를 의결해 6월 5일의 노사합의를 저버리는 행태를 보였다.

'노사관계 정상화를 위한 합의서'에는 "공사와 조합은 상호 신뢰하고 소통할 수 있는 공영방송 조직 문화를 만들기 위해 노력한다"고 적시되어 있다. 이번 파업과 관련한 징계 규모와 수위를 최소한 한다는 의미다. 그러나, 사측이 실행한 징계는 폭도 크고, 수준도 중징계여서 합의정신을 훼손한 것일 뿐만 아니라, KBS의 공정성 회복을 염원하는 국민들의 기대를 크게 저버린 처사라 할 수 있다. KBS 사측은 총 133명의 노조원을 징계했다.

연합뉴스 노조는 그간 악화일로를 걸어온 불공정 보도의 책임자인 낙하산 박정찬 사장의 연임을 반대를 외치며 재적인원 504명, 471명 투표(투표율 93.5%) 396명(84.1%) 찬성으로 3월 15일 23년만의 총파업투쟁을 시작했다. 그리고, 징계와 저항 등 치열한 공방 끝에 파업 103일째인 6월 25일 △보도 공정성 제고(중간평가를 받는 편집총국장제를 신설, 공정보도 책임평가제 도입, 공정성 문제가 있을 경우 편집국장을 포함한 제작국장에 대해 인사조치를 요구할 권리 인정), △합리적 인사와 사내 민주화 제고(호봉과 연봉사원, 제작과 비제작 부서, 지역, 성별간 차별 해소 노력, 노조가 인사 불공정성 문제를 제기할 경우 회사는 성실하게 답변할 의무 포함), △지역취재본부 시스템 개선, △파업 사태와 관련 민형상 책임을 묻지 않기 등을 사측과 합의하고 파업을 종료했다. 연합뉴스 파업 기간 동안 사측은 총 9명의 노조원을 징계했다.

이명박 정권은 2008년 7월 공영매체들 중 가장 먼저 YTN에 특보 출신 인사를 사장으로 투하했다. 또한, 원충연 메모와 'BH 하명'으로 표기된 불법사찰 문건에서 드러났듯 이명박 정권 초기부터 YTN은 총리실로부터 불법사찰을 당했고, 그간의 임원진 교체는 그 문건의 내용과 아귀가 맞게 진행돼 왔다.

YTN 노조는 낙하산 사장 임명이 초래할 역사적 퇴행과 반민주적 부작용을 일찌감치 예견하고, 2008년 6월부터 구본홍 특보의 YTN 사장 임명을 반대하는 투쟁을 시작했다. 그렇지만, 사측은 YTN 뉴스의 공정성과 신뢰도를 끝없이 추락시키며 정권호위를 위한 불공정·편파 보도를 강행했고, 노조는 그에 항의하고 개선을 요구했다. 그러나 그 때마다 노조에 돌아온 것은 권력과 회사의 가혹한 탄압이었다.

YTN 노조의 2012년 파업투쟁은 시기와 사안에 따라 결행하는 게릴라식 파업의 형태로 2012년 3월 8일의 제1차 파업으로부터 현재까지 총 10차에 걸쳐 총 55일간 진행되었다. 사측은 6명의 기자를 해고하는 등 총 51명의 노조원을 징계했다. 또한, 23명을 고소했고, 11건의 소송을 진행하고 있다.

국민일보 노조 파업의 원인은 세 가지였다. 첫째는 사측의 불성실 교섭으로 인한 임금협상 결렬이고, 둘째는 비리혐의로 검찰의 수사를 받고 있는 사주 조민제 사장의 비호를 위해 취재와 편집의 자율성을 침해해온 김윤호 편집국장에 대한 불신임투표가 75.2%라는 찬성으로 가결되었음에도 불구하고 사측이 김 국장에 대한 인사조치를 하지 않은 사측의 단협위반이었다. 셋째는 비리사주를 비판한 조상운 노조위원장을 해사행위로, 이재만 경영전략실장과 박승동 이사를 조 위원장의 해고에 비협조적이었다는 이유로 사측이 전격 해고한 사건이었다.

국민일보 노조는 2011년 12월 23일 해고철회, 편집국장 교체, 임금협상 성실교섭, 조용기 목사 일가의 국민일보 사유화 반대 등 네 가지 요구를 걸고 기자 105명과 사원 7명 등 차장급 이하 사원 90%가 참여해 파업에 돌입했다. 사측은 노조의 선(先)사과를 요구하며 대화를 거부하고, 조합원 20명을 고소하는 등 탄압일변도로 대응했다.

그러다가, 6월 14일 파업 173일만에, 노사는 △공정보도를 위한 지면평가위원회 가동 △민·형사상 고소·고발·진정의 취하 조치 착수 △파업사태 정리와 지면쇄신을 위한 태스크포스팀 구성 △임금 4.5%인상 등을 합의했고, 노조는 파업을 마쳤다. 국민일보 사측은 1명을 해고하는 등 총 20명을 징계했다.

2012년 MBC·KBS·YTN·연합뉴스·국민일보 노조의 대파업은 우리나라 언론역사에서 가장 긴 파업일수를 기록했다. 사측은 해고 17명 총 448명에 대한 각종 중징계 및 고소고발과 거액손배소를 남발하는 등 파업에 참여한 내구성원들을 70년대와 80년대 독재정권에 의해 자행된 언론인 대량학살의 계보를 이을 만큼 일방적이고 야만적으로 탄압했다.

2012년 대파업은 그렇게 큰 열정과 희생으로 전력을 다해 진행됐지만, 목표로 내건 가시적인 성과들은 얻지 못했다. 그러나 미래를 위해 매우 중요한 성과 두 가지는 얻었다고 평가할 수 있다.

첫째는 방송민주화에 대한 내부구성원들의 각성과 투쟁의 경험이다. 이는 과거 언론노조들이 경험했던 파업의 성과를 넘어서는 것일 수 있다. 둘째는 많은 사람들이 공유하게 된 상식과 여론이다. 여러 언론노조들의 대규모 장기파업 투쟁을 통해 많은 시민들이 방송의 독립성과 제작·편성의 자율성을 민주주의를 위한 필수조건으로 자각할 수 있었다는 점이다.

파업 초반 시민들은 언론사들의 외면으로 인해 MBC를 비롯한 여러 언론사 노조들이 파업을 벌이고 있다는 사실을 잘 알지 못했다. 또한, 인터넷과 SNS 등을 통해 일부 시민들이 알고 있다 하더라도 대체로 관망하는 추세였다. 그러다가 중반 이후 서서히 언론사 노조들의 파업에 관심을 갖고 성원하기 시작했다. 그 지지는 여론조사 결과에서 확인할 수 있다.

5월 29일 언론노조의 여론조사(19세 이상 1천61명 대상)에서는 국민의 63%가 공정언론을 되찾기 위한 언론사 노조의 파업을 지지하고, 75.8%가 낙하산 사장의 퇴진과 언론장악에 대한 국정조사·청문회가 필요하다고 답변했다.

6월 1일 내일신문의 여론조사(19세 이상 800명을 대상)에서는 '김재철이 노조의 요구대로 물러나야 한다'는 의견이 60.9%, '노조의 요구를 수용해서는 안 된다'는 반대 의견이 22.8%로 나타났다. 특히 이 조사에서 응답자의 정당지지도가 '새누리당 43.2%, 민주통합당 27.0%'로 나타난 점은 의미심장하다. 김재철 퇴진 여론은 정치적 성향을 넘어 광범한 공감을 형성하고 있다는 점이 확인된 것이다[19].

---

19) 이번 노조파업에 대한 지지와 성원은 MBC 노조가 5월 30일 시작한 지 한 달 반 만에 76만 명이 서명한 '김재철 사장 퇴진 및 구속수사 촉구를 위한 국민서명운동'에서도 엿볼 수 있다. 이는 매우 성공적이었던 '무상급식 반대 주민투표 서명운동'이 2011년 2월부터 석 달 동안 진행되면서 서명자가 47만 명에 달했던 것을 크게 능가하는 성과이다.

Ⅲ. 나오는 말 : 정부의 언론장악과 2012년 언론대 파업의 교훈

　MB정권은 감사원·검찰·국세청·교육부·방통위·공영방송 이사회 등 공정하고 중립적이어야 하는 국가기구와 공공기구를 동원해 KBS·MBC·연합뉴스·YTN 등 공영 미디어들을 부당불법하게 장악했다. 이로 인해, 민주적 여론형성과 국민의 알권리를 사명으로 하는 공영 미디어들은 정권 등 기득권 층에 대한 감시와 비판을 더 이상 할 수 없게 되었고, 매우 불공정한 정권의 홍보도구로 돌변했다.

　이들 공영 미디어들에서 저널리즘 본연의 임무인 정부여당 등 거대권력 감시와 여론다양성 구현에서 두각을 나타낸 사람들과 사회비판 프로그램은 모두 배제됐고, 그 자리는 정권 홍보와 호위에 협력하는 사람들과 비판을 빙자한 탈정치적이고 친정부여당적인 프로그램으로 채워졌다. 이들 공영 미디어들은 정권의 사리사욕을 위해 국민의 의식을 조작·동원하는 흉기로 악용되고 있다. 특히, 대통령 선거 시기인 수구보수 신문들과 공조하여 반칙과 특권의 수호자인 MB정부를 비호하고, 그 경쟁자를 물어뜯는 데 여념이 없다.

　이런 비극적 사태를 어떻게 극복할 수 있을까? 혼신의 힘을 다한 5개 언론사 노조의 최장기 파업투쟁도 그것을 이루지 못했다. 언론인들의 투쟁은 여전히 힘들게 진행중이며, 그 목표달성을 낙관하기 쉽지 않은 형세다. 정부로부터, 그리고 자본으로부터의 독립성을 쟁취하려는 언론노조의 투쟁은 과연 승리할 수 있을까? 정치권의 법제

개혁으로 그것을 이룰 수 있을까? 진상규명과 책임자 문책을 통한 역사 바로 세우기가 더 핵심적인 과제이지 않을까?

언론을 장악해 통치수단으로 삼으려는 독재정권이 우리나라에서 다시 출현할 경우, 이를 법과 제도로 막는다는 것은 한계가 있고, 또 최선도 아니다. 낙하산 방지법을 제정하고, 사장과 이사 선임과 운영방식 개선 등 공영방송의 거버넌스 구조를 개선하는 것은 그러한 퇴행적 시도를 완충하는 데 도움은 될지언정 그것을 근원적으로 막아내는 데는 큰 도움이 못 될 수 있다.

그런 비극의 재연을 막기 위해, 아니 이미 벌어진 비극을 극복하는 데 가장 필요한 것은 그런 언론장악이 민주주의 사회에서 윤리적으로나 실정법상으로나 용납되지 않는 상식과 문화를 확립하는 일일 것이다.

누군가 그런 시도를 하면 국민으로부터 중하게 심판을 받게 됨을 보여주는 역사 바로 세우기이다. 국가권력을 이용해 다른 사람의 표현의 자유를 억압하고, 사상과 의식을 조작·동원하는 일은 용서받을 수 없는 매우 중한 범죄라는 상식을 온 국민이 학습하고 공유하는 역사에 시민들이 참여하고 목도하는 것이다.

민주주의의 선진국들에서 법과 제도가 뛰어나지 않더라도 혹은 오히려 부족함이 있더라도 정부가 공영방송을 장악해 정치적으로 이득을 보려는 시도를 하기 어려운 것은 일찍부터 그 같은 정치문화와 언론문화가 뿌리내리고 계승되어왔기 때문이다.

그러므로 2008년부터 자행돼 지금까지 이어지고 있는 넓은 의미의 언론장악의 진상을 철저히 규명하고, 그 책임자에게 응분의 죄값을 치르게 하는 것이 첫 번째 과제라 할 수 있다. 물론, 현존하고 있

는 낙하산 사장과 그 부역자들의 퇴출은 그 같은 역사 바로 세우기
가 가능해지도록 하기 위한 필수 전제조건이다.

이러한 핵심 과제와 함께 이명박 정부의 언론장악 과정에서 혹은
그에 대한 저항의 과정에서 징계를 당하는 등 피해를 본 언론인의
원상회복도 따라야 한다. 또한, 권위주의적 정치세력이 다시 집권해
언론장악을 시도하는 비극적이고 극단적인 상황도 염두에 두고, 그
러한 퇴행적 시도가 쉽지 않도록 그리고 그에 대한 언론인의 저항이
탄력을 받을 수 있도록 하는 관련 법제의 보완도 필요하다. 그러나,
우선은 역사 바로 세우기이다.

2012년 혼신의 힘을 다한 언론노조의 대파업투쟁에도 불구하고
낙하산 사장은 굳건히 자리를 지키고 있다. 여론조사를 통해 드러난
다수 국민의 차가운 눈길도 정부와 여당은 일절 무시하고 있다. 이
를 통해 알 수 있는 것은 언론인들만의 저항만으로 혹은 국민의 따
가운 시선만으로는 저들이 정부에 장악된 미디어들에 의한 대선에
서의 친여 편파·왜곡 보도를 결코 자발적으로 포기하지 않을 것이
라는 사실이다.

이제는 정부의 언론장악을 꾸짖고 시정하기 위해, 역사를 바로 세
우기 위해, 온 국민이 나서야 한다. 만일 이번 대선에 저들이 이명박
정부의 언론장악의 효과를 톡톡히 보는, 썩은 고기의 맛에 중독되는
비극이 벌어진다면, 그 이후의 역사적 참상은 상상할 수도 없을 것
이다. 1987년 6월항쟁으로 직선제 개헌을 쟁취한 이후, 국민이 직접
나서서 우리 역사를 바로 세우는 방법은 '선거'이다. 이번 대통령 선
거는 선거혁명으로 승화되어야 한다는 것이 이번 문제를 고민하면
서 생각해보게 된 또 다른 교훈이다.

<표 1> 2008년 정부의 언론장악 관련 일지

일 자	내 용
1월 2일	- 대통령직 인수위원회, 언론사 간부 성향조사 파문
2월 29일	- MBC 엄기영 사장 취임
3월 21일	- 동의대, 신태섭 KBS 이사직 사퇴 압력
3월 26일	- 방송통신위원회 위원장에 최시중 임명
4월 29일	- 신재민 문화체육관광부 제2차관, 언론 난립구조 청산, MBC 민영화 발언
5월 9일	- 청와대, MBC PD수첩을 명예훼손으로 고소
5월 13일	- KBS, 여당 이사의 정연주 사장 사퇴 권고
5월 21일	- 감사원, 국민감사청구심사위 열어 KBS 특별감사 착수 결정
5월 29일	- YTN 이사회, 구본홍 대표이사로 추천
5월 30일	- 방통위, KBS 김금수 이사장 사퇴 후 보궐이사로 유재천 교수 추천
6월 11일	- 감사원, KBS에 대한 특별 감사 착수
7월 1일	- 동의대, 신태섭 KBS 이사 교수직 해임
7월 16일	- 방통심의위, PD수첩 시청자 사과 결정. - 민변과 참여연대, 방통심의위 결정에 대한 헌법소원 제기
7월 17일	- YTN 주주총회, 40초 만에 구본홍 사장 내정자 선임.
7월 18일	- 방통위, 신태섭 KBS 이사 소급 해임, 강성철 부산대 교수 보궐이사 추천 - 박재완 "KBS는 정부산하기관" 발언 - YTN 노조, 홍상표 보도국장 퇴진 요구
8월 5일	- 감사원, KBS 특별감사 결과발표. 인사권남용과 경영부실 이유로 정연주 사장 해임요구
8월 11일	- 이명박 대통령, KBS 정연주 사장 해임. - KBS 사원행동 출범 - 방통심의위, PD수첩 광우병 편, 시청자에 대한 사과 명령
8월 13일	- KBS 정연주 사장, 자택에서 긴급 체포
8월 26일	- 이명박 대통령, KBS 이병순 사장 임명 - YTN, 보도국 부장들에 대한 기습 인사 단행. 노조, 신임 부서장의 업무지시 거부 선언
9월 17일	- KBS 이병순 사장, 사원행동 참가자, 개혁적 성향 PD와 기자 등 50명 이상 좌천
9월 24일	- YTN, 구본홍 거부 사원 징계착수, 청와대 비서관, 구 사장은 대통령 뜻이라고 발언
10월 6일	- YTN 구본홍 사장, 노조 지부장 등 6명 해고, 돌발영상 팀장 등 6명 정직
10월 21일	- KBS, 이명박 대통령의 라디오연설 정례화
10월 24일	- 언론자유를 위한 언론인 시국선언. 전국 140개 언론사의 전·현직 언론인 7,847명 참여
10월 29일	- KBS, '시사투나잇'과 '미디어포커스' 폐지
12월 26일	- 언론노조, 미디어 법 반대 1차 총파업 돌입(~2009년 1월 7일).

<표 2> 2009년 정부의 언론장악 관련 일지

일 자	내 용
1월 7일	- 서울중앙지검 마약조직범죄수사부, "허위사실 유포전담반" 신설, 미네르바 (박대성)를 전기통신기본법 제47조 1항 위반으로 긴급 체포
1월 16일	- 부산지법, 신태섭 동의대 교수 해임무효 확인 판결.
1월 29일	- KBS, 양승동 사원행동 공동대표와 김현석 대변인 4개월 정직 징계
2월 25일	- 한나라당 고흥길 문광부 상임위원장, 미디어 관련 22개 법안 기습 상정
2월 26일	- 언론노조, 미디어 법 반대 2차 총파업 돌입(~3.3)
3월 2일	- 여당과 야당, 100일간의 휴전과 미디어발전국민위원회를 통한 여론수렴 합의
3월 22일	- 검찰, YTN 노종면 위원장 등 4명 긴급체포
3월 23일	- YTN 노조, 오전 5시부터 총파업(~4.1)
3월 26일	- 국경없는 기자회(RSF) 뱅상 브러셀(Vincent Brossel), 경찰의 인권침해와 언론탄압 조사
3월 27일	- 박정찬 이사, 연합뉴스 사장 취임
4월 2일	- YTN 노조, 오전 9시 총파업 투쟁 종료 선언. 259일간의 구본홍 사장 저지 투쟁 종료.
4월 13일	- MBC, 신경민 앵커 경질
4월 20일	- 서울중앙지법 형사5단독 유영현 판사, 미네르바(박대성) 무죄선고
4월 28일	- 검찰, MBC PD수첩 조능희 전 책임PD와 송일준 PD, 김은희·이연희 작가 등 4명 체포
6월 18일	- 검찰, PD수첩 수사결과 발표. PD와 작가 등 제작진 5명 불구속 기소
6월 19일	- 청와대, MBC 엄기영 사장 사퇴 언급
6월 22일	- 검찰, 정연주 KBS 사장에게 배임혐의로 5년 구형
7월 8일	- 신태섭, KBS 이사 해임 무효 소송 2심 승소
7월 21일	- 전국언론노조, 미디어 법 3차 총파업 돌입(~7.24)
7월 22일	- 한나라당, 미디어 법 날치기 처리
7월 27일	- 국무총리실 공직윤리지원관실, 'KBS, YTN, MBC 임원진 교체 방향 보고'라는 BH하명 처리문건 작성(8월 3일, YTN 구본홍 사장 돌연 사퇴. 배석규 전무가 사장 직무대행
8월 18일	- 서울 중앙지법 형사합의 22부(이규진 부장판사), 정연주 KBS 사장 배임혐의, 무죄 판결
10월 1일	- KBS, 김제동 스타골든벨 하차, 외압 논란
10월 9일	- YTN 이사회, 배석규 직무대행을 사장으로 선임
10월 29일	- 헌법재판소, 미디어 법 권한쟁의 심판에서 신문법 및 방송법 무효청구 기각 결정. 법안 제정 과정에서 국회의원 권리침해, 재투표·대리투표 등 위법도 인정하고, 효력도 인정

11월 12일	- 서울행정법원, 정연주 KBS 사장 해임취소 1심 판결. - 대법원, 신태섭 동의대 교수, 해임무효 최종 판결
11월 24일	- KBS, 김인규 사장 취임
12월 7일	- MBC, 엄기영 사장과 본부장 등 임원 8명 일괄 사표 - KBS, 김인규의 독재찬양 동영상 삭제 조치. - KBS 기자협회, KBS 노조 탈퇴 결의. KBS, PD협회, KBS 노조도 탈퇴 결의(8일)

<표 3> 2010년 정부의 언론장악 관련 일지

일 자	내 용
1월 20일	- 서울중앙지법, PD수첩 제작진 무죄 선고(1심)
2월 8일	- MBC 엄기영 사장 자진사퇴
2월 26일	- 방문진, MBC 김재철 사장 선임
3월 11일	- 언론노조 KBS본부(새노조, 위원장 염경철) 출범
3월 17일	- 신동아, 방문진 김우룡 이사장의 청와대 조인트 발언 기사화
3월 19일	- 방문진, 김우룡 이사장 사퇴. 김재철 사장, 김우룡 소송 제기 방침 발표
4월 2일	- MBC 김재철 사장, 황희만 이사 부사장으로 발령, 노조와의 약속 파기
4월 5일	- MBC 노조, 김재철 사장 퇴진 총파업, 사원 1,028명 김 사장 퇴진요구 기명 성명 발표
5월 14일	- MBC, 노동조합, 김재철 퇴진 총파업 중단(파업기간 39일)
5월 19일	- MBC, 노조 집행부와 사원 42명, 19개 지역MBC 지부장들과 간부 등 100여 명 징계
7월 1일	- KBS 새노조, 공정방송 쟁취와 조직개악 저지 총파업 돌입 (7.28까지)
7월 6일	- KBS, 김미화, 진중권 등 블랙리스트 파문
8월 17일	- MBC, PD수첩 '4대강 수심 6m의 비밀', 김재철 사장 지시로 불방. 1주일 후 방송
8월 25일	- KBS, 김미화 지지 이유 패널 교체
9월 27일	- 연합뉴스 정권편향 왜곡 기획기사 "한국의 유언비어…괴담에 춤추는 나라" 게재
10월 28일	- 서울고법 형사5부(안영진 부장판사), KBS 정연주 사장, 배임행위에 대한 2심 무죄 판결
12월 2일	- 서울중앙지법 형사항소9부, 항소심에서 PD수첩 제작진에 무죄 선고
12월 14일	- KBS 새노조, 추적60분 4대강편 불방 관련, 청와대 개입 문건 폭로
12월 23일	- KBS, 자사 보도 비판 김용진 기자 정직 처분
12월 29일	- 오마이뉴스, 김인규 사장 "방송장악 내가 적격", 참여정부에 충성맹세 보도.
12월 31일	- 조선·중앙·동아·매경 등 종합편성 채널 허가

<표 4> 2011년 정부의 언론장악 관련 일지

일 자	내 용
1월 14일	- 법원, 정연주 KBS 사장의 해임 무효 2심 판결 - MBC, 노조와의 단체협약 일방 파기
2월 8일	- KBS, 사측 반대로 윤도현 출연 취소
3월 2일	- MBC, 강제 발령으로 최승호를 포함해서 6명의 PD를 PD수첩에서 퇴출. - 엄기영, 한나라당 후보로 강원지사 출마 선언
3월 8일	- MBC, PD수첩, 이명박 대통령 무릎기도 사건 취재 중단 지시
4월 8일	- MBC, 김재철 사장, 김미화(라디오 '세계는 그리고 지금은' 진행자)에게 하차 강요
4월 25일	- 김미화, MBC 라디오 프로그램 '세계는 그리고 지금은' 진행자 사퇴
5월 31일	- MBC, 라디오 시선집중 고정 패널인 시사평론가 김종배 교체
6월 8일	- MBC PD협회, 제작 자율성 침해와 보복성 인사의 책임자 이우용 라디오본부장 제명
6월 24일	- 민주당 당 대표실에서의 최고위원·문방위원 연석회의 도청 파문 (11월 2일, 경찰, KBS 도청 무혐의 결론)
7월 12일	- MBC, 전영배 보도본부장, KBS 도청의혹 보도 축소 지시 논란
7월 13일	- MBC 이사회, 방송심의규정 제8장 '고정출연제한' 규정(일명 소셜테이너법) 확정, 사회적 쟁점 등에 대해 공개적으로 의견을 밝힌 사람의 방송 출연 제한
7월 14일	- MBC, 라디오 시선집중 고정 출연 예정의 김여진, 이른바 소셜테이너법에 의해 퇴출
8월 2일	- '친일·독재 찬양방송 저지 비상대책위원회', KBS의 친일파 백선엽 찬양방송 사과, 독재자 이승만 찬양방송 중단, 김인규 퇴진을 요구하는 천막농성 시작. 사회 원로 125명 참여
9월 2일	- 대법원, PD수첩 제작진 전원 무죄 판결
9월 5일	- MBC, 뉴스데스크, 대법원이 PD수첩의 광우병 보도 일부 내용이 허위라고 판결한 데 대해 공식 사과 방송. 일간지 사과문 게재
9월 9일	- KBS 긴급 이사회, 백선엽 미화방송 책임자 길환영 본부장의 부사장 임명 동의
9월 19일	- MBC 인사위원회, PD수첩 광우병 제작진 징계, 김보슬·조능희 정직 3개월. 이춘근·송일준 감봉 6개월, 정호식 감봉 3개월
9월 27일	- MBC, 윤도현 라디오 하차
9월 28일	- KBS, 이승만 다큐 3부작 방영
10월 14일	- MBC, 김어준 라디오 폐지 결정
12월 1일	- 종편 4사 채널 동시 개국

<표 5> 2012년 정부의 언론장악 관련 일지

일 자	내 용
1월 12일	- 대법원, KBS 정연주 사장 배임혐의에 대해 최종 무죄 판결
1월 27일	- 최시중 방송통신위원장, 돈 봉투 의혹으로 사퇴
1월 30일	- MBC 노조, 공영방송 MBC 정상화와 김재철 사장 퇴진을 위한 총파업 돌입 - KBS, 새노조 집행부 중징계
2월 1일	- KBS, 이화섭 보도본부장 (박재완 당시 청와대 국정기획수석의 논문 이중게 재 보도 누락, 추적60분 4대강 방송 결방의 중심인물) 임명
2월 2일	- KBS, 김제동 콘서트 대관 취소
2월 23일	- 대법원, 정연주 KBS 사장 해임 처분 무효 최종 확정 판결
3월 5일	- MBC, KBS, YTN 노조, '공동 파업 선포식' 개최
3월 6일	- KBS 새노조, 전면 총파업 돌입
3월 14일	- 연합뉴스, 박정찬 사장 연임반대 총파업 돌입
3월 30일	- KBS 새노조의 '리셋 KBS 뉴스9' 3회, 국무총리실 공직윤리지원관의 민간 인사찰 보도
5월 11일	- 민노총, '언론장악 분쇄! 공정언론 쟁취! 언론노조 파업승리 위한 전국노동 자대회' 개최
6월 19일	- 김경환 상지대 언론광고학부 교수, 시청자 평가원 활동 저지에 대한 항의표 시로 MBC 시청자평가원 사퇴 (김 교수는 6월 8일 시청자 평가프로그램인 'TV속의 TV'에 출연해 권재홍 앵커 부상 보도를 다루려 했으나, 녹화 당일 저녁 MBC가 방송 불가 통보)
6월 20일	- MBC, 최승호 PD, 박성제 기자 해고, 그 외 정직 10명. - MBC 사태해결 촉구 야당 국회의원, 시민·사회·언론단체 원로 시국회의
6월 22일	- MBC, 노조 상대 손배소액 195억 원으로 상향 조정 - 박근혜, "MBC 정상화 돼야, 징계 안타깝다" 발언
6월 29일	- 민주당과 새누리당 19대 원구성 합의, '새롭게 구성될 방송문화진흥회 이사 회가 방송의 공적 책임과 노사관계에 대해 신속한 정상화를 위해 노사 양측 요구를 합리적 경영 판단 및 법 상식과 순리에 따라 조정, 처리하도록 협조 하고 언론관련 청문회, 문방위에서 개최 노력'하기로
7월 18일	- MBC 노조, 파업 잠정 중단, 업무 복귀
7월 25일	- MBC, PD수첩 작가 6명 전원 해고
7월 27일	- KBS, 김현석 위원장 등 18명에게 해임, 정직 등 중징계
7월 30일	- MBC 김재철 사장, 동아일보 인터뷰에서 MBC 민영화 검토 언급 - 시사교양작가 778명, '<PD수첩> 대체 작가' 거부 선언
8월 20일	- MBC, 정직과 대기발령자 20명에 대해 11월 19일까지 석달 동안 강제교육 실시. 이후 파업조합원 100여 명으로 강제교육 확대 (이른바 신천교육대)

8월 21일	- KBS 기자협회, 삼성특검 아들의 삼성특채 단독보도 누락에 대한 비난 성명 발표 - MBC 시사제작국장 김현종, PD수첩 작가해고를 정의를 세우기 위한 판단 이라고 망언
8월 22일	- 검찰, 결심공판에서 파이시티 인허가 비리와 8억 원 수수 혐의로 지난 5월 구 속 기소된 최시중 전 방송통신위원장에게 징역 3년6월, 추징금 8억 원 구형 - 한국기자협회보, MBC가 민영화를 포함한 소유구조개편을 공식 검토 중인 것으로 보도
8월 23일	- 신경민 의원, 김재우 방문진 이사장 논문에 대한 학단협의 '복사 표절' 소견 서 공개
8월 24일	- MBC, 시사교양프로그램 '금요와이드'의 노동자 인권을 다룬 아이템 편향 이유로 불방
8월 27일	- 방문진 이사회, 김재우 신임 이사장 조건부 선출. 논문 표절 논란과 관련, "단국대의 조사 결과가 나오면 상응하는 책임을 지겠다", "이 자리에 있지 않겠다"고 공언
9월 19일	- MBC 정상화 1천만 명 서명운동 재개
9월 24일	- MBC 사측의 〈트로이컷〉 프로그램을 통한 불법감청, 불법사찰 피해 보고대회
9월 26일	- MBC, 사측 부당전출자 50여 명 중 26명 교육명령, 〈PD수첩〉 대체작가 모 집 공고 - KBS새노조·KBS구노조, 민주적 사장 선임과 방송법 개정을 위한 공동투 쟁 선포
10월 8일	- 한겨레신문, 정수장학회 최필립 이사장과 이진숙 MBC 기획홍보본부장 등 이 만나 정수장학회 소유 부산일보와 MBC 지분 매각해 부산경남에서 대규 모 선심성 복지사업을 벌이자고 논의한 비밀회동 내용 보도
10월 12일	- MBC 〈PD수첩〉 해고 작가 천막농성 돌입
10월 18일	- KBS 사장공모 시작. KBS새노조·KBS노동조합, 김인규, 홍성규, 길환영, 고대영, 강동순, 권혁부 등 부적격 사장 후보 발표
10월 21일	- 박근혜 후보, 정수장학회 '강탈 아니다' '자신과 무관하다' 기자회견
10월 25일	- KBS새노조, 독립적 사장 선임 촉구 농성시작
10월 30일	- MBC노조 부위원장 4명, '김재철 퇴진'과 'MBC 정상화' 위한 무기 단식· 철야 농성 시작
11월 2일	- KBS새노조, 낙하산 부적격 사장 저지 위해 위원장과 부위원장 삭발 단식 농성 돌입
11월 6일	- MBC노조 대의원대회, 8일 김재철 해임안 부결될 경우 총파업 재개 재확인
11월 8일	- 방송문화진흥회 이사회, 김재철 해임안 부결 - 양문석 방통위원, 하금렬 대통령실장과 김무성 새누리당선거총괄본부장의 압력설 폭로
11월 9일	- KBS 이사회, 길환영 사장 임명제청하기로 의결
11월 14일	- MBC노조, 박근혜 후보와의 김재철 퇴진 비밀협상 공개, 박후보의 약속파기 비난

<표 6> 언론대파업 과정에서 발생한 사측의 노조원 징계 현황
(10월 19일 기준, 언론노조 집계)

징계종류	MBC	KBS	YTN	SBS	연합뉴스	국민일보	부산일보	소계
해고	8		6			1	2	17
권고사직						2		2
정직	79	15	26		4	6	2	132
출근정지	1							1
감봉/감급	43	15		2	1	5		66
근신	30			1				31
견책		3	1		2			6
경고	1(구두경고)	100	17		2			120
주의각서	7							7
직무정지							1	1
대기발령	54		1	1		6		62
명령휴직	3							3
합계	223	133	51	4	9	20	5	448

<표 7> 2012년 MBC노조 파업 일지

일 자	내 용
1월 30일	- MBC노조 총파업 돌입
2월 9일	- '제대로 뉴스데스크' 방송 시작
2월 16일	- 보도국 보직부장 3명, 보직 사퇴 후 파업 참여
2월 21일	- 20년차 이상 135명, 김재철 사장 퇴진 요구 서명
2월 23일	- 뉴스데스크 최일구, 김세용 앵커 보직 사퇴
2월 27일	- 노동조합, 김재철 법인카드 7억 사용 의혹 제기
2월 27일	- 사측, 조합 집행부 16명 '업무방해' 혐의로 형사 고소
2월 29일	- 박성호 기자협회장 해고
3월 5일	- 사측, 이용마 홍보국장 해고 등 8명 중징계
3월 5일	- 사측, 노조 집행부 상대 33억 손배 제기
3월 9일	- 김우룡 전 방문진 이사장 '임명권자의 뜻을 감안하지 않을 수 없었다' 증언
3월 12일	- 18개 MBC 지역사 노조 김재철 퇴진 촉구 총파업 합류
3월 12일	- 사측, 노조 집행부 16명 가압류 신청
3월 21일	- 방송문화진흥회 이사 3인, 김재철 사장 해임안 제출
4월 2일	- 정영하 본부장, 강지웅 사무처장 해고

4월 9일	- 사측, 집행부 16명 징계
4월 17일	- 노조, 김재철 사장 무용가 J씨 특혜 폭로 기자회견
4월 20일	- 사측, 시사교양국 폐지, 라디오본부를 국으로 바꾸는 조직 개편
4월 25일	- 노조, 김재철 업무상 배임 추가 고발
4월 30일	- 사측, 임시직 기자 채용 면접
5월 18일	- 노조, 김재철 사장 비자금 조성 의혹 제기
5월 21일	- 정영하, 강지웅, 이용마 김민식 장재훈 사전 구속영장 실질심사 기각
5월 22일	- 김재철 사장, J씨와 충북 오송 아파트 3채 공동 구입 폭로
5월 30일	- 박성호 기자회장 해고, 최형문 기자 정직 6개월, 왕종명 기자 정직 1개월
5월 30일	- 김재철 구속수사 촉구 100만 서명 운동 돌입
6월 1일	- 사측, 35명 1차 대기 발령
6월 5일	- 국장 부국장 등 15명 파업 동참
6월 7일	- 집행부 5명 2차 사전구속 영장 전원 기각
6월 11일	- 사측, 34명 2차 대기 발령/ 회사특보 '언론노조 탈퇴' 요구
6월 14일	- 경실련, 김재철 사장 중앙지검 고발
6월 20일	- 최승호PD, 박성제 기자 해고(해고2명 외 정직 10명)
6월 22일	- 사측, 노조 집행부에 손배소액 195억 원으로 상향
6월 28일	- 17개 지역 MBC, 노조 집행부 56명 대기발령
6월 29일	- 여야, 개원협상에서 새 방송문화진흥회 이사회가 MBC 노사문제 처리하도록 합의
7월 11~12일	- 지역MBC, 노조 집행부 28명 징계
7월 13일	- 사측, 공정방송협의체 제안/ 노조 '진정성 없다'
7월 16일	- MBC 본수 서울지부 대의원 회의
7월 17일	- 노조 조합원 총회, 파업 잠정 중단 결정

척박한 토양과 통제, 종속의 악순환

- 여수지역을 중심으로 돌아본 중소도시 지역의 言論史와 통제, 종속의 사례 -

박광수(전국언론노조 MBC본부 전 여수지부장, 여수MBC 기자)

Ⅰ. 들어가는 말

해방 이후 신문을 중심으로 한 지역의 언론 출판 활동은 수난의 연속이었다. 강압적인 구조조정이나 통제가 완화되면 자생적인 내부 언로소통의 요구가 태동하는 모습을 보이기도 했지만, 결국은 와해되고 종속되는 악순환을 되풀이 해 왔다. 여수지역의 경우 해방이후 몇몇 지역 신문이 근근이 언론의 기능을 소화해 왔지만, 여순사건, 한국전쟁, 5·16 군사 쿠데타 등의 역사적 격랑 속에서 근간이 흔들리다 강제 폐간되거나 스스로 자생 기반을 갖추지 못하고 문을 닫고 말았다.

지역 신문이 고사된 이후에는 서울이나 道권에 본사를 둔 신문사의 지국이 서울과 도권의 소식을 공수하는 상황이 반복되어 왔다. 그러나 서울은 지역의 여론과 소식에 관심이 없었다. 광역시 중심의 언론도 지역 중소도시에서는 진정한 지역 언론의 역할을 다하지 못했고 다할 수도 없었다. 계약금만 내면 운영이 가능한 지국들이 크게 번성했고 지국장이나 주재 기자들도 언론의 역할을 제대로 해낼 수 있는 토양이 아니었다.

방송 전파로 지역소식이 지역민에게 전달되기 까지는 더욱 많은 시간이 소요되었다. 1957년 KBS 중계시설이 여수에 입성 했지만, 진정한 지역방송의 태동은 1970년 남해방송(NBC)의 출현(1971년 여수MBC로 社名 변경)이라 할 것이다. 일방적 정부의 홍보 도구의 역할을 했던 기존 방송에서 벗어나 지역 시사 고발 프로그램이나 로컬 뉴스를 생생하게 전하면서 '로컬'방송의 의미와 재미를 처음으로 선사했다.

그러나 지역방송의 근간이었던 KBS와 MBC도 고질적인 종속과 통제의 그늘에서 벗어나지 못했다. KBS는 총국중심으로 지역국 체제를 개편하면서 여수방송국이 폐국 조치되었고, MBC도 본사 중심 사고를 반영하는 고질적인 광역화와 강제통폐합 논란 속에 노동조합을 중심으로 끊임없이 '지역 방송 활성화'와 '종속거부'운동이 이어져 왔다.

이번 발제에서는 이와 같이 전개되어 온 해방이후 여수지역 신문과 방송의 명멸(明滅)과 그 의미를 간략하게 돌아보고자 한다. 특히 중앙과 광역도시의 패권논리 속에 종속되고 소외되는 지역 언론의 문제를 중소도시의 시각에서 바라보고자 한다.

II. 지역의 新聞史·· 척박한 물적 토대의 한계

1. 지역 언론의 태동, 여수일보(麗水日報)

여수지역에 처음으로 선보인 언론은 1920년대 문화 통치라는 미명아래 창간된 동아, 조선일보 등이었다. 지역에 보급책임을 겸한 이른바 주재기자까지 활동했던 것으로 기록돼 있다. 하지만 지역 기사는 거의 생산되지 않았고 전국뉴스의 배포기능에 그치는 수준이었다.

사실상 첫 지역 언론은 1945년 대중보(大衆報)였다. 1946년 당시 미 군정청에 정식으로 등록을 마쳐 합법적인 첫 지역신문의 지위를 확보하게 되었다. 대중보는 2년 후 주식회사 체제로 거듭나게 되고 '여수일보'라는 제호로 본격적인 대중 신문사로 거듭났다. 여수뿐 아니라 순천, 광양, 고흥 등 전남동부지역을 아우르는 준 광역권 신문의 모습을 갖춘 것이다. 지역의 전통과 문화에 대한 다양한 기사를 유통함으로써 해방이후 생업에 급급했던 지역민에게 긍지를 심어주고 도시의 격을 높여주는 역할을 했다. 1948년 여순사건 당시 남로딩 여수군딩에 접수돼 일시적으로 인민보(人民報)로 이름이 바뀌고 한국전쟁으로 발간이 중지되었다가, 다시 복간되는 등 현대사의 격랑 속에서도 그 명맥을 유지해가던 여수일보는 결국 5·16 군사 쿠데타 직후 국가재건 최고회의에 의해 폐간되었다.

여수일보는 미 군정하 사회혼란의 주요인 이었던 좌우익의 갈등과 압력에도 민족주의적인 논조를 고수하며 끈질기게 지역 언론의 위상을 지켜왔으나 결국 '지역신문을 정리'하고자 했던 군사정권의 압박은 버텨내지 못하고 말았던 것이다.

2. 여수 경제신문, 여순 산업신보. 독재 정권 강제 폐간의 악순환

5·16 군사쿠데타 이후 지역 언론은 한동안 공백상태였다. 그러나 지역 언론 재생의 의지는 항상 꿈틀거렸다. 1965년 정부의 언론규제가 다소 완화되자 여수경제신문이 창간돼 여순산업신보로 명맥을 이어갔다. 여순산업신보는 열악한 환경 속에서도 1,000호를 넘게 발행하는 저력을 보였다. 해방이후 지역 언론 태동에 큰 역할을 한 박병호와 같은 선지적인 언론인의 역할이 컸다. 그러나 열악한 수익구조와 이에 따른 경영악화로 1980년 7월 폐간되고 만다. 역시 신군부의 집권 직후였다.

> - 고한석[여순산업신보 기자(1969~1980년), 2012년 11월 2일 인터뷰]
> "부산대학교 재학 중 고향을 방문했다가 지역의 선지적 언론인이셨던 박병호 선생을 만나 여순산업신보 기자생활을 시작했다. 주간 단위로 지역의 주요 동정이나 현안을 알렸다. 공직자들의 비리나 부정부패를 지적하는 의욕적인 기사도 실었다. 그러나 군사정권의 감시와 억압 속에서 보도의 범주에 대한 한계는 명확했다. 박정희 대통령의 지역 행사 방문소식을 보도했다가, 중정 관계자에 편집국장까지 소환돼 굴욕적인 처우와 함께 신원조사까지 받기도 했다. 국가원수의 동정을 허락없이 보도했다는 허무맹랑한 이유였다. 80년 신군부의 집권 후에는 매주 신문 초판을 들고 가서 첨삭 검열을 받아야 했다. 신군부는 집권 6개월 만에 신문사 등록을 강제로 취소시켜 폐간조치 했다. 지역의 문화와 역사의 기록자라는 자부심으로 생활했지만 광고로 운영되는 자립경영 기반이 취약하여, 시 행정에 의존할 수밖에 없었던 점도 정론지로서 자리매김 하는데 크나큰 한계로 작용했다."

3. 1980~90년대 지역신문시장의 암흑기

신군부가 들어서고 지역 언론은 당시까지와는 비할 수 없는 암흑기에 들어갔다. 철저한 통제에 의한 이른바 '언론 진공상태'였다. 여수지역에서 10년 가까이 진정한 지역 언론이라 칭할 수 있는 로컬 신문은 사실상 존재하지 않았다 해도 과언이 아니었다.

그러다 80년대 말로 가면서 민주화 바람과 함께 지역 언론에도 숨통이 틔었다. 언론 규제가 완화되자 정정균 공인 회계사 등이 중심이 돼 의욕적으로 전남 동부지역의 정통 일간지를 표방한 한남일보를 창간했다. 편집국 기자만 해도 40명에 총 근무인원이 100명에 육박했고, 발행면도 매일 8면에 이를 만큼 의욕적인 시도였다. 중앙과 도 단위의 기사는 통신사 기사를 받아썼지만, 지역 자체 취재 기사도 적지 않았던 그야말로 정통 지역 일간지였다. 광역 지방지와 어깨를 겨룬 첫 시도이기도 했다. 그러나 결국 경영악화를 피하지 못하고 1년 남짓 발행하는데 만족해야 했다. 광고수익이 극히 저조했고 독자층은 한정이 돼 있었다. 지역 언론을 살려야 한다는 인식이 전체 지역민들에게 질빅하게 공유되지 못한 한계도 명확했다.

한남일보의 실패는 지역에 자생적인 신문 시장이 정착되기 얼마나 어려운지를 제대로 각인시켜 주었고 이후 지역의 정보 유통이 주간 신문이나 정보지 위주로 변화된 계기가 되었다.

4. 순수 로컬 신문의 공백

이후 지역 정보신문 기능을 결합한 소식지 형태가 일반화되기 시작했다. 무가지 형태의 정보지에 지역의 각종 소식을 끼워 전달하는 방식이었다. 정보지 활성화의 기류를 타고 지역여론에 상당한 영향을 미치며 언론의 역할을 수행했다. 이후 시사나 논평기능을 강화해 일반 신문으로 재등록하는 자신감을 보이기도 했지만 거기까지 였다. 정보지 기능을 배제한 로컬 신문은 여지없이 독자수 부진에 따른 경영난에 봉착하고 말았다.

5. 지역 주재기자 시스템의 고질적 문제점 노정

지역에 유통되는 신문의 주류는 여전히 서울을 중심으로 하는 중앙일간지와 광주를 중심으로 하는 지방지였다. 문제는 이들 신문들이 대부분 지역을 신문유통의 대상으로만 여길 뿐 지역 자체적인 정보나 기사 생산 기능이 크게 떨어진다는 데 있었다. 현재 시점을 기준으로 여수, 순천을 중심으로 하는 전남동부지역에 주재기자를 두고 있는 신문사는 중앙일간지가 8개, 지방지가 13군데에 이르고 있지만 단순 사건사고의 소화나 도·시·군의 관급기사 소화에 그치는 실정이다.

특히 기자들이 신문의 유통까지 관리하는 시스템으로 유지되면서 전문성과 독립성을 기하기 어려운데다 지역 기업체와의 유착 등 고질적인 폐해가 끊이지 않고 있다. 대표적인 사례가 지난 2010년 6월 무려 19명의 여수지역 주재기자들이 기소된 '광고비 횡령'사건이다.

6. 여수지역 주재기자 8명 구속, 11명 불구속··· 무더기 사법처리
(2010년 6월 15일 뉴시스)

광주지검 순천지청은 2010년 6월 15일 여수산업단지 내 기업 광고를 수주하면서 광고금액 중 일부를 개인적으로 빼돌린 모 지방일간지 여수 주재기자 A씨(60) 등 8명을 배임수재 혐의로 구속하고 일간지 주재기자 B씨(54) 등 11명을 불구속 입건했다.

A씨는 2006년부터 여수산단을 중심으로 기업 광고를 수주한 뒤 광고 계약금 가운데 1건당 100만~500만 원을 본사 몰래 착복하는 등 5년간 모두 2억 원 가량을 빼돌린 혐의다.

일부 기자들은 이 과정에서 산단 입주업체나 각종 공사현장 등에 찾아가 '광고를 주지 않으면 기사를 쓰겠다.'며 광고주를 협박해온 혐의도 받고 있다.

사건이 발생하자 사법 처리 대상이 된 지역 주재기자들은 이 같은 사례가 지속적으로 유지돼온 관행이라고 항변했다. 지역 언론의 뿌리 깊은 문제점임을 역설적으로 강조한 것이다. 지역 주재기자는 중앙 일간지와 도권 지방지의 이중적인 수탈구조속이리는 척박한 환경에서 최일선의 가해자이자 피해자였던 셈이었다.

7. 주간 위주의 순수 로컬신문 운영

현재 여수신문, 남해안 신문, 여수로 신문, 남도문화저널, 동부매일 등 5개의 신문이 주간으로 발행되고 있지만 발행여건이 그리 녹록하지 않은 상황이다. 인터넷과 SNS에 의한 언론 수용자 층이 크게 늘어나면서 구독이나 광고수주 여건이 갈수록 열악해지고 있기 때문이다. 때문에 현재 발행되고 있는 지역신문 대다수는 3,000~5,000 부 정도 인쇄하여 개인 구독자 보다는 관공서 위주의 거점 배포에 의지하고 있는 실정이다. 발행인과 기자들의 고군분투에 지역신문의 명맥이 유지되고 있는 상황으로 해석할 수 있을 것이다.

> - 박완규[동부매일(여수지역 주간신문) 발행인, 2012년 10월 31일 인터뷰]
> "건강한 지역 언론이 자생하는 데는 어려움이 많다. 지역민의 여론을 제대로 반영할 수 있는 건강한 지역 언론의 자생 기반이 갖춰져야 한다. 바른 언론을 희망하기에는 현재의 토양이 너무 척박하다. 기사에 대한 외부적인 통제나 탄압은 현재 많이 없어졌다고 본다. 그러나 기업과 관에 기댈 수밖에 없어 의욕적이고 공격적인 취재가 제한 받을 수밖에 없다. 지역 내 중앙지에 비해 지방지나 순수로컬 신문의 점유율이 5%에도 미치지 못하는 근본적인 이유이다."

III. 지역의 放送史…통폐합과 종속의 그늘

1. 1970년 진정한 지역방송의 태동

방송은 순수한 지역의 목소리가 전파로 지역민에게 전달되기 까지 더욱 많은 시간이 소요되었다. 1957년 KBS 입성을 최초의 지역 방송으로 볼 수 있지만, 대부분 중앙에서 송신되는 라디오 전파의 중계에 머무르면서 진정한 지역 언론으로 보기는 힘든 상황이었다.

엄밀한 의미에서의 지역방송은 1970년 민간 상업방송으로 남해방송(NBC)이 출범하면서 부터라고 볼 수 있다. 남해방송은 1971년 여수MBC로 사명을 바꾸고 서울 MBC와의 가맹사 체제를 갖춘 뒤 다양한 라디오 시사프로그램과 뉴스 등 지역 방송물을 송출하기 시작했다. 여수 MBC의 로컬 방송이 지역민들 사이로 파고들면서 KBS도 지역방송 시간을 늘려 지역방송이 활성화되는 계기가 되기도 했다. 1975년에는 유선 공청방송 시스템이 보급되며 지역민들의 보편적인 시청권이 크게 개선되었다.

2. 1980년 언론 통폐합⋯ 지역 MBC계열화

1980년 신군부에 의한 언론 통폐합 조치로 인해 지역 MBC도 대대적인 소유구조의 개편이 이루어 졌다. MBC는 각기 독립법인으로 프로그램을 제휴해오고 있던 21개 MBC 계열 방송사로부터 각각 51％의 주식을 양수(讓受)해 이를 MBC의 지방 방송망으로 계열화 시켰다. 단순한 소유구조의 개편으로 볼 수도 있으나, 가맹사가 직할 계열사 체계로 변환되면서 서울 중심의 방송체계가 더욱 공고화 될 수밖에 없었다. 자생적인 지역 기반의 물적 토대기 중앙으로 한층 종속되는 계기가 되었다고 볼 수 있다.

3. 민방의 침투와 공영방송의 철수

여수MBC와 KBS여수방송국 체제로 운영되던 지역의 방송망은 KBC동부방송센터의 개국과 함께 본격적인 공중파 3사 시대를 맞게 되었다. 광주. 전남을 기반으로 하는 민영방송사인 KBC가 1999년 여수에 중계시절을 갖추고 방송을 시작한 것이다. 반면 공영방송인 KBS는 2004년 10월 여수방송국이 순천방송국에 통폐합되면서 다시 2사 체제로 변경되고 말았다.

표면상으로는 민영방송사 한곳이 진입하고 공영방송사 한곳이 철수한 상황으로 볼 수 있지만 본질은 그것이 아니었다. 당시 순천으로 통폐합 되었던 KBS여수방송국은 60여 명의 정규 방송 인력이 소속됐던 방송스테이션 이었고, KBC동부방송센터는 방송 인력이 10명도 되지 않는 지국규모에 불과했기 때문이다. 민영방송은 광고수익 확대를 위해 대기업 산업단지가 밀집한 여수 지역 내에 영업인력 중심의 조직을 출범한 반면 KBS는 광역시 총국 운영체계로 전환하면서, 지역의 공영방송 체계가 크게 위축된 상황이라고 보는 것이 2000년대 초반 여수지역 방송을 바라보는 보다 정확한 해석일 것이다.

4. KBS 여수방송국 폐쇄(2004년 5월 31일 연합뉴스)

KBS여수방송국 시청자위원회(위원장 심장섭)는 KBS 본사의 여수방송국 폐쇄 결정에 반발해 31일 이의 취소를 요구하며 전원 사퇴했다. 위원들은 이날 낮 여수시청 브리핑 룸에서 가진 기자회견에서 "KBS 본사가 전남 제1의 도시이자 2012년 세계박람회 유치를 준비 중인 여수방송을 폐쇄키로 한 것은 국토균형발전과 지방분권을 통한 실질적 민주주의를 지향하는 시대흐름에 역행하는 처사로 철회되어야 한다."고 주장했다. 이들은 이어 "이 같은 사태에 이르게 된데 대해 시청자위원으로서의 책임을 통감해 전원 사퇴한다."고 밝혔다.

이들은 또 "지역방송국 폐쇄는 구조조정을 통해 정작 빼야 할 뱃살 대신 손가락 살을 떼어 중앙에 붙이려는 반 지방적 작태"라며 "기만적인 구조조정 대신 건강한 지방분권시대를 위해 어떤 노력을 해 왔는지 뼈저린 평가와 반성이 있어야 한다."고 강조했다. 한편 KBS는 최근 구조조정 차원에서 여수, 군산, 남원, 공주, 속초, 영월, 태백 등 7개 지역방송국을 폐쇄한다고 밝혔다.

5. 지역에 본사를 둔 유일한 공중파, 여수 MBC

여수MBC는 지역에 본사를 둔 유일한 공중파 방송이었고, 여수 MBC의 역사는 지역 언론사에 큰 축이 될 수밖에 없었다. 특히 1988년 2월 1일 노동조합의 창립은 지역의 기간 방송사로서 독립적인 언론의 기본 틀을 유지해 나갈 수 있게 해준 특별한 계기가 되었다. 여수MBC 노동조합의 역사가 언론다운 언론을 향한 투쟁의 역사이자 탄압의 역사가 된 것이다.

창립시기 노동조합의 투쟁동력은 우선 사내 민주화로 모아졌다. 방송사 창사 이래 누적되어 온 소주주의 횡포에 대한 저항감이 노조 창립의 원동력이었기 때문이다. 19개 지역사 노동조합은 이어 대주주인 서울MBC에 대한 연대 투쟁에 초점을 맞췄다. 서울과 지역 간 현격한 임금과 제작여건의 격차를 조정하기 위한 것이었다. 지극히 상식적인 요구이지만 전혀 공론화되지 못했던 의제들이 지역사 노조 간의 공조 속에 협의 석상에 오를 수 있었고 현실화의 토대를 마련할 수 있었던 의미 있는 시기였다.

지역 방송사 노동조합이 사내 문제를 넘어 언론의 사회적 역할 회복에 본격적으로 나서게 된 것은 1991년 부터였다. 5·18의 역사적 조명과 이철규 열사의 의문사 재조명 등을 의제로 토론회를 성사 시키는 등 가시적인 성과를 일궈냈다. 이듬해에는 졸속적인 한미 FTA 추진반대와 사장 퇴진 투쟁에 뛰어든 서울MBC 노동조합과 연대해 첫 공조파업을 벌였다. 당시로서는 기록적인 52일간 파업을 벌였던 서울MBC 노동조합에 지역도 45일간 파업참여로 힘을 모았다. 지역에서도 20여 명이 정직, 출근정지등의 중징계를 받았다. 1995년에는 서울을 비롯한 전국 MBC의 노동조합이 단일노조로 재탄생 했다.

6. 2012년 언론장악 저지투쟁과 지역사 강제통폐합

한국 언론사상 권력에 대한 가장 처절한 저항으로 기록된 2012년 언론장악저지 투쟁에 지역MBC 노동조합도 적극적으로 가세했다. 파업 기간만 128일에 이르렀다. 낙하산 사장의 친 정부적 행보에 대한 반발이 파업참여의 불씨가 되었지만 여수를 비롯한 지역MBC 구성원들의 공분을 배가시켰던 것은 MB정권과 김재철 사장의 반 지역적 시책들이었다.

김재철은 사장에 보임하자마자 본사의 관계회사 관리부서의 기능을 강화시켜 지역의 자율경영 토대를 크게 약화시켰다. 지역별 노사 간의 협의가 유명무실해졌고 경영행위에 간섭이 전방위적으로 이루어졌다. 독단적으로 전국 지역사의 명칭 체계를 바꾸려 하다 지역사 노조의 격렬한 저항에 막혀 중단된 사례가 있을 정도였다.

이 가운데 가장 큰 반감을 불러온 시책은 지역사 강제통폐합이었다. 김재철은 MBC 사장 선임 당시 대표적인 경영계획안으로 지역

MBC의 광역화를 제시했다. 지역 언론을 정리하고 싶었던 권력의 속내에 능동적으로 부합했다는 표현이 더 적절할 수도 있을 것이다. 첫해 대상지역으로 진주, 창원 MBC를 지목했고 1년 6개월간 '완력'으로 몰아붙여 통폐합을 성사시켰다. 제대로 된 의견수렴 절차 한번 없었고 지역 시민단체들의 지속적인 반발에도 전혀 아랑곳 하지 않았다. 노조(진주MBC)는 이 과정에서 한명이 해고되고 16명이 정직, 감봉 등 중징계와 재택 대기발령을 받는 극심한 탄압을 받았다. 김재철은 이어 올해(2012년) 안에 충주, 청주 MBC와 강릉, 삼척 MBC에 대해서도 강제 통폐합 추진을 공언하고 있다. 대구, 경북과 호남지역으로도 확대가 예상된다.

규모화의 경제 실현이나 콘텐츠 경쟁력 향상 등 강제 통폐합 추진의 대외적인 명분이 허울에 불과했다는 점은 통폐합 이후 곧바로 드러나고 있다. 진주, 창원MBC의 경우 통합이후 50억 원의 광고수익이 감소함에 따라 통합 절감효과보다 광고수익 감소가 더 크게 나타났다. 진주지역의 방송 소외와 공백 현상은 시간이 갈수록 더욱 극심한 지역민의 반감에 부딪히고 있다.

7. 진주. 창원MBC 통합 일정

- 2010년 03월 : 김재철 사장, 진주, 창원MBC 전국 첫 지역MBC 통합 추진
- 2010년 09월 : 진주, 창원MBC 합병 변경 방송통신위원회 신청
- 2010년 12월 : 방통위, 통합 심사기간 2011년 4월 27일까지 연장
- 2011년 05월 : 방통위, 통합 반발 확산.. 심사기간 7월 말까지 연기

- 2011년 06월 : 방통위, 경남지역 통합 반대의견 청취, 경남 5곳
  지역 의회. 상공회의소. 시청자위원회 등
  >>> 통합 반대의견 압도적 표출
- 2011년 07월 20일 : 방통위, 전체회의 통합 논의
  >>> 정치권. 지역사회 반발로 논의 연장.. 8월 중에 다시
  처리 예정
- 2011년 08월 08일 : 방통위 전체회의 개최.. 합병승인
  >>> 야권 추천 방통위원 2명 강력 항의하며 퇴장한 가운데 최
  시중 위원장 등 한나라당 추천 방통위원 3명, 합의 결정
  원칙을 어기고 일방적인 표결처리

Ⅳ. 맺음말

지역에 언론다운 언론은 없었다. 수도권에서 멀어질수록, 광역도
시에서 벗어날수록 이 말은 더욱 '사실'이자 '현실'이었다. 해방이후
지역의 언론 토양을 규정하는 적절한 설명이자 현재까지도 유효한
표현이다.

도대체 왜 이렇게 되었을까? 무엇보다도 '언론의 다양성'을 경계
하는 중앙집권세력, 특히 독재 권력의 속성을 지목할 수 있을 것이
다. '여수신문'의 폐간이 좋은 예이다. 해방이후 어렵사리나마 지역
의 유일한 언론사로서 명맥을 유지해오던 '여수신문'을 역사 속으로
사라지게 만든 이들은 바로 5·16군사 쿠데타 세력이었다. 지역의
소식과 여론이 지역내부에서 활발하게 유통된다는 사실만으로도 권

력은 큰 부담을 가질 수밖에 없었던 것이다. 80년 이후 신군부 세력들의 언론 통폐합 조치도 지역의 입장에서는 '중앙집권화'를 위한 '순치'와 '정리'의 수순으로 읽을 수 있다.

이명박 정권의 언론장악에 맞서 벌였던 2012년 MBC의 역사상 최장 파업에 지역이 혼연일체로 함께 결합할 수 있었던 것도 독재정권 하수인의 '지역 정리 작업'에 대한 반발이었다고 볼 수 있다. 김재철은 취임하자마자 지역의 자율경영을 철저히 무시하고 지역의 의사를 철저히 무시한 상태에서 '강제 통폐합'이라는 만행을 저질렀다. '로컬'에 대한 독재 권력의 전형적인 시각을 다시 한 번 확인시켜준 명확한 사례였다. 규모화를 통한 체질 개선의 의미를 들먹이지만 실제로는 '감량'과 '민영화' 즉 '공영성 제거'에 실제 속셈이 있었음이 완연히 드러났다. 독재 권력에서 지역의 다양한 목소리는, 불필요할 뿐만 아니라 위협적으로 받아들였기 때문이었을 것이다.

자생 언론이 뿌리를 내리기 힘든 지역의 척박한 언론환경은 중앙과 도권의 이중적인 수탈 구조에도 기인한다. 지역은 지대(紙貸)를 빨아들이는 대상일 뿐 정보 생산과 유통은 뒷전인 현실이 고착화된 상황에서 중소도시 언론의 물적 토대가 형성될 여지는 희박할 수밖에 없었다.

지역 언론의 생존을 통한 여론의 다양성이 확보되기 위해서는 현재와 같은 수탈적 경쟁구도를 보완할 수 있는 '안전망'이 절실히 필요한 이유가 여기에 있다. 효율성과 경제논리에 매몰된 통폐합이나 폐간조치에 앞서 적극적인 부양대책이 필요하다는 것이다. 민영화의 소용돌이 속에 불씨가 꺼져 가고 있는 지역 공영방송체계에 대해서도 '여론 다양성 보호'차원의 깊이 있는 고민이 절실하다.

경쟁력 있는 지역 언론
-작지만 큰 신문, 지역정론지를 추구한다-

김경만(까치신문 대표)

Ⅰ. 들어가는 말

　20년 전, 우리 사회의 기나긴 독재의 사슬을 끊고 비록 불안전하지만, 오랫동안 민주화운동을 했던 김영삼 씨가 3당을 합당하여 여당 대통령 후보가 대통령이 되면서 민주화의 여명이 도래했다. 민주화에 대한 역사의 평가가 분분하지만, 실제에 있어 민주화의 큰 흐름은 이때부터인 것이 사실이다. 비록 IMF 외환위기를 초래한 장본인이지만, 이는 32년 만에 군부정치를 청산한 문민정부를 이루었고, 군 개혁으로 정치군인의 사조직인 하나회를 해체하고, 전두환·노태우 두 전직 대통령을 구속하는가 하면, 공직자 재산공개, 금융실명제, 지방자치제도 실시, 토지공개념 도입 등 우리나라 정치사에서 현재와 같은 민주정치의 발판을 가장 확실하게 초석을 다져준 것이 그것이다.

20년 전, 당시의 까치신문은 이를 의식하여 시대정신에 맞게 반가운 소식을 전한다는 까치라는 제호로 본격 지방자치시대에 까치신문이 탄생했다. 지역의 정보지를 선도하는 한편으로 지역의 뉴스를 단편으로 제공하면서 정보신문이 탄생한 것이다.

II. 여수의 언론

1. 여수지역의 언론略史

척박하기 그지없는 지역의 言論史를 신문 중심으로 한 略史는 다음과 같다. 여수 지역 언론의 시초는 1945년 8월 해방 이후, 박병호(朴炳昊)가 발간한 일간지 『대중보(大衆報)』와 이진문(李珍文)이 여순사건 직전까지 주간으로 발간한 『해방시보(解放時報)』이다. 특히 박병호는 해방 전에 중국으로 건너가 천진(天津)에 있는 『몽강일보(蒙疆日報)』에 근무한 경험을 바탕으로 해방 후 고향 땅에 언론 기관의 싹을 심었으며, 『대중보(大衆報)』는 1946년 11월 1일에 이르러서는 미 군정청에 정식으로 등록(A25호)하여 1947년 6월에 합법적인 신문의 자리를 굳힌다.

이후 건국준비위원회 여수지부 추진위원장을 거쳐 여수 군수였던 정재완이 『대중보』의 사장 박병호와 합병을 하게 된다. 이에 1947년 8월 1일 주주 15명으로 주식회사 대중신문사가 출범하게 되었고 『여수일보』라는 제호로 타블로이드판 4면을 발행하게 된다. 『여수일보』

의 보급망은 주로 여수·순천·고흥 등 전라남도 동부 6군이었으며, 당시에는 수산업을 중심으로 경제에만 치중되었던 여수 지역에, 전통과 문화도시로서의 긍지를 심어 주고 도시의 격을 높여 주는 역할을 하게 된다. 1948년 10월 여순사건 발생 이후에는 여수일보가 남로당 여수군당에 접수되어『인민보』를 발행하기도 하였으며, 이후 심각한 내분으로 정간과 속간을 거듭하다 5·16군사쿠데타 직후인 1961년 5월 23일 국가재건최고회의 고시 제11호에 따라 시설 미비를 이유로 폐간되었다.

이후 자유당 정권 말기에는 신양남의『여수일보』와 박병호의『여흥일보』공존 시대를 거쳐 다시『여흥일보』와『여순신보』로 재편됐으나, 이 기간은 겨우 몇 개월로 끝나고 말았다. 1961년 5·16군사쿠데타로 두 신문 모두가 등록 취소되어 여수 지방에는 말 그대로 무신문(無新聞) 시대가 되고 말았던 것이다.

1965년에 이르러서 비로소 언론 규제가 완화되어 특수지에 한해 등록이 허용되었는데, 신문에 집념이 강했던 박병호는 그 해 6월, 주간『여수경제신문』을 타블로이드 4면으로 창간하게 되었고, 1966년 1월부터『새한경제신문』으로 제호를 바꿔 발행하였다. 그러나『새한경제신문』도 몇 달이 안 되어 폐간되고 말았다.

박병호는 다시 1966년 7월 1일 주간 타블로이드 4면으로『여순산업신보』를 창간하기에 이른다. 1975년 12월 박병호는 박종대에게『여순산업신보』를 인계하였고, 2년 뒤 1977년 12월에 다시 김정수, 김충조 등이 이를 인수하였다. 그러나 이들 역시 열악한 신문 환경 및 경영 악화와 함께 1980년 7월 31일, 언론통폐합 조치로 인해 상당수의 지방지와 더불어『여수산업신보』도 지령 제1,070호를 끝으로 폐간되고 만다. 박병호 그는 해방이후부터 1975년까지 30여년간을 지역 언론 환경의 열악함을 무릅쓰고 지역 언론사를 개척한 진정한 원로 언론인이었다.

1980년대 군사정권 시절, 언론통폐합 조치로 인해 광주민중항쟁의 역사적 사실마저 왜곡과 은폐를 하는 등의 언론통제가 극심했을 때에 여수 지역의 신문사도 예외가 있을 수 없었다. 당시 여수 지역의 신문은 지역신문 대신 여전히 중앙 또는 광주에 본사를 둔 30여 개의 지국 또는 지사가 난립하고 있었다. 이후 1990년대에 접어들어서 다시 지역신문들이 등장하기 시작하였으나, 이 역시 재정 문제로 인해 2~3년을 못가서 대부분 폐간되었다. 다행히 1995년 지방자치 시대의 개막과 더불어 새로운 형태의 지역 신문들이 하나 둘씩 창간되기 시작하였다.

1980년대 말 언론 규제가 완화되면서 여수에도 당시 공인회계사였던 정정균이 『한남일보』를 1년여의 의욕적인 준비 끝에, 1990년 6월 창간하여 자체적인 사옥과 윤전 시설까지 갖추었다. 편집국 기자 40여 명을 포함해 100여 명이 근무하는 중견기업으로 매일 8면 배판으로 빌행되었으며, 취재권역 역시 여수시·여천시·어천군만이 아닌 순천·광양·구례·고흥 등 전라남도 동부 권역으로 확대하였고, 중앙과 도 단위 기사와 사진은 통신사의 도움을 받아 실었다. 하지만 폭넓은 독자층을 확보하지 못한데다 광고 수입 저조, 지역 언론에 대한 인식 부족 등의 악재가 겹치면서 경영이 악화되어 창간 후 1년을 조금 넘긴 1991년 9월 폐간되고 말았다.

『한남일보』의 폐간은 이후 여수 지역의 언론이 처한 상황을 재인식시켜 주었다. 우선 일간지는 수익성이 떨어져 생명력이 길지 않다는 점과 지역 신문이 살아남기 위해서 필요한 수입이나 독자층을 어떻게 확보하느냐 하는 것이 문제의 핵심이었다. 때문에 이후 출범한 신문 대다수가 주간지로 발행하게 되는데, 독자층도 출향인들을 대상으로 고향 소식을 전하거나 마을 구석구석 소식을 전하는 등의 말 그대로 지역과 생활 뉴스를 다루는 신문들이 대거 등장하게 된다.

『한남일보』 폐간 이후 한동안 볼 수 없었던 지역신문은 1992년부터 1993년 사이에 『한려신문』·『까치정보』·『교차로』·『벼룩시장』 등 정보 신문을 통해 다시 등장하게 된다. 이들 정보 신문들은 타 지역과 달리 1~8면씩 지역 뉴스를 다뤘는데 그 반응은 가히 폭발적이었다. 무가지인데다 매체마다 적게는 1만 부에서 많게는 3만 부까지 매주 2회~5회까지 발행했으니 그 영향력은 대단했다.

이들 정보 신문사들은 자체적으로 기자들을 2~5명까지 두고 신문을 발행하였으며, 기사 내용에 따라 광고량이 달라지는 현상도 나타났다. 심지어 이들 정보 신문사들은 지역 뉴스에 대한 독자들의 폭발적인 반응과 함께 점차 그 사회적 영향력이 확대되기에 이른다. 그러나 정보 신문이 특수지인 관계로 논제에 대한 시사나 논평에 제약이 따르자 앞 다투어 일반 주간신문으로 재등록하는 상황까지 연출된다. 1992년부터 1995년 사이에 발행된 출향민을 대상으로 한 『여수반도신문』, 한려정보신문사의 『한려신문』, 까치정보사의 『까치신문』, 교차로정보신문사의 『교차로 저널』 등 4~5개의 지역 신문이 그것이다. 그러나 이들 지역 신문들 역시 1990년대 말 경영상을 이유로 기자들을 해고하거나 생활 중심 뉴스만을 다루는 순수 정보 신문으로서의 기능으로 전환하면서 여수지역 신문은 또 한 번 쇠퇴기를 맞게 되었다.

이렇듯 독자들은 지역 뉴스의 타블로이드판 정보 신문에 익숙해지자, 1999년 12월 김유삼이 의욕적으로『진남신문』을 주 2회 24면 타블로이드판으로 발행하였다. 그러나 무가지인데다 광고도 정보 신문에 밀려 창간 1년을 버티지 못하고, 이듬해인 11월에 새로운 경영진으로 넘어가『여수저널』로 제호를 바뀌어 발행되었다.

또한 교차로정보신문사에서 2001년 6월『여수투데이』라는 일반 주간신문을 발행하게 되었는데, 이 역시 2년을 발행하다 2003년 6월 폐간되었다. 다만 출향인들을 대상으로 발행했던『여수반도신문』만 이『삼려신문』으로 제호를 바꾸고, 다시 현재의『여수신문』등으로 제호를 바꾸어 발행되면서 현재에 이르고 있다.

2000년대 들어서도 이들 여수지역 신문사들의 수익성은 영세성을 면치 못했다. 지상파·공중파·케이블TV·중앙지·지방지 등 정보의 홍수와 함께 인터넷 매체까지 언론 대열에 합류함으로 인해 구독과 광고 수주 환경은 갈수록 악화될 수밖에 없었다. 더구나 여수 지역에는 윤전기 시설이 전무한 상태여서 지역 신문 대부분은 광주에서 인쇄를 해 오고 있는 등 간접비용 지출 역시 만만치 않은 상태이다. 때문에 2000년대를 전후해 발행되었거니 현재 발행되고 있는 여수 지역 신문 대다수의 발행부수도 3,000~5,000부로 많지 않았고 개인 독자보다는 관공서 위주의 거점 배포에 중점을 둘 수밖에 없는 한계를 보이고 있다.

현재 여수 지역에는『여수신문』·『새여수신문』[현재의『남해안신문』]·『여수로신문』·『남도문화저널』·『동부매일』이 발행되고 있으며, 인터넷으로『여수인터넷뉴스』·『여수닷컴』·『브레이크뉴스』가 발간되고 있다.

또한 여수 지역에서 주재 기자가 상주하고 있는 매체는, 지방지의 경우 『광주일보』·『전남일보』·『전남매일』·『광남일보』·『무등일보』·『남도일보』·『광주매일』·『호남매일』·『호남일보』·『대한일보』·『전남도민일보』·『전광일보』·『아침신문』 등 13개지가 있으며, 방송사와 통신사의 경우, 연합뉴스·뉴시스·KBS·MBC·KBC·CBS·DBS 등 7개사가, 전국 일간지는 『경향신문』·『신아일보』·『전국매일』·『시대일보』·『아시아일보』·『해동일보』·『서울일보』·『내외일보』 등 8개사의 신문들이 있다.

이렇게 해서 현재 여수지역에는 지역신문과 인터넷 매체까지 합쳐 40여 개의 매체, 50명이 넘는 기자가 여수 지역에서 활동하고 있어, 여수 지역민들은 가히 정보의 홍수 속에서 살고 있다고 해도 과언이 아닐 것이다. 까치신문의 역사는 그러했다. 까치신문, 20년의 세월동안 지역의 자본으로 명맥을 유지한다는 게 쉬운 일이 아님을 그동안의 지역 言論史가 이를 말해주고 있다. 그리고 지역정보지로는 거의 유일하게 또한 지역의 자본이라는 데에 자부심을 가지고 있다.

2. 지방자치 제도시행에 대한 언론의 역할과 중요성

또한 지방자치 제도시행에 대한 언론의 역할과 중요성도 크게 대두되고 있다. 1961년 5·16군사쿠데타로 지방자치제도가 중단된 이래 30년 만에 부활된 지방선거는 지난 1952년의 제1차 지방선거로부터 2010년의 제9차 지방선거에 이르기까지 9번의 지방선거를 통해 우리 국민들은 수많은 시행착오와 민주주의를 경험하였다. 본격 지방자치시대를 맞이하였지만, 지방자치제도의 성공적 정착과 발전은 궁극적으로 지역주민들의 민주의식과 주민자치의식의 수준여하에 달렸다는 교훈을 얻게 되었다.

지방자치는 주민참여를 그 필수요건으로 하지만 주민들의 의식이 낙후되어 있거나 부정과 비리로 오염되어 있으면 지방자치는 바르게 발전할 수 없다는 것이다. 예컨대 지방선거에서 혈연이나 지연중심으로 파벌을 형성하고, 금품수수에 의한 불법타락선거를 자행하며, 선거 이후 무리한 청탁을 하거나 각종 사적 집회에 참석을 요구하는 등의 비리가 그칠 줄 몰랐다. 다수의 지역주민들이 자신의 이익보다는 남을 먼저 배려하고 지역사회의 이익을 앞세울 줄 아는, 수준 높은 시민의식을 함양하지 못하면 바람직한 자치제도의 실시는 기대하기 어렵다는 점을 알게 되었다.

그러므로 우리나라에서 지방자치제도가 성공적으로 시행되고 발전적으로 정착되기 위해서는 정론지 언론의 지원과 협력이 반드시 절대적으로 필요하다는 교훈을 얻었다. 어떠한 정책이나 제도라도 국민적 지지를 받지 않고서는 성공적으로 시행될 수 없고, 그 생명력을 지속시키기 어려운 것이 민주사회의 현실이다. 더구나 우리나라와 같이 언론의 영향력이 세계에서 그 예를 찾을 수 없을 만큼 지대한 나라에서는 더욱 그러하다. 언론이 지역과 사회보다는 특정이념이나 편견에 빠져있을 경우, 언론으로부터 합리적이고 바람직한 지원과 협력을 얻기 어렵다는 점을 알 수 있었다. 특히 지역의 언론기관들이 지역민에 의한, 지역민을 위한, 지역민과 호흡하는 언론을 외면하고, 시정의 정책과 제도의 본질은 이해하지 못하면서, 그릇된 편견으로 지방자치정부와 지방의회만을 옹호하고 나설 때에 지방자치제도는 성공할 수 없다는 점을 알 수 있었다.

Ⅲ. 맺음말

전국 모든 지역신문의 한계이기도 한 현실의 상황에서, 여수 역시 많은 지역신문들이 저마다 지역민의 이해와 입장을 대변하는 대변자임을 자처하고 나섰지만, 심각한 경영난의 봉착과 취재나 편집을 담당할 인력이 부족해 오랫동안 지역민과 호흡할 수 있는 지역신문이 자리 잡지 못하는 아쉬움이 남았다. 그러한 측면에서 순수한 여수 지역신문 까치신문이 자본의 경쟁력을 갖고 계속 발행되어, 지방자치시대의 진정한 대변지로서의 기능을 확대하여 잘 해 내고자 한다. 예전의 『여수일보』가 지역경제, 그리고 여수가 호국문화도시임을 감안해 자긍심을 심어주는 기사를 통해 해방 후 여수 지방의 격을 한 단계 높였다는 평가를 받고 있는 것처럼, 성년 20년 까치신문이 지역경제와 문화역사, 지방자치 현안에 작지만 큰 신문, 정론지로서 작용하고자 하는 바람이다.

역사 · 문화

지역사의 재구성과 지역의 정체성

- 여수의 역사와 실천 문학의 이해 -

이영일(여수지역사회연구소 소장)*

Ⅰ. 들어가는 말

산과 바다는 저기에 저렇게 이미 있으되 보는 사람, 가는 사람, 이
용하는 사람에 따라 누구에게나 똑같이 다가오지는 않는다. 산과 바
다는 인간의 삶이 자연과 원형으로 동화되던 원시사회를 벗어나면
서부터 지배계급과 피지배 민중들에게 달리 다가왔다. 지배계급은
모든 생산 수단을 항상 독점하려 하듯이 산과 바다 또한 독점할 대
상일 뿐이었다. 자신들만이 차지할 명당자리, 목재의 산출처, 남의
생산을 바탕으로 부와 시간을 독차지하고 풍류를 즐기는 놀이터이
자 수렵 사냥터였다. 그에 비해 민중에게는 지배계급의 수탈과 억압
을 피하고 삶의 터전을 이루는 은신처이며 안식처이자 새로운 세상

---

* 동아시아평화·인권국제학술회의 한국위원회 사무국장, 진실·화해를위한과거사정
리위원회 조사국장 역임. 현재 (전국)민주연구단체협의회 상임대표

을 꿈꾸고 모색하던 '반역의 거점'이었다. 임꺽정, 장길산, 홍경래, 홍길동, 전우치, 진주민란, 거창민란(임술 봉기), 부안 민란, 광양 민란, 이필제의 난(명화적의 난), 동학농민혁명, 장연·재령·제주 농민봉기 등이 그러했다. 민중적 이상향의 세계이기도 했다.

Ⅱ. 여수의 지역사

1. 고난의 근현대사와 민주화

고난의 근현대 민족사를 돌이켜 보면, 지난 120여 년간의 우리 역사는 참으로 혹독한 시련을 겪어 왔다. 1894년 동학농민혁명, 구한말 항일의병, 일제 강점하의 항일독립운동, 3·1운동, 6·10만세운동, 광주학생운동, 해방 후 대구 10월항쟁, 제주 4·3항쟁, 여순항쟁, 6·25 한국전쟁, 4·19혁명, 광주 5·18민중항쟁, 87년 6월항쟁과 그해 여름을 뜨겁게 달궜던 7~8월 노동자 대투쟁 등 엄청난 민족사적 사건들이 바로 그것이다. 이는 대체로 2~30년을 주기로 숨 가쁘게 일어났다. 이때마다 말로 다 표현할 수 없는 엄청난 인권유린과 인권침해가 뒤 따랐다.

그렇지만 한국의 민중은 지난 120여 년간 격동의 역사를 겪는 동안 끊임없이 격렬한 저항운동을 지속적으로 전개해 왔다. 우리 역사의 맥락에서 본다면, 국가폭력에 의한 '대량의 중대한 인권침해'에서의 인간의 회복을 외치는 끈질긴 투쟁이 있어온 것이다. 이러한 역동적인 한국의 역사를 빗대어 아시아에서는 '아시아의 라틴계'로 불리기도 한다. 역사에 대한 시대 모순을 대자적[1] 민중들의 격렬한 저항과 역동적인 시대정신으로 정세를 이끌면서 사회변혁[2]을 도모해 왔던 것이다. 20세기 내내 식민지 지배에 대항한 민족해방운동과 외세에 의해 분단된 조국의 통일을 위한 통일운동 및 군사독재정권의 통치를 반대하는 민주화운동 등을 치열하게 전개하였던 것이다. 사실상 20세기 한국사의 가장 큰 특징은 이러한 저항운동들에서 찾아야 할 것이다. 결국 우리는 세계사에 자랑할 만한 민주화를 쟁취했다. 최근의 미얀마의 민주화운동이나 중동의 민주화운동을 보면서 새삼 민주화가 얼마나 험난한 고난의 여정인가를 확인할 수 있다. 억압으로부터의 해방, 정말 힘든 일이다. 그래서 더욱 자랑스러운 것이다.

20년 전, 우리 사회의 기나긴 독재의 사슬을 끊고 비록 불안전하지만, 오랫동안 민주화운동을 했던 김영삼 씨가 3당을 합당하여 여당 대통령 후보가 대통령이 되면서 우리 사회 민주화의 여명이 비로소 도래했다. 민주화에 대한 역사의 평가가 분분하지만, 실제에 있어 민주화의 큰 흐름은 이때부터인 것이 사실이다. 비록 IMF 외환위기를 초래한 장본인이지만, 이는 32년 만에 군부정치를 청산한 문민정부를 이루었고, 군 개혁으로 정치군인의 사조직인 하나회를 해체하고, 전두환·노태우 두 전직 대통령을 구속하는가 하면, 공직자 재산공개, 금융실명제, 지방자치제도 실시, 토지공개념 도입 등 우리

---

1) 프롤레타리아의 정치적 성숙도의 여러 단계, 독립적인 정치 세력으로서의 프롤레타리아트의 자각의 성장 단계를 가리키기 위해서 마르크스와 엥겔스가 사용한 용어

2) 사회의 구조적 모순으로 생기는 사회적 위기를 해결하기 위하여 사회 체계를 혁신적으로 바꾸는 일. 개량주의적인 것과 혁명적인 것이 있다.

나라 정치사에서 현재와 같은 민주정치의 발판을 가장 확실하게 초
석을 다져준 것이 그것이다.

2. 고난의 민족사와 여수

고난의 민족사에 있어서 여수도 예외는 아니어서 전국의 정세와
그 흐름을 같이 하고 있다. 전남 동부권에 위치한 여수의 역사는 고
대 백제시대로부터 거슬러 올라간다. 비교적 오랜 역사를 갖고 있지
만, 긴 역사에 비해 지역의 민주화 운동 토대는 척박한 곳으로 거기
에는 그만한 역사적 배경과 현실적인 이유가 존재한다. 여수지역 근
현대사의 동학농민혁명 좌수영공방전과 여순항쟁의 역사적 패배는
집단학살 후유증으로 인한 후과가 그것이다. 이는 반복되는 역사의
패배로 인한 정치적인 국가폭력과 집단학살의 경험, 사회적인 레드
컴플렉스와 연좌제 등의 사회적 차별로 인한 것이었다.

가. 여수의 동학농민혁명사

먼저 여수지역의 동학농민혁명사를 살펴보기로 하자. 19세기 조
선사회는 세도정치3)로 인한 권력의 탐학과 매관매직으로 인해 삼정
의 문란4) 등 봉건제도의 모순을 더욱 심화시켰다. 삼정의 문란은 무

---

3) 왕실의 근친이나 신하가 강력한 권세를 잡고 온갖 정사(政事)를 마음대로 하는 정
   치. 조선 정조 때 홍국영에서 비롯하여 순조·헌종·철종의 3대 60여 년 동안 왕
   의 외척인 안동 김씨, 풍양 조씨 가문에 의하여 이루어졌다.

4) 조선 후기에, 전정·군정·환곡의 세 가지 행정이 안동 김씨의 세도 정치로 문란
   해진 일. 이러한 재정 행정을 둘러싼 정치 부패와 농민 착취로 홍경래의 난과 같
   은 농민 반란이 일어났다. 전정 - 토지에 대한 전세, 대동미 및 그 밖의 여러 가지
   세를 받아들이던 일, 군정 - 16세 이상 60세 미만의 정남(丁男)으로, 국가나 관아

엇보다도 조세 자체의 지나친 증가와 농민이 이를 납부할 능력이 없었다는데 있었다. 납세능력이 없는 농민들은 부역을 피하거나 아예 토지를 버리고 떠돌이 생활을 하기도 하였다. 따라서 삼정의 문란은 커다란 사회문제로 부각되었고, 1862년 임술년에 이르러 대규모 농민봉기가 발생하게 되었다. 1862년 철종 13년에 일어난 임술 봉기5) 는 경상도에서 먼저 시작되었고, 점차 전라도·충청도로 번졌으며, 함경도·경기도·황해도 순으로 확대되었다. 확인되고 있는 농민봉기 발생 지역만도 전국에서 71개 지역이 이른다. 지역별로는 경상도 19개, 전라도 38개, 충청도 11개, 기타 지역 3개 지역에서 농민봉기가 발생하여 동학농민혁명 이전에 이미 임술 봉기가 전국적인 대규모 상황의 봉기가 있었음을 알리고 있다. 우리 지역 인근에는 순천, 낙안, 옥과 3개 지역에서 봉기가 있었다.

또한 비록 역사에는 잘 알려지지 않았지만 좌수영 공방전 등 여수 지역도 반외세, 반봉건의 기치를 내건 동학농민혁명과 깊이 관련되어 있는데, 1894년 3월 20일 동학농민혁명이 발발하자 지역에서는 맨 먼저 순천의 박낙영이 농민들을 이끌고 전쟁에 참여하였다. 이들 농민군은 전주화약6)이 체결되어 전주성에서 철수함에 따라 각각 지

___

의 명령으로 병역이나 노역(勞役)에 종사하는 일, 환곡－곡식을 사창(社倉)에 저장하였다가 백성들에게 봄에 꾸어 주고 가을에 이자를 붙여 거두던 일

5) 조선 철종 13년(1862)에, 경상남도 거창에서 일어난 농민 운동. 전정(田政)·군정(軍政)·환곡(還穀) 등 이른바 삼정(三政)의 문란에 불만을 품은 농민들이, 진주에서 일어난 임술민란(壬戌民亂)의 영향을 받아 봉기하여, 민가를 파괴하고 관아를 습격하여 문서를 불태웠다.

6) 1894년 동학농민혁명 당시 농민군이 전주를 점령하고 정부와 맺은 조약이다. 전라도 지방의 개혁 사무를 담당할 자치 기구인 집강소의 설치와 농민군이 제시한 폐정 개혁안 실시가 합의되었다. 그러나 일제의 침입으로 농민군이 다시 일어나면서이 합의는 파기되었다.

역 활동으로 들어가면서 전북 금구 출신 김인배의 지도하에 순천으로 돌아왔다. 순천으로 돌아 온 농민군들은 1894년 6월에 전남동부지역의 활동 거점뿐 아니라 섬진강을 건너 하동, 진주방면으로 진출하고자, 일종의 농민군 사령부였던 영호도회소7)를 설치하였다. 영호도회소는 조직이 매우 체계적이었는데 총대장 김인배를 중심으로 각 면에는 해당 접주8)와 집강9)이 임명되어, 폐정개혁10)과 면내의 치안 기능을 담당하면서 농민들의 광범위한 호응을 받으며 진행되었다.

김인배가 이끄는 영호도회소는 경남 서부지역으로 진출하고자 광양에 전진기지를 두고 섬진강을 건너 하동에 진을 치고 계속하여 진주를 점령하였다. 그 후 부산으로 진격할 계획을 세웠으나, 일본군과 대구판관인 지석영11)이 이끄는 관군과의 치열한 공방전 끝에 전술의 부재와 화력의 열세로 패퇴하면서 하동과 광양 방면으로 퇴각하였다. 한편 전봉준과 김개남은 공주와 청주에서 각각 패하면서 관군과 일본군은 파죽지세로 전라도를 향해 남진하는 급박한 상황이 전개되었다. 그들의 최종적인 전략 목표는 모두 전라도였다. 이처럼 사방에서 관군과 일본군이 농민군에 대한 포위망을 조이기 시작하

---

7) 동학교도들이 동학농민혁명을 전개하기 위하여 설치한 지도 본부

8) 동학(東學)에서 교구 또는 포교소(布敎所), 즉 접(接)의 책임자

9) 동학(東學)의 기본 교단 조직으로 각 고을마다 설치한 접(接)의 장인 접주(接主)를 일컫는 말.

10) 1894년 6월, 전주(全州)를 점령한 동학농민군의 지도자 전봉준(全琫準)이 관군과의 휴전조건으로 제시한 12개 조항의 정치개혁안

11) 의학자・국어학자(1855~1935). 자는 공윤(公胤). 호는 송촌(松村). 1899년에 경성 의학교를 세웠고, 일본에서 종두 제조법을 배워서 우리나라에서 처음으로 종두를 시행하여 국민 보건에 이바지하였다. 국어학도 깊이 연구하여 1905년에 <신정국문(新訂國文)> 6개조를 상소하였고, 국문 연구소를 설치하였다. 저서에 『우두신설』이 있고, 『자전석요』를 편찬하였다. 그러나 대구판관 시절 동학농민혁명군을 진압하기도 하였다.

자 영호대접주 김인배는 좌수영을 점령하기로 하고 수만 명의 농민군을 이끌고 진격한다. 이때에 농민군을 안내한 사람으로는 선소마을 윤경삼과 선원동 도원마을의 박군하를 비롯한 돌산의 황종래 등 이었다. 농민군은 덕양역을 거쳐 곧 바로 종고산을 점령하고서 좌수영을 산위로부터 공격하였으나, 때 아닌 갑작스런 혹한으로 인해 순천으로 일시 철수하였다. 농민군은 1894년 9월부터 1895년 1월까지 3~4회 걸쳐 좌수영을 공격하였다. 그러나 여수 앞바다에 정박 중이던 쓰쿠바 함대 육전대와 좌수영 군대의 협공으로 끝내 점령하지 못하고 만다. 이는 영호도회소의 최종 목표인 좌수영을 근거지로 삼아 남해를 거점으로 지구전을 펼치거나 장기 항전을 모색하려는 계획이 무너졌음을 의미한다. 비록 동학농민군의 전라좌수영 공격과 그들이 추구했던 목적은 좌절되었지만, 그들이 지향한 민족의식과 평등사상, 부정과 불의에 맞선 저항정신은 역사적으로 높이 평가할 만 한 것이었다.

나. 여순항쟁의 현주소와 과제

다음으로 제주 4·3항쟁이나 광주 5·18민중항쟁을 통해 60여 년 전 비슷한 역사 경험을 한 우리 여수는 이른바 여순항쟁을 통해 무엇이 얻어졌으며, 무엇이 남겨졌는가를 반문해 보도록 하자. 여순항쟁은 광주5·18민중항쟁과는 달리 대다수의 역사적 사건과 같이 실패한 역사로 기록되고 있다. 그렇지만 여순항쟁 진상규명의 현주소와 과제, 이는 우리가 풀어야 할 또 하나의 명제인 것이다. '여순항쟁은 과연 실패한 역사였을까?'를 반문해 보도록 하자. 제주 4·3항쟁이나 5·18광주민중항쟁 등은 국가권력에 의한 민중폭력이라는 사회적 합의가 가능한 일련의 민족사의 사건으로 기록되었다. 그 결과 피해자에 대한 정부 차원의 정치적 사과와 경제적 보상, 지원이 부분적으로 이루어지고 있다. 비록 피해자들의 삶의 질은 눈에 띄는 변화가 나타나지 않고 있지만, 피해자들의 명예회복에 관한 내부 환기를 통한 심리적 보상이 일부 이루어졌다.

'여순항쟁'은 1948년 10월 19일 여수 주둔 국방경비대 제14연대 소속 일부 군인들이 제주 4·3항쟁의 진압을 거부하고 반란을 일으킨 뒤, 여수·순천을 비롯한 전라남도 동부지역과 전북·경남 일부 지역에서 반군에 의해, 그리고 반군을 진압하기 위한 군·경의 작전 과정에서 발생한 민간인과 군인의 집단학살사건이다. 정부 수립 직후인 1948년 10월 19일부터 1950년 9·28 수복 이후 10월까지 2년여의 피해 지역은 여수, 순천, 구례, 고흥, 보성, 곡성, 담양, 영암, 장성, 장흥, 화순, 광주, 나주, 영광, 진도, 함평, 해남, 완도, 강진, 고창, 임실, 순창, 거창, 산청, 함양, 합천, 함안, 진주, 사천 33개 지역이다. 사건의 피해 유형으로는 해당 지역의 여순항쟁과 관련한 군경토벌사건, 국민보도연맹사건, 형무소재소자 희생사건, 군경에 의한 부역혐의 희생사건, 반군과 좌익 및 빨치산에 의한 피해사건이다.

1945년 8월 15일, '해방'은 되었지만 그 해방은 우리의 힘으로 식민지 사회의 모순을 해결하며 이룬 것이 아니었기 때문에, 또 다시 해결하여야 할 커다란 과제를 안게 된 불완전한 것이었다. 식민지 질서를 청산하고 친일파를 처단하는 일, 토지를 개혁하고 우리의 피땀으로 이룬 일본인들의 재산을 공정하게 처리하여 민족경제의 토대를 튼튼히 마련하는 일, 민족해방운동에 앞장섰던 민족지도자들과 민중의 대표들이 자주적인 민주정부, 민족국가를 수립하는 일 등을 수행하여야 했다. 민족해방운동에 앞장섰던 지도자들과 민중은 이 과제를 해결하려고 치열하게 노력하였다. 그러나 38선을 중심으로 남북에는 각각 미소 군정이 수립되었고, 청산되었어야 할 친일 반민족세력은 미군정의 비호아래 일제 강점기 그들이 차지했던 지위와 경제력을 그대로 유지하게 되었다. 그들은 남한에서 만이라도 그들의 기득권을 유지 확대하려고 단독선거 단독정부 분단정권을 획책하였다. 이 과정에서 이를 저지하고 자주적인 민족국가를 수립하고자 일어났던 것이 1948년 제주 4·3항쟁이었다. 그리고 그해 10월에 여수 주둔 국방경비대 14연대는 제주 4·3항쟁 진압을 거부하고 여순봉기를 일으켰다. 14연대 '반군'은 김지회, 홍순석 중위의 지휘로 광양, 벌교, 구례, 곡성을 점령했지만 토벌군의 반격을 받아 지리산으로 들어가 유격전을 펼치기 시작하였다. 이들을 중심으로 1946년 '대구 10월항쟁' 이후 경찰의 탄압을 피해 입산한 사람들, 단선 단정 반대투쟁을 수행하면서 조직된 야산대들이 지리산을 중심으로 빨치산 투쟁을 벌였다. 그로부터 지난한 투쟁은 피와 좌절, 염원과 전망이 섞이며 계속되었고, 정부 당국은 1955년 5월 23일 지리산에서 빨치산이 완전히 없어졌다고 발표를 하였다. 이렇게 해서 여순항쟁이라는 역사는 사건도 피해자도 그만 역사의 한 페이지에서 왜곡은폐되어 사라지고 만 것이다.

여순항쟁은 현재까지 전혀 경제적 보상과 물리적 보상이 이루어지지 않고 있는 우리나라 현대사의 일부가 되고 있다. 최근의 1948년 여순항쟁 피해자들의 정신적 고통이 어느 정도인가를 알아보고자 하는 중앙정신보건사업단장인 이영문의 '여순항쟁 피해자의 정신적 외상(Psychological Trauma)에 대한 소고(小考)'에서도 실제로 보상이 이루어지지 않는 고통은 잘 낫지 않는다고 했으며, 1만 명에 가까운 여순항쟁의 피해자들과 그 가족은 오늘도 스스로 피해자임을 밝히지 않는다. 아무런 보상도 없거니와 사회적으로 낙인효과가 생길까를 두려워하기 때문이다.

여순항쟁과 같은 대량학살, 특히 국가권력에 의해 예측할 수 없던 상황에서의 사회적 사건은 일생을 두고 큰 공포 반응을 희생자들에게 남긴다. 일반적으로 트라우마12)가 생기는 사건은 특별하다. 사건이 드물게 일어나기 때문에 특별한 것이 아니라, 일반적인 인간의 적응 능력을 압도한다는 점에서 특별한 것이다.

정신적 외상인 트라우마는 대개 저항을 할 수도 없고 도망을 갈 수도 없는 상황에서, 꼼짝 못하고 생명과 신체적 안녕을 위협하는 죽음의 공포를 직면하게 되는 사건이다. 때문에 보통의 인간은 강렬한 두려움, 무력감, 통제력 상실, 붕괴의 위협을 경험하게 된다. 여순항쟁에서의 학살을 목격하거나 혹은 생존한 경우, 이는 전쟁과 같은 극한 상황으로 간주하여야 한다. 정신의학 진단분류(미국 정신의학 분류 DSM-IV)에서는, 트라우마를 일반적인 인간 경험의 범주를 넘어선, 생명을 위협하는 사건으로 정의하면서, 이에 해당되는 사건으로 전쟁, 강간, 성폭력, 신체적 폭력, 강도, 재난, 재해, 유괴, 인질, 테러공격, 교통사고, 생명이 위험한 질병, 죽음이나 심한 상처의 목격, 그리고 어린 시절의 성적 학대 등을 제시하고 있다. 따라서 여순항쟁의 트라우마는 매우 극심한 전쟁과 같은 상황의 생명 위협 트라

---

12) 트라우마(trauma)는 일반적인 의학용어로는 '외상(外傷)'을 뜻하나, 심리학에서는 '정신적 외상', '(영구적인 정신 장애를 남기는) 충격'을 말하며, 보통 후자의 경우에 한정되는 용례가 많다. 트라우마는 선명한 시각적 이미지를 동반하는 일이 극히 많으며 이러한 이미지는 장기 기억되는데, 트라우마의 예로는 사고로 인한 외상이나 정신적인 충격 때문에 사고 당시와 비슷한 상황이 되었을 때 불안해지는 것을 들 수 있다.

우마로 평가될 수 있다.

이와 같이 왜곡 은폐되어 온 여순항쟁의 역사적 진실과 피학살자에 대한 불법적인 대량학살의 진상규명 및 이들의 명예회복과 배보상을 위해 광주 5·18 및 제주 4·3과 같은 여수·순천 10·19사건 특별법 제정이 필요한 것이다.

3. 지역 공동체의 정체성

이렇듯 1894년 동학농민혁명에서부터 여순항쟁에 이르기까지 대체로 반복되는 국가폭력에 의한 민간인집단학살과 역사적 패배는 지역 민중들의 정신적 외상인 트라우마뿐만 아니라, 지역 내 친일반민족세력의 권력과 부의 재생산을 구축하기에 충분한 기간이었다. 이는 또한 반민족세력의 권력과 부가 세습되는 기간이기도 하였다. 따라서 가장 최근이라 할 수 있는 여순항쟁의 진상규명과 명예회복 작업은 지역의 기억을 모든 구성원이 공유하고, 억눌린 기억을 되살리며, 나아가 진정한 지역의 공동체성을 확보하기 위한 노력이라 볼 수 있다. 공동체성과 연대의식이 없이는 정신이 성립할 수 없듯이, 지역 주민 간에 이렇게 피비린 내 나는 상호 살육이 있었던 땅에서 공동체 의식이 생겨나기를 기대하기는 힘들기 때문이다.

그러한 측면에서 우리 지역의 정체성은 무엇일까를 고민해 보지 않을 수 없다. 우리 여수의 역사는 참으로 질기고 장구한 저항과 항거의 역사이다. 예부터 물이 좋아 살기가 좋았던지 선사유적인 고인돌이 즐비한데, 그동안 우리의 무지로 인해 도시개발과정에서 수많은 고인돌이 훼손되고 파손되었건만, 아직도 1,500여기 이상의 고인돌이 남아 있다. 그 이후의 역사는 거의 저항과 항거의 역사로 점철된다고 해도 과언이 아니다. 백제시대에는 사대주의의 원조인 신라의 삼국통일에 편입되기를 거부한 최후 저항지로, 고려 말 조선 초에는 이성계의 역성혁명에 반기를 들어 신생 조선왕국을 인정하기를 거부하는 최후 저항지로 인해, 조선조 내내 세 번이나 여수를 폐현하여 순천에 복속시켰다가, 다시 복현을 하는 이른바 삼복삼파(三復三罷)의 수난을 겪게 된다.

그런가하면 임진왜란 때에는 조선수군총사령부로 자리하여 충무공 이순신과 함께 병력은 물론이거니와 병참, 병기, 병력 등 모든 전쟁수단을 자급자족으로 실현해내면서, 그야말로 여수의 민중들은 의식주 삼중고를 겪으면서도, 죽을힘을 다해 나라를 지켜왔던 것이다. 그래서 이순신은 여수를 비롯한 호남의 의거를 일컬어 약무호남시무국가(若無湖南是無國家)라고 까지 했다. 경천동지하는 구한말 동학농민혁명 대오에도 어김없이 이 땅의 민중들은 저항의 일 주체로 참여하기를 망설이지 않았고, 일제 강점시대의 독립운동에도 이 땅의 피 끓는 젊음들이 그러했다. 해방 후 현대사의 질곡인 여순항쟁 당시에도 제주 4·3항쟁을 진압히기 위한 제주파병을 거부하면서 민족이 민족을, 동포가 동포를 죽일 수 없다는 선동에 호응한 지역의 역사는 가히 저항과 항거의 역사 그 자체인 것이다.

4. 여수의 역사 개요와 연혁

가. 여수공동체의 복현운동 자치사

여수의 역사 개요와 연혁은 다음과 같다. 고려 태조는 936년에 후

삼국을 통일하고, 4년 후인 태조 23년(940)에 전국의 행정구역을 주·부·군·현으로 크게 개혁하였다. '고운 물'이라는 뜻의 이름 '여수(麗水)'가 이때 처음 나타나는데, 이 이름은 중국 절강성 사금 생산지의 지명에서 유래했을 것이며, 그것은 천자문의 제 11구 '금생여수'로 낯익은 것이었다. 당시의 '여수현'은 돌산현과 함께 고려 해양도 승평군(지금의 順天)의 속현(屬縣)으로서 승평군 주재 지방관의 관할이었다. 여수는 '여수'라는 이름으로 불리기 전에는 백제때 구지하성 관하 감평군 원촌현, 통일 신라때 무주(광주) 관하 승평군 해읍현 등으로 불렸는데, 그때에도 이처럼 순천의 속현이었다. 그러다가 고려 충정왕 2년(1350)에 영현(領縣)으로 승격되었으며, 이때에 비로소 현령이 부임하고 쌍봉석창에 여수현성을 쌓아 치소(治所)를 마련함으로써 독립된 지방행정단위가 되었다.

그러나 이로부터 여수현이 독립 행정단위로 존재한 것은 고작 46년 동안이었으니, 조선 태조 5년 1396년, 여수현은 승강지법에 따라 혁파되어 다시 순천부에 귀속되고 말았다. 고려 말부터 여수현령으로 재직하던 오흔인이 이성계의 역성혁명에 불복하여 이태조의 칙사를 맞지 않은 채 관직을 버리고 은신해 버린 것을 괘씸하게 여겨 순천에 복속시켜 버렸던 것이다. 조선은 전국의 행정구역을 새로 제정하면서 여수현을 역향(逆鄕)으로 규정하여, 순천부에 귀속시키니 여수라는 지명도 없어지고 '원려수(元呂水)'라는 이름으로 불리게 되었다. 그 뒤 여수는 부곡·향 등으로 개편되어 순천부 관하에 놓였는데, 순천 지역과의 혼인길마저 끊기는 등 조선조 500여년을 통해 항상 변방으로서 서러움을 받았다.

성종 10년 1479년, 전라좌도수군절도사영이 설치된 것은 결과적으로 여수 주민의 민생불행을 가중시켰다. 순천부사는 비록 종4품 당하관이지만 행정의 실권을 쥐고 있었고, 전라좌수사는 군사적으로 순천부사를 통괄할 수 있는 정3품 당상관 위치에 있었다. 그러나 행정 실권이 없는 한직 무관 전라좌수사이기에 이들 사이의 갈등에서 여수의 백성들은 그들의 위세 과시와 권력 투쟁으로 고통 받는 '고래 싸움에 등 터지는 새우'였던 셈이다. "여수현을 혁파하여 순천부에 예속시킨 뒤에도 좌수영에서는 구진(舊鎭)이라는 이유로, 순천부에서는 그 관할이라는 이유로 각기 조세를 매우 심하게 받아들이고 있으니 한 고을 백성으로서 두 고을에 속한 것 같은 이중부담의 고통에서 벗어나게 해 주어야 한다."는 경종실록의 기록으로도 이런 사정을 쉽게 짐작할 수 있다.

'한편으로는 순천부의 백성으로, 다른 한편으로는 좌수영의 졸개로서 두 곳의 백성 노릇을 하다 보니 하루도 틈이 없어 살자니 살수도 없고 죽자니 또 죽을 수도 없게 생각되는 고단한 삶'이었던 것이다. 지역 백성의 사정이 이러하여 운초 정종선은 고종 원년 1864년에 복현상소문(復縣上疏文, 순천으로부터 여수를 떼어 예전처럼 하나의 현으로 민들이 주시기를 비라는 상소)을 올렸다. 1696년, 1725년, 1750년 세 차례에 걸쳐 어렵사리 여수도호부로 복현되었다가, 그때마다 순천부의 집요한 방해로 1년도 못되어 혁파되었던 저간의 사정을 적어(三復三罷), 전라좌수사로 하여금 본관을 겸임케 하는 방안을 제의한 이 상소는 부당한 행정에 끈질기게 저항하는 여수 민중의 처절한 몸부림을 담고 있다. 1896년 3월, 여수복현 18인 동맹은 "만약 (복현을) 이루지 못하면 고기밥이 되리라."고 다짐하며 나선 끝에 마침내 1897년 5월 16일 여수군이 설치되도록 하였다.

'여수'라는 이름을 떳떳이 다시 차지하기까지 무려 500년이 걸렸으니, 이 과정은 현대 한국사회가 지방자치를 본격화 한 1952년 지방자치 시행으로부터, 1961년 5·16군사쿠데타로 지방자치제도가 중단된 이래 30년 만에 부활된 지방자치에 이르기까지 각각 60여 년과 20여 년 만에 다시 지방자치를 실시하는 여수시로서 이충무공을 모시고 엮어낸 국난극복의 위대한 전공과 함께 소중히 간직해야 할 지역 자존의 역사이다. 사람대접을 제대로 받지 못하는 긴 세월이 여수 사람들에게 어두운 그늘을 드리우고 있다는 것을 우리는 '역오(逆迕)문학회, 한파(寒波)문학지' 등 여수 문인모임의 이름에서도 엿볼 수 있다. 여수 민중의 수난사는 이렇게 자조적인 태도가 아니라 오히려 끊임없이 불타올랐던 자치의식에 초점을 맞춰 이해해야 할 것이다.

나. 일제 강점하의 여수의 민족해방운동

또한 식민지 시대의 여수지역 민족해방운동은 일제에 의해 강제로 합병된 조선을 식민지의 압제와 착취 하에서 조선의 민중은 일본 제국주의를 몰아내고 봉건세력의 억압에서 벗어나기 위한 민족해방운동이었다. 이러한 민족해방운동은 1919년 3·1운동을 기점으로 반제반봉건투쟁의 성격을 보다 극명하게 천명하는데, 이점에 있어서 여수도 예외는 아니어서 3·1운동과 함께 청년운동, 소작쟁의를 중심으로 한 농민운동, 노동운동을 전개하면서 이 지역 민족해방운동의 민중적 저력이 건재함을 과시하였다.

1919년 3·1운동 시기부터 지역에서는 위친계를 조직하여 시위투쟁을 준비한 유봉목·이선우와 지역 인사로서는 광주에서 3·1독립만세운동을 주도한 윤형숙 열사, 김제의 배세동, 서울의 김백평, 김홍식 등 역시 3·1만세운동과 관련한 지역출신 인사들이었다. 이후 1920년대부터 이들 청년 학생들에 의해 지역운동이 활성화되기 시작했는데, 여수의 주요 청년운동 단체로는 맛돕회, 여수청년회, 여수정구단, 여수기독청년회, 남면청년회, 여수정구단, 코스모스회, 미왕청년회, 백야리청년금주회, 맛치단, 화이면청년회, 돌산청년회, 여수독서회, 여수항기독장려청년회, 쌍봉청년회 등이 있었다. 지역운동을 주도한 청년, 학생들은 주로 계몽운동 수준이었는데, 대다수가 경성 및 일본 유학파들로써 그들의 운동경험을 토대로 귀향후 지역에서 기존의 사회운동을 하던 세력과 결합하였다.

또한 일제 강점하 여수지역의 농민운동과 노동운동을 살펴보면, 여수지역은 총독부 권력의 비호를 받은 일본인과 일본 자본이 식민지시대 초기부터 지역경제를 장악하여 노동자, 농민대중을 비롯한 지역민을 착취하였다. 더러 소규모의 조선인 자본이 존재하였으나 열악한 상태였다. 특히 항구지역이라 자본의 부침이 다른 내륙지역보다 심하여 생산시설을 기반으로 하는 지역경제의 발전이 더디었다. 여수지역의 기층 민중의 주 구성원이었던 소작인들은 소작인연합회를 중심으로 소작운동을 전개하였다. 여수지역의 소작인운동은 인근 순천의 소작인운동과 함께 전남지방의 괄목할만한 대중투쟁으로 지역운동의 중요한 기반이 되었다.

이와 같은 소작인운동과 함께 노동운동도 발전하여 조직화되는데, 여수노동친목회가 그것이다. 여수노동친목회는 1924년 4월 5일 7백여 명의 회원이 모인 가운데 결성되었으나, 실제 노동자들의 일상적인 요구를 조직화하고 지도한 사례는 거의 없어 여수지역의 노동운동은 아직 초보 단계에 머물고 있었다. 따라서 여수지역에서 본격적인 노동운동이 전개된 것은 1929년 3월 19일 여수노동조합 창립대회가 있은 후 부터이다. 순수 노동자 562명이 가입하여 창립된 여수노동조합은 '노동자의 생활안정과 노동자의 통일 및 지방미풍 보존'을 목적으로 결성되었다. 이와 같은 여수노동조합은 여수지역의 자유노동자와 공장노동자를 조직하고 이들을 투쟁으로 견인하였는데, 축항공사 일용노동자 파업투쟁과 미야다(宮田) 간석공사장 노동자 파업투쟁이 대표적인 사례이다. 이후 여수노동조합은 1932년에는 2,800명의 조직으로 성장하였다.

그러나 여수지역의 민족해방운동세력은 지역운동을 지속적으로 발전시키는 데에는 실패하였다. 즉, 1920년대 중반까지 지역의 대중운동을 주도했던 청년, 학생세력은 계급적으로 각성되지 못하여 운동의 일선에서 탈락하거나 개량화되었다. 대중운동이 활성화되지 못한 상태에서의 청년, 학생운동 역량의 이탈은 곧 바로 지역 내 주도역량의 부재를 초래하였고, 결국 여수지역 민족해방운동은 부문운동의 발전에 조직적으로 대응하지 못하고 고립 분산적으로 자연발생적인 투쟁을 전개할 수밖에 없었다. 이렇게 볼 때에 일제치하의 여수지역의 운동은 형식적으로 민족해방운동의 보편성을 획득하였으나, 내용에 있어서는 지역단위의 특수성에 의거해 조직을 심화, 발전시키고 올바르게 투쟁을 전개하지는 못하였다. 그러나 여수지역의 1920년대 대중운동의 경험과 1930년대 전위운동의 경험은 해방 이후 1948년 해방공간에서 여순항쟁으로 분출되었다.

5. 지역의 정체성과 민중문화의 재발견

가장 지역적인 것이 가장 세계적이라는 말이 있다. 지역적인 것이란 지역의 정체성을 말하는 것으로, 이는 곧 지역의 역사와 전통에서 비롯되는 것이다. 당연한 논리로 우리 지역 문화의 발전방향은 지역의 정체성에서 그 답을 찾을 수 있는 것이다. 여수의 정체성은 지역의 역사가 말해주듯 언제나 저항과 항거였다. 이를 어떤 식의 표현으로 승화해 내느냐가 우리 지역의 문학이 담당해야 할 몫이 아닌가 싶다. 변화된 정세, 민주화 시대에 우리 지역 문학의 발전방향을 지역의 정체성에서 찾아보는 것은 현 상황에서 치열한 역사의식을 담보하는 문인들의 전환적인 사고를 의미하는 것일 게다.

그러한 측면에서 여순항쟁의 진상규명과 명예회복 사업은 여수지역 최대의 쟁점이자 현안이라 할 수 있다. 그것은 이 사건으로 말미암아 지역공동체가 급속하게 붕괴되고 과거사가 해결되지 않은 채 오늘에 이르고 있기 때문이다. 이는 지역의 과거사를 정리하지 않고서는 오늘의 지역문제와 시민의 참여를 제대로 이끌어내기 어렵다는 판단인 깃이다.

한편으로 여수 민중들의 전통문화를 살펴보기 위해서 고려해야할 사항이 몇 가지가 있다. 먼저 지리적 위치로 보아 순천을 비롯한 내륙의 산간지역과 구별되는 어업·해양 문화를 첫 번째로 꼽을 수 있다. 민요 중의 승선가, 거문도 뱃노래, 정노래, 가래질 노래 등이나 어업 관련 속담 등이 이러한 부류에 들 것이다. 또 풍어굿, 재수굿, 씻김굿 등에서도 이런 특성을 엿볼 수 있다. 그리고 근대에 들어서 나타난 것이겠으나 어항 공판·위판장에서 사용되는 특수한 어휘들도 이러한 관점에서 주목해야 할 것이다.

다음으로 이충무공의 위대한 승리로 대표되는 군사유적과 인물이다. 명승·고적 중에 여수의 상징으로 꼽히는 종고산, 전라좌수군 삼백년 본거지 진남관, 최초의 충무공 사당 충민사, 충무공의 전공을 영구히 기념하기 위한 대첩비 등이 그것이며, 임진왜란과 관련된 전설이 많이 전승되고 있는 것도 긍지와 자존이 넘치는 여수의 역사를 반영하는 것이다.

셋째로 행정적 마찰도 원인의 하나로 들 수 있겠으나 순천지역의 반촌문화에 반해, 여수의 문화는 뱃길로 연결되는 광양·남해 지역과 동질성을 지닌다는 점이다. 지금은 여수의 육로 교통 사정이 주변지역과 비할 데 없이 순천과 가까워서 언어도 그러할 것으로 속단하기 쉬우나, 여수 방언화자들의 감각으로는 자신들의 말이 오히려 광양지역과 가깝다고 느끼는 것 같다. 당시에는 순천 지역과의 혼인길이 끊기고 주된 교통수단인 범선이 하동·벌교와 교역하는 데 더 적합했다는 것도 참작해야 할 것이다.

여수는 이런 특성을 지닌 전통문화의 선양을 위해 여러 가지의 노력을 해 왔는데, 진남제, 경호동 당산제(천룡 등 노거수 2그루에 대한 제사), 금오도 송고 당제, 종포 동제, 영당(影堂) 풍어굿(최영·이순신·정운·이대원 장군을 모셔 풍어를 기원하는 굿), 용줄다리기, 농악(현천소동패놀이, 삼동 매구) 등의 행사를 꼽을 수 있다.

따라서 이제는 지역의 정체성과 민중 문화를 지역과 민중 시각으로의 역사 재정립과 일상의 가치화를 통해 여수공동체의 정체성을 새롭게 형성하여야 한다. 민중적 미의식 또한 사람답게 사는 삶의 중요한 가치이며, 모든 사람이 사람답게 사는 세상을 만드는데 필요한 커다란 힘이다. 나아가 사람이 자연과 동화되어 어떻게 가장 자연스럽고 인간다운 삶을 이루어 갈 수 있을 것인가를 깊이 생각해 볼 필요가 있다. 그것은 또한 역사적 사건과 더불어 사회적 문제와 동 떨어져 나눌 수 없는 것이다.

이른바 우리 사회의 변혁운동에 대한 문학의 역할과 정신을 실천문학이라는 표현을 하고자 지금까지 지역의 역사를 논하면서 정체성을 찾아보았다. 각 시대 마다 시대상황의 모순인 사회적 갈등상황과 문제의식, 그에 맞는 시대정신을 그려보고자 지역사를 되돌아 본 것이다. 고대 신라의 삼국통일 편입을 거부한 최후 저항지로서의 여수, 중세 조선조의 이성계 역성혁명에 반기를 들어 신생 조선왕조를 거부한 최후 저항지로서의 여수, 이로 인해 조선조 500년 내내 순천에 복속되어 여수를 되찾으려는 복현운동 자치사의 여수, 조선 중기 임진왜란시의 조선수군총사령부로 자리하여 충무공 이순신과 함께 병기·병참·병력 등 모든 전쟁수단을 자급자족으로 나라를 지켜왔던 호국의 여수, 근대 동학농민혁명의 농민군 일주체로서의 좌수영 공방전의 여수, 일제 강점하의 민족해방을 위한 학생·청년·농민·노동운동의 여수, 해방직후 제주 4·3항쟁 진압을 거부한 항쟁지 여수가 그것이다. 여수 지역의 역사는 가히 저항과 항거의 역사 그 자체가 정체성인 것이다.

특히 수천 명의 희생자와 수만 명의 이상의 피해자를 남긴 지역의 동학농민혁명 좌수영 공방전과 여순항쟁은 지역사뿐 아니라 현대사의 중대한 전환기로서 우리 사회의 정치·사회적 흐름에 커다란 영향을 끼쳤다. 비록 사회적 기저와 억압 속에서 진실이 가려져 있어서, 그 동안 역사적 사건에 대한 재평가와 문학적 형상화가 바로 이루어지기는 어려운 현실이었지만, 이제는 지난 참여정부 시절의 여러 과거사위원회의 과거사 정리 작업을 통해 어느 정도 진상조사와 명예회복을 이루어지기도 하여, 문학적 접근을 시도할 수 있지 않나 싶다.

III. 맺음말

민중적 관점을 통한 과거의 현재화는 다시 말해 역사의 재구성이라는 범주의 개념적 지위가 정당한가 하는 점과는 별개로 그 재구성 작업이 재구성 대상의 진실을 얼마나 충분히 포착하고 있는가 하는 점에서 언제나 근본적인 질문이 된다. 여순항쟁에 대한 역사적 재구성 관점과 방법이 '여순항쟁의 진실'을 제대로 반영하고 있는가 하는 점은 그런 의미에서 아무리 강조해도 지나치지 않다. 과거형으로서의 역사를 현재화시키고자하는 재구성 노력 자체는 실상 역사의 연속성을 성취한다는 점에서 소중한 일이기도 하다. 특정한 역사적 사건에 대한 서사를 만날 때 우리는 대개 두 가지 지평을 가지게 된다. 하나가 그 역사적 사건의 실체적 진실의 복원이라면, 다른 하나는 미학적 완성도이다. 이는 물론 역사현실에 대한 재현과 환기에 있어 서사적 글쓰기만이 내장하고 있는 독자적 기능과 대중적 효과에 대한 오랜 믿음으로 인해서이다.

문학은 현실을 바탕으로 형상화된다. 문학의 출발에서부터 현재의 다양한 형태의 문학작품에 이르기까지 어떠한 형태로든 현실이 반영되지 않는 경우는 없었다. 역사 현실은 문학적 형상화를 통해 우리에게 여러 가지 모습으로 객관화되어 나타나게 되며, 우리는 이를 통해 우리에게 역사현실을 되돌아보게 된다. 기나긴 우리의 역사 가운데서도 근·현대사가 문학적 형상화의 소재로 가장 많이 사용되어 왔으며, 그 중에서도 해방이후 민족의 현실을 바꾼 커다란 역사적 사건으로서 이에 대한 문학적 형상화가 다양하게 이루어져 왔다. 이제는 우리도 동학농민혁명의 좌수영공방전, 일제 강점하의 지역의 민족해방운동, 여순항쟁을 소재로 문학의 형상화가 다양하게 이루어져야 한다.

여순항쟁은 이제 단순히 유족들만의 문제가 아니라 여수, 순천을 비롯한 전남지역을 포함해서 전북 남부지역과 경남 서부지역에 살고 있는 모든 사람들의 정체성과 관련된 문제이다. 또한 현대사의 분수령이 될 만한 중요한 사건이었다. 이렇게 역사적으로 중요한 사건이 지역에서 조차 외면 받고 잊혀진다면 누가 이를 사실로서 재구성하여 줄 것인가? 역사와 현실을 외면한 문학은 이미 생명력 있는 문학이 아니다. 이는 지식인의 사치요 허영에 다름 아니며, 지성을 가장한 실천력 없는 거짓이다.

이제 우리는 여순항쟁과 같은 통곡의 역사가 다시는 되풀이 되지 않도록 과거의 창을 비추어 내일을 준비해 나가는 전환점에 서야 한다. 우리는 또 한 번 역사로부터 귀중한 선택의 기로에 서 있다. 국가폭력과 같은 잘못된 과거사는 결코 잊혀질 수 있는 것이 아니라, 역사의 긴 흐름에서 잠시 호흡하면서 진실이 늦춰질 뿐이라는 것을 말이다. 여순항쟁이라는 지난 64년의 세월 동안 비극의 역사를 한 평생 감내해 온 여순항쟁 유족들의 숨죽인 통한과 설움 그리고 강요된 침묵으로 기다려 온 유족들과 이제는 지역공동체 시민사회 모두가 지역의 아픔으로 함께 인식하는 기억의 공간이었으면 하는 바람이다. 산과 바다는 저기에 저렇게 이미 있으되 보는 사람, 가는 사람, 이용하는 사람에 따라 누구에게나 똑같이 다가오지는 않는다.

참고문헌

정제문(1996), 「여수의 문화 배경과 조사사업의 성과」, 『여수 구비문학 발간 및 무형문화재 발굴에 따른 자료조사 학술용역 결과보고서』, 순천대학교 남도문화연구소.

이영일(2004), 「여수지역의 민간인학살과 지역권력」, 『지역 민주화와 지역권력, 지역운동』, 2004년 민주연구단체협의모임 학술심포지엄 자료집, 민주연구단체협의모임.

이성욱(2006), 「오래 지속될 미래, 단절되지 않는 '광주'의 꿈」, 『5·18 민주항쟁과 문학·예술』, 5·18기념재단 편, 5·18기념재단.

조영식(2006), 「5·18의 문학적 형상화에 대한 고찰」, 『5·18 민주항쟁과 문학·예술』, 5·18기념재단 편, 5·18기념재단.

이영문(2012), 「여순사건 피해자의 정신적 외상에 대한 소고」, 『여순사건 특별법 제정과 트라우마 치유의 모색』, 여순사건 64주기 학술심포지엄 자료집, (사)여수지역사회연구소.

김병호(2012), 「여수의 항일운동사」, 『지역사회연구 제2집』, (사)여수지역사회연구소 편, 한국학술정보(주).

이영일(2012), 「광주 5·18과 인권, 그리고 여순항쟁」, 『지역사회연구 제2집』, (사)여수지역사회연구소 편, 한국학술정보(주).

여수지역사회연구소(2012), 『다시 쓰는 여순사건보고서』, (사)여수지역사회연구소 편, 한국학술정보(주).

여수시의 무형문화유산

여수지역사회연구소 매영문화연구센터

Ⅰ. 여수시의 무형문화유산

1. 현천 소동패놀이

여수시 소라면 현천 마을에서 16세부터 19세까지의 소년들, 즉 소동패들이 협동하여 노동하는 모습을 엮은 전래 놀이이다. 소동패는 농업에 필요한 노동력을 확보하기 위한 조직으로, 조직의 규약을 철저히 지키며, 우두머리를 중심으로 풀베기·김매기 등 공동 노동을 하였다. 소동패 놀이는 일의 능률을 올리고 노동의 고달픔과 지루함을 잊기 위하여 풍물·노래·춤·놀이 등을 생활화한 것에서 그 연원을 찾을 수 있다.

가. 구성 및 형식

소동패는 성인 남자들의 두레 조직인 대동패와 달리, 청소년들이 주도하는 공동 노동 조직이다. 대동패가 20세 이상 성인들이 운영하는 조직이라면, 소동패는 대동패에 들지 못하는 16~19세 청소년들이 참가하였다.

소동패는 전통 시대 농경 생활의 지혜가 담겨 있는 공동체로서 논 농사에서 일정한 시기에 노동력을 집중적으로 투여하는 과정과 관계가 깊다. 모를 심은 뒤 보름 정도의 주기로 논매기를 반복해야 하는데, 이때 노동력이 집중적으로 요구된다.

또한 비슷한 시기에 퇴비용 풀을 확보해야 이듬해 농사를 잘 지을 수 있으므로 풀베기를 위한 노동 조직도 필요했다. 이와 같은 요구에 따라 등장한 것이 바로 두레인데, 여수 지역의 경우, 나이별로 두레가 분화되어 대동패와 소동패로 구분돼 운영되었다.

소동패는 엄격한 규율에 따라 운영되었으며, 조직 구성도 체계적이었다. 소동패는 좌상(座上) – 공원(公員) – 영쪼시(앞·뒷 영쪼시 각 1명) – 소구잽이(앞·뒷 소구잽이 각 1명) – 매쪼시 그리고 일꾼들로 구성되어 그 인원은 대개 15명 정도였다.

좌상은 마을 회의에서 선임된 어른이 맡아 상징적인 리더 역할을 하며, 실질적인 조직 관리와 작업 감독은 공원이 총괄한다. 영쪼시는 소동패의 상징인 영기(令旗)를 행렬의 앞뒤에서 들고 다닌다. 소구잽이는 소고를 들고 다니면서 신호를 하거나 반주를 하며, 매쪼시는 소동패의 규율을 엄하게 하기 위해 매를 들고 다닌다.

소동패는 대동패가 되기 전 단계의 조직이므로, 대동패에 대해 깍듯이 예를 갖춰 대했다. 소동패가 길을 가다가 대동패를 만나게 되면 예의를 갖춰 전갈을 보내 통과 여부를 묻고 통행을 했다.

소동패가 대동패에 아뢰는 전갈은 '문전갈'과 '들전갈'이 있고, 전갈을 아뢴 후에는 노래판을 벌리고 논다. 소동패끼리는 대등한 입장에서 기세를 울리며 몸싸움을 하기도 한다.

소동패가 행진할 때는 영기를 앞세우고 소고를 치며 이동한다. 소고 장단 중에는 평평한 길을 지난 때 치는 '들소고(평전소고)', 산길을 오를 때 치는 '산소고', 풀 베러 가서 중간 휴식을 알릴 때 치는 '반짐소고' 등이 있다.

소동패가 하는 주된 작업은 풀베기와 논매기로, 풀베기는 하루에 한 집씩 돌아가며 해준다. 오전과 오후로 나누어 하루 두 번 풀을 베러 나간다. 논매기는 세 번(초벌·중벌·맘)에 걸쳐 한다. 초벌은 모를 심고 20여 일이 지난 6월 초순에 하고, 중벌은 그로부터 일주일이 지나서 하며, 맘은 6월 말경에 한다.

나. 놀이의 구성

전라남도 무형문화재로 지정된 현천 소동패놀이는 문화제에 나가면시 마당놀이 형태로 재구성되었다. 본래의 장면을 살리면서도 공연물로 재구성하는 과정에서 다음과 같이 인위적인 마당으로 나누었다.

첫째 마당은 동구마당에 모여 영수·영문을 잡고 공원의 지시에 따라 소고 수가 '모임소고'를 울리는 것에서 시작된다. 소동들이 영문 앞에 줄을 맞춰서서 공원으로부터 인원 점검과 그날 작업 지시를 받고 길소고를 치면서 들로 나간다.

둘째 마당은 들로 나간 소동패가 두렁에 영기를 꽂고 김을 매는

데, 초벌 논매기, 두벌 논매기, 세벌 논매기를 한다.

셋째 마당은 이웃 오룡 마을 소동패로부터 시비 전갈이 오면 두 마을 소동패가 기세를 올려 영문을 잡는다. 오룡 마을 소동패로부터 "녹포 은갑은 상사로 조련하고 기치 창검은 일월을 희롱하고 영은 군중지영이요, 문은 장군지문이라. 이 문을 치워주시면 우리 소동 공좌승 뫼시고 돌아가겠습니다."라는 영문 전갈을 받는다.

현천 마을 소동패는 길을 열어주지 않고, 노래와 춤추기(閑良)로 겨룰 것인가? 씨름·패싸움·달리기·허리잡기·밀치기 등 힘(力)으로 겨룰 것인가?를 결정하여 두 패가 서로 겨룬 뒤 패자가 승자 편에 정중하게 '가전 전갈'을 올린다.

넷째 마당은 전갈 의식이 끝나면 두 마을 소동패가 하나가 되어 풍물을 치면서 유산굿·소고놀이·자진유산굿·구정놀이 등 어울림굿과 같은 다양한 민속놀이가 펼쳐진다.

다. 현황

1982년 전라남도 무형문화재로 지정될 당시 공원 보유자 정홍수(1932~), 소고 보유자 정양수, 소리 보유자 정순원이 있었으나 정양수와 정순원은 작고하였고, 조교는 박춘식(1937~), 정종권(1935~)이었다.

2011년 1월 현재 보유자는 공원 정홍수, 소고 박춘식 두 사람이고, 조교는 정종권, 박경란(1949~)이며, 전수 장학생 2명이 전라남도로부터 월 10만 원씩 지원받고 있다.

사회 단체 「소동패보존회」로 등록되어 있으며, 회원 수는 40명으로 현천마을 주민 50%, 시내권 회원이 50%로 구성되어 있다. 2000

년 전라남도의 지원을 받아 소라면 현천리에 대지 300평에 건평 250평 3층 건물의 전수관을 세웠으며, 1년에 2번 전수관에서 비정기적으로 시연회를 하고 있다.

라. 의의와 가치

현천 소동패 놀이는 풍물과 모심기 노래인 '상사소리', 초벌 김맬 때 '어기야 소리', 두 번째 김맬 때 '방아 소리', 세벌 김맬 때 '개구리 타령', 화합의 노래인 '등앗 소리' 등과 같은 민요 및 춤이 곁들여져 있다.

노동에서 오는 고통과 지루함을 신명으로 승화시킨 노동 예술로, 1980년 광주에서 열린 제11회 남도문화제에서 최고 대상, 1982년 인천에서 열린 제22회 전국민속예술경연대회에서 대통령상을 수상했으며, 1982년 10월 15일 전라남도 무형문화재 제7호로 지정되었고, 여수시에서 개최하는 각종 축제에서 시연을 하고 있다.

2. 영당(影堂) 풍어제 및 풍어굿

정월 대보름 여수시 남산동 어항 단지에 세워진 영당에서 풍어를 빌던 의례(儀禮)이다. 영당은 이 고장 어민들이 바다에서 재난을 막고 풍어를 기원하던 해신당(海神堂)으로, 해마다 정월 대보름이면 이틀에 걸쳐 열두거리 풍어굿이 열렸다.

영당에 가설로 굿당을 설치하고 무녀들이 용왕신과 바다에 빠진 귀신을 맞아들여 부정 없는 마을의 아낙들과 함께 맺은 12고리를 동·서·남·북 방향과 중앙을 의미하는 다섯 가닥의 길 다란 고를 풀면서 굿을 한다.

이때, 어느 한 고가 풀리지 않으면 용왕신의 노여움이 풀리지 않은 것으로 믿고 그 방향으로는 출어를 하지 않았다고 전해진다. 고 풀이에 참여한 부녀자들은 정월 한 달간 해산한 가정이나 초상집에 가지 않은 것은 물론, 부정을 탄다고 해서 궂은 음식도 삼갔다.

얼마 전까지만 해도 바다로 고기잡이를 나가려면, 특별하게 격식을 갖춘 제례는 아니지만 이 영당에 고사쌀(告祀米) 2말씩을 바치고 무사 항해를 기원하는 손비빔 정도의 치성을 드렸다 한다. 그렇지 않을 경우, 반드시 풍랑을 만나거나 고기를 하나도 잡지 못하고 빈 배로 돌아오기 일쑤였다고 전한다.

가. 연원 및 변천

일제 강점기였던 1943년 일본에 의해 영당이 강제로 철폐되면서 풍어굿도 중단됐다. 1976년 여수어항단지를 조성하면서 어민들의 안전과 풍어를 비는 영당을 복원하자는 운동이 전개되었다. 이에 따라 1978년 뜻있는 여수 지역 인사들이 '민속 문화 보존회'를 결성했다.

이후 영당 옛 터에서 1978년 풍어제와 열두거리 풍어굿 재현을 계기로, 1982년에 당우를 복원하고 매년 5월에 열리는 진남제 때 영당 풍어굿을 함께 선보인다.

현재의 영당 풍어굿은 충무공 이순신 장군을 주벽(主壁)으로 모신 해신당, 즉 영당에서 (사)향토민속보존회가 지역의 안녕과 풍어를 기원하는 별신굿 형태로 이루어진다.

나. 신당/신체의 형태

여수의 영당은 여수 남쪽 5리쯤에 있는 장군도(將軍島)에 있었다. 임진왜란 전까지는 고려 시대 명장 최영(崔瑩) 장군의 영정만 모셨는데, 이후 고을 사람들이 충무공(忠武公) 이순신(李舜臣), 충장공(忠壯公) 정운(鄭運)과 죽은 뒤 벼슬이 올라(贈職) 참판(參判)이 된 이대원(李大源) 세 분의 초상을 그려서 봉안하고 봄과 가을에 제사를 모셨다.[1]

정확히 알 수 없으나, 영당이 남산동 예암산 밑으로 옮겨졌다가 1943년 일제에 의해 철폐되었으며, 국동 어항단지 조성 사업의 일환으로 현재 위치에 맞배지붕의 현대식 당집을 복원했다.

다. 절차

영당 풍어굿은 영당 풍어제를 시작으로 부정굿 → 제석굿 → 당산굿 → 용왕굿 → 혼맞이굿 → 고풀이굿 → 슬비소리 → 액막이굿 → 길닦이굿 → 뒷풀이굿(갯불 띄우기) 순으로 진행된다.

풍물과 노래, 춤과 놀이가 복합되어 진행되는데, 죽은 사람과 산 사람의 '살'을 푸는 의식까지 포함되어 있는 것이 특징이다. 무가는 태평소, 꽹과리, 징, 장고, 북 등의 반주를 바탕으로, 굿에 따라 진양, 중모리, 자진모리, 살풀이, 흘림 등의 장단에 맞춰 불려지며, 민요는 풍물 반주에 메기고 받는 형식으로 이루어진다.

---

1) 이은상 역, 『완역 이충무공전서 下』, 성문각, 1988, 338쪽

라. 현황

일본 관헌에 의해 철폐되기 전에는 고흥 출신의 남자 무속인(巫夫)이었던 김대인이 악공청의 악사이면서 영당의 관리인이었으나, 영당이 철폐된 이후 순천으로 이주하여 행적을 찾을 수 없었다.

2011년 현재 여수에는 신(神)을 접한 무속인(降神巫)이 180명이 있지만, 최근에 마지막 3명의 세습무(世襲巫)가 모두 작고하여 대통령상을 받을 때 주무(主巫)였던 순천의 세습 무고(巫瞽)인 김순태와 부인 박경자(80세), 그의 딸 강신무 김명이(46세)를 불러서 풍어굿을 올리고 있다.

여수 영당 풍어굿은 역사적 · 예술적 가치가 입증되어 대통령상까지 받았으나, 1943년 당시 주무(主巫)가 제자를 가르쳤다는 기록과 증언이 없고, 또 세습무의 계보가 끊어져 무형 문화재로 지정되지 못하고 있다.

마. 의의와 가치

영당 풍어굿은 극적 연출을 바탕으로, 종교성와 오락성을 띤 놀이굿 형태이다. 1991년 열린 제32회 전국민속예술경연대회에 전라남도 대표팀으로 출전하여 대통령상을 수상하였다.

3. 수륙 고혼 천도 대재(水陸孤魂天道大齋)

여수시 중흥동 흥국사에서 바다와 육지를 떠도는 모든 영혼을 하늘로 이끄는 공양 의례로서, 수륙재는 전쟁과 같은 격변기에 억울하게 희생된 원혼을 국가적 차원에서 위로하기 위해 생성된 불교 의례이다.

여기에는 내생(來生)을 받지 못하고 떠도는 수많은 원혼을 집단적으로 해원시키며, 동시에 신도들의 인간다운 삶에 대한 희구가 담겨져 있다.

불교에 대한 믿음이 두터웠던 중국의 양나라 무제(武帝)는 신령스러운 스님(神僧)의 계시에 따라 떠도는 넋(有住無住)들을 널리 구제하는 것이 제일가는 공덕이라 생각하고, 승려들과 상의한 후 스스로 수륙의문(水陸儀文)을 짓고 재를 만든 것이 수륙재의 기원이라고 전해진다.

고려 때는 국중수륙대재(國中水陸大齋)를 실행하였고, 조선의 태조도 진관사(津寬寺)와 석왕사에서 시행하였다. 수륙재는 조선 시대 중엽까지 국가 의례로서 전승되었으나 유생들의 반대로 중단되었다가, 오늘날에는 민중적인 의례로 전환되어, 사찰 마당이나 강 또는 바다에서 시행되고 있다.

수륙재의 수륙은 여러 신선이 흐르는 물에서 음식을 취하고, 귀신이 깨끗한 땅에서 음식을 취한다는 뜻에서 따온 말이므로, 청정한 사찰 또는 높은 산봉우리에서 이뤄지기도 한다.

가. 연원 및 변천

1599년 임진왜란 이후 호남에 사는 스님들이 충무공 이순신 장군을 위하여 재(齋)를 올리는데, 절마다 안 올리는 곳이 없었다. 그 중에서 자운(慈雲) 스님은 이충무공의 진중에 따라 다니기도 하고, 승군(僧軍) 대장으로 많은 공을 세운 사람으로서 이순신 장군이 돌아가신 뒤에 더 손댈 필요가 없을 만큼 깨끗하게 쓿은 쌀(精米) 600석으로 노량(露梁)에다 큰 수륙제(水陸齋)를 열고, 또 음식을 성대히

차려 충민사(忠愍祠)에 제사까지 지낸 것이[2] 흥국사의 '수륙고혼천도대재'의 바탕이 되었다.

처음에는 남해군 노량에서 혼을 불러(請魂) 전라좌수영 영내에서 지내다가 흥국사가 중창되면서 흥국사에서 300여 년간 지내게 되었다. 1895년 전라좌수영의 폐지와 함께 승군도 해체되면서 수륙재가 쇠퇴하다가 일제 강점기 때는 거의 중단되었으며, 광복 이후 부정기적으로 시행되었다. 현재는 매년 거북선 축제의 행사 일환으로 개최되고 있다.

나. 신당/신체의 형태

흥국사 대웅전에 모셔진 부처님은 석가모니불인 화신이며, 수륙대재의 주불은 보신(報身)인 노사나 부처님이다. 이는 중생을 위한 자비심이 강조되던 것과 관계가 깊다. 부처의 삼신 가운데 보신은 중생을 위하는 공덕의 몸이라는 뜻이므로, 그 당시 백성을 위하는 자비심과 일치한다.

다. 절차

수륙재는 부처님의 위신 공덕으로, 나쁜 일을 많이 저지른 사람이 죽어서 간다는 고통의 세계(惡道)에서 헤매는 중생을 건지는 의식이기 때문에 먼저 바다와 육지에서 돌아가신 고혼을 바닷가에 나가 영혼을 부르는 것부터 시작한다.

다음에 불보살을 모시는 시련 의식과 부처님께 공양하는 불공, 모

---

2) 이은상 역, 앞의 책, 45쪽

든 중생을 위한 설법, 그리고 영혼들에게 베푸는 시식, 중생에게 베푸는 회향, 마지막으로 위패를 태워 영혼을 보내는 소전 의식 순이다.

라. 현황

400여 년 간 시행했던 흥국사 괘불탱화, 수륙재 경판, 수륙재의문 등 유물들이 남아 있으며, 현재에도 매년 5월 초 거북선축제의 일환으로 여수사암연합회에서 주관하고 있다.

4. 여수삼동매구[3]

'매구'는 여수시 주삼동에서 전래되었던 민속놀이로서, 땅 밑에 있는 나쁜 귀신이 나오지 못하도록 묻고 밟는다(埋鬼)는 뜻을 지니고 있다. 보통 섣달 그믐날 밤에 하는 풍물놀이를 '매굿'이라 하는데, 요즈음은 '지신밟기', '마당밟기'라고도 하며, 경상도 지방에서 풍물을 또는 꽹과리를 가리키는 말로 쓰인다.

여수 지방에서는 풍물놀이를 '매구' 또는 "매구친다."라고 한다. 매구는 마을 공동의 고민과 문제를 마을 사람들의 힘과 지혜를 모아 해결하고자 하는 공동체적 의식을 무엇보다도 중요시 하였던 행위의 수단이다.

한편, 1963년 이전까지는 '호남 우도굿', '호남 좌도굿'이라는 구별이 없었고, 지역의 이름을 따 '정읍 농악', '남원 농악'이라고 부르

---

3) 문화체육관광부에서 '2009 전통 예술 복원 및 재현' 지원 사업을 공모함으로써 (사)여수지역사회연구소 지역사문화위원회 주석봉 위원장이 소속 분과 위원들과 협의하여, 사라질 위기에 있는 삼동매구를 재현하고자 공모한 결과, 지원 사업자로 선정되었다.

다가 민속학자들이 풍물에 관심을 갖기 시작하면서 좌·우도의 구분이 시작되었는데,4) 군이 분류하면 삼동매구는 좌도 풍물로 볼 수 있다.

가. 연원 및 변천

마을굿은 마을을 지켜주는 수호신에게 마을 사람들의 무병·안녕과 풍년·풍어를 빌기 위한 의례 행위였다. 삼동 마을에서는 '당산제' 또는 '동제'라고 부른다. 주삼동 삼동 마을은 경상도 하동으로 가는 삼일포구와 순천으로 가는 여수 반도의 길목에 위치하여 다양한 상품들의 이동이 활발했던 지역이었다.

삼동 마을에서 풍물굿이 시작된 시기는 정확히 알 수 없으나, 옛날부터 '구정촌', '폰남쟁이', '건네몰' 3개 마을이 정월 보름, 칠월 칠석, 한가위 때 경쟁적으로 풍물굿을 즐겼다고 전해지는데, 여수국가산업단지의 확장으로 마을 공동체가 해체되면서 쇠퇴하였다.

삼동 마을 마을굿의 상쇠 계보는 김해 허씨를 뒤이어 이미 돌아가신 경주 정씨의 후손 정순조, 손토방과 김소돌, 손봉원 순으로 전수되었다. 손봉원의 아들인 손양래(86세)는 여수 신월동에서 태어나 17세 때 삼동 마을로 이주해 온 이연수(작고)와 함께 그 뒤를 이었는데, 약 16년간 단절 되었다가 지금은 손양래의 아들인 손웅(孫雄)이 상쇠로 활동하고 있다.

---

4)『굿』제10호, 굿연구소·풍물연구소, 1998, 12쪽·29쪽

나. 채록/수집 상황(열두 마당)

삼동매구는 열두 마당으로 구성되어 있는데, 당산굿 → 길굿(수리
길굿 또는 12채 길굿, 풍년길굿) → 문굿 → 입장굿 → 샘굿 조왕굿
(부뚜막신) → 철룡굿 → 노적굿 → 안택굿 → 술굿 → 놀이굿 →
기잽이놀이 순서로 진행된다.

○ 당산굿

당산은 주산은 다른데, 주산은 마을이 형성되는 가장 기본적인 자
연 영역이라면, 당산은 의식을 통해 마을 사람들과 하나가 공간이다.
따라서 당산은 자연과 인간이 만나는 곳으로, 마을의 수호신이 있다
고 믿어지는 신성한 곳이다.

당산나무는 마을을 대표하는 얼굴이며, 경건한 마음으로 한마음
이 돼 마을의 안녕과 평화를 빌었고, 당산나무를 중심으로 마을 사
람들이 하나 된 축제가 형성된 곳이다.

매년 정초 삼동 마을에서는 마을 보리마당에 모여 굿의 시작을 알
리는 어울림굿을 시작으로, '수리길굿'을 치면서 당산나무로 향한다.
'잎도 딩산 뒤도 당신, 당신도 삼천리'라는 사설을 한 후 가락을 치
고, 당산제를 지내고 나서 '삼채굿'으로 내두름을 하고 '이채굿'으로
맺는다.

○ 길굿

수리길굿(12채 길굿)은 일번적으로 길을 지날 때 치는 가락으로
우도 풍물굿(우길굿, 좌길굿)과 같은 가락이며, 전라 좌도 지역의 순
천, 광양, 보성, 고흥, 여수에서 사용되는 가락이다. 삼동 마을에서는

'12채 길굿'이라고도 하며, 여수 전역에서 사용되고 있으나 점차 잊혀져가는 가락이다. '수리길 굿은 발에 맞추어 가락이 진행되는 것이 아니라, 허튼 몸짓에 가락을 연주하는 형태이며, 매우 여유롭고 풍요하다.

'풍년길굿'은 넓은 길을 가거나 들판을 지날 때 또는 풍물굿을 치기 위해 입장할 때 주로 사용하는 가락으로, 굿거리 풍의 12/8박의 리듬으로 매우 느리고 풍요로우며 멋스러운 가락이다.

○ 문굿

가옥에서 대문은 부엌과 살림채(民宅三要)와 더불어 특별히 중요한 곳으로 여겨졌다. 대문은 사람이나 물건이 출입할 뿐만 아니라 초자연적인 외부의 영향들로 부터 집을 보호하는 역할을 한다.

문굿은 집안으로 들어가기 전에, 주인에게 들어갈 수 있도록 허락을 구하는 굿으로, '삼채' 가락과 '이채(휘모리)' 가락으로 이어지며, 전형적인 좌도 음악의 단조롭고 힘이 넘치며, 남성스러운 멋을 지니고 있다.

가락을 맺고 난 후 상쇠가 '매구여~'하고 부르면 치배들이 '어~이'하고 대답하고 이어, 상쇠가 "문여소 쥔 쥔 문여소."하면 사설에 맞춰 가락을 연주한 후 상쇠의 신호에 따라 '응마깽깽' 가락으로 넘겨서 휘모리 가락으로 맺는다.

○ 입장굿

주인이 문을 열어주면 영기와 농기를 앞세워 모든 치배들이 순서대로 입장을 하는데, 이때는 징의 선소리로 모든 치배들이 7분박의 가락을 치며 입장한 후 우물 앞에 모여 상쇠의 신호에 따라 빠른 입장굿으로 연결한다.

○ 샘굿

샘은 마을 사람들의 생명의 근원적인 장소로, 샘을 통하여 사람들은 비로소 생기를 얻는다. 당산은 범하지 못하는 금지된 장소로서 신성함이지만, 샘의 신성함은 늘 일상의 한 가운데 있다. 샘에는 샘의 신(井神)이 있어 물이 마르지 않게 한다고 믿어 왔다. 항상 열려 있는 일상의 공간으로서 샘의 신성함은 바로 모든 생명을 잉태하고 번성하게 하여 마을의 생존과 번영에 영향을 미친다.

제일 먼저 입장하여 찾아가는 곳이 샘으로서, 샘을 빙 둘러서서 빠른 '삼채' 가락과 '이채(휘모리)' 가락으로 맺고, 사설과 같이 가락을 친 후 '응마깽깽' 가락으로 맺는다.

○ 조왕굿(부뚜막신)

부엌은 집안의 모든 음식이 조리되고, 난방을 하는 곳으로서 불을 다루는 곳이다. 원시 주기에서는 불이 주거 공간의 중심을 이루었으며, 불은 점화력을 갖는 종교적인 상징체로서 숭배의 대상이 되어 왔다.

조왕은 아궁이 위에 떠놓은 정안수를 일컫는 말로, 잡귀 귀신을 몰아내고 명과 복을 빌기 위해 "입담해담 관제구설 삼재팔난을 물알로 제수하시고 명과 복만 쳐드리세."라는 사설과 '삼채' 가락과 빠른 '이채' 가락인 '휘모리'로 맺고 동남, 남서, 서북 방향을 향해 세 번 절을 한다.

○ 철륭굿

철륭굿은 집 뒤안에서 집을 지켜주는 철륭신을 부르는 굿으로, "앞 철륭 뒤철륭 철륭철륭 울리세."라는 사설과 '삼채' 가락, 빠른 '휘모리'로 맺으며 절을 세 번 올린다.

○ 노적굿

마당은 생산 공간임과 동시에 생활 공간으로서 다양한 목적으로 쓰여야 하기 때문에 마땅히 비워져 있어야 한다. 집자리가 풍수상의 혈(穴)이라면 마당은 양기를 받아들이는 곳으로서, 나무로 마당을 채우는 것을 금하였다.

한국적인 정원이 여백의 미를 가지고 있는 것은 작은 우주를 표현하고자 한 것이기 때문에 각종 인공물을 빽빽이 배치하는 일본의 정원과는 다른 마당의 가치를 나타내고 있다.

따라서 마당은 작업장이자 곡물의 임시 저장소, 곡물의 건조장, 각종 행사의 장으로서 활용되면서 중요시 되었다. 마당밟기에는 노적마당이 이러한 마당의 중요성을 표현하는 가신으로 등장한다.

노적굿은 곡간의 풍요를 기원하는 굿으로 "노적이야 노적이야, 남한산성 노적이야, 콩꺽세 콩꺽세, 두럭 넘어 콩꺽세."라는 사설과 함께 굿을 치며 빠른 '삼채' 가락과 '휘모리'로 맺고 절을 세 번 올린다.

○ 안택굿

안택굿은 마루 위 항아리에 가득 담긴 쌀 위에 초를 꼽고 손을 비비며, '액맥이소리'와 함께 무병 장수를 기원하는 의식굿으로, 상쇠가 앞소리를 하면 치배들이 뒷소리를 따라 부른다.

느린 '삼채' 가락에 맞춰 노래를 부르고, 소리가 끝나면 느린 '삼채' 가락과 빠른 '삼채' 가락, '응마깽깽' 가락인 '이채(휘모리)'로 맺는다.

○ 술굿

모든 굿판에서 음식과 술이 차지하는 비중과 역할은 결코 간과 할 수 없다. 배부름과 춤과 노래와 놀이가 함께 했을 때 굿판은 풍성해지고 신명은 배가 된다. 술은 이성의 굴레를 벗어나는데 촉매제 역할을 한다.

집 주인이 치배들에게 내어 놓은 술과 음식을 음복하라는 의미를 가지고 있으며, "어서 치고 술먹세 조포국(두부국)에 김 나가네."라는 사설과 빠른 '삼채' 가락과 '휘모리'로 맺고 '응마깽깽' 가락으로 마무리 한다.

○ 놀이굿

술굿이 끝나고 뒤풀이를 하는 굿인 놀이굿은 풍년길굿을 시작으로, '영산 다드래기'와 '삼채' 가락, '히허굿', '자진허허굿', '유산굿', '자진유산굿', '벙어리 삼채'로 구성되며 각 잽이들의 기량을 자랑하는 마당이다. 특히, 북잽이, 장고잽이, 소고잽이들의 개인놀이를 하는 마당이며, 12/8박의 굿거리와 '삼채' 가락, '이채(휘모리)'로 맺는다.

○ 기잽이놀이

기잽이놀이는 마당굿의 마지막 순서로 '삼채' 가락에 맞춰 용기

(龍旗)를 들고 춤을 추며 노는 것이다. 손바닥 위에 용기를 올려놓고 춤을 추는 한손 놀이와, 어깨와 머리위에 기를 올려놓고 재주를 부리는 등 다양한 놀이가 이루어진다.

큰 원으로 기가 돌아갈 때는 모든 치배들이 함성을 지르며, '이채(휘모리)'가락과 흘림가락에 맞춰 흥겹게 놀이마당을 끝낸다. 특히 원을 그리며 돌리는 용기놀이는 숙달된 기잽이가 아니면 할 수 없는 고난이도의 기술이다. 가락은 '삼채' 가락과 '이채(휘모리)'로 이어진다.

다. 현황

복원 사업이 끝나고 2010년부터 거북선 축제에서 지역을 대표하는 풍물팀으로 인정되어 초청을 받고 있으며, 이 가락을 바탕으로 '북놀이'팀을 구성하였고, 전남대학교 평생교육원에 '여수난타학교'를 개설하여 여수의 리듬을 만들면서 많은 동호인들이 참여하고 있다.

5. 둑제(纛祭)

여수 지역에서 전쟁 영웅(軍神)을 상징하는 군사용 기(軍旗)인 둑(纛)에 지내던 제사로서, 고대부터 전쟁의 승리를 기원하기 위해 시작되었다. 우리나라에서는 삼국 시대에 처음으로 둑기의 모습이 확인되지만, 둑제의 시행 여부는 확인되지 않고 있다. 승리의 신인 치우(蚩尤)의 머리를 형상화한 둑기는 소의 꼬리나 검은 비단으로 만들어 '대조기(大旱旗)'라고도 불린다.

조선 시대에 들어와 처음 국가 의례로 정비된 둑제는 문신들의 석

전제(釋奠祭)에 비견되는 무신들의 유교 의식이었다. 둑제는 그 시행 지역과 규모에 따라 한양의 둑제와 각 지방[兵營, 水營]의 둑제로 구분된다.

둑제는 영웅을 상징하는 4개의 둑기에 제사를 지내면서 '납씨가(納氏歌)', '정동방곡(靖東方曲)' 등의 음악과 노래에 맞춰 '간척무(干戚舞)', '궁시무(弓矢舞)', '창검무(槍劍舞)'가 결합된 조선 시대 예악 문화(禮樂文化)의 정수를 담고 있는 소중한 무형 문화유산이다.

가. 연원 및 변천

중국의 한나라 때 사마천이 쓴 『사기(史記)』에 따르면, 한나라 고조(漢高祖)의 부하 장수인 기신(紀信)이 한 고조가 형양(滎陽)에서 항우(項羽)에게 포위당했을 때, 한 고조의 수레인 황옥 좌도(黃屋左纛)를 타고 항우에게 달려갔다.

"성 안에 식량이 떨어져서 한왕(漢王)이 항복한다."라고 소리치자, 항우는 이 말을 곧이듣고 만세를 불렀는데, 한 고조는 그 틈을 이용해 포위망을 벗어나게 되고 기신은 항우에게 죽음을 당했다.

여기서 황옥 좌도는 누른 비단으로 뚜껑을 하고 깃으로 만든 기를 꽂은 수레를 말하는데, '紀信黃屋左纛'라고 한 것에서 '纛'자의 음을 '도', 즉 '둑'이라 하였다.

심약(沈約)의 『송서(宋書)』에는, "털이 매우 검고 꼬리가 긴 소(犛牛) 꼬리로 말[豆]처럼 크게 만든 기를, 왼쪽에서 달리는 말 멍에 위에 꽂는다." 했으니, 이른바 '좌도(左纛)'라'는 것이다.

상고하건대, 도(纛)라는 기는 본래 군중(軍中)에서 쓰는 대조기(大皁旗) 이름인데, 검은 비단으로 치우(蚩尤) 머리와 같이 만들어서 군사가 출발할 때에 도(纛)에 제사지내는 것이고, …

진한(秦漢) 시대에 천자의 수레를 황옥 좌도(黃屋 左纛)라 하였으니, 생각건대, 기를 잡는 자는 마땅히 오른손으로 잡을 것이고, 오른손으로 잡게 되면 또 반드시 수레 왼쪽에 있어야만 널[柩]을 뫼시

기가 편리할 것이다.5)

우리나라에서 둑제가 처음으로 행해진 시기는 자세하지 않지만, 둑기의 존재가 처음으로 확인되는 시기는 고려 태조 왕건 때이다.

고려 태조 10년(927년) 12월, 후백제의 견훤은 최승우에게 고려와 후백제가 서로 다툼 없이 가까이 지내자는(和親) 글을 짓게 하였다. 이글을 받은 왕건은 최치원에게 답장을 쓰게 하는데, 이 글에서 둑기가 나타난다.6)

> ··· 연산군(燕山郡, 조선 시대의 연기현 燕岐縣) 들판에서는 길환 (吉奐)을 군영 앞에서 참수하고, 마리성(馬利城, 조선 시대의 안음현 安陰縣) 가에서는 수오(隨晤)를 깃발 '纛旗' 아래서 죽였습니다. ···

고려 시대 둑기에 관한 기록이 다시 나타난 것은 고종(1192~1259) 때로, 당시 고려는 거란, 여진, 몽골 등 북방 민족의 침입을 받고 있었다.

> 거란의 군사와 싸우다가 우리 군사가 조금 물러났는데, 후군의 낭 장 정순우(丁純祐)가 갑자기 적군 속으로 뛰어 들어가서 둑기(纛旗) 가진 자의 목을 베니 거란의 군사가 패하여 달아났다.7)

> 거란병이 원주(原州)를 함락하였다. ··· 최광수(崔光秀)라는 군졸 이 행군하기를 싫어해서 둑기(纛旗)를 세우고 군사를 소집하여 서경 으로 되돌아오니 ··· 최유공(崔愈恭)이 병사들 등쳐먹기를 좋아하여

---

5) 민족문화추진회, 『국역 성호사설』 II(만물문(萬物門), 1984, 55~57쪽
6) 민족문화추진회, 『동사강목』 III, 1984, 170쪽
7) 『고려사절요』 제14권, 고종 1년(1216년) 9월조

결국 그들의 원망과 배반을 불러들인 것이다.8)

위의 자료를 볼 때, 거란과 고려 두 나라 모두 둑기를 사용하고 있음을 알 수 있고, 이후 왕이 직접 둑제를 모신 기록도 보인다.

군사의 검열을 마치고 친히 궁궐문에서 둑제(纛祭)를 지내며, 김주정(金周鼎)의 호두패(虎頭牌)를 박지량(朴之亮)에게 주어 좌익만호(左翼萬戶)로 삼고, 박구(朴球)의 호두패를 나유에게 주어 중익부만호(中翼副萬戶)로 삼았다.9)

둑제는 조선 시대에도 이어졌으며, 그 내용도 훨씬 구체적으로 나타나며, 군사적 의례에 음악과 춤이 결합된 유교적 제례 의식으로 자리잡는다.

중군(中軍)의 둑(纛)을 강무당(講武堂)에 옮겼는데, 군사들이 갑옷을 입고 칼을 들고서 시위하였다.10)

예조에서 계하기를,
"봄·가을의 둑제(纛祭)의 중요성을 구분하여 정하지 않았으니, 적당하지 못하므로, 여러 제사 의식 중 나라에서 모시는 제사 가운데 규모가 가장 작은 제사(小祀)의 예에 의하여 2일 동안은 제사를 올리기 전에 몸과 마음을 깨끗이 하고 나쁜 일을 하지 않도록 하고(散齋), 1일 동안 또 정결히(致齋) 하며, 제사용 그릇(籩豆)은 각각 여덟 개를 쓰며, 그 외의 드리는 제물(祭物)과 제사에 대한 절차 및 기록(儀注)은 그 전대로 할 것입니다."하니, 그대로 따랐다.11)

---

8) 『고려사절요』 제15권, 고종 2년(1217년) 5월조
9) 『고려사절요』 제21권, 충렬왕 13년(1287년) 6월조
10) 『조선왕조실록』, 태조 3년(1394년) 9월 16일 기사
11) 『조선왕조실록』, 세종 3년(1421년) 7월 19일 기사

또한 세종대에는 예의 범절, 제사, 과거 시험 등을 담당했던 예조(禮曹)에서 둑제와 관련된 모든 절차와 준비물 등을 기록한『둑제의주(纛祭儀注)』를 지어 바쳐 그 실태를 정확히 파악할 수 있다.12)

시일(時日)이 되어 장차 제사 지내려면, 서운관(書雲觀)에서 봄에는 경칩(驚蟄), 가을에는 상강(霜降)날 예조(禮曹)에 보고하면, 예조에서 임금님께 글로 알리고(啓聞), 담당 관청(攸司)의 담당자들에게 알려(散告) 직책에 따라 필요한 물자를 공급(供辦)하게 한다.

제사를 지내기 전 3일 전부터 몸과 마음을 정결히(齋戒)하고, 행사에 참여할 집사관(執事官)은 모두 이틀 동안은 근신(散齋)하여 제사를 모시는 방(正寢)에서 자고, 하룻 동안은 제소(祭所)에서 제사 모시는 일(致齋)을 한다.

대개 이틀 동안 근신(散齋)하는 방법은 일보기를 전과 같이 하나, 오직 술을 마시지 않고 파·부추·마늘·염교를 먹지 않으며, 상가를 방문(弔喪) 하거나 문병(問病)을 하지 않고, 풍악을 듣지 않고, 형벌을 행하지 않고, 사형을 집행(刑殺)하는 문서에 서명하지 않고, 더럽고 악한 일에 참예하지 않는다. 제사에 참여하는 자는 제사 하루 전에 목욕하고 옷을 갈아입고 공인(工人)이 모두 제사 모시는 곳(祭所)에 모여서 음식상을 차린다.

제사 하루 전에 담당 관리가(廟司)가 그 아랫사람을 거느리고 묘(廟)의 안팎을 청소한다. 충호위(忠扈衛)는 여러 제관(祭官)의 자리를 설치하고, 또 제사에 쓸 음식을 두는 곳(饌幔)을 설치하되, 모두 동문(東門) 밖에 땅의 형편에 따라 알맞게 한다.

하루 전에 제사에 쓸 짐승을 담당한 관리(掌牲令)는 짐승(牲)을 끌고 제사 모시는 곳에 나간다. 악기 연주를 담당한 관리(工人)는 그 아랫사람을 데리고 악기(樂)를 사당(廟庭)에 베푼다.

제사를 진행하는 관리(執禮)는 술잔을 올리는 관리(獻官)의 자리를 동쪽 계단(東階) 동남쪽에 서쪽으로 향하게 마련하고, 일반 제관(陪祭官)과 제사를 도와 진행하는 여러 관리(執事)의 자리를 그 뒤에 조금 남쪽으로 마련하고, 모두 서쪽으로 향하게 하여 북쪽을 위

---

12)『조선왕조실록』, 세종 22년(1440년) 6월 13일 기사

로 하고, 제사를 감독하는 관리(監察)의 자리를 집사(執事)의 남쪽에 서향하게 마련하고, 기록하는 관리(書吏)는 그 뒤에서 모시고, 제사를 집행하는 관리(執禮)의 자리는 당(堂) 위 기둥(前楹) 밖에 마련하고, 안내하는 사람(謁者)·제사 진행 과정을 알려주는 사람(贊者)·제사의 절차를 절차대로 도와주는 사람(贊引)의 자리는 당 아래에 모두 동쪽 가까이 서쪽으로 향하게 마련하고, 헌관(獻官)이 음복(飮福)하는 자리를 당 위 전영 밖에 동쪽 가까이 서쪽으로 향하게 마련한다.

제사 후 음식과 축문을 적은 판자(祝板)를 묻을 웅덩이(瘞坎)를 사당 북쪽에서 서쪽으로 약 15° 방향(壬方)에 해당하는 땅에 파되, 깊이는 물건을 넉넉히 넣을 수 있도록 하고, 남쪽으로 섬돌(階陛)에 나와서 음식과 축판을 묻는 것을 지켜보는(望瘞) 자리를 묻는 웅덩이 남쪽에 마련한다.

술을 올리는 관리(獻官)는 남쪽에 있어 북쪽으로 향하고, 제사를 진행하는 사람(執禮)·축문을 읽는 사람(大祝)·진행 과정을 알려주는 사람(贊者)은 동쪽에 있어 서쪽으로 향하되 북쪽을 위로 한다.(대축·찬자는 조금 물린다.)

제사를 안내하는 사람(謁者)은 헌관을 인도하고, 제사 절차를 도와주는 사람(贊引)은 감찰을 인도하여, 모두 상복(常服) 차림으로 음식을 차리는 방(廚房)에 나가서 음식의 색깔(滌濯)을 보고 반찬그릇(饌具)을 살피고, 제사에 쓸 짐승(牲)의 살찌고 아니한 것을 보고 함께 제사 모시는 곳으로 돌아온다. 오후 5시(申時) 이후에 제사를 담당하는 관리(典祀官)가 짐승을 잡는 사람(宰人)을 거느리고 생(牲)을 벤다.(가죽째 삶아 익힌다.)

제삿날 행사하기 전에 전사관(典祀官)이 그 소속을 거느리고 들어가 축판(祝版)을 신위(神位)의 오른쪽에 놓아두고(술잔을 올릴 수 있는 사각형 철판(坫)이 있다.), 폐백 광주리(幣)를 술잔을 놓는 곳(尊所)에 마련하고, 향로(香爐)·향합(香盒)과 초(燭)를 신위(神位) 앞에 마련하고, 다음에 제기(祭器)를 마련하여 반찬그릇을 채우는데, 제사용 과일을 담는 그릇(籩) 여덟 개는 왼쪽에 있어 세 줄로 하여 오른쪽을 위로 한다.(첫째 줄에는 소금(形鹽)이 앞에 있고, 마른 생선(魚鱐)이 다음이고, 둘째 줄에는 말린 대추(乾棗)가 앞에 있고, 알밤(栗黃), 개암나무 열매(榛子)가 다음이고, 셋째 줄에는 마름 열매

(菱仁)가 앞에 있고, 가시연밥 씨(芡仁), 사슴고기를 말린 포(鹿脯)가 그 다음이다.)

국 등을 담는 그릇(豆) 여덟 개는 오른쪽에 있어 세 줄로 하여 왼쪽을 위로 한다.(첫째 줄에는 부추 김치가 앞에 있고, 노루고기 젓갈(醓醢)이 다음이고, 둘째 줄에는 무 김치가 앞에 있고, 사슴고기 젓갈(鹿醢)과 미나리 김치가 다음이고, 셋째 줄에는 토끼고기로 만든 젓갈(兎醢)이 앞에 있고, 죽순 김치와 생선젓갈(魚醢)이 다음이다.)

고기나 산적을 올리는 사각형 그릇(俎)은 두 개인데, 하나는 과일 그릇(籩)의 앞에 있고 하나는 국 등을 담는 그릇(豆)의 앞에 있다.(과일 그릇(籩) 앞의 고기 올리는 그릇(俎)에 채우는 것은 양고기 7부위(羊腥七體)이고, 두(豆) 앞의 조(俎)에 채우는 것은 돼지고기 7부위(豕腥七體)인데, 모두 제사에 사용하는 소·양·돼지고기를 담는 작은 그릇(牲匣)이 있다.)

제사 때 벼와 수수를 담던 안은 둥글고 밖은 4각형인 그릇(簠)·기장과 피를 담는 그릇(簋)가 각각 두 개인데 변(籩)과 두(豆) 사이에 있다. 보(簠)는 왼쪽에 있고 궤(簋)는 오른쪽에 있다(보는 벼와 수수를 채우는데, 수수는 벼의 앞에 있고, 궤는 기장과 피를 채우는데, 피가 기장의 앞에 있다).

술잔(爵)이 셋인데 보(簠)·궤(簋) 앞에 있다.(각각 잔 받침(坫)이 있다.) 제사 때 쓰는 코끼리 모양의 술 항아리(象尊)는 둘을 설치하는데, 하나는 술 대신 사용하는 맑은 찬물(玄酒)로 채워서 잔을 올리는 사람의 왼쪽에 놓는 술통(上尊)으로 만들고, 하나는 청주(淸酒)로 채운다. 무릇 신(神)에 제사하는 물건은 당시에 없는 그때의 물건으로 대신한다. 대청 위(堂上)의 동남쪽 모퉁이에 북쪽을 향하여 있게 하되 서쪽을 위로 한다.

제관들이 손을 씻는 물을 담은 그릇(洗)은 동쪽 계단(東階)의 동남쪽에 북쪽을 향하게 설치하고, 씻는 대야(盥洗)는 동쪽에 있고 술잔을 씻는 그릇(爵洗)은 서쪽에 있다. 술독(罍)은 세(洗)의 동쪽에 있고, 술을 뜨는 국자(勺)를 얹은 광주리(篚)는 세(洗)의 서남쪽 자리에 있다.(수건(巾)과 술잔(爵)으로 채운다.)

여러 집사의 제관이 손을 씻는 곳(盥洗位)을 동남쪽에 설치하되, 함께 북쪽으로 향하게 하고, 술 그릇(尊)·술독(罍)·술독 덮개(冪)를 잡는 자의 자리를 준·뇌·비(篚)·멱(冪)의 뒤에 설치한다.

행례하는 제일(祭日) 오전 1시(丑時) 15분(五刻) 전(축시 전 5각은 곧 삼경(三更) 삼점(三點)인데, 행사는 축시 1각을 한다.)에 전사관(典祀官)이 그 아랫사람을 거느리고 들어가서 찬구(饌具) 채우기를 끝마치면 물러가 자기 자리로 나간다.

찬인(贊引)이 감찰(監察)을 이끌고 동쪽 계단으로 올라와서,(무릇 행사관이 오르고 내리는 것은 모두 동쪽 계단으로 한다.) 당(堂)의 위아래를 살펴보고 의식(儀式)과 같이 하지 않는 것을 엄격히 살피고(紏察) 도로 나간다.

3각 전에 행사(行事) 집사관(執事官)과 일반 제사관(陪祭官)이 모두 갑옷(武服)을 입는다. 집례(執禮)가 알자(謁者)·찬자(贊者)·찬인(贊引)을 거느리고 먼저 섬돌 사이의 절을 하는 자리(拜位)에 나아가, 겹줄로 북향하여 서쪽을 위로 하여 서서 4번 절(四拜)하기를 끝마치고서 자기 자리로 나간다. 공인(工人)이 들어와 자기 자리로 나간다. 찬인이 배제관을 이끌고 들어와 자기 자리로 나간다.

1각 전에 찬인이 감찰·전사관·대축·축문을 읽는 사람(祝史)·향로를 받드는 제관(齋郎)을 인도하여 들어와 섬돌 사이의 배위에 나가 겹줄로 북향하여 서쪽을 위로 하여 선다. 집례(執禮)가 "사배(四拜)하라." 말하면, 찬자가 전갈(傳喝)한다.(무릇 집례가 말이 있으면 찬자가 모두 전갈한다.) 감찰 이하가 모두 4번 절하면, 찬인이 감찰을 인도하여 자기 자리로 나간다.

찬인이 여러 집사자를 인도하여 손을 씻는 자리(盥洗位)에 나가서 손씻기(盥帨)를 끝마치고 각각 자기 자리로 나간다. 재랑(齋郎)이 술잔을 씻는 곳(爵洗位)에 나가서 잔(爵)을 씻어 훔치기를 마치면, 광주리(篚)에 넣어서 술잔을 놓는 곳(尊所)에 받들고 나가 술잔받침(坫) 위에 놓는다.

알자(謁者)가 헌관(獻官)을 인도하여 들어와 위차에 나아가서 서쪽을 향하여 선다. 집례가 "사배하라." 말하면, 헌관과 배제관(陪祭官)이 모두 4번 절을 한다. 알자가 헌관의 왼쪽에 나가, "유사(有司)가 삼가 갖추었으니 행사하기를 청합니다."고 아뢰면, 집례가 "신위 앞에 폐백을 드리는 예(奠幣禮)를 행하라."하고 말한다. 알자가 헌관을 인도하여 관세위에 나가 북쪽을 향하여 서서 손을 씻고 수건으로 닦으면, 인도하여 신위(神位) 앞에 나아가 북쪽을 향하여 선다.

풍악을 시작한다.(왼손에 방패, 오른손에 도끼를 들고 추는 춤(干

戚舞)을 춘다.) 찬(贊)하여 꿇어앉으면 집사자 한 사람은 향합(香盒)을 받들고 집사자 한 사람은 향로를 받들어, 알자가 찬하여 세 번 향을 올리고서 집사자가 향로를 신위 앞에 놓는다. 축문을 읽는 사람(大祝)이 폐백을 헌관에게 주면 헌관이 폐백을 잡아서 폐백을 드리는데, 폐백을 대축에게 주어서 신위 앞에 놓는다.(헌관이 향을 피울 때 향로 등을 드는 사람(奉香)과 폐백을 받드는 사람(授幣)은 모두 헌관(獻官)의 오른쪽에 있고, 헌관이 향을 피울 때 향로를 받아 신위 앞에 놓는 사람(奠爐)과 폐백을 신위 앞에 놓는 사람(奠幣)은 모두 헌관의 왼쪽에 있다. 술잔을 받드는 사람(授爵)과 술잔을 신위 앞에 올리는 사람(奠爵)도 여기에 준한다.)알자가 찬하여 부복하였다 일어나서 몸을 바로 하면 풍악이 그친다. 인도하여 내려와 자리에 돌아온다.

조금 있다가 집례가 "첫 번째 술잔을 올리는 의식(初獻禮)을 행하라."하고 말하면, 알자가 헌관을 인도하여 올라와서 준소(尊所)에 나아가 서향하게 선다. 풍악을 시작한다. 술을 집행하는 사람(執尊者)이 술독 덮개(冪)를 들고 술을 따르면, 집사(執事)가 술잔(爵)으로 술을 받는다.

알자가 헌관을 인도하여 신위 앞에 나가서 북쪽을 향하여 서서 찬하여 꿇어앉으면, 집사자가 작을 헌관에게 준다. 헌관이 작을 잡아 드리는데, 작을 집사자에게 주어서 신위 앞에 놓는다. 알자가 찬하여 꿇어앉았다 일어나서 조금 물러나서 북쪽을 향하여 꿇어앉으면 풍악을 그친다.

대축이 신위 오른쪽에 나아가 동쪽을 향하여 꿇어앉아서 축문을 읽기를 끝마치면 풍악을 시작한다. 알자가 찬하여 부복하였다가 일어나서 몸을 바로 하면 풍악을 그친다. 인도하여 내려와서 위차에 돌아온다. 간척무(干戚舞)가 물러가고 궁시무(弓矢舞)가 나아온다.

조금 있다가 집례가 "두 번째 술잔을 올리는 의식(亞獻禮)을 행하라."하고 말하면, 알자가 헌관을 인도하여 올라가 술잔을 놓는 곳(尊所)에 나아가 서쪽을 향하여 선다. 풍악을 시작한다.(활과 화살을 들고 추는 춤(弓矢舞)을 춘다.) 집준자(執尊者)가 멱(冪)을 들고 술을 따르면, 집사자가 잔으로 술을 받는다. 알자가 헌관을 인도하여 신위 앞에 나가 북쪽을 향하여 서서 찬하여 꿇어앉으면, 집사자가 술잔을 헌관에게 준다. 헌관이 술잔을 잡아 작을 드리는데, 집사자에게 주어서 신위 앞에 놓는다. 알자가 찬하여 부복하였다 일어나서 몸을 바로 하면 풍악을 그친다. 인도하여 내려와서 자기 자리로 돌아오면, 궁시무(弓矢舞)가 물러가고 창검무(槍劍舞)가 나온다.

조금 있다가 집례가 "마지막 잔을 올리는 의식(終獻禮)을 행하라."하고 말하면, 알자가 헌관을 인도하여 올라가 술잔을 놓는 곳(尊所)에 나가 서쪽을 향하여 선다. 풍악을 시작한다.(창과 칼을 가지고 추는 창검무를 춘다.) 행례하기를 두 번째 잔을 올리는(亞獻) 의식과 같이 한다. 인도하여 내려와서 자기 자리로 돌아온다.

집례가 "제사에 쓴 음식을 나누어 먹고(飮福), 제사에 썼던 고기를 나누어라(受胙)."하고 말하면, 집사자가 술잔을 놓는 곳(尊所)에 나아가 술잔으로 복주(福酒)를 따르고, 또 집사자가 고기나 산적을 올리는 사각형 그릇(俎)을 가지고 나와서 신위 앞의 고기(俎肉)를 덜어 놓는다.

알자가 헌관을 인도하여 올라가 음식을 나누어 먹을 곳(飮福位)에 나아가 서쪽으로 향하여 선다. 알자가 찬하여 꿇어앉으면, 집사자가 헌관의 왼쪽에 나가 북쪽을 향하여 술잔을 헌관에게 준다. 헌관이 술잔의 술을 다 마시면, 집사자가 빈 잔을 받아서 술잔받침(坫)에 놓는다.

집사자가 북쪽을 향하여 조(俎)를 헌관에게 주면, 헌관이 조(俎)를 받아서 집사자에게 준다. 집사자가 조를 받아서 동쪽 계단으로 내려와서 문을 나간다. 알자가 찬하여 부복하였다가 일어나서 몸을 바로 하면, 인도하여 내려와서 자기 자리로 돌아온다. 집례가 "재배(再拜)하라." 말하면, 자리에 있는 자가 모두 재배한다. 집례가 "과일그릇(籩)·밥·국그릇(豆) 등을 거두라."라고 말하면, 대축이 들어와 변·두를 거둔다.

풍악을 시작한다(조선 태조 때에 개국 공신인 정도전이 지은 한문 악장으로 이성계의 위화도 회군을 찬양한 노래(靖東方曲)이다). 거두기를 끝마치면 풍악을 그친다. 집례가 "사배하라."라고 말하면, 헌관과 배제관이 모두 4번 절을 한다. 집례가 "제사를 끝마치고 축문과 폐백을 파묻을 때 헌관과 집례가 이를 지켜보던 일(望瘞)을 하라."라고 말하면, 알자가 헌관을 인도하여 망예위(望瘞位)에 나아가 북쪽을 향하여 선다. 집례가 찬자를 거느리고 망예위에 나아가 서향하여 선다.

축문을 읽는 사람이 광주리(筐)에 축판(祝版)과 폐백을 담아 서쪽 계단으로 내려와서 구덩이에 놓는다. 집례가 "묻어도 좋다." 말하면, 구덩이 반쯤 흙을 메운다. 알자가 헌관의 왼쪽에 나가, "예가 끝났습니다."고 아뢰고, 알자가 헌관을 인도하여 나간다. 집례가 찬자를 거느리고 본 자기 자리로 돌아오고, 찬인이 감찰과 여러 집사를 인도하여 섬돌 사이의 배위(拜位)에 나가 서서 고정한다.

집례가 "사배하라." 말하면, 감찰 이하가 모두 네 번 절을 한다. 끝마치면 찬인이 인도하여 나간다. 찬인이 배제관을 인도하여 차례로 나간다. 공인(工人)이 나간다. 집례가 알자·찬자·찬인을 거느리고 섬돌 사이에 나아가 네 번 절하고 나간다. 전사관이 그 아랫사람을 거느리고 예찬(禮饌)을 거둔다.

행사 집사관은 헌관(2품(品))·전사관(둑소(纛所)의 6품(品) 이상)·집례(무관 6품)·대축(무관 7품 이하, 參外)·축사 두 사람(참외)·재랑 두 사람(참외)·장생령(掌牲令, 가축을 기르던 기구(典廏署)·알자(참외)·찬자(참외)·찬례(贊禮, 참외)·감찰이다."

영조 시대의 기록에서는 둑제에 필요한 보조 인력의 수와 품삯을 확인할 수 있다.[13]

둑제(纛祭)는 1년에 경칩과 상강 두 차례 치러지는데, 의막지기 겸 다모는 2명으로, 1명 품삯이 3전씩 총 6전이다. 우장지기 겸 관대판지기가 2명으로 1명당 3전씩 총 6전이며, 땔감·기름·숯·등롱 등의 값은 2전 5푼씩 총 5전, 망거는 2병 인데, 1병 값이 6푼씩 총 1전 2푼, 궐하 의막지기 겸 다모 1명은 1전 5푼씩 총 3전, 땔감·숯값 1전씩 2전이다.

나. 전라좌수영의 둑제

조선 성립 초기부터 수군(水軍)은 있었지만 세종~세조 시대를

---

13) 「月令 變通에 관한 別單」, 『국역비변사등록』, 영조 29년 7월조

거치면서 제도화되었다. 『世宗實錄(세종실록)』 지리지(地理志)에 의하면, 전라도 수군의 중심지는 무안현(務安縣) 대굴포(大堀浦 : 현 함평군 학교면 곡창리 대곡)였으며, 수군처치사(水軍處置使) 1명이 파견되어 있었다.

그 아래 전라 좌도의 수군 기지는 여도량(呂島梁 : 현 고흥군 점암면 여호리)에 두고 도만호(都萬戶) 1명이 축두(築頭)·녹도(鹿島)·내례(內禮)·돌산(突山)·회령포(會寧浦)·마도(馬嶋)·달량(達梁)·어란(於蘭)의 8만호를 관장하고 있었다.[14]

조선 전기 군사 제도는 세조 3년(1457) 진관 체제(鎭管體制)로 바뀌어 정비되었다. 이는 도절제사(都節制使)가 주둔하는 주진(主鎭) 아래의 중요한 지역에 거진(巨鎭)을 두고 그 주변 지역에 제진(諸鎭)을 소속시켜, 제진의 독자성을 부여하면서도 일원적인 군사 지휘 체제를 확보한 것이었다. 또한, 각 지역의 수령이 각 진관의 절제사 이하의 군대 지휘관을 겸하도록 하였다.

한편, 세조 12년(1466) 1월, 각 도와 진관의 병마·수군 지휘관의 이름이 개편되어 도절제사는 절도사(節度使)로 바뀌었다. 이러한 변화는 약간의 수정을 거쳐 『경국대전(經國大典)』(성종 16년, 1485)에 수록되었는데, 수군의 지휘관은 수군절도사(水軍節度使)·우후(虞侯)·수군첨절제사(水軍僉節制使)·만호(萬戶) 등으로 정비되었다.[15]

수군절도사는 정3품의 벼슬로 각 도의 수군 최고 지휘관을 말하며, 일반적으로 '수사(水師)'라고 불렸다. 수사 아래에는 정4품의 우

14) 『세종실록』 151권, 지리지 전라도 관방조
15) 『경국대전』 4권, 병전(兵典) 외관직(外官職)

후 1명을 배치하였고, 수군첨절제사는 '첨사(僉使)'로 불리며, 거진(巨鎭)의 수군 지휘관이었다. 종4품의 만호는 첨사의 지휘를 받아 제진(諸鎭)을 실질적으로 통솔하는 최일선 지휘관이었다.

『경국대전』에 나타난 전라 좌도 수군 편제는 다음 <표 1>과 같다.

<표 1> 『경국대전』에 나타난 전라 좌도 수군의 편제

진(鎭)의 규모	진의 이름	관직 이름	위치	현재 위치
주진(主鎭 : 수군절도사)	좌수영	전라좌수사 우후	순천 내례포	여수시
거진(巨鎭 : 수군첨절제사)	사도진관	사도첨사	흥양	고흥군 영남면 금사리
제진(諸鎭 : 수군 만호)	여도진 녹도진 발포진 회령포진 달량진 마도진 돌산포진	여도만호 녹도만호 발포만호 회령포만호 달량만호 마도만호 돌산포만호	흥양 흥양 흥양 장흥 영암 강진 순천	고흥군 점암면 여호리 고흥군 도양읍 봉암리 고흥군 도화면 내발리 장흥군 회진면 회진리 해남군 북평면 남창리 강진군 대구면 마량리 여수시 화양면 용주리

임진왜란 때에는 관할 해역이 보성 반도 동쪽 전남 해안 지방으로 축소되어 현 해남군의 일부와 강진군 및 장흥군의 해역이 전라좌수영의 관할에서 벗어났다.

따라서 군사상 전라좌수영 아래 그 속읍(屬邑)으로 수군이 편성되어 있는 순천부(順川府)·낙안군(樂安郡)·보성군(寶城郡)·광양현(光陽縣)·흥양현(興陽縣) 등 다섯 고을(5관)과 이전부터 해안 방위를 맡고 있는 속진(屬鎭)인 방답진(防踏鎭)·사도진(蛇島鎭)·여도진(呂島鎭)·발포진(鉢浦鎭)·녹도진(鹿島鎭) 등 다섯 진포(鎭浦 : 5포)가 있었다.[16)]

군사적으로 중요한 전초 기지였던 전라좌수영은 임진왜란 때 우리나라를 구하는데, 가장 앞장 선 곳으로, 전쟁 중에도 둑제가 열렸음이 『난중일기(亂中日記)』에 나타나고 있다.

선조 26년(1593년) 2월 초5일,
경칩 날이라 둑제를 지냈다. 비가 억수같이 쏟아지더니 느지막해서 비로서 갰다. 아침 식사 후에 대청으로 나가 공무를 봤다.[17]

선조 27년(1594년) 9월 초8일,
장흥 부사 황세득(黃世得)을 헌관(獻官)으로 삼고, 홍양 현감 배홍립(裵興立)을 전사(典祀)로 삼아서 내일 둑제를 지내기 위해 음식과 행동을 조심하도록(入齋) 시켰다.[18]

선조 28년(1596년) 9월 20일,
새벽 2시에 둑제를 지냈다. 사도 첨사 김완(金浣)이 헌관으로 제사를 집행했다.[19]

전쟁 중에도 둑제를 지낸 것은 군사들의 사기를 높이고, 군율을 엄격히 하여 대장군에 대한 충성심을 높이고자 하는 목적이 있었을 것으로 보인다.

다. 신체의 형태

세종 26년(1444) 집현전 교리 최항·부교리 박팽년 등에게 『운회(韻

---

16) 여수·여천향토지편찬위원회, 『여수·여천향토지』, 동광인쇄공사, 1982. 123~124쪽
17) 이은상 역, 『완역 이충무공전서 上』, 성문각, 1988, 268쪽
18) 이은상 역, 위의 책, 334쪽
19) 이은상 역, 앞의 책, 368쪽

會)』 우리 말로 번역하게 하였는데, 이들은 오례(五禮)로 정리하였으며, 그 가운데 군례와 서례의 병기편에 둑(纛)을 설명한 기록이 나온다.

둑(纛)은 『운회(韻會)』에 "털이 매우 검고 꼬리가 긴 소(旄牛)의 꼬리로 이를 만들고, 두 마리 이상의 말이 마차를 끌 때 옆에 따라가는 왼쪽 말(騑馬)의 머리에 싣는다."고 한다. 『광운(廣韻)』에 "크기가 말(斗)만 하다."고 하며, 『이의실록(貳儀實錄)』에는 "검은 비단으로써 이를 만드는데, 치우(蚩尤)의 머리와 비슷하며, 군대가 출발할 적에 둑에 제사지낸다."고 한다.[20]

『만기요람(萬機要覽)』에는 둑기에 대해 다음과 같은 설명이 기록되어 있어 둑제의 신체를 유추할 수 있다.

좌둑기(坐纛旗) 바탕은 흑(黑)색이고, 언저리는 백색이며, 태극(太極)·중국 하나라의 우왕(禹王)이 홍수를 다스릴 때, 뤄수이(洛水) 강에서 나온 거북의 등에 씌어 있었다는 마흔다섯 개의 점으로 된 아홉 개의 무늬를 의미하는 낙서(洛書)와 8괘(八卦)를 그렸다.
불꽃 모양으로 된 5색의 띠가 있는데, 이것은 5개의 방위에 응한 것이며, 고대의 별자리인 28수를 표현(演)한 것이다. 기는 4방이 1장(丈)이며, 깃대의 높이는 1장 6척으로, 끝에 술이 달려 있는 장식용 끈인 영두(纓頭)와 말의 붉은 갈기로 술이나 이삭 모양으로 만들어 깃발 위에 다는 주락(朱絡)이 있다. 다닐 때에는 뒤에 있고, 머무를 때에는 완편에 둔다.[21]

라. 현황

1999년과 2000년에 '진남제' 식전 공개 행사인 '전라좌수영 수군

---

20) 『조선왕조실록』, 세종 26년 2월 16일 기사
21) 민족문화추진회, 『만기요람(萬機要覽)』 Ⅱ (군정편), 1984, 71쪽

출전식' 이란 프로그램으로, 그 당시 진남제전위원회 행사 부장이었던 주석봉의 시나리오와 연출로 둑제가 재현되었으나, '납씨곡'과 '정동방곡' 등이 빠진 부분적인 시도였다. 그러다가 2007년 4월에 여수 진남관에서 둑제가 재현되었다.

2007년 12월 9일, 문화체육관광부가 처음으로 추진한 전통 예술 복원 및 재현 사업의 일환으로서 '충무공 이순신 장군 둑제 재현 행사'를 한국체육대학교 심승구 교수를 책임 연구원으로 하는 학술적 고증과 여수시에 소재하는 (사)향토민속문화보존회 정홍수 회장의 기획 연출로 조선 시대 전라좌수영의 객사였던 진남관에서 수영(水營) 둑제를 재현하였다.

마. 의의와 가치

문화체육관광부가 처음 시행하는 전통 예술 복원 및 재현 사업 1호로 선정된 둑제는 악(樂), 가(歌), 무(舞)가 독특하게 결합된 것으로 조선 시대의 수준 높은 문화를 원형 그대로 복원함으로써, 각 지역의 전통 문화를 계승 발전시키는 계기가 되었다는 점에서 그 의미가 매우 크다.

6. 소동줄놀이

여수 지역에서는 옛날부터 정월 대보름날 저녁이 되면 10세 미만의 소년들이 6~10명씩 모여서 새끼줄을 가지고 집집마다 돌면서 노는 놀이이다. 이 때 부르는 노래가 '덜이 덜롱'으로서, 이는 "달이 둥글다."는 옛말이다.

옛날부터 구전된 '덜이 덜롱'은 1980년대까지만 해도 쉽게 들을 수 있었다. 그러나 근대화 과정에서 없어졌다가, 거북선 축제 길놀이 때 초등학생들에 의해서 다시 시작되었다.

가. 채록/수집 상황

짚으로 깐 5~10m의 새끼줄을 잡고 일렬로 서서 어깨 높이로 올려 든 후, '덜이 덜롱'이라는 소리를 높이 외치며 집집마다 찾아다니며 대문 앞에서 "이집에는 복(福)도 많다." 등 다양한 선소리를 외치면, 뒷소리 꾼들이 '어 얼싸 덜이 덜롱'하며 크게 외친다. 매 행 끝에는 후렴구 '어 얼싸 덜이 덜롱'이 붙어 있다.

선소리꾼은 50개 정도의 가사를 그때그때 상황에 따라 즉흥적으로 한다. 여러 팀이 집을 찾아오기 때문에 집 주인은 시끄럽고 귀찮음을 벗어나기 위해 음식을 약간씩 나누어 준다.

세월이 흐르면서 음식을 대신해 약간씩 돈을 주었는데, 옛날부터 이들을 빈손으로 돌려보내면 동네에서 인심이 사나운 집으로 인식되어 품앗이 등에서 마을 사람들의 도움을 받기가 어려웠기 때문에 음식이나 돈을 주는 것이 자연스러웠다.

나. 의의와 가치

산업화 과정에서 사라졌던 '덜이 덜롱'이 거북선 축제와 초등 학교 운동회를 중심으로 다시 살아나고 있다.

새끼줄을 꼬아 함께 메고 '덜이 덜롱'을 외치며 다니는 과정은 단결과 협동심을 기르는 방법이었고, 집집마다 찾아다니는 것은 마을 사람들을 좀 더 쉽게 이해하는 계기가 되었다. 또한 음식이나 돈을 주어 이들을 격려했던 것은 공동체 사회의 특징을 잘 반영하고 있다.

7. 용줄다리기

줄다리기는 벼농사와 깊은 관계가 있는 민속놀이로, 벼농사가 아주 미약한 섬 지역에서도 이뤄졌다. 이 놀이는 협동심이 대단히 중요시되는데, 일반적으로 정월 대보름날 행하지만, 음력 2월 1일인 하드랫날·단오·추석 때 하는 곳도 있다.

여수 지역에 전승되어온 줄다리기는 '龍줄다리기'라는 표현처럼 좀 색다르다. '용줄'이란 꼬아진 줄이 용의 모양을 닮아서 붙여진 이름이라는 설과 비(雨)와 용(龍)을 결부시켜 적당한 비가 내려 풍년이 들기를 기원하는 의미에서 붙여진 이름이라고도 한다.

가. 연원 및 변천

임진왜란을 겪으면서 가장 많은 고통에 시달린 전라좌수영(全羅左水營) 백성들의 사기를 높이기 위한 대동놀이로, 협동심과 일체감을 키워 국난극복의 촉진제 역할을 담당했다는 어른들이 이야기가 전해진다.

1930~1940년대까지도 성행하였는데, 당시 줄다리기에 참여했던 박양배(朴良培, 1917년생)의 증언에 의하면 정월 대보름 때가 되면 진남관의 동쪽인 동정(東町)과 서쪽 서정(西町)으로 나눈 20세 미만의 소년들이 '덜이 덜룽'이란 민요 가락에 맞추어 줄다리기를 해왔다고 하였다.

줄을 잡아당기면서 힘을 쓸 때 함께 외치는 '어차' 소리와 옆에서 응원하는 소리가 마을의 악귀를 쫓아낸다고들 믿었다고 한다. 또한 용줄다리기 놀이는 일제 강점기에는 우리 민족에게 협동심과 애국심을 고취시키는 큰 힘으로 작용하기도 하였다.

제2차 세계 대전이 일어나자 일본 제국주의자들은 조선인의 반일 감정 악화를 막고, 우리나라 사람들의 집중된 힘의 분산 및 와해를 위해 용줄다리기를 중단시킴으로써 단절되었다.

나. 채록/수집 상황

짚으로 새끼를 굵고 길게 꼬아 지름이 1m, 길이 200m 정도의 줄다리기 줄을 만들어 동쪽에 숫줄을 서쪽에 암줄을 놓고 혼례를 올리는 것처럼 예맞이를 하였다.

젯상을 차리고 축문을 읽은 뒤 숫줄과 암줄이 코걸이를 할 때, 이 과정을 남녀 간의 성행위로 비유하여 놀이마당에 웃음판이 벌어지기도 하였다. 코걸이를 마치면 숫줄과 암줄에 막걸리를 붓고, 지역의 유지들이 용머리에 올라 서로 기세를 떨친다.

양쪽으로 용줄이 펼쳐지면 징소리와 함께 줄다리기가 시작되는데, 양쪽 풍물패의 응원이 뜨겁게 펼쳐졌다. 마을과 마을끼리 하는 경우도 있고, 한 마을에서 남녀로 나누어 편을 짜는 경우도 있었다.

1940년대에는 주로 옛 윤성록 병원 앞 빈 터와 지금의 남산초등학교 자리에서 진행되었다. 어둠이 스며든 초저녁에 시작하여 날이 밝아지는 뒷날 새벽까지 이어졌다.

붐비는 인파 속에 삼현육각이 포함된 풍물이 더욱 흥을 돋우고, 격양된 양편 응원자들의 고함소리와 술에 취한 주민들의 난무(亂舞)가 온통 거리를 휩쓸고 흥분시켰다고 한다. 이러한 상황은 나라를 잃은 설움과 분노의 응어리가 서려있기도 했다.

龍줄 祈言은 다음과 같다

歲承傳來　立夏佳日
龍繩相結　雨順風調
時和年豊　國泰民安
伏惟神明　感應亨通

다. 의의와 가치

줄다리기는 우리나라를 비롯해서 중국·일본과 동남아시아 등에
서도 이뤄진다. 우리나라에서의 줄다리기는 "이긴 편 마을은 병이
없고 재해도 들지 않는다, 이긴 쪽의 줄을 썰어서 논의 퇴비로 쓰면
그 해의 농사가 풍년이 들고, 이긴 편의 줄을 배에 싣고 가면 폭풍을
면할 수 있고, 고기가 많이 잡힌다."라는 믿음도 있다. 또 남녀가 경
쟁할 때는, 여자 편이 이겨야 풍년이 든다는 믿음 때문에 일부러 남
자들이 져준다.

정월 대보름날 불놀이를 하고 줄을 당기는 풍속은 아무 탈이 없는
밝은 세상과 풍년을 기원하고, 공동체 의식을 높인다는 점에서 의의
를 찾을 수 있다. '용줄다리기'는 여수 사람들의 소박한 소망이 깃들
어 있고, 힘을 결집하는 공동체 정신이 녹아있는 것이다.

8. 전라좌수영 강강술래

강강술래는 예로부터 전해져 내려온 전통 민속놀이였다는 설과
임진왜란 때 이순신 장군이 지었다는 설이 있지만, 우리 민족 고유

의 놀이를 전쟁 과정에서 체계화 시켰을 가능성이 있다.

강강술래는 주로 전남 남해안 지역에서 음력 8월 15일 한가위 달밤에 마을 여성들이 넓은 마당에 모여 노래와 춤, 놀이를 결합하여 날이 새는 줄도 모르고 즐기는 민속이다

강강술래는 남해안 일대에서 이뤄지는 민족 고유의 놀이이기 때문에 발생지의 확실한 지역을 지적하거나 문헌상으로 고증하는 것이 어렵고, 선소리하는 사람의 능력에 따라 얼마든지 즉흥적으로 달라지는 만큼 집단 전체가 소리꾼이 된다.

강강술래의 가사는 일정한 것이 아니라 지역 또는 선소리꾼에 따라 달라지므로, 수많은 가사가 있다 옛날 여수 전라좌수영 강강술래의 선소리꾼으로는 삼일동 평여 마을의 주봉례, 적량 마을의 이수덕을 비롯해 신월동 박금례, 미평동 정맹엽, 고소동 이몽례 등이 알려져 있다.

가. 채록/수집 상황

전라좌수영 강강술래는 입장 → 긴 강강술래 → 중간 강강술래 → 자진 강강술래 → 남생아 놀아라 → 개구리 타령 → 고사리꺾기 → 청어엮기 → 청어풀기 → 덕석몰기 → 덕석풀기 → 여물썰기 → 밭갈기 → 쟁기질 → 손치기 → 발치기 → 기와밟기 → 문열기 → 진주새끼 → 중 강강술래 → 긴 강강술래 순으로 진행되었다.

나. 전라좌수영 강강술래의 의의와 가치

여수 일대에서 전승되어 연희되고 있는 강강술래는 다른 지역의 강강술래에서 찾아보기 힘든 밭갈기, 쟁기질, 발치기 등 여러 가지

민속놀이가 포함되어 있어 놀이판 자체가 역동적이고 신명이 난다.

장단은 늦은 강강술래가 '정중동(靜中動)'이라면, 중간 강강술래는 '동중정(動中靜)', 자진 강강술래는 '동중동(動中動)'으로 풀이한다.

9. 상문살 민속굿

여수 '상문살 민속굿'은 남도 지방의 무굿 중 하나로, 초상집(喪家)에서 사람을 죽이는 귀신(殺鬼)의 침입을 받아 앓던 환자를 무당들이 주술적인 의례를 통하여 치유케 하는 과정이다.

여수의 무속은 근대까지 무당의 유형에는 당골, 박수, 경객(經客), 점복(占卜), 명도(明圖)등이 있었으나, 일반적으로는 무당이었으며, 간혹 당골이나 만신(萬神)이라 부르는 경우도 있다.

가. 채록/수집 상황

(사)향토민속문화보존회의 노력으로 1940년대 여수 신청(神廳)의 마지막 대방(大方)을 지낸 방종선(方鐘善)의 구술과 증언에 의해 5거리굿를 구성하여 재현히었다.

○ 주장 방아거리

환자를 사다리 위에 눕혀 놓고 무녀(巫女) 주창소리에 맞추어, 마을 사람들이 환자의 주위를 돌면서 절구방아를 찧는 과정이다.

○ 허장거리(사자맥이)

주장 방아굿으로 환자를 구하지 못할 때 행해지는 강도 높은 주술

행위이다. 환자의 옷을 입힌 허수아비를 사람이 죽어서 간다는 영혼의 세상(冥土)에서 온 월직 사자에게 후히 대접하고, 허수아비와 생닭을 사람 목숨을 대신하여 죽음의 세계(冥界)로 인도할 것을 당부하는 거리이다.

○ 헌식거리

굿판을 찾아온 임자 없는 귀신과 잡귀들에게 넉넉하게 제물을 먹여 공손하게 보내는 과정을 표현한다.

○ 물리기거리

환자를 시루 위에 앉히고 주문을 외우면서 식칼로 환자의 체내에 있는 살귀(殺鬼)를 내쫓는 행위를 연기하다가, 도끼날로 시루를 깨뜨려 귀신을 몰아내는(逐鬼) 거리이다.

○ 뒷풀이

환자의 쾌유를 기뻐하며, 모두 함께 모여 흥겨운 축제의 장을 마련하는 과정이다.

나. 의의와 가치

(사)향토민속문화보존회에 의해 2011년부터 다시 이루어지고 있는 상문살 민속굿은 남도 무속 가운데 병을 치유하는 굿으로서 유일하게 남아있는 민속극이다.

신바람 나는 무구(巫軀)의 경쾌한 동작과 춤사위 그리고 해학이 넘치는 모의적 연극성은 무속 예술로서 가치가 크기 때문에, 재정립하여 향토민속놀이로 계승·보존할 필요성이 있다.

10. 현천 마을 용천제와 용줄다리기

현천 마을 뒤 국사봉은 고려 때 하늘에 풍년을 기원하는 천제단이 있던 명산으로, 중턱에 '용천'이란 샘이 있어 약수의 영향으로 예부터 장수(長壽) 마을로 알려져 왔다.

현천 마을 큰 샘은 이웃 오룡 마을과 공동으로 사용하는 우물로 해마다 정월 대보름이면 두 마을 주민 전체가 참여하는 '용천제'를 모시고, 용수를 큰 샘으로 이끌어 오는 주술적 의례가 마을 굿으로 전승되고 있다.

현천 마을 용천제는 두 마을의 화합과 건강 그리고 풍요를 기원하는 마을 축제로 확대, 계승하고자 2012년 제38회 전남민속예술축제에 참가하여 최우수상을 받았다.

가. 채록/수집 상황

○ 솟대세우기 : 마을의 수호신으로 인식하고 있는 나무로 만든 오리를 꼭대기에 붙인 솟대를 다구질소리에 맞추어 마을 입구에 세운다.

○ 용천제 : 물이 귀한 현천 마을이기 때문에 용천에서 제사를 모시고 용천의 물을 마을 공동 큰 샘으로 끌어오는 의례를 진행한다.

○ 샘고사 : 공동 큰 샘의 식수가 넘치도록 용신에게 축원하는 굿판을 펼친다.

○ 남녀 용줄다리기 : 마을 사람들의 단결과 풍요와 다산을 기원하는 공동체 놀이를 전개한다.

○ 청룡돌기 : 주산에서 갈라져 마을 왼쪽으로 뻗은 산줄기는 동쪽 기운을 맡고 있는 '태세신', 즉 '청룡'을 돌면서 명당 지신풀이 소리를 함께 부르면 복이 온다는 풍수설과 관련된 민속놀이를 펼친다.

나. 의의와 가치

인간의 생존과 직결된 물을 확보하기 위한 현천 마을 용천제는 이웃 오룡마을과 화합하는 장으로서, 2012년 제38회 전남민속예술축제에 참가하여 최우수상을 받은 것을 계기로 계승할 가치가 크다.

예울마루 1주년의 활동성과

-개관 1주년 맞는 GS칼텍스 예울마루 전남 동부권 문화지형 판도 바꿔-

이승필(GS칼텍스 예울마루 관장)

I. 들어가는 말

　GS칼텍스가 사회공헌사업 실천과 2012년 여수세계박람회 개최도시에 필요한 문화예술 인프라를 구축하기 위해 여수시 시전동 망마산 일대에 1,100억 원을 들여 조성한 복합문화공간 예울마루가 개관 1주년을 맞았다. 여수세계박람회를 이틀 앞둔 2012년 5월 10일에 개관한 예울마루는 개관 1년 만에 대한민국 문화지형 판도를 완전히 바꾸고 있다.

II. 예울마루 1주년의 성과

1. 여수시민 3명 중 1명은 예울마루 관람

지난해 5월 개관한 이후 올 4월까지 1년 동안 공연 115회, 전시 11건 등 예울마루에서 공연과 전시를 관람한 총인원은 약 11만명이다. 30만 여수시민 3명중 1명은 예울마루를 찾은 셈이다. 공연 쪽만 따져 봐도 73,936명인데, 전국문예회관 평균치가 29,760명, 전남평균치가 19,509명인 것을 감안하면 놀라운 실적이다. 공연을 보기 위해 가깝게는 순천이나 광양, 멀게는 서울까지 가야했던 문화 불모지 여수가 전남 최고의 문화예술 산실로 거듭난 것이다. 물론 예울마루를 여수시민들만 이용하는 것은 아니다. 인근 도시인 순천과 광양지역에서도 많이 찾고 있다. 일례로 5월부터 시범운영중인 예울마루 아카데미에는 수강생의 1/3은 순천과 광양에서 왔다. 이제는 여수가 남해안 문화예술의 중심지가 된 것이다.

2012~2013 GS칼텍스 예울마루 공연실적

구분	공연횟수	공연일수	관람객 수
GS칼텍스 예울마루	115회	102일	73,936명
전국문예회관 평균	73회	55일	29,760명
전남문예회관 평균	29회	56회	19,509명

자료 : 예술경영지원센터 발간한 2012년 공연예술실태조사

2. 전국 투어 공연의 필수 코스 여수

전남지역뿐 아니라 서울에 있는 연주자나 기획사들도 예울마루에서 공연하기 위해 수시로 찾아오고 있다. 전국 투어 시 전남 지역을 빼놓기 일쑤였던 기획사들이 앞다투어 여수 공연을 잡는 것은 예울마루의 기획 공연이 연이어 흥행에 성공했기 때문이다. 물론 여기에는 예울마루의 최첨단 시설과 문화예술 전문 인력도 한 몫 한다.

작년 12월에 있었던 국립발레단의 호두까기인형의 경우 서울 예술의전당에서 사용했던 무대를 그대로 가져왔다. 그만큼 예울마루의 시설이 좋다는 반증이라고 할 수 있다. 보통 지방 공연에서는 시설의 한계 때문에 무대를 축소하는 경우가 많은데, 지방 공연장에서는 유일하게 예울마루에서만 오리지널 무대 그대로 감상할 수 있었다. 게다가 서울에서도 좀처럼 만나기 어려운 수석무용수 김지영, 이동훈 듀오가 출연해서 관객들의 반응이 더욱 좋았다.

3. 2012 민간협력사례공모대회 국무총리상(대상)

GS칼텍스 예울마루는 2012년 민간협력사례 공모대회에서 대상인 국무총리상을 수상하기도 했다. 이 공모대회의 취지는 민관협력 우수사례를 발굴하고 장려해서 한국적 민관협력모델을 창출하는데 목적이 있다. 이 상을 수상함으로써 예울마루가 기업과 지방자치단체, 시민사회단체 간 최상의 상호협력을 실천한 성공사례로 인정받았다고 할 수 있다. 시민사회단체와 지역사회의 다양한 의견들을 수렴하고, 지역사회와 여수시의 참여를 이끌어내는 소통의 과정이 있었기

예울마루 야경

에 개관 1주년을 맞는 예울마루가 더욱 의미 있다.

4. 인터파크 클래식 부분 판매 1위!

올해 1월 전남 지역 최초로 맘마미아를 공연하여 4회 연속 전석 매진을 기록한 예울마루가 마에스트로 정명훈이 이끄는 서울시향 연주회 티켓 오픈 첫 날 인터파크에서 클래식 부분 판매 1위를 기록했다. 하루에도 수백개씩 새로운 공연이 올라오는 클래식 음악시장에서 판매 1위를 기록하는 것은 흔치 않은 일이다. 그야말로 예울마루가 대한민국의 문화지형의 판도를 바꾸고 있는 것이다.

5. 지역문화예술활성화

예울마루는 대중성 있는 공연, 이른바 흥행성 있는 작품만 무대에 올리지 않는다. 클래식은 여전히 객석 채우는 일이 쉽지 않기에 문화예술 저변 확대에 주안점을 두고 있다. 양성원을 필두로 연주자의 재능기부를 통해 지역 음악영재들에게 마스터클래스를 제공하는가 하면, 공연/전시 관람예절 교육 프로그램 <멋진 관객이 되는 법>, <찾아가는 문화 강좌> 등으로 지역민들을 직접 찾아 나서고 있다.

지역 예술가 후원에도 적극적이다. 2012 독일 에틀링겐 국제 청소년 피아니스트 콩쿠르에서 우승한 우리지역 출신 문지영 양을 후원하고 있고, 극장 하드웨어 및 무대 기술을 지원했던 창작 오페라 <귀향>은 2012 대한민국오페라대상에서 창작 부문 최우수상을 수상하기도 했다.

6. 착한 예술, 문화 나눔

예울마루는 GS칼텍스의 대표 지역사회 공헌사업이라는 설립취지에 부합하고 지역 내 문화소외계층들이 예울마루의 자체 기획 공연 및 전시를 자유롭게 관람할 수 있도록 문화나눔 활동을 적극적으로 펼치고 있다. 문화소외계층에 대한 문화 나눔 이야말로 예울마루가 진정으로 추구하는 방향이기 때문이다. 문화소외계층의 관람 지원을 위해 기획공연과 전시에 5~10%의 문화 나눔도 실시 중이다. 지금까지 2,934명이 예울마루의 기획공연과 전시를 관람했다. 전체 기획 공연/전시 관람 인원 30,678명의 7% 수준이다.

7. 또 다른 기부, 공간 나눔

예울마루에서는 지역예술가들이 저렴하게 공연장과 전시실을 이용할 수 있도록 대관료 30% 할인정책을 시행하고 있으며, 우리 지역 연주 단체인 호남오케스트라나 교원오케스트라, 진남오케스트라에는 예울마루 1층에 있는 리허설룸을 연습공간으로 사용할 수 있도록 무료로 제공하고 있다. 또한 예울마루 4층 대극장 로비에 있는 공익 카페 파구스에 무료로 공간을 제공하고 있다. 파구스는 국제구호개발 NGO 월드휴먼브릿지가 운영중인 카페로 사회적 약자에게 일자리를 제공해서 경제적 자립을 지원하고, 카페 운영으로 얻어진 수익금은 여수 지역 어려운 이웃을 돕는데 사용한다. 1층에 있는 직원식당 '민들레 마을'도 마찬가지다. 여수YWCA에서 운영하는 곳으로 예울마루가 무상으로 장소를 제공하고 운영 수익금은 어려운 이웃들을 위해 쓰인다.

숫자로 보는 예울마루(2012. 5〜2013. 4)

107,145명	73,936명	33,209명	2,934명
총 관람객 수	공연 관람객 수	전시관람객 수	문화나눔 초청인원
115회	102일	11건	233일
공연횟수	공연일수	전시건수	전시일수

<예울마루>

GS칼텍스 여수문화공원 예울마루는 여수국가산업단지의 모태기업으로
서 지역사회와 함께 동반 성장하고자 하는 GS칼텍스의 대표적인 사회
공헌 사업이다. 문화예술의 너울(파도)이 가득 넘치고 전통가옥의 마루
처럼 편안하게 휴식할 수 있는 공간이라는 의미를 지닌 예울마루는
2012 여수세계박람회를 앞둔 지난 2012년 5월 10일 개관하였다. 현대
건축의 거장이자 친환경 건축설계로 정평이 나있는 프랑스의 건축가
도미니크페로가 직접 설계했다. 여수시 시전동 망마산 자락 및 장도
일대의 70만㎡(약 21만평) 부지에 조성된 예울마루의 핵심시설은 최첨
단 공연장과 전시실이다. 최고급 음향 시설과 조명 시설이 완비되어
있는 1,021석의 대극장과 302석 규모의 소극장, 또한 다양한 형태의
전시가 가능한 전시실 등 예울마루는 복합문화예술 공간이다.

III. 예울마루 설립과정

1. 사업 개요

가. 사업명

GS칼텍스 지역사랑의 결정체, 남해안 문화예술의 랜드마크 "예울
마루"

나. 주최자

① GS칼텍스재단 : 여수문화예술공원 시설물 조성 및 운영

② 여수시 : 부지매입 및 인허가 지원

다. 기간

① 1단계(핵심시설인 공연장/기획전시장 등) : 2007년 10월~
2012년 5월

② 2단계(장도지역 상설전시장/아뜰리에 등)

라. 장소

여수시 시전동 망마산(18만 평), 장도(3만 평) 일원 약 21만 평

마. 행사 내용

① 사업추진 배경

여수문화예술공원 GS칼텍스 예울마루는 GS칼텍스의 대표 사회
공헌사업으로, 지역민의 삶의 질 향상을 위한 문화예술 향유 여망에
부응하고, 2012 여수세계박람회 개최도시에 걸맞은 문화예술 인프
라 조성을 통해, 지역사회 발전을 위한 기업의 책임과 역할을 다하
고자 추진하게 되었다.

여수에서는 1987년 개관한 여수시민회관의 시설 노후화로 수준
높은 공연 유치가 어려웠다. 이러한 상황 아래 2012 여수세계박람회
를 유치한 여수시로서 도시 위상에 걸맞은 문화예술 인프라 구축이
필요했다. 또한 여수 시민들은 사회발전과 소득수준 향상에 따라 대
중매체를 통해서 접해본 문화예술 행사들을 여수에서 직접 체험하
고자 하는 욕구가 증대되어 왔다.

GS칼텍스는 이러한 지역사회의 요구에 부응하고, 여수국가산업단지의
대표 기업으로서의 사회적 역할을 다하고자 본 사업을 추진하여 왔다.

② 사업추진 경과

2006. 08. 재단법인 GS칼텍스재단 설립

2007. 10. 여수시와 여수문화예술공원 조성을 위한 협약 체결

2008. 04. 여수지역 각 분야 대표 10명으로 사업추진협의회 구성

2008. 04. 사업 후보지 선정 및 입지 타당성 조사 실시

2008. 12. 마스터플랜 확정

2009. 02. 프랑스 건축가 도미니크 페로와 ㈜창조건축, 컨소시엄
　　　　　설계사로 선정

2009. 11. 기공식 개최

2010. 02. GS건설 시공사로 선정

2010. 04. 토목 공사 착공

2010. 12. 건축 공사 착공

2011. 05. 여수박람회, 제10차 정부지원회의에서 예울마루 '박람회
　　　　　지원시설'로 지정

2012. 05. 여수문화예술공원 GS칼텍스 예울마루 개관

③ 명칭선정

○ 선정방법 : 시민참여 공모 & 전문기관 컨설팅 병행

○ 명칭의미 : 문화**예**술의 너**울**이 가득 넘치고 전통가옥의 **마루**처
럼 편안하게 쉴 수 있는 공간

④ 사업부지

예울마루 사업부지는 여수시 중심부에 위치하고 있고, 시민접근
성이 우수하고 이미 공원구역으로 지정되어 있어서 사업추진에 용

이하다. 망마산은 생태터널을 통해 고락산과 연결되어 많은 시민들이 즐겨 찾을 수 있는 공간이며, 인근의 선소 유적지 종합개발계획이 시행되면 선소 방면에서도 손쉽게 접근할 수 있을 것으로 기대하고 있다. 또한 장도는 다도해 지역인 여수의 특성을 잘 나타내는 섬으로서 도심 속 예술의 공간으로 활용될 수 있을 것으로 판단하였다. 한편 예울마루의 설계자인 도미니크 페로 씨는 현장을 방문한 후 세계 어느 지역에서도 찾을 수 없는 독특한 공간으로서 설계자로 참여한 것에 대한 기대감을 표명한 바 있다.

⑤ 예울마루 설계자(프랑스 도미니크 페로)

1953년 프랑스 클레르몽 페랑 출생
1979년 프랑스 국립토목대학 도시계획
　　　　석사
1981년 파리에서 건축사무실 운영
1993년 프랑스 국립건축대상 등
　　　　건축관련 유명상 수상
1997년 미국 뉴올리언스 건축대학 강의
1998~2001년 프랑스 건축가협회 회장

도미니크 페로 씨는 프랑스 출신의 세계적인 건축가로서 지역의 역사적, 문화적, 지리적 여건을 두루 반영할 줄 아는 친환경 건축가로 널리 알려져 있다. 이러한 그의 작품성향은 천혜의 해양경관을 가진 여수의 자연환경과 잘 조화된 기념비적인 작품을 구현하는데 가장 적합한 전문가로 판단되어 예울마루 설계자로 선정하였다.

그의 주요 작품인 프랑스 파리 국립도서관, 독일 베를린 올림픽

경기장, 러시아 마린스키극장 등은 건축물과 자연을 동질화 하는 그의 건축스타일과 역량이 잘 드러나 있다.

도미니크 페로 씨와 함께 컨소시엄을 구성하여 예울마루 설계에 참여한 창조건축은 LG아트센터, 백남준미술관 등 국내 문화예술시설 설계에 풍부한 경험을 갖고 있는 국내유수의 건축사이다.

⑥ 주요 시설물 현황

예울마루 조감도

구 분		주 요 시 설	연 면 적	
			m²	평
합 계			**26,380**	**7,980**
1단계 공연장/ 기 획 전시장	옥상	공용공간(하역장)	268	81
	7층	기획전시장, 다목적실 등	2,095	634
	6층	사무실, 다목적실, 대공연장 상부	1,808	547
	5층	대공연장(2층객석), 수장고 등	2,178	659
	4층	대공연장(1층객석), 대공연장 로비, 카페	3,087	934
	3층	주차장(15대), 대극장(무대), 소극장(객석)	5,922	1,791
	2층	주차장(92대)	2,931	887
	1층	주차장(80대), 소극장(무대), 분장실, 리허설룸, 식당	6,786	2,053
	휴게시설	화장실 등	71	21
2단계 장도 상설전시장	전망대	전망시설	121	36
	상설전시장	상설전시장, 카페테리아, 전시장 수장고 등	757	229
	아뜰리에	아뜰리에, 화장실	278	84
	휴게시설	매점, 화장실	78	24

○ 망마산지역(1단계) : 공연장, 기획전시장, 에너지홍보관, 잔디
고석정원, 외주차장, 해안산책로 등

○ 장도지역(2단계) : 상설전시장, 아뜰리에, 보행교량, 다도해정
원, 산책길 등

바. 지원방식 및 금액

① 지원방식

재단 직접 집행

② 지원금액

○ 시설물 조성비 : 약 1,000억 원(1단계 약 900억 원, 2단계 약 100억 원)

○ 시설운영비 : 매년 약 35억 원(2012년부터)

2. 사업 성과(자체평가 및 예술계, 사회 전반에 미친 영향 포함)

가. 2012 여수세계박람회의 성공적 개최의 원동력 "예울마루"

EXPO 기간 예울마루 내 공연/전시 프로그램 현황

구분	일 정	장르	공연명	주관단체
공연	5.10	복합	KBS열린음악회	GS칼텍스재단 주관
	5.22	합창	여수시립합창단 정기연주회	여수시 주관
	6.1~3	오페라	창작 오페라 손양원	여수MBC 주관
	6.9	클래식	한중연합 오케스트라	GS칼텍스재단 주관
	6.10	전통음악	한-요르단 수교50주년기념 공연	한아랍소사이어티 주관
	6.14~16	오페라	창작 오페라 '귀항'	여수시문화예술추진위원회 주관
	6.17	전통음악	한-모로코 수교50주년기념 공연	한아랍소사이어티 주관
	7.7	클래식	엠피이어스테이트 오케스트라	한국고등신학연구원 주관
	7.12~14	가무악극	창작 가무악극 '오돌레'	여수시문화예술추진위원회 주관
	7.21	발레	성웅 이순신	광주시립무용단
	7.27	판테라	판테라 이순신	여수시립국악단
	7.28	클래식	유럽거장들과의 만남	여수악기 주관
	7.31~8.2	행사	국제장애인EXPO	국제장애인문화교류협회 주관
전시	5.10~6.30	사진	배병우 작가전	여수시 문화원 주관
	7.3~11	회화	한중일 엑스포 미술 초대전	여수미협 주관
	7.11~8.12	조각/회화	여수국제아트페스티벌	여수시문화예술추진위원회 주관
행사	7.4	행사	대학생 국토대장정 발대식	동아제약 주관
	7.4~6	행사	전국지속가능발전대회	전국지속가능발전협의회
	7.31~8.2	행사	국제장애인EXPO	국제장애인문화교류협회

2011년 5월 예울마루는 정부로부터 2012 여수세계박람회의 지원 시설로 공식 인정받았다. 여수시에는 박람회 기간 동안 약 30억 원의 사업비를 투입하여 다양한 공연/전시행사를 개최하고 있다. 예울마루는 여수시의 주요한 공연/전시의 메인공간으로서 박람회를 찾는 많은 관람객들에게 수준 높은 문화예술 관람의 기회를 제공해 왔다.

GS칼텍스재단은 EXPO 기간 중에 KBS 열린음악회와 한중수교 20주년을 기념하여 한중연합 오케스트라 연주회를 기획공연으로 준비하였다. 특히 KBS 열린음악회에서 약 6천 명의 시민들은 수려한 남해안 해안을 배경으로 야외공연장에서 펼치는 클래식과 가요가 어우러진 멋진 무대를 만끽했다. 또한 클래식을 통해 한국과 중국의 연주자들이 멋진 하모니를 이룬 한중연합 오케스트라 연주회에서는 한중 양국의 우호를 다지는 기회가 되기도 하였다.

나. 지방 공연문화 정착화에 일조한 "예울마루"

예울마루는 2000년도에 개관한 LG아트센터가 무료 초대권을 없애고 제값을 내고 공연을 즐기는 문화를 표방하여 공연계에 신선한 충격을 준 사례에 주목하고 여수 지역에서도 이러한 점을 적용하기로 하였다.

지난 6월 9일 GS칼텍스에서 자체 기획한 한중연합오케스트라 연주회의 경우 무료 초대권 없이 모든 사람들이 제 값을 내고 공연을 관람하도록 하였다. 초기에 예매율이 부진하자 지방 공연장의 현실을 인정하며 초대권 배포를 검토하기도 하였지만, 예울마루의 명성과 지역의 공연문화 정착을 위해서는 어렵더라도 원칙을 지키기로 하였다. 그 결과 여수시장, 여수시의회 의장, 국회의원, 기업체 경영진 등 지역의 오피니언 리더들이 솔선수범하여 티켓구매를 하여 전석 매진을 기록하였었다.

다. 여수시민의 자부심을 넘어 남해안 문화예술의 랜드마크 "예울마루"

2012 여수세계박람회를 계기로 여수시는 세계4대 미항으로 발돋움하고자 하는 원대한 비전을 수립하였다. 이러한 비전을 현실화하기 위해서는 수려한 다도해의 자연풍광과 더불어 문화예술 콘텐츠가 더해질 때 가능하다고 할 수 있다. 그래서 GS칼텍스 예울마루는 여수시의 도시브랜드 가치를 높이고 남해안의 문화예술의 랜드마크, 허브기능을 담당할 수 있을 것으로 기대된다.

최근 예울마루를 방문한 서울시향의 정명훈 예술감독, 서울대 음대 김민 명예교수 등은 예울마루의 하드웨어에 깊은 만족감을 표현하였으며, 예울마루를 기반으로 다양한 활동이 더해진다면 남해안뿐만 아니라 대한민국의 문화예술 랜드마크로 자리매김 할 수 있을 것이라는 기대감을 표현했다.

실례로 여수시에서는 예울마루를 기반으로 세계합창제, 전국무용제, 국제아트페스티벌 등 다양한 문화예술 콘텐츠를 기획하고 있는데 구체적인 일정과 내용이 조만간 확정될 예정이다.

라. 예울마루 건축물 자체가 또 하나의 예술작품으로 승화(조선일보 2012.6.29일자 참고)

예울마루의 설계자인 프랑스 출신의 도미니크 페로는 세계3대 건축가 중의 한 사람으로 평가받을 정도로 저명한 인물이다. GS칼텍스재단은 단순히 공연장 기능에만 충실한 건축물이 아니라 빼어난 입지요건을 갖추고 있는 예울마루 건축물이 또 하나의 작품이 될 수 있도록 심혈을 기울였다. 도미니크 페로는 예울마루 부지를 직접 방문하여 망마산 정상에서 장도까지 직접 걷기도 하고 배를 타고 장도와 망마산 주변을 자세히 관찰을 하였다. 사업부지를 직접 경험한 후 도미니크 페로가 제안한 설계 콘셉트는 크게 세 가지이다.

첫째는 망마산 정상의 전망대에서부터 핵심시설인 공연장 및 전시장을 지나 보행교량을 통해 장도의 아뜰리에와 상설전시장까지 이어지는 동선의 흐름은 산과 바다가 어우러지는 하나의 커다란 산책로로 계획한 것이다.

둘째는 친환경 콘셉트이다. 예울마루는 자연환경 훼손을 최소화하는 대신 주변 환경과 조화를 추구하고 에너지 효율을 극대화하는 친환경 공법을 도입하였다. 길이가 무려 152M나 되는 예울마루의 유리지붕은 태양전지 시스템을 설치하여 건물 내에 필요한 전기를 일부 조달해서 사용할 수 있게 설계되었다. 또한 경사 지형을 활용한 열미로시스템은 지상의 공기를 지하의 일정한 열을 이용해 온도를 낮추거나 높여서 건물의 실내 온도를 조절할 수 있다. 이는 GS칼텍스가 실천해 온 '친환경'에 대한 의지를 반영해주고 있는 사례라고 할 수 있다.

셋째는 건축 디자인이다. 주변 환경과 조화를 이루는 자연스런 모습을 만들어 낸 것이 특징이다. 공연 및 전시장은 유리지붕을 활용하여 망마산 계곡에서 바다로 흘러 들어가는 역동적인 물의 흐름을 형상화 하였고, 장도 상설전시장은 두 개의 메탈 스크린으로 바다에 떠 있는 돛단배 이미지를 연출하였다.

Glass River 디자인 개념 및 도미니크페로의 설계 스케치

마. 기업사회공헌의 대표적인 모범사례로서 지역내 타 기업의 사회공헌사업 촉매제 역할

예울마루는 GS칼텍스재단이 일방적으로 사업을 추진하지 않고 지자체와 시민사회단체가 파트너십을 통해 상생협력 차원에서 실행한 대표 사회공헌사업이다. GS칼텍스재단에서는 약 1천억 원의 조성사업비와 시공을 담당하였고 지자체에서는 약 21만 평에 달하는 부지를 제공하였다. 특히 여수시는 사유지 약 4만여 평을 약 140억 원을 투입하여 매입하였으며, 향후 2단계 사업부지도 추가 매입할 예정이다. 시민사회단체는 지역각계의 대표들을 사업추진협의회 위원으로 위촉하여 사업아이템 검토/사업부지 선정/마스터플랜 수립 등 사업전반에 대한 자문과 시민들의 여론을 수렴하는 일을 담당하였다.

이처럼 3주체간의 역할분담을 통해 추진한 예울마루 조성사업은 비록 시간과 비용 노력은 많이 투입이 되었지만 민/관/산의 협력파

트너십의 모범사례로 평가받고 있다. 특히 여수국가산단에 입주한 타 기업체들에서도 지역사회발전을 위한 사회공헌사업을 준비하면서 예울마루 조성사업의 사례를 예의주시하고 있다. 앞으로 예울마루 사업의 사례를 기반으로 지역사회에서는 다양한 사회공헌사업이 릴레이처럼 전개될 것으로 기대된다.

바. 지역경제활성화와 지역사회발전의 견인차 역할

예울마루 조성사업은 약 1,000일간의 공사기간 동안 약 93,000명의 시공인력이 투입된 대규모 공사이다. 이 과정에서 지역의 토목, 소방 등 업체들이 각 공종별로 참여함으로써 지역사회의 랜드마크에 함께 동참하였다. 이처럼 예울마루 조성사업을 통해서 지역의 고용창출과 지역사회발전을 위한 견인차 역할을 담당하였다.

또한 예울마루 내의 구내식당은 지역 내 사회적 기업인 민들레마을이 운영함으로써 저소득층의 자립을 위한 고용창출의 기회를 제공하고 있다. 공연장내 카페도 일반 상업적인 회사가 아니라 수익금을 공익적 목적을 위해 사용하는 공익카페인'파구스'가 운영을 하고 있다. 이처럼 구내식당과 카페 선정 과정에도 GS칼텍스의 사회공헌철학이 반영될 수 있도록 섬세한 배려를 하였다.

한편, 여수시에서는 여수시티투어 프로그램 안에'예울마루 견학 코스'가 있을 정도로 예울마루는 도시 브랜드의 가치를 상승시키고, 문화, 관광, 복지 등 다양하고 수준 높은 생활 인프라를 갖춘 여수시로 발전하는 데 기여하고 있으며 활성화되고 일자리가 창출되는 등 예울마루 개관으로 인한 지역발전의 성과가 가시적으로 나타나고 있다.

사. ISO26000에서 강조하는 지역사회 참여와 개발의 선도적인 사업인 "예울마루"

국제표준화기구(ISO)는 2010년 11월 사회적 책임(Social Responsibility)에 관한 국제표준인 ISO 26000을 공식 발효하였다. ISO 26000에 따르면 기업의 사회공헌활동으로 강조하는 '지역사회 참여와 발전'과 관련하여 국내 관련 전문가들로부터 GS칼텍스 예울마루 조성사업은 우수 사례로 인정받고 있다(2010.11.23 동아일보 기사 참조). 지역사회의 참여 및 발전 영역의 선정, 선정된 영역에 대한 자원 투입 의사결정과정 속에서 기업이 얼마나 지역사회와 긴밀하게 협력하고 있는가 등이 ISO 26000이 지향하는 사회 책임의 중요한 사안이다.

예울마루 조성사업은 2012년 5월 여수세계박람회 개최이전에 핵심시설 준공이라는 촉박한 사업추진 일정에도 불구하고 여론 수렴 과정을 중요시하고 많은 시간과 노력을 기울였다. 지역의 각 분야에서 추천한 대표성과 전문성을 가진 10명의 인사로 구성된 추진협의회를 구성하여 시민의 여론수렴과정을 거쳤다. 또한 여수시와는 별도 TF를 구성하여 수시로 협의과정을 거쳤으며 지역 문화예술계 인사들과는 몇 차례 간담회를 통해 지역에술인들의 요구사항을 이해하고 반영하고자 노력하였다.

만약 GS칼텍스가 일방적으로 일사천리로 사업추진을 했더라면 사업추진 속도는 빨라질 수 있었겠지만 지역사회로부터 적극적인 환영과 지지를 받지 못했을 것이다. 2009년 개최된 예울마루 기공식 때 GS칼텍스에 대한 감사와 환영의 분위기가 대단했다. 지역사회 각계 단체에서 기공식 행사 즈음에 시내 곳곳에 감사와 환영의 현수막을 자발적으로 부착하여 축제의 분위기를 조성하였다. 특히 지역의 일부 시민들은 지역사회 발전에 크게 기여한 GS칼텍스는 지역사회의 한 가족과도 같기 때문에 앞으로는 "우리 GS칼텍스"라고 부르자 라고 제안을 하기도 하였다. 이처럼 예울마루 사업을 추진하면서 지역사회 발전과 기업의 지속가능발전은 상호 원원할 수 있는 좋은 사례로 자리매김될 수 있었다.

아. 지역사회 및 전국 문화예술계의 긍정적 평가

예울마루 개관이 지역사회 문화예술 인프라 향상에 얼마나 기여했는지에 대한 설문조사 결과(2012년 7월, 예울마루 관객 약 300명 대상 조사) 긍정 응답률이 약 89.1%로 나타났다. 이는 예울마루 조성을 통해 여수시민들이 삶의 질이 획기적으로 개선되었으며 예울마루에 대한 기대감이 매우 크다는 것을 확인할 수 있었다.

2012년 5월 25일, 방송된 'MBC 전국시대'의 시민 인터뷰를 통해서 예울마루 조성이 시민들의 삶에 어떤 영향을 끼쳤는지를 실감할 수 있었다.

> "평소 가기 힘들었던 공연장이 여수시에 있게 된 것에 대해 굉장한 자부심을 느끼고 있으며 이제는 여수시민으로써 품격을 높일 수 있는 예울마루가 있어 자랑스럽습니다."(박숙희/여서동)
> "예전에는 제대로 된 공연을 보려고 하면 서울까지 가야 했는데, 이제는 10분 거리에 있으니 생각만 해도 행복합니다. 보통 지방에 있는 공연장이라 하면 시민회관처럼 삭막하고 여러 가지로 불편하였는데, 예울마루는 시설뿐만 아니라 건물만으로도 굉장히 예술적인 것 같아 서울의 큰 공연장이 이제는 더 이상 부럽지 않습니다."(이은미/신월동)

또한 예울마루 개관식에 참석하거나 축하영상 메시지를 보내주신 분들도 GS칼텍스가 조성한 예울마루에 대한 평가를 다음과 같이 해주셨다. 최광식 문화체육관광부 장관은 "세계적으로도 손색이 없는 예울마루 공연장은 기업의 사회적 책임을 다하는 사회공헌활동의 대표적 모범사례"라고 말했고, 부산국제영화제 김동호 명예집행위원장은"기업과 지역사회가 서로 공생 공영하는 하나의 표본이 될 것이다."라고 전하였다. 김충석 여수시장은 "예울마루가 문화 예술의 새로운 지평을 열어가고 있다."라 전했고, 김영규 전 여수시의회의장은 "예울마루는 여수시의 랜드마크를 넘어 시민들을 위한 화합의 장이 되고 있다."라고 평가하였다.

2013 금오도 산벚꽃 한마당 행사 결과보고서

금오도 산벚꽃 한마당 행사위원회

Ⅰ. 행사 개요

1. 행사명

2013 금오도 산벚꽃 한마당 – 금오도의 생태 환경 보호를 위한 재능 기부 및 주민 참여를 통한 대안 축제의 원형 만들기

2. 필요성

가. 2010년 12월 개설된 금오도 생태탐방로 '비렁길'이 전국에 알려지면서 성수기 매주 약 4,000명, 년 간 30만 명이 넘는 탐방객이 찾는 여수의 대표 섬 관광지로 각광을 받고 있어 지속적인 명소로 자리매김하기 위한 대책이 절실함.

나. 관광객 증가에 따른 차량의 통행량 폭증, 대기오염, 탐방객들
   이 버린 쓰레기 문제, 주민들의 생계와 관련된 농작물의 훼손
   등 금오도 생태 환경 보호를 위한 방안 모색이 요구됨.
다. 비렁길 탐방객 폭증을 여수 관광 산업의 활성화라고 인식하는
   행정 기관의 홍보 강화 및 민원 해소를 위한 시설 개선 중심
   의 관광 정책이 지속되고 있어, 생태환경 보호뿐만 아니라 주
   민들과 상생할 수 있는 새로운 관광 패러다임 구축이 필요함.
라. 비렁길 개설 이후 지역 주민들은 방풍을 중심으로 농산물과
   자연산 횟감과 같은 수산물 판매에서 부분적인 소득을 올리고
   있으나, 개인적 판매로 위화감 조성 등 주민 사이에서 갈등이
   발생할 가능성이 있어 공동체적 관리를 통한 주민 소득 창출
   방안의 모색이 요구됨.
마. 금오도와 안도 지역의 생태 자원 및 다양한 역사와 문화가 결
   합되고, 비렁길 소외 지역에 대한 다양한 프로그램 개발과 지
   역 주민과 탐방객이 함께 어우러지는 대안 문화 축제의 필요
   성이 제기됨.

3. **목적**

가. 비렁길 탐방로 전 구간과 사람들의 접근이 어려운 해안 절벽,
   바다 속 등의 쓰레기를 수거하고, 해안 일주 도로를 따라 친환
   경 레포츠 행사 등 재능 기부 활동을 통해 생태 환경을 보호
   하고자 하는 의미를 주민과 관광객들에게 홍보함.
나. 금오도와 안도의 자원식물 및 해산물의 활용 방안을 모색함으

로써 공동체적 소득 창출 방법을 모색함.

다. 일회성, 상업적 축제에서 벗어나 생태 환경과 역사, 문화가 결합되고, 지역 주민과 탐방객이 하나될 수 있는 문화 축제의 원형을 제공하여 이후 주민 중심의 지속 가능한 생태 관광을 유도함.

4. 방침

가. 일   시 : 2013년 4월 13일(토)~14(일)

나. 장   소 : 여수시 남면 금오도 및 안도 일원

다. 사 업 비 : 20,000천원

라. 주   최 : 2013 금오도 산벚꽃 한마당 행사위원회

마. 주   관 : (사)여수지역사회연구소

바. 후   원 : GS칼텍스, (사)여수지역사회연구소

사. 참여마을 : 금오도 함구미·송고·두포·직포·내외진 마을

아. 참여단체 : 금오도 우리마을 녹색길 지킴이, 한국산악회 전남광주지부, 네오다이버스클럽, 전통예술원 마당, (사)전남여성인권지원센터, 여수시노인복지관, 여수마라톤클럽, 여수YMCA 두바퀴세상, 여수숲해설가회, 꿈신소

자. 행정지원 : 남면사무소, 여남중고등학교, 여수소방서 남면지역대, 남면 보건지소, 남면 파출소, 서부지방산림청

차. 주요 추진 일정

- 2013년 2월 중 : 한국산악회 전남광주지부 비렁길 절벽 전문산악인 청소 활동 제안

- 2월 말 : 여수지역사회연구소 행사 기획
- 3월 6일 : 한국산악회 전남광주지부 & 연구소 간담회
- 3월 12일 : GS칼텍스 후원 확정
- 3월 13일 : 여수지역사회연구소 1차 기획회의
- 3월 14일 : 여수지역사회연구소 3차 이사회 행사준비위원회 조직 승인
- 3월 15일 : 여수지역사회연구소 2차 기획회의, 1차 참여단체 섭외 및 단체별 간담회
- 3월 16일 : 남면사무소 등 기관 및 단체 계획 통보, 협조 공문 발송
- 3월 18일 : 금오도 현지 간담회, 남면장 및 마을 대표 등 행사 계획 구두 전달
- 3월 19일 : 동부매일 등 언론사 홍보 및 칼럼 기고
- 3월 20일~ : 2차 참여 단체 섭외, 단체별 간담회 등
- 3월 26일 : 여수지역사회연구소 3차 기획회의
- 4월 2일 : 1차 행사준비위원회 회의
- 4월 5일~6일 : 금오도 현지 점검 및 마을 협조 요청
- 4월 9일 : 펼침막 게시 및 금오도 현지 점검, 남면사무소, 마을 대표 면담 등 협조 요청
- 4월 11일 :1차 행사위원회 회의
- 4월 12일 : 여수지역사회연구소 선발대 각 마을별 기본 음식 재료 전달 및 준비 상황 점검
- 4월 13일~14일 : 행사 개최

Ⅱ. 행사 결과

1. 전체 활동 결과

가. 개요

○ 행 사 명 : 2013 금오도 산벚꽃 한마당－금오도를 위한 재능
기부의 날

○ 일　　시 : 2013년 4월 13일(토)～14(일)

○ 장　　소 : 여수시 남면 금오도 및 안도 일원

○ 참여인원 : 약 500명(단체 참여자 318명)

○ 사 업 비 : 20,068,500원

○ 지출내역 : 첨부 자료

○ 참여 마을 및 단체 : 금오도 함구미·송고·두포·직포·내외
진 마을, 금오도 우리마을 녹색길 지킴이, 한국산악회 전남광
주지부, 여수향암산악회, 네오다이버스클럽, 여수마라톤클럽,
여수YMCA두바퀴세상, 전통예술원 마당, 여수숲해설가회, 꿈
신소, (사)전남여성인권지원센터, 여수시노인복지관, 초록산악
회, (사)여수지역사회연구소

○ 후　　원 : GS칼텍스, (사)여수지역사회연구소

○ 협　　찬 : 한림해운, 블랙야크(본사, 여수중앙점), 돌산공원 세
계명품차전시관, 여수참맛 돌산갓밥상, 현대자동차 여수지점
홍석봉, 한려해양리서치, 신화광고, 재래식원조갓김치백화점,

○ 행정지원 : 남면사무소, 여남중고등학교, 서부지방산림청

○ 언론사 동행 촬영 : KBC광주방송, 남도진(NAMDOzine)

○ 언론보도 : KBC광주방송 ‘생방송 남도의 아침’(4월 18일 아침 방영), 남도진(NAMDOzine) 5월호, 인터넷뉴스 및 동부매일 신문 등

나. 재능 기부 활동 총괄

4월 13일(토)
8시 여수연안 여객선터미널 차량 승선장 전체 집결. 단체별 인원 확인, 인원 및 차량 승선 8시 30분 여수 출발(한림해운 전세 선박) 10시 금오도 함구미 선착장 도착, 개막 행사(개막식, 여수삼동매구 공연) 10시 30분 분야별 행사 시작 　- 절벽 청소(한국산악회 전남광주지부) : 비렁길 3~5코스. 종료 후 여남중고 체육관 앞 　　집결. 야영 　- 수중 청소 및 촬영(네오다이버스클럽) : 송고마을(점심 식사), 종료 후 송고 선착장 집 　　결, 귀가 　- 자전거대회(두바퀴세상) : 함구미~우학리, 내외진 마을(점심 식사), 종료 후 안도 선착 　　장 귀가 　- 식생 조사(여수숲해설가회) : 비렁길 전 코스, 직포·함구미 마을(점심 식사) 종료 후 　　함구미 귀가 　- 여수삼동매구, 소나기 난타 공연(전통예술원 마당) : 개막행사(함구미), 송고·두포(점 　　심 식사), 내외진(숙박) 　- 마라톤대회(여수 마라톤 클럽) : 우학리~안도. 종료 후 우학리 선착장 귀가 　- 방풍 잔치(전남여성인권지원센터) : 함구미 노인회관(점심 식사), 종료 후 함구미 선착 　　장 귀가 　- 한방의료봉사 및 미용서비스(여수시노인복지관) : 직포(오전, 점심 식사), 두포(오후), 　　송고(숙박) 　- 클린트레킹(초록산악회) : 함구미~신선대(점심 도시락), 종료 후 함구미 선착장 귀가 　※ **안도 출발(16시) → 여수, 함구미 출발(16시) → 여수, 우학 출발(16시45분) → 여수** 　　18시 30분 저녁 식사(여남중고 체육관 앞) 　- 숙박 : 산악회(여남중고 야영), 전통예술원 마당(내외진 노인회관), 연구소(여남고 기숙 　　사, 두포), 여수시노인복지관(송고민박식당) 　※ KBC광주방송 '남도의 아침' 동행 취재(4/18 목요일 방영) 　※ 여행 전문 잡지 '남도진' 동행 취재(5월호)
4월 14일(일)
7시 30분 아침 식사(명가모텔식당/여남중고) 8시 50분 전통예술원 마당 외 우학리 선착장 귀가 9시 비렁길 청소 및 산불예방 캠페인(한국산악회 전남광주지부) : 비렁길 1~2코스, 함구미 13시 30분 점심 식사 16시 30분 우학리 선착장 출발 → 여수 도착

다. 단체별 활동 결과

① 한국산악회 전남광주지부

단체명	한국산악회 전남광주지부	대표자	정병현	참여 인원	43명
재능 기부 영역	비렁길 전 구간 절벽 쓰레기 수거				
재능 기부 활동	·4월 13일(토요일) : 비렁길 3~5코스 절벽 쓰레기 수거 ·4월 14일(일요일) : 비렁길 1~2코스 절벽 및 등산로 쓰레기 수거, 산불 예방 캠페인 				
좋았던 점	· 전문산악인들이 사람들의 접근이 어려운 비렁길 절벽 쓰레기 수거를 통해 행사 취지에 부합하는 활동을 펼침. · 절벽 청소와 함께 탐방객들에게 산불예방 캠페인을 펼쳐 환경보호의 필요성을 알림				
보완할 점	· 쓰레기 수거용 마대가 약해 한 사람이 밑에서 마대를 받쳐주어야 하는 등 더 많은 인력이 필요함. · 마대를 대신해 산악회 회원들 가정에 있는 낡은 배낭을 이용하면 효과적일 것임. · 산불 예방 캠페인 활성화를 통한 탐방객 참여 유도가 요구됨. · 한국산악회 전남광주지부 소속의 개별 산악회원들의 소속을 명기해 줄 것을 요청함.				
건의 사항	· 절벽 청소와 연계하여 산악 회원이 소속 되어 있는 의사 협회, 한의사 협회, 치과 의사 협회 등과 연계하여 주민들과 좀 더 밀착될 수 있는 축제로 발전시킬 필요성이 있음.				

② 전통예술원 마당

단체명	전통예술원 마당	대표자	손웅	참여 인원	30명
재능 기부 영역	여수 삼동매구, 소나기 난타 공연, 사난이 타령 한마당을 통한 마을 잔치				
재능 기부 활동	·4월 13일(토요일) : 함구미 개막 행사(삼동매구 공연, 소나기 난타 공연) → 송고 마을(삼동매구 공연) → 두포 마을(삼동매구 및 난타 공연) → 내외진 마을 (삼동매구 및 난타 공연, 사난이 타령 한마당) ·4월 14일(일요일) : 여수 민속놀이의 계승 및 재현 방안 토론 				
좋았던 점	·주민, 참여자, 탐방객들이 행사 취지에 공감할 수 있는 매개를 마련하여 어우러지는 대동의 장을 펼침. ·두포, 내외진, 송고 마을 등에서 마을 주민들의 호응이 좋음. ·금오도 전통 목도소리 재현 및 계승 가능성을 확인함. ·문화 예술 분야가 상대적으로 소외된 섬 지역에 다양한 공연 문화를 소개함. ·섬 지역의 독특한 전통문화를 이해하고, 계승할 수 있는 계기가 됨.				
보완할 점	·함구미~송고~두포~내외진 마을 등 동선이 너무 길어 체력 소모가 심함. ·금오도 탐방객들과 교류할 수 있는 시간이나 장소가 부족함. ·공연 시간과 장소가 정확하게 공지되지 않아 공연단 일정에 다소 혼선이 있었음. ·두포 불무골에서 진행된 여남고 학생들의 목도소리 재현 행사에 학교측과 사전 조율이 필요함.				
건의 사항	·여천항 부두에 고정 부스를 두고, 오전과 오후로 나누어 동네 어르신들을 모신 뒤 문화 행사를 진행하는 것이 효율적일 것 같음.				

③ 전남여성인권지원센터

단체명	전남여성인권지원센터	대표자	김선관	참여 인원	18명
재능 기부 영역	금오도 특산물인 방풍을 활용한 음식과 비누 만들기 체험과 나눔 행사				

재능 기부 활동	·4월 13일(토요일) : 함구미에서 방풍을 이용한 음식 만들기, 방풍 비누 만들기 체험, 핸드 드립 커피 시음회 및 함구미 마을 분들과 함께 음식 마련하기
좋았던 점	·방풍을 활용한 음식에 대해 함구미 마을 어르신들의 호응이 좋음. ·커피 시음회에 금오도 탐방객의 호응도가 높음. ·마을 분들과 함께 음식을 장만함으로써 서로 이해의 폭을 넓힘. ·함구미 마을 기업 가능성 확인함.
보완할 점	·1회성 행사에서 벗어나 고정적인 행사로 변화했으면 좋겠음. ·송고 마을에 사는 사람이 함구미에서 멸치 장사를 방해했다고 항의를 했으므로, 미리 양해를 구할 필요가 있음. ·여성 중심의 참여 단체 활동에 남성 진행요원이 더 많이 배치되어 안전상의 문제를 보완해야 함. ·비렁길 입구임을 감안하여 탐방객들과도 함께 할 수 있는 다양한 프로그램을 준비해야 함.
건의 사항	·여천항 부두에 고정 부스를 설치하여 이익금으로 불우 이웃 돕기 성금을 마련할 수 있었으면 좋겠음.

④ 여수시노인복지관

단체명	여수시노인복지관	대표자	신미경	참여 인원	6명
재능 기부 영역	한방 의료 봉사 및 이·미용				
재능 기부 활동	·4월 13일(토요일) : 직포와 두포 마을에서 찾아 가는 미용실, 수지침과 뜸, 　공기압 마사지, 건강 체크 등 ·4월 14일(일요일) : 복지 서비스를 통해 마을 어르신들을 도울 수 있는 　방안 모색 				
좋았던 점	·이·미용, 수지침 등 섬 마을 분들이 필요로 하는 봉사 활동을 전개함. ·마을 분들께 이·미용과 건강 관리 과정을 통해 서로 이해의 폭을 넓힘.				
보완할 점	·직포 마을의 경우, 자원 봉사 활동 장소가 너무 좁음. ·동선이 너무 길어 실질적인 봉사 활동 시간이 부족함. ·인적 자원 보완을 통해 봉사 활동의 질을 제고할 필요성이 있음				
건의 사항	·섬 복지 네트워크 사업과 연계하여 금오도 내의 복지 사각 지대인 소외 마 　을에 집중적인 활동이 요구됨. ·거동이 불편하신 어른들을 위해 방문 서비스를 결합할 필요성이 있음.				

⑤ 네오다이버스클럽

단체명	네오다이버스클럽	대표자	오충호	참여 인원	26명
재능 기부 영역	수중 정화 작업 및 생태계 촬영				
재능 기부 활동	·4월 13일(토요일) : 다이버들의 송고 마을 앞 어장 수중 정화 작업 및 수중 생태계 촬영 				
좋았던 점	·송고 마을 앞 바다 수중 정화에 대해 마을 분들의 관심이 높음. ·양식장용 닻 3개를 찾아 줌으로써 마을 주민들께 현실적 도움을 줌. ·마을 주민들의 호응이 높고, 마을 기업의 가능성을 확인함.				
보완할 점	·다른 다이버들의 불법 해산물 채취로 활동 장소 구하기가 어려움. ·다이버 특성상 긴 시간 수중 활동이 어려워 육상 봉사 활동과 연계할 필요 성이 있음.				
건의 사항	·다양한 공간 확보를 통해 여수 지역 수중 생태계에 대한 현황 파악 및 대안 수립이 요구됨. ·다이버에 대한 신뢰 부족으로, 향후 수중 청소 봉사활동은 철저히 검토하여 추진되어야 함.				

⑥ 꿈신소

단체명	꿈신소		대표자	정태성	참여 인원	8명
재능 기부 영역	일손 돕기 및 섬 살리기 캠페인					
재능 기부 활동	·4월 13일(토요일) : 5개 마을(함구미, 송고, 두포, 직포, 내외진) 행사 진행 자원 봉사 					
좋았던 점	·음식 준비 및 도우미 등을 통해 마을잔치를 준비하는 주민들의 일손을 도와 드림. ·봉사 활동 과정에서 마을 주민들과 소통을 통해 섬에 대한 이해의 폭을 넓힘.					
보완할 점	·이 행사의 목적이었던 '섬 살리기 캠페인'에 다른 단체의 적극적 참여가 요구됨. ·인원을 더 많이 확보하여 현실적이고 체계적인 봉사 활동이 전개되면 더욱 좋겠음.					
건의 사항	·회원들의 정확한 역할 분담을 통해 체계적인 활동이 요구됨. ·전체 프로그램 가운데 구체적인 역할 분담을 통해 효율성을 높일 필요성이 있음.					

⑦ 여수숲해설가회

단체명	여수숲해설가회	대표자	조미선	참여 인원	31명
재능 기부 영역	금오도 비렁길 생태지도 만들기				
재능 기부 활동	·4월 13일(토요일) : 비렁길 전 구간 식생자원 조사를 통해 생태 지도 만들기 				
좋았던 점	·식생 자원의 분포가 다양하고 특이한 비렁길의 생태 지도 제작을 위한 시도가 좋았음.				
보완할 점	·참여 회원들의 전문성과 목표 의식, 역할 분담, 자료 준비가 미비하여 실질적인 효과가 부족함. ·인원을 더 많이 확보하여 현실적이고 실질적인 봉사 활동이 전개되면 더욱 좋겠음.				
건의 사항	·기존 조사 자료를 바탕으로 구간별 집중 조사가 요구됨.				

⑧ 여수 마라톤클럽 / 두 바퀴 세상

단체명	여수 마라톤클럽 / 두바퀴 세상	대표자	류상선 / 문우열	참여 인원	40명 / 38명
재능 기부 영역	산벚꽃 마라톤, 자전거 대회				
재능 기부 활동	·4월 13일(토요일) : 마라톤 동호회 회원과 여남중고 학생들의 우학리에서 안도 구간 산벚꽃 마라톤 대회 (5km, 10km, 하프 코스)와 금오도·안도 자연 보호 캠페인 ·4월 13일(토요일) : 여수YMCA 자전거 동호회 회원(성인, 청소년)들이 함구미에서 안도 구간 산벚꽃 자전거 대회를 진행함. 				
좋았던 점	·비렁길 탐방로에서 벗어나 있는 마을을 중심으로 친환경 레포츠 활동의 가능성을 확인함. ·성인 회원들과 청소년들이 함께 하는 교류의 장을 마련함.				
보완할 점	·행사의 목적에 맞게 홍보물을 통한 캠페인성 활동이 부족한 것게 아쉬움.				
건의 사항	·단독 행사를 개최하여 금오도의 아름다운 해안 도로를 활용한 스포츠 활동이 확산될 수 있도록 지속적인 노력이 요구됨. ·비렁길 3, 4코스를 활용한 산악 자전거 대회의 가능성 모색이 요구됨.				

⑨ 여수지역사회연구소

단체명	여수지역사회연구소	대표자	김병호	참여인원	19명
재능 기부 영역	금오도 산벚꽃 한마당 총괄 진행				
재능 기부 활동	• 4월 13일(토요일) : 5개 마을(함구미, 송고, 두포, 직포, 내외진) 행사 진행 • 4월 14일(일요일) : 금오도 산벚꽃 한마당 활동 정리 				
좋았던 점	• 재능 기부 형식을 통해 새로운 대안 축제 모델 제시 및 가능성을 확인함. • 남면사무소 등 행정 지원 요구를 최소화함. • 행사 참여 단체를 대상으로 사전 교육을 실시함으로써 행사 목적 달성을 위해 노력함. • 여남고등학교 학생들을 중심으로 목도소리(무거운 나무를 운반하면서 부르는 소리) 재현 가능성을 확인함.				
보완할 점	• 학교 등 행정 기관의 협조 체계 보완이 요구됨. • 동선이 너무 길어 효율적인 지원이 어려웠음. • 금오도 주민과 탐방객이 함께하는 목적이 있었으나, 함구미를 제외하고는 마을 잔치 중심의 행사에 그침. • 금오도와 안도를 연계시키는 프로그램 개발이 요구됨. • 행사 1일 전 일부 팀이 금오도에 들어가 개메기를 통해 기본 먹거리 확보와 탐방객과 함께하는 개메기 프로그램 홍보가 요구됨. • 연구소 참여 회원의 역할이 명확하지 않고, 인원이 적어 효율적인 행사진행에 어려움이 있음.				
건의 사항	• 진행 본부를 여천에 설치하여 행사 진행을 효율적으로 통제할 필요가 있음. • 여천 선착장에 마을별 부스를 설치하여 금오도 특산품 판매를 함께할 필요성이 있음. • 주관 단체가 참여 마을에 모든 지원을 하는 것이 아니라 음식, 경비 등을 마을에서 일정 부분을 부담하도록 사전 협의가 필요함. • 협조가 잘 되었던 마을을 중심으로 현실적인 봉사 활동 단체(의사, 한의사, 치과 의사 협회, 여수노인복지관, 전남여성인권지원센터 등)의 활동 시간을 확보하고, 각 단체와 마을의 자매 결연을 유도할 필요성이 있음. • 향후 여수시에서 주최하고 금오도 주민이 중심이 된 추진위원회를 결성하여 주관하게 함으로써 연구소의 인력 투입을 최소화 할 필요성이 있음.				

라. 마을별 활동 결과

① 함구미 마을

단체명	함구미 마을	대표자	이장 이창길	참여 인원	00명
재능 기부 영역	전남여성인권지원센터와 음식 나눔 행사				
재능 기부 활동	·4월 13일(토요일) : 전남여성인권지원센터와 함께 방풍을 이용한 음식 만들기, 커피 시음회 등을 통해 금오도 탐방객과 하나되는 잔치 열기				
좋았던 점	·행사 진행 과정에서 마을 주민이 하나로 뭉칠 수 있는 기회가 됨. ·주민과 봉사 활동 단체뿐만 아니라 탐방객의 참여를 유도할 수 있었음. ·마을 기업의 가능성을 확인할 수 있었음.				
보완할 점	·함구미만의 독특한 음식 개발이 요구됨. ·함구미는 첫 번째 기항지로 특산물 판매에 어려움이 있어 여천항에 부스를 설치하여 판매할 수 있는 방안 모색이 요구됨.				
건의 사항	·1년에 한 번 있는 행사로 끝낼 것이 아니라 지속적으로 전개할 수 있었으면 좋겠음.				

② 송고 마을

단체명	송고 마을	대표자	이장 김성일	참여 인원	00명
재능 기부 영역	네오다이버스클럽과 함께 수중 정화 작업 및 마을 잔치, 전통예술원 마당과 함께 하는 풍물 한마당				
재능 기부 활동	·4월 13일(토요일) : 네오다이버스클럽과 함께 수중 정화 작업 및 마을 잔치 운영				
좋았던 점	·양식장용 닻 3개를 찾아 줌으로써 현실적인 도움을 받음. ·마을 주민들이 하나 될 수 있는 기회를 제공함 ·주민들과 함께 마을 기업으로 발전시킬 수 있는 가능성을 확인함.				
보완할 점	·특화된 음식 및 특산물 화보가 요구됨. ·음식 및 마을 기업 창업에 관한 지원 및 교육이 필요함.				
건의 사항					

III. 제언

일회성, 상업적 축제에서 벗어나 생태 환경과 역사, 문화가 결합되고, 지역 주민과 탐방객이 하나 될 수 있는 대안 축제의 원형을 제공하기 위해 다음과 같이 할 수 있다.

가. GS칼텍스 또는 여수시가 고정적인 행·재정적 지원을 통해 '금오도 산벚꽃 한마당'이 지속적인 행사로 유지되어야 하며, 현지 주민들을 중심으로 행사위원회를 만들어 기관, 단체가 참여하는 방식으로 추진되어야 한다.

나. 금오도의 지속 가능한 생태 관광을 유도하고, 기후 보호 등 자연 환경을 보전하기 위하여 탐방객 및 차량의 수를 조정 또는 제한할 수 있는 조례 제정 등 다양한 법적, 제도적 장치가 마련되어야 한다.

다. 금오도로 탐방객이 집중되는 현상을 조절하고, 개도 등 여수 지역의 다른 섬들로 분산시키도록 안내하는 역할을 담당하는 가칭 '여수 도서 관광 안내 센터'를 설치해야 한다.

라. 마을 특산품을 마을 기업이 중심이 되어 판매하고, 그 수익금 중 일부를 공동 기금으로 조성함으로써 금오도 주민들이 중심이 되어 축제를 이끌어 갈 수 있는 자생력을 기를 수 있도록 특산품을 판매할 수 있는 공간이 마련되어야 한다.

마. 현지 주민과 참여 단체 봉사자, 방문객이 함께 집중할 수 있는 공간에서의 문화공연과 참여 마당 행사를 보완하여 다양한 형태의 재능 기부 축제로 발전시켜야 한다.

바. 협조가 잘 되었던 마을을 중심으로 현실적인 봉사 활동 단체
(의사, 한의사, 치과 의사 협회, 여수노인복지관, 전남여성인권
지원센터 등)의 활동 시간을 확보하고, 각 단체와 마을의 자매
결연을 유도할 필요성이 있다. 더불어 이번 행사에 참여하지
못한 다른 마을들도 참여를 유도하여 지속적인 관계 맺음이
될 수 있게 해야 한다.

도서·해양

조선시대 전라지역민들의 울릉도·독도 항해와 경로

김윤배(한국해양과학기술원 동해연구소 연구원)

Ⅰ. 연구배경 및 연구목적

일본의 독도연구가 가와까미겐조는 그의 저서 '죽도의 역사지리학적 연구'에서 한국인이 독도를 인식한 시점은 일본인이 울릉도를 근거로 독도에 출어하게 된 1904년경부터 울릉도에 거주하는 한인들을 어부로 하여 때때로 독도에 출어하였으므로 1904년 이후부터 한인들도 독도를 인식하게 되었다고 주장하고 있다. 이에 대해 한국측은 세종실록지리지의 "二島相距不遠 風日淸明則可望見"라는 언급처럼 독도가 울릉도의 가시거리에 있는 부속도서로서 울릉도의 생활권내에 독도가 있어 독도는 울릉도에 사람이 거주한 이래로부터 인식되어 왔다고 반박하고 있다. 그러나 한국측의 반박은 조선왕조실록 등 고문헌 혹은 고지도에 대부분 근거하고 있어, 독도에 대한 구체적인 활동을 뒷받침할 만한 자료가 비교적 제한적이었다. 그

지역사회연구 MOOK

러나 최근에 18~19세기 전라도 지역민들의 울릉도 도해와 이들의 독도 도해에 대한 연구가 활발히 진행되고 있어 독도에 대한 구체적인 활동을 뒷받침할 만한 자료로서 활용이 크게 기대되고 있다.

일본은 1905년 1월 28일 내각회의 결정에 의하여, 독도는 '無人島로서 他國이 이를 점유했다고 인정할 形迹이 없다'라는 이유로 일본영토로 불법 편입하는 조치를 취하였으며, 일본 시마네현은 1905년 2월 22일 현고시 40호로서 리앙쿠르암을 '竹島'로 명명하였다. 지난 2005년 3월 16일, 일본 시마네현 의회는 1905년 2월 22일을 기념하여 2월 22일을 '다께시마의 날'로 정하는 조례를 가결하기도 하였다. 반면에 대한제국은 이보다 5년 전인 1900년 10월 25일자 칙령 제41호로서 '울릉도를 鬱島로 개칭하고 島監을 郡守로 개정하는 건'을 반포하면서, 칙령 제41호 제2조에 '區域은 鬱陵全島와 竹島 石島를 管轄 할 事'라고 하여 울릉도의 행정구역 안에 죽도와 석도를 포함하였다. 그러나 일본 내각회의 결정과정에서 다께시마의 위치에 관하여 경도와 위도 등 지리적 좌표를 분명하게 언급하여 섬의 위치에 관해 명확하게 한 반면에[1], 대한제국 칙령에서는 죽도와 식도의 위치가 자세히 언급되지 않아 죽도와 석도의 지리적 해석에 관해 한일 간에 논란이 되어 왔다. 한국측 학자들은 당시 울릉도 주민의 절대 다수가 전라도 출신 어민들이었으며, 전라도 방언으로 '돌'을 '독'이라고 하는 호칭에서 석도가 독도를 가리킴에 틀림없다고 주장한다[2]. 그러나 일본 외무성은 '석도가 오늘날의 독도라

---

1) 일본 내각회의는 다께시마의 위치를 북위 37도 9분 30초, 동경 131도 55분이라고 언급하였다. 동북아의 평화를 위한 바른역사정립기획단은 2005년 6월 28일, 고시 제2005-2호로서 독도좌표를 북위 37도 14분 26.8초, 동경 131도 52분 10.4초로 고시하였다.

면 왜 칙령에서 독도를 사용하지 않았으며, 또 한국측이 독도의 옛 이름이라고 주장하는 우산도 등의 명칭을 사용하지 않았는가'라며 석도가 독도라는 한국측의 주장을 반박하고 있다[3]. 그러므로 石島 가 독도라는 사실을 뒷받침 하는 것은 매우 중요한 일이라 할 수 있 다. 18~19세기 전라도 지역민들의 울릉도·독도 도해는 石島가 독 도라는 사실을 뒷받침하는 과정에서 반드시 짚고 넘어가야 할 문제 라고 할 수 있다.

이 글에서는 2011년 5월과 8월, 2012년 1월 등 세 차례에 걸친 거문도 등 전라남도 여수지역의 현장 답사를 토대로 조선시대 전라 도 지역민들의 울릉도·독도 도해를 살펴보고자 한다. 특히, 이 글 에서는 기존 자료를 바탕으로 한 인문사회과학적 관점뿐만 아니라 자연과학적 관점에서 전라도 지역민들의 울릉도·독도 도해를 검토 함으로써 학제 간 융합을 시도하였다. 기계적 동력에 의존하지 않는 선박은 해류와 바람에 주로 의존한다. 그러므로 전라도 지역에서 울 릉도, 독도까지의 항해에 대한 검토는 남해 및 동해의 해류와 바람 에 대한 자연과학적인 이해가 뒷받침 될 필요가 있다. 이 글은 학제 간 융합연구 관점에서 독도 명칭 유래와 1900년대 이전 조선인들의 울릉도, 독도 활동에 대한 구체적인 자료로서 의미가 큰 18~19세 기 전라도인들의 울릉도·독도 도해 활동에 관한 향후 지속적인 연 구에 앞서 기초 자료를 제공하는 것에 목적이 있다.

---

2) 신용하, 『독도의 민족영토사 연구』, 지식산업사, 1997

3) 일본 외무성, 『다께시마 문제를 이해하기 위한 10의 포인트』, 2008.

II. 전라지역민들의 울릉도·독도 항해

1. 울릉도 검찰일기 등에 기록된 전라도 지역민들

18~19세기 전라남도 어민의 울릉도·독도 도해 사실은 일부 문헌과 구전, 거문도 뱃노래, 1960년대의 신문기사 등에서 확인할 수 있다. 1881년(고종 18년) 1월 울릉도 검찰사로 임명된 이규원은 고종의 명에 의하여 1882년 4월 29일 강원도 평해 구산포를 출발하여 울릉도 소황토구미에 도착한 4월 30일부터 5월 11일 사이에 울릉도를 검찰하고서 그 결과로서 '울릉도 검찰일기'를 작성하였다[4]. 이규원 검찰사 일행은 울릉도에 도착한 이후에 도보에 의한 섬 내부(육지) 답사(5박 6일)와 배편에 의한 해상답사(1박 2일)를 하였으며, 이과정에서 죽도(竹島)는 찾아냈지만, 고종이 알아볼 것을 지시한 우산도(芋山島)는 검찰하지 못한 채 울릉도 체류자들로부터 있다는 말만 들었다. 한편 검찰일기에서는 <표 1>에서처럼 검찰 당시 울릉도에서 만난 사람들과 그들의 작업내용을 상세히 적고 있다. 이규원이 만난 조선인은 대표자의 출신지가 격솔의 출신지와 동일하다고 가정하였을 때, 전라도 출신 115명(김재근 외 23명, 이경칠 외 20명, 김근서 외 19명, 김내언 외 12명, 변경화 외 13명, 김내윤 외 22명), 강원도(평해) 출신 14명(최성서 외 13명), 경상도 출신 10명(경주사

---

4) 울릉도 개척정책 수립의 결정적 역할을 담당한 울릉도 검찰일기의 원본은 소장자인 이규원의 증손녀인 동국대학교 이혜은 교수에 의해 2002년 9월 국립제주박물관에 기증되었다. 1881년 울릉도 검찰사로 임명된 이규원은 1891년에 제주목사를 역임한 바 있다.

람 7명, 연일사람 2명, 전서일), 경기도 출신 1명(정이호), 지역 미상 4~50명 등 약 170~180명이었다. 즉, 확인된 140명 중에 82.1%인 115명이 전라도 출신들이었으며, 전라도 출신 중 이경칠 일행을 제외한 82명이 흥양 출신임이 주목된다. 이규원의 검찰 당시에 울릉도에 체류한 상당수의 조선인들이 전라도, 특히 흥양 출신이었음을 알수 있다. 또한 전라도 출신 외의 조선인들은 약초채취가 주목적이지만, 전라도 출신 조선인들은 배건조 혹은 미역채취 등 어로활동이 주목적이었음이 특징적이다. 더불어 울릉도 검찰일기의 1882년 5월 2일 기록에 따르면 배가 파손된 평해사람 최성서가 '各浦口所在羅人中 船匠招飭 各三日助役'라고 하여 전라도 출신중에 배를 전문적으로 만드는 배목수가 있었음을 반증하고 있다.

<표 1> 울릉도 검찰일기에 기록된 사람들과 그들의 작업내용

검찰일	대표자	대표자 출신지	작업내용	만난장소
4월 30일	김재근(金載謹)+격졸23명	흥양(興陽) 삼도(三島)	배건조, 미역채취	소황토구미
5월 2일	최성서(崔聖瑞)+격종13명 전서일(全瑞日,생원) 경주사람 7명 연일사람 2명	평해 - 경주 연일	- 약초채취 연죽(烟竹)벌목	대황토구미 소황토구미 대황토구미 대황토구미
5월 3일	이경칠(李敬七)+격졸20명 김근서(金謹瑞)+격졸19명 박기수(朴基秀) 성명미상 4~50명 정이호(鄭二祜)	전라도 낙안(樂安) 흥양(興陽) 초도(初島) 대구(大邱) - 파주(坡州)	배건조 배건조 산신당 주인 약초 채취 약초채취	왜선창포 왜선창포 중봉 중봉 중봉
5월 4일	전서일(全瑞日)	함양(咸陽)	-	성인봉 부근
5월 5일	김내언(金乃彦)+격졸12명	흥양(興陽) 초도(初島)	배건조	장작지포

| 5월 10일 | 변경화(卞敬化)+격졸13명
김내윤(金乃允)+격졸22명
일본인 내전상장(內田尙
長) 등 78명 | 흥양(興陽) 삼도(三島)
흥양(興陽) 삼도(三島)
남해도(南海道),산양
도(山陽道),동해도(東
海道) 등 | 미역 채취
배건조
벌목 | 도방청 포구
통구미
도방청 포구 |

자료 : 독도연구보존협회, 독도연구총서 제6권 - 독도영유권 자료의 탐구 제2권, 1999; 독도연구보존협회, 독도연
구총서 제7권 - 독도영유권 자료의 탐구 제3권, 2000; 신용하, 독도의 민족영토사 연구, 1996; 이선근, 근
세 울릉도문제와 검찰사 이규원의 탐험성과, 1963

울릉도에서 조선인들의 배 건조는 프랑스 라페루즈 탐험대의 울
릉도 탐사기에서도 확인된다. 라페루즈 탐험대의 항해일지는 1787년
5월 27일 항해일지에서 배를 건조하는 조선인들을 목격했다고 기록
되어 있다. 또한 몇 채의 움막집만 있고 촌락과 경작물이 없은 것으
로 미루어 육지에 사는 조선인 목수들이 식량을 가지고 와서 배를
건조하고 돌아가는 사람들처럼 보였다고 언급하고 있다. 비록 라페
루즈 탐험대가 목격한 조선인들이 전라도 지역민들인지는 불문명하
지만, 1700년대 후반에도 조선인에 의해 울릉도에서 배 건조가 이루
어졌음을 알 수 있다. 또한 조선의 실학자 정약용은 필자의 고향인
전라남도 강진에서 1801년부터 1818년 사이의 유배생활 동안 저술
한 저작 가운데 탐진어가에서 '治帆東向鬱陵行'(돛을 달고 동으로
울릉도로 간다네) 라고 언급하여 1800년대 초에 전라도 지역민들의
울릉도 도해활동을 짐작할 수 있다.

2. 전라도 거문도 현장답사

필자는 울릉도 검찰일기에 기록된 전라도 지역민들의 다수가 전
라도 흥양(興陽) 삼도 및 초도 출신이었다는 사실을 근거로 전라남

도 여수 지역을 답사하였다. 1834년 김정호에 의해 제작된 청구도에는 현재의 거문도가 '三島'로, 초도는 '草'로 표기되어 있으며, 1872년 지방지도 중 흥양현 부분도에서도 현재의 거문도가 '三島'로, 현재의 초도는 '草島'로 표기되어 있다(그림 1). 즉 울릉도 검찰일기에 나타난 흥양 삼도는 현재의 행정구역상 전라남도 여수시 삼산면 거문도로 볼 수 있다. 거문도는 여수여객선터미널에서 남서쪽으로 약 90km, 고흥 나로도여객선터미널에서는 남서쪽으로 약 48km, 제주항에서는 북동쪽으로 약 88km에 위치한 섬이다. 거문도는 지리적인 특성상 서구 열강의 동아시아 진출 과정에서 반드시 확보해야 할 교두보로서 인식되어와 이 과정에서 1854년 4월에 러시아 군함 팔마다호가 거문도에 무단 입항하였으며, 심지어 1885년 4월부터는 약 22개월 동안 영국 함대의 불법적인 점령이 발생하기도 하였다. 일본인은 1904년부터 거문도에 자리잡기 시작했으며, 거문도가 남해의 중요한 어장터로 부각되면서 1912년부터 일본 각처에서 선단과 이주

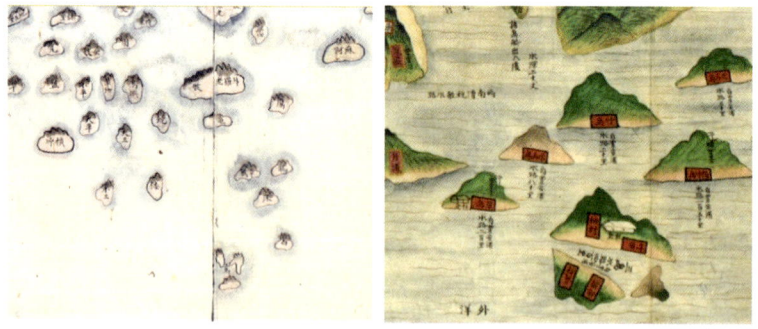

* 왼편은 청구도이며, 오른편은 '1872년 지방지도'로 거문도가 三島로 표시되어 있다.
자료 : 규장각 한국학연구원

<그림 1> 거문도 주변 지도

일본인들이 대거 몰려와 1918년에는 322명의 일본인이 이주하였다[5].

거문도 현지답사는 2011년 5월 21~24일과 2011년 8월 12~14
일, 2012년 1월 10~12일에 걸쳐 3차례에 걸쳐 이루어졌다. 1차 답
사에서는 초도를 함께 방문하였으며, 2차 답사에서는 임영정 교수
(동국대 역사교육학과), 유미림 박사(한아문화연구소), 김수희 교수
(영남대 독도연구소)가 동행하였으며, 3차 답사에서는 정영미 박사
(동북아역사재단)가 동행하였다. 1차 답사 직후인 2011년 6월 21일
에는 경상북도와 여수시 공동주최로 <전라도 지역민들의 울릉도(독
도) 도항과 독도명칭유래> 심포지엄이 여수에서 개최되어, 2차 답사
참가자들의 학술발표가 있었다. 답사의 주요 내용은 1) 울릉도 도감
을 지낸 것으로 알려진 오성일의 묘역 방문 및 후손 면담, 2) 오성일
의 울릉도 행적을 조사하기 위하여 1992년 울릉도를 방문한 김동주
선생 면담, 3) 거문도 뱃노래 보존회 관계자 면담, 4) 울릉도산 규목
으로 만든 다듬이돌 등 거문도 울릉도 유적관련 조사 등이었다.

가. 오성일 묘역 방문 및 후손 면담

오성일은 거문도 서도리 출생으로, 1890년대 울릉도 도감을 지냈
던 인물로 알려져 있다[6]. 현재 독도박물관에는 광서16년(1890년) 9
월에 울릉도 도감으로 임명한다는 교지가 전시되어 있다. 거문도 서
도리 장촌마을에는 오성일의 후손인 오충현(1947년생)이 거주하고
있다. 거문도에서는 오성일을 '오도감'으로 부르고 있으며, 거문도
지역민들은 오성일을 매우 민족적인 인물로 기억하고 있었다. 일제

---

5) 곽영보, 『격동 거문도 풍운사』, 삼화문화사
6) 디지털울릉문화대전, 울릉군, 2008; 울릉군지, 2007, 울릉군청

시대에 일본인의 집단거주촌이 형성된 거문도 서도 덕촌리와 조선
인이 주로 거주하는 거문도 서도 장촌리 사이에 이른바 '오도감 라
인'(일본인의 활동 경계선)이라 불리는 경계선이 있을 정도였다고
한다. 후손인 오충현 씨가 보관하고 있는 '同福吳氏大同譜'에 따르
면 오성일은 한자명 '吳性鎰'로, 동복 오씨 27세손으로 1854년 6월
8일(음력)에 태어났다. 만일 1854년 출생이고 교지에 의해 1890년
울릉도 도감으로 임명되었다면 그의 나이 36세에 울릉도 도감으로
임명된 셈이다. 그리고 거문도 장촌리에는 오성일의 묘소에 1997년
에 세운 오성일의 비석이 자리잡고 있다[7]. 비석에는 당시 (사)광주
전남사료조사연구회 회장을 역임한 신세우의 글이 새겨져 있다.

　　"도감의 성은 오이고 이름은 재성이며 자는 성일인데 본관은 동
　복이다. 매암공의 14세손으로 부모는 연필공과 전주 리씨로 조선 철
　종5년(서기 1854년) 6월 8일에 현 전라남도 여천군 삼산면 거문도
　서도에서 장남으로 태어났다. 이곳에서 오씨일가가 이룩된 것은 거
　문도가 현 고흥인 흥양의 삼도라 불리울 때 그분의 증조부인 삼영공
　이 흥양 삼도 둔별장이 되어 입도하여 시작됐다. 오도감은 몸이 건
　장하고 슬기로우며 총명하여 일찍이 학업을 마쳤다. 고종 27년(1890)
　경 거문도 어업인들과 울릉도에 가보니 왜적떼가 삼림도벌 등 행패
　가 극심해서 거문도 어민과 울릉도민이 합세하여 일본인 도적무리를
　쫓아버렸다. 고종실록에 울릉도는 몇 년전에 도장을 두었으나 잘되
　지 않아 고종 25년 2월 6일에 강원도 평해군 월송진 만호로 겸임케
　했다가 동왕 32년 2월 29일 전담 도장을 따로 두었고 그해 8월 26
　일과 이듬해 5월 26일에 도감을 두었는데 광무4년(1900) 11월 25일
　에는 군수로 높였다. 오성일 공은 이무렵 울릉도민의 추천으로 도장
　과 고종27년(1890) 9월에 도감 교지를 받은 초대라며 선정을 베풀다
　도감이 군수로 개정될 때 사임코 돌아와서 향토발전에 힘썼다. 그때

---

7) 오성일의 비석은 북위 34도 3.146분, 동경 127도 17.125분에 위치하고 있다.

서도 청년 김경옥이 울릉도서 다리에 입은 큰 부상을 영국배가 외국 병원에서 여러달 동안 치료해 올 수 있게 했다. 1910년 8월 28일에 우리나라(대한제국)가 일본제국에 병탄당한 뒤에 일본인들이 울릉도 에서 오다감에게 당했던 앙갚음으로 서도에 있던 오도감의 집기 등 에 줄을 매고 도끼로 찍어서 집을 허물어 버리는 등 수난을 당하자 수색 등이 두려워 가족들이 오도감의 책과 유물 등을 불살라 버렸 다. 오도감은 1924년 8월 30일에 향년 70세에 당시 여수군 삼산면 서도리 자택에서 생애를 마쳐 묘는 삼산면 서도리 산172번지 내에 부인 함안 조씨와 전주 리씨가 함께 있고 충현 등 후손이 있다. 오 도감은 도서 민중의 거인으로서 진취적인 개척정신과 행동으로 항일 대처를 한 애국지사이자 애향인으로 그 숭고한 넋을 영원토록 기리 기 위해 주민이 뜻을 모아 이 비를 세우다. 단기 4330년 서기 1997 년 10월."

비문에 따르면 오성일은 거문도에 어업인들과 함께 울릉도를 도 항하였으며, 1890년에 울릉도민의 추천에 의해 도감에 임명되었다. 현재 독도박물관에 전시중인 고종황제의 도감임명 교지는 원래 오 성일의 후손이 보관 중이었는데 독도박물관 관계자가 거문도를 방 문하여 교지를 수집한 것으로 후손 오충현 씨는 증언하고 있다.

나. 오성일의 울릉도 행적을 조사하기 위하여 1992년 울릉도를 방문한 김동주 선생

거문도 사람인 김동주 선생(1923년생, 호적 1924년생)은 오성일 의 울릉도 행적을 조사할 목적으로 김병순, 김종근 등 일행과 함께 1992년 6월 19일~23일에 울릉도를 방문하였다. 김동주 선생은 방 문 직후에 작성한 울릉도 방문 행적을 비교적 자세하게 문서로 보관 하고 있었다. 일행은 울릉도 저동노인회, 도동노인회, 전라남도 향우회 관계자를 방문하였지만, 당시 만났던 사람들은 전라도민들의 울릉도 도항에 대하여 알지 못하고 있었다. 그러나 당시 울릉도 최고령자인 천부의 우 씨(당시 105세)를 면담을 통해 전라도 도민들의 울릉도 행적을 확인할 수 있다. 김동주 선생이 기록한 면담기록에는 "1. 鬱陵島 올적에 糧穀 및 鹽 싣고 왔다. 2. 古船을 타고 와 新造船을 해간다. 3. 和布[8] 및 外海藻類를 채취해갔다. 4. 사람이 死亡해도 鬱陵島와 埋葬않고 故鄕으로 運柩" 라고 적혀있다. 김동주 선생은 우 씨 영감의 증언을 토대로 울릉도 사람들은 전라도민들이 울릉도 올때에 양곡 및 소금을 가져와 전라도민들의 도항을 기다렸으며, 그들이 울릉도에 와서 배를 건조하거나 미역 및 해조류 채취하였으며, 또한 전라도민들이 울릉도에 와서 사망하더라도 울릉도에 묻지 않고 관에 소금을 채워 고향으로 이송하여 울릉도 사람들이 이를 칭찬했다고 한다. 그러나 울릉도를 방문한 김동주 선생 일행은 오성일의 울릉도 행적에 대해서는 자료를 얻지 못하였다고 한다. 울릉군청(공보과)을 방문한 김동주 선생 일행은 전라도 사람들의 행적에 대해 듣지 못하였지만, 향후 울릉도와 거문도 사람들이 거문도-울릉도 교류 역사를 발굴하여 후세에 남기자는 구두 약속을 했다고 증언한다. 전라도민들의 울릉도 행적에 대한 울릉도내 추가적인 조사가 요구된다.

다. 거문도 뱃노래 보존회 관계자 면담

고사소리, 놋소리, 월래소리, 가래소리, 썰소리, 술비소리 등으로

---

8) 화포는 미역을 일컫는다.

구성된 거문도 뱃노래는 전라남도 무형문화제 제1호로서, 거문도 사람들이 중심이 되어 거문도 뱃노래 보존회가 결성되어 뱃노래가 계승 보존되고 있다. 거문도 뱃노래 중에 술비소리는 술은 줄을 뜻하며 비는 꼰다는 뜻으로, 칡넝쿨이나 짚으로 밧줄을 꼬면서 노동의 고달픔을 잊으며 능률을 높이기 위해 부르는 노동요로서, 이 술비소리 중에 "울고 간다 울릉도야"라고 하는 구절이 포함되어 있다. 거문도 뱃노래 보존회의 정경용 씨에 따르면 매년 음력 4월 15일에 거문도 풍어제가 열리며, 음력 4월로 잡은 이유는 선대들이 풍어제를 열고 울릉도로 가던 시기와 연관되어 있다고 한다. 예전에 울릉도에 갈 때 돛이 3개 정도되는 선박을 타고 거문도에서 갈바람(남서쪽에서 부는 바람)을 타면 쟁기섭설이곶(현재의 영일만)까지 곧바로 갈 수 있었다고 한다.

거문도 뱃노래 보존회 회원이면서 여수시 삼산면장(1993.7~1998.5)을 역임한 박종산 씨(1937년생)는 삼산면장 재임시절 오성일 도감의 비석을 설립 추진한 사람으로, 거문도 사람들의 울릉도 행적을 비롯하여 특히 독도에 대한 행적을 구체적으로 증언하였다. 박종산 씨의 외조부는 울릉도에서 사망하였으며, 김동주 선생 일행이 울릉도에서 만났던 우 씨 영감의 증언처럼 외조부가 울릉도에서 사망하였을 때 일행들이 소금으로 관을 만들어 거문도로 데려왔다고 한다. 특히 박종산 씨의 큰할아버지, 작은할아버지 등 선조들이 울릉도에 다니면서 울릉도에도 자녀를 두었으며, 울릉도에서 낳은 자녀들이 거문도에 찾아왔을 때 거문도에서는 그들을 '울도야'라고 불렀다고 한다. 거문도 사람들은 울릉도에서 고기잡이 보다는 주로 미역채취가 목적이었다고 한다. 특히 박종산 씨는 거문도 사람들이 독도(박

<그림 2> 1880년대 전라도 흥양
삼도에 있었던 범선

종산 씨는 독도를 '독섬'이라고 불렀다)에 방문하여 강치를 잡았으며, 강치에서 채취한 기름을 '애우지름'이라고 하여 강치 기름을 거문도에서 호롱불 등의 연료로 사용했다고 한다. '애우지름'은 강치의 앳뎅이에서 나온 기름이라는 뜻의 전라도 방언이라고 한다. 박종산 씨에 따르면 거문도 서도에 사는 박철현 씨 집안사람 족보에 울릉도에 대한 얘기가 거론되어 있어 향후 거문도-울릉도-독도 관계에 있어 거문도 사람들의 행적에 대한 추가적인 조사가 요구된다. 또한 박종산 씨는 거문도 사람들이 울릉도에 간것을 두고 '개척'이라는 표현을 쓰고 있지만, 개척이라는 단어는 적절한 단어가 아니며, 지역간 교류로 자연스럽게 인식될 필요가 있다고 언급하고 있다.

라. 기타 거문도, 초도 등 답사 및 관련 자료

1800년대 거문도 사람들의 울릉도 및 독도 행적을 엿볼 수 있는 자료로서, 거문도 서도 출신의 김윤삼 씨(1875년생)의 증언을 토대로 한 1962년 3월 20일자 민국일보와 거문도 서도 덕촌 출신의 박운학 씨(1885년생)의 증언을 토대로 한 1963년 8월 11일자 조선일보 기사가 있다. 김윤삼 씨의 손녀인 김갑림 씨가 현재 거문도에 생존해 있으며, 조부인 김윤삼 씨에 대한 울릉도 행적을 증언하고 있다.9)

"거문도 서도리에 사는 올해 87세(편집자주:1875년생)의 김윤삼 (金允三) 노인은 나이보다 훨씬 젊고 건강하게 보였다. 거센 파도를 잘 타기로 이름난 거문도 사람들은 문명이 발달하지 못한 옛날부터 해상무역에 종사하고 있었다. 김氏가 19세(편집자주:1894년) 되던 해 동네사람들과 함께 통나무를 파서 이어 만든 큼직한 '천석짜리' 배 로 장삿길을 처음 따라 나섰다. 갈대로 만든 커다란 돛을 달고 남해 를 따라 북으로, 북으로 거슬러 올라갔다 계절풍을 따라 제물포 신 의주(그때는 의주) 까지 올라가서 쌀과 곡식을 가득 싣고 남해를 거 쳐 동해를 거슬러서 원산까지 가서는 명태 등 해산물과 바꿔 싣고 돌아오는 물물교환 무역을 하였다. 바람에만 의지해서(계절풍) 다니 기 때문에 그 날짜는 정할 수 없으나 계절을 따라 부는 바람은 어김 없었다. "한탄한다 함경도 울고간다 울릉도 저 바다 너머 보물섬이 있다…" 등 멋진 노래를 부르며 20여 명이 노를 저으며 가기도 했다. 도중에 큰 풍파를 만나 죽을 고비를 넘기기도 여러 번 있었다. 김노 인이 20세(1895년) 되던 여름철에 '천석짜리' 무역선 5~6척이 원산 을 거쳐 울릉도에 도착하여 그 울창한 나무들을 찍어 뗏목을 지었 다. 날이 맑을 때면 동쪽바다 가운데 어렴풋이 섬이 보였다. 나이 많 은 뱃사공에게 저것이 무엇이냐고 물었다. "저것은 돌섬인데(石島 = 獨島의 별칭)우리 삼도(거문도)에 사는 김치선(그 당시로부터 140년 전) 할아버지 때부터 꼭 저 섬에서 많은 가제를 잡아간다고 가르쳐 주었다.-지금 그 김치선(金致善) 씨의 증손자 김병후 씨(57세, 편: 1905년생)가 장촌부락에 살고 있다-일행 수십명은 원산 등지에서 명태 등을 실은 배를 울릉도에 두고 뗏목을 저어 이틀만에 약 2백리 되는 '돌섬'에 도착했다. 섬이 온통 바위로 되어 있었다는데 사람이 라고는 한사람도 없었다 한다. 돌섬은 큰 섬 두 개 그리고 작은 섬 이 많이 있었는데 큰 섬 사이에 뗏목을 놔두고 열흘 남짓 있으면서 「가제」(海狗=「웃도세이」)도 잡고 미역 전복 등을 바위에서 땄다. 그 리고 울릉도에 다시 들어와 원산이나 대마도로 가서 일본사람들에게 팔았는데 가제를 퍽 좋아했다고 한다. 가제의 살은 먹고 가죽을 가 지고 신발 등도 해 신었다고 한다. 그가 마지막 다녀온 것이 28세 (1904) 때라 하는데 세상이 어수선해서 그 후에는 돌섬에는 못갔는

---

9) MBC특집 다큐멘터리 '아침을 여는 섬 독도', 2012년 2월 22일 방송

데 아직도 기억은 생생하다고 말했다. 그리고 현재 서도리 金允植 씨(35세, 편 : 1927년생) 집 재목은 옛날 울릉도에서 가져 온 松木이라 한다. 『우리가 잡은 가제를 일본사람들이 돈과 물건을 주고 사갔는데 그때 일본사람들은 돌섬을 알지도 못하고 있었으며 돌섬에서 일본 배조차 본 일이 없는데 그 섬이 일본 섬이라니 고약한 일』이라고 김노인은 흥분하는 것이었다."[10]

"영일만 쟁기 섭설이 끝 설움이란 섬노래가 널리 불려지고 있다. 그 옛날 거문도 어부가 울산 영일만 쟁기 섭설이 같이 솟아난 마루곶에서 풍파를 만나 연 50여 명이나 죽어나갔기 때문이다. 지금도 거문3도에는 2백, 3백년된 울릉도 귀목나무집들이 대여섯 채 남아 있고 나침반도 없는 **사발돛배**를 타고 멀리 서해안 의주로부터 동해안의 원산 울릉도까지 목숨을 걸고 다녔던 소위 바다의 개척자도 두 명살아 남아 있다. 독도가 우리땅이란 살아있는 단하나의 증인이요 배성삼 생화장 사건을 직접목격한 박운학 씨(朴雲學, 78, 편 : 1885년생)ー서도 덕촌에 산다. 틈 하나 없이 도끼로 만든 사발배, 그 배에 갯풀을 뜯어 엉성하게 얽은 돛을 달고 **갈바람(서풍)**을 따라 가다가 그 바람이 그치면 열흘이고 보름이고 **대풍(待風)을 했다**가 가곤 하면 울릉도에 이른다는 것이다. 울릉도로 떠나기 전에 멀리 **의주나 진남포 장산 마루곶까지 가서 쌀한섬을** 8량 5돈에사 싣고 영일만 쟁기섭설이를 지나 울진 강릉 원산에 가서 팔면 한섬에 『다섯곱인 40냥씩 받았지』** 한다. 쌀을 팔고 빈 배를 갈바람에 날리면 울릉도에 **이른다.** 열일곱 살 때(편:1902년경) 갔을 때는 도동에 집이 10여 채, 일본사람들은 없었고 중들이 동삼캐러 나다녔을 뿐이라 했다. **가제 (물개의 일종)를 잡으러 돌섬에 곧잘 갔다는 박 씨**는 가제가죽으로 갓신, 담배쌈지도 만들어 선물로 삼았고 기름을 짜서 불을 켰다는 것이다. 여덟 아름이나 되는 귀목을 베어 도끼로 다듬고 나무못을 박아 **배를 만들어** 숲을 이룬 미역과 전복을 따 싣고 배 꽁무니에 잡질 나무뗏목을 달고 왔다 했다. 지루한 항해중에는 어른들은 배에 술을 빚어놓고 투전을 했으며 꼬마들은 짚신이나 돛을 얽었다. 나락을 절구질해서 바닷바람에 날려 밥을 지었다. **젓군 7, 8명의 노젓는**

10) 민국일보, 1962년 3월 20일

노래 40발 닻줄 엇감는 노래 귀에 선하다 했다. 그 목숨을 건 항해 중에는 온갖 의사표시를 노래로 해야 하는 불문율이었다. 소나기가 오면 30발되는 발로 뜸집을 짓는데 서두느라고 막대에 얼굴을 다치기도 했는데 그때 "눈에 별난다. 으으으으 어여라차" 하고 노래로 대꾸해야만 했다는 것이다. 눈물의 섭설이를 지나 거문도에 이르면 금의환향이다. 마을사람들이 무병베로 장기(長旗)를 만들어 환영해 주던 일이 선하다는 박 씨. 떠날 때 처자식을, 바다를 등지고 울고 서있던 모습 그리고 섭설이 끝에서 죽은 어부의 아네들이 붙들고 울던 그런 기억이 아물아물 살아나온다 했다. 남해안에 가면 감사명이니 절도사명이니 하는 핑계로 아전들이 배를 빼앗아 갔다는 탐관오리가 있었고 **거문도의 섬 경제가 인동 영감이란 도주의 손아귀에 들어 있었기에 그 영감에게 빌어먹은 반년양식을 보물섬인 울릉도 내왕 한번에 완전히 갚기 때문에 먼 의주까지 가야 했었다는 얘기."[11]**

위의 김윤삼 씨와 박운학 씨의 증언에 따르면 약 7~8명 혹은 20명 내외의 사람들이 노를 젖는 상당한 규모(거문도 사람들은 약 40~50톤 규모로 추정한다[12])의 범선을 타고 거문도사람들은 서해와 동해사이의 무역할동을 통해 상당한 이윤을 남겼으며, 결과적으로 서해와 동해의 물산을 이동하는 중요한 역할을 차지한 것으로 보인다. 서해로는 제물포와 신의주까지 올라가서 쌀과 곡식을 구입해 남해를 거쳐 영일만을 지나 농해안을 거슬러 울진, 강릉, 원산까지 가시 원래의 약 5배 정도 되는 가격에 쌀을 팔거나 명태 등 해산물과 물물교환 한 것으로 보인다. 이때 동해안에서 바람을 타고 울릉도로 건너갔다. 울릉도에서는 울릉도산 귀목 등으로 배를 건조하였으며, 미역과 전복 등 해산물을 채취하였으며 독도에 건너가 강치를 잡기

---

11) 조선일보, 1963년 8월 11일
12) 경상북도, 『독도를 지켜온 사람들』, 2009년, 190쪽

도 하였다. 울릉도에서 채취한 해산물은 다시 뱃길로 영산포 등 남해안 곡창지대로 싣고 가 쌀로 바꾸기도 하였다13). 거문도 사람들의 해상무역활동과 관련하여 포항 형산강가에 위치한 '영일 부조장(扶助場)'의 역할도 주목된다. 현재의 포항시 연일읍 중동리와 경주시 강동면 국당리에 위치한 부조장은 1780~1905년까지 무역이 활발히 이루어진 장터로, 함경도의 명태, 강원도의 오징어, 포항의 청어, 소금을 내륙으로 팔고, 전라도의 농산물이 교역하는 동해안 지역의 큰 시장으로 유명한 장소였다. 즉, 황포돛배 상인과 등짐(부상)과 봇짐(보상) 상인들을 통해 동해안과 남해안, 서해안의 산물과 정보가 교류하는 장소였다. 특히, 부조장터에는 당시 부조장의 역사를 짐작케 하는 부보상들의 우두머리격인 '좌상대도접장 김공이형 유공비'라 새겨진 비석이 위치해 있다.14) 부조장 등 동해안의 장터들은 거문도 등 전라도 상인들의 해상무역활동의 중요한 근거지로 추정된다.

거문도 사람들이 울릉도를 갔던 시기는 사람에 따라 약간의 차이가 있다. 거문도 뱃노래 관계자의 증언처럼 봄철에 거문도를 출발하여 이듬해 봄에 돌아왔다는 증언도 있으며, 또 어떤 이는 가을에 떠나서 이듬해 가을에 왔다고 언급하기도 한다15). 거문도 사람으로 아버지 서춘삼 씨를 따라 울릉도에 한 차례 다녀온 서덕업 할머니의 증언을 토대로 한 김충석 여수시장에 따르면, "제일 중요한 것이 바람인데 하늬바람(북서풍)이나 서마(남서풍)나 마파람(남풍)이 불어

---

13) 경상북도, 『독도를 지켜온 사람들』, 2009년, 189쪽
14) 김이형 유공비는 위도 35도 59.775분, 경도 129도 17.563분에 자리잡고 있다.
15) 경상북도, 『독도를 지켜온 사람들』, 2009년, 189쪽

야 울릉도에 가기 좋고, 올 때는 샛바람(동풍)이나 높새바람(북동풍)이 불어야지! 그래서 10월 초순에 갔다가 다음해 8~9월에 오던가, 겨울을 보내고 2월 중순에 울릉도를 떠나온다'고 하였다."라고 언급하였다[16]. 이처럼 거문도 사람들의 울릉도 체류 시기는 거문도 사람들이 울릉도행만을 목적으로 출항하였다기 보다는 동해안과 서해안을 오고가는 해상무역활동 과정에서 울릉도와 독도에 체류한 이유로 상황에 따라 체류시기가 달라졌을 것으로 짐작된다.

거문도에는 거문도 사람들의 울릉도 행적을 뒷받침하는 다양한 유물들이 남아있다. 울릉도 귀목으로 만든 다듬이돌[17]과 홍두깨를 비롯해 울릉도 목재로 만든 집 기둥들이 남아 있다. 또한 거문도에는 울릉도와 언어적인 유사성을 엿볼 수 있는 명칭들이 있다. 여수시 삼산면지에 따르면 거문도와 초도에는 노랑빠구 짝지, 큰짝지, 작은 짝지 등 짝지라는 지명을 흔하게 확인할 수 있다. 짝지(작지)는 자갈로 이루어진 해변, 즉 자갈해변을 의미한다. 울릉도 북면의 현포리는 과거에 '가문작지'로 불렸다[18]. 현포 해안가에는 여러 자갈해변이 위치하고 있다. 이와 관련하여 현포의 옛지명인 '가문작지'와 서문도, 초도 지역의 작지라는 지명과 관련하여 현포가 전라도 사람들이 주로 머물렀던 장소임을 짐작케 하는 1934년 2월 24일자 동아일보 기사가 있다. 즉, 현포의 옛 지명이 거문도인들의 활동과

---

16) 『전라도 지역민들의 울릉도(독도) 도항과 독도명칭유래』 심포지엄 자료집, 2011년 6월 21일

17) 거문도 덕촌리 한국전력공사 내에 보관되어 있다.

18) 『울릉군지』 지명 유래에서 보면 가문작지는 개척때 배를 타고 와 보니 대풍감에서 노인봉까지의 약 15리나 되는 해안선이 까마득하게 보이기 때문에 지명을 '가문작지'라고 하였고 한자식 지명도 현포(玄浦)라 하였다(울릉군, 『울릉군지』 2007년, 103쪽).

연관되었을 것으로 추정된다.

"일곱고을 사람들이 뒤를 이어 들어밀게 된 것이 지금으로부터 52년 전(편집자주: 1882년 혹은 1883년) 그때라고 한다. 그런데 <u>이보다도 먼저 이섬에 드나들기 시작하기는 전라도 사람들로 이들은 초여름에 헌배를 타고 들어오면 왼여름 동안 울창한 산림속에서 좋은 재목을 비이어 새배를 지어타고 나오는 것인데 그시 이섬의 개척항은 지금의 현포동(玄圃洞),</u> 밭도 갈지 못하고 논도 이룰 수 없는 그시의 이 섬 개척에는 바다에서 전복을 따고 산에서 깍새를 잡으며 칠갑을 캐어서 배를 채우게 되는 그야말로 호랑이 담배피던 시절의…"[19]

자료 : 울릉군

<그림 3> 독도해안에 위치한 보찰바위

이외에도 독도 서도 남서쪽 해안에는 보찰바위가 있는데, 해산물인 거북손과 유사하고 하여 유래된 이름이다[20]. 보찰은 '거북손'의 호남지역 사투리로서, 거문도에서는 횟집에서 기본 메뉴로 흔히 제공되고 있다. 1800년대 흥양현에 속하였던 현재의 전라남도 고흥군의 역만도라는 섬의 남쪽 끝단 바위에는 '보찰여'라고 명칭이 붙여있다.

---

19) 동아일보, 1934년 2월 24일자 조간(2면)
20) 독도의 지속가능한 이용을 위한 기본계획(2011∼2015), 국토해양부, 2010.11

Ⅲ. 울릉도·독도 주변해역을 비롯한 동해 표층 해류 및 바람분포 특성

1. 해류분포

거문도 사람들의 울릉도·독도 항해는 기계적 동력에 의존하지 않는 선박을 이용한 항해이므로 해류와 바람에 주로 의존하였음이 분명하다. 이를 위하여 한반도 남해및 동해의 표층해류 조건을 살펴볼 필요가 있다. <그림 4>와 <그림 5>는 한반도 주변해역 및 동해 표층해류 모식도를 나타낸다. 남해와 동해는 태평양의 북서부에 위

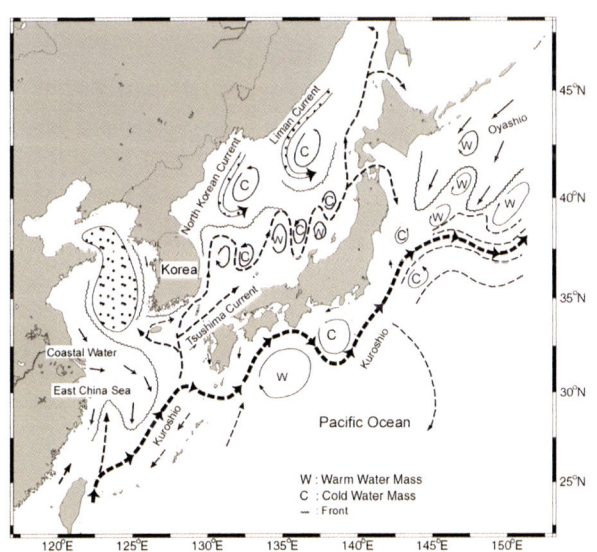

사료 : 동해종합연구기획, 한국해양연구소, 1996.9, 7

<그림 4> 동해 및 인접해역의 표층순환 모식도

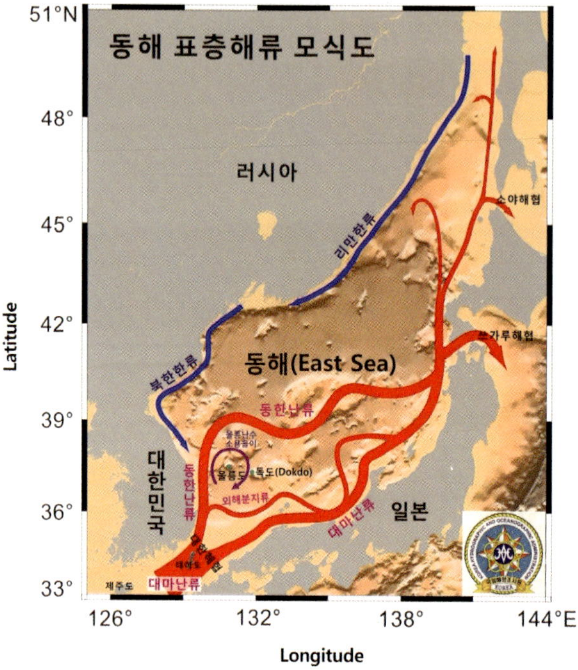
동해 표층해류 모식도
51°N
48°
45°
42°
39°
36°
33°
Latitude
러시아
리만한류
소야해협
쓰가루해협
북한한류
동해(East Sea)
동한난류
울릉도
독도(Dokdo)
외해분지류
대한민국
동한난류
일본
대마난류
대마도
제주도
대마난류
126°
132°
138°
144°E
Longitude

자료 : 국립해양조사원

<**그림** 5> 동해 표층해류 모식도

치한 부속해로서 해양현상은 태평양의 해양현상과 밀접한 관계가 있다. 특히, 한국근해의 해류는 북서태평양에서 기원하는 쿠로시오(Kuroshio, 黑潮)의 지류인 대마난류(Tsushima warm current)의 영향을 주로 받는다. 쿠로시오는 그 주류의 유속이 약 3~5노트(154~257cm/s)로 매우 빠른 유속을 보인다. 쿠로시오의 지류인 대마난류는 동중국해의 대륙사면에서 쿠로시오에서 분리하여 일부는 제주도를 향하여 북서쪽으로 흐르다가 황해저층냉수의 영향으로 동쪽으로 경로를 바꿔 한반도 남해안과 제주도 사이의 제주해협을 거쳐 남해

안을 따라 대한해협을 향한다. 제주해협에서 4월부터 1개월 이상의 해류관측에 따르면 표층에서 바닥까지 전층에 걸쳐 10~20cm/s (0.19~0.39노트)의 유속으로 동쪽으로 흐르는 흐름이 관측되었다[21]. 쿠로시오에서 분기한 대마난류의 다른 일부는 대한해협을 거쳐 동해로 유입된다. 부산과 대마도 사이의 대한해협 서수도에서 대마난류는 60~85cm/s(1.17~1.65노트)에 달하는 것으로 보고되고 있다[22]. 대한해협으로 유입하는 대마난류는 계절적인 변동성이 비교적 크며, 해수유입량은 1월에 최소, 6월과 10월에 최대를 보이며, 1월에 비해 6월에 약 1.5배 많다. 대한해협을 통과한 대마난류는 2개 혹은 3개의 지류를 형성한다. 대마도와 일본 사이의 대한해협 동수도를 통과한 후 일본 서해안을 따라 이동하여 쓰가루 해협을 빠져나가는 대마난류 주축이 첫 번째이다. 대한해협의 서수도를 주로 통과한 후 동해연안을 따라 흐르는 동한난류가 두 번째 지류이다. 그리고 첫 번째와 두 번째 흐름사이에서 대마난류의 외해분지류(Offshore Branch)라고 부르는 또 하나의 지류가 빈번히 관측된다. 동한난류는 북한 연안을 따라 남쪽으로 흐르는 북한한류와 북위 37~38°N (울진, 삼척 부근) 부근에서 만나면서, 울릉도를 향하여 사행하는 흐름이 나타난다. 한편으로 울릉도 주변에서는 동한난류의 사행에 의해 울릉도 혹은 울릉도 남쪽에 중심을 둔 시계방향으로 회전하는 울릉 난수성 소용돌이가 빈번하게 나타난다. 이러한 표층해류의 유속은 동한난류의 주축과 대마난류의 주축에서는 최대 100~150cm/s (1.9~2.9노트)정도로 알려져 있다. 즉, 남해와 동해의 표층해류 체계는 남해안에서 동쪽으로 향하고 대한해협을 통과해서는 동해연안을 따라

21) 장경일, 1983, 제주 해협내 구조와 역학, 서울대학교 석사학위논문
22) 한국근해해상지, 1992, 이석우, 82쪽

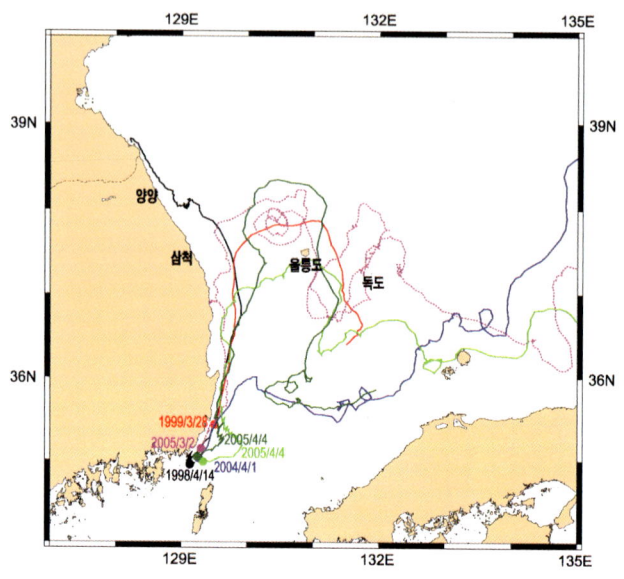

<그림 6> 인공위성 추적뜰개(Argos Drifter)의 궤적. 원은 투하된
위치를 나타내며, 투하된 시기를 표시하였다.

북상하다가 울진, 삼척 부근에서 울릉도로 향하는 동한난류가 존재
하므로 거문도를 비롯한 전라도 지역민들이 전라도 남해안에서 울
릉도로 향할 때 비교적 순조로운 해류체계를 고려할 수 있다. <그림
6>의 인공위성 추적뜰개(Argos Drifter)의 궤적은 이러한 울릉도 주
변의 해류체계를 잘 보여주고 있다. 인공위성 추적뜰개는 수심 약
15m에 해류판을 부착하여 표층해류의 움직임에 따라 이동하면서
인공위성에 위치정보를 전송하기 때문에 표층해류의 움직임을 파악
할 수 있는 장비이다. 부산 및 울산 근처에서 3월과 4월에 투하된
뜰개는 동해안을 따라 북상하는 동한난류에 편승하여 북쪽으로 향
하다가 37~38°N 근처에서 연안을 벗어나 울릉도로 향하는 궤적을
보여준다.

2. 바람분포

해류와 함께 바람은 기계적인 동력을 이용하지 않는 선박의 항해에 절대적인 영향을 미친다. 거문도 주민들의 증언에 따르면 선박은 돛이 2~3개가 부착되어 있으며, 항해에 적합한 바람을 기다렸다가 울릉도 항해에 나섰다. <그림 7>은 한반도 근해의 1, 4, 7, 10월의 해상풍을 나타내며, <그림 8>은 2003년 1, 4, 7, 10월의 해상풍을 나타낸다. 남해에서는 1월에는 북서~북풍이 탁월하며 4월에서는 북서~북~북동풍이 주로 불며, 7월에는 남풍이 주로 강하며, 10월에는 북~북동풍이 탁월하다. 동해에서는 1월에는 서~북서~북~북동풍이 탁월하며 4월에서는 남서~남풍이 주로 불며, 7월에는 남동~남풍이 탁월하며, 10월에는 남~서~북동풍이 주를 이룬다. 즉, 거문도에서 울릉도로 갈 때는 서풍 혹은 남풍이 부는 바람은 4월, 7월이 유리하며, 다시 거문도로 돌아올 때는 동풍 혹은 북풍계열 바람이 부는 10월, 1월이 비교적 유리한 것으로 판단된다.

한편, 이들의 항해시기는 5월, 6월이 항해에 비교적 순조로는 시기로 고려된다. <표 2>는 동해남부먼바다의 풍랑특보 발령일을 나타낸다. 기상청 풍랑특보 발령자료를 근거로 발령부터 해제까지의 시간을 기준으로 계산되었으며, 기간이 24시간을 넘기면 2일로 계산되었다. 2006~2010년 까지의 5년동안 연중 6월이 풍랑특보발령일이 가장 적으며, 5~8월 사이가 비교적 풍랑특보 발령일이 적다. 그러나 1904~1983년에 우리나라에 영향을 미친 태풍이 주로 7~9월에 집중적으로 분포하고 있음을 고려할 때<표 3>, 전라도 지역민들의 항해시기는 5월, 6월이 항해에 비교적 순조로는 시기로 고려된다.

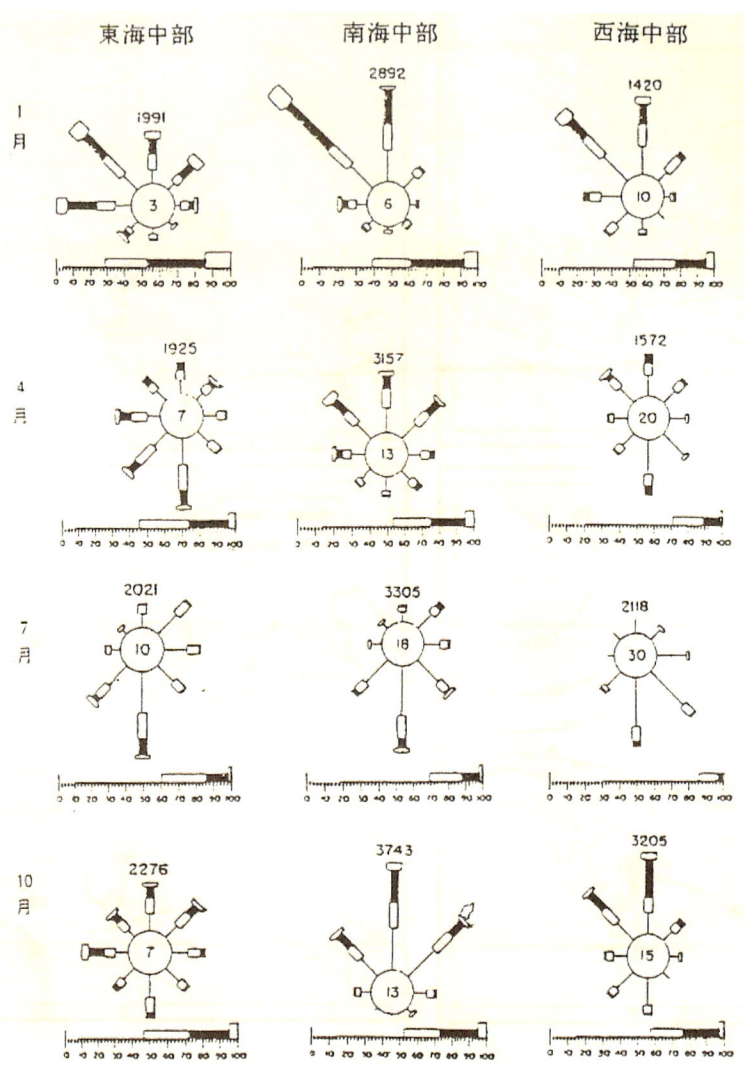

자료 : 한국근해해상지, 이석우, 1992, 60

<**그림** 7> 한반도 근해의 해상풍

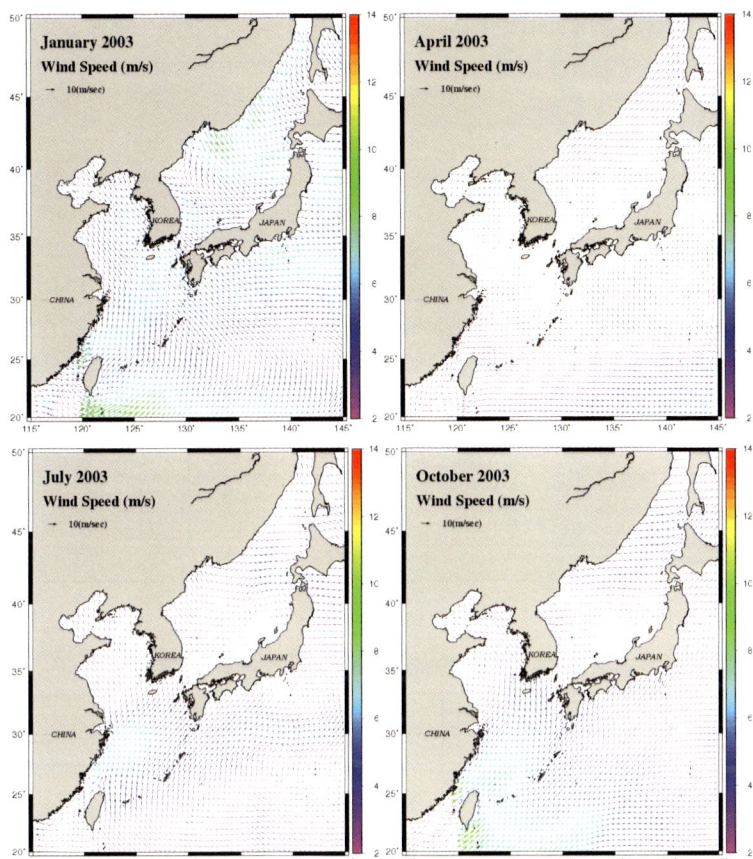

자료 : 기상청 홈페이지, http://www.kma.go.kr/weather/climate/marine_ eastasia.jsp, 2012년 9월 24일 검색

<그림 8> 2003년 1월, 4월, 7월, 10월의 한반도 주변해역의 해상풍. 바람의 방향과 풍속을 의미한다.

<표 2> 동해남부먼바다 풍랑특보 발령현황(기상청 풍랑특보 발령 자료를 분석함)

월	2006~2010 평균 발령일수(일)	2006년	2007	2008	2009	2010
1	9.4	10	5	9	12	11
2	7.6	6	4	8	6	14
3	9.2	7	9	4	10	16
4	9.0	17	4	5	8	11
5	4.4	2	4	4	6	6
6	1.6	1	1	4	2	0
7	2.8	3	2	0	8	1
8	3.4	3	2	5	5	2
9	5.8	8	10	1	2	8
10	5.8	6	2	0	7	14
11	10.0	13	7	10	11	9
12	11.8	9	5	14	11	20
합계	-	85	55	64	88	112

<표 3> 우리나라에 영향을 미친 태풍의 월별빈도

월	5	6	7	8	9	10	계
1904~1983	1	12	72	94	63	5	247

자료 : 한국근해해상지, 이석우, 1992, 49

거문도인들이 바람과 해류에 각각 어느정도 영향을 받았는지를 따져볼 필요가 있다. 이와 윤(2001)은 구명정부터 G/T 80톤급까지 선박에 대하여 선박의 표류 해상실험을 통해 선박의 크기가 클수록 바람과 해류의 영향을 많이 받으며, 선박의 표류속도는 풍속에 비해 3~5%, 유속에 비해 8.5~17.4%라 하였다[23]. 각각의 최대값 5%와 17.4%를 이용하여 계산해보면 <표 4>와 같다. 바람과 해류에 대하

---

23) 이문진, 강창구, 「소형선박의 해상표류 특성」, 『선박해양기술』 32, 2001, 63~69쪽

여 평균바람 5m/s, 표층해류 0.5m/s로 고려한다면 바람은 해류에 비해 3배 가까이 영향을 미치는 것으로 볼 수 있다. 하지만 이 선박실험은 돛을 이용하지 않는 경우의 실험이므로 바람의 영향은 더 지배적이었을 것으로 고려된다. 울릉도와 독도에서 거문도로 항해할 때는 동한난류 혹은 대마난류의 흐름을 주로 거스르므로, 바람의 방향이 항해에 순방향이라면 혹은 역방향의 바람이 불더라도 바람을 뚫고 나갈 수 있는 항해능력이 있었다면 해류의 영향을 극복하였을 것이다. 바람을 뚫고 항해할 수 있는 능력은 원양항해에서 필수적인 부분이다. 바람을 거스르는 항해는 항해술과 조선술에 의해 결정된다. 바람을 뚫고 진행하기 위해서는 고정되지 않는 돛과 용골이 필요하다.[24] 요트항해처럼 부풀려진 돛을 움직이면서 연속적으로 직각으로 방향을 바꾸면서 맞바람에 대응해야 한다. 배의 맨 밑바닥에 위치한 용골 또한 바람에 의한 추진력에 의한 힘과 함께 맞바람에 대응하며 항해가 가능하도록 한다. 용골은 한편으로는 배가 물속에 잠기는 깊이(홀수선)을 증가시켜 배의 흔들림을 최소화 하는 효과도 있다.

<표 4> 바람과 해류에 따른 선박의 표류속도 계산

풍속 및 유속		표류 유속		영향계수
		(m/s)	(노트)	
바람	5m/s	0.25	0.49	5%
	10m/s	0.50	0.97	5%
해류	0.5m/s	0.09	0.17	17.4%
	1.0m/s	0.17	0.34	17.4%

24) James Trefil, 이한음 옮김, 2001, 『해변의 과학자들』, 지호, 254쪽

3. 사료에 나타난 울릉도·독도 항해 기상조건 및 소요시간

거문도 사람들의 울릉도·독도 항해의 기상조건 및 소요시간을 짐작하기 위하여 사료에 나타난 울릉도·독도 항해 기록들을 살펴보았다. <표 5>는 사료에 나타난 울릉도·독도 항해 기상조건 및 소요시간 기록이다. 성종실록 성종10년(1479년) 8월 30일조, 승정원일기 고종18년(1882) 4월 7일조 등 동해안에서 울릉도 항해 시에 바람이 순풍일 때를 기다렸다는 기록이 자주 등장하여 항해에 바람의 영향이 지대하게 공헌하였음을 엿볼 수 있다. 특히, 성종실록 성종3년(1472년) 2월 3일, 성종7년(1476년) 10월 27일, 성종 10년(1479년) 8월 30일 기록 등은 동해안에서 울릉도로 건너가는 적절한 시기를 음력 4~5월 혹은 음력 9월을 고려하고 있음이 주목된다. 양력으로 따질 때 5~6월 혹은 10월에 해당한다. 이러한 시기는 겨울철 강한 북서계절풍에 의한 해상 악조건 및 여름철 빈번한 태풍에 의한 해상 악조건을 피하기 위한 자연스러운 시기 선택으로 고려된다.

<표 5>는 또한 동해안에서 울릉도로의 항해 소요시간을 짐작하게 한다. 세조실록 세조3년(1457년) 4월 16일에 기록에 따르면 순풍이 불면 삼척에서 축시(3시)에 출발하여 울릉도에 해시(23시)에 도착할 수 있다고 하였다. 즉, 삼척에서 울릉도까지 직선거리는 약 147km(79.4해리)를 고려할 때 당시 약 4노트의 항해속도를 짐작할 수 있다. 하지만 조선중기에 접어들면서 항해술과 조선술의 발달로 항해속도는 더 빨라졌을 것으로 고려된다. 실제 1696년에 안용복 일행은 "울산에서 아침을 먹은 후에 울릉도에서 도착하여 저녁을 먹었다"고 하였다. 울산에서 울릉도까지의 직선거리 약 260km(140.4해리)와 약 14

시간의 항해시간을 가정하면 약 10노트의 항해속도를 유추해 볼 수 있다. 특히, 하루 내에 울산에서 울릉도로 항해했다는 것은 당시 안용복 일행이 울릉도의 지리적 위치를 상세히 이해하고 있었음을 반증한다. 또한 지난 1988년에는 울릉도에서 독도까지 87.4km의 거리를 72시간만에 항해한 뗏목탐사가 있었으며, 1998년에는 발해의 일본과의 해상무역활동을 재현할 목적으로 러시아 블라디보스토크에서 일본 오끼섬까지의 발해건국 1300주년 기념 발해해상항로학술뗏목대탐사대의 뗏목항해가 있었다[25]. 1988년의 울릉도–독도 뗏목탐사는 거리와 소요시간을 고려할 때 약 0.66노트(1.21km/h)의 속도로 항해하였으며, 1998년 1월의 발해해상항로 재현 항해는 항해일지에 남아있는 GPS 자료로부터 최대 2.28노트의 속도로 움직였다. 거문도인들이 이용했던 선박은 돛이 2~3개 달린 뗏목보다 빠른 선박임을 고려한다면 뗏목의 속도보다 훨씬 빨랐을 것으로 짐작된다.

거문도에서 동해안 연안을 거쳐 울릉도까지의 거리는 경로에 따라 다르지만 약 550 km 내외로 생각된다. 거문도 사람들은 거문도에서 바로 울릉도를 향하기도 하지만, 때로는 서해안과 동해안을 따라 해상무역활동을 히면서 원산 등지에서 울릉도로 향하기도 하였다고 증언하고 있다. 거문도에서 울릉도로 가는 여정은 보통 15일, 길게는 한 달 이상 걸렸다고 한다[26]. 거문도에서 중간 기착지가 있지 않고 울릉도로 바로 갔고, 550km의 거리를 15일 동안 항해했다고 가정하면 선박의 속력은 평균 약 0.8노트의 속도로 추정할 수 있

25) 김윤배, 권용인, 이소희, 「발해건국 1300주년 기념 발해해상항로 학술뗏목탐사를 통한 발해의 동해해상항로 연구」, 『동북아역사논총』 16호, 2007, 67~108쪽.
26) 경상북도, 『독도를 지켜온 사람들』, 2009년, 187쪽

다. 그러나 1457년의 삼척에서 울릉도 항해처럼 약 4노트의 속도로 이동하였다면 거문도에서 울릉도까지 약 3일, 1696년의 안용복 항해처럼 약 10노트의 항해속도로 이동하였다면 거문도에서 울릉도까지는 약 1.2일이 걸렸을 것으로 추정된다. 이러한 조선시대의 항해조건을 고려한다면 거문도에서 울릉도까지의 약 15일 간의 여정은 거문도에서 울릉도로 바로 가는 항해라기보다는 중간기착지를 고려한 항해여정으로 짐작된다.

<표 5> 사료에 나타난 항해 소요시간 및 기상조건(실록은 한국고전번역원 검색결과 인용함)

구 간	시 기	기록(음력기준)	참고문헌
삼척 → 울릉도	1457	"수로(水路)는 삼척(三陟)에서 섬에 이르는 데 서풍(西風)이 곧바로 불어온다면 축시(丑時)에 배가 출발하여 해시(亥時)에 도착할 수가 있지만, 바람이 살살 불어도 노(櫓)를 사용한다면 하루 낮 하루 밤에 도착할 수가 있으며, 바람이 없어도 노를 사용한다면 또한 두 낮 하루 밤이면 도착할 수가 있다.'고 하니"	세조실록, 세조3년(1457) 4월 16일
(기상조건)	1472	"병조에서 아뢰기를….바람이 잔잔한 4월 그믐 때를 기다려서 출발하게 하소서."	성종실록, 성종3년(1472) 2월 3일
울릉도 → 강릉	1472	"지난 5월 29일(편집자주:양력 7월 14일)에 무릉도에 이르러 3일을 머물렀는데, 섬 가운데를 수색(搜索)하여 보니 사는 사람은 보이지 아니하고 다만 옛 집터만 있을 따름이었습니다. 섬 가운데 대[竹]가 있어 그 크기가 이상하였으므로 곽영강 등이 두어 개[數箇]를 베어 배에 싣고 돌아와, 이 달 초 6일에 강릉(江陵) 우계현(羽溪縣) 오이진(梧耳津)에 이르렀습니다."	성종실록, 성종3년(1472) 6월 12일
울진 → 울릉도	1473	"울진(蔚珍)에서 동쪽으로 배를 타고 하루 밤낮을 항해하여 도착하고 서쪽으로 사흘 밤낮을 항해하여 돌아왔습니다"	성종실록, 성종4년(1473) 1월 9일
경성 → 독도	1476	"경성(鏡城) 바닷가에서 배를 타고 4주(晝) 3야(夜)를 가니, 섬이 우뚝하게 보이고"	성종실록, 성종7년(1476) 10월 22일

(기상조건)	1476	"청컨대 명년 4월 바람이 온화할 때에 문무(文武)의 재능을 가진 자를 한 사람 선발하여 들여보내게 하소서."	성종실록, 성종7년(1476) 10월 27일
(기상조건)	1479	"삼봉(三峯)의 수로(水路)는 5월·9월은 바람이 순조롭고 바다가 맑으니, 이 때라야 갈 만합니다."	성종실록, 성종10년(1479) 8월 30일조
(기상조건)	1479	"지난달(편집자주:9월) 28일에 조위(曹偉)가 마상선(麻尙船)을 모아서 들여보냈으나, 바람이 순조롭지 못하여 돌아왔습니다. 30일에 다시 보냈는데 지금 거의 1개월이 되었는데도 돌아오지 않으니, 그 이유를 알지 못하겠습니다."	성종실록, 성종10년(1479) 10월 26일조
(기상조건)	1481	"만일 명년(明年) 봄철에 들여보낸다면 모름지기 정월 그믐께라야 모든 준비가 갖추어질 것입니다. 그래서 2월 초에 포(浦)에 도착하여 순풍(順風)을 기다리는 것이 좋겠습니다. 그런데 순풍을 기다리는 것은 수십일 걸리는 일이니, 만일 수십일 동안 끌다가 장마를 만나게 되면 바람은 불지 않더라도 바다가 어두워서 끝내 배를 출발시킬 도리가 없을 것입니다."	성종실록, 성종12년(1481) 1월 9일조
오키도 → 울릉도	1692.3.24	3월 24일(편집자주:양력 5월 10일) 오키도를 출발하여 3월 26일 아침 5시쯤에 울릉도에 도착함	가와까미겐조 (1966)
부산포 → 울릉도	1693.2.27	안용복일행은 부산포를 출항하여 같은 날(편집자주:2월 27일, 양력 4월 2일) 밤늦게 울릉도에 들어감	월간중앙 WIN(1996)
오키도 → 울릉도	1693.3.16	3월 16일(편집자주:양력 4월 21일)에 오키도 도후 복포를 출발하여 3월 17일 8시경에 울릉도에 도착함	가와까미겐조 (1966)
울산 → 울릉도	1696.3.18	"3월 18일(편집자주:양력 4월 22일) 조선국에서 아침을 먹은 후에 배를 타고 떠나서 그날 저녁 죽도(편집자주:울릉도)에 도착하여 저녁을 먹었다고 합니다"	손승철(2006)
울릉도 → 오키도	1693.3.18	3월 18일(편집자주:양력 4월 22일) 울릉도를 출발하여 3월 20일에 오키도 복포에 도착함.	가와까미겐조 (1966)
울릉도 → 일본 본토	1693	"그 섬으로부터 백기주(伯耆洲)까지는 7주야(晝夜)가 걸린다."	숙종실록, 숙종19년(1693) 11월 18일조
울릉도 → 독도	1696.5.15	"5월 15일(편집자주:양력 6월 14일) 죽도(편집자주:울릉도)를 출선하여 동일 松嶋(편집자주:독도)에 도착했고"	손승철(2006)

독도 → 오키도	1696.5.16	"5월 16일(편집자주:양력 6월 15일) 松嶋(편집자 주:독도)를 떠나 18일 아침에 오키도의 서촌 해 안에 도착"	손승철(2006)
(기상조건)	1705	"울릉도(鬱陵島)를 수토(搜討)하고 돌아올 때에 평해(平海) 등 고을의 군관(軍官) 황인건(黃仁建) 등 16명이 익사하였는데, 임금이 휼전(恤典)을 거행하라고 명하였다."	숙종실록 숙종31년(1705) 6월 13일조
(지리적 위치)	1714	"포인(浦人)의 말을 상세히 듣건대, '평해(平海)· 울진(蔚珍)은 울릉도(鬱陵島)와 거리가 가장 가 까와서 뱃길에 조금도 장애(障礙)가 없고, 울릉 도 동쪽에는 섬이 서로 잇달아 왜경(倭境)에 접 해 있다.'고 하였습니다."	숙종실록, 숙종 40년(1714) 7월 22일조
월송 → 울릉도	1794	"4월 21일(편집자주:양력 5월 20일) 다행히도 순 풍을 얻어서 식량과 반찬거리를 4척의 배에 나누 어 싣고 …. 같은 날 미시(未時)쯤에 출선하여 바 다 한가운데에 이르렀는데, 유시(酉時)에 갑자기 북풍이 일며 안개가 사방에 자욱하게 끼고, 우뢰 와 함께 장대비가 쏟아졌습니다. …22일 인시(寅 時)에 거센 파도가 점차 가라앉으면서 바다 멀리 서 두 척의 배 돛이 남쪽에 오고 있는 것만을 바 라보고 있던 참에 격군들이 동쪽을 가리키며 '저 기 안개 속으로 은은히 구름처럼 보이는 것이 아 마 섬 안의 높은 산봉우리일 것이다.' 하기에"	정조실록, 정조18년(1794) 6월 3일조
(기상조건)	1881	"울릉도 검찰사(鬱陵島檢察使)를 지난날의 계품 (啓稟)에 따라 출발시켜야 합니다만 이 섬은 다 른 지역과 달라 순풍일 때를 기다려 바다를 건너 야 하므로 시기가 늦어질 염려가 없지 않습니다. 내년에 달려가게 하는 것이 어떻겠습니까?"	승정원일기, 고종18년(1881) 7월 5일조
(지리적 위치)	1882	"우산도는 곧 울릉도인데 우산(芋山)은 옛날 국 도(國都)의 이름이고, 송죽도는 곧 하나의 작은 섬인데 울릉도와의 거리가 3, 40리입니다. 그곳 에서 나는 것은 단향(檀香 단향목)과 간죽(簡竹 담배설대)이라고 합니다."	승정원일기, 고종19년(1882) 4월 7일조
울릉도 → 독도	1988	울릉도 도동항에서 독도까지 뗏목탐사(양력 1988.7.30~8.2). 약72시간 소요	한국탐험협회 /한국외대 독도문제연구회
러시아 블라디보 스토크→ 일본 오끼섬	1998	러시아 블라디보스토크에서 일본오끼섬까지 뗏목탐사(1997.12.31~1998.1.23)	김윤배 등(2007)

Ⅳ. 맺음말

이 글에서는 2011년 5월과 8월, 2012년 1월 등 세 차례에 걸친 거문도 등 전라남도 여수지역의 현장 답사를 토대로 조선시대 전라도 지역민들의 울릉도·독도 도해를 살펴보았다. 특히, 이 글에서는 기존 자료를 바탕으로 한 인문사회과학적 관점뿐만 아니라 자연과학적 관점에서 전라도 지역민들의 울릉도·독도 도해를 검토함으로써 학제간 융합을 시도하였다. 기계적 동력에 의존하지 않는 선박은 해류와 바람에 주로 의존한다. 그러므로 전라도 지역에서 울릉도, 독도까지의 항해에 대한 검토는 남해 및 동해의 해류와 바람에 대한 자연과학적인 이해가 뒷받침 될 필요가 있다.

현재 한일간의 논란이 되고 있는 부분 중의 하나가 독도의 명칭에 대한 부분이다. 독도가 현재처럼 '독도'라고 처음 기록에서 나타난 것은 1904년 일본 군함 신고호의 항해일지로 연구되고 있다. 하지만 1899년 '황성신문' 기록 등 바로 몇 해 전까지도 독도는 '우산도'로 기록되었다. 학계에서는 왜 우산도라 불렸던 독도가 갑자기 '독도'라는 이름으로 등장하기 시작했는가에 대해 제한적인 해석만을 제시하고 있으며, 이러한 이유 때문에 일본은 한국의 논점을 비판하고 있는 실정이다. 다만 국내 학계에서는 1882년 울릉도 검찰사 이규원의 보고서에 등장하는 울릉도 인구 141명 중 115명(82%)이 전라도 출신임을 근거로 두고서 돌을 '독'이라고 부른 전라도 방언에서 유래한 것이라고 연구하고 있으나, 우산도에서 독도로의 명칭변경에 대한 구체적인 연구는 부족한 실정이다. 이러한 이유로 독도명칭연구와 관련하여 전라도 남해안-울릉, 독도 등 지역간 교류사 연구가 뒷받침될 필요가 있다. 중앙정부가 울릉도를 사람이 살지 않는 섬으로 만들었던 1800년대 초의 기록인 다산선생의 '탐진어가'에 강진에서 울릉도로의 항해가 추정되는 기록은(治帆東向鬱陵行; 돛을 달고 동으로 울릉도를 간다네) 그래서 흥미롭다. 거문도에서 울릉도까지의 항해거리는 약 550km로 3노트로 향해하면 약 4일이 걸린다. 표층해류를 따져보아도 거문도에서는 대한해협으로 향하는 남해연안류와 대한해협을 거쳐 동해안을 따라 북상하다가 울릉도 혹은 독도로 사행하는 동한난류 등의 영향으로 울릉도, 독도로 향해하기가 수월하다. 인공위성에서 측정한 표층 수온분포는 대한해협에서 바로 독도로 흐르는 흐름을 또한 예측하게 한다. 전라권의 울릉도 항해와 표층해류 패턴은 1700년대 이전 지도에 등장하는 독도의 위치가 왜 울릉도의 왼편에 표기하였는가에 대한 의문에 실마리를 제공할 수도 있을 것이다. 강릉, 후포 등 동해안권에서 독도에 가면 울릉도가 먼저 등장하지만 전라권에서 항해하면 해류의 패턴과 독도가 울릉도보다 약23km 남쪽에 위치함을 고려할 때, 울릉도보다 독도에 먼저 도달하는 인식 때문에 독도가 울릉도보다 연안쪽에 기록되었다는 개연성을 품어봄직 하다. 당시의 지도는 정확한 측량의 결과라기보다는 지리적 인식의 표현이기 때문이다. 왜 독도의 명칭이 우산도에서 석도(石島)로 혹은 독도로 변경되었나 하는 연구는 울릉도를 비롯한 동해안권 연구만으로는 답을 찾기가 힘들다. 1882년 이규원의 보고서에서 말해 주듯이 전라도 거문도, 울진, 삼척, 울릉도 등 지역향토사를 바탕으로 한 지역간 교류사의 심층적인 연구에서 답을 찾아야 한다. 거기에는 인문학적 시각뿐만 아니라 자연과학 등 분야를 뛰어넘는 통합된 시각이 또한 요구된다. 향토사 연구의 의미가 다만 특정 지역에 국한되지 않고 국가의 영토문제 해결에 직결되는 이유가 여기에 있다.

서·남해안 도서지역의 전통장법 초분 (草墳)에 관한 고찰(考察)

주석봉(여수지역사회연구소 연구위원)

여수시 남면 유송리(금오도) 함구미 초분(2006년)

Ⅰ. 序

죽음은 사람이 태어나서 거쳐야만 하는 마지막 의례이며, 상례는 죽음의 의례이자 이에 대한 의례이다. 오늘날에도 '죽은 자를 어떻게 처리할 것인가' 하는 것은 매우 중요한 문제이다. 어느 시대 어느 사회에서도 죽은 자에 대한 처리는 그 사회의 사상, 종교 등과 관련되어 있다. 또한 쉽게 바뀌는 것도 아니며, 오랫동안 지속적으로 유지되는 관습이다. 그 장례 풍습의 하나인 초분을 이용한 세골장(洗骨葬)과 같은 고대의 장례 풍속이 최근까지 우리나라 남·서해안에서 유지되었던 이유는 어디에 있으며, 형태와 조성방법, 관리방법 그리고 지금은 왜 사라지고 있는지에 대하여 고찰 하고자 한다.

1. 초분의 정의

초분은 주검을 땅 속에 바로 묻지 않고 일정기간 지상에 두고 그 위를 풀이나 짚과 같은 것으로 덮어 두어 살이 완전히 썩도록 만든 후 살이 썩었을 것으로 생각되는 2~3년 후에 좋은 날을 잡아, 초분을 해체한 다음 뼈만을 거두어 다시 장례를 지내는 것을 말한다. 이때 뼈를 깨끗이 씻기 때문에 이러한 장법을 '세골장(洗骨葬)'이라고도 한다.

2. 초분과 유사한 장례법

시신을 매장하지 않고 옷을 입힌 채 또는 관에 넣어 공기 중에 놓아두는 장례법으로 풍장이 있으며, 폭장(曝葬)·공장(空葬)이라고도 한다. 풍장 중에서도 나무 꼭대기나 나뭇가지 사이에 두는 수장(樹葬)·수상장(樹上葬), 시렁 같은 것 위에 올려놓는 것을 대상장(臺上葬), 동굴 안에 두는 것을 동굴장, 절벽 끝에 놓아두는 애장(崖葬)이라 한다. 이러한 장례법은 북아시아의 고(古)아시아족, 고지(高地)아시아, 동남아시아, 폴리네시아, 오스트레일리아, 북아메리카의 여러 종족에서 볼 수 있다.

3. 초분의 다른 명칭

초빈(初殯)·가빈(家殯)·초장(草葬)·초빈(草殯)·고빈(藁殯)·출빈(出殯)·외빈(外殯)·소골장(掃骨葬)·촐장이라고도 한다. 그러나 유림에서 전통 유교 의례에 따라 유월장(踰月葬)의 초빈(草殯)과는 다르다. 유교의 유월장은 임종한 달의 그믐을 넘겨서 장사(葬事)하는 장례 방식으로서 23일장을 치른다. 유가의 선비 장례식의 전통에 따라 22일 동안 주검을 뜰 안에 초빈(草殯)으로 모셔 두고 상주들은 무시로 곡을 하며 생시처럼 밤에는 이부자리를 펴드리고 아침에는 문안 인사를 드렸다. 초빈은 뜰 안 적절한 곳에 관을 안치하고 눈비에 맞지 않도록 이엉을 덮어 둔 임시 묘소인 셈이다.

II. 本論

1. 우리나라에서 초분을 만든 장례풍속의 역사[1]

우리나라에서 초분을 만들게 된 것은 장례풍속의 하나인 빈(殯)에서 기인한다. 일찍이 동옥저에서는 사람이 죽으면 가매장 하였다가 피육(皮肉)이 다하면 뼈를 취하여 큰 목곽 안에 두는데, 온 가족이 그 곽을 함께 사용하였다. 고구려에서는 집안에 죽은 자를 가빈하였다가 3년이 지난 후에 날을 정하여 장례를 치렀다. 부여에서는 가능한 한 장례 기간을 늘리는 것이 예의였고, 주위 사람들의 만류로 5개월이 지나서야 마지못해 상을 마쳤는데, 이러한 관행은 "천자는 7일 동안 빈 하였다가 7개월 후에 장례를 지내고, 제후는 5일 동안 빈 하였다가 5개월 후에 장례를 치르고, 대부와 사, 서인은 3일 동안 빈 하였다가 3개월 후에 장례를 치른다"고 하는 ≪예기≫ 왕제(王制) 편에 따른 것으로 보인다. 백제의 경우 무령왕릉에서 나온 지석의 기록을 통해 무령왕과 왕비는 각각 2년 3개월 동안 3년 상을 치르고서 비로소 대묘에 안장되었음을 알 수 있다.

고려시대에는 숭불정책과 풍수지리설이 유행하여 장례제도에 많은 영향을 주었다. 이 시기에는 사람이 죽으면 일단 사찰 등에 빈 하였다가 그 달에 장례를 치르고서 약 2년 후에 이장하거나 화장한 뒤 유골을 사찰에 잠시 모셨다가 약 2년 후에 길지를 택하여 이장하는 것이 보통이었다.

---

[1] Daum사전 – 문화원형 백과사전 –

조선시대에는 ≪주자가례≫를 받아들여 사대부의 행동강령으로 삼으려 하였다. 그런데 ≪주자가례≫에는 구체적인 성빈의 예가 보이지 않는다. 하지만 조선전기 양반가의 경우 3월장 또는 유월장을 위해서 집의 사랑이나 행랑, 또는 마당 한 곁에 흙벽을 쌓아 관을 덮는 도빈(塗殯)이나 집 주변에 광을 파고 밑에 나무로 받쳐서 관이 땅에 닿지 않도록 하는 토롱을 하였고 경우에 따라서는 빈터에 가가(假家)를 지어 빈 하거나 산이나 들에 빈 하기도 하였다.

그런데 조선후기에 들어 명당을 택하여 장례를 치르면 후손들이 복을 받는다는 풍수설이 더욱 유행하면서 길지를 선택하거나 날을 잡기 위하여 3, 4년 후에 장례를 치르기도 하고, 또 죽은 자의 묘자리와 후손과의 산운(山運)이 맞지 않는다고 생각하였을 때에는 최고 30년 후에 장례를 치르기도 하였다. 이러한 장례 관행이 유행하면서 일반민들도 복을 받기 위하여 초분이나 토롱을 하며 2, 3년 후에 길일을 택하고 씻골하여 장례를 치르게 되니, 전국적으로 초분이 존재하게 되었다.

2. 썩는 살과 썩지 않는 뼈[2]

주검을 처리하는 방법은 첫째, 육체를 살아 있는 상태 그대로 처리한다. 둘째, 유체를 단지 주검으로 처리한다. 셋째, 썩는 살은 없애고 썩지 않는 뼈만을 처리한다. 이러한 주검 처리방법의 차이는 처리장소와 사후의 세계관과도 밀접한 연관이 있을 것으로 추측된다.

---

2) 장철수, 『옛무덤의 사회사』, 웅진출판(주), 1995, 76~82쪽

첫째, 살아있는 상태를 제대로 유지하기 위한 방법으로서는 이승의 세계를 단지 저승으로 옮기는 것이기 때문에 육체를 살아 있을 때와 똑같이 꾸몄을 것으로 보인다. 때에 따라서는 육체의 보존을 영속화하기 위하여 심지어는 육체를 썩지 않도록 하기 위한 조치도 취했을 것으로 짐작된다. 둘째, 주검을 단순한 주검으로 처리하고 있는 방법은 죽음에 대해서 별 다른 의미를 부여하지 않고 있는 사회나, 그렇지 않다 하더라도 일부 빈민계층에서 흔히 찾아볼 수 있다. 셋째, 뼈를 중요시하는 처리방법은 아마도 썩는 살보다는 잘 썩지 않는 뼈가 더 오랫동안 남아 있기 때문에 생겼을 것으로 추측된다. 따라서 이러한 처리방법에서는 살을 없애는 단계와 함께 남은 뼈를 처리하는 절차가 모두 중요한 의미를 갖고 있기 때문에, 다른 처리방법과는 달리 비교적 기간이 오래 걸리는 것이 특징이다. 그렇기 때문에 이러한 주검의 처리방법을 가리켜 '복장제(復葬制)' 또는 '이중장제(二重葬制)'라고 부르고 있다.

3. 뼈만을 남기는 방법[3]

현재까지 알려진 방법으로는 살을 자연스럽게 썩게 두는 방법이며, 또 다른 하나는 인공적으로 살을 없애는 방법이다. 살을 없애는 방법에서 이러한 차이를 보이는 것도 역시 각각의 방법에 대한 해석이나 관념의 차이에서 온 것이라 하겠다. 예를 들면 자연스럽게 살을 없애는 방법을 택하고 있는 사회에서는 육체를 불에 태우는 것을

---

3) 장철수, 『옛무덤의 사회사』, 웅진출판(주), 1995, 82~83쪽

형벌과 같이 나쁜 것으로 인식하는 반면에, 인공적으로 불에 태우는 방법을 택하고 있는 사회에서는 살을 태우는 것이 오히려 깨끗하다고 생각하는 것이다. 살을 자연스럽게 썩게 두는 방법으로 대표적인 것은 흔히 말하는 초분이며, 인공적으로 살을 없애는 방법으로 가장 알려진 것이 바로 불교의 다비(茶毗), 즉 화장(火葬)이다. 불교에서 화장을 중요시하는 이유는 여러 가지가 있겠지만, 본질적으로는 육체나 주검을 보는 관점에서 썩는 살은 더럽거나 불결하다고 생각하기 때문이다. 그런 점에서 불교의 화장은 뼈를 중요시하는 데서 비롯된 것이다.

4. 초분 분포지역

초분은 과거에는 우리나라의 내륙에서도 흔히 행해졌던 것으로 전해지고 있으나 최근까지는 전라남도 완도군 청산도(靑山島), 보길도, 여수시 금오도(金鰲島), 안도(安島), 개도(蓋島), 화양면(華陽面), 고흥군 나로도(羅老島), 신안군 증도(曾島), 도초도(都草島), 비금도(飛禽島), 자은도, 우이도, 영광군 송이도(松耳島), 낙월도, 전라북도 군산시 무녀도(巫女島), 부안군 계화도(界火島), 위도 등이며 해안가 육지에서도 성행하였다. 그리고 이웃나라인 일본 오키나와 제도에도 이러한 풍습이 남아있고, 중국 절강성에는 '초협관재(草夾棺材)'라고 부르던 이차장제가 최근까지 전승되었다.

(육지부 해안가, 2004년)   (육지부 해안가, 2004년)

<그림 1> 여수시 화양면 장수리 수문마을   <그림 2> 여수시 화양면 장수리 자매마을

5. 초분의 형태분류4)

가. 뉘움 초분 : 평지장(平地葬)이라고도 부름

나. 고임 초분 : 돌을 쌓고 시신을 올려두는 방법

다. 세움 초분 : 초분에서 육탈된 뒤에 특별한 사정으로 유골을 매
    장하지 않고 백지에 싸서 대설작이나 종이상자 혹은 비닐포대
    에 넣고 새끼나 노끈으로 동여매는 방법

라. 유지뱅이 초분 : 파묘에서 거둔 유골을 비교적 빠른 기일 내에
    이장하기 위해서 편의상 하는 방법

6. 초분을 쓰는 경우

가. '아직 육신이 그대로인데 박정하게 묻을 수 없다.'는 효도관념

나. 진송장을 선산에 묻는 것은 불효 중의 불효로 여기는 풍속

---

4) Daum 백과사전, http://enc.daum.net/dic100/topView.do

다. 섬사람들이 출어했을 때 그 육친이 돌아가면 자식인 상주가 돌아온 뒤 유골이라도 다시 볼 수 있게 하기 위해서

라. 부모보다 자식이 먼저 죽었을 경우 부모와 서열을 맞추기 위해

마. 한정된 토지에서 묘 자리를 확보하지 못할 경우

바. 음력 정월과 2월에 사람이 죽어 매장하게 되면 토지신이 노하기 때문에

사. 좋은 묘자리를 택하지 못해서 가장(假葬)형식으로 하는 경우

아. 이장을 하려고 했다가 육탈이 되지 않았거나, 운대가 맞지 않은 경우

자. 임산부가 죽었을 때 매장을 하면 두 사람의 죽음이 된다고 하는 인식

차. 죽은 자가 소생할 경우에 대비하기 위해서(여수시 삼산면 초도에서 증언)

카. 가난하여 관재(棺材)를 구할 수 없는 경우와 장지를 구하지 못해서

타. 어려서 죽었을 경우와, 전염병 또는 객지에서 죽었을 경우

파. 바로 매장하면 시신이 부패하면서 나온 오염수가 섬의 지하수를 오염시키기 때문에

하. '조상 대대로 지켜 오는 옛 관습이니 자기들대에 와서 그만둘 수 없어서 한다.'는 관습적인 이유

초분을 쓰는 이유는 위에서 열거한 한 가지 이유가 아니고 여러 가지 복합적 이유이지만, 조선시대 중앙정부의 정책과 해상·육상 교통이 발달하지 못하여 물류가 원활하지 못했던 이유에서도 찾을

수 있다. 이를 뒷받침하는 자료로 1804년 전남 신안군 우이도 유배지에서 정약전이 저술한, 당시 소나무 정책에 관한 논문『송정사의(松政私議)』에서 "또한 20년 사이에 나무 값이 3~4배 올랐고, 400~500냥에 달하는 관재(棺材)는 도회지 양반 권세가만이 쓸 수 있지, 궁벽한 시골 평민은 태반이 초장(草葬)으로 장례를 치르고 있다."고 했으며, 조선시대의 소나무 정책을 언급한『송금사목(松禁事目)』이나『만기요람(萬機要覽)』의 송정(松政)은 국가 소유의 봉산(封山)이나 개인 소유를 가릴 것 없이 바닷가로부터 30리 떨어진 이내의 산에 대하여 소나무 벌목을 금하고 있는 국법(沿海禁山)으로 인하여 관재(棺材)를 자체적으로 가공하거나 발달하지 못한 교통으로 구하기도 매우 어려웠을 것이다. 이 정책으로 인하여 도서는 물론 해안가 육지부에서도 초분이 보편적인 장례문화로 정착했을 것이다. 또한, 공도(空島)정책과 관련하여 왜구로부터 방어가 쉬운 큰 섬은 성종때부터 취락을 형성하였으나, 대부분의 섬들은 봉산, 봉수대, 목장으로 지정되어 이에 관련된 관원이나 말 사육을 담당한 목동들만 섬에서 거주하였다. 그 외 거주한 사람들은 부역을 피해 달아난 노비들이 숨어 들어와 취락을 형성하였으며, 언제 쇄환(刷還)될지 모르는 운명이었다. 섬으로 달아난 자가 쇄환당하면 곤장을 맞고 유배를 가기 마련이었다. 우리나라 도서는 대부분 1882년(울릉도), 1885년(여수 남면 금오도)사이에 허민령(許民令)이 내려져 봉산이 해제되고 일반인들을 섬에서 살게 하였다. 그 당시 초기에 섬에 정착한 사람들은 불안정한 현실과 부족한 물자와 더불어, 선산이 모두 육지에 있었기 때문에 복장제(複葬制)인 초분을 쓰게 되었을 것이다.

7. 초분의 조성방법 및 조성장소

　토장(土葬)과는 달리 초분으로 할 경우에는 장지까지 운구하는 과정은 같으나 하관하는 절차가 없다. 관이 장지에 도착하면 산신제를 지내고 관을 올려놓을 수 있게 땅바닥에 크고 작은 돌을 깔아 덕대를 만들고, 그 위에 굵은 새끼줄과 밧줄을 늘어놓고 멍석을 깐 후 관을 올려놓는다. 덕대 위에 올려진 관은 멍석으로 감싸고 미리 펴놓은 새끼줄과 밧줄을 당겨 단단히 묶은 후, 그 위에 관을 보호하고 병충해의 침입을 막아 줄 솔가지를 올린다. 짚을 엮어 놓은 것 같은 이엉을 이용해 관을 감싸고, 초가지붕을 엮듯이 이엉을 계속해서 두른다. 맨 마지막에 용마름을 올리고 새끼줄을 얹어 큰 돌을 매달아

<그림 3> 초분을 관리하고 있는 모습

묶는데 그 줄이 한두 가닥이 아니다. 좌우로 교차시키고 옆으로도 비스듬히 돌려 촘촘히 묶는다. 마무리 작업을 잘해야 날짐승이나 비바람으로부터 보호되는 완벽한 초분이 만들어진다. 그리고 초분에 군데군데 소나무 잎을 꽂기도 하고 초분 주위에 돌담을 쌓아 짐승들의 접근을 막는다.

초분의 조성장소는 땅에 묻지 않는 까닭에 짐승과 태풍 등 바람에 훼손되는 일이 많아 집에서 가까운 곳, 특히 밭 등에 많이 조성하였다. 한때 사람 뼈가 한센병, 간질병, 매독에 약이 된다는 소문이 있었던 시기에 많이 파헤쳐지기도 했다. 따라서 자주 둘러보고 관리를 해야 했다.

8. 초분의 관리와 성묘방법

이장하기 전에는 초분을 덮은 이엉을 1년에 한 번씩 육지에서 짚을 사다가 갈아주며 걷어낸 짚은 불에 태우며 이엉을 교체할 때는 술잔을 놓고 간단한 제를 지낸 후 걷어 낸다. 초가지붕이 대부분이 있던 시절에는 신 사람의 이엉을 갈기 전에 먼저 초분의 이엉을 가는 것을 예의로 삼았다. 따라서 일반무덤보다 관리가 어렵고 손이 많이 간다. 성묘방법은 명절이나 제사 때가 되면 일가친지들이 이곳을 방문하여 제를 올리고 그 표시로 이엉 위에 솔가지를 꺾어 꽂아 둔다.

9. 초분의 이장방법과 증도의 증골장

　이장기간은 보통 3년 이지만 5년 또는 10년 동안 그대로 두기도
한다. 만약 초분한 자리가 적격하다고 생각되면 다른 곳에 이장하지
않고 바로 본 매장을 하기도 한다. 이장 시기는 대개 2월 영등할머
니가 오는 달을 선택하며, 이장 날짜는 탈골 후 손이 없는 길일을 택
해서 한다. 전라북도 부안군 위도의 증골장(蒸骨葬)은 타 지역에 비
해 유골 처리 방법이 특이하다. 지관이 묘지를 선정하고 길일을 택
하여 초분을 한다. 상주 입회 아래 버드나무나 대나무 젓가락으로
유골을 머리쪽부터 골라내어 짚으로 만든 솔로 닦고 향물·쑥물·

(초분 해체모습. 2007년)

<그림 4> 여수시 남면 유송리 함구미마을

맑은 물로 각각 3번씩 세골 한다. 세골한 유골을 백지 위에 누운 순서로 맞추어 삼베로 묶어 입관 후 매장한다. 위도(蝟島)에서는 유골을 시루에 찌면서 당골이 굿을 하는데, 시루 옆에 매어 두었던 수탉이 울면 망혼(亡魂)이 온 것으로 알고 굿을 그치고 유골을 다시 상여를 써 2차장으로 매장한다. 상주들은 상복을 입고 시종 곡하며 지켜보는데, 1차장과 마찬가지로 산신제·평토제(平土祭)를 지내고 매장 후 성분제(成墳祭)를 지낸다.

10. 초분과 도서지역의 풍습

전라남도 진도군의 경우는 복장제때 반드시 씻김굿을 하여 망자의 넋을 위로해 준다. 도서민들은 사람들은 초분을 반드시 경외나 두려움의 대상으로만 여기지는 않은 것 같다. "귀신이 생사람을 데리고 묘 속으로 데리고 들어가면 못 나오지만 초분은 나올 수 있다"는 속담이 전해지고 있다. 이 말은 초분속의 사람이 아직 완전한 귀신의 세계로 접어든 것이 아니라 때 묻은 육신을 이승에 남겨놓는 과정에 있기 때문에 밤중에 초분 곁에서 자다가 귀신에게 ㄱ 속으로 끌려 들어가더라도 빠져 나올 수 있다는 말이다. 신안군 송이도의 주민들은 교회를 다녀도 초분을 하였는데, 마을에 좋지 않은 일이 생기든지, 아픈 사람이나 고기가 안 잡힌다든지 했을 때 책임은 초분을 하지 않은 가족에게 돌아가기 때문이다. 또한, 한자만 파고 들어가도 물이 고이는 섬의 토질 때문에 육탈이 되고 나서 뼈를 묻고자 하는 도서민들의 조상 숭배의식과 바람을 관장한다는 풍신(風神), 즉 영등할머니(여수지방에서는 영등함쎄)의 노여움을 피하기 위하여 정월에 초상이 나면 절대 땅을 다루지 아니했던 풍습이 지금도 강하게 남아있다.

11. 영광군 송이도의 특이한 초분

일반적으로 초분 후 약 3년 뒤에 매장을 하는 것이 일반적인 풍습이나 아래 송이도에서는 특이한 초분의 경우이다.

전라남도 영광군 송이도에서 인상적인 초분은 앉은 초분이다. 보통 초분은 길이가 260cm, 높이 110cm, 폭은 발 부분은 100~130cm, 머리는 80~100cm 정도로 위에서 타원형을 이루고 있지만 앉은 초분은 지름 170cm에 높이 70cm의 원뿔형을 하고 있다. 앉은 초분은 일반초분-앉은 초분-이장으로 가는 경우와 매장-초분-매장으로 가능 경우가 있다. 송이도의 故하경남 씨는 40여 년 전에 5월에 돌아가셨지만 운대가 맞지 않아서 매장을 하지 못하고 초분을 했다. 후에 매장을 하려고 했지만 오빠가 삼재가 들어 운대가 맞지 않아 뼈를 상자에 담고 그 위에 이엉을 얹어서 앉은 초분을 만들었다. 물론 명절에 성묘를 하고 있다. 이와 달리 매장을 했다가 초분을 한 경우로 함평에 매장을 했던 故오순이 씨는 송이도 인근 각이도가 친정인데 이장을 하려했지만 큰아들 운대가 맞지 않아 초분을 한 경우다. 낙월도와 송이도의 초분은 10여년 이상 된 것들이다. 그리고 매년 관리를 하고 있다. 믿는 사람들은 아무 때나 매장을 하지만 이걸 믿는 사람들은 운대를 봐야 하고 자식들에게 해가 될까봐 매장을 서두르지 않고 있다.

12. 도서지역에 초분이 오래 남아 있었던 이유와 사라진 이유

왜 도서지역에 초분이 오래 남아 있는가? 초분이 기록되어 있는 섬으로는 완도의 보길도, 청산도, 진도, 신안의 비금도, 도초도, 자은도, 우이도, 증도, 영광의 낙월도, 송이도, 부안의 위도, 고군산군도의 선유도, 무녀도, 야미도 등은 최근 1990년대 무렵에도 초분을 확인했다는 기록이 있다. 2000년 이후 비금도, 낙월도, 송이도에서 초분을 확인하였다.

우선 위에 열거한 지역 중 많은 지역은 고기잡이가 활발한 지역이다. 안강망(중선배)로 고기를 잡던 지역에서 한번 바다에 나가면 짧으면 한 사리(15일)이요, 조기잡이처럼 몇 달씩 조기떼를 따라 저 밑에 진도 조도에서 연평도까지 올라가며 이동하는 경우에는 돌아올 날을 기약할 수도 없었을 것이다.

의례 중에 의례로 여겼던 장례에 많은 인력이 필요했던 시기에 장정들이 바다에 나가고 나면 여자들만 장례를 치러야 할 일이다. 멀리 장지까지 어떻게 갈 것이며 땅을 파고 봉분을 만드는 일은 더욱 어려웠을 터인데 혹시 초분은 그런 이유로 도서지역에 오래 남아 있는 것은 아닌지 모를 일이다. 진도의 씻김굿에서 보면 상두꾼으로 여자들이 앞선다. 이것도 고기잡이와 연관이 있는 것 같다.

또 갑작스레 부고를 당하고 보면, 바다에 나간 자식들에게 알릴 수 있는 방법이 없었을 것이고 부모의 임종을 못한 것도 불효인데 입관에 시신마저도 볼 수 없다면 더 큰 불효가 되지 않겠는가? 그래서 자식이 돌아올 때까지 초분으로 대신할 수 있었기에 도서지역에서 오랫동안 지속되었을 것 같다. 1900년대 초까지만 해도 도서지방은 물론 육지에서도 많이 행하였는데, 일제강점기에 위생법이 제정되고 화장이 권장되면서부터는 남해와 서해안 일부 도서에서만 초분의 풍습이 행하여져 오다가, 일제강점기에 위생법이 제정됨에 따라 공동묘지가 조성되고 화장이 권장되면서 초분이 줄어들기 시작하였다. 더구나 의병들이 초분에 숨어 있다가 일본 병사를 공격하는 사건이 일어나자, 초분을 금지하고 기존의 초분은 일제히 매장하게 하였다.

1970년대에는 새마을운동을 전개하면서 행정적으로 초분을 금하자, 일부 남서해안의 도서지방에서만 초분이 존속하게 되었다. 1970년 10월 28일 지방지에 보도된 위의 기사를 보면 73세대에 445명이 거주한 여수시 화정면 사도에서 80여기의 초분이 있었고, 이준호 전라남도 여천군수가 옆의 큰 섬인 낭도(狼島)로 초분의 이장명령을 내린 기사이다. 사도(沙島)는 이름 그대로 모래섬이며 땅을 파면 바로 바닷물이 올라와 매장을 할 수 있는 환경이 아니다. 이를 기자는 토착미신의 악습으로 보도를 하고 있는 기사이다.

<그림 5> 1970년 10월 28일 지방지 보도기사

Ⅲ. 結言

초분은 매우 원시적인 형태를 간직하고 있는 전통장법으로 인정되며 유교식 장법이 관철되기 전의 토속장례의 전형성을 보여준다. 이러한 장례풍습은 부모를 공양하기 위한 도서민들의 효심과 토착신앙인 풍수지리설의 영향으로 여겨진다. 도서민들은 수일씩 바다에 나가 뱃일을 해야 하는데 이때 부모님이 돌아가신 경우 상주가 부모의 임종을 지켜보지 못했더라도 돌아온 뒤 부모의 얼굴을 볼 수 있도록 한 나름의 배려와 곧바로 진 송장을 선산에 묻는 것은 불효 중의 불효로 여기는 풍속에 기인한 것으로 여겨진다. 도서민들은 육신이 문드러지고 이승에서 살다간 흔적일랑 모두 씻어내고 깨끗한 뼈로 선산에 가는 것이 효라고 여겨 온 것이다.

시대에 밀려 초분은 이제 사라지고 있지만 그 시대 해안가와 도서민들의 사후 세계관, 육·해상교통의 미발달로 물류의 불편함, 경제가 발전하지 못하여 물자가 귀했던 시절, 중앙정부의 소나무와 공도정책의 영향으로 이중 장제인 초분이 대부분 쓰였으며, 이는 지역실정에 맞는 민초들의 삶의 지혜로 이해하여야 할 것이며, 초분을 만드는 본질적인 이유는 자연적으로 육체의 살을 없애고 뼈를 처리하고자 하는 것으로 뼈에 영혼이 담겨 있다고 생각하는 영혼관이 잘 나타나 있다. 이제는 이 전통장법이 관광자원으로 활용되고 있는데, 전라북도 군산시 옥도면의 선유도에는 초분공원이 조성되어 있다.

<그림 6> 전라북도 군산시 선유도 초분공원

참고문헌

임재해(1992), 『전통 상례』, 대원사.
장철수(1995), 『옛무덤의 사회사』, 웅진출판(주).
남면지편찬위원회(1994), 『남면지』.
여수·여천향토지편찬위원회(1982), 『여수·여천향토지』.
Daum 백과사전.
인터뷰((사)여수지역사회연구소 이사장 김병호, 남, 59세, 2010년 5월 22일).

新 玆山魚譜

임여호(전남대학교 초빙교수, 전 전남해양수산과학원장)

Ⅰ. 들어가는 말

여수해역은 대마난류 영향에 의한 온난한 해양성기후와 연중 적당한 일조량, 동·서해안 해류 교차, 조류소통 원활 등 양호한 해양 환경 조건과 360여 개 섬들과 광활한 갯벌 산재로 바다생태계인 수산생물이 다양하여 풍부한 수산자원을 보유하고 있다. 특히 여수해역 수산물은 예부터 맛과 멋을 자랑하는 토속적인 음식물이 존재하면서도 이를 종합적으로 정리되어 소개된 책자가 드물고 단편적인 것에 불과한 실정이다. 이와 관련하여 우리 지역에서 많이 생산되는 신토불이 웰빙 토종 수산식품 보급 활성화를 위하여 1~12월까지 매달 최고의 맛과 영양을 자랑하는 수산물을 간략히 발굴 소개하고자 한다.

II. 여수의 수산물

1. 1월의 수산물 / 남해안의 명물 꼬막

일 년 중 가장 춥다는 대한(大寒)을 지나 정월 초하루 정월 대보름을 즈음하여 조상들에게 제사상을 올리게 되면 빠지지 않아야 할 음식 중 한 가지가 바로 남해안의 명물 "**꼬막**"이다.

"간간하면서 쫄깃쫄깃하고 알큰하기도 하고 배릿하기도 한 꼬막을 한 접시 소복하게 밥상에 올려놓고 싶다" 작가 조정래 선생은 대하소설 태백산맥에서 꼬막의 맛을 이렇게 표현하고 있다.

차갑고 메마른 바람이 겨울 갯벌을 감쌀 때 남해안의 명물 꼬막이 제철을 맞았다. 추울수록 살이 실하고 쫄깃하며 영양분이 가득 찬 것이 설을 전후하여 속이 탱탱하게 꽉 차, 예로부터 임금님의 수랏상에 8진미 중 으뜸으로 꼽히고, 조상의 제사상에도 결코 빠지지 않은 것이 꼬막이다.

분류학적으로 꼬막은 새꼬막, 피조개, 큰이랑피조개와 함께 돌조개과에 속한다. 꼬막은 표면에 털이 없고 제사상에 오른다고 하여 '제사 꼬막'이라 불리며, 새꼬막은 표면의 골이 밋밋하고 털이 나 있어 제사에 쓰지 못한다고 하여 '똥꼬막'으로 불리었으나, 현재는 알이 통통하고 지역의 효자 품종으로 자리잡아 "왕꼬막"으로도 불리고 있다.

밤톨만 한 크기의 꼬막은 전남 여자만과 순천만, 득량만이 주생산지로써 연간 약 천여 톤 가량 생산되고 있으며, 이 양은 국내 생산량의 약 90% 이상을 차지하고 있다. 최근 들어 자원의 남획으로 생산량이 급감하고 있으며, 자연산 종패에 의한 양식에서 인공종묘생산 기술 개발로 전환되고 있다.

꼬막은 다른 조개류에 비해 많은 단백질을 함유하고 있다. 특히 필수아미노산이 골고루 들어 있으며 니아신, 히스티딘 등이 많다. 고단백, 저지방, 저칼로리의 알칼리성 식품으로 소화·흡수가 잘되어 병후 회복식으로 적당하다. 비타민 B_{12}와 철분이 많아 빈혈예방에 효과적이고 조혈강장제로 자주 섭취하면 혈색이 좋아진다. 특히 칼슘이 많아 어린이의 성장 발육에 있어 뼈의 발육을 좋게 한다. 음주로 인한 간의 해독에 우수한 효능을 가지고 있다. 철분, 코발트가 많아 여성이나 노약자들에게는 겨울철 보양 식품이다.

아무리 좋은 음식도 먹는 법에 따라 맛이 천차만별인지라 삶는 방법이 까다로운 꼬막이 더욱 그렇다. 꼬막은 우선 껍데기에 묻은 펄을 깨끗이 씻어낸 후 80~90℃ 물에서 데치듯 삶아야 한다. 꼬막은 끓는 물에 오래 삶으면 껍데기가 벌어져 영양분이 빠져나가고 맛도 질겨진다. 그래서 껍데기가 벌어지기 전까지 한쪽 방향으로 저어가며 2~3분간 살짝 끓이는 것이 비법이다.

아무쪼록 겨울철 제철 음식으로 맛과 영양에서 최고로 손꼽히는 꼬막을 방학 중인 학생들과 일반인들이 많이 애용하여 어린이에게는 성장 발육에 어른들에게는 조혈강장제로서의 좋은 식품이다.

가. 꼬막 야채무침

재료 : 꼬막 1팩(400~500g), 굵은소금 1/2주먹, 양파 1/2개, 오이
　　　 1/2개, 파프리카 1/2개, 청양고추 2개, 대파 1/2개, 깻잎 5장,

상추 10장, 간장 1스푼, 고춧가루 2∼3스푼, 고추장 1/2스푼, 설탕 1스푼, 식초 1스푼, 참기름 1/2스푼, 깨소금 1스푼

① 꼬막은 굵은 소금을 넣어 쌀을 씻듯 손으로 비벼 이물질을 제거한 후 흐르는 물에 두세 번 헹구어준다.
② 냄비에 꼬막이 잠길 만큼의 물을 끓여준 후 물이 끓으면 꼬막을 넣어 1분정도만 삶아 불을 꺼주고 뚜껑을 덮어 잠시 놔둔다. 체반에 받쳐 삶은 꼬막을 식혀준다.
③ 꼬막이 식는 동안 야채는 채 썰어서 준비해둔다.
④ 식힌 꼬막은 껍질을 까서 살만 발라 준비한다.
⑤ 믹싱볼에 야채와 꼬막 살, 분량의 양념을 넣고 버무려준다.
⑥ 큰 접시에 채썬 상추나 깻잎을 둘러주고 가운데에 소복히 꼬막무침을 올려준다.

나. 꼬막 양념찜

재료 : 꼬막 300g, 간장 2큰술, 참치액 1큰술, 다진파 2큰술, 붉은 고추 1개, 깨소금, 참기름, 후춧가루, 물 1큰술

① 꼬막은 깨끗이 씻고 냄비에 끓여 입이 살짝 벌어지면 불을 끈다.
② 삶아 둔 꼬막은 입을 수저로 벌린 다음 그물에 씻어서 살이 없는 한쪽 껍데기는 떼어낸다.
③ 분량의 양념간장을 섞어서 준비된 꼬막살에 얹어서 낸다.

2. 2월의 수산물 / 겨울철 시원함의 천하절색 물메기(꼼치)

여수를 비롯한 남해안의 겨울철 주당들의 해장국의 최고봉이며, 겨울 한철에만 시원한 맛을 볼 수 있어 겨울철 별미로 자리 잡은 **"물메기(꼼치)"**를 소개한다.

물메기는 생김새가 생선이라고 부르기엔 민망할 정도로 못생긴 천하박색으로 예전에는 어민들의 그물에 잡히면, 재수없어 할 만큼 천대를 받았으나, 지금은 최고의 계절별미로 탈바꿈 하였으니 생선 팔자 또한 시간문제인 듯하다.

물메기는 이름 또한 다양하다. 경상도에서는 물메기 또는 미거지라 하고 강원도에서는 곰치 또는 물곰이라 호칭하며 충청도에서는 물잠뱅이라 하기도 한다.

꼼치과(科)의 물메기는 우리나라 전 연안에 서식하고, 산란기는 12~2월인 겨울철이며 여수를 중심으로 남해안 연안으로 올라와 산란한다. 산란된 알은 해조류 줄기나 로프 등에 부착되어 덩어리를 형성하며, 보통 부화 후 1년이면 수컷은 40cm, 암컷은 32cm 정도로 성장한다. 수명은 1년 정도로 추정되며 어릴 때에는 작은 새우류, 젓새우류 등의 새우류 및 조개류를 주로 먹으며 성어가 되면 이들 외에 게류와 어류, 또는 자신의 알 등을 포식한다.

「오주연문장전산고」에는 "우리나라 호남 부안현 해중에 수전이 있는데 살이 타락죽 같이 양로에 가장 좋다"라고 소개되었으며, 『자산어보(玆山魚譜)』에는 "살과 뼈는 매우 연하고 무르며 맛도 싱겁지만 곧잘 술병(酒病)을 고친다."하여 해장효과 만큼은 탁월함을 인정한 셈이다.

겨울철에 많이 잡히는 물메기는 비린내와 기름기가 없어 해장국 재료로도 많이 이용될 뿐만 아니라 단백질과 각종 비타민, 유황, 필수아미노산 등 풍부한 영양을 함유하고 있고 겨울철 감기예방과 시력보호, 당뇨병 예방 개선이나 건조한 피부미용에 매우 탁월하며, 특히 지방성분은 절반수준도 되지 않아 다이어트식품으론 그만이다.

또한 물메기의 껍질과 뼈 사이에는 교질이 풍부하게 함유되어 있어 퇴행성 관절염예방과 당뇨병에도 효능이 있는 것으로 알려짐에 따라 겨울철 보양음식으로 아주 좋다.

여수 해역 전체적으로 어획되나 특히 관내 돌산 동안 해역에서는 전문 통발을 이용하여 어획되며, 남산동과 중앙동 수산물 시장에서 씨알 좋은 놈 한마리를 5천원내외에서 구입할 수 있다.

물메기탕을 끓이는 방식도 다양한데 남해안에서는 소금과 재래간장으로 간을 해서 맑게 끓이는 반면, 강원도에서는 얼큰하게 끓이며 특히 삼척 인근에서는 묵은 김치를 넣어 시큼하게 끓이는 것이 특징이며, 포를 떠서 구들구들하게 말린 후 갖은 양념을 해서 쪄낸 찜은 쫄깃쫄깃하여 또 하나의 겨울 별미이다.

득히 겨울철 물메기 한 마리로 환절기 가족들의 감기예방과 영양보충을 하는 것도 좋을 듯하다.

가. 물메기탕

재료 : 활어 물메기 1마리, 콩나물 머리 딴 것 조금(500원 어치), 무 1뿌리(작은 크기), 대파 2뿌리, 미나리 조금(반 줌 정도).

① 멸치 다시물을 만든다. 큰 냄비에 멸치 한 줌을 넣고 펄펄 끓인 뒤 멸치를 건져낸다.

② 물메기 한 마리를 먹기 좋게 5~6토막으로 자른다.

③ 콩나물은 머리를 다듬는다.

④ 마늘 한 통을 갈아 소금 1스푼으로 양념을 만든다.

⑤ 다시물에 물메기와 콩나물을 넣고 무 1뿌리를 삐쳐 썰어 넣은 뒤 양념을 뿌려 넣는다.

⑥ 센 불로 펄펄 끓인다.

⑦ 한번 끓인 뒤 대파와 함께 깨끗하게 손질한 미나리 반 줌을 넣어 다시 끓인다.

⑧ 먹기 전에 취향에 따라 후추를 넣거나 식초를 넣는다.

나. 물메기 찜

① 싱싱한 물메기를 깨끗이 손질하여 배쪽을 반으로 갈라 넓게 편 후 통풍이 잘 되는 그늘에서 1주일 정도 말린다.

② 말린 물메기를 쌀뜨물에 담고 1시간 정도 불린 후 마른 행주로 물기를 닦는다.

③ 파는 송송 썰고 간장, 통깨, 다진 마늘, 참기름을 서로 잘 섞어 양념장을 만든다.

④ 메기를 찜통에 넣고 그 위에 양념장을 바르고 20분간 찐다.

3. 3월의 수산물 / 쫄깃하고 담백한 봄기운의 새조개

봄기운을 풍기기 시작한 2~4월경 한창 쫄깃하고 담백한 조개 중 가장 으뜸인 "새조개"는 연체돌물 부족류 이치목 새조개과에 속하는 조개류로서 조개의 속살이 새의 부리모양과 닮아 새조개라 부르며,

크기는 아이들의 주먹만 하고 겉은 피조개와 비슷하다. 정약전의『자산어보』에는 "큰놈은 지름이 너댓치 정도로 껍질이 두껍고, 미끄러우며, 참새 빛깔에 무늬가 참새털과 비슷하여 참새가 변한 것이 아닌가 하고 의심된다. 북쪽 땅에는 매우 흔하지만 남쪽에는 희귀하다. 대체로 껍질이 두 개 합쳐진 조개를 합(蛤)이라 한다. 이들은 모두 진흙탕 속에 묻혀 있으며, 난생(卵生)이다"라고 기록되어 있다.

새조개는 주로 내해의 수심 5～30m의 진흙 바닥에 서식하고 주로 남해안에 분포하고 있다. 특히, 가막만, 여자만, 득량만 등 관내에서 생산되는 새조개는 주둥이 부분이 검고 살이 두터워 우수한 품질을 자랑한다. 요즘 한참 생산되든 제품의 가격은 kg당 3만5천 원～5만 원에 유통되고 있다.

새조개의 방언으로는 갈매기조개, 오리조개 등으로 알려져 있으며, 효능은 아미노산의 일종인 타우린은 근육회복, 피로회복, 당뇨병 예방, 신경안정, 성인병 예방에 효과가 있을 뿐 아니라 칼슘과 아연, 철 등 미네랄이 풍부하여 노약자, 어린이 임산부에 좋은 영양식품이다. 또한 아미노산과 핵산을 다량 함유한 저지방 저칼로리 식품으로 다이어트에 효괴기 있는 웰빙 식품으로, 따뜻한 봄 햇살 사이로 쌀쌀한 바람이 느껴지는 최고의 봄철 수산물로 새조개를 추천하며, 봄기운이 가득한 보양식으로 이용하여 봄기운에 취해 보는 것도 좋을 듯하다.

가. 새조개 샤브샤브

재료 : 새조개, 느타리버섯 150g, 표고버섯 4장, 야채국물 5컵, 양
　　　파 ½개, 당근 50g, 청·홍고추 1개, 마늘 3쪽, 대파 2대,

간장 1큰술, 소금 약간, 땅콩소스(땅콩버터 2큰술, 깨소금 1큰술, 간장 1작은술, 야채국물 ½컵, 소금약간, 설탕 1큰술, 식초 2큰술)

① 준비한 야채 국물을 간장과 소금으로 약간 간해서 끓인다.

② 끓기 시작하면 채 썬 새조개, 야채, 버섯 등의 재료를 넣어 살짝 익힌다.

③ 건져서 소스에 찍어 먹을 것. 소스는 따로 만드는데 샤브샤브 땅콩소스 재료를 모두 볼에 담고 준비한 야채 국물을 넣어 푼다.

나. 새조개 튀김

재료 : 새조개, 한우 안심, 실파, 달걀, 풋마늘, 참나무표고버섯, 밀가루(중력분), 붉은 고추, 밀(빵가루), 콩기름, 참기름, 후추가루

① 조갯살은 곱게 다져 놓는다.

② 표고버섯은 물에 불린 다음 곱게 다지고 붉은 고추, 마늘도 곱게 다진다.

③ 조갯살, 쇠고기, 파, 마늘, 표고버섯을 참기름, 후춧가루로 버무려 놓는다.

④ ③을 네모반듯하게 모양을 만든 다음 밀가루, 달걀물, 빵가루를 묻혀 170℃의 식용유에 바싹 튀긴다.

4. 4월의 수산물 / 입 안 가득 향긋한 봄의 건강식 도다리

도다리는 봄의 전령사로 불리기도 하며, 남해안의 해풍을 맞고 자

란 쑥을 넣고 끓인 봄 **"도다리"탕**(**쑥국**)을 먹기 위해 옛부터 식도락 가들에게 널리 알려져 있다. 도다리는 척색동물 경골어류 가자미목 가자미과에 속하는 어류로서 두개의 눈과 입이 몸의 위쪽에 몰려 있어 납작한 체형으로 그 생김새가 넙치와 쏙 빼닮았다. 하지만 '좌광 우도'라 하여 물고기와 마주보았을 때 눈이 왼쪽에 몰리면 광어(넙치), 오른쪽에 있으면 도다리이다.

한국, 일본, 동중국해, 대만 등의 북서태평양에 분포하며, 겨울철 제주바다에서 산란을 하고 봄이 되면 탱글탱글 살이 오르기 시작한 도다리는 서해에서도 잡히지만, 청정해역인 여수 가막만, 돌산 동측 해역, 남면 연안 등에서 어획된 것은 값도 비싸고 탄력과 맛이 좋아 최상품으로 꼽히고 있다. 먹이로는 갯지렁이류, 조개류, 새우류 등의 저서성 생물을 주로 섭식한다.

단백질을 많이 함유하고 있는 대표적인 흰살 생선이다. 흰살 생선에 풍부하게 포함된 비타민 A는 감기와 감염성 질환에 대한 저항력을 향상 시켜준다. 그리고 도다리의 비타민 B와 E는 각기병과 노화를 방지하며 타우린은 빈혈방지와 시력회복, 고혈압 예방에도 도움을 준다.

봄소식과 함께 우리 몸도 봄을 탄다. 나른하고 피곤하며 개중에 식욕까지 달아난다. 이럴 땐 어린 쑥과 함께 도다리를 넣고 쑥국을 끓이면 시원한 국물을 접하는 순간 봄이 왔음을 입맛으로, 몸으로 느낄 수 있다. 소화도 잘 되고 고단백의 저칼로리 식품으로, 황사 현상 발생 시 건강도 지킬 수 있는 보양식으로 다시 한 번 도다리를 권장한다.

가. 도다리 쑥국

재료 : 도다리(소) 1마리, 쑥 200g, 대파 ¼대, 다진 마늘 ½큰술,
풋고추·붉은고추 1개씩, 들깨가루 2큰술, 간장·된장 ½
큰술씩, 소금 약간, 물 6컵

① 도다리는 비늘과 내장을 제거한 다음 5cm 두께로 토막 썰어
준비한다. 알이 있으면 알은 그냥 남겨둔다.

② 쑥은 겉잎을 제거하고 뿌리를 잘라서 물에 깨끗하게 씻어놓는다.

③ 대파는 0.5cm 두께로 어슷 썰고, 고추도 대파와 같은 크기로
썬다.

④ 냄비에 물을 붓고 끓으면 된장과 간장을 넣는다. 여기에 도다
리를 넣어서 끓인다.

⑤ ④에 다진 마늘, 대파를 넣고 소금으로 간을 맞춘다. 여기에
고추, 들깨가루를 넣고 쑥을 넣어 한소끔 더 끓인 다음 그릇에
담아낸다.

나. 도다리 회무침

재료 : 도다리, 부추, 양파, 고추, 깻잎, 적채
양념장(고추장 5큰술, 식초 3큰술, 설탕 2큰술, 다진마늘 1
큰술, 깨소금)

① 도다리는 잘 손질하여 적당한 크기로 썰어 놓는다

② 부추, 양파, 깻잎, 고추는 가늘게 채썰어 놓는다.

③ 초고추장을 만들어 재료들을 넣고 버무린다.

④ 접시에 곱게 담아낸다.

다. 도다리미역국

재료 : 도다리 2마리, 마른미역 10g, 간장 약간

① 살아 있는 흰살 생선을 골라 내장을 제거하고 적당한 크기로 썰어 준비한다.

② 미역은 물에 불려 준비한다.

③ 냄비에 물이 끓으면 미역, 생선을 넣어 끓여 간장을 간을 한다.

5. 5월의 수산물 / 여수 별미, 골다공증예방, 두뇌 발달 탁월 서대

5월 여수해역 수산물로 맛과 영양이 풍부한 "서대"는 가자미목 참서대과의 어류로서 수심 70m 이내의 바닥이 모래가 섞인 펄질에 서식하며 전남 여수를 중심으로 남해안 중서부 지방의 명물이다.

서대는 생김새는 납작하고 볼품이 없으며, 『자산어보(玆山魚譜)』 에는 "장접이라 하고, 몸은 좁고 길며 짙은맛이 있다. 모양은 마치 가죽신 바닥과 비슷하다고 하고 속명을 혜대어"라고 소개하고 있으니, "서대가 엎드려 있는 게펄도 맛있다"라고 할 정도로 맛있는 생선으로써 맛이 담백하고 부드러워 어린이나 노인들이 먹기에도 적당하고, 칼슘, 철 등의 함량이 높아 골다공증 예방, 조혈작용과 같은 건강기능성 식품으로 손색이 없으며, 혈전, 심근경색, 뇌학습 발달에도 탁월하다.

특히 청정해역의 여수 여자만과 봇돌바다에서 주로 자망으로 어획되는 서대는 주로 회, 구이, 찜 등 여러 가지 요리로 이용된다. 특히 갖은 양념으로 버무린 새콤달콤한 서대회무침은 잃었던 입맛을 돋워주는 별미이며, 임금님 수라상까지 오른 귀한 음식으로 여수연안 해변가 및 남산동 수산물특화시장, 풍물시장, 국동, 여서동의 식당거리 등에서 진미를 맛볼 수 있다.

가. 서대회무침

재료 : 서대, 무, 당근, 오이, 양파, 막걸리 식초 혹은 식초, 각종 양념(초고추장에 풋고추와 마늘, 기타 등등)

① 서대는 큰 것일 경우에는 가운데 뼈가 크기 때문에 뼈를 발라 얇게 저민다.

② 무우, 당근, 오이는 채로 썬 다음 얼음물에 담궈 아삭하게 만든다.

③ 양파는 동그랗게 크게 썰어 물을 탄 식초에 담궈 둔다(양파의 단맛이 훨씬 강해진다).

④ 초장을 만들어 위의 야채와 서대를 썰어 둔 것을 오목한 그릇에 담아 살짝 무쳐준다.

⑤ 그릇에 상추를 깔고 그 위에 서대를 무친 것을 담는다.

나. 서대 찜

재료 : 서대, 물엿, 간장, 통깨, 실고추

① 서대는 내장과 비늘을 제거하고 30분 정도 소금으로 간한 다음 깨끗이 씻어 소쿠리에 담아서 말린다(오래 보관할 것은 바짝 말린다).

② 찜솥에 물을 반정도 붓고 김이 오르면 서대를 가지런히 놓고 그 위에 서대가 서로 붙지 않게 나무젓가락을 놓고 서대를 찐다.

③ 다 쪄지면 그릇에 놓고 물엿과 간장을 섞어 앞뒤로 바르고 통
깨와 실고추를 뿌린다.

6. 6월의 수산물 / 바다의 힘 갯장어

더운 여름 지친 심신을 위해 예부터 우리는 삼계탕과 보신탕으로
몸의 부족한 기운을 채워 왔다. 하지만 이에 못지않은 여름 보양식
품이 있으니 그것은 바로 바다의 힘을 자랑하는 갯장어다

뱀장어목 갯장어과의 속하는 갯장어는 뱀장어와 비슷하게 생겼으
며, 등쪽은 회백색이고 배쪽은 은백색의 빛깔을 가졌다. 수심 20~
50m의 모래 바닥과 암초에 서식하며, 회유성 어종으로서 제주도 남
방 해역에서 겨울을 보내고 봄이 되면 우리나라 남·서해안으로 북
상한 후 가을에 다시 남하한다. 산란기는 5~7월이며, 야행성으로
낮에는 바위틈에 숨어 있다가 밤이 되면 활동을 시작하여 물고기나
조개류를 잡아먹는다.

정약전의 「자선어보」에는 "입은 돼지같이 길고 이빨은 개처럼 고
르지 못하다"며 견이려(犬牙鱺)란 이름으로 소개되었다. 갯장어는
흔히 하모「ハモ」로 잘 알려져 있으며 이는 갯장어의 잘 무는 습성
으로 일본어 '물다'라는 뜻의 하무「ハム」에서 유래한 것이다. 갯장
어를 일본인들이 즐겨 먹은 사실은 여러 문헌에서 나타나는데 「조
선통어사정」을 보면 "경상도의 도처에서 서식하는데 사람들이 잘
잡지 않고 또 잡더라도 뱀을 닮은 모양 때문에 먹기를 꺼려하여 일
본인에게만 판매하였다."고 적고 있다.

그러나 허준의 『동의보감』에서는 해만(海鰻)이란 이름으로 '악창

과 옴, 누창을 치료하는 것'으로 소개되어 예로부터 보양식품으로 인정되어 왔음을 알 수 있다.

특히 비타민 A가 매우 풍부한 갯장어는 시력보호와 암 예방 등에 이용되며, 껍질에는 콘드로이틴(chondroitind)이 많이 함유되어 있어 미백과 피부탄력 개선에도 효과가 좋다.

또한 DHA와 EPA가 풍부하여 두뇌의 활동과 학습 기능을 향상시키며, 비타민E는 불포화지방산의 산화를 억제할 뿐만 아니라 혈관을 튼튼하게 하고 혈액 순환을 활발하게 해주어 고혈압, 동맥경화 등의 성인병 예방에 효과적이다.

갯장어는 잔가시가 많아서 손질하는데 힘들지만, 가시를 발라내고 잘게 썰어 양파에 싸먹으면 그 맛이 담백하고 쫄깃하여 미식가들의 입안에 군침이 고이게 하는 여름철 별미 중의 별미이며, 데침회(샤브샤브)를 먹은 후 고영양의 육수에 불린 쌀을 넣고 끓여 먹는 죽은 한수저 한수저가 영양의 보고이고, 그 맛 또한 일품이라 여성과 어린이 모두가 즐기는 건강 수산 식품이다.

도대체 얼마나 맛이 있었기에 일제시대에도 패류는 "새조개"를 어류에 있어서는 "갯장어"가 전략품목으로 정해져 단 한 마리도 우리나라 사람은 입에 넣을 수가 없었으며, 현지경찰의 엄격한 통제하에 전량이 일본으로 수송됐던 유일한 어종이었다.

갯장어는 주로 여수, 고흥, 사천, 고성 등에서 5~9월에 연안연승으로 어획되고 있으나 최근 들어 갯장어의 자원량이 날로 감소하여 '80년 5,300톤이 '90년 3,100톤, '04년 880톤으로 현저하게 감소하고 있다. 이에 따라 근래 들어 전남해양수산과학원에서는 2009년부터 갯장어의 자원회복을 위해 **남해안 갯장어 자원관리위원회를 구**

성 운영하여, 체포금지체장(전장 45cm 이하)을 제한하는 등 어업인의 자율적인 참여를 유도하여, 작년에는 1,600톤 수준까지 자원을 회복하는 등 적극 앞장서고 있다. 이러한 노력은 갯장어의 풍어를 기대할 수 있으며 풍성한 갯장어 식탁은 우리의 눈과 입을 즐겁게 해 줄 것이다. 아무쪼록 올여름 무더위 극복은 보양식인 우리해역 갯장어를 많이 섭취하여 이겨내기 바란다.

가. 갯장어 샤브샤브(데침회)

① 부추, 양파, 새송이버섯, 팽이버섯, 대추 등을 넣고 육수를 우려낸다.

② 갯장어는 뼈를 발라내고 먹기 좋게 토막을 내어 준비한다.

③ 갯장어를 약 20~30초 동안만 살짝 데쳐 겨자나 간장 소스에 찍어 먹는다.

7. 7월의 수산물 / 길조(吉兆)의 물고기 농어

여수 가막만의 해상기두리에서 연간 약 400만 마리가 양식되며, 연간 500여 톤이 생산되고 있는 농어는 '봄 조기, 여름 농어, 가을 갈치, 겨울 동태'라 하여 여름철 생선 중 첫 손으로 꼽는다.

정약용의 『아언각비(雅言覺非)』에 의하면 농어의 한자식 이름인 노어(鱸魚)를 '노옹어'라고 한다고 적었는데 농어라는 이름은 여기에서 유래한 것으로 추정되고 있다.

지금으로부터 약 7천만 년 전 신생대 제3기에 현저히 분화한 그룹(농어목)으로 바다에서 가장 많은 친인척을 가진 농어목의 농어는 물고기의 전형적인 모습을 갖춰 '바다의 미인'이라고 불릴 만큼 8등신의 날씬한 몸매를 가지고 있어 이러한 모습 때문에 학생들의 어류 실험 실습용으로 수모(?)를 겪기도 한다.

주로 우리나라 근해에 많이 서식하고, 산란기가 10월에서 이듬해 4월이며, 민물과 바닷물이 합쳐지는 강 하구에서 알을 낳고 그 알에서 깬 어린 고기가 강을 거슬러 올라가 봄과 여름을 보내고 가을이 깊어지면 다시 바다로 내려가는 습성을 가지고 있어 어린고기에서 성장할 때까지 크기에 따라 이름이 바뀌는 물고기라 하여 출세어(出世魚 : 껄데기 → 농어)라고 한다.

중국의 주나라 무왕이 천하를 통일하기 전 바다를 건널 때 큰 농어가 배 위로 튀어 올라 천하통일의 행운을 암시하여 이 후 행운을 가져다주는 물고기로 유명한 농어는 맛 또한 일품이다. 대표적인 일화로 '오중노회(吳中鱸膾)'는 중국 제나라 선비가 그 맛을 못 잊어 낙향한다는 이야기는 가히 농어의 맛을 짐작하기에 모자람이 없다.

허준의 『동의보감(東醫寶鑑)』에서 농어는 "오장을 보(補)하고 위를 고르게 하며 힘줄과 뼈를 튼튼하게 하는데 회를 쳐서 먹으면 더 좋은데 많이 먹어야 좋다"하였다. 이처럼 여름 농어는 다른 어류보다 단백질의 함량이 높아 대표적인 보양식으로 사랑받는다. 비타민 A, B, D는 물론 칼슘과 인, 철분, 나트륨, 니아신 등이 풍부해 예로부터 몸이 허약한 아이나 산모들이 원기 회복에도 좋으며, 구내염, 구각염, 당뇨병, 동맥경과, 만성피로, 부종 및 피부병의 치료와 예방에도 탁월하다. 민간요법에서는 농어의 쓸개를 '바다의 웅담'이라 하였으며 쓸개주는 취하지도 않으며 과음한 다음날 속풀이용으로도 이용하였다.

길(吉), 미(味), 힘(力)까지 삼박자를 고루 갖춘 농어는 주로 최고급 횟감으로 즐기지만 회를 싫어하는 어린이나 임산부는 다시마 국물에 싱싱한 농어살과 야채를 곁들인 농어 맑은 탕이나 소금을 뿌려 구운 농어구이도 좋으며, 여름철 기력보강과 보신용 특별음식으로 최고를 친다.

가. 농어 빠삐요뜨

재료 : 농어 160g, 파치먼트 페이퍼(유산지), 청·홍피망·양파 ½개씩, 블랙 올리브 5알, 핫칠리 1개, 케이퍼 3~4개, 화이트 와인 1~2큰술, 밀가루·당근·레몬·올리브오일 약간씩

① 농어는 신선한 것으로 준비해서 밀가루를 살짝 발라 올리브오일을 두른 팬에 앞뒤로 갈색이 나도록 굽는다.

② 유산지에 볶은 청·홍피망, 양파, 당근을 올린 뒤 블랙 올리브, 핫칠리, 케이퍼, 화이트 와인을 함께 넣어 밀봉한다.

③ ②를 200℃의 오븐에서 약 12분 정도 굽는다.

④ 레몬을 곁들여 낸다.

나. 농어샐러드

재료 : 농어살 560g, 시금치 ½단, 소스(바질 10g, 올리브오일 3큰술), 감자 3개, 우유 ½컵, 다진 마늘 4쪽 분량, 엑스트라버진 올리브오일 2큰술, 레몬즙 1개 분량, 소금·후춧가루·버터 적당량씩, 장식(고수 적당량, 케이퍼 2큰술, 레몬 슬라이스 3조각

① 팬에 농어살을 넣고 노릇노릇하게 굽는다.

② 시금치는 깨끗이 손질한 후 버터에 살짝 볶아 식혀둔다.

③ 바질과 올리브오일을 믹서에 넣고 갈아 소스를 만든다.

④ 감자는 삶아 껍질을 벗겨 으깬 후 우유, 다진 마늘, 레몬즙, 올리브오일과 잘 섞은 다음 소금과 후춧가루로 간하여 팬에 노릇하게 굽는다.

⑤ 접시에 ④를 담고 위에 구운 농어와 고수를 얹고 소스를 듬뿍 뿌린다.

다. 농어구이

재료 : 농어살 100g, 아스파라거스 4개, 홍피망 2개, 노란피망 2개,
　　　 가지 1개, 호박 1개, 올리브 오일, 발사믹 식초, 노즈베이,
　　　 허브, 버터, 백포도주, 닭육수, 소금, 후추

① 농어살 껍질 부분에 칼집을 내고 소금, 후추로 간을 한 후 올리브 오일에 굽는다.

② 아스파라거스는 껍질을 벗겨 삶고 야채는 다이아몬드형으로 썰어 놓는다.

③ 삶은 아스파라거스는 올리브 오일에 볶고 소금, 후추로 간을 한다.

④ 피망, 살롯, 가지, 호박은 버터에 볶고 소금, 후추로 간을 한 뒤 허브를 넣어준다.

⑤ 아스파라거스와 야채, 농어를 올린 다음 로즈메리를 곁들여 완성한다.

8. 8월의 수산물 / 바다의 카멜레온 문어

예부터 관혼상제와 임금님 수라상의 필수품인 문어는, 남아공월
드컵에서는 족집게 점쟁이로 놀라운 신통력을 발휘하여 스페인의
승리를 예견, 세계인의 이목을 집중시키며, 일약 월드컵의 스타로
급부상했었다.

문어는 중국 동해안, 한국, 일본, 캐나다와 미국의 서해안 등 북태
평양 연안에 분포하며 수심 100~200m의 깊은 곳에 있는 바위틈이
나 구멍에 서식한다. 둥근 머리모양의 몸체에 두 눈이 있고 빨판이
달린 8개의 발이 입주위에 달려 있어 팔초어(八稍魚), 팔대어(八帶
魚)라고도 한다.

문어의 피부는 크로마토포어(chromatophores)라는 색소세포로 이
루어져 있으며 각각의 세포는 적색, 흑색, 황색소의 작은 주머니를
갖고 있다. 문어는 단순한 신경자극만으로 이들 색소를 적절히 배합
하여 주변과 같은 색깔로 순식간에 몸을 변화하여 '바다의 카멜레
온'이라고도 불린다.

『동국여지승람(東國輿地勝覽)』에서 경상도·전라도·강원도·함
경도의 37개 고을의 토산물로 소개된 것과 『전어지(佃漁志)』에서
단지를 이용한 문어 잡는 법을 소개한 기록은 예부터 문어잡이가 활
발했음을 어림짐작케 한다. 이와 같은 어획방법은 현재까지도 널리
이용되고 있으며, 여수 돌산 신기마을에는 '여수문어단지협의회'가
구성되어 손죽도, 평도, 광도 일대에서 7월 중순부터 12월까지 단지
를 이용한 문어 잡이가 한창이다. 1일 100~200kg이 어획되어 kg당
만 원 내외로 판매되며, 문어 중 내장을 제거한 뒤 바닷바람과 햇볕

에 껍질째 말린 **"여수산 피문어"**는 피를 맑게 해 미역국과 궁합이 맞아 산후조리나 혈액순환에 좋은 건강식품으로 알려져 전국으로 판매되고 있다.

동의보감(東醫寶鑑)에서 문어는 "성이 평(平)하고 맛이 달고 독이 없으며 먹어도 특별한 공(功)이 없다."고 소개하였으며, 「자산어보」에서는 "배 안에 온돌은 능히 종기를 고치고 물에 개어 단독(丹毒·피부병의 일종)에 바르면 신통한 효과가 있다."고 하였으며, 민방에서는 문어 삶은 물로 두드러기, 동상치료에 사용하였고, 먹물은 치질 치료에 쓰였다.

또한 고단백, 저열량, 저지방의 문어는 글리신, 베타인, 타우린이 많이 함유되어 강한 단맛과 감칠맛이 특징이다. 특히 기능성분인 타우린은 혈중 콜레스테롤의 증가를 억제하여 동맥경화, 심장마비, 시력감퇴, 빈혈, 당뇨병 등에 효과가 좋은 음식으로 알려져 있다. 이외에도 성인병을 예방하는 EPA와 DHA가 풍부하며, 특히 아연과 구리가 많이 함유되어 미각장애를 예방하고 빈혈예방에 효과적으로, 수험생과 심신에 지친 현대인들의 여름보양 건강식과 입맛을 사로잡는 데는 그만이다.

문어는 회로 먹는 경우는 드물고, 대부분 삶아먹거나 말려 먹는다. 두 경우도 모두 고사리와는 음식궁합이 안 맞아 소화가 잘 안되므로 함께 먹으면 안 된다.

문어를 삶을 때는 녹차나 술, 소금, 식초를 넣으면 색이 선명하고 잘 물러지지 않으며 쫄깃쫄깃한 식감을 오래 유지할 수 있으며, 한번에 다 먹기 어려울 땐 삶아 다리 하나씩 잘라서 랩에 싸서 냉동시켜두었다가 썰면 아주 얇게 잘 썰어진다.

이러한 우수식품인 **여수산 문어는** 2012 세계박람회 개최 기간 중, 지역 특산품으로 널리 소개되어 판매되었다.

가. 문어샐러드

재료 : 문어 데친 것 200g, 실부추, 빨강과 노랑 파프리카, 양파 적당량씩, 소스(올리브오일 4t, 유자즙 4작은술, 간장 2작은술, 두반장 2작은술, 설탕 1작은술, 참기름, 다진생강, 소금,후추 약간씩)

① 파프리카, 양파, 실부추는 얇게 채 썰고, 문어는 먹기 좋은 크기로 썬다.

② 소스를 분량대로 만들어 준다.

③ 데친 문어에 야채를 얹고 드레싱을 끼얹는다.

나. 오이문어냉국

재료 : 오이 ½개, 문어 다리(데친 것) 1개 분량 부재료 설탕 ½큰술, 방울토마토 3개, 파프리카 ¼개, 된장·생강즙 2큰술씩, 식초 3큰술, 다진 마늘 ¼큰술, 청양고추가루 ½작은술, 물 1컵, 레몬즙 조금

① 오이는 채 썰고, 문어 다리는 모양 살려 동그랗게 썬다. 방울토마토는 반 가른다.

② 분량의 물에 식초, 레몬즙, 다진 마늘, 설탕을 고루 섞어준다.

③ ②에 된장을 풀어 된장국물을 만든다.

④ ③에 ①

9. 9월의 수산물 / 가을의 전설 전어

무더위가 기승을 부리던 여름이 지나고, 아침저녁 제법 서늘한 바람이 가을의 문턱에 섰음을 알리는 시기까지 그 맛의 절정을 자랑하는 가을의 전설, 전어의 계절이다.

가을을 대표하는 생선으로 조선 후기 실학자 서유구는 「임원경제지」에서 "전어는 기름이 많고 맛이 좋아 사는 이가 돈을 아깝게 여기지 않아 전어(錢魚)라고 부른다."고 했던 이름의 유래와 더불어 '가을 전어 머리엔 깨가 서말'이나 '가을 전어 굽는 냄새에 집나간 며느리도 돌아온다.'는 속담은 가을 전어가 얼마나 맛있는가를 잘 표현하고 있다.

청어목 청어과의 전어는 수심 30m 이내의 연안에 주로 서식하며, 봄철인 3~8월에 산란한다. 여름내 각종 플랑크톤과 유기물을 먹고 성장하여 수온이 떨어지는 가을쯤 유선형의 날렵한 몸매로 약 20cm 정도 성장한다. 눈 주위가 기름눈꺼풀로 덮여 있어 머리 쪽이 맛있으며, 등 쪽은 암청색, 배 쪽은 은백색을 띠고 꼬리지느러미가 선명한 노란색이 특징이다.

정약전의 「자산어보」에서 "기름이 많고 달콤하다"고 기록된 전어는 가을에 살이 오르고 지방질이 풍부해 맛이 좋지만, 산란기엔 기름기가 빠지면서 살이 퍽퍽하다. 따라서 산란이 끝난 8월 이후 살과 지방질이 오르면서 9~10월 전어가 가장 맛이 있게 된다. 10월이 지나면 전어가 깊고 바다로 이동해 잡기 어렵게 되고 뼈도 억세진다.

씹을수록 고소한 전어는 DHA와 EPA 등 불포화지방산이 풍부하여 콜레스테롤의 수치를 낮춰 성인병 예방에 효과적이며, 회로 먹을 땐 뼈째 먹는 만큼 칼슘 섭취량도 뛰어나며 비타민을 비롯한 인과 철 등 미네랄 성분도 많고 타우린이 풍부해 피로회복과 피부미용에 좋다.

한방에서 전어는 이뇨 작용을 돕고, 위를 보하며, 장을 깨끗하게 하는 효과가 있다고 하며 특히 아침 기상 때 온 몸이 붓고, 팔다리가 무거우며 소화가 잘되지 않는 50대 이후 장년층에게 가장 좋은 약이 된다고 알려져 있다.

회, 구이, 무침 등 조리방법에 따라 얼마든지 입맛의 변신을 꾀할 수 있는 전어는 여수 남산동 수산물 특화시장에서 1kg당 2만 원에 판매되고 있으며, 소호동 등 일반 음식점에선 전어정식을 맛볼 수 있다.

제철에 나는 음식을 제대로 먹으면 그것이 바로 보약이다. 가을철 기름기가 자르르 흐르는 전어의 고소한 유혹에 우리 모두 빠져봄이 어떨까.

가. 전어구이

① 비늘을 치거나 내장을 빼는 행위는 금물이다. 그대로 좌우 칼 집만 2～3개 준다.
② 굽는다.

나. 전어회

전어는 비늘만 벗긴 뒤 뼈째로 두툼하게 회를 썰어 양념된장과 마늘을 곁들여 상추쌈을 사서 먹는 것이 가장 맛이 좋은데 씹을수록 고소해지는 뒷맛은 깊고 은은하다.

10. 10월의 수산물 / 가을의 별미 삼치

청명한 하늘의 흰 구름과 울긋불긋 곱게 물든 단풍이 가을의 향기를 전할 때 드넓은 들녘은 풍성한 오곡백과가 황금빛으로 물들고, 바다에선 힘세고 찰진 삼치가 가을소식을 전한다.

고등어과에 속하는 삼치는 고등어, 참치 등과 함께 등푸른 생선의 대표 주자로써 기름지고 부드러워 치아가 약한 노인들에게 아주 좋으나, 조선시대 망어(亡魚)라고 하여 사대부들에겐 결코 사랑받지 못했다.

서유구의 「난호어묵지」에서는 이에 대해 자세히 기록하였으며, 그 내용은 삼치의 맛이 너무 좋아 관찰사가 정승에게 보냈으나 지방질이 많은 삼치가 상해버렸고, 썩은 생선을 받은 정승이 몹시 화가 나 관찰사를 좌천시켰다. 그 후 사대부들은 삼치를 '벼슬길에서 멀어지는 식품'이라 하여 먹는 것을 기피한 것으로 알려졌다.

우리나라 서해와 남해, 동중국해, 일본의 홋카이도 등 북서태평양의 온대 해역에 분포하는 삼치는 몸이 가늘고 길며 옆으로 납작하고, 등쪽은 회색을 띤 푸른색이며, 배쪽은 은백색으로 금속성 광택을 띤다. 최대 몸길이 100cm까지 성장하며 봄에는 산란을 위해 연안으로 산란회유를 하며, 가을에는 남쪽인 먹이가 풍부한 일본근해로 이동한다.

삼치는 크기에 따라 다양한 이름을 가지고 있다. 몸길이 30cm 안팎의 작은 것을 '고시', 그보다 약간 큰 것은 '야나기' 그리고 길이 70~80cm에 무게가 1kg 이상의 것들이 비로소 '삼치'라고 부른다.

삼치는 거문도와 나로도 사이가 주어장이며, 7~8월 중순까지는 대개 어린 새끼가 어획되나 찬바람이 부는 9~12월 초까지는 삼치 잡이의 절정기이다. 삼치잡이는 정치망, 유자망 등 다양한 어법으로 어획된다. 그러나 거문도와 나로도에서는 뱃전에서 먹이가 없는 '공갈낚시'로 잡는 채낚기(끌낚시)를 이용함에 따라 외적 손상이 없으며, 신선하여 kg당 1만 원 내외로 타지역의 삼치보다 위판가격이 높다.

씹지 않고 혀만으로 즐길 만큼 부드러운 삼치는 지방함량이 높으나, 쇠고기나 돼지고기의 포화지방산과는 달리 EPA, DHA 등 불포화지방산을 다량 함유하여 저밀도 지단백(LDL)의 생성을 억제함에 따라 동맥경화, 뇌졸중, 심장병을 예방한다.

삼치는 뇌세포 생성에도 이로우며, 아이의 두뇌와 시각, 운동신경 발달에 좋고, 노인의 치매예방에 효과적이다. 삼치가 함유하고 있는 칼슘은 체내 나트륨을 몸 밖으로 배출하여 혈압을 낮추는 역할을 하며, 비타민A는 야맹증과 감기를 예방하고, 비타민B는 빈혈이나 각기병 등을 예방한다. 또한 비타민E는 노화현상을 막아줌으로 피부 미용에도 매우 좋다.

일교차가 크고 건조한 가을, 감기예방과 함께 피부 보호, 더불어 수능을 앞둔 수험생의 학습능력 향상을 위해 맛과 영양이 풍부한 삼치 상차림은 가족의 건강관리를 위한 현명한 방법 중의 하나가 될 것이다.

가. 삼치 마요네즈구이

재료 : 삼치 1/2마리, 슬라이스 한 마늘 3쪽분량, 포도씨유, 소금, 후추

마요네즈 소스 : 마요네즈 3큰술, 씨겨자 1큰술, 레몬즙 1작은술, 파슬리가루

① 삼치는 뼈를 발라내고 소금, 후추를 뿌려 밑간을 한다.

② 마요네즈 소스재료 중 파슬리를 제외하고 잘 섞어 준다

③ 뜨거운 팬에 포도씨유를 두르고 마늘을 볶아낸다.

④ 밑간해둔 삼치를 앞뒤로 노릇하게 구운 후 쿠킹호일에 구워진 삼치를 얹고, 그 위에 마요네즈 소스를 올린다.

⑤ 파슬리 가루를 솔솔 뿌린 후 생선그릴에 5~6분정도 구워 준다.

나. 삼치 강정

재료 : 삼치(3토막), 소금, 후춧, 녹말가루, 마늘, 청양고추, 홍고추

소스 : 간장 1큰술, 굴 소스 1큰술, 맛술 2큰술, 청주1큰술, 물엿 2큰술, 식초 2큰술, 물 33큰술, 생강가루, 후춧

① 토막 손질한 삼치는 소금, 후춧로 살짝 밑간을 하고, 녹말가루로 옷을 입혀 준다.

② 충분히 달군 팬에 넉넉히 기름을 두르고, 삼치를 넣고 앞뒤로 노릇 바삭하게 구워낸다.

③ 편으로 썬 마늘은 잘 달군 팬에 볶은 후 소스재료를 모두 넣고, 청고추와 홍고추도 송송 썰어 같이 넣어 바글바글 끓여 식초의 신 맛이 달아나도록 걸쭉하게 끓여준다.

④ 구운 삼치 위에 만들어진 소스를 끼얹어 준비한다.

11. 11월의 수산물 / 임금님 수라상에 오른 조피볼락(우럭)

찬바람이 솔솔 불어오는 이맘때면 바다에서 올라오는 생선과 해산물들이 제대로 물이 올라 잃어버렸던 입맛을 한결 자극한다. 그중

에서도 추운 겨울, 우리의 미각을 자극하는 것은 당연히 따뜻하고 얼큰한 국물요리인데… 그 얼큰한 요리의 주인공은 바로 조피볼락 (우럭)이다.

쏨뱅이목 양볼락과의 조피볼락은 색이 검고 어두운 곳을 좋아하므로 『자산어보』에는 검어(黔魚), 검처귀(黔處歸)로 소개되어 있다. 주로 '우럭'이라는 방언 이름으로 잘 알려져 있다. 이는 우럭이 잘 잡히다가 기상변화나 주변여건 변화에 따라 입질을 하지 않는 특징을 잘 들어낸 울억어(鬱抑魚)라는 이름에서 유래된 것으로 추정되며 200년전에 실학자 서유구가 지은 『임원경제십육지』의 「전어지」에도 울억어가 기록되어 있다.

조피볼락은 주로 연안의 암초지대에서 서식하는 연안 정착성어류로써 가을과 겨울에 남쪽으로 이동하여 월동하는 계절회유를 한다. 밤에는 표층이나 중층에서 별로 움직임이 없으나 낮에는 무리를 이루어 활발히 움직인다. 또한 알을 낳는 일반 어류와는 달리 11~12월에 암컷과 수컷이 교미하여 이듬해 4~6월에 새끼를 낳은 난태생어류이다.

서글서글한 큰 눈이 매력적인 조피볼락은 눈이 커서인지 겁이 많고 보호 본능이 강하여 암초에 10~20마리씩 무리를 지어 서식하며 무리 중 1마리가 먹이가 있거나 적이 나타나면 알려준다. 이러한 습성으로 조피볼락 한 마리가 잡히면 그 곳에서는 많은 양의 조피볼락을 잡을 수 있다.

넙치 다음으로 많은 양이 양식되고 있는 조피볼락은 육질이 담백하고 부드러운 남녀노소 누구가가 선호하는 어종이며, 예로부터 임금님의 수라상에 올랐던 진품중의 하나이다.

조피볼락은 메티오닌, 시스틴과 같은 함황(含黃)아미노산의 함량이 풍부하여 간 기능 향상과 피로회복 등에 효과적이며, 조피볼락에 들어있는 지방산에는 필수지방산의 함량이 많으며, 비타민E가 노화를 방지하며, 칼슘, 마그네슘, 인 등의 무기질과 비타민도 많이 포함되어 소화가 잘돼 노인이나 아이들이 먹기에도 좋은 생선이다.

저수온에 강해 겨울철 월동이 가능하여 관내 주요 양식어종 중의 하나인 조피볼락은 전국적으로도 우리 여수가 수위를 점하고 있으며, 남면, 화태, 나발, 개도 등의 해상가두리에서 약 5천3백만 마리가 양식되고, 연간 3,000톤이 생산되며, kg당 10,000~12,000원에 위판 되고 있다. 특히 관내의 청정 해역에서 양식된 조피볼락은 육질이 단단하고 식감이 좋아 횟집과 음식점에 선호도가 매우 높다. 여수시 구항, 여서동 2청사 및 학동 주변식당가에서 얼큰한 매운탕이 손님들의 입맛을 사로잡고 있다

추운 겨울, 움츠러든 몸과 마음을 깨우는 데 맛있는 음식만큼 좋은 게 또 어디 있을까. 감기예방과 함께 피부 보호, 피로회복을 위해 맛과 영양이 풍부한 조피볼락의 정성어린 식사는 건강관리의 밑거름이 될 것이다.

가. 조피볼락 매운탕

① 조피볼락은 꼬리 쪽에서 머리 쪽으로 비늘을 말끔히 긁어내고 지느러미와 내장을 떼어 낸 다음 깨끗이 씻어 토막을 낸다.
② 모시조개는 옅은 소금물에 담가 해감을 토하게 한다.
③ 냄비에 물 3.5컵을 붓고 끓으면 해감을 뺀 모시조개를 넣어 끓인다. 조개가 입을 벌리면 조개는 건지고 국물은 채에 걸러 맑

게 받는다.

④ 무는 3~4mm 두께로 나박 썰기하고, 양파는 굵직하게 채썬
다. 미나리는 다듬어 씻어 5cm 길이로 자른다.

⑤ 호박은 도톰하게 반달썰기 하고, 풋고추, 붉은 고추, 대파는 어
슷하게 썬다.

⑥ 고춧가루 2큰술에 분량의 재료(고추장 1큰술, 설탕 약간, 다진
마늘 2큰술, 다진 생강 1/2큰술, 소금. 후춧가루 약간)를 합해
고루 섞어서 매운탕 끓일 양념장을 만든다.

⑦ 냄비에 나박 썬 무를 넣고 ③의 조개국물 3컵을 부어 끓인다.
양념장을 풀고 끓으면 조피볼락을 넣어 끓인다.

⑧ 생선살이 익으면 양파, 호박을 넣어 더 끓인다. 맛이 어우러지
면 모시조개, 고추, 대파, 쑥갓을 넣고 살짝 끓여서 낸다.

나. 조피볼락 조림

① 조피볼락은 비늘을 긁어내고 씻어 물기를 닦은 후 몸통에 칼
집을 서너 번 넣고 녹말가루를 앞뒤로 고루 묻힌다. 달군 팬에
식용유를 넉넉하게 붓고 노릇하게 굽는다.

② 다진 쇠고기는 키친타월에 올려 핏물을 빼고 분량의 고기 양
념(다진 양파 1큰술, 다진 마늘·설탕 1작은술씩, 소금 ¼작은
술, 깨소금·후춧가루 약간씩, 참기 적당량)을 모두 넣고 치댄다.

③ ①의 조피볼락이 한 김 식으면 칼집 사이사이에 ②를 채워 넣
는다.

④ 대파는 4cm 길이로 잘라 곱게 채 썬 후 찬물에 헹궈 싱싱하게
한다.

⑤ 분량의 조림 양념(간장 5큰술, 물엿 4큰술, 다진 청양고추·청주 2큰술씩, 다진 생강 1큰술, 다시마 국물 3컵)을 냄비에 담고 준비한 조피볼락을 넣어 약한 불에서 은근하게 조린다. 조피볼락의 윗면에 간이 배도록 숟가락으로 양념을 끼얹어 가면서 익힌다.

⑥ 준비한 대파채를 그릇에 담고 조피볼락찜을 올린다.

12. 12월의 수산물 / 겨울 비타민 굴

동장군이 기승을 부리는 겨울, 추운 날씨를 핑계 삼아 움추려 들기 마련이다. 자연스레 햇볕 노출이 적어지고 면역력이 약해질 수 있어 건강관리에 각별히 신경을 써야 할 때이다. 우리의 몸을 보호하고 건강한 겨우살이를 위해 영양 덩어리인 **겨울 비타민** 굴은 우리나라에서 서식하는 굴의 종류는 참굴과 강굴, 바윗굴, 털굴, 벗굴 등 5종인데 이 가운데 산업적으로 가장 중요한 것은 참굴이다.

참굴은 둥근 형에서부터 가늘고 긴 형에 이르기까지 형태가 일정하지 않고, 우리나라 전연안에 분포하며, 난생형(卵生形)으로 늦봄이나 여름에 산란한다.

굴은 동서양을 막론하고 세계인의 식탁에서 사랑을 받아왔으며 특히 고대 그리스인과 로마인은 생굴이 '사랑의 묘약'이라고 믿었다. 이로 인해 굴은 로마시대 때부터 양식되어 왔다.

우리나라에서 굴의 역사는 「동국여지승람」에서 강원도를 제외한 7도(道) 70고을의 토산물로 기록돼 있으며, 굴은 우리 연안에 널리 분포되어 즐겨 먹었음을 알 수 있다. 이에 따라 얽힌 속담 또한 다양하다. 뭔가를 눈 깜짝할 사이에 먹어치우거나 어떤 일을 순식간에 해치울 때 '남양원님 굴회 마시듯 한다.'하며, 정조가 굳은 여인을 '굴같이 닫힌 여인'이라 하였다. 또 '배타는 어부의 딸은 얼굴이 까맣고, 굴따는 어부의 딸은 하얗다.'는 속담은 굴이 멜라닌 색소를 파괴하는 기능을 갖고 있어 피부를 아름답게 하고 얼굴색을 좋게 한다는 굴의 효능을 잘 표현한 것이다.

굴은 '바다에서 나는 우유'로 불릴 만큼 영양학적으로 우수한 식품이다. 단백질과 지방, 회분, 글리코겐 등의 영양소를 비롯해 칼슘과 인, 철 등의 무기질이 풍부하고 각종 비타민과 필수아미노산도 많이 들어 있다. 굴에 함유된 타우린과 글리코겐은 각종 성인병과 간염, 시력회복에 효과가 좋으며 중금속 해독 및 세포기능을 활성화하는 셀레늄 또한 풍부하여 세포와 세포막을 발암물질로부터 보호한다. 또한 굴은 갑상선 이상을 예방하는 요오드와 남성호르몬(테스토스테론)의 활성을 강화하는 아연을 다량 함유하여 남성의 성 기능을 향상시키는 스태미나 식품이기도 하다.

이외에도 한방에서 굴껍질은 소금물에 넣고 끓인 뒤 불로 태워 만든 가루를 설사와 여성의 냉·대하 증, 남성이 누정(漏精)에 이용하였다.

굴의 주요 생산지는 남해안의 여수, 통영, 남해, 고성, 고흥 등이며 관내에서는 가막만, 장수만, 돌산 동안에서 연간 약 3만 톤가량 생산되어 연간 3백억 원 이상 생산고를 올리고 있는 효자품목이다. 특히 여수 굴은 플랑크톤이 풍부한 청정 해역에서 친환경적으로 양식되어 화양면과 돌산 일대의 해변가로 자리한 굴구이 전문식당에서 타지역보다 씨알이 굵고 입안에서 씹히는 깊은 맛과 향이 월등하다.

이런 이유로 여수의 굴은 생굴, 굴구이용 등으로 전국 각지에 판매되며, 특히 관내 화양면과 돌산 일대의 해변가로 자리한 굴구이 전문식당에서 **명품 굴구이**를 맛볼 수 있다.

가. 굴 꼬치구이

재료 : 굴 200g, 새송이 버섯 2개, 꽈리고추 10개, 꼬치 15개

소스 : 올리브유, 허브맛 솔트, 레몬즙 약간

① 올리브유에 허브맛 솔트를 적당히 섞고 레몬즙을 약간 섞는다.

② 꽈리고추는 반으로 가른다.

③ 새송이, 굴, 고추, 굴, 고추 순서로 꼬치에 꽂아준다.

④ 팬을 달궈 소스를 발라가며 앞뒤로 굽는다.

나. 굴 튀김

재료 : 굴 100개, 밀가루 3큰술, 달걀 1개, 빵가루 1컵, 굵은 소금
　　　조금

소스 : 레몬 ½개, 꿀 1큰술, 다진양파 ½큰술, 다진 청·홍피망 각
　　　1큰술, 간장 1작은술 소금 조금

① 굴을 찜기에 살짝 찐 다음 숟가락으로 알맹이를 떼어낸다.

② 밀가루, 달걀, 빵가루 순으로 튀김옷을 입힌다.

③ 기름에 노릇하게 튀겨낸다.

④ 굴껍질 속에 굴튀김을 넣고 굵은 소금을 깐 접시에 예쁘게 놓고 레몬소스를 곁들여 낸다.

다. 굴밥

재료 : 멥쌀 2½컵, 찹쌀 ½컵, 참기름 ½큰술, 소금 ½작은술, 밤
　　　 100g, 은행 30g, 표고 4장, 양송이버섯 4개, 당근·완두콩,
　　　 대추 5개, 굴 200g

소스 : 간장 5큰술, 설탕 ½작은술, 깨소금, 참기름 각 1큰술, 부추
　　　 조금

① 쌀과 찹쌀은 30분 정고 불려서 체에 건져 놓는다.

② 굴은 소금물에 깨끗이 씻어 건진다.

③ 모든 재료는 은행크기로 썰어서 준비한다.

④ 불린 멥쌀과 찹쌀을 쿠커에 넣고 참기름과 소금을 넣고 쌀알
이 투명해 지도록 볶는다.

⑤ 볶아진 쌀에 밤을 섞고 끓는 밥물을 붓고 끓여 준다.

⑥ 밥물이 잦아들면 불을 줄이고 대추와 은행을 뺀 나머지 야채
를 넣고 섞은 다음 은근하게 뜸을 들인다.

⑦ 밥이 어느 정도 다 되었을 때 은행, 대추, 굴을 넣고 살짝 더
뜸을 들인다.

마을공동체 기업이 농어촌의 희망이다
-미래의 농어촌, 마을기업에 길을 묻다-

문두현(지역관광마케팅디자인센터 대표)

Ⅰ. 우리 농·어촌의 현실

농·어촌마을의 붕괴는 이제 시간문제라는 인식을 가진지 이미 오래이다. 도시나 읍·면 소재지에서 멀리 떨어져 병·의원, 학교, 은행, 슈퍼마켓 심지어 대중교통조차도 불편할 뿐만 아니라, 생활 쓰레기 수거 등 기초생활 및 공공 서비스 조차 제대로 제공 받을 수 없으니 삶의 질이 좋을 리가 없다.

더욱 근본적인 문제는 인구 유출 가속화 및 고령화 추세로 지속적으로 인구가 감소하고 있는 것이 더욱 큰 원인이다. 호남지역의 경우 공동체를 유지할 수 없는 20가구 미만의 농촌마을이 전국에서 가장 많은 지역으로 작목반 구성 및 판로개척 등 공동체 사업에 어려움을 겪고 있다.

이러한 농촌마을의 공통점을 살펴보면, 불편한 접근성과 낙후된 인프라, 농산물의 판로와 안정적이지 못한 가격으로 인한 불안정하고 열악한 소득구조와 고령화 및 공동화 현상에 따른 마을사업에 대한 추진의지와 경험 부족은 물론 궁극적으로 일 할 사람이 없는 낙후지역, 한계지역으로 전락해 가고 있다는 것이다.

그렇다면 농업농촌은 희망이 없는 것일까?

Ⅱ. 농업농촌의 가치가 변하고 있다

최근 우리 농업농촌에 대한 변화의 조짐들이 여러 지역에서 감지되고 있음을 알 수 있다. FTA(자유무역협정)와 DDA(도하개발어젠다, 다자간 무역자유화협상)에 따른 농업시장의 개방의 가속화가 예상되고 있어 농업 포기라는 극단적인 사회적 갈등을 겪고 있다.

그러나 국제적인 흐름은 글로벌 시대를 살아가는 오늘날, 한 국가나 국민의 힘으로 반대할 수 만은 없을 것이다. 그렇다면 어떻게 하면 어려움을 극복해 낼 수 있을 것인가 하는 문제에 적극 나서야 하며, 농업 역시 농업농촌의 구조개선의 기회로 삼아 경쟁력을 키워나가야 할 것이다.

사실 농업이 붕괴되거나 농업만으로 선진국이 된 나라를 찾아볼 수 없다는 것도 인식해야 한다. 이제는 한걸음 나아가 농업농촌이 국민의 삶의 질을 결정하는 시대에 살고 있음을 깨달아야 한다. 현대인들의 삶의 가치관의 변화와 생활의 변화는 건강과 안전, 여가와 문화에 대한 수요를 촉진시키고 있으며 이는 곧 바로 농업농촌에도 새로운 변화의 바람을 불러일으키며 농촌의 새로운 돌파구가 되고 있다.

특히 소비자 의식변화는 기존의 가격과 모양 중심의 농업에서 품질과 편의성, 건강성, 감성, 안전성이 중심이 되고 있어 이는 시장경쟁을 통한 구조변화를 가속화시키고 있으며 농촌 환경과 경관 보전, 자원순환형 농업, 지역문화, 여가휴식 등을 통한 농업농촌의 새로운 희망이 되고 있다.

III. 마을기업이 지역을 재생하다

이렇듯 농업농촌의 가치변화는 기존의 가치인 농장, 노동자, 농산물에 대한 단순 가치를 뛰어 넘어 농업농촌의 미래적 가치인 향토문화, 농업 전문가, 생명과학에 대한 영역 확장으로 이어짐으로써 새로운 농외소득을 올릴 수 있고, 기존 농업소득에 농외소득을 더할 수 있게 됨으로써 미래농촌의 새로운 모델로 관심이 집중되고 있다.

이처럼 도시민들의 농업농촌에 대한 의식변화와 제2의 인생을 농촌에서 시작하려는 중장년층에 대한 관심이 귀농 귀촌으로 이어져 작년에는 전북의 경우 무려 2,553가구 5,498명이 새롭게 자리를 잡는 등 지역 인구증가에도 큰 변화를 가져오고 있다.

그러나 소외계층 및 고령자에 대한 근본적인 문제와 그동안 꾸준하게 추진되어 온 소득사업이 뚜렷한 성과를 내지 못하고 있어, 최근 새로운 지역사회 재생을 위한 모델로 마을기업을 그 대안으로 해결의 길을 모색하고 있다. 마을기업은 지역 공동체 주민 스스로 지역의 인재와 자원을 활용하여 지역문제 해결과 사회적 목적을 실현해 나가는 것을 목표로 정부 각 부처는 물론 전 지자체가 경쟁적으로 마을기업을 추진하고 있다.

또한 기존 마을운영의 틀이 변화하지 않고 단순히 무늬만 바뀌어서는 안 된다. 마을기업은 분명 기업의 특성을 가지고 있어야 한다. 마을기업의 경영환경을 이해하고 전문적인 경영 조직을 갖추어야 한다. 많은 지자체들이 이를 돕기 위한 방안으로 커뮤니티비즈니스센터 등 중간조직을 만들어 전문적인 문제들을 해결해 나가고 있으나, 많은 마을기업들이 명확한 내부규정 등이 미흡하고 근본적인 구조적 갈등을 겪고 있어 부실한 마을기업 양산이 염려스럽다.

이제 마을기업이 지역주민의 삶의 질을 높이기 위한 자립형 경제 활동 구조를 만들어 주는 구심점이 될 수 있도록 좀 더 치밀한 접근 방법을 강구해야 한다. 지속 가능하지 않은, 시간이 지나면 사라질 수도 있는 기업이 아니라 꾸준한 일자리와 소득을 가져다줌으로써 농어촌 인구 유입의 새로운 매력으로 자리 잡아야 한다.

Ⅳ. 주민에 의한 주민을 위한 사업이 되어야

필자는 최근 몇 해 동안 농·어촌마을 활성화를 위한 사업과 관련하여 전국의 여러 마을들을 방문할 기회를 가졌다. 대부분이 정부의 지원사업에 대한 컨설팅 지원업무로 이미 계획되어진 사업에 대한 추진과정을 도와주고 마을사업에 대한 주민역량 강화 교육을 담당하는 일이었다.

하지만 항상 일의 순서가 바뀌었다는 결론은 같았다. 일부 주민대표와 담당 공무원간에 협의를 통해 사업내용을 결정하고 공무원이 작성한 사업계획을 통해 사업이 추진되다보니 주민들의 참여를 이끌어 내지 못할 뿐만 아니라, 주민들 간의 갈등의 골만 깊어져 결국에 사람도 잃고 사업마저 포기하는 경우도 발생하였다.

현재 추진되고 있는 사업도 역시 기계에서 찍어 나온 붕어빵 사업들로 하나같이 비슷비슷한 게 이러다가 전국의 농어촌이 똑같은 모습으로 변하지 않을까 우려된다. 오래 전부터 외쳐오던 지역의 특색을 살리고 차별화하자는 이야기는 아직도 구호에 그치고 있을 뿐이다.

바로 공직사회 특유의 전시행정이 가져온 병폐이다. 마을공동체 사업에서 가장 중요한 주민역량강화사업 즉 교육 사업이 극히 형식적인 경우가 허다하다. 실제 마을 주민들의 관심을 불러일으킬 수 있으며 해결해 나갈 수 있는 보다 적극적이고 직접적인 교육이 요구되어진다. 나아가 관심과 동참을 이끌어 낼 수 있는 가능성과 이슈를 만들어 줘야 한다.

당장 사업 내용이 중요한 게 아니라 꿈이 없다면 꿈을 꾸게 하고 소득이 없다면 소득을 만들어 내는 방법을 고민하고 마을공동체 사업에 참여하고 싶다는 충동을 느끼게 해 주어야 한다. 바로 이것이 마을사업의 시작이 되어야 한다.

V. 소비자가 찾아오는 농촌에 희망을 보다

오래 사는 것보다 건강하게 사는 것을 더욱 중요하게 여기는 것이 현대인들이 추구하는 삶의 형태다. 이러한 시대적 흐름은 건강한 몸과 편안한 마음의 휴식을 추구하는 치유와 휴식의 자연친화적인 휴양산업이 각광 받으면서 농촌마을이 떠오르고 있다. 앞으로의 농촌은 농촌지역 고유의 전통문화와 자원의 보존 및 환경보전을 통해 농촌다움이 경쟁력으로 떠오르고 있다. 이는 농촌이 기존의 농산물의 생산과 가공의 범주를 뛰어 넘어 소비자를 직접 농촌으로 끌어 들여 유통과 관광 등 서비스 활동이 더해진 농업의 6차산업화를 꿈꾸게 되었다.

이러한 변화의 흐름은 많은 지자체들의 관심과 사업으로 전개되고 있다. 전라북도의 경우 전국에서 최초로 국제적인 이슈로 떠오르고 있는 슬로시티를 '전북형 슬로시티'라는 지역에 적합한 형태로 만들기 위한 사업을 전개하는가 하면, 전라남도는 섬 마을기업 조성 사업을 지속적으로 전개함으로써 마을 공동체 사업을 통해 지역의 특성과 차별성을 최대한 살림으로써 관광객 유지는 물론 지역 농수산물을 효과적으로 팔 수 있도록 농어촌 관광과 연계하는 등 지속적인 경쟁력을 갖출 수 있도록 준비하고 있다.

그러나 이러한 변화에도 아직 안정적 소득과 일자리가 부족한 농촌의 현실적 문제들은 지역 활성화의 걸림돌로 시급히 해결해야 할 과제이며 지속가능한 농촌마을의 유지를 위해 귀농 귀촌인들의 관심을 점령할 수 있는 삶의 질이 향상된 마을, 매력적인 마을 만들기

와 마을 공동체사업을 지속적으로 발굴하고 개발해 나감으로써 경
쟁력 있는 농촌 마을을 만들기에 온 힘을 기우려야 한다.

이제 미래 농어촌이 희망이 되는 시대를 맞이하기 위해 농어민 모
두가 서로 지혜를 나누고 손을 마주잡아 아름다운 희망에 꿈을 이루
어 나가기를 기원하며 앞으로 더 좋아질 것이라는 믿음을 전파하는
아름다운 믿음을 가져본다.

부록

MOOK
THE RESEARCH LOCAL COMMUNITY
지역사회연구

Vol. 2

(사)여수지역사회연구소 지음

여수지역사회연구소 저
한국학술정보 출판
2012.08.21. 발행
페이지 404쪽
ISBN 9788926837535
판형 A5, 153*226mm
정가 24,000원

여수지역사회연구소의 무크지『지역사회연구』제2집은 지난 2011
년부터 2012년 6월까지 1년 6개월 동안 연구소 회원들의 귀중한 사
업과 연구 성과물들이다. 구성은 크게 도서해양, 평화와 인권, 역사
문화관광, 자치일반의 4개 분야의 주제로 이루어져 있다.

　도서해양 분야는 본격적인 고품격 도서해양문화관광을 위한 2편
의 논문과 도서지역 체험프로그램 사업수행결과와 금오도 비렁길 현
장의 문제와 대책을 워크숍 결과로 담았다. 평화와 인권 분야는
2011 민주연구단체협의회 전국학술대회 성과물인 학술대회를 정리
한 글과 함께 한국현대사의 정치공안조작사건과 진화위의 여순사건
보고서에 대한 분석과 평가를 수록하였으며, 그 외에도 광주 5·18
과 관련된 내용을 담아 보았다. 역사문화관광 분야는 여수의 항일운
동사와 지역의 현안인 박물관 문제를 다룬 글과 함께 사도의 생태관
광과 지역의 주요 관광지 관광업소 컨설팅 결과를 수록하였다. 자치
일반 분야는 18대에 이어 19대 국회에 재입성한 지역구 국회의원 김
성곤, 주승용 의원의 초청 정책토론회 내용과 함께 최근에 다시 대
두되고 있는 광양만권 지방행정체제 개편에 대한 글과 전남도 교육
감과 청소년 간에 체결된 청소년 교육정책 이행에 대한 여론조사결
과를 수록하였다.

다시 쓰는
여순사건보고서

(사)여수지역사회연구소 지음

Rewrites
Yeosu-Suncheon Rebellion
Reports

다시 쓰는
여순사건보고서

여순사건은 이제 단순히 유족들만의 문제가 아니라, 여수·순천을 비롯한 전남지역을 포함해서 전북 남부지역과 경남 서부지역에 살고 있는 모든 사람의 정체성과 관련된 문제입니다. 또한 현대사의 분수령이 될 만한 중요한 사건이었습니다. 이렇게 역사적으로 중요한 여순사건을 단 한 장의 조사결정 통보서로 끝낸다는 것은 결코 있을 수 없는 거짓에 다름 아닙니다.

이제 우리는 여순사건과 같은 통곡의 역사가 되풀이되지 않도록 과거의 참을 비추어 내일을 준비해 나가는 전환점에서 진실 화해와 상생을 위한 첫걸음을 위해, 여기 여순사건 조사결과보고서종합를 뜨거운 눈물과 가슴으로 세상에 내놓습니다. 지난 64년의 세월 동안 비극의 역사를 한 평생 감내해온 여순사건 유족들의 숨죽인 통한의 설움 그리고 강요된 침묵으로 가냘려온 유족들과 이제는 지역공동체 모두가 지역의 아픔으로 함께 만석하는 시민사회에 이 보고서를 바칩니다.

ebook.kstudy.com

값 29,000원 ISBN 978-89-268-4016-0

9 788926 840160

여수지역사회연구소 저
한국학술정보 출판
2012. 12. 28. 발행
페이지 545쪽
ISBN 978-89-268-4017-7 95330
판형 A5, 153×226mm
정가 29,000원
판매가 26,100(10% 할인)

여순사건 64주기에 '여순사건 특별법' 제정을 위해 여수지역사회 연구소는 진실화해위원회의 여순사건 조사결과 보고서를 토대로 『다시 쓰는 여순사건보고서』(종합)를 발간하였다. '다시 쓰는 여순사건보고서'는 33개 지역, 5개 유형의 39개 개별보고서로 분산되어 있는 진화위의 여순사건 조사결과 보고서를 종합적으로 재구성한 것이다.

　『다시 쓰는 여순사건보고서』는 총 3장 11절로 구성되었는데, 이를 장별로 살펴보면 다음과 같다. 제1장 조사계획의 방향과 내용은 진실화해위원회의 「여순사건 조사계획서」를 토대로 여순사건의 조사개시 결정과정, 기존 연구 및 조사현황, 조사의 방향과 내용, 향후 세부조사 계획, 향후 조사계획 일정, 주요 참고자료 순으로 편성하였다. 제2장 조사결과는 군경에 의한 민간인학살, 적대세력에 의한 피학살, 조사결과 순으로 편성하였으며, 마지막 제3장은 여순사건 피학살자 명단은 진실화해위원회의 여순사건 관련 39개의 지역별, 유형별 진실규명결정 개별보고서를 토대로 여순사건 피학살자 명단을 망라하여 지역별 피학살자 명단과 유형별 피학살자 명단을 수록하였다.

연구소 소개와 회원 모집

　(사)여수지역사회연구소는 1990년대 문민정부 정부 출범 등과 함께, 한국사회 민중운동의 쇠퇴와 시민운동의 등장으로 사회운동의 방향이 재정립되어야 하는 시대적 환경과 민주주의 정착을 위한 지방자치시대를 맞아, 지역의 역사와 문화・관광에 대한 연구, 교육 및 편찬, 지역현안에 대한 정책 연구, 여순사건 재조명과 실태조사, 각종 사회여론조사를 주요 연구 사업으로 설정, 1995년 6월 1일에 설립한 지역의 전문적인 민간연구단체인 NGO이며 인문사회과학연구소이다.

연혁

1994년 5월부터 : 연구소 준비위원회 활동

1995년 6월 1일 : 여수여천지역사회연구소로 출범 (중앙동)

1998년 1월 7일 : 오림동 399-5번지로 이전

1998년 12월 22일 : 사단법인 여수지역사회연구소로 명칭 변경

2003년 7월 1일 : 여서1로 95-7(현 위치)으로 이전

주요 조사 연구 활동

· 지역사·문화위원회 : 지역의 역사, 문화, 전통의 연구 및 보
  존 전승에 관한 활동

  여수지역 문화재 관리 실태 및 지표조사
  여수지역 독립운동가 발굴 및 3·1절 기념행사
  '동동은 여수의 노래' 학술세미나 및 북축제
  문화체육관광부 선정 '여수삼동매구' 전통예술 복원 및 재현 사업
  전통문화재현 사업 '정월대보름 달집태우기 한마당'
  여수관광CD-CARD사업, 여수 시티투어 코스 개발 (육지, 도서)

여수 개발예정지 조사 '여수, 기억의 원형을 남기다'
여수시 문화관광해설가 소양교육, 여수시 공무원 관광마인드
함양 교육
여수시 문화재 안내판 정비사업
시민강좌 '가을밤에 나누는 여수이야기', '여수학 아카데미 영
학사(1기~6기)', '청소년 매영학사'
향토문화대전 '디지털여수문화대전'

· 도서연구위원회 : 도서해양지역을 중심으로 한 전반적인 조사
  연구 활동

도서지역 자원조사, 개발예정지 종합조사
섬마을 천리길 학당- 해양문화길잡이 교육(2010)
금오도 생태탐방로 '비렁길' 제안(2010)
제3회 전국해양문화학자대회(2012)
금오도 재능기부의 날 행사 '금오도 산벚꽃 한마당' (2013)

· 여순사건위원회 : 여순사건의 진실규명에 관한 연구 및 사업
  활동

여순사건 학술대회(1998~2013), 진실규명조사 및 위령추모

사업, 유적지 답사(1998~2012)

제6회 동아시아 평화인권 국제학술회의 여수대회 개최(2002)

인권아카데미 '나는 당신을 봅니다' (2010)

· 시민위원회 : 시민정책 연구, 대안 제시 및 지역 현안에 관한
  포럼개최 활동

  국회의원, 자치단체장 등 초청 정책토론회(1995~2010)

  지역현안 시민토론회, 지방자치 관련 강연회

  여수시민단체연대회의 및 사안별 연대활동

· 조직위원회 : 회원의 유대와 친목도모, 월례회 개최 및 회지
  '매영문화' 발간 활동

· 매영문화연구센터 : 여수의 역사, 문화, 자연환경 등을 주제로
  하는 연구, 조사 용역 사업

  관광업소별 맞춤형 컨설팅 사업(2011)

  여수 도서지역 무형문화유산 조사용역(2012~)

· 사회여론조사센터 : 여수지역 현안여론조사 및 주요 선거여론
  조사(100여 회)

  전남 동부권 지역현안 및 시정평가 여론조사

  국회의원, 자치단체장, 기초의회 선거여론조사

· 매영답사회 부설 전문답사회로 해양관광도시 여수의 미래를
  함께 현장에서 도모

  국내 및 해외 문화유적 답사(120회)

  여수거북선축제 호국 유적지 답사

지역밀착형 섬 체험 프로그램 개발 사업 '주말에 만난 섬마을 사람들' (2010 ~)

여수국제청소년축제 - 국제교류캠프(2012)

주요 발간자료 및 책자

<지역사문화>

화양면지(1999), 삼산면지(2000), 돌산읍지(2000)

여수, 아름다움 속에 남겨진 흔적 - 육지편(2000)

찾아가는 박물관 · 박물관대학(2000)

우리고장 문화재도록 및 문화유적지도(1999, 2001)

여수의 고시가 - 천년의 노래(2001)

여수의 고인돌(2001)

여수의 옛이야기 - 전라남도여수군읍지(2002)

우리고장 문화유적답사 - 여수 시티투어 자료집 (2002 ~ 5)

독립운동가 윤자환 · 윤형숙 의사 추모식 자료집 - 제84주년 3 · 1절 기념(2003)

여수지역동학농민운사 워크숍 자료집(2003)

박물관 정책포럼 - 여수시립박물관 건립 어떻게 할 것인가(2004)

임진왜란 유적지 답사자료집(2005 ~ 2008)

이충무공과 여수 오충사(2006)

여수관광해설가 소양교육 자료집(2006)

여수사람, 여수이야기(2007)

여수학(2008)

수군과 이순신을 만나다 - 광양만권 선상역사유적자료집(2008)

여수시관광자원해설서 - 여수의 향기, 아름다움이 여기에(2008)

바다로 가는 길, 여수(2009)

여수 삼동매구 복원 및 재현사업 결과보고서(2009)

여수의 옛이야기 - 호좌수영지(2010)

가을밤에 나누는 여수이야기(2010)

여수 도서연안관광 활성화 심포지엄 자료집(2012)
매영답사회 답사자료집(1차~108차)

<현대사/여순사건>

여순사건실태조사보고서 1~3권(1998~2000)
여순사건52주기 학술회의 자료집 - 여순사건의 진상규명과 명예회
복을 위한 새로운 해법(2000)
제6회 동아시아평화인권 국제학술회의 여수대회 자료집(2002)
여순사건55주기 학술세미나 자료집 - 민간인학살 특별법 제정 실
태와 현주소(2003)
여순사건57주기 학술세미나 자료집 - 청산하지 못한 역사의 재정
립, 어떻게 할 것인가(2005)
여순사건 논문집(2006)
여순사건58주기 학술심포지엄 자료집 - 여순사건 진실규명을 위
한 지역주체의 역할(2006)
선생님과 함께하는 현대사 이야기 교사연수 자료집(2007)
여순사건60주기 학술심포지엄 자료집 - 여순사건과 대한민국의 형
성(2008)
여순사건60주기 문학심포지엄·문학예술제 자료집 - 기억은 진실
로 아픔은 상생으로(2008)
여순사건 유적지 답사자료집(2008)
여순사건61주기 학술심포지엄 자료집 - 여순사건과 한국군(2009)
여순사건63주기 학술심포지엄 자료집 - 집단학살과 반국가단체조
작사건(2011)
여순사건64주기 학술심포지엄 자료집 - 여순사건 특별법 제정과
트라우마 치유의 모색(2012)

<지방자치일반>

여수, 여천시민 의식실태조사 보고서(1994~1995)
지역사회연구 제1집(2000)
여수시도로명부여 학술용역연구보고서(2003)

여수산단 지역사회기여도 조사보고서(2005)
07~10 여수시사회복지계획(2006)
여수시정 및 시의회 정책토론회 자료집(2007~10)
여수시 사회복지 실태 및 복지자원조사(2008)
여수시의회사(2012)
지역사회연구 제2집(2012)
격월간 여수커뮤니티(1호~29호)
계간 매영문화(30호~35호)

● 회원 및 후원회원이 되시면 ●

소식지인 「매영문화」, 발간도서, 문화행사, 학술세미나, 심포지엄, 분야별 전문가가 안내하는 국내외 답사, 연구소의 홈페이지 자료, 소장 도서 등 다양한 정보와 자료를 활용하고 지역 미래를 위한 정책 연구에 함께 참여할 수 있습니다.

● 후원회원 가입 및 후원방법 ●

전화(가장 빠르고 간편합니다. 061-651-1530~1)
연구소 홈페이지(www.yosuicc.com) / 회원가입안내 참조
후원계좌 : 광주은행, 665-107-001290, 예금주-여수지역사회연구소
후원회원이 되시면, 기획재정부가 지정한 기부금대상 민간단체로서 회비 및 후원금은 연말정산시 10% 이내에서 소득 공제를 받을 수 있습니다.

 ᄊᆞᆮᆫᆨᅡᆫ여수지역사회연구소

전남 여수시 여서1로 95-7 3층 | www.yosuicc.com
Tel 061) 651-1530 | Fax 061) 654-7749 | yosuicc@hanmail.net

연구소를 이끌어 가는 사람들

2012. 5. 31일 현재

정회원

- 임 원

이 사 장 : 김병호(여수해양과학고)

부이사장 : 신병은(여수정보과학고), 염동필(여수시청)

소　　장 : 이영일(사회운동가)

재정이사 : 김경만(까치신문)

이　　사 : 지역사문화위원장/박종길(GS-caltex정유), 도서연구위
　　　　　원장/신종암(전남대), 시민위원장/김유삼(조은기획), 여
　　　　　순사건위원장/이오성(손해사정인), 조직위원장/진준규
　　　　　(여진상운), 매영문화연구센터장/김준옥(전남대), 매영
　　　　　답사회장/김옥균(맥주창고), 사회여론조사센터장/박강
　　　　　석(고흥여중), 조화익(형설서점), 심종식(교육사업)

감　　사 : 정기선(베스트오피스), 김만수(우리한의원)

- 회 원

강영국(하이테크 카센터), 권인홍(여수시립국악단), 김갑인(율촌중), 김계환(교육사업), 김광중(여수시청), 김명천(가마솥 추어탕식당), 김민곤(전남도의원), 김삼채(하정냉장), 김양기(진실의 힘), 김양자(여수시청), 김용신(전남도청), 김원교(재원건설), 김윤석(여수시청), 김종성(충무고), 김진수(거북수산), 김채형(문화관광해설사), 김칠선(여수여고), 김태문(전남도교육청), 김행숙(전남도청), 김현석(여수인터넷신문), 남광희(GS-caltex정유), 도경란(사회복지사), 도기룡(여수시청), 목미경(주부), 문원일(여수여고 행정실), 박강수(녹색오피스서플라이), 박기찬(건축사사무소 프로브 디자인), 박석현(범민장학회), 박정명(여수시청), 박준호(범한검정), 서완석(여수시의원), 서종원(여수정보과학고), 서태호(전남대 산학협력관 (주)해양수산연구개발), 서홍기(여수시청), 소은애(여수시청), 손전산((주)나누리), 송은일(전남대), 신영한(안심초등학교), 심재수(여수경실련), 안창임(주부), 오창주(모아치과), 오충호(여수시장애인종합복지관), 유현수(푸른솔한의원), 이귀국((주)반석), 이무성(녹색대학), 이영민(전남신용보증재단 여수지점), 이정심(허벌라이프 여수 금호아파트점), 이정훈(여수여고), 이춘택(영암우체국), 이형기(여수시청), 임여호(전남대 초빙교수), 임채욱(용문도예), 임호상((주)소리기획), 장상수(순천대), 장성관(LG화학), 장윤창(여수시청), 장주익(제일프로덕션), 전영식(수중 건설업), 정광섭(온길서예원), 정수만(여수시청), 정인석(석영정보통신), 정회선(여수환경운동연합), 조미선(서울보증보험증권 영진대리점), 주석봉(여수거북선축제위원회), 주종섭(일과복지연대), 주철희(역사학자), 천상국(공인회계사), 최동현(코아시스템기술㈜),

최정삼(여수고), 최태봉(전남대 산학협력관 해양엔지니어링), 추정완(신화광고기획), 한종석(전남대 전임연구원), 홍석봉(현대자동차 여수지점) (가나다순)

- **사무국**

정태균(연구부장), 서희종(사회조사부장), 강주희(사업지원팀장)

후원회원

강경구, 강금희, 강민석, 강선희, 강성수, 강안자, 강용주, 강인규, 강종열, 강희근, 고봉수, 고 현, 공문택, 곽동수, 김강순, 김경희, 김기홍, 김대성, 김대훈, 김덕희, 김동채, 김두혁, 김만수, 김민성, 김민정, 김민철, 김범수, 김병돌, 김상훈, 김선정, 김성훈, 김숙경, 김숙희, 김양임, 김영애, 김윤배, 김은우, 김일훈, 김정균, 김정미, 김정배, 김종순, 김 준, 김지순, 김지영, 김진현, 김진형, 김창진, 김창희, 김채준, 김탁경, 김형종, 노승이, 노진우, 명치완, 명현주, 문갑태, 문 정, 박도창, 박병오, 박성은, 박송미, 박수매, 바이남, 박정희, 박춘길, 박형길, 박희숙, 배 석, 백길자, 백종구, 서상수, 서점렬, 서희종, 성혜란, 소홍석, 손 웅, 신미경, 신선자, 신성종, 신순호, 안정연, 안철식, 안현주, 양경희, 양삼덕, 양선남, 양영채, 오기만, 오태광, 원지연, 유금석, 유남이, 유상길, 윤광종, 윤남서, 윤순심, 이광일, 이명환, 이범석, 이상춘, 이선심, 이영록, 이옥자, 이용수, 이우선, 이은섭, 이의경, 이자영, 이재원, 이정주, 이 진, 이충현, 이행자, 이 훈, 임경화, 임수빈, 임채민, 장경동, 장애란, 장은진, 장현종, 장형익, 전대열, 전병

랑, 전용화, 전장길, 전형민, 전형진, 정광순, 정영훈, 정우리, 정원주, 정찬순, 조경일, 조경찬, 조계신, 조선영, 조성삼, 조성윤, 조성훈, 조영희, 조용규, 조정호, 지영수, 차충호, 최명진, 최병욱, 최성준, 최영민, 최영철, 최원호, 최윤정, 최익호, 최인제, 최재우, 최정삼, 추금숙, 하경숙, 하봉영, 한규정, 한금희, 한상욱, 한수진, 한형인, 허남록, 허원, 현성임, 홍영진, 홍용준, 황병기, 황성규, 동남산업(주), 여수중부교회, 유한기술(주) (가나다순)

무크지 『지역사회연구』 제3집에 도움 주신 분들

김경만(까치신문)

김만수(우리한의원)

김유삼(조은기획)

문선영(㈜제이에스삼성전자대리점)

박준태(㈜진영유업)

박강수(녹색오피스서플라이)

박성식(㈜해성)

박희연(빨간여우)

신병은(한국예총 여수지회장)

장성관(LG화학)

정기선(베스트오피스)

정태수((유)한려유조)

진준규(여진상운)

최동현(코아시스템기술㈜)

황종길(㈜동방)

홍석봉(현대자동차 여수지점)

추정완(동치미 식당)

(사)여수지역사회연구소

(사)여수지역사회연구소는 20세기 후반 격변의 시대, 외적으로는 자본주의와 사회주의 양 진영 간의 대립 체제가 구 소련의 사회주의 내적인 모순에 의한 사회주의의 몰락과 함께 자본주의 일방의 세계주도의 세계사적인 변화를 모색하고, 내적으로는 민중운동의 쇠퇴와 시민운동의 등장과 함께 문민정부 출범 등으로 사회 운동의 방향이 재정립되어야 하는 시대적 환경과 민주주의 정착을 위한 지방자치 시대를 맞아 지역을 위하여 무슨 일을 어떻게 할 것인가의 고민 끝에 태동하였다. 이에 지역의 활동가들은 1994년 5월 연구소 기획 및 구상을 마련하여 9차에 걸친 준비위원회와 15회의 운영위원회를 개최하였고, 삼려통합 주민의견조사 공정감시단 활동, 임진왜란 유적지 장도·송도 보존대책위 연대사업, 4대 지방선거 공명선거협의회 연대사업, 전국지방자치연구소 협의회 및 각종 세미나 참석 등을 통해 시민의 참여와 기대 속에 1995년 6월 1일 출범하여 올해 18년째를 맞았다.

연구소는 지역의 역사와 사회조사, 노동과 경제분석을 주요 연구 사업으로 설정하여 1998년 구 여수시, 여천시, 여천군의 행정구역 통합으로 인해 여수지역사회연구소로 명칭을 변경하였고, 지역의 인문사회과학연구소로 활동하고 있다.

MOOK
THE RESEARCH LOCAL COMMUNITY
지역사회연구

초 판 인 쇄 | 2013년 7월 4일
초 판 발 행 | 2013년 7월 4일

지 은 이 | (사)여수지역사회연구소
펴 낸 이 | 채종준
펴 낸 곳 | 한국학술정보(주)
주   소 | 경기도 파주시 문발동 파주출판문화정보산업단지 513-5
전   화 | 031) 908-3181(대표)
팩   스 | 031) 908-3189
홈 페 이 지 | http://ebook.kstudy.com
E - m a i l | 출판사업부 publish@kstudy.com
등   록 | 제일산-115호(2000. 6. 19)

ISBN   978-89-268-4406-9 93330 (Paper Book)
           978-89-268-4407-6 95330 (e-Book)